기술 체계

자끄 엘륄 지음
이 상 민 옮김

Copyright ⓒ Jacques Ellul

Original published in France under the title ;
LE SYSTEME TECHNICIEN
published by LE CHERCHE MIDI EDITEUR, 2004
23 rue du Cherche Midi, 75006 PARIS

Used and translated by the permission of LE CHERCHE MIDI EDITEUR
Korean Edition Copyright ⓒ 2013 Daejanggan Publisher. in Daejeon, South Korea.

기술 체계

지은이	자끄 엘륄 Jacques Ellul
옮긴이	이상민
초판발행	2013년 7월 24일
펴낸이	배용하
책임편집	배용하
등록	제364-2008-000013호
펴낸곳	도서출판 대장간
	www.daejanggan.org
등록한곳	대전광역시 동구 삼성동 285-16
편집부	전화 (042) 673-7424
영업부	전화 (042) 673-7424 전송 (042) 623-1424
ISBN	978-89-7071-287-1

이 책의 한국어판 저작권은 CHANTAL GALTIER ROUSSEL의 중개로 LE CHERCHE MIDI EDITEUR와
독점 계약한 대장간에 있습니다. 기록된 형태의 허락 없이는 무단 전재와 복제를 금합니다.

 값 24,000원

차례,

역자서문 • 7
한국어판 서문 • 11
일러두기 • 31

서문 • 35

서론 : 기술과 사회 • 49

제1부 : 기술이란 무엇인가?
    제1장 : 개념으로서 기술 • 85
    제2장 : 환경으로서 기술 • 102
    제3장 : 결정 요인으로서 기술 • 128
    제4장 : 체계로서 기술 • 164
        1. 일반적 견해
        2. 체계에 대한 규정
        3. 체계의 특성
        4. "피드백"의 부재

제2부 : 기술적 현상의 특징 • 231

    제1장 : 자율성 • 233

    제2장 : 통일성 • 281

    제3장 : 보편성 • 301

    제4장 : 전체화 • 346

제3부 : 기술적인 진보의 특징 • 355

    제1장 : 자기증식 • 359

    제2장 : 자동성 • 392

    제3장 : 인과적인 발전과 궁극목적의 부재 • 430

        1. 궁극목적finalité

        2. 목적objectif

        3. 목표but

    제4장 : 가속화의 문제 • 475

결론 : 기술 체계 속에서의 인간 • 517

자끄 엘륄의 저서 (연대기순) • 555

역자 서문

1977년에 출간된 『기술 체계』*Le système technicien*는 엘륄의 기술에 관한 삼부작의 요체로서, 가장 완성도 높은 책으로 꼽힌다. 엘륄의 견해에 따르면, 기술은 과거에 줄곧 그러했듯이 각각 하나의 목적에 할당된 수단들의 광대한 결합체가 더는 아니라, 대등한 주위 환경으로 바뀐다. 또한 기술은 이때부터 점점 더 인간의 통제를 벗어나는 자율적인 현상이자, 수많은 결정으로 하여금 인간을 짓누르게 하는 자율적인 현상이 된다. 기술의 위상이 이와 같이 변한 것은, 인간이 감지할 수 없도록, 다시 말해 인간 의식의 문턱 저편에서 기술이 신성화되기 때문이다. 그래서 엘륄은 『새로운 악령 들린 자들』*Les nouveaux possédés*에서 "우리를 예속시키는 것은 기술이 아니라 기술에 전이된 신성함"이라는 점을 부각시킨다. 결국, 자가 증식하기를 멈추지 않는 기술은 이웃에 대한 사랑 같은 기독교적 가치이든, 도덕 같은 인본주의적 가치이든, 혹은 자유와 평등과 박애 같은 공화적인 가치이든, 과거의 모든 가치를 노동과 유용성과 효율성과 경제적 성장과 진보 같은 기술 자체의 가치로 대체한다.

기술 삼부작의 첫 번째 책인 1954년 출간된 『기술 혹은 시대의 쟁점』 *Technique ou l'enjeu du siècle*에서, 엘륄은 "자본주의에 대해 거세게 비난하는 것은 쓸데없는 일이다. 이 세상을 만들어 내는 것은 자본주의가 아니라 기술이다."라는 진단을 내린다. 여기서 그가 현대 세상을 이루어가는 주된 요인이 자본주의가 아니라 기술이라고 언급하는 것은, 어떤 체제가 전파하는 이데올로기가 무엇이든 모든 체제는 생산성을 증대시키려고 끊임없이 기술을 완성시키는 목적만을 추구한다고 간주하기 때문이다. 예를 들어, 탈세계화 운동을 통해 나타나듯이, 자본주의에 대한 주된 비판은 계급투쟁과 금융시장에 집중되어 있다. 이에 반해, 사람들이 이 시장들이 광대한 정보망일 따름임을 좀 더 일찍 깨달았다면, 사회적 불평등이 이미 이루어진 것 같이 되지 않을 수도 있다는 점이 엘륄의 진단을 통해 부각된다.

그러므로 엘륄에게 있어 기술은 정치나 경제보다 더 사회의 결정 요인이다. 기술은 좋지도 않고 나쁘지도 않지만 양면성이 있다. 기술은 자체의 논리를 따르면서 스스로 성장한다. 기술은 민주주의를 깔아뭉개고, 천연 자원을 고갈시키며, 문명을 획일화한다. 기술은 예견할 수 없는 결과를 낳고, 미래를 상상할 수 없게 만든다. 특히, 기술은 정보처리기술 덕분에 본래의 성격이 바뀌었는데, 기술은 사회 안에서 기술 체계를 형성한다. 정보처리기술은 전신, 항공, 에너지의 생산과 분배 등과 같은 모든 하위체계를 통합하면서, 기술로 하여금 '조직된 전체'가 될 수 있게 하는데, '조직된 전체'는 사회 안에서 존속하고 사회의 형태를 만들며 사회를 이용하고 사회를 변모시킨다. 그러나 스스로 생성되는 맹목적인 이 체계는 어디로 가야할 지도 모르고, 자체의 잘못을 바로잡지도 못한다. 더구나 기술을 통제한다고 자부하는 인간도 사실상 기술을 더는 통제하지 못하고, 기술 체계 속에 편입되어 기술 체계에 완전히 종속되어 있다.

엘륄은 자신의 저서 『잊혀진 소망』에서 기술 체계의 이러한 엄밀성과 심각성에 대해 지적한다. 즉, 우리 사회의 구조는 점점 더 엄밀하고 명확해져서, 이 구조들이 더 확고할수록 더욱 더 인간은 자신에게 미래가 없음을 안다. 미래를 파괴하는 것은 전 세계적인 파괴의 위협인 핵폭탄이 아니라, 체계와 조직의 엄밀성이다. 기술 체계가 인간이 생각하는 만큼 그렇게 엄밀하지 않다고 할 수도 있지만, 중요한 것은 인간이 이런 식으로 기술 체계를 체험하고 있다는 점이다. 인간이 그것을 아는지 모르는지 상관없이, 체계가 펼쳐지고 구조가 조직되고 움직인다. 인간은 거기서 아무것도 할 수 없고, 아무것도 변하지 않으며, 결정의 중심부에 인간이 조금도 접근할 수 없음을 체험한다는 것이다.

자신의 저서 전체가 한 권으로 된 책이며, 따라서 각 저서는 이 책의 한 장이라고 밝히는 엘륄의 연구 작업은 밀접하게 유기적으로 배치된 두개의 측면으로 나누어 볼 수 있다. 그 중 한 측면은 사회학적·정치학적 연구와 기술에 관한 저서이고, 다른 한 측면은 신학 연구와 성서 주석이다. 이러한 연구 작업의 내용 선택과 방향 전개는 "기독교 신앙은 세상과 마주치는 것을 받아들이지 않으면 신앙이 처한 현실과 사명 속에서 그 자체로서 이해되어 질 수 없다."는 관점에서 출발한 것으로 보인다. 따라서 그의 사상은 두 개의 큰 축 주위에 유기적으로 배치된다. 한편으로 기술적인 현상의 자동 증가에 의해 발생한 문제에 대한 비판적 분석이고, 다른 한편으로 이 사회에 적용된 자유와 소망이라는 기독교 윤리이다.

『세상 속의 그리스도인』의 서문에서 베르나르 로르도르프Bernard Rordorf가 밝히듯이, 엘륄은 다른 사회학자들이 하는 것처럼 세상을 그저 단순히 묘사하기 위해서가 아니라, 세상의 '영적 실재'를 지적하기 위해 기술, 돈, 국가, 도시 등과 같은 현상들을 분석하면서 우리가 살고 있는 세상의 현실을 파악하는데 전념한다. 또한 그는 이 현상들에 의해 우리 사회가 끌려가는 방향을 자세히 설명하려고 애쓰면서, 이 현상들이 종속된 숨겨진 논리에 관심을 집중하고 있다. 하지만 이와 동시에 그는 이 세상의 도전에 응할 수 있는 기독교 윤리의 조건과 목적에 대해 고찰하는데 몰두하는데, 이 기독교 윤리의 첫 목적이 바로 우리의 세상을 특징짓는 '영적 실재'를 폭로하는 것이다. 따라서 이 책은 단순히 기술적인 현상을 분석하고 묘사한 책이라는 시각에서 벗어나 이 같은 엘륄 사상의 큰 틀에서 바라볼 때, 이 책의 진가는 더욱더 드러날 것이다.

한 가지 덧붙이고 싶은 것은, 프랑스의 모든 엘륄 전문가가 지적하듯이, 엘륄은 아주 대단한 사상을 갖고 있으나, 엘륄의 문체와 표현은 정말 무겁고 글 쓰는 방식이 매끄럽지 않다는 점이다. 이 책을 번역하는데 있어서도 가장 큰 애로점은 바로 이것이었다. 따라서 정말 이해가 되지 않는 부분이 있을 때, 이 책의 번역에 큰 도움을 준 조엘 드까르젱Joël Decarsin씨가 프랑스어 원문의 표현방식을 한국 독자가 이해하기 쉽도록 약간 바꾸어주고 바꾼 표현방식이 원문의 내용을 크게 훼손하지 않는다고 판단되면, 이를 채택하여 번역했음을 밝혀 둔다. 흔히 번역은 그 책을 쓴 저자의 영혼을 다른 나라의 독자에게 옮기는 것이라 하기도 한다. 따라서 책을 쓴 저자의 원문을 존중하여 최대한 원문에 가깝게 번역하는 것이 중요하지만, 이 책의 극히 일부분에서 이는 어쩔 수 없는 선택이었다.

이 책의 한국어판 서문과 일러두기를 써 주었을 뿐 아니라, 정말 많은 시간을 들여 번역 상 세세한 문제의 해결과 내용 검토와 조언과 자료 제공을 해 준 조엘 드까르젱 씨에게 진심으로 감사드린다. 아울러 이 책이 완성되기까지 조언과 검토에 힘써 주신 한동대학교 교수 손화철 선생님, 대장간 출판사 대표 배용하 선생님께도 감사를 드린다.

2013년 3월 이상민

한국어판 서문

1977년 출판된 『기술 체계』*Le système technicien*는 『기술 혹은 시대의 쟁점』 *Technique ou l'enjeu du siècle*(1954) 및 『기술담론의 허세』*Bluff technologique*(1988)를 포함해 자끄 엘륄이 기술에 할애하는 세 권의 책 중 두 번째 책으로서, 정보처리 기술이 일상에서 중요한 역할을 하기 시작하는 때 이 책을 집필한다. 그는 정보처리기술 덕분에 한 나라의 경제를 이루는 수송망도로 · 철도 · 항공, 통신망 전화 · 우편 · 텔레비전, 에너지 망수입 · 생산 · 분배 같은 모든 대규모 망이 그 후로 서로 연결되어 있음을 지적한다.

그는 기술이 인간이 미리 정한 선택에 따라서가 아니라 자체의 요구에 따라 발전하는 자율적인 현상임을 1954년부터 지적하고 나서, 어떻게 이 활동들 전체가 이제 체계를 구성하는지 분석한다. 따라서 그는 어떻게 이 체계가 인간의 자유와 안전을 희생시켜 사회를 결정짓고 만드는지 분석한다. 그것은 예를 들어 체르노빌 핵발전소의 폭발과 더불어 보게 되듯이, 상황적이고 우연한 방식으로 일 뿐 아니라, 더 근본적으로 각 개인의 행동을 통해 구조적이고 일상적인 방식으로 이루어진다.

인터넷 현상의 전조前兆인 기술 체계

기술이 발전했다면, 그것은 기술이 마련해주는 힘에 대한 추구가 보편화되어 있기 때문이라고 엘륄은 언급한다. 인간은 자신이 알아차리지 못하는 이 힘을 보유하기를 너무 원하는 나머지, 모든 사람이 기술의 혜택을 입기 원하고 기술의 혜택을 입을 수 있는 이상 기술은 혼란을 야기한다.1) 기술 체계는 무책임을 만들어내기 때문에 파괴적이다.

오늘날 기술 체계가 취하는 형태는 "망들의 망", 곧 인터넷이다. 웹web이 안락함의 원천이라는 점에 대해 그 누구도 이의를 제기하지 않는다. 하지만 어떤 점에서 웹이 무책임을 야기하고 주요한 기능장애의 원인이 되는 것일까? 세 가지 예를 통해 그 점은 입증될 수 있다.

1) 대개 자유주의는 모든 악의 원천이라고 여겨진다. 그러나 근본적인 문제는 거기 있지 않다. 금전욕은 새롭거나 결정적인 요인이 아니다. 그에 반해 새롭고 결정적인 요인은, 인터넷이 국가 관리이든 경영 관리이든 어떠한 관리에 의해서도 그 흐름을 통제할 수 없을 정도로 돈을 유통시키는 수단을 완벽하게 만든 동시에 보편화시켰다는 사실이다. 경쟁을 통해 지배당하는 무산계급과 지배하는 엘리트 사이에 불평등이 물론 생겨난다. 하지만 그것은 이미 마르크스 시대의 경우였다. 그런데, 오늘날 엘리트를 구성하는 이들은 자본을 보유하는 자가 더는 아니라, 자본을 쌓아두거나 자본이 이익을 남기게 할 필요 없이 자본을 유통시키는 이들이다. 자본주의가 금융적이 되었다면, 그것은 세상의 새로운 주인이 우선 정보 기술을 지배하는 이들이라는 것이다.2) 중개인이 부유해지는 것도 이와 같이 설명되는 동시에, 증권에서 내부정보 누출이 경제생활의 당연한 운용방식을 이룬다는 사실도 이와 같이 설명된다.

2) 미국에서는 정신이상자에 의해 저질러진 살인의 숫자는 더는 중요시 되지 않는다. 그 점은 미국인이 다른 사람들보다 더 정신 이상이라는 사실에 기인하는 것이 아니라, 이 나라에서는 총기에 자유롭게 접근할 수 있다는 사실에 기인한다. 그런데, 지구상 어디서든 훨씬 더 규모가 큰 학살이 목격될 것이라는 점을 예견해야 한다. 그것은 중重화기를 얻는 것이 거기서 허용되기 때문이 아니라, 정보체계 덕분에 중화기를 손에 넣고 사용하는 것이 가능해지

기 때문이다. 2001년 9월 11일, 범죄자들이 모든 경계를 피하는데 필요한 기술을 입수하고 나서, 비행기 두 대의 노선을 돌려 세계 최고 강국의 가장 상징적인 건물들을 파괴했다. 전 세계는 그들이 이슬람주의지지파들이며 겨냥된 나라가 자본주의의 상징임을 시인했다. 그러나 전 세계는 인터넷 없이는 이 범죄가 결코 일어날 수 없었으며 따라서 아무라도 그 힘을 빌 수 있다는 사실을 은폐했다.

3) 마찬가지로, 최근에 한 정보처리전문가가 수천 가지 비밀 정보를 온라인 상에 올려놓자, 모든 사람이 이 자료들이 외교 문서임을 수긍했으나, 장래에는 개인 정보들이 이와 같이 공공연하게 퍼뜨려질 수 있을 것이라는 사실을 아무도 고려하지 않는 듯했다.

위키리크스Wikileaks 사건을 통해, 어떻게 최고 강대국이 평범한 시민에 의해 어려움에 처하는지 드러났고, 여기서는 바로 비밀 누설의 희생자인 '빅 브라더' Big Brother를 '리틀 브라더' little brothers만큼 두려워 할 필요가 없음이 드러났다. 어떤 사람에 대한 모든 것을 아는 누군가가 언젠가 아무런 동기에서든 그 누구에게라도 그것을 누설할 수 있다고 생각하는 것은 당연하다.3)

그러나 오늘날 누가 그 모든 것을 살펴볼 각오가 되어 있는가? 누가 기술에 대한 자끄 엘륄의 저서들이 예언적이라고 인정할 각오가 되어 있는가? 특히, 『기술 체계』는 현재의 격변을 예견했다. 『기술 체계』를 진지하게 받아들였다면, 격변이 불시에 나타나는 것을 모면할 수 있었을 것이다.

오늘날 『기술 체계』를 어떻게 읽어야 할 것인가? 특히 한국인이라면 『기술 체계』를 어떻게 파악해야 할 것인가? 엘륄은 기술적인 현상의 분석보다 신학적 고찰에 있어 한국에 더 알려져 있기에, 우리는 어떻게 그가 영적인 관점에서 기술에 접근하는지 여기서 지적하는데 전념할 것이다.

모든 것은 18세기에 시작한다…

『기술 혹은 시대의 쟁점』에서, 엘륄은 과거에는 자연이 환경이었듯이 기술은 환경이 되기 위해 위상이 변화되었고, 수천 년간 기술이 그러했듯이 "수단들의 단순한 결합체"이기를 멈추었다고 주장한다.

기술은 인간에게 자체의 법칙을 강요하는 자율적인 현상인데, 어쨌든 기술은 자체의 자유를 끊임없이 공표한다. 예전의 가치들은 겉으로만 존재한다. 예를 들어 "자유, 평등, 박애"는 프랑스 공화국 표어로 남아 있지만, 실제로 이 가치들은 기술에 의해 강요된 다른 유일한 가치, 곧 "매사에 최대한의 효율 추구"라는 가치 뒤로 사라진다.

도대체 어떻게 이 지경에 이르렀는가?

1967년, 『부르주아의 변신』*Métamorphose du Bourgeois*에서 엘륄은 이 변화가 산업혁명, 기계사용의 발전, 계몽철학에 의해 추진된 진보 신화와 더불어 18세기 유럽에서 시작되었음을 지적한다. 다른 사상가들처럼, 그는 기독교가 자체의 영향력을 상실했다면, 그것은 우선 서구인이 내재 가치를 초월적 가치로 바꾸었기 때문임을 상기시킨다. 어떤 면에서 이제 낙원은 내세에서 추구되지 않고 이승, 곧 지상에서 추구된다. 이와 같이 1794년 프랑스 혁명가 생쥐 Saint-Just는 "행복은 새로운 개념이 아니다"라고 썼다. 그런데 낙원과 동일시되는 것은 이 행복이다.

엘륄의 독창성은 행복의 이념을 흔히 주장하듯이 진보의 신화로 간주하는 것이 아니라 서구 문명에서 대규모 변화의 토대 자체로 간주하는 데 있다. 그에 따르면, 진보의 신화는 행복 추구의 산물일 따름이다. 실제로, 물질적인 안락과 바로 동일시되는 이 행복을 얻으려면 많은 노력을 기울이고 많은 노동을 해야 한다. 인간이 노동과 진보를 위해 쇠약해짐은 물론 심지어 자신을 희생할 각오로 노동을 가치로 만들고 진보를 신화로 만드는 것은 행복을 약속으로 여기기 때문이다.[4]

인간이 노동을 소외로서 체험하는 것이 아니라 최악의 경우 단지 단순히 불쾌함으로 체험하는 것은, 행복에 의해 노동을 정당화하기 때문이다. 엘륄에게 정당화 원리는 인류 역사의 가장 큰 집단 기만 중 하나이다. 그가 "정당화"라고 부르는 것은 마르크스가 이념이 무엇인지 설명하려고 "허위의식"이라 불렀던 것과 실제로 아주 유사하다. "정당화라는 현상은 그 작용에 의해 우리가 우리의 자유를 부인하는 작용인데, 우리의 자유는 단순한 구실일 뿐이기 때문이다. 자기 자신을 정당화하는 것은 힘의 정신과 더불어, 더 정확히 말해 이 힘의 정신이 나타난 이후 인간이 행하는 가장 대단한 시도이다.5)

"종교는 민중의 아편이다"라고 마르크스는 말했다… 그것은 사실이지만 모든 종교가 그렇다고 엘륄은 덧붙인다. 그런데 오늘날, 인간을 우둔하게 만드는 것은 "노동의 종교"이다. 이 종교의 매개물 자체는 행복 추구이다. 인간이 노동에서 소외되어 있음을 깨달을 수 없는 것은 행복 추구가 절대적이고 이론의 여지가 없는 지상명령이기 때문이다. 그 후, 기술의 발전은 노동의 육체적 부담을 줄이는 수단이어서, 기술은 해방의 매개물로서 체험될 것이다… 그렇기는 해도 인간은 기술이 단지 물질적으로 해방시킬 따름이며, 정신적으로 더구나 무의식적인 방식으로 점점 더 인간을 예속한다는 점을 깨닫지 못한 채로 있다.

인간이 정신적으로 예속되고 심지어 그 점을 알지 못한다면, 그것은 '내재성'이란 개념 자체가 그 의미를 잃어버린 것이다. 왜 그러한가? 엘륄은 설명한다.

기술은 자연의 신성함 및 자연의 창조물로 인간의 신성함을 박탈한다.
엘륄에게 있어, 삶의 영적인 영역은 물질적인 영역 앞에서 사라졌고, 그 점은 인간이 기술에 쏟는 신심croyance에서 기인한다. 기술은 인간으로 하여금 자연을 가공할 수 있게 하고 자연에 대한 인간의 힘을 분명하게 내보일 수 있게 하기 때문에, 인간은 온갖 형태의 기술을 숭배한다.

대체로 상황은 두 시기로 전개된다.

19세기에는 노동의 이념에 고무되어 인간은 자연을 지배하고 자기 마음대로 변형시키며 자신의 온갖 변덕에 맞추기를 원한다. 인간은 더는 자연을 두려워하지 않는다. 그와 반대로, 인간은 자연을 더럽히고 오염시킨다.6) 한마디로, 인간은 자연의 신성함을 박탈하며, 자연에서 모든 종류의 신비를 제거한다. 자연에 대한 이 가공 작업은 물질적으로 소모시키고 훼손시키기 때문에, 그 작업은 자체의 가치가 떨어진다.

20세기에는 주로 자동화나 정보화 같은 기술적인 발전을 통해 인간은 육체적으로 고된 노동으로부터 벗어날 수 있다. 따라서 기술적인 이념은 기술이 노동으로부터 해방시킨다는 확신에 토대를 둔다. 하지만 인간은 육체일 뿐 아니라 정신이기에, 기술이 손상시키는 것은 육체와 마찬가지로 정신이다. 육체는 자연이기 때문에, 예를 들어 보디빌딩이나 혹은 성형수술의 비약적 발전을 통해 드러나듯이 육체는 신성함이 박탈되고 극도로 조작된다. 그러나 정신도 깊이 침해당한다. 즉, 기술은 존재의 비합리성이라는 감정 및 스트레스에 인간을 노출시킨다. 노동이 인간을 육체적으로 덜 고되게 해봐야 소용없으며, 그 때부터 기술은 인간의 거처와 시간을 침범한다. 기술은 어디서든, 언제든, 완전히 인간을 소외시키고, 인간을 "육체와 영혼"의 고통을 느끼는 인간으로 만든다.7)

해소책으로 인간은 수많은 인위적인 낙paradis을 추구한다. 심지어 인간이 그 점을 의식하더라도 인간을 온갖 종류의 중독으로 이끌기까지 (프랑스에서는 휴대전화의 별명이 '전자 개 끈'이다), 기술은 텔레비전, 영화, 음악 같은 수많은 인위적인 낙을 인간에게 마련해준다. 어떤 쾌락이 다른 쾌락을 몰아내기 때문에, 이 즐거움들은 일시적이다. 1954년부터 엘륄이 언급했듯이, 기술은 자율적이고 통제할 수 없는 방식으로 발전하며, 'fin'이라는 단어의 이중적인 의미에서8) 기술에는 끝이 없다. 즉, 멈춤도 궁극목적도 없다는 것이다.

피해는 엄청나다. 물론 자연에 대한 피해이지만, 우선은 인간에 대한 피해이다. 『기술 혹은 시대의 쟁점』에서, 스위스 심리학자 융C.G. Jung 1875-1961의 작업에 근거하여 엘륄은 "자아의 가장 깊은 곳에 숨겨진 것을 기필코 명확히 하려는 것은 파국적이며, 의식이 그 위에 자리 잡는 배후나 심층이 존재한다."는 점을 상기시킨다. 또한 이 신비를 존중하는 것이 중요하다. "신비는 인간의 삶에 반드시 필요한 것이다." "성스러운 것에 대한 감정은 그 요소 없이는 인간이 절대 살 수 없는 요소이다." 그런데 "기술적인 침범을 통해 인간이 사는 세상은 신성함이 박탈된다." 기술에 있어서는, "신성한 것이 아무 것도 없고, 신비도 금기도 더는 없다." "기술은 아무 것도 숭배하지 않고 존중하지 않으며, 기술에는 만물을 수단으로 변화시키는 한 가지 역할만이 있다." 기술은 신비가 존재하지 않는다는 점을 과학처럼 이론적 근거에 의해서가 아니라 명백한 적용으로 입증하기 때문에, 기술은 과학보다 훨씬 더 신성함을 박탈한다.

인간은 기술에 의해 자연의 신성함을 박탈하면서 기술 자체를 신성화한다.
"기술 환경 속에 사는 인간에게 있어 어디에도 영적인 것은 더는 없다."라고 엘륄은 말한다. 자연의 신성함이 박탈된다고 해서 신성한 것이 사라지지는 않는다고 엘륄은 강조한다. 실제로, 신성한 것은 "사람들이 존중하기로 무의식적으로 결정하는 바"이다. 그런데, "우리는 이상한 뒤바뀜을 목격한다. 즉, 인간은 신성한 것 없이 살 수 없으므로, 인간은 다른 것에 있던 신성한 것의 의미를 이전에 자체의 대상이던 모든 것을 파괴했던 기술로 옮겨놓는다. 우리가 사는 세상에서 본질적인 신비가 되어버린 것은 기술이다. 기술은 자연에 대한 인간의 힘을 일반적으로 표현한 것이기 때문에 신성하다.

그렇지만 '기술의 종교'에 대해 이야기할 수 있을까? 그렇지 않다고 엘륄은 대답한다. 왜냐하면 인간은 기술에 대한 숭배를 진정으로 의식하지 않고,

심지어 기술을 중립적으로 간주하기 때문이다. 노동이 하나의 가치로서 간주되는 '노동의 종교'를 포함하여 모든 종교에서 행해지듯이, 인간은 기술을 치켜세우지 않는다. "기술은 아주 다양한 형태를 취한다. 이 다양성 자체로 말미암아, '기술의 종교'에 대해 이야기하는 것은 있을 수 없는 일이지만, 단지 기술에 전이된 신성한 감정에 대해 이야기하는 것은 생각해 볼 수 있다."

윤리와 정치의 무력함

『기술 체계』의 결론에서, 엘륄은 기술이 신성화되기 때문에, 기술이 인간의 소외를 감추는 자유의 환상을 인간에게 안겨주는 만큼이나 인간을 소외시킨다는 점을 확인한다.

인간은 기술이 인간으로 하여금 선택을 할 수 있게 하기 때문에 기술이 인간의 행동을 해방시킨다고 생각하지만, 그 점은 기만적이다. 실제로, "소비할 물건의 선택 다양성과 자유 사이에 일치가 반드시 있지는 않다. 물론, 수백 가지 상표의 자동차와 수천 가지 제품 가운데서 선택할 수 있다… 그러나 이런 종류의 선택은 다양한 인간 행동 가운데서 선택하는 일과 전혀 같은 것이 아니다. 두 가지 대상 사이에서 선택할 수 있는 것이 단지 문제라면, '선택'이란 단어에는 어떠한 윤리적 내용도 없다. 어쨌든, 자유가 표현되는 것이 분명히 거기는 아니다."

그것은 악순환이다. 인간의 자유가 기만적이기 때문에, 인간은 자유롭지 않은데도 자유롭다고 여긴다. 자유가 기만적이라면, 그것은 인간이 자신이 그렇게 한다는 점을 인정하기를 거부하면서 기술을 신성화하기 때문이다. 선택의 다양성과 자유 사이에 혼동이 지속되기 때문에, 이 악순환으로부터 빠져나오지 못한다. 예전의 가치들은 텅 빈 단어로, 핑계로, 자기 자신을 속이며 자신의 책임으로부터 도피하는 실제 수단으로 남는다.

기술에 대한 신성화가 오늘날 전 세계적인 현상인 만큼 문제는 더욱더 심각하다. 개발도상국을 위시하여 전 세계는 서구 모델을 기준으로 삼았다. 그런데 우리가 언급했듯이, 이 모델은 경제적 자유주의의 모델이 아니라 기술 자유주의의 모델이다. 자유주의는 기술에 대한 가장 완벽한 표현일 따름이다. 반자유주의 활동가들은 그들의 조직망이 인터넷 없이 존재할 수도 있기 때문에 기술로부터 독립되어 있다.

1965년부터, 『정치적 착각』에서 엘륄은 우파나 좌파나 둘 다 경제적 성장이란 기술적인 독단론에 예속되어 있는 한, 어느 정치가에게 투표하더라도 그것은 어떠한 파급효과도 없다고 설명했다. 오늘날, 기술은 대의 민주주의 뿐 아니라 모든 "시민적" 참여도 시대에 뒤진 것으로 만든다.

인간은 기술의 신성함을 박탈할 수 있는가?

기술이 신성화되고 인간이 무엇이든 간에 신성화한다는 점을 인정하기를 거부한다는 이중적인 이유로 말미암아 기술이 파탄의 터전이 된다면, 해결책을 생각할 수 있을까? 『기술 체계』에서 엘륄은 그 점에 대해 무엇이라 언급하는가? 엘륄은 결론에서 다섯 가지 주된 장애물을 드러내 보인다.

1) 새로운 세대들에 있어, 기술은 "이미 존재하는 것"이며, 기술은 "사람들이 그 점을 깨닫지 못해도 필요한 행동과 이념적 방향에 부합하는" 완전한 환경을 이룬다. 오늘날, "인간은 이 환경에 따라 생각하고 행동한다." 『기술 체계』가 집필된 1977년 이후 거리에서도 전자 자판과 더불어 몇 시간을 온통 보내는 사람의 숫자는 더는 관심을 끌지 않는다. 어떤 면에서 휴대전화는 그들에게 반드시 있어야 하는 부속물이다. 그것 없이 지내는 일은 그들에게 견디기 힘들다.

2) "지적인 양성 전체는 긍정적이고 효과적인 방식으로 내일의 세계로 들어가도록 준비시킨다". "오늘날 모든 교육은 기술적이 되는 것을 지향하고, 교육이 그러한 구체성 속에 그렇게 뿌리내린다는 조건에서 만이

대중들이 보기에 정당화된다. 그 때부터, 이 방식으로 양성된 젊은이들은 기술에 대하여 어떻게 선택과 결정을 할 수 있을까?"

3) 기술이란 기술 자체에 의해 전례 없이 사회적 통제가 일어나는 것이다. "기술 체계는 적응 요인들을 포함한다. 광고, 대중매체에 의한 오락, 정치적 선전, 인간관계나 공적 관계, 그 모든 것에는 겉으로 차이가 있음에도 인간을 기술에 적응시킨다는 유일한 기능이 있다".

4) 우리 사회를 특징짓는 쾌락주의적 개인주의는 기술에 대한 신성화의 가장 완결된 형태를 이룬다. "기술은 필요와 지속적인 욕망에 부합한다는 점을 각자 알고 있다."고 엘륄은 언급한다. 그러나 욕망에 대한 열광 속에서 "기술적인 현상과 관련하여 인간의 독립 형태와 해방 형태"를 보는 것은, 가장 정신 나간 환상이다.

5) "우리 사회의 인간은 그 기준점으로부터 기술을 판단하고 비판할 수도 있는 지적이고 도덕적이며 영적인 어떠한 기준점도 갖고 있지 않다". "이데올로기의 종언이란 사회학과 하나님의 죽음이란 신학은 기준점의 상실을 우연히도 입증한다".

현대성에 대한 근본적 비판 및 인본주의에 대한 거부

그 기준점으로부터 기술을 비판하는 것이 가능한 기준점에 대한 문제는 아마도 엘륄에게 있어 본질적인 논점이 된다. 그는 『기술 체계』 출판 이후 두 번이나 그 문제에 대해 재론하게 된다.

맨 먼저 1979년, 캐나다 라디오 방송에서 제자 중 하나인 빌렘 반데버그 Willem Vanderburg에게 하고나서 얼마 되지 않아 출판되는 인터뷰에서 이다. 항구적인 자료로부터 만이 상황에 대한 판단을 내릴 수 있다(…). 그런데 인간은 아주 덧없는 실재이다. 비판적인 기준점을 제시하는 것은 그러한 존재로서 인간이 아니다(…)." (19장). 내적 기독교 계시의 경험을 사회적 종교 현상에 대립시키고 나서 (20장과 21장), 엘륄은 다음 같이 주장한다. (23장). "기독교 계시는 기준 및 외부의 비판적 관점을 제시한다. 기술이 총괄적이라면, 다시 말해 기술 체계가 새로운 현상들이 나타나는 족족 새로운 현상 모두를 통합할 수 있다면, (…) 무엇이 기술로부터 벗어날 수 있을까? 인간적인 관점에서는 아무 것도 없다. 따라서 초월이 필요하다. 우리 역사에도 우리 세상에도 속하지 않는 어떤 것이 필요하다. (…) 초월이 필요하다고 내가 말할 때, 나는 무언가를 옹호하는 것이 아니다. 즉, 기독교를 옹호하려 애쓰지도 않고, 하나님의 존재를 입증하려 애쓰지도 않으며, 단지 두 가지 중 하나를 언급하려는 것이다. 기술이 인간에게 있어 운명이 되든가, 다시 말해 절대적 결정론으로 귀결되는 것이자 (…) 모든 인간적인 실재를 장악하는 일종의 숙명이 되든가, 그렇지 않으면 기술이 동화시킬 수도 없고 제거할 수도 없는 어떤 것이 존재하든가 인데, 그것은 단지 초월자일 수도 있으며 우리 세상에 포함되지 않은 어떤 것일 수도 있다. 우리는 이 양자택일에 직면해 있다. 인간으로 하여금 인간이 존재하는 세상에 대한 판단을 내릴 수 있게 하는 것은 이 초월자의 존재이다. 이 초월자가 존재하고 이 초월자가 예수 그리스도 안에 계시되었던 존재이자 우리를 향해 내려왔던 존재라면, 이 초월자는 우리의 체계 속에 포함되지 않는다. 그래서 우리는 이 초월자가 위치하는 곳, 다시 말해 이 초월자에 속한 초월 속에 위치할 수 있다. 그 점을 통해 체계에 대한 비판을 가능하게 하는 외부의 관점이 우리에게 제시된다. (…) 기술 체계에서는 그 초월자만이 인간에게 자유를 보장한다."9)

여기서 보듯이, 엘륄은 기술에 대한 분석가로 자임할 뿐 아니라 현대성에 대한 비판가로도 자임한다. 르네상스시기에 생겨나고 따라서 계몽주의시대에 훨씬 앞선 인본주의는 엘륄이 보기에 기만이다. 이성과 양심과 자유의지는 인류의 소중하고 때늦은 쟁취들이지만, 그것들에는 자체의 한계들, 곧 신비에 의해 그것들에 부과되는 한계들이 있다. 엘륄이 다른 지식인들과 동떨어져 있을 뿐 아니라, 현대성을 내세우고 구가하며 현대성을 소신으로 삼는 대부분의 사람들과 동떨어져 있는 것은, 그가 이 신비를 존중하고 이 신비의 존재를 믿으며 이 신비를 증언하기 때문이다.

1982년, 자신의 저서 『인간을 위한 혁명』*Changer de révolution* 말미에서 그는 기준점이란 문제에 두 번째로 접근한다. 그 때 그는 자신의 신앙에 대해 언급한다. "우리가 빠져있는 이 강력한 구조를 끝내려면, (…) 본질적이고 근본적인 동기부여가 필요하고 역사의 확약이나 혹은 이론의 확약을 넘어서는 확약이 필요하다. (…) 또한 극히 강한 지렛대 및 움직이지 않는 지레의 받침점이 필요하다. (…) 이제 나는 개인적인 확신의 영역 및 증언의 영역으로 들어가려고 확인된 사실의 영역을 떠난다. 나는 예수 그리스도 안에 하나님의 계시만이 지렛대와 지레의 받침점을 부여할 수 있다고 생각하는데, 그것은 신앙의 문제이다.10)

구체적으로 신앙은 다음 같은 아홉 가지 특성이 실행되는 것을 전제로 한다.

1) 인간이 우상으로서 자기 자신에게 부여하는 모든 것에 대한 신성함의 박탈,
2) 완전히 이해관계를 벗어난 인간관계(자신의 이익추구가 아닌 타인의 이익추구11)
3) 무력을 사용하지 않는 완전한 정신기술의 기반이 되는 바와 정반대의 것
4) 소망 우리의 노력 결과에 따라서가 아니라 우리의 신앙에 따라 우리의 노력을 계속해야 한다
5) 변화에 대한 요구(실제로 모든 것을 매번 다시 시작해야 하기 때문이다
6) 자유 이스라엘의 하나님은 절대적인 해방자로서 우선 계시된다12)
7) 현실주의 이상주의도 환상도 없이 사람과 사물을 있는 그대로 보아야 한다
8) 정의(사법적인 정의가 아니라 정당함과 평화의 정의
9) 진리(독단적인 진리나 혹은 과학적인 진리도 아니고 심지어 지적인 진리도 아닌 사랑에

따르는 진리이자 관계의 투명함과 헌신 속에서 실행되는 진리13)

신성함의 박탈이 맨 처음 나온다. 엘륄에 있어 신성화하는 것은 "어떤 것을 무의식적으로 존중하는 것"임을 우리가 보았기 때문에 그 점은 깜짝 놀라게 할 수 있다. 그와 동시에 엘륄이 신성함의 박탈이 무의식 속에서 그 원천을 취한다고 판단한다면, 그는 어떻게 신성함의 박탈을 하나의 특성으로서 간주하는가? 우리가 의식하지 못하는 바에 대해 우리는 어떤 점에서 책임이 있는가?

자각이 굳센 의지, 곧 실재를 우리의 욕구와 구별하는 의지에서 기인하기에, 실제로 엘륄은 신성함의 박탈을 "자각"으로 규정한다.14) 기술의 신성함을 박탈하기 위해서 우선 인간은 허튼 소리를 더는 믿지 않으려 해야 하는데, 무슨 수를 쓰더라도 그리해야 한다. 온갖 경제 모델을 통해 명확히 드러나듯이, 이와 같이 인간은 노동이 가치라고 더는 생각하지 말아야 한다. 가치가 있는 유일한 노동, 곧 인간이 완전히 몰두할 만한 유일한 노동은 세상에 대한 자신의 무의식적인 투영을 판별하면서 자기 자신에 대해 실행해야 하는 노동이다. 따라서 오늘날 인간이 전념해야 하는 것은 진정한 "나moi와 무의식의 변증법"이다.15)

엘륄은 이 노동을 혁명적이라고 규정짓는다. 1935년부터, 그는 "이제 혁명은 대중 운동일 수 없다. 모든 혁명은 직접적이어야 한다. 다시 말해, 모든 혁명은 개인의 판단방식과 행동방식의 변화에 의해 각 개인 내부에서 시작해야 한다. 혁명적이지도 않은 채 혁명적이라고 자칭하는 것은 이제 불가능하다."라고 쓴다.16)

50년이 지나 1988년, 그는 세상을 변화시키려는 것은 어리석고 허풍을 치는 것이지만 반면에 "당연한 것을 완전히 뒤바꾸고 모든 가치의 정점에 자유를 두는 것"17)이 절대 필요하다고 주장한다.18)

그는 볼떼르Voltaire, 루소Rousseau, 칸트Kant, 흄Hume 같은 보편주의 철학자들을 물질세계를 벗어나 추상적 관념으로 국한된 인간, 곧 "시민·인간" l'Homme-et-le-Citoyen19)의 개념을 만들어내는 자들로 간주한다. 그런데, 오늘날 대다수 개인이 외부 세상에 시선을 집중시키며 거기서 파멸하는 것은, 그런 인간을 이상형으로 삼았기 때문이다.

세상에 대한 자각은 자기 자신을 시험함으로써 일어난다.

신성화하는 일이 외부에 무의식적으로 자신을 투영하는 일에 상응하므로, 신성함을 박탈하는 것은 반대되는 태도, 곧 있는 그대로 꾸밈없는 자기 자신의 존재에 대한 자각을 요한다. 부자연스럽고 인위적인 능력을 자신에게 부여하며 눈앞에 있는 사실을 인정하지 않기 위한 기술을 사용하려는 유혹에 빠지지 말아야 한다. 기술에 대한 미망에서 깨어나는 것과 "자기성찰 및 실행"은 단 하나의 움직임을 이루지만 두 단계로 일어난다. 엘륄의 말을 들어보자.

"나는 사회적이고 정치적이며 경제적인 결정들과의 결별이 구체적으로 가능하다는 것을 믿지 않는다. 인간이 행할 자유가 있는 일이란 단지 그 결정들을 식별하는 것이고, 자신이 결정지어져 있음을 인정하는 것이다. 자유의 첫 번째 행동은 이론적으로가 아니라 자기 자신에 대한 사회적 필요성을 인정하는 것이고, 그 필요성을 헤아려 보려고 애쓰는 것이며, 그 필요성의 방향과 의미를 발견하는 것이다.(…) 이 자각은 나의 자유 행위이다.(…) 그러나 이 자각은 충분하지 않다. 영적 문제는 내가 이 필요성과 마주하여 이 필요성을 판단하는 그 순간부터 제기되기 시작할 따름이다. 왜냐하면 내가 이 필요성을 판단할 때 그와 동시에 나 자신을 판단하기 때문이다.(…) 이 통찰력을 벗어나서는 어떠한 시작도 없다."20)

엘륄은 "결정들에 대한 자각" 모델 및 "자아에 대한 판단" 모델을 복음서에서 발견하는데, 그것은 사탄이 그리스도에게 세 가지 유혹을 하고 그리스도가 그 유혹을 이겨낼 때이다.마태복음 4장 1-11절 엘륄은 거기서 물질적인 필요라는 유혹과 기술을 통한 힘의 의지라는 유혹과 오만이라는 유혹을 발견한다.21) 그리스도가 이 시험으로부터 승리한 후에 만이 자신의 사역을 행했던 것과 마찬가지로, 우리도 세상에 대한 미망에서 깨어난 후에야 만이 세상에 영향을 미칠 수 있다.

오늘날 『기술 체계』로 무엇을 할 것인가?

엘륄이 당연한 것을 완전히 뒤바꾸고 모든 가치의 정점에 자유를 두도록 우리에게 권유할 때, 그것은 우리에게 "자기성찰 및 실행"을 권유하기 위함인데, 그것은 괴테Goethe가 "너의 존재인 바가 되라"는 격언을 말하는 관점에서, 또 융C. G. Jung이 "개별화 과정"을 중세 연금술사의 위대한 업적에 비교하는 관점에서이다. 사람들은 진정한 개인으로 태어나지 않고 어떤 노정의 끝에 진정한 개인이 되는데, 그 노정 중에 빈틈없는 지적인 주의력과 엄밀함과 정직성 및 상당한 인내심을 대가로 우리의 무의식적인 환상을 세상의 실재와 구분하는 것이 가능하다.

그런데 오늘날, 세상의 실재는 신성화되어 있기 때문에, 기술은 늘어나는 편리함을 인간에게 제시하고, "자기성찰 및 실행"의 절대적인 필요성으로부터 끊임없이 인간을 벗어나게 하는 무수한 유혹의 원천이 된다.

기술적인 이념의 주창자들도 당연한 것을 완전히 뒤바꾸고 모든 가치의 정점에 자유를 두기를 권하는 만큼 더욱더 이러하지만, 그것은 가장 완벽한 기계들의 형상을 본 따서 하는 전혀 다른 방식으로 이다.

사이보그cyborg는 메시아처럼 기다려진다. 한편으로, 그것은 생명공학의 열렬한 신봉자들이자 엘륄이 그들이 오는 것을 목격했던22) 레이몽Raymond, 쿠르츠바일Kurzweill, 리차드 도킨스Richard Dawkins같은 변형인본주의23) 철학자들에 의해서이다. 다른 한편으로, 그것은 변형인본주의자들의 냉소주의를 보상하고 그 냉소주의를 받아들일 만한 것으로 만드는 서정성 속에 있는 「매트릭스」Matrix 와 「아바타」Avatar 같은 공상과학영화 제작자에 의해서이다.

영화 「에일리언」Alien은 현대인의 소외, 곧 자신의 의식에 의해 통합되지 않기에 고통이 없는 소외를 상징한다. 인간은 저급한 인공보철구의 힘을 빌지 않고서는 자기 자신을 변형시킬 용기가 없기 때문에, 돌연변이체는 자기도 모르게 변형되는 인간에 대한 상징이다.

1982년, 엘륄은 "나는 자율적인 것으로서 기술을 끊임없이 드러내보였으나, 기술이 제어될 수 없다고 말한 적은 없었다"라고 썼다.24) 5년이 지나, 그는 생각을 바꾸었고 비관주의를 방패로 삼았다. "이제, 나는 시합에 진 것이라 판단한다. 즉, 정보처리 능력에 의해 고조된 기술 체계는 인간의 방향지시 의지를 결국 벗어났다."25)

일생동안 엘륄의 소망이었던 소망을 발견하는 일과 삶의 마지막 순간 엘륄을 사로잡았던 비관주의에 굴복하지 않는 일은, 오늘날 좌절이나 "기술담론의 허세"에 굴하지 않으려는 모든 이들의 몫이다.

조엘 드까르젱Joël Decarsin

프랑스 '떼끄노로고스 협회' Association Technologos 26) 회장

1) 『내가 믿는 것』*Ce que je crois* (1987) 중 아주 미묘한 대목에서, 엘륄은 기술의 그러한 일반화를 "악의 일반화"로 감히 규정한다.
2) 1954년부터 『기술 혹은 시대의 쟁점』에서, 엘륄은 "자본주의에 대해 거세게 비난하는 것은 쓸데없는 일이다. 세상을 만드는 것은 더는 자본주의가 아니라 기술이다."라고 썼다.
3) 게다가 오늘날 사회 망과 더불어 그 전제들이 보인다. 따라서 기술은 "의심의 시대" 및 추잡함의 시대를 확고히 한다. 리얼리티 쇼 방송과 원격 감시나 혹은 승객의 탑승 시 공항 검사관으로 하여금 승객의 벗은 몸을 볼 수 있게 하는 수단, 곧 엿보기 충동을 만족시키려고 언젠가 반드시 일반화되는 기술과 같은 다양한 현상들이 그 점을 입증한다.
4) 엘륄은 『기술 체계』에서 행복의 우위에 대해 재론한다.
5) 『자유의 윤리』*Etique de la liberté*, 1권. 엘륄이 정당화의 메커니즘을 상세히 설명하는 것은 『부르주아의 변신』*Mètamorphose du bourgeois*에서이다.
6) 인간이 경제적 성장이란 독단론에 매여 있는 한, 인간은 자연을 계속 더럽힐 것이다. "지속 가능한 성장"이란 개념은 기만일 따름이고, 상당한 대가를 치르고 자신에게 거리낌 없는 양심을 부여하는 수단이다.
7) 프로이트(Sigmund Freud 1856-1941)에 의해 20세기 초부터 분석된 신경증, 곧 그 원인이나 해결책이 감지되지 않는 내적 갈등은 가장 의미있는 문명의 병리학 중 하나를 이룬다. 1993년, 죽기 직전에 엘륄은 "온전한 인간" *Homme entier*이라는 분명한 제목이 붙은 영화에서 그것을 설명한다. 엘륄에게 있어 온전한 인간은 기술의 매혹적인 다양한 결과에 의해 주의력이 분산되지 않는 명철한 사람이다.
8) [역주] 프랑스어 'fin'이란 단어에는 '끝, 종말'이란 뜻과 '목적'이란 이중적인 뜻이 있다.
9) 『세계적으로 사고하고, 지역적으로 행동하라 - 자끄 엘륄이 말하는 그의 삶과 작품』 *Perspective on Our Age: Jacques Ellul on His life and Work* (2010년 대장간 역간)
10) 기술적인 이념을 묘사한 후, 엘륄은 기술적인 이념을 회피하는 유일한 수단이 기독교 신앙임을 지적한다. 신앙과 이성의 대립은 엘륄이 별로 알려지지 않은 저자로 남아 있는 첫 번째 이유이다. 그렇지만 여러번 되풀이하여, 그는 자기 저작의 사회학적 측면과 신학적 측면이 서로 상응하면서도 뚜렷이 구분된다는 사실에 대해 특히『내가 믿는 것』*Ce que je crois*에서 설명했다.
11) 엘륄에게 있어 사심이 없는 관계는 이타적인 행동에 의해서 나타날 뿐 아니라, 세상에 대한 초연하고 금욕적이며 관조적인 관계의 의해서도 나타난다. "이 기술 사회에 대한 결별의 최고점, 곧 진정으로 혁명적인 태도는 광적인 소요 대신 관조의 태도일 것이다. (『혁명의 해부』*Autopsie de la Révolution*(대장간 역간)
12) 여기서 보듯이, 엘륄에 따르면 자유는 경제적 자유주의에 의해 더 높은 가치가 부여된 "자유・핑계" (liberté-prétexte)와 아무런 관계가 없다. 자유는 하나님에 의해 인간에게 주어지고, 자유는 하나님에 의해 요구된다. 그 점에 있어 엘륄의 사고는 하나님은 인간이 자유롭기를 원한다는 칼 바르트(Karl Barth)와 아주 유사하다. 인간이 하나님의 말을 듣지 않거나 듣기를 원하지 않는다면, 그것은 인간이 자유롭게 되기를 원하지 않기 때문이다. "인간은 자신이 주장하듯이 자유에 전혀 열광하지 않는다. 자유는 인격(personne)에 내재된 욕구가 아니다. 안전함과 순응과 적응과 행복과 노력 절약의 욕구는 훨씬 더 지속적이고 깊다. 인간은 이 욕구들을 충족시키려고 자신의 자유를 희생할 용의가 되어 있다. (…) 물론, 인간은 직접적인 압제는 견딜 수 없으나, 그것은 인간이 자유로운 인간이기 때문이 아니라 인간이 다른 사람에게 명령하고 자신의 권위를 행사하기를 원하기 때문에, 강압적인 방식으

로 지배당하는 것이 인간에게는 참을 수 없다는 점을 단지 의미한다." (『자유의 윤리』 Etique de la liberté, 1권, 36쪽)

13) 엘륄에게 있어 진리는 실재와 구별되어야 한다. 그런데 기술 체계의 속성은 사실들에, 세상에 행사된 행동들에, 세상에 대해 부여된 이미지들에, 간단히 말해 "인간의 외면성"에 집중되는 것이다. 그것은 엘륄이 높이 평가했던 수필가 기 드보르(Guy Debord 1931-1994)가 그렇게 불렀듯이 "구경거리"이다. 외부 세상에 대한 집중은 외부 세상에 대한 매개물인 말(parole)의 "내면성"을 희생시켜 이루어진다. 엘륄은 이 견해를 1980년 『굴욕당한 말』La parole humiliée(대장간 역간)에서 상세히 설명한다. 비디오게임, 광고영상, 동영상, 표지판과 로고 같은 시각적 표지체계는 응축된 표현에 의해 오로지 나아가는 언어를 촉진하는데 기여한다. 그 언어의 섬세한 의미 차이는 배제되고, 하물며 내면성의 의미도 배제된다.

14) 『원함과 행함』Le vouloir et le faire(1964)을 볼 것.

15) 『나와 무의식의 변증법』Dialectique du moi et de l'inconscient은 융(C.G. Jung)의 저서 제목이다. 우리는 엘륄의 연구 작업이 무의식에 대한 융의 연구에 의해 상당히 풍부해진 것이라 생각한다. 어쨌든 두 연구업적 사이에 상당수의 일치, 특히 기술이 우선시하는 중요성처럼 상징적이고 유추적이고 비실증적이고 비인과적이고 비공리적인 사고에 부여된 중요성이 눈에 띈다.

16) 「인격주의, 직접적인 혁명」Le personnalisme, révolution immédiate (『자끄 엘륄 평론집』Cahiers Jacques-Ellul 1호, 2003, 83쪽)

17) [역주] "travail sur soi"를 글쓴이의 설명에 따라 내용을 풀어서 번역한 것으로 여기서 글쓴이는 "자기성찰 및 실행"을 "외부 세상에 대해 이루어진 노동"과 단지 대립시키려는 의도로 이 표현을 쓴다.

18) 『기술담론의 허세』Le bluff technologique, 결론

19) [역주] 글쓴이는 1789년에 나온 「시민과 인간의 권리 선언」Delaration des droits de l' homme et du citoyen에서 '시민·인간'을 염두에 두고 이 표현을 쓴다. 보통 이 표현이 근본적인 어떤 것이자 불가피한 기준으로 간주되고 신성화되는 경향이 있음에도, 글쓴이는 이 표현에 대해 약간은 빈정대면서 엘륄처럼 비판적인 시각으로 바라본다. 이 표현방식은 대도시나 국가의 대중 속으로 사라진 인간, 곧 행정조직이 체스의 졸이나 숫자나 명부로만 파악하는 인간에 대한 물질세계를 벗어난 추상적이고 익명적인 개념을 부각시킨다. 인간에 대한 이 개념은 나중에 기술 체계의 서막을 이루고, 더 일반적으로는 현 시대를 특징짓는 개인주의를 이룬다. 그와 반대로, 그리스도인으로서 엘륄은 인간에 대한 전혀 다른 개념, 곧 그리스도인인 인간에 대한 개념을 옹호한다. 즉, 마가복음 12장 29-31절의 "네 이웃을 네 몸과 같이 사랑하라"에서처럼, 인간은 "이웃"이라는 것이다.

20) 『자유의 윤리』 1권, 48-49쪽

21) 위의 책, 60-68쪽

22) 『기술 체계』 269쪽

23) [역주] 변형인본주의(transhumanisme). 인간의 정신적, 육체적 능력을 끌어올리고 어리석음, 고통, 질병, 고뇌, 원치 않는 죽음과 같은 인간 조건의 바람직하지 않고 불필요한 측면으로 간주되는 바를 개선하기 위해 새로운 과학과 기술의 사용을 지지하는 지적이고 문화적인 운동을 가리킨다.

24) 『인간을 위한 혁명』(대장간 역간) 224쪽.

25) 『기술담론의 허세』Le bluff technologique, 203쪽

26) 이 협회의 목적은 현대 사회에서 기술이 차지하는 위치에 대한 고찰, 더 특별히는 기술의 확장과 기술이 빚어낸 결과에 대한 고찰을 프랑스에서 전개하는데 기여하는 것이다. 이러한 고찰은 다음 같은 두 가지 질문에 초점이 맞춰져 있다. 즉, "어느 정도로 우리는 기술을 통제하고 있는가?" 또 "기술을 통제한다는 인간의 주장에도 불구하고, 어느 정도로 기술

은 인간의 상황을 만들어내는 자율적인 과정이 되고 있는가?"라는 질문이다. 이러한 고찰은 자끄 엘륄은 물론, 기술적인 현상에 대한 분석으로 잘 알려진 베르나르 샤르보노(Bernard Charbonneau), 마르틴 하이데거(Martin Heidegger), 귄터 안데르스(G?nther Anders), 이반 일리치(Ivan Illich) 등의 사상을 중심으로 이루어진다. 이 협회는 국제적인 연맹을 만들려는 목적으로 외국에서 이와 비슷한 목적을 지닌 단체와 관계를 맺기 원하는데, 홈페이지 주소는 http://technologos.fr 이다.

일러두기

자끄 엘륄이 기술의 현상에 할애한 세 권의 저서는 다음과 같다.
- 『기술 혹은 시대의 쟁점』 *La Technique ou l'enjeu du siècle* (1952년)
- 『기술 체계』 *Le système technicien* (1977년)
- 『기술담론의 허세』 *Le Bluff technologqique* (1988년)

이 저서들에서 기술technique의 형용사인 'technique'와 'technicien', 그리고 기술담론technologie의 형용사인 'technologique'가 차례로 사용된다. 게다가, 엘륄은 간혹 기술technique이란 명사의 첫 철자를 대문자로 써서 'Technique'로 표현하는 때도 있고, 간혹 그렇게 하지 않는 때도 있다. 따라서 심지어 프랑스인 독자일지라도 이 어휘들 사이의 차이점을 파악하는데 간혹 어려움이 따른다. 갈피를 잡으려면 엘륄 자신이 이에 대해 언급한 바를 들어보아야 한다.

『기술담론의 허세』의 일러두기에서 그는 다음 같이 기술한다.

"나는 기술담론technologie이란 단어에 대해 지적하고자 한다. 이 단어의 뜻을 자의적으로 사용하는 일이 우리의 뇌 속에 자리 잡고 있다. 또한 이런 식의 사용이 미국식의 사용을 맹목적으로 모방하기 때문에, 나는 이러한 사용에 반대한다. 이 단어의 이러한 사용은 근거가 없다. 실제 어원적으로, 기술담론technologie이란 단어는 '기술에 대한 담화' discours sur la technique를 의미한다. 기술에 대해 연구하는 것, 기술 철학이나 혹은 기술 사회학을 하는 것, 그렇지 않으면 기술적인 종류의 교육을 하는 것이 기술담론technologie에 해당한다. 이와 반대로, 기술담론이란 용어는 기술의 사용법과 엄밀히 말해 아무 관련 없다.

따라서 '정보처리 기술'을 표현하는데 'technologie informatique'을 사용하거나 혹은 로켓 제작과 사용을 지칭하기 위한 '우주 기술'을 표현하는데 'technologie spatiale'을 사용하는 것은 어리석은 짓이다."

이러한 자세한 설명 이후에, 엘륄은 기술의 현상에 관한 자신의 세 번째 책의 제목을 왜 『기술담론의 허세』*Le Bluff technologqique*라고 정했는지 설명한다.

"일반화된 고찰이 없기 때문에 또 집단적인 무지 때문에, 나는 'technologie'라는 용어의 사용이 자리 잡힌 상황 앞에서 나의 항변이 쓸데없음을 안다. 하지만, 나는 이 책의 제목이 타당함을 입증하는데 집착한다. 내가 이 책의 제목을 '기술적인 허세' bluff technicien라 하지 않고, '기술담론의 허세' bluff technologique라고 한 것은 다음 같은 목적에서이다. 즉, 우리가 그 속에 사로잡힌 엄청난 허세는 이제부터 기술들에 관한 담화의 허세임을 명백히 입증하기 위해서이다. 상황이 이렇게 된 것은, 항상 기술을 더 신성화하고 기술에 대한 우리의 행동을 더 변화시키며 진정으로 신화를 만들어내는 담화가 문제되기 때문이다."

그렇다면 기술technique의 형용사 중 하나인 'technique'라는 용어는 어떻게 되는가? 엘륄에게 형용사 'technique'의 사용은 관례적인 용법에 정확히 일치하기 때문에 어떤 특별한 설명도 필요 없다. 이와 반대로, 엘륄이 기술technique이란 명사의 첫 철자를 대문자로 쓸 때, 그는 이 용어가 나타내는 개념이 신화화되어 있다는 사실, 곧 'Technique'가 '신성화된 기술'이라는 사실을 알리고자 한다.[1] 여기서 『새로운 악령 들린 자들』*Les Nouveaux possédés* [2])에 나오는 엘륄의 가장 유명한 표현 중 하나인 "우리를 굴종시키는 것은 기술이 아니라 기술에 전이된 신성함이다."를 인용할 필요가 있다. 이 표현을 달리 나타내면 "우리를 굴종시키는 것은 '기술' technique이 아니라 '신성화된 기술' Technique 이다."라고 할 수 있을 것이다!

마찬가지로 'technicien'이란 용어에는 어떤 특별한 의미가 있다.[3] 'technicien'이란 명사는 직업상으로 기술적인 작업을 수행하는 모든 사람을 지칭한다. 하지만, 이 'technicien'이란 명사에서 대략 1950년 직후에, 엘륄은 자신과 동시대인들의 상상력과 일상 속에 기술이 차지하는 증대되는 위치를 나타내고자 'technicien'이란 형용사를 사용하고 특히 일반화한다. 처음에, 엘륄은 기술의 현상과 관련된 자신의 첫 책의 제목을 『기술 사회』*La société technicienne*로 붙이기를 바랐다. 하지만, 그 당시 이 책의 편집자가 이 제목이 상업적으로 충분히 주의를 끌지 않는다고 여겼다. 그래서 제목이 『기술 혹은 시대의 쟁점』*La Technique ou l'enjeu du siècle*이 되고 말았다. 이와 반대로, 이 책이 10년 후 미국에서 번역되었을 때, 그 제목은 엘륄이 바랐던 바에 일치하는 『기술 사회』*The Technological Society*가 되었다.

조엘 드까르젱 Joël Decarsin

---

1) [역주] 『기술 체계』*Le système technicien*에서 기술(technique)이란 용어 외에 여러 명사들의 첫 철자가 대문자로 쓰여 있는데, 이러한 경우에도 이 설명이 적용될 수 있다. 따라서 첫 철자가 대문자로 쓰인 명사는 서체를 달리하여 나타내기로 한다.
2) [역주] 『새로운 악령 들린 자들』*Les Nouveaux possédés*에서 엘륄은 기술이 어떻게, 왜 신성화되었는지 가장 잘 설명한다. 이 책은 엘륄 사상의 사회학적 측면과 신학적 측면 사이의 접합 지점으로 간주되어 소중히 여겨진다.
3) [역주] 『기술 체계』*Le système technicien*에서 기술(technique)의 형용사는 'technicien'과 'technique' 두 가지가 나온다. 이 두 표현을 굳이 구별하자면 'technicien'은 '기술과 관련된, 기술이 지배적이게 하는, 기술의 사용에 방향이 맞추어진'이란 뜻으로, 또한 'technique'는 '활동에 있어서 노하우(know-how)와 관련된, 기계의 작동 방식과 관련된, 과학 지식의 적용과 관련된'이란 뜻으로 볼 수 있다. 특히, 엘륄이 'technique'란 단 하나의 명사에 해당하는 두 가지 다른 형용사를 사용한 것은 아주 중요한 문제이다. 엘륄의 견해에 따르면, 오늘날 기술은 위상이 근본적으로 바뀌었기 때문에 예전의 기술과 완전히 다르다. 예전에는

기술이 일련의 수단이었을 따름이나, 19세기 이후부터 오늘날 기술은 예전의 자연과 마찬가지로 하나의 환경이고, 인간이 잠시 어떠한 진정한 통제도 가할 수 없는 자율적인 과정이며, 신성화된 세계이다. 그러므로 엘륄에게 'technicien'은 명확한 의미를 가진 단어이자, 현 세상을 이해하는 자신의 방식과 연결된 단어이다. 엘륄이 이 책에서 두 표현을 구분하여 쓰려 한 것은 분명하지만, 어떤 경우 'système technicien'으로 써야 할 표현을 'système technique'로 쓴 데서 볼 수 있듯이, 가끔 두 표현을 혼동해 쓰는 듯이 보인다. 이와 같이, 'technicien'을 '기술 지배적인'이나 '기술 중심적인'으로, 'technique'를 '기술적인'이나 '기술(의)'로 구분하여 옮기는 것이 타당하나, 위와 같은 이유에서 이 두 표현을 '기술(의)'나 '기술적인'으로 통일하여 옮기기로 한다. 그리고 'technologie'는 '기술담론'으로, 그 형용사인 'technologique'는 '기술담론적인, 기술담론의'라고 옮기는 것을 원칙으로 하지만, 이 책에서 간혹 엘륄은 '기술'(technique)이란 표현 대신 '기술담론'(technologie)을 쓰고, '기술적인'(technicien/technique) 대신 '기술담론적인'(technologique)을 쓰는 경우가 있어 이를 면밀히 검토한 후 문맥에 따라 적절하게 옮기기로 한다.

장 뤽 뽀르께[1])의 서문

엘륄은 분명히 그렇게 말했다.

　　65세 되던 때 자끄 엘륄은 레이몽 아롱[2])에 의해 주도된 『정신의 자유』*Liberté de l'esprit* 라는 전집에 자신의 주 저서인『기술 체계』를 출판한다. 그 당시 엘륄은 자신의 저작 대부분을 이미 집필했다. 엘륄은 다음 같은 모순된 상황, 곧 자신의 저작이 읽히고 주석이 붙여지며 알려져서 유명하게 되는 것을 이미 오래전부터 경험한다. 미국에서 올더스 헉슬리[3])는 십만 부 이상이 팔렸던 엘륄의 첫 번째 책,『기술 혹은 시대의 쟁점』을 번역하게 했다. 미국에서 대학 강의가 엘륄의 사상에 할애되고 엘륄은 마르쿠제[4])나 일리치[5])와 동급이 된다. 캘리포니아나 콜로라도에서 미국 학생들이 보르도Bordeaux 대학에서 하는 엘

---

1) Jean Luc Porquet. 2003년 출간된 『자끄 엘륄, 거의 모든 것을 예언한 사람』*Jacques Ellul, l'homme qui avait presque tout prévu*의 저자.
2) [역주] Raymond Aron(1905-1983). 프랑스의 철학자이자 사회학자이자 정치학자. 자신의 저서『지식인의 아편』*L'opium des intellectuels*에서 공산주의 체제에 대한 지식인의 맹목적이고 호의적인 자세를 비판한다. 또한 마르크스주의 경제사관의 비판, 공업화 사회의 분석 등에 관한 저서를 발표하는데, 주요 저서로『계급투쟁』*La lutte des classes*,『민주주의와 전체주의』*Démocratie et totalitarisme*,『산업사회에 대한 18가지 교훈』*Dix-huit leçons sur la société industrielle* 등이 있다.
3) [역주] Aldous Huxley(1894-1963). 영국의 소설가이자 비평가. 대표작『대위법』*Point Counter Point*은 갖가지 유형의 1920년대 지식인을 풍자적으로 묘사한 작품으로, 이 소설로 20세기를 대표하는 작가 중 하나가 된다. 그의 창작 활동은 근대 과학의 맹목적 신뢰를 배경으로 하는 19세기의 안정된 도덕에 반대하여, 격동하는 20세기에 걸 맞는 도덕 탐구에 바탕을 둔다고 할 수 있다. 주요 저서로『멋진 신세계』*Brave New World* 가 있다.
4) [역주] Herbert Marcuse(1898-1979). 독일 태생의 미국 철학자. 프랑크푸르트 대학 '사회연구소' 에서 에리히 프롬(Erich Fromm) 등과 함께 활동한다. 고도 산업사회에서 인간의 사상과 행동이 체제 안에 완전히 내재화하여 변혁의 힘을 상실함을 예리하게 지적한『일차원적 인간』*One-Dimensional Man*이 유명하다. '절대 거부' 의 정신에 바탕을 둔 그의 문화·사회

뢸의 강의를 들으러 오는데, 거기서 그 학생들을 "배낭족"이라 불렀다.

그러나 프랑스에서 엘륄의 저작은 대중에게 잘 알려지지 않은 채로 있다. 엘륄이 일부러 그렇게 한 것이며, 모든 잘못이 엘륄에게 있다고 하기도 한다. 우선, 엘륄은 중앙집권주의와 파리 지향주의에 힘입어 명성을 쌓을 수 있는 곳인 파리에 가기를 거부했다. 엘륄은 고향인 보르도에 남는 길을 택했다. 그리고 나서 엘륄은 기꺼이 무정부의자로 자처한다. 이런 일이 일어나지 말아야 하지만, 이것은 심각하지 않다. 한 술 더 떠 엘륄은 당시 사르트르6)가 지식인의 등대 노릇을 하고 있음에도, 자신이 반反사르트르주의자임을 힘차게 선언한다. 또한 프랑스 공산당이 2차 세계대전 후 프랑스 사상 전체를 지배했음에도, 엘륄은 반反공산주의자임을 근본적으로 선언한다. 이와 같이 엘륄은 상당한 부분에서 좌파에서 등을 돌린다. 그 다음으로… 그는 신앙의 사람이다. 엘륄은 개신교도임을 숨기지 않는다. 이 때문에, 모든 종교적 신심은 인간을 소외시킬 따름이라 여기는 사람들 주위에서 엘륄은 피해를 입는다. 60년대 초반, 엘륄은 자신의 저서 중 어떤 것들이 "아주 탁월하다고" 여기던 드보르7)에게 함께 연구하자고 제안했으나, 그 대답은 '아니오'였다. 신앙을 갖는 일이 어떤 관계를 맺는데 방해가 되었다는 것이다.

이론은 많은 학생과 젊은이의 공감을 얻으며, 신좌파운동의 정신적 지주가 된다. 주요 저서로 『에로스와 문명』*Eros and Civilization*이 있다.
5) [역주] Ivan Illich(1926-2002). 오스트리아 출신의 신학자이자 철학자. 남아메리카의 미국형 현대화 정책에 반대하면서, 현대 자본주의 사회의 문화와 획일화된 교육 정책은 문화의 다양성을 부정하고 미국형 문화에 적응을 강요한 것이라 비판한다. 또한 학교 교육은 남아메리카 학생들에게 자신들이 무능하다는 의식만 심어준다고 지적하면서, 따라서 기존의 학교 교육은 남아메리카의 현실에서는 적절하지 않으며 새로운 교육제도의 실현을 주장한다. 주요 저서로 『탈학교 사회』*Deschooling Society*가 있다.
6) [역주] Jean Paul Sartre(1905-1980). 프랑스의 작가이자 사상가. 철학 논문 『존재와 무』*L'Être et le Néant*는 무신론적 실존주의의 견해에서 전개한 존재론으로, 제2차 세계대전 전후에 걸친 시대사조를 대표하는 작품이다. 사르트르의 발자취는 이른바 '사회 참여' 사상으로 일관해온 것이라 알려져 있으나, 그는 특히 1940년대부터 1950년대에 걸쳐 그 때까지의 개인주의적 실존주의에 의한 사회 참여의 한계를 인정함과 동시에 더욱 경향적 태도를 취하게 된다. 주요 저서로 『구토』*La nausée* 『더러운 손』*Les mains sales* 등이 있다.
7) [역주] Guy Debord(1931-1994). 프랑스의 작가이자 수필가이자 영화인이자 혁명가. 자신의 주요 저서 『구경거리 사회』*La société du spectacle*에서 '구경거리'(spectacle)라고 불리는 바

그러나 엘륄 사상의 핵심 자체가 이러한 전반적인 거부의 진정한 원인이 된다. 엘륄은 기술적인 진보를 비판한다. 게다가, 엘륄은 "진보"라는 용어 사용을 거부한다. 왜냐하면, 엘륄에 따르면 기술이 분명히 진보를 가져 오지만, 기술은 해로움도 생겨나게 하기 때문이다. 이것은 단지 공해와 낭비와 쓰레기뿐만 아니다. 기술은 인간의 자유 자체를 위태롭게 한다. 엘륄은 이 점을 언급했으며, 『기술 혹은 시대의 쟁점』이 출판되던 해인 1954년 이후부터 이 점을 강조했다. 프랑스에서 엘륄은 그러한 기술적인 힘을 감히 문제 삼은 유일한 사람이었다. 전후戰後 시대는 "진보"에 매혹되어 있었고, "영광의 삼십년"8)의 번영 속으로 황홀하게 빠져들었다. 엘륄은 거친 숨을 내쉬었다. 몽매주의자9)로서 또 진보를 적대시 하는 끔찍한 자로서 엘륄의 명성은 분명히 거기서부터 나오고, 그에 대한 따돌림도 거기서부터 나온다.

게다가, 기술에 대한 진정한 사상가는 하이데거10)가 아니었던가? 파리의 지식층은 엘륄에 대해 관심을 가지기 보다는 하이데거에 대해 해설하는 것을 더 좋아했다. 하이데거의 매끈한 개념과 비교적秘敎的인 언어를 통해 끊임없는 논문들과 수다스러운 설전이 가능했으나, 엘륄의 논지는 너무 명확하

를 개념화한다. '국제 무정부주의자 연맹'(Internationale situationniste)의 창설자 중 하나이다.
8) [역주] '영광의 삼십년'(trente glorieuses)이란 표현은 세계 제2차 세계대전 직후인 1945년부터 제1차 오일쇼크가 일어난 다음 해인 1974년까지 주로 경제협력개발기구(OECD) 회원국인 선진국 대부분이 엄청난 경제 성장을 일으킨 기간을 가리킨다.
9) [역주] 몽매주의자(obscurantiste). 계몽주의 철학자들의 계보를 이은 진보적인 지적·정치적 경향에 맞서, 몽매주의(obscurantisme)는 어떤 분야에서든 간에 지식 전파에 반대하는 태도를 말한다. 따라서 몽매주의자란 다음 같은 태도를 권장하고 옹호하는 사람을 가리킨다. 즉, 입증된 것을 사실이라고 인정하기를 거부하는 것과 같은 지식을 부인하는 태도, 어떤 것의 진실성을 부인하지 않으면서도 개인적 이해관계나 사회적 두려움 같은 온갖 이유로 그 진실성이 유포될 수 없다고 생각하는 것과 같은 지식 전파에 제한을 가하는 태도, 혹은 거짓으로 드러난 이론임에도 그 이론을 퍼뜨리려는 태도이다. 엘륄이 일반적으로 너무나 당연하게 받아들여지는 기술적인 진보를 비판하고 기술적인 힘을 문제 삼기 때문에, 그가 그러한 몽매주의자로 취급된다는 점이 여기서 부각된다.
10) [역주] Martin Heidegger(1889-1976). 독일의 실존주의 철학자. 현존재의 실존론적 분석 부분 때문에, 20세기 독일의 실존주의 철학의 대표자로 간주되는데, 불안·무無·죽음·양심·결의·퇴락 등 실존에 관계되는 여러 양태가 매우 조직적이고 포괄적으로 논술된다. 주요 저서로『존재와 시간』*Sein und Zeit*이 있다.

고 근본적이어서 관심을 끌기에 어울리지 않았다.

그렇게 내몰렸다고 해서 엘륄은 연구하는 것을 방해받지 않았고, 단숨에 연구를 진행하는 것도 방해받지 않았다. 엘륄은 로마법을 가르치고11), 선전에 대한 강의와 마르크스에 대한 강의를 했을 뿐 아니라12), 자신이 속한 시대의 문제에 참여했다. 엘륄은 자신의 친구 이브 샤리에13)와 함께 오십년 대 말부터 프랑스에서 첫 범죄 예방 클럽 중 하나를 창설하고 존속시켰다. 또한 자신의 친구 베르나르 샤르보노14)와 함께 아끼뗀느15) 해안을 콘크리트로 만들려는 정부의 정신 나간 계획에 대항하는 투쟁을 이끌었다. 바가뗄Bagatelle 병원의 운영자로서 엘륄은 보르도에 첫 '자유의사에 따른 임신중절 센터'를 만드는데 참여했다. 더욱이 엘륄은 비폭력을 지향하는 그룹들과 자주 교류했다. 조제 보베16)가 엘륄을 알게 된 것도 이 그룹들 중 하나에서였는데, 조세 보베는 엘륄의 사상에 젖어들었다. 엘륄은 긴 토론을 위해 자기 집으로 학생

---

11) 그의 『제도의 역사』*Histoire des institutions*는 늘 권위가 있었다. [본문 내용을 역자가 각주로 설정]
12) 그는 프랑스에서 마르크스 사상을 강의한 첫 번째 인물이다. [본문 내용을 역자가 각주로 설정]
13) [역주] Yves Charrier(-1970). 『청소년 범죄』*Jeunesse délinquante*를 엘륄과 함께 집필한 인물.
14) [역주] Bernard Charbonneau(1910-1996). 프랑스의 사상가이자 철학자이자 환경운동가. 과학적이고 기술적인 진보를 통해 초래되는 온갖 변화를 고찰하고자 몇몇 친구들, 특히 자끄 엘륄과 더불어 정기간행물을 펴내는 클럽과 토론 그룹을 만든다. 에마뉘엘 무니에(Emmanuel Mounier)와 함께 잡지 「정신」*Esprit*를 창간한 이후, 그의 그룹은 '남서부 인격주의 운동 그룹'이 되고 그는 이 운동에 합류한다. 그는 현대 사회를 분석하고 경제와 발전이 지닌 절대적 힘을 비판하면서, 20세기의 이데올로기와 근본적으로 다른 사회 조직 형태를 착상할 것을 제안한다. 자연을 사랑하고 자유에 매료된 그는 더 많은 조직을 만들어내는 근원이자 자유를 더욱 제한하는 원천인 기술적인 진보를 경계한다. 자끄 엘륄의 사상에 많은 영향을 끼친 그의 저서들이 이 책에서도 자주 인용된다. 주요 저서로 『인격주의 선언을 위한 강령』*Directives pour un manifeste personnaliste*, 『체계와 혼돈』*Le Système et le chaos* 등이 있다.
15) [역주] 아끼뗀느(Aquitaine). 프랑스 남서부에 위치한 5개 도(道)로 이루어진 지역권으로서 중심 도시는 보르도이다.
16) [역주] José Bové(1953-). 프랑스의 농민조합운동가이자 정치가. 탈세계화 운동의 주요 인물 중 한명으로서 유전자 조작에 대항하는 견해 표명 및 유전자 조작에 의한 재배 작물을 불법적으로 뽑아내는 행동으로 유명하다. 그의 행동은 그의 지지자들에 의해 시민 불복종으로 규정된다. 2009년 유럽의회 의원으로 선출되어 현재 유럽 의회의 농업·농촌발전 위원회(la commission Agriculture et développement rural) 부위원장을 역임하고 있다.

들을 기꺼이 맞아들였다. 개신교 내에서도 시일을 요하는 자신의 활동들을 고려하지 않고서 이 같은 긴 토론을 벌이는데, 개신교 내에서 엘륄은 여전히 주변적이고 분류할 수 없으며 통제할 수 없는 인물로 여겨졌다.

매일 아침 여섯 시부터 여덟 시까지, 보르도 대학 정치학 연구소에 강의하러 출발하기 전, 엘륄은 자신의 저서를 집필했다. 말년에 그의 저서는 오십여 권이나 되었으며, 8개 언어로 번역되었다.

마르크스가 오늘날 살아 있다면, 1940년 이후부터 그는 자신에게 있어 사회의 근본 요소, 곧 자신의 고찰을 집중시킬 결정 요인이 무어라고 스스로 물어보았을까? 마르크스가 보기에 그 대답이 기술의 발전이라는 것은 불가피할 텐데, 그의 사회 · 정치적 저서 전체는 이 확증된 사실에서 비롯될 것이다.

따라서 엘륄에게 정치나 경제보다는 기술이 더 사회의 결정 요인이다. 기술은 좋지도 않고 나쁘지도 않지만 양면성이 있다. 기술은 자체의 논리를 따르면서 스스로 증대한다. 기술은 새로운 기술들에 힘입어 기술 자체가 해결한다고 보장하는 문제들을 만든다. 기술은 어떠한 대중의 통제도 없이 발전한다. 기술은 평가받는 것을 허용하지 않는 하나의 종교가 되었다. 기술은 국가를 강화하고, 국가도 나름대로 기술을 강화한다. 기술은 천연 자원을 고갈시키고, 문명을 획일화하며, 문화를 소멸시킨다.

엘륄은 기술과 관련된 자신의 첫 저서인 『기술 혹은 시대의 쟁점』에서, 또한 각각의 저서가 '기술 사회'의 면모 중 하나를 모색하는 후속 저서에서 이 모든 점을 분석했다. 1962년 출간된 『선전』*Propagandes*(대장간 역간, 2012) 에서, 엘륄은 현대의 민주주의가 선전을 사용하고 남용하는 반면, 선전은 민주주의 원리를 서서히 무너뜨린다는 점을 보여준다. 1965년 출간된 『정치적 착각』*Illusion politique*(대장간 역간, 2012) 에서는 어떤 점에서 기술이 정치적 인간에게서 권력을 박탈하는지 연구한다. 1966년 출간된 『새로운 사회통념에 대한 해석』*Exégèse des* nouveaux lieux communs에서는 기술이 사회에 온통 배어든 사회통념의 기원에 있음을 보여준다. 1967년 출간된 『부르주아의 변신』 Métamorphose du bourgeois에서 엘륄은 기술이 사회 계급을 어떻게 재조직했는지 설명하는데, 기술전문가가 부르주아를 계승했다는 것이다. 1969년 출간된 『혁명의 해부』 Autopsie de la révolution에서 프랑스의 1968년도 사건들에 반응을 보이면서, 엘륄은 꼭 필요한 유일한 혁명은 "경제 성장의 궤도를 벗어나는 데" 있기 때문에, 68년 5월 혁명이 어떠한 점에서 혁명이 아니었는지 언급한다. 1972년 출간된 『혁명에서 반란까지』 De la révolution aux révoltes에서는 기술 사회 한가운데서 그러한 혁명을 터뜨릴 가능성들을 탐구하면서, 엘륄은 이 가능성들이 거의 없다고 생각하기에 이른다. 기술과 접촉하는 종교는 어떻게 되는가? 1972년 출간된 『새로운 악령 들린 자들』 Les nouveaux possédés에서 엘륄은 종교가 너절한 신비주의의 출현 및 새로운 신의 출현 앞에서 사라짐을 보여준다.

그리고 1977년, 『기술 체계』가 출간된다. 엘륄은 이 책에서 자신의 사상을 새롭게 종합하면서 자신의 첫 진단 이후 25년이 흐른 뒤 기술이 어떻게 되어 있는지 언급하려는 야심찬 생각을 한다. 엘륄은 규모의 변화를 지적한다. 즉 정보처리기술을 이용하여 기술은 본질적으로 변했다. 기술은 "쟁점"enjeu이었다. 오늘날 기술은 사회 내부에서 "기술 체계"를 형성한다. 컴퓨터는 철도, 우편, 항공, 전신, 에너지 생산, 군대 등 온갖 하위체계를 통합하면서 조직화된 **전체**Tout가 드러나는 것을 가능하게 했다. 그런데 사회를 결정짓고 변화시키며 검사하는 조직화된 전체는 조금씩 사회 자체와 혼동되는 경향이 있다. 이제부터 모든 분야가 내적으로 연결되고, 서로 작용하며, 영향을 미치고 다른 분야에 의해 영향을 받는다. 그것은 데이터뱅크, 곧 정보은행이자 엄청난 정보 유입의 처리이자 즉각적 통신망이다. 정보처리기술을 통해 경제 조직체와 행정 조직체가 무한히 증가할 수 있다. 그렇다고 사회가 인간이 그 톱니바퀴가 될 수도 있는 **'거대 기계'** 17)가 되었다는 것이 아니라, 인간의 자유는

'도톨 가죽'18)처럼 점점 줄어든다. 체계 내부에서 소비하고 노동하며 자신의 방침에 따라 여가를 즐긴다는 조건에서는 물론 인간은 자유롭고 당당하다. 그러나 이러한 자유는 인위적이고 통제 아래 있다. 그러한 굴레에서 빠져 나오는 것 및 규격화된 행동과 다른 행동을 취하는 것은 비범한 일에 속한다.

그런데, 기술적인 수단들은 증식하면서 모든 목적을 사라지게 했다. 자가 번식하는 이 체계는 맹목적이다. 체계는 어디로 가야 하는지 모르고, 어떠한 계획도 없다. 체계는 끊임없이 증식하고, 환경과 인간을 인공적으로 만들며, 점점 더 예견할 수 없고 소외시키는 세상으로 우리를 데려 간다. 체계는 자체의 잘못을 바로잡지 못한다.

『기술 체계』가 출판될 때, 사람들은 이 책을 어떻게 받아들였는가? 귀머거리가 된 듯이 침묵으로 맞이했다. 「르몽드」Le Monde, 「리베라시옹」Libération, 「르 피가로」Le Figaro, 「뤼마니떼」L'Humanité, 「르 누벨르 옵세르바뙤르」Le Nouvel Observateur, 「렉스프레스」L'Express 등 전국 주요 일간지에는 이 책에 관한 단 한 줄의 기사도 나오지 않았다! 단지 두 비평가만이 이 책에 대한 글을 썼다. 1978년 1월 12일자 「레 누벨 리떼레르」les Nouvelles littéraires 지誌에서 베르나르 르 소 Bernard Le Saux는 이 책의 중심 주제를 제시한다. 그는 엘륄이 "기술 이전의 사회로 불가능한 회귀를 권하는 것이 아니라, 지배적 합리성에 의해 마비된 비판 의식을 발휘하도록 차분하게 권유하고, '체계'의 포괄적 특성, 곧 체계를 이해하고 더 나아가 체계에 영향을 미치도록 필요하거나 충분한 조건을 자각하도록 권유한다는 것을" 자세히 설명한다. 그는 자신의 글을 다음 같이 결론

---

17) [역주] '거대 기계'(Mégamachine). 인간이 기계의 구성부품처럼 이용되는 비인간적인 기술·기계가 지배하는 거대 사회를 암시하고 나타내는 표현이다.
18) [역주] '도톨 가죽'. 염소, 양, 송아지 따위의 가축을 특별한 방법으로 무두질하여 만든 표면이 오톨도톨한 가죽을 가리킨다. 발자끄(Balzac)의 소설 『도톨 가죽』La peau de chagrin에는 주인공의 소망을 이루게 해 주는 신기한 힘을 가진 가죽이 그것을 이용할 때마다 점점 줄어간다는 이야기가 나온다.

짓는다. "이제부터 우리가 이 시대의 주요한 사상과 마주한다는 것은 의심할 여지가 없다. 이것은 유행을 거슬러 오랫동안 다듬어졌던 사상이자, 오늘날 여전히 유행에 의해 은폐되는 위험을 무릅쓰는 사상이다. 특히 '비관주의'의 다른 변종들에 의해 이 사상은 더 유행이 될 것이다." 이는 잘 알려진 사실이다….

1978년 9월 1일자 「라 껭젠느 리떼레르」la Quinzaine littéraire 지誌에서 장 라꼬스뜨Jean Lacoste는 엘륄이 겪는 '집단적 배척' ostracisme을 다음 같이 재론한다. "엘륄이 약 삼십 년 전부터 지치지 않고 옹호하는 주제에는 유혹하는 것, 특히 지식인을 유혹하는 것이 아무 것도 없음이 사실이다. 그러나 사람들은 진부한 논쟁이나 혹은 분기어린 항의로 '기술 체계'에 대한 묘사에 대립하는 것으로 만족할 리 없다." 엘륄의 저서를 둘러싼 오해를 없애면서, 또 엘륄이 "죄의 편만함에 대해 설교하는 개신교 목사의 음울한 쾌감과 더불어 기술의 전능함을 보여준다는 것을" 지나가는 길에 지적하면서, 라꼬스뜨는 기술에 대한 위엄 있는 묘사에 강한 인상을 받는다고 언급한다. 또한 라꼬스뜨는 묘사를 진지하게 받아들이며 묘사에 대해 논한다. 라꼬스뜨의 주된 논증은 다음과 같다. "엘륄의 입증이 궤변에 근거를 둔다고 생각될 수밖에 없다. 하나의 모델인 기술을 추상적이고 정당화된 방식으로 도출하는 엘륄은, 인간들 사이에 힘과 관련하여 기술이 정치와 무관하지만, 기술은 힘의 의지의 표현이라고 말한다. 이런 냉혹한 새로운 괴물 앞에서 체념을 설교하는 것이 문제일 때, 엘륄은 기술과 정치가 밀접하게 연결되어 있는 현상들을 늘 언급한다. 어쨌든 전쟁이나 혹은 평화를 위해 자원을 분배하는 것은 정치권력이 아닌가?" 이것은 받아 들일만 하지만, 논란의 여지가 있는 논증이며, 어떤 점에서 엘륄이 빈축을 샀는지 어쨌든 잘 보여주는 논증이다. 즉, 기술이 체계를 형성하면서 자율적이 되었다고 말하는 것 및 인간 특히 정치인이 기술에 대해 영향력이 거의 없다는 것은 인간의 자존심에 심각한 타격을 입히는 일이다. 뭐라고? 우리의 피조물인 기술이 우리에게서 벗어났을 수도 있다고? 그것은 불가능하다며, 사람들은 이와 같은 가정을 살펴보기를 거부한다.

한 전문지19)에서 삐에르 뒤부아Pierre Dubois는 다음 같이 자신의 혼란을 드러낸다. "그 주제는 가차 없이 비관적이다. 기술 체계는 확장되고, 사람들이 무엇을 하든 확장될 것이다. 이것이 사실이라면, 왜 이러한 책을 써야하는가? (…) 기술이 자본주의에 의해 타락된다고 믿는 환상이든지, 사람들이 사회적 지배를 생겨나게 하는 기술들을 쳐부수어야 한다고 생각하는 환상이든지, 최소한 사람들이 우리를 우리의 환상에 내버려두었으면 한다." "최소한 사람들이 우리를 우리의 환상에 내버려두었으면 한다."는 것은, 번지르르한 찬사를 더 열망하기가 어렵다는 것이다… 이 찬사가 의도적이지 않더라도 말이다. 이 마음의 외침은 실제로 징후를 나타낸다. 즉, 엘륄이 그토록 뒤틀리게 하는 바는, 엘륄이 맹목적으로 보이는 진리를 감히 마주 바라보고 있다는 것이다.

출판 된지 사반세기 후 이 걸작을 읽으면, 물론 독자는 불만의 표시로 얼굴을 찡그릴 수 있을 것이다. 예컨대 명쾌한 두 페이지 사이에 갑작스런 구절이 슬쩍 끼어들 때이다. 가능한 한 가장 접근할 수 있는 방식으로 글을 쓰기를 늘 원했으며 굉장한 논쟁적 비약과 치밀한 논증과 자유분방하고 충격을 주는

---

19) 「노동의 사회학」Sociolgie du travail, 9권 1호. 다른 평론들은 비공개 잡지들에 출판되어 있는데, 그 중 전 세계에서 엘륄에 관해 출판된 모든 것을 (도서목록 참조) 몇 년 전부터 모으는 미국 대학교원 조이스 행크스(Joyce Hanks)가 다음 같은 목록을 우리에게 기꺼이 전해 주었다. 부아(J. Bois)에 의해 간행된 「개신교 센터 연구 자료집」Bulletin du Centre Protestant d'Etudes et de Documentation 228호 (1978년 2월). 마르셀 르귀이엠(Marcel Reguilhem)에 의해 간행된 「개혁」Réforme 1720호 (1978년 3월 11일). 「도서목록표 : 모두를 위한 문화와 도서관」Notes bibliographiques : culture et bibliothèques pour tous 4호 (1978년 4월). 조르쥬 모렐(Jeorges Morel)에 의해 간행된 「연구」Etudes 348권 5호 (1978년 5월). 비루(A. Birou)에 의해 간행된 「경제와 인본주의」Economie et humanisme 241호 (1978년 5,6월). 「프랑스 도서 비판집」Bulletin critique du livre français 391호 (1978년 7월). 몽세귀르(Monségur)에 의해 간행된 「날이 밝는 한」Tant qu'il fait jour 1호 (1978년 10월). 「위하여」Pour 64호 (1979년 1,2월).

추론이 가능하던 엘륄은, 무겁게 글을 쓰도록 가끔 자신을 내버려두거나 혹은 세부 사항에 대해 추론하게 자신을 내버려두는 경향이 있다. 다행히도 이점은 오래 가지는 않는다. 독자는 시대에 뒤떨어진 어떤 인용도 발견할 수 있을 것이다. 엘륄은 루이스 멈포드[20]나 혹은 앙리 르페브르[21]와 같은 자기 시대의 저자를 인용하기도 하고, 자끄 모노[22]나 혹은 알프레드 소비[23]와 더불어 격론을 벌이기도 한다. 그렇다고 이 점이 엘륄의 책을 시효가 지나게 하지는 않는다. 엘륄이 벌이는 대부분의 논쟁은 '당대의 관심사'로 남아 있다.

최소한 엘륄에게서 예측 상의 두 가지 잘못을 책잡을 수 있을 것이다. 엘륄이 "체스를 하는 기계는 꿈의 영역에 속한다."고 주장할 때는 그래도 잘못이 가벼운 편이다. 그런데, 엘륄이 "반세기 전부터 고전적 자본주의는 모든 부분을 잃어버리고, 사회주의 방향으로 발전하는 기술들 때문에 꾸준히 약화되는 것이 분명하다"고 표현할 때는 잘못을 용서받기가 더 힘들다. 만약, 엘륄이 예를 들어 사르트르 같은 다른 사상가보다 훨씬 덜 착각한 때가 있었다면, 그

---

20) [역주] Lewis Mumford(1895-1990). 미국의 철학자이자 역사가이자 문명비평가. 그의 연구 중심은 인간의 생활 환경인 동시에 인간의 주체적 생존 조건인 문명의 발전을 총괄적 시각으로 규명하는 데 있다. 주요 저서로 이 책에서 엘륄이 인용하는 『기술과 문명』*Technics and Civilization*이 있고, 그 외 『유토피아 이야기』*The Story of Utopias*, 『역사에서 도시』*The City in History*, 『기계의 신화』*The Myth of the Machine* 등이 있다.
21) [역주] Henri Lefebvre(1901-1990). 프랑스의 사회학자이자 철학자이자 지리학자. 마르크스주의자가 되어 반反파시즘 운동에 참가하기도 한다. 데카르트(Descartes) 및 디드로(Diderot)에 대한 연구도 있으나 연구의 본령은 마르크스주의 철학에 대한 연구에 있다. 사상사뿐만 아니라 미학과 사회학 분야에서 활약한다. 주요 저서로 이 책에서 언급된 『현대 세상에서 일상생활』*La vie quotidienne dans le Monde moderne*과 『전문기술관료에 대항하여』 *Contre les Technocrates*가 있고, 그 외 『마르크스주의』*Le marxisme*가 있다.
22) [역주] Jacques Monod(1910-1976). 프랑스의 생물학자이자 생화학자. '전달RNA'에 대해 연구하고, 자신의 저서『우연과 필연』*Le hasard et la nécessité*에서 인간은 우주에서 우연의 산물이라고 주장한다.
23) [역주] Alfred Sauvy(1898-1990). 프랑스의 경제학자이자 인구통계학자이자 사회학자. 생산성을 향상시키는 기술적인 진보를 통해 어떤 산업현장에서 다른 산업현장으로 고용이 옮겨감을 나타내는 경제이론인 '방출 이론'을 세우고, '제3세계'라는 용어를 만들어낸 것으로 알려져 있다. 주요 저서로 이 책에서 인용되는 『제로 성장?』*Croissance zéro?*이 있으며, 그 외 『기계와 실업, 기술적인 진보와 고용』 *La machine et le chômage : les progrès techniques et l'emploi*이 있다.

것은 분명히 관점 상의 잘못을 저질렀을 때이다. 이 점을 더 깊이 고려하지 않은 채 이것이 엘륄을 깎아 내리는 핑계가 되지 않았으면 한다!

이 신중한 자세가 취해지면, 『기술 체계』의 독자는 뤼시엥 스페즈24)가 지적하듯이 "최대한의 비판적 열광 지점"에 도달한 사상을 접할 특권을 누릴 것이다. 독자는 오늘날 사회의 놀라운 측면들을 발견할 텐데, 이것은 숫자의 압제에 대해서이고, 지방분권주의에 대해서이다. "지방분권적 요인이 체계 자체에 견고히 통합된다는 조건에서" 기술은 지방분권적이 되는 것에 아주 만족하기 때문에, 엘륄은 역설적으로 지방분권주의를 기술 체계의 산물로서 간주한다. 이것은 기술이 축소하는 공간을 희생하여 인간을 위해 시간을 만든다는 사실에 대해서이다. 이것은 기술과 민주주의를 양립시키기 위해 무언가 해보려고 하는 생각에 대해서이다. 또한 이것은 전쟁에 대해서인데, 전쟁은 기술을 위한 "시험대"가 아니다. 이것은 "체계의 호흡 기능"인 여가의 점점 더 확실해진 중요성에 대해서이다. 이것은 "이 세상이 인간이 여태껏 일했던 것보다 더 일하는 세상이라는" 사실에 대해서이다. 인간은 늘 답을 찾지 못했던 질문과 마주칠 것이다. 즉, "실업이라는 엄청난 문제를 어떻게 풀 것이며, 진정으로 자동화를 적용하기 원한다면 자동화로 촉발된 엄청난 경제적 문제를 어떻게 해결할 것인가? 자연적 방식으로 아이를 더는 출산하지 않는 것을 인류 전체에 어떻게 받아들이게 할 것인가? 지속적이고 엄격한 위생 통제에 따르는 것을 인류에게 어떻게 받아들이게 할 것인가? 자신의 전통 음식을 근본적으로 변화시키는 것을 어떻게 인간이 받아들일 것인가?"라는 질문이다. 인간은 "추상적이고 호의적인 기술 독재는 이전 것보다 훨씬 더 전체적일 것이다"와 같은 냉담한 예언과 마주해야 한다. 인간은 드물게 언급된 다음 같은 어떤 진리들을 기억하는 자신을 볼 것이다. 즉, "기술이 선택 가능성을

---

24) [역주] Lucien Sfez(1937-). 아프리카 튀니지 출신으로 법학과 정치학을 전공하고 파리 1대학 교수를 역임한다. 주요 저서로 『의사소통』*La communication*, 『상징적 정치』*La politique symbolique* 등이 있다.

끌어 올린다는 허구를 없애버려야 한다. 물론, 현대인은 수백 가지 차종과 수천가지 직물, 다시 말해 상품 중에서 선택할 수 있다… 소비라는 차원에서 선택은 더 넓은 선택 폭과 관련되어 있다. 그러나 사회 집단 속에서 역할이라는 차원 및 행동의 기능이라는 차원에서, 상당한 제한이 있다."는 것이다.

인간은 엘륄이 마지막 페이지에서 할애하는 강력한 질문으로 질의를 받는 자신을 발견할 것이다. 기술은 자신의 제국을 끊임없이 키우는데 도대체 언제까지냐고 엘륄은 언급한다. 이러한 확장은 속도가 느려지거나 혹은 교착될 것인가? "이러한 예견된 정체는 무엇을 위해 사용될 것인가? 타락한 사회에 질서를 다시 부여하기 위해서인가, 효율적 조직체를 허용하기 위해서인가, 이루어진 엄청난 진보를 자기 것으로 만들기 위해서인가, 인간에게 거기에 정착하고 적응하도록 허용하기 위해서인가?"

이 질문은 "지속적 발전"과 "신중한 대비의 원리"라는 수면 위로 떠오르는 개념과 더불어 오늘날 논란이 많다. 즉, '체계는 스스로 잘못을 고치는가?' 아니면 '인간이 기술에 더 잘 순응하고자 행실을 고치는가?' 이다.

엘륄이 두 번째 해결책에 기울어지는 듯이 보인다면, 그것은 모든 해결책을 막는데 만족하는 비관주의자의 가학적 괴벽이 아니다. 이것은 더 잘 도발하기 위함이고, 소망espérance으로 부추기기 위함이며, 독자에게 자각을 일으키기 위함이다. 마르크스를 본떠서 엘륄은 늘 자유를 향한 첫 걸음은 자신의 굴레와 소외를 자각하는데 있다고 주장했다. "내가 보기에 중요한 것은 인간에게 최대한의 능력과 독자성과 창의력과 상상력을 회복시키는 것이다. 이것이 인간으로 하여금 생각하도록 부추기면서 내가 행하려고 애쓰는 바이다. 인간이 자기 자신의 게임을 하도록 나는 나의 저서에서 인간에게 카드를 주려고 애쓴다. 이것은 나의 게임이 아니다. 개인의 주도권을 재발견하는 것만이 이 시대에 근본적인 일이다."25) 불복종을 설파하는 교과서들은 거의 알려져 있지 않은데, 불복종을 설파하는 교과서들을 읽는 것은 이 교과서만큼이나 무언가를 명확히 설명해 준다.

---

25) 마들렌느 가리구 라그랑쥬(Madeleine Garrigou-Lagrange)와 대화 집,『기회가 좋든지 나쁘든지』*A temps et à contretemps* (édtions Centurion, 1981년) 174쪽.

서론

기술과 사회

기술은 존재하는 데 그치지 않고, 또한 우리 시대에서 주요 요인이나 혹은 결정 요인이 되는 데 그치지 않고 체계가 되었다. 이것이 우리가 이 분석에서 보여주려는 바이다. 그러나 우리는 연구 대상 자체를 명확히 해야 한다. 20년 전 나는 '기술 사회'라는 개념에 도달했는데, 이 단계는 실제로 지나갔다. 그럼에도 우리 사회의 특수성, 곧 우리 사회의 특징을 이루는 것에 대한 주요한 문제가 남아 있다. 그렇지 않으면, 이것은 현대성에 대한 해석 열쇠를 찾는 일이다. 그런데, 우리가 오늘날 일반적으로 받아들여진 정의定義들을 두루 살펴보면, 채택된 온갖 정의들이 단지 부차적일 따름이며 결국 기술을 향한다는 점을 깨달을 것이다. 그럼 몇 가지 정의를 들어보자.[26]

오늘날 가장 알려진 정의는 '산업 사회'라는 레이몽 아롱의 정의다. 이 용어는 아주 일반적으로 사용되지만, 나는 이 용어가 적절치 않다고 생각한다. 이 단어들로 레이몽 아롱이 하나의 모델이나 혹은 우리 사회의 실재[27]를 지

---

26) 우리 사회를 "규정하기" 위해 최근 몇 년 전부터 출간된 수많은 연구 가운데 『미국의 도전』*Défi américain* 이나 혹은 『하늘과 땅』*Le Ciel et la Terre* 같은 유형의 책과 모리스 끌라벨(Maurice Clavel)의 『누가 소외되는가』*Qui est aliéné* 같은 어이없는 순진함을 띤 소책자들을 의도적으로 제외하면서, 나는 가장 훌륭한 것들 중에 선택된 몇몇 예만을 고려할 수 있었다는 것은 자명하다.

[역주] Maurice Clavel(1920-1979). 프랑스의 작가이자 철학자. 주요 작품으로 『별의 삼분의 일』 *Le Tiers des étoiles*이 있다.

27) [역주] 실재實在(réaité). 엘륄의 거의 모든 저서에서 'réalité'라는 표현이 등장하고 이 표현을 '실재'로 옮기는 것에 대한 논란이 있기 때문에, 이에 대해 여기서 자세히 설명하고자 한다. 'réalité'를 우리말로 옮길 때 '실재'라는 어려운(?) 표현 대신 '현실'이라는 쉬운(?) 표현으로

칭하는지 파악하는 어려운 문제는 옆으로 제쳐 놓자. 모델, 곧 이상적 유형으로서 레이몽 아롱의 묘사는 엄밀히 말해 정확하고 유용하며 흥미롭다. 그러나 이 묘사는 현재의 실재에 더는 일치하지 않음이 명백하다. 서구 사회는 19세기에 산업 사회가 되었음은 분명하다. 그래서 레이몽 아롱이 다음 같은 점들을 보여주는 것은 옳다. 즉, 산업 현상이 발전하는 순간부터 사회적 관계 전

옮겨야 한다는 주장이 있다. 물론, 일반적으로 문맥에 따라 'réalité'를 '현실'로 옮기는 것은 당연하다. 하지만, 엘륄은 자신의 저서에서 'réalité'와 더불어 'réel'이라는 표현도 쓰는데, 아마도 'réel'이 우리말에서 '현실'에 해당하는 것으로 보인다. 물론, 이와 같이 이분법적으로 'réalité'를 '실재'로, 'réel'을 '현실'로 항상 옮기는 것이 과연 타당한지에 대한 의문이 제기될 수도 있다. 이 점과 관련하여 '실재'와 '현실'에 대한 우리말의 정의를 우선 살펴보고, 엘륄의 저서에서 'réalité'를 '실재'로, 'réel'을 '현실'로 옮기는 것이 왜 타당한지 설명하고자 한다. 우리말에서, '실재'는 실제로 존재하는 사물, 사상事象(어떤 사정 밑에서 일어나는 일. 사건이나 사실의 현상), 사유 혹은 체험, 인식 주체 혹은 주관에서 독립하여 객관적으로 존재하는 것을 가리킨다. 그리고 '현실'은 현재 사실로서 존재하는 일이나 상태, 사유思惟의 대상인 객관적이고도 구체적인 존재 또는 가능적 존재에 대한 현재顯在적 존재를 가리킨다. 엘륄은 자신의 저서 『잊혀진 소망』(대장간 역간, 2009)에서 사회 집단과 그 집단의 역사에 대한 이해를 위해서는 세 가지 가능한 측면이 있다고 주장한다. 하나는 피상성의 측면으로서 사건과 '현실'(réel)과 인물에 집착하는 것이다. 그 다른 극단에 있는 세 번째 측면은 아주 심한 추상의 측면이다. 여기서는 모든 것이 비슷하게 될 정도로 깊이 '실재'(réalité)가 파악되고, 국가와 그 형태에 대해 권력의 현상으로만 기억된다. 그러나 그 둘 사이, 즉 사건들 아래에 있고 근본적 불변 요소들 위에 있는 중간 영역이 존재한다. 진정으로 역사를 이루고 시대나 혹은 체제를 특별한 방식으로 만들어내는 일시적 구조와 운동과 규칙성이 있다는 것이다. 엘륄은 이에 대한 비유로 대양을 예로 든다. 대양의 표면에는 파도가 있고 바람에 의해 일으켜진 찰랑거림이 있다. 분명히 이것들만이 중대한 것일 수도 있고 배를 파선시킬 수도 있다. 그러나 이것들은 피상적 현상이고, 심연 속에는 무덤 같은 부동不動상태가 있다. 그리고 이 둘 사이에는 흐름, 조류, 토대의 변화, 사구의 형성과 변형이 있다는 것이다. 또한 『세상속의 그리스도인』의 서문에서 베르나르 로르도르프(Bernard Rordorf)가 지적하듯이, 엘륄은 인간이 '현실'(réel)에서 감지하고 겪는 '물질적 실재'의 배후에 존재하면서 '물질적 실재'를 좌우하고 결정짓는 것을 '영적 실재'로 본다. 엘륄은 사회학자들이 하듯 세상을 단순히 묘사하기 위함이 아니라 세상의 '영적 실재'를 지적하려고, 기술, 돈, 국가, 도시와 같은 현상을 분석하면서 우리 세상의 '현실'을 파악하는데 전념한다. 또한 이 현상들에 의해 우리 사회가 끌려가는 방향을 자세히 설명하려고 애쓰면서, 이 현상들이 종속된 숨겨진 논리에 관심을 집중한다. 사회적, 정치적, 경제적 분야에서 세상을 특징짓는 것은 바로 세상이 거짓 문제들을 제기한다는 점이다. '영적 실재' 속에서 발버둥치는 인간은 '영적 실재'를 스스로 볼 능력이 없다. 인간은 사회적, 정치적, 경제적 문제의 겉모습만을 볼 따름이다. 인간은 그 겉모습 속에서 기술적 수단으로 도덕적 판단 기준에 따라 일하려고 애쓰지만, 이러한 방법으로는 더 거짓되고 복잡한 상황에 이를 따름이며 심지어는 문명의 붕괴에 까지 이를 수 있다고 엘륄은 주장한다. 이러한 엘륄의 주장은 이 책의 결론에서도 다시 반복되기 때문에, 'réalité'라는 표현과 'réel'이라는 표현을 이분법적으로 구분하여 옮긴다는 비판에도, 'réalité'를 '실재'로, 'réel'을 '현실'로 구분하여 옮기려는 것은 이와 같은 이유에서 이다.

체가 영향을 받는다는 점이다. 또한 산업 현상이 국가의 특징과 정치 체계와 출발의 불일치가 무엇이든 간에, 다시 생겨나는 꽤 비슷한 사회 모델로 귀결된다는 점이다. 산업 현상이 기계의 증가와 생산의 조직화로 특징지어진다는 점을 주목하자. 그런데, 이것은 기술적인 두 요인이다. 그러나 오늘날 여전히 중요한 산업 현상은 19세기 산업 현상과 더는 아무런 공통점이 없다. 특히, 오늘날 산업 현상은 모두가 마찬가지로 중요한 일련의 다른 현상들 속에 묻혀 있다. 이 현상들은 오늘날 산업 현상에 의해 부분적으로 유발되었으나, 엄밀한 의미에서는 산업에서 탈피하는 변화의 힘을 부여받아 몸집을 불리며 오늘날 산업 현상에서 떨어져 나왔다. 현재 사회는 늘 산업적이기는 하지만, 이것은 요점이 아니다.28)

---

28) 데이비드 랜드(David S. Landes), 『풀려난 프로메테우스, 1750년부터 현재까지 서구유럽에서 기술적인 변화와 산업 발달』*The Unbound Prometheus: Technological Change and Industrial Development in Western Europe from 1750 to the Present* (1978년). 이 책은 18세기와 19세기 유럽에서 산업 발달의 가장 주목할 만한 역사이다. 그러나 일반적으로 기술 사회로 변천 시기를 보게 되는 1945년 이후 시기에 할애된 장은 완전히 실망스럽다. 실제로 랜드는 기술과 산업을 동시시하는데 그치고 (거기서 부정확한 그의 책 제목이 나온다. 즉, 언급되어야 하는 것은 산업적인 유럽이다!), 산업적인 것과 경제를 기술하는 데만 그친다. 그가 그 장에서 예를 들어 기술적인 변화 속도에 대해 언급할 때, 산업 생산 기술들을 오로지 연구한다. 그래서 기술 체계에 대한 연구에서 그가 공헌하는 바는 거의 없고, 단지 산업 방식에 대한 관찰에서 우리가 이끌어 낼 수 있었던 과학?기술 관계, 중앙 집중 경향, 보편화에 의해 익명이 된 기술의 발전에 대한 모두의 참여 등과 같은 여러 제안들을 단지 확인한다.
[역주] David S. Landes(1924-). 미국의 역사학자이자 현대 유럽 경제사 전문가. 본래 유럽에서 일어나는 경제적 기적에 대한 설명이 유럽중심적인 분석에 힘입을 수밖에 없던 것이라 설명하면서, 자신의 연구 작업을 통해 경제사에서 '유럽중심주의'라는 가정을 비판한다. 주요 저서로 『국가들의 부와 가난, 왜 어떤 국가들은 그토록 부유한데 다른 국가들은 그토록 가난한가?』 *The Wealth and Poverty of Nations: Why Are Some So Rich and Others So Poor?*가 있다.
[역주] 엘륄이 이 책에서 인용하는 저서 중 저자가 프랑스인이 아닌 때는 그 저서의 프랑스어 번역본의 제목을 주로 제시하는데, 이 때 저서의 본래 제목을 찾아서 프랑스어 번역본의 제목 대신 제시하기로 한다. 예를 들어 바로 위에 인용된 『풀려난 프로메테우스, 1750년부터 현재까지 서구유럽에서 기술적인 변화와 산업 발달』*The Unbound Prometheus: Technological Change and Industrial Development in Western Europe from 1750 to the Present*도 엘륄이 이 책에서 제시한 것은 프랑스어 번역본의 제목인 『기술적인 유럽』*l'Europe technicienne*이다.

산업 체계와 기술 체계 사이의 대립에 대한 분석*소제목은 역자가 붙임

산업 체계와 기술 체계 사이의 이러한 대립에 오래 지체할 필요는 없다.

우리는 이 주제에 대한 분석의 두 가지 예를 들 텐데, 쇠라29)의 분석과 리치타30)의 분석이다.

산업 세계를 새로운 개념과 대립시키는 '기술 계통학' systématique technicienne 의 영향은 쇠라에 의해 매우 잘 분석되었다.31) 그가 드는 예는 큰 의미를 지닌다. 즉, "무엇이 예전의 공장과 새로운 공장을 대립시키는가?"이다. 예전의 공장에서는 각각 역할을 완수하는 일단의 기계들에 의해 확실히 실행된 작업 이후 원료에 가치를 더하는 것이 중요하다. 어떤 어려움이 일단의 기계들에 나타나도, 이 어려움은 다른 어려움에 영향을 미치지 않는다. 기계들은 칸막이가 된 작업장에 설치되고, 일단의 기계들은 재고품과 연결에 의해 서로 간에 독립적이 된다. 한 사람의 잘못으로 생기는 영향은 거의 없다. 쇠라는 이러한 공장의 구조를 벌떼나 혹은 개미떼에 비유한다. 즉, 단 하나의 개체의 잘못은 중요하지 않다. 반세기 전부터 변화가 일단락되는데, 변화는 네 경로를 따라 이루어졌다. 단일한 기계들의 힘은 끊임없이 증가했다. 두 배를 생산하는 기계 한 대가 구매·생산·활용에서 두 대의 옛날 기계보다 덜 비싸다. "지나친 발달이 이루어지는 경로에서는, 상상할 수 있는 가장 큰 기계들에 기업이 부합하도록 기업을 집중시키면서 가능성의 한계로 나아가는 것이 합리적이 된다."는 이 뛰어난 기술전문가의 주장을 통해, 기업의 규모 축소 및 자연 속

---

29) [역주] Silvère Seurat. 알제리 출신의 프랑스 공학자.
30) [역주] Radovan Richta(1924-1983). 체코의 철학자. 정신노동이 증가함으로써 어떻게 사회가 육체노동을 감소시키는지에 관한 이론인 '기술적인 진보' 라는 용어를 만들어내고, 공업 기술이 역사의 원동력임을 주장한다. 주요 저서로 이 책에서 인용되는 『교차점에서의 문명』*La Civilisation au Carrefour*(*Civilization at the crossroads*)이 있고, 그 외 『우리 시대의 혁명에서 인간과 기술』*Man and technology in the revolution of our days*이 있다.
31) 쇠라(Seurat). 『기술이전의 실재』*Réalités du transfert de technologie* (1976).

으로 소규모 공장들의 분산이라는 관념적 사변은 당연히 사라진다. '마오쩌둥주의적인 확신' 32)에서 나오든, 어떤 기계장치들의 소형화를 적절치 않게 확대해석하는 데서 나오든, 이것은 위안을 주는 이데올로기이다. 이론적으로 정의되지 않은 하위체계의 증가만이 산업적인 실재에서 수긍될 수 있다. 쇠라가 강조하는 두 번째 발전 노선은 '복잡화' complexification이다. "지나친 발달에 의해 제기된 문제들은 기술담론33)이란 탐구 영역의 경계선에서 흔히 해결책을 요구한다." 그러나 이 '복잡화' 는 표면상의 단순화를 전제로 한다. 거대하고 복잡한 기계는 일단의 기계들 내에서 더는 평범해 질 수 없다. 연결은 너무 번거롭거나 혹은 취약하다. 이상적 구조가 반드시 필요한데, 이것은 단계 방식별로 단 하나의 기계를 마음대로 사용하는 구조이자, 이 기계들의 연계를 통해 원료의 계속된 배출을 실현하는 구조이다. 따라서 분리된 작업장도, 재고품도, 연결도 더는 없다. 그래서 "개미떼"와 함께 하던 예전의 유사성은 지나쳐져 버리고, "개미들은 사라졌다".34) 각각 다른 기능을 확실히 실

---

32) [역주] '마오쩌둥주의적인 확신' . 마오쩌둥주의 혹은 모택동사상이란 마오쩌둥을 중심으로 하는 중국 공산주의자에 의해 만들어진 중국 공산당의 지도 이념으로서, 마르크스와 레닌이 확립한 공산주의를 지침으로 하면서, 이를 중국의 실정에 적용시킨 농민 중심의 혁명방식을 말한다. 마르크스주의는 자본주의→사회주의→공산주의 순의 역사 발전단계를 주장하므로, 자본주의 사회가 없는 상황에서 공산주의 사회의 도래란 있을 수 없다. 따라서 당시 중국은 급속한 산업 발전이 전제가 되는 본래의 마르크스주의에서는 있을 수 없는 전(前)자본주의적 상황이 강하기 때문에, 마오쩌둥의 농촌 중시에는 당시 농업 중심의 중국 사회에 대한 현실적 상황 선택이 들어있다고 볼 수 있다. 결국, '마오쩌둥주의적인 확신' 이란 바로 앞에 나온 기업의 규모 축소 및 농촌이나 자연 속으로 소규모 공장들의 분산이 반드시 필요하다는 확신으로 보인다.

33) [역주] 엘륄은 이 책의 제1부 1장에서 '기술'(technique)과 '기술담론'(technologie)이라는 용어를 구별한다. 그는 기술과 기술학에 대한 담화(discours)인 '기술담론' 은 기술들을 묘사하고 추론하며 기술들의 역사를 서술하고 기술들의 완성을 연구하는 학문이라고 설명한다. 하지만, 엘륄은 자신이 세운 이러한 원칙을 이 책에서 일관성 있게 지키지 않는다. 따라서 'technologie' 라는 용어를 엘륄이 직접 쓰면 '기술담론' 으로 옮기는 것이 원칙이지만, 문맥에 따라 '기술' 로 옮겨야 하는 상황도 있다. 특히, 이 책에서 인용된 저자들의 글에서 이 용어가 나오면, 문맥에 따라 '기술담론', '기술', '공학', '과학기술' 로 옮길 수도 있다. 더욱 문제가 되는 것은 'technologie' 의 형용사인 'technologique' 인데, 이 형용사를 '기술담론의', '기술담론적인' 으로 옮기는 것이 원칙이지만, 역시 문맥에 따라 '기술적인' 으로 옮겨야 하는 때가 수두룩하다.

행하는 연속된 기계 사이의 수직적 통합이 실현된다. 거대하고 복잡하지만, 하나인 "몸체"가 있는데, 이것은 정보의 유포를 더 필요하게 만든다. 이것은 네 번째 특징으로서 자동화와 정보의 분산이다. 이것 없이는 아무 것도 작동할 수 없다. 거기에서 컴퓨터의 존재가 불가피해진다. 정보의 순환은 각 단계에서 과정 전체에 신경을 분포시키고, 단 하나밖에 없는 조종실로 대체로 귀착된다. 생물학적으로 이 점은 '두뇌화' cérébralisation에 비교할 수 있다. 그러나 이것은 우리가 다루는 문제가 단지 비교에 대한 것임을 고려함으로써 이고, 또한 이 거대한 결합체(ensemble 35)가 조금도 살아 있지 않다는 점을 고려함으로써 이다. 전체tout가 작동하려면, 완전히 적응하고 자신의 책임을 의식하는 사람이자, 주의를 기울이고 굳게 결속될 사람이자, 태업이나 파업을 할 용의가 없는 사람이 필요하다… 모두에게 전해진 잘못은 너무 엄청날 수도 있다…

그러나 산업 사회에서 기술 사회로 변천에 대한 가장 엄밀한 논증이자, 이 둘 사이의 근본적인 대립에 대한 논증이 1972년 출간된 『교차점에서의 문명』 *La civilisation au Carrefour*이라는 라도반 리치타의 심층적인 저작에 의해 우리에게 제시된다. 그는 이러한 대립을 소련에서 사회주의의 몰락을 해석하는 열쇠로 삼는다. 소련은 자체를 기술 사회 속으로 들어가게 할 수도 있는 걸음을 내딛기 원하지 않은 채, 산업 모델에 집착한다는 것이다. 그런데, 기술 사회는 산업 사회와 전혀 다르다는 것이다.

초기에는 기술과 '기계사용·산업' 36)은 연결되었다. 그러나 반세기 훨

---

34) 이 점은 단지 어느 정도로 중국이 지체되어 있는지 보여준다. [본문 내용을 역자가 각주로 설정]
35) [역주] 프랑스어 'ensemble'의 의미 중 하나가 '전체를 구성하는 요소들의 전부'이므로, 이 표현을 우리말로 '둘 이상의 개체가 결합하여 이룬 조직체'를 의미하는 '결합체'로 옮기기로 하고, 이것과 구별하고자 'tout'는 '전체'로 옮기기로 한다. 물론, 문맥에 따라 'ensemble'을 '전체'로 옮긴 때도 있다.
36) [역주] 기계사용(machinisme). 인간의 노동 대신 기계를 사용하는 것을 가리키는 표현.

씬 전부터 이 둘은 대립한다. 중앙으로 집중되고 등급화 되어 있으며, 아주 단순하게 증가하고 분업을 전제로 하며, 수단과 목표 사이의 분리를 전제로 하는 체계가 산업우선주의를 통해 발전한다. 기계화를 통해 초과 노동의 기회가 생겨났고 인간 노동의 흡수가 증가했다. 기계화는 지속적 재생산에 의해, 또 산업화에 통합된 인간 대중의 발전에 의해 이루어졌다. 현대 기술은 이 다른 특징들과 낱낱이 상반된다. 현대 기술의 움직임에 내맡기면, 현대 기술은 분산, 유연함, 등급의 제거, 분업의 제거에 이른다.37) 또한 현대 기술은 단조롭지 않은 다목적의 증가를 전제로 한다. 그리고 현대 기술은 수단 속으로 목표를 재통합하고, 노동의 기회를 없애며, 실제로 노동을 줄인다. 가치를 만드는 요인은 인간의 노동이 더는 아니라, 과학 발명과 기술 혁신이다. 마르크스의 분석에 따르면 경제적 총체는 노동자의 급여 노동에 의해 생겨난 잉여 가치 덕분에 유지되므로, 마르크스의 분석은 더는 적용될 수 없다. 산업 체계는 닫혀 있고 아주 단조로운 방식으로 발전하는 반복되는 세계이다. 기술 체계는 불가피하게 열려 있고 다목적 방식으로 발전하며 반복적이지 않다. 결국, 기술 체계가 발전하려면 반드시 필요한 인간의 보편적 발전에 힘입어서만이, 기술 체계는 지속될 수 있다. 따라서 사람들은 지금껏 존재했던 모든 것과 완전히 다른 결합체와 마주한다. 기술이 여전히 이러한 역할을 하지 않는다면 리치타는 다음 같은 이유 때문이라고 설명하는데, 나는 이 설명이 상당히 정확하다고 생각한다. 즉, 사회주의적 인간과 마찬가지로 자본주의적 인간이 사회의 산업 모델에서 결국 빠져 나오지 않기 때문이고, 그들이 사회학적 관점에서 뿐 아니라 경제적 관점에서 지배적인 것으로서 산업우선주의와 산업 생산을 조심스럽게 간직하기 때문이며, 그래서 그들이 기술을 이러한 발전에 소용되게 하기 때문이다. 그런데, 이 점은 현대 기술의 본성 자체를 거스르

---

37) 특히, 기술은 실행기능과 지시기능 사이에 분리의 제거를 요구한다. [본문 내용을 역자가 각주로 설정]

는 것이다. 그래서 현대 기술은 단지 이 사실 때문에 더 소외시키는 존재가 된다. 왜냐하면 자동화, 화학작용, 에너지 절약, 인공두뇌학[38])의 적용, 정보처리기술, 생물학적 개입, 핵에너지의 무제한 생산이라는 차원에서 받아들여진 기술은, 옛날의 산업적 기계사용과 아무런 상관이 없다. 우리는 힘이라는 개념의 결정적인 중요성과 마주해 있다. 그러나 나는 이것을 더는 재론하지 않으려고, 리치타와 그의 팀의 연구 성과에 대해 몇 가지 비판을 하고 싶다. 우선, 그들은 문제되는 것이 체계임을 전혀 파악하지 않았고, 이 점이 의미하는 결과들을 고찰하지 않았던 것처럼 보인다. 매우 호감을 주고 산뜻하기는 하나 아마도 약간은 감정적이고 엄밀한 인본주의에 의해 그들은 지배되었다. 그들은 마치 나머지 모든 것을 설명하는 열쇠가 거기 있는 듯이 기술에서 자동화 측면을 지나치게 받아들였다. 결국, 그들은 기술이 변형되지 않은 그 자체로 간주된다는 조건에서, 또 기술이 자유롭게 내버려 두어진다는 조건에서 기술의 실증성을 믿으면서, 대단한 이상주의를 드러낸다. 이와 같이 그들은 새로운 인간을 준비하는 완전히 새로운 교수법을 끌어넣고자, 교육적 기술 적용의 타당성을 믿는다. 그래서 그들은 "교육의 목표는 어떤 인간 유형을 만드는 것이 아니라, 이러저러한 유형에 따라 육성되고 유형을 바꿀 수 있는 인간을 만드는 것이다… 교육은 대상의 구조를 향해 방향이 설정되어야 할 것이고 창조적인 능력의 일반화에 근거를 두어야 할 것이다."라고 주장한다. 우리는 바람직한 것에 대해서는 분명히 의견을 같이한다. 하지만, 리치타가 기술에 의해 거의 실현된 것으로 제시하는 이 구절들을 통해, 인본주의적 관점에서 바람직한 것이 무엇인지 파악된다. 힘의 문제를 제기하지 못하게 하

---

[38]) [역주] 인공두뇌(Cybernetics). 미국의 수학자이자 전기 공학자인 위너(N. Wiener)가 제창한 생물체 및 기계의 제어와 통신 이론 및 기술을 종합한 과학. 생물체와 자동 기계의 통신과 제어의 일반 문제를 그 원리 면에서 취급하며 그 구성 부문으로는 통신의 작성과 전송에 관한 통계 이론, 자동 제어의 기계뿐만 아니라 생물체의 신경계, 감각 기관의 자동 제어적 활동 과정을 기능적 견지에서 연구하는 자동 제어 이론, 자동적으로 판단하여 행동을 택하는 논리 과정으로서의 연구를 중심으로 하는 자동 계산기의 이론 등이 있다.

는 그의 이상주의는 이러하다. 그는 기술이 힘이고 힘의 도구들로 이루어지며, 결국 기술이 지배를 의미하는 힘의 현상의 산물이자 힘의 구조의 산물이라는 점을 한 순간도 고찰하지 않는다. 자력으로가 아닌 인간에 의한 인간의 통제로부터 거저 줌과 사랑의 상황에 해당할 수도 있는 상황으로 어떻게 넘어가야 하는지 알 수 없는데도, 리치타에게 기술은 인간의 부유해짐과 인간에 의한 인간의 상호 발전을 의미한다. 이와 반대로 기술은 이러한 성향을 갖게 하지 않는다! 나의 주된 비판은 이러하다. 하지만, 이 비판을 통해 분석의 심오함과 일반적 방향설정의 타당성은 조금도 훼손되지 않는데, 이는 체계에 대한 인식을 훨씬 더 자세히 설명하려고가 아니라, 인간과 포괄적 사회와의 관계를 맺기 위해서이며 지금 이루어야 할 근본적 선택을 위해서이다.

현대 사회의 정의定義에 대한 비판

다니엘 벨39)이나 뚜렌느40) 같은 어떤 사회학자들은 우리가 더는 산업 사회에 있지 않다고 완전히 판단했다. 그래서 그들은 '후기 산업 사회'나 혹은 '진보된 산업 사회' 같은 이상한 용어를 사용한다. 인문과학에서 수학의 사용이 증가하는 시대에 이와 같이 불명확하고 의미 없는 어휘가 사용된다

---

39) [역주] Daniel Bell(1911-2011). 미국의 사회학자. 사회변동론과 정치사회학을 주요 연구대상으로 삼아 정치적 · 경제적 제도 및 이러한 제도가 개인의 형성에 작용하는 방식을 연구한다. 자신의 저서 『이데올로기의 종언』*The End of Ideology*에서는 미래사회로서 탈공업화 사회에 관해 연구한다.

40) [역주] Alain Touraine(1925-). 프랑스의 사회학자. 사회적 행동과 새로운 사회적 운동을 주창한 것으로 알려져 있다. 노동 조건과 조합의 역할을 연구하면서 "노동자 의식"에 대한 고찰과 확인을 제안하고, 여성해방운동이나 지역운동 같은 새로운 사회운동에 관심을 가진다. 또한 이 사회적 시위가 지배요인에 대항하는 투쟁에서 새로운 사회적 동인으로서 스며들지 파악하려 애쓰지만, 이 운동을 후기 산업사회의 근본적 동인으로는 결코 간주하지 않는다. 주요 저서로 『행동의 사회학』*Sociologie de l' action*이 있으며, 이 책에서 인용되는 『후기 산업 사회』*La Société post-industrielle* 및 엘륄이 이 책의 끝부분에서 언급하는 『노동자와 변하는 기술들』*Les travailleurs et les changantes techniques*과 『노동자와 기술적인 진보』*Les ouvriers et le progrès technique* 등이 있다.

는 것은 아주 놀라운 듯이 보인다.

벨은 서비스 산업 경제의 생성, 전문가와 기술전문가 계층의 우위, 사회에서 정치적 혁신과 정책 입안의 원천으로서 이론 서비스 산업의 중요성, 자율적 기술담론의 증가 가능성, 새로운 지적 기술담론의 생성 같은 후기 산업 사회의 다섯 가지 영역을 규정한다. 그러나 이 다섯 가지 특징이 기술 및 기술전문가의 증가와 우위에 즉시 연결됨을 어떻게 발견하지 않을 수 있을까? 벨이 사용한 용어 자체는 이 점을 전제로 한다. 이와 반대로, 왜 이 점이 "후기" 사회를 규정할 수도 있는지는 알 수 없다.

'후기 산업적' 이란 무엇인가? 이것은 단지 산업 단계를 지나쳤음을 의미한다. 그런데 이 후에는 어떻게 되는가?

어떤 면에서 이 점이 우리 사회에 대한 최소한의 특징과 최소한의 개념을 부여하는가? 이 점에 대해 아무 것도 모르는 어떤 사람에게 기계와 산업이 무엇인지, 따라서 산업 사회가 무엇인지 규정할 수 있다. 하지만, 어떻게 "후기"에다 내용을 부여할 것인가?[41]

17세기 정치 사회를 '후기 봉건제' 로, 혹은 19세기 정치 사회를 '후기 군주제' 로 규정할 수 있는가? '진보된 혹은 발전된 산업 사회' 라는 용어는 의미 없다. '발전된' 이란 무엇인가? 이것은 '산업이 여전히 발전했다' 라는 점을 의미할 수밖에 없다. 따라서 사람들은 이것이 여전히 산업 사회이지만, 더 두드러진 산업 사회라고 간주하거나, 혹은 역사적 경험을 통해 발전하는 것이 산업 사회의 경향임이 나타나듯이 사람들은 "정말 산업적이고 진보된 산업 사회"라고 하고 만다. 그러나 무엇을 향해 발전하는 것인가? 무엇이 진보되었는가? 이러한 진보 가운데 무엇에 이르렀는가? 어떠한 새로운 특징이 나타나는가? 이 점에 대해 우리에게 아무 것도 언급되지 않는다. 결국, 이러한 형용

---

[41] 다니엘 벨(D. Bell), 『사회적 변화의 지표』Indicators of Social change에서 「지식과 기술의 측정」The measurement of Knowledge and Technology (1968).

사들은 완전히 쓸모없고 우리 사회를 조금도 규정하지 못하기에 과감히 버려야한다.

　게다가 뚜렌느42)가 이 지칭과 관련하여 그 자신이 망설인다는 점을 강조해야 한다. 예를 들어, 그는 "프로그래밍 된 사회"에 대해 이야기한다. 그래서 나는 전적으로 그의 의견에 동의한다. 그는 여기서 우리 사회의 새로움이 조직이라고 여기는 사람들의 일반적인 방향으로 돌아간다. 그는 자본주의적 산업화 초기 시대와 우리 시대 사이의 차이를 몹시 지적하고 싶어 한다. 그는 기술전문가와 관료와 '합리화하는 자' 43) 같은 새로운 계층의 출현에 의해, 또 경제력 · 생산노동이라는 관계에 기반을 두지 않고 조직에 기반을 둔 기업의 새로운 방향설정에 의해, 또 여가에 의해 이 새로운 사회를 규정한다. 실제로 이 세 특징은 기술 체계의 필연성으로 귀결된다. 뚜렌느가 분명히 파악하듯이, 사회적 투쟁은 더 기술적이 되고 무산계급에 의한 권력 장악으로 더는 귀결되지 않기에, 기술 체계는 사회적 투쟁 자체를 변화시킨다. 뚜렌느는 후기 산업 사회의 근본적 특징으로서 학생계층의 기성질서에 대한 은밀한 저항 및 정치적 나약함과 더불어 학생 운동의 중요성을 덧붙인다. 하지만, 나는 혁명에 대한 연구에서44) 보여주려고 애썼듯이 그러한 특징이 부수적이고 우발적이라 생각하며, 뚜렌느가 자신의 책을 썼던 그 당시 사건들에 의해 영향을 받았다고 생각한다.

　다른 주제는 흔히 "관료 사회"라는 정의定義 하에 흔히 전개된다. 아마 우

---

42) 뚜렌느의 저서 『후기 산업 사회』*La Société post-industrielle* (1969)에서 아무 것도 이러한 지칭을 정당화하지 않는다. 그가 이 지칭을 자체의 원동력들과 관련하여 경제 성장에 의해 지배되고 프로그래밍 된 자체의 조직 속에서 기술 관료적으로서 특징지을 때, 사람들은 왜 결정적 요소가 "지나간 산업적인 것"인지 모른다.

43) [역주] '합리화하는 자' (rationalisateur). 실제로 존재하지 않는 표현으로서 엘륄이 만들어 낸 말이다. 이 표현을 통해 엘륄은 '합리화하면서 시간을 보내는 사람들'을 언급하려 하면서 이러한 자들을 조롱한다. 따라서 이 표현은 경멸의 의미를 담고 있다.

44) [역주] 여기서 혁명에 대한 연구는 엘륄의 저서 『혁명의 해부』*Autopsie de la révolution*(대장간 역간, 2012)이다.

리에게도 발전의 표현이자 사회corps social 45)에 대한 일반적 장악의 표현인 권력 형태를 추구하는 중요한 특성이 있다. 관료주의에 대한 손쉬운 비판을 옆으로 제쳐 놓자. 염두에 두어야 할 것은 질서의 원리, 방법의 원리, 중립의 원리, 조직의 원리, 효율성의 원리이다.

인력충원이 최선의 가능성이자, 완벽한 사회적 개입이자, 적극적이고 효율적 개입일 때, 행정은 긍정적 의미에서 관료주의가 된다. 관료주의는 점점 더 복잡한 기계들을 갖추고, 그 자체가 기계처럼 작동할 수밖에 없다. 각 부서가 하나의 구성요소이자 각 개인이 하나의 부품이 되는 기계장치처럼 행정이 돌아가고 움직이는 것이 이상적이다. 행정은 여론과 영향력에서 벗어나서 규칙적으로 지속적으로 기능을 수행해야 한다… 그래서 어떤 이들은 행정으로 특징지어지는 사회를 "조직 사회"라 지칭한다. 분명히 이 용어는 관료주의의 본질이 조직임을 보여주고, 다른 한편으로 이러한 관료주의가 국가의 조직일 뿐 아니라 사회의 온갖 집단적 활동 형태와 관계됨을 보여준다. 실제로 이 둘 사이에는 닮은 점이 있다. 국가는 단지 더 좁고 경멸적이며, 사회는 더 넓고 긍정적이다. 그러나 실제로 관료 사회의 모든 표식과 특징은 조직기술에서 온다. 관료주의에서 행정을 변화시키는 것은 효율성을 목표로 하는 기술이다. 행정은 이러한 종류의 기술에 의존한다. 게다가, 이러한 정의定義는 분명히 우리 사회의 온갖 측면과 실재를 고려하지 않는 듯이 보인다. 조직과 관료주의는 반드시 필요하지만, 조직과 관료주의가 관리하고 조직하는 대상은 덜 필요하다! 우리 사회를 다른 모든 사회와 구별하는 특성으로서, 또 우리 사회의 모든 활동을 특별하게 만들기에 충분한 것으로서 이런 유일한 특징으로 우리 사회를 귀결시킬 수는 없다.

클라크46)와 푸라스띠에47) 이후 여러 경제학자에 의해 택해진 정의와

---

45) [역주] 여기서 '사회'를 의미하는 프랑스어 'corps social'은 '동일 사회 내에 살고 있는 인간집단'을 가리키는 정치학 용어로서, 역시 '사회'를 뜻하는 'société'의 동의어로 볼 수 있다.

더불어 이로부터 바로 나오는 정의가 있다. 즉, 서비스 산업 사회나 혹은 제3차 산업 사회이다. 여기서 나는 앞에서와 같은 지적을 할 것이다. 한편으로, 우리가 서비스 산업 사회로 넘어갔다면, 이는 산업 사회의 증대를 가능하게 했던 생산 기술 이후 서비스 산업의 증대를 가능하게 했던 조직 기술과 경영 기술과 여가 기술이 나타났기 때문이다. 게다가, 사람들이 이 세 가지 "범주"를 규정하려 할 때, 사람들은 이 범주들 각각 속에 있는 상당한 수의 기술을 사용하는데 의거한다. 다른 한편으로, 경제 활동의 세 번째 측면을 효과적으로 지칭하는 서비스 산업이란 개념은 이 사회의 모든 형태를 포함하지 않고, 현재 현상들의 복잡성을 고려하지 않으며, 아마도 이 현상들의 가장 중요한 측면을 염두에 두지 않는다.

1968년에 무척 유행했던 "소비 사회"라는 표현을 분명히 살펴보아야 한다. 이러한 구호는 선동과 선전을 위해 필요하다. 이 구호의 장점은 너무 자주 무시된 측면을 강조하고 개인의 삶에 이 정의定義를 집중시키는 것이었다. 하지만, 우리 사회는 소비에 의해서 만큼이나 노동이나 생산에 의해 적어도 특징 지어 진다는 점은 분명하다! 따라서 이 구호는 모든 것을 포함하고 설명하는 핵심어가 아니다! 각자에 깃들어 있는 이데올로기가 이러한 용어로써 추구된다면, 이 용어는 타당하다! 그런데 이러한 용어로써 경제적·사회적 실재를 겨냥한다면, 이 용어는 아주 불충분하다. 그러나 우리가 결정적인 것으로서 기술적인 요소를 소비 속에서 다시 발견한다는 점이 중요한 듯이 보인다.

---

46) [역주] Colin Clark(1905-1989). 영국의 경제학자이자 통계학자. 주 저서인 『경제적 진보의 제조건』*Conditions of Economic Progress*에서 각국 통계에 대한 국제 비교분석을 하고, 경제가 진보함에 따라 산업구조가 제1차 산업에서 제2차 산업, 제3차 산업으로 비중을 옮겨간다는 사실을 밝힌다.

47) [역주] Jean Fourastié(1907-1990). 프랑스의 경제학자. 가격과 생산성, 특히 기술적인 진보에 대한 연구로 잘 알려져 있으며, 사회는 서비스 산업에 의해 지배되는 3차산업유형의 문명을 향해 불가피하게 나아간다고 예견한다. 주요 저서로 『20세기의 위대한 희망. 기술적인 진보, 경제적 진보, 사회적 진보』*Le Grand Espoir du XXe siècle. Progrès technique, progrès économique, progrès social*, 『기계사용과 복지』*Machinisme et bien-être* 등이 있다.

무엇이 소비를 유발하는가? 이것은 광고, 다시 말해 광고 기술이다. 무엇이 더 소비하도록 부추기는가? 이는 대량생산이며, 대량생산은 기술에 힘입어서만이 가능하다. 소비할 것으로 무엇이 주어지는가? 이는 기술적인 물품들인데, 가장 많이 생산되는 것이 이것이기 때문이다. 그러므로 소비 사회는 모든 측면에서 다양한 기술에 의해 특징지어진다.48)

"소비 사회" 바로 옆에서 우리는 바로 그 "풍요 사회"를 발견한다… 그런데 어떻게 거기에 도달할까? 거기에 도달하는 것은 기술적인 요인의 발달에 의해서이고, 특히 자동화의 발달에 의해서이다. 그러나 문제의 이 풍요가 특히 기술적인 산물의 풍요일 것이라는 점을 잊지 말아야 하며, 이 풍요가 공간과 공기와 시간의 희박함 같은 새로운 희박함의 생성으로 상쇄된다는 점을 잊지 말아야 한다… 이 희박함 모두 '풍요 사회'가 존재하도록 필요한 기술들의 적용 현상이다. 우리는 이 점을 재론할 것이다. 따라서 풍요는 새로운 사회의 가장 중요한 표식 중 하나임이 분명하지만, 풍요 그 자체는 의존적이며 여러 기술에 의해 특징지어 진다.

이제 우리는 앞서 제시된 요인들을 종합하는 시도로서 르페브르가 내세우는 '관리 소비 관료 사회'라는 정의와 마주친다. 실제로 이 표현은 산업 단계 이후의 특징 중 세 가지를 잘 나타낸다. 그리고 이 표현은 우리 사회의 기능과 구조 중 어떤 것에 완전히 일치하지만, 이 표현은 앞에 나온 정의들과 마찬가지의 결함을 드러낸다. 이 표현은 조직과 소비와 심리적 활동이라는 이 사회의 어떤 측면만을 받아들일 따름이지, 예를 들어 대중화와 생산 같은 마찬

---

48) 소비 사회에 대한 가장 훌륭한 분석은 대상들의 체계에서 보드리야르(Baudrillard)에 의해 분명히 행해졌다. 그러나 그의 개념이 아무리 넓더라도 (소비는 물질적 실천도 아니고 풍부의 현상학도 아니다. 소비는 음식에 의해서도 규정되지 않는다. 소비는 다소 일관성 있는 담화로 이제부터 구성된 모든 대상이나 메시지의 가상적 총체이다… 소비는 기호들의 체계적 조작 활동이다.), 그는 소비가 우리 시대 외에 다른 시대에도 그러했음을 보여줄 수 없었다. 다시 말해 소비는 기술적인 대상들과 관련되기 때문에, 풍부 속에서 실행되기 때문에, 결국 더 포괄적 기술 체계 속에 그 자체가 통합되기 때문에, 그가 분석하는 대로이다. 기호들의 체계적 조작이 그 준거와 가능성을 발견하는 것은 단지 거기이다.

가지로 중요한 다른 측면을 없애 버린다. 채택된 모든 요소에 공통된 요인으로서 이 요소들의 근거이자 양태가 되는 요인을 고려하지 않기에, 이 표현은 꽤 피상적 수준에 머물러 있다. 따라서 이 정의는 르페브르의 제시한 바와 반대로 다른 정의들보다 더 과학적이지 않다. 이 정의는 근본적 분석 결과로 제시되기보다 차라리 세 가지 특징의 총합으로 제시된다.

그렇지만, 이 표현을 통해 다른 종류의 현상, 곧 정보 현상에 집중된 일련의 정의들 전체를 향해 우리는 방향을 설정한다. 여기서 우리는 두 가지 정의를 염두에 둘 수 있다. 그 중 하나는 맥루한49)의 정의로서 그에게 결정적 사실은 새로운 "대중매체"의 출현이다. 이 새로운 대중매체는 사회 조직체를 변형시킬 뿐 아니라 각자의 사고방식과 존재방식을 변형시킨다. 문제가 되는 것은 정보의 단순한 증가가 아니라 정보를 전달하는 수단이다. 우리는 맥루한이 상기시킨 측면의 다양성에서는 더 나아가지 않고, 두 가지 요소를 염두에 둘 것이다. 첫째, 언제나 마찬가지로 지적되는 바는 새로운 매체가 본질적으로 또 무엇보다 기술적인 매제라는 점이며, 새로운 매체가 기술적인 진보에 의해 생겨나서 기술적인 진보를 동반하고 기술적인 진보와 밀접히 연결되어 있으며 각각의 기술적인 변화에서 나온다는 점이다. 기술을 유발하는 것은 매체가 아니라 그 반대이다. 다른 차원에서 맥루한의 논제가 아무리 매력적일지라도, 그가 매체를 우리 사회에서 일어나는 모든 것을 설명하는 유일한 요소로 삼을 때, 매체의 영향력을 너무 지나치게 확대하는 것은 분명하다. 그가 이렇게 하는 것은 지적인 곡예를 통해서이다. 이 지적인 곡예에 대해 감탄

---

49) [역주] Marshall McLuhan(1911-1980). 캐나다의 철학자이자 사회학자이자 미디어 이론가. 미디어에 대한 현대적 연구를 시작한 인물 중 하나이다. 『미디어의 이해』*Understanding Media*라는 저서를 통해 '미디어는 메시지다', '미디어는 인간의 확장이다' 라는 견해를 밝혀, 현대 미디어 이론에서 사용하는 '미디어' 라는 단어와 가장 근접한 개념을 제시한다. 또한 미디어의 발전과 인간 존재의 관계를 연구하여 근대의 인쇄 혁명과 텔레비전으로 대표되는 전자미디어가 서구문명에 미칠 영향을 예견한다. 주요 저서로 『구텐베르크 은하계』*The Gutenberg Galaxy*가 있다.

할 수는 있지만, 이것은 진정한 현실에 의거하지 않음으로써 확신을 주지 못한다. 물론, 매체와 정보의 증가는 오늘날 결정적이지만, 이런 유일한 요소로 모든 것을 규정할 수 없다. 언어에 대한 현대적 분석을 인정하더라도, 기술은 여전히 하부구조이며 이러한 증식의 가능성이라는 점은 여전하다.

같은 방향에서 '국제 무정부주의자들' 50)은 '구경거리 사회'로 지칭했다. 부르주아 이데올로기, 진지한 것 전체에 대한 회피, 실천praxis의 단절, 통신의 증가, 심리적 활동 때문에 우리 사회에서 모든 것은 구경거리가 되었다는 것이다. 그런데 이는 '구경거리'라는 용어를 평범하거나 혹은 단순한 의미로 취하지 않는다는 조건에서일 뿐 아니라, 반드시 필요한 풍부함을 이 용어에 부여한다는 조건에서이다. 즉, 구경거리는 완전한 삶의 방식이라는 것이다. 소비도 구경거리이고, 정치 활동과 여가와 노동과 가정생활과 혁명도 구경거리이다. 현대인은 구경꾼으로 모든 것에 참여한다. 현대인이 가장 깊이 협력하거나 혹은 참여한다고 여기는 바를 포함하여 모든 것은 현대인에게 구경거리로 제시된다. 정말 깊기도 하고 단편적이지도 않은 이러한 분석은 분명히 개인과 사회corps social와 관계되는 견해를 일관성 있게 만드는 장점이 있다. 거기서 개인은 사회 속에 있는 것으로 받아들여진다. 그러나 '구경거리 사회'가 있다면, 이는 기술화 때문에, 기술화에 힘입어, 기술화를 위해 이렇게 된 것임을 어떻게 모르겠는가? 구경거리를 이렇게 포괄시키게 하는 것은 기술적인 수단이다. 내부적인 모든 실재를 배제하는 "본질적으로" 구경거리가 될 만한 것도 기술적인 활동이고, 진지한 것을 회피하기를 요구하는 것도 기술적인 활동이다. 어떠한 활동이라도 기술들을 통해서만 표현될 수 있다. '구경거리 사회'는 기술 발전에서 이상적 틀과 가장 유리한 환경으로서 나타난

---

50) [역주] 국제 무정부주의자들. 기성 사회체제와 질서에 대항하는 '국제 무정부주의 학생운동'(situationnisme)의 추종자들을 가리킨다. '국제 무정부주의 학생 운동'은 1960년대에 특히 대학 사회에서 발전된 문화적이고 정치적 전위 운동으로서, 이 운동의 소비 사회에 대한 급진적 항의 형태와 분석은 프랑스의 1968년 5월 혁명에 특별한 영향을 미친다.

다. 왜냐하면 이 환경은 자율적인 인간의 무분별한 의사 표현에 의해서는 가장 덜 동요되기 때문이다. 그러므로 여전히 현 실재의 관건이 되는 것은 '구경거리 사회'이다.

『기술전자공학의 혁명』*La Révolution technetronique*에서 브레진스키51)는 '**기술전자공학**' Technetronique이란 용어를 만들어냄으로써 완전히 새로운 어떤 것을 자기도 내보이는 걸로 생각했다. 그는 산업 사회와 기술전자공학 사회 사이의 다음 같은 대립을 제시한다. 산업 사회에서는 기계가 본질적인 역할을 한다. 사회의 지배적인 문제는 실업과 고용의 문제이다. 교육은 인간관계에 의해 발전하고, 지배계층은 금권 정치적이다. 대학은 현실과 동떨어진 상아탑이고, 독서는 이데올로기에 적합한 개념적 사고를 촉진한다. 정치적 갈등은 본질적이고, 대중은 노조로 조직되며, 경제력은 개인화되고, 부는 활동의 목적이 된다. 기술전자공학 사회는 조목조목 반박될 수 있다. 즉, 기술전자공학 사회에서는 "서비스 산업"의 성장이 목격되고, 자동화는 산업 고용을 대체한다. 중심 문제는 직능의 문제이고, 고용 안정이 이루어진다. 교육은 통신 기술에 힘입어 보편적이 되고, 활동 수단으로서 지식은 부를 대체한다. 대학은 구체적 삶 속에 던져진 "두뇌 집단"이 되고, 결정에 대한 참여 문제는 일반화된다. 정치적 문제는 넘쳐나고, 이데올로기는 사라진다. 경제력은 비인간화되고, 부는 자체의 용도를 잃는다… 물론, 나는 브레진스키가 사회의 현 국면이나 혹은 곧 닥쳐올 국면에서 사회의 새로운 특성을 아주 정확히 강조했음을 부인하지 않겠다. 하지만, 나는 새로운 단어를 만들어 낼 필요성을 납득하지 못한다. 기술전자공학은 기술과 전자공학의 혼합이다. 그러나 무슨 말인가? 전자공학은 기술이 아닌가? 전자공학은 기술에 대한 예전의 정의들에서 나

---

51) [역주] Zbigniew Brzezinski(1928-). 폴란드 출신의 미국 정치학자이자 정치가. 미국 대통령 지미 카터의 안보담당보좌관을 역임하면서 국가안전보장회의 사무국장을 겸한다. 이 책에서 언급되는 기술전자공학과 관련된 저서로『기술전자공학 시대에서 국제정치』 *International Politics in the Technetronic Era*, 『두 시대 사이에서, 기술전자공학 시대에서 미국의 역할』 *Between Two Ages : America's Role in the Technetronic Era* 등이 있다.

오는 어떤 것을 제시하는가? 이는 기술이 기계와 산업이라고 또다시 간주하는 것인가? 그렇다면 새로운 것이 있는데, 바로 이 정의에 따르면 기계 속에는 움직이는 물질적 요소들이 있다. 전자공학은 물질적인 어떤 것이 움직이는 한 기능을 수행한다. 그러나 컴퓨터가 관례적 의미에서 기계가 아니라면, 어떤 점에서 컴퓨터는 여러 기계의 산물이 아니란 말인가? 또한 어떤 점에서 컴퓨터가 기술 체계 속에 끼어들지 않는단 말인가? 기술과 전자공학을 대립시킬 아무런 이유도 없다. 전자공학은 단지 기술의 일부분일 따름이다. 브레진스키가 자신이 내세우는 기술전자공학 사회에서 염두에 두는 특성은 사실상 기술 사회의 특성이다. 그런대로 괜찮은 그의 저서에 대해 내가 느끼는 공감에도, 그가 새로운 것을 만들어낸다는 인상을 주려고 겉으로 보기에 난해한 어휘를 만드는 유행을 단지 따랐다고 나는 언급할 수밖에 없다. 그가 자신의 저서 1부와 2부에서 언급하는 바는 기술 사회에 대한 완전히 고답적인 언급이다. 그가 더 새롭다고 내세우는 것은 스스로 입증되지 못하는 기술전자공학이라는 단어이다. "기술"은 그가 주장하는 모든 것을 설명하기에 아주 충분하다.

제시된 정의들의 공통 요인으로서 기술 현상

따라서 우리 사회에 대한 현재의 가장 중요한 정의들을 죽 살펴본 후, 우리는 파악된 특징을 설명하는 결정적 사실이 기술 현상이며[52], 제시된 모든 정의에 기술 현상이 공통 요인으로 나타난다는 점을 매 번 확인하기에 이르렀다. 그런데 문제는, 이 정의들 각각은 정확하다는 것이다. 각 저자가 우리 시대

---

[52] 한스 요나스(Hans Jonas)가 기술에 대한 개산概算이나 혹은 세세한 연구에 만족하는 대신 기술적인 현상의 내용과 성격을 밝히려고 애쓰는 태도를 이데올로기로 규정할 때, 분명히 이 사실에 대해 아무 것도 모른다. (요나스, 전집 『기술 시대에서 기술』 *Technik im Technischen Zeialter*에서 「이데올로기로서 기술」 Technik als Ideologie, 1965.) 『이데올로기로서 기술과 과학』 *Technik und Wissenchaft als Ideologie* (1968)에서 위르겐 하버마스(Jürgen Habermas)에 의해

의 본질적 측면을 완전히 식별했기에, 어떠한 정의에 대해서도 저자가 틀리다고 할 수는 없다. 또한 한 정의가 다른 정의보다 결정적으로 더 낫다고 할 수도 없다. 하지만, 각 정의는 제한되어 있다. 일반화를 가능하게 하는 것은 바로 공통 요인에 대한 고려이다. 공통 요인은 파악된 모든 측면을 설명한다. 그런데 각 측면은 정확하기 때문에, 이 점은 다음 같은 것을 의미한다. 즉, 공통 요인 역시 정확하지만, 이 공통 요인과 검토된 다양한 특징 사이에 관계가 즉시 확인할 수 있는 사실 관계이기 때문에, 공통 요인은 철학적 추상 속으로 떨어지지 않고서 더 깊고 결정적인 분석 수준에 위치한다는 것이다. 게다가, 우리 사회의 마찬가지로 중요한 다른 특징들을 발견하는 것이 이 공통 요인에서 가능할 수도 있다.53) 이는 우리가 점차 파악하게 되는 바이다. 그러나 공통으로 받아들여진 특징들을 염두에 두면서 우리는 예기치 않은 결과를 얻는다. 즉, 우리는 "기술 체계"를 살펴보겠지만, 이제부터 이 특징들이 그 자체로 간

다시 취해진 이 비평은 정치적 유형의 사전 선택에서 비롯되는 듯이 보인다. 기술에 대한 사회학적 분석을 '정당화하는 이념' 이든 '기만하는 이념' 이든 이념으로 간주하는 것은, 마르크스에서 도출된 설명적 도식을 간직하기 위한 수단이다. 그러나 유사 마르크스주의가 교조적 설명으로 실재를 숨기는데 소용되는 것은 1904년부터 그것이 처음은 아니다.

[역주] Hans Jonas(1903-1993). 독일의 철학자이자 역사가. 대표작 『책임의 원칙, 기술문명을 위한 윤리』*Das Prinzip Verantwortung: Versuch einer Ethik für die technologische Zivilisation*에 그의 독창적 사상이 잘 나타나 있는데, 이 책은 기술을 통한 생산력의 발달을 통해 유토피아를 건설하려고 하는 마르크스주의적 기획을 비판한다. 마르크스주의가 노동을 통해 자연이 가공되고 변형됨으로써 인간의 진정한 본성이 실현되고 자유가 성취될 수 있다고 본다는 점에서 여전히 근대적인 인간중심적 자연관에 빠져 있다고 그는 평가한다. 이런 인간중심적 자연관은 도구적 기술관과 맞물려 환경 파괴와 '기술유토피아' 라는 신화를 낳는데, 이에 대해 그는 전통적 윤리 틀 안에 정립될 필요 없는 새로운 책임의 윤리를 주창한다.

[역주] Jürgen Habermas(1929-). 독일의 철학자이자 사회학자. 마르크스주의자지만, 특히 사회학에서의 비판적 합리주의, 정신과학에서의 해석학의 방법논쟁을 통하여 마르크스주의에 결핍된 유연한 방법론적 기초를 제공한다. 의사소통의 합리성에 주목하여 그것을 사회이론의 가장 기본적 개념으로 설정한 그는 인간의 해방이 '합리적 의사소통' 을 통해 가능하다고 생각한다. 즉, 언어의 의미 불완전성은 필연적으로 인간 사이의 의사소통의 일부를 왜곡하기 때문에, 왜곡된 의사소통을 극복하고 합리적 의사소통이 진행되면 인간 간의 갈등 또한 줄어나갈 것이라는 주장이다. 주요 저서로 『기술과 과학』*Technik und Wissenschaft*, 『사적(史的) 유물론의 재건을 위하여』*Zur Rekonstruktion des Historischen Materialismus* 등이 있다.

53) 우리는 우리 사회와 관계되는 다른 표현들을 제쳐 두었다. 왜냐하면 그것들은 '여가' 와 같

주된 기술 체계의 '여건들'données이라고 할 수는 없다. 달리 말해, 각 저자가 우리 사회를 정의하려고 시도했던 것은 이 체계를 통해서인데, 이 체계를 늘 파악하지는 않은 채로 이렇게 했다는 것이다. 매번 밝혀졌던 것은 기술 체계의 한 요소이다. 기술 체계는 "생산·소비"라는 끊임없는 순환 속에서 이루어진다. 그렇지만, 이는 상징의 생산, 교육에 의한 개인의 생산, 여가의 생산, 이데올로기의 생산, 기호의 생산54), 정보의 생산과 관계되는 만큼 산업 재화의 생산과 관계되는 것이기 때문에, 이 용어들을 모든 차원에서 취해야 한다. 인간 존재의 순환이나 혹은 정보의 순환을 포함하여 순환이라 불리는 것은, 항상 생산을 기원으로 하고 소비를 목적으로 한다. 그러나 이 복잡한 체계는 생산과 소비의 점점 더 완전한 일치로 귀결되는 조직의 개선에 의해서만이 가능하다. 기술은 지속적이고 필연적으로 발전하고 있으므로, 기술은 기술 체계를 불가피한 풍요 사회의 동인動因이 되게 한다. 그러나 역으로, 모든 것이 이와 같이 생산되고 소비되기에, 체계는 객체로서 인간을 포함하여 각 요소의 점점 더 완전한 통합을 전제로 한다. 어쨌든 체계와 관련하여 인간은 언제나 거기서 객체로 취급된다는 점을 체계는 전제로 하기 때문에, 인간은 더는 주체가 될 수 없다. 이 현상은 "상품"이라는 마르크스주의의 해석보다 오늘날 훨씬 더 중요하다. 이 해석은 자본주의 체계에 의해 정의된다. 이제 자본주의

이 너무 피상적 표현이거나, '대중'과 같이 너무 일반적 표현이거나, '도시의'와 같이 너무 오래된 표현이기 때문이다. 그러나 각 표현에서 동일한 지적을 하는 것이 가능할 수도 있다. 즉, 여가가 있다면 그것은 기술적인 수단들이 발전함으로써 인간을 위해 거추장스러움이 없어진 시간에 따라서이다. 여가 자체는 기술적인 방식에 따라 체계화되어야 한다. 대중사회는 대량생산과 대량소비와 대중문화로서 아주 당연히 프리드만(Friedmann)에 의해 분석된다. 그런데, 이 세 현상은 각 현상을 가능하게 하는 동시에 유발하는 기술적인 요인에 직접 달려 있다. 결국, 도시화도 기술에 의해 통제되고 생겨난다. 즉, 그것은 산업화, 농촌 실업을 유발하는 농업노동의 기계화, 운송 수단, 도시의 스트레스를 보상하는 오락의 다양화 등이다. 이 요소들은 우리 사회의 특유한 특징들이 아니고, 동일한 요인에 종속된다.

54) [역주] '기호(signe)의 생산'은 프랑스 철학자이자 사회학자인 장 보드리야르(Jean Baudrillard)의 이론과 연관 있다. 그는 현대사회를 소비사회로 지칭하면서 현대인이 물건의 기능보다는 기호(signe)를 소비한다고 주장한다. 즉, 현대인은 생산된 물건의 기능을 따지지 않고 상품을 통하여 얻는 위세와 권위, 곧 기호를 소비한다는 것이다.

체계는 기술 체계 속에 포함된다. 부분적으로는 늘 정확하나 신중하게 사용해야 할 '상품'이란 범주는 더는 대단한 것을 나타내지 않는다. '기술화된 객체'라는 범주는 훨씬 더 결정적이고 오늘날 엄밀하다. 기술 체계는 무작정 자체의 성취에 의해 기술 체계가 적용되는 모든 분야에서 객관화를 계속 만들어 내는데, 이 객관화는 헤겔Hegel의 객관화와 아무런 관계도 없고, 주체의 객관화도 더는 아니며, '주체·객체'라는 변증법 속으로 들어갈 수도 없다. 이제 그것은 능동적 체계에 의해 객체로서 통합되거나 혹은 파악되고 취급된다. 능동적 체계는 예전에 중립성과 수동성으로 제한된 일련의 요소에 영향을 미치지 않으면 발전할 수도 성취될 수도 없다. 왜냐하면 아무 것도 내재적 의미가 있을 리 없지만, 기술의 적용이라는 의미를 받아들이기 때문이다. 또한 아무 것도 활동을 열망할 수 없지만, 기술적인 방식에 의해 움직여지기 때문이다. 그리고 아무 것도 자체가 자율적이 되기를 바랄 수 없기 때문이다. 즉, 우리가 보여 주듯이, 자율적인 것은 기술 체계이기 때문이다. 따라서 인간의 "사물화事物化"라는55) 바로 그 주제가 기술 체계에 대한 분석 속에 자리 잡고 설명되는 것이 목격된다. 우리는 이 점을 재론할 것이다. 체계의 이러한 우위와 포괄성을 통해 현대 사회는 '기술 사회'로 규정되고 마는데, 이 용어는 프랑스에서 1938년 프리드만56)에 의해 먼저 사용되었다.57) 게다가 나는 "기술화된"이란 용어를 덧붙일 텐데, 이 용어는 첫째로 기술적인 동인動因의 능동적 특성을 나타내고, 둘째로 사회에 대한 결과를 나타낸다.

그렇지만, 이 정의는 특히 르페브르에 의해 비판을 받았다.58)

---

55) 오늘날 소외가 사물화로 대체되는 경향이 있다. [본문 내용을 역자가 각주로 설정]
56) [역주] Georges Friedmann(1902-1977). 프랑스의 사회학자. 제2차 세계대전 이후 인본주의적 노동 사회학의 창시자로서, 자신의 연구 작업 거의 대부분을 20세기 전반의 산업사회에서 인간과 기계와의 관계에 대한 연구에 할애한다. 주요 저서로 『진보의 위기』*La crise du progrès* 『산업적 기계사용의 인간적 문제』*Problèmes humains du machinisme industriel*, 『세분된 노동』*Le Travail en miettes* 등이 있다.
57) 내가 프리드만과 일치하지 않는 논점은, 문제되는 것이 문명이라고 나는 그보다 덜 확신하는데도 그는 기술 문명에 대해 이야기한다는 것이다. 그는 마우스(Mauss)의 개념에 대한

세 가지 비판을 염두에 둘 수 있다. 첫째, 기술은 도시 환경에 의해서만 존재하고 중요성과 효율성을 지닌다. 도시를 벗어나면 기술은 '고립된 객체들'만을 만들어낼 따름이다… 그러나 이 점은 완전한 기술 체계의 산물인 "고립된 객체들" 사이의 상호관계를 무시한다. 분명히 도시는 기술이 특히 발전하는 틀이지만, 우리가 언급했듯이 나머지에도 확장되는 것이 기술에 의해 생겨난 틀 자체이다. 즉, 농촌 사람들도 점점 더 기술화된다는 것이다.

두 번째 비판은 다음과 같다. 기술은 자율적이고 결정짓는 '사회적 객체'가 된다. 그런데 이 같은 일은 조직적 수법으로 활동하는 전문기술관료 같은 카스트나 혹은 계급이 되려고 애쓰는 사회 계층을 통해서만 이루어질 수 있다. 따라서 전문기술관료 사회와 관료 사회에 대해 이야기할 수밖에 없다… 그런데 즉시 전문기술관료체제59)는 맹렬히 비난받는다. 나는 이 변천이 약간 인위적이라고 언급할 것이다! 이를테면, 기술은 어떤 계급을 통해서만 움직인다… 그런데 이는 각자가 모든 차원에서 기술 체계에 참여한다는 점을

자신의 평가를 "문명 현상들의 복잡한 집합체"에서 이끌어낸다. 즉, 오늘날 이 문명 현상들은 노동의 체계화, 대량 생산, 대중매체, 소비, 집단 여행 등인데, 그것은 기술 문명을 부여한다는 것이다. 프리드만의 『인간과 사회에 대한 7가지 연구』*Sept études sur l'homme et la société* (1966) 참조.

58) 르페브르, 『현대 세상에서 일상생활』*La vie quotidienne dans le Monde moderne* (1968). 게다가, 『전문기술관료에 대항하여』*Contre les Technocrates*라는 르페브르의 시론 전체는, 사람들이 기술이 지배한다고 상상한다는 사실인 전문기술관료체제의 신화, 곧 정치적이거나 경제적이거나 혹은 행정적 차원에서 기술전문가의 실제적 영향과 힘을 행사하는 기술전문가 집단에 의한 시도인 전문기술관료체제와 결정 요인인 기술적인 현상에 의한 사회의 순응 사이에 깊은 혼동으로 얼룩져 있다. 그의 추론 중 어떤 것에서도, 그의 논의 중 어떤 것에서도, 네 요소를 분간하지 않으며 끊임없이 하나에서 다른 것으로 넘어가는데, 그것은 결정적으로 그의 논증을 약화시킨다.

정치적 우파나 좌파의 전유물인 적용된 기술들에 힘입어 사회의 온갖 문제를 해결할 수 있다는 확신으로서 전문기술관료체제에 대한 비판이 제시될 때, 나는 전문기술관료체제에 대한 비판에서 르페브르와 전적으로 동의한다는 점은 그와 반대로 자명하다.

이 관점에서, 드골(de Gaulle)과 마르쉐(Marchais)와 틱시에 비냥꾸르(Tixier Vignancour) 사이에는 큰 차이가 없었다. 게다가 정치적 사상의 이러한 통합은 기술의 결정적 중요성의 표시이다. 르페브르는 자기가 단죄하는 전문기술관료체제적인 신화가 본의 아니게 인정된 기술의 우위성의 불가피한 반영일 따름임을 보지 않는다.

[역주] Georges Marchais(1920-1997). 프랑스의 정치가. 프랑스 공산당의 서기장을 역임한다.

파악하지 않는 것이다. 이러한 사실을 무시하려면, 계급에 대한 마르크스주의 해석 범주 및 어떤 계급을 통해 작용하는 힘에 대한 마르크스주의 해석 범주를 억지로 적용하려 해야 한다. 또한 기술 체계의 성장을 통해 계급들이 와해된다는 점을 고려하지 않는 것으로 우선 시작해야 한다. 더욱이 "기술전문가·전문기술관료"라는 변천은 완전히 받아들일 수 없다. 어디에도 진정한 전문기술관료가 보이지 않는다는 점을 나는 자주 글로 썼다. 왜냐하면 어떠한 기술전문가도 사회를 이끌어간다고 주장하지 않기 때문이다. 기술전문가를 전문기술관료처럼 간주할 필요도 없고, 이러한 종류의 계급 형성을 믿을 필요도 없다. 이 두 비판은 기술적인 실재에 대한 아주 피상적이고 조급한 견해에 근거한다.

르페브르가 제시한 전문기술관료체제라는 허황된 견해에 대한 가장 좋은 해답은, 풍요를 가져오는 기술이 사회구조에 미치는 영향에 대한 헤트만60)의 명석한 분석이다. 그는 기술 사회의 사회학적 구성에 잘 일치하는 세 가지 영향을 아주 명확히 보여준다. 콜린 클라크의 분류를 또 다른 구분이 대체할 것이다. 즉, 밑바닥에는 "비숙련 기능공"이 있고, 바로 그 위에는 "기능적 조작자"가 있으며, 꼭대기에는 기업 경영상의 과학적 조사 연구 활동을 포함하는 네 번째 영역과 더불어 "관리자·연구자·입안자"가 있다. 달리 말해, 사회적 인력 배치는 경제에 적용된 활동에 따라서는 이미 점점 덜 이루어지고, 기술적인 역량과 관련하여 점점 더 이루어진다. 이 때문에, 기술들에 대한 인식 능력과 사용 능력에 있어 모든 분야에서 결정 능력이 있는 "전문가의 시대"ère des clercs로 우리가 들어간다고 일컬어진다. 헤트만이 잘 보여주듯이, 원하든 원하지 않던 간에 다양한 기술의 숙련가와 전문가가 어디에든 있고, 기

---

59) [역주] 전문기술관료체제(technocratie). 전문기술자 출신 관리직이나 고급관료가 지배하는 현대 관리통제사회를 가리킨다.
60) 헤트만(F. Hetmann), 『풍요의 유럽』*L'Europe de l'abondance*, 1967.
  [역주] François Hetmann. 프랑스의 경제학자.

업에서 행정부에 이르기까지 또 정부에서 농업에 이르기까지 그들은 사회의 진정한 4두 체제를 이루며, 다양한 부분을 한꺼번에 수용하는 망을 형성한다. 이제 사회적 일관성을 이루는 것은 기술적인 일관성이지만, 이는 그 용어의 본래 의미에서 전문기술관료체제는 아니다.

결국, 르페브르의 마지막 비판은 다음과 같다. 즉, 실제로 '기술 사회' 이론은 환상이자 상황을 정당화하는 신화라는 것이다.[61] 또한 그 이론은 특별한 상황을 정당화하고, 혁명적 힘을 다른 데로 돌리며, 사회가 지닌 견딜 수 없는 것을 은폐하기로 되어 있다는 것이다… 달리 말해, 그 이론은 마르크스주의에서는 "이데올로기" 역할을 한다는 것이다. 어떤 해석으로 귀결되는 사실의 분석이 어떻게 이같이 규정되는지 나는 그리 잘 이해하지 못한다는 점을 털어놓는다. 그렇지 않다면 이런 비판은 계급, 착취, 무산계급, 상품 등의 범주를 결정적이고 과학적인 범주로 삼으면서도 자체의 체계에서 나올 수도 있는 것에 대해 아무 것도 이해할 수 없어서 자체의 설명적 도식에 포함되지 않는 것을 비난하기에 이르는 이데올로기, 곧 마르크스주의 이데올로기에서 나온다! 암세포의 증식을 확인하면서 암의 증가와 암의 크기 및 암을 조장하는 요

---

[61] 기술 사회에 대한 개념은 기술 자체에서 생겨난 기능적 신화학의 이름으로 보드리야르에 의해 간접적으로 논박된다. 탁월하며 모든 점에서 기술 체계의 개념을 본의 아니게 확인하는 그의 시론은, 모든 마르크스주의자에게 고전적인 논쟁, 곧 기술 혹은 사물들의 체계가 기술이 어떤 생산 체계나 이윤 추구에 종속된다는 이유에서만 기술 그 자체일 따름이라는 논쟁을 재론한다. 하지만, 그가 내세우는 결론은 기술 체계를 전체적으로 분석한데서 나온 것이 아니라 가구나 기발한 가정용구 같은 주위환경의 사물들을 구조주의적으로 분석한데서 나올 따름이다. 이 사물들의 체계가 온갖 종류의 갈등에 대한 가상적인 해결로서 나타난다는 점과, 이윤 추구가 기술을 진정한 목적에서 되돌린다는 점, 사물들의 부차적인 완성을 통해 사회의 본질적 변화의 긴급함을 가리는 잘못된 진보 개념이 유지된다는 점을 입증한다고 자부하는 것은 분명히 꽤 쉬운 일이다. 그 모든 것은 틀리지 않지만, 이어진 입증에 특히 적용된 선택 대상에 대한 부분적 분석에 일반적 결론의 근거를 둔다. 부족한 점은, 자체의 논리를 포함하면서 기술적인 총체가 모든 데이터를 변경하는 사회적 갈등을 무한히 뛰어넘을 뿐 아니라 기술적인 총체가 종속시킨 생산 방식도 무한히 뛰어넘는 기술적인 총체 속에 사물들의 체계를 다시 위치시키는 것이다. 보드리야르의 연구가 아무리 심오하고 정확하더라도, 그 연구는 소위 소비 사회에서만 유효한 아주 피상적 결론에 도달한다.

인들의 개입과 생성 메커니즘을 살피는 생물학자가 자신이 관찰하는 바를 해석하려 들 때, 그가 자신이 관찰하는 바를 "정당화한다"고 사람들이 어떻게 말할 수 있겠는가? 설명하려는 시도는 허무맹랑할 수 있지만, 꼭 그렇지만은 않다. 어떻게 새로운 것에 대한 탐구가 이데올로기적 환상일 수 있단 말인가? 마치 체계로서 기술 체계에 대한 발견이 이 현실을 정당화할 수 있다는 듯이 말이다. 사실인즉, 나는 이 사실을 자각하던 모든 사람이 두려움과 불안에 사로 잡히기도 하고 가끔은 어떤 공황 상태를 드러내며 부정적인 관계를 가지고 있음을 목격했다. 확인된 실재는 르페브르가 언급하는 바와 정반대이다. 즉, 상황을 정당화하기는커녕, 기술 체계에 대한 발견은 기술에 대한 공격으로서 또 전문성technicité에 대한 비판으로서 늘 나타난다! 어떠한 가치 판단도 없을지라도, 기술전문가와 지식인은 기술적인 구조에 대한 규명을 기술적인 구조에 대한 비판으로 늘 받아들인다. 이와 같이 르페브르의 마르크스주의적 경향을 띠는 비판은 사실을 벗어난다. 기술 사회라는 개념에 대해 가해진 다양한 비판은 그 장본인들의 이데올로기적 특성을 특히 드러낸다.

'기술 체계'라는 개념의 필요성

그러나 우리는 기술 사회라는 개념을 넘어서야 한다. 왜냐하면 기술이 새롭게 폭이 넓어지고 새롭게 구성되었기 때문이다. 나는 여기서 기술의 특별한 구조화가 무엇인지 규명하고 있다. 또한 나는 기술이 체계로서, 다시 말해 하나의 조직된 전체tout로서 존재한다는 점을 설명했다. 우리는 이것이 정확히 무엇과 관계된 것인지 나중에 자세히 설명할 것이다. 나는 이것이 모델을 고안하는 일과 관계된 동시에 실재를 설명하는 일과 관계된 것임을 잠시 지적하고 싶다. 그런데 바로 이 둘 사이의 모호함에서 주된 어려움이 생겨날 것이다. 하나의 결합체ensemble로서 기술들의 특성에 대한 연구이자 이 결합체의 이론적 작동에 대한 연구로서, 이는 분명히 하나의 모델과 관계될 것이다. 그러나 실제로 존재하는 여건들에서만 구성될 따름인 이 모델은 우리가 속한 세상의 한 측면 전체를 설명한다. 그런데 내가 역기능을 고려하지 않을 것이기 때문에, 이것이 하나의 모델과 관계된다는 인상이 여기서 두드러질 것이다. 체계의 역기능과 역작용과 오류 사실 정정에 대한 연구는 별개의 두 번째 저서의 대상이 될 것이다. 그렇지만, '기술 체계'라는 개념을 통해 우리는 우리 사회를 더 정확히 규정하게 될 것이다. "기술 사회나 기술화된 사회"라고 언급하는 것으로 더는 충분하지 않다. 하지만, 이와 반대로 사회는 기술 체계와 동일시될 수 있는가? 기술 체계가 전부인가? 그렇지 않으면 사회가 이러한 체계 자체가 되었는가? 어떤 이들이 그렇게 여기듯이, 사회가 단지 **'거대 기계'** 일 따름일 정도로 그 자체가 변형된 것인가? 이는 전체적으로 또 기술의 모든 형태에서 기술을 표현하고 나타내는 메커니즘인가?

사회생활과 노동과 여가와 종교와 문화와 제도를 이루었던 모든 것, 실제의 삶이 거기에 끼어들고 거기서 인간이 삶의 이유와 고뇌를 발견했던 느슨하고 복합적인 하나의 결합체를 형성했던 모든 것, "분열되고 서로에게 다소 원상회복이 불가능한" 모든 활동 등, 이 모든 것이 사회가 아닌 새로운 결합체 속에서 이제 기술화되고 동질화되며 통합된다는 점을 확인하기란 쉽다. 각 부분이 기술들에 종속되고 기술들에 의해 다른 부분에 연결되는 결합체에서, 가능성이 있고 의미 있는 어떠한 사회 조직이나 혹은 정치 조직은 더는 없다. "동질 요소들로 영원히 대체하는 일만이 횡행한다." 자연적 실재나 혹은 인간적 실재에 대해서와 마찬가지로 사회적 실재에 대해 기술은 엄청난 '추상화抽象化 요인'으로 작용한다. 이미지의 세상에서 정치에 대해 『정치적 착각』에서 내가 분석했던 바에 일치할 뿐 아니라 많은 저자에게서 발견되는 "가상 사회"라는 개념이 이미 받아들여지기 시작한다. 의미는 존재하지 않는다. 즉, 깊이가 없는 '당대의 관심사' 속에 놓인 온갖 활동과 작업과 갈등에 대한 추상적 관념이 존재한다. 일례로 보드리야르62)가 『소비 사회』*La Société de consommation*에서 잘 지적했듯이, 우리는 소비하는 물건의 합리성을 고려할 수 없다. 일례로, 텔레비전을 볼 때 우리는 이 기적적인 일이 이미지의 소비로 귀결되는 생산의 긴 사회적 과정임을 알 수 없다. 왜냐하면 기술은 사회적 실재의 원리 자체를 없애버리기 때문이다. 예를 들어, 정치에 대한 열광 같은 비현실에 대한 첨예한 자각 및 기술과 같은 현실에 대한 비非자각이란 이상한 현상과 더불어, 사회적인 것 전체는 추상적 차원으로 넘어간다. 그런데, 관계에서 이러한 위치 변화는 실제로 기술에서 나온다. 즉, 자체의 유포 과정에 의해서나 이미지에 의해, 소비 재화나 혹은 정치적 활동 같은 현실로 여겨지는 비현실이 나타나게 하는 것이 기술이다. 마치 어떤 현대식 손목시계처럼 빛나는 겉모양 뒤에 "숨겨져 있는" 것이 기술이다. 물론, 거기에는 어떠한 고의적 의도도 없고 어떠한 의인화擬人化63)도 없다!! 그런데, 손목시계에서 기계 장치는 오래전부터 존재하는 문자판 아래 숨겨져 있을 뿐 아니라, 문자판의 숫자조차 사라짐으로써 시계 바늘은 미적 집중과 지나친 장식이나 혹은 섬세한 디자인을 위해 거의 아무 것도 아닌 것이 된다. 즉, 기능 자체는 겉모양 아래로 거의 사라진다. 바로 이것은 비현실에 대한 우리의 아주 생생한 불안감과 사

---

62) [역주] Jean Baudrillard(1929-2007). 프랑스의 철학자이자 사회학자. 대중과 대중문화, 미디어와 소비사회 이론으로 잘 알려져 있다. 현대인은 물건의 기능보다는 기호(signe)를 소비한다고 주장하고, 모사된 이미지가 현실을 대체한다는 시뮬라시옹(simulation) 이론을 제창한다. 또한 현대사회를 '소비 사회'로 지칭하면서 현대인은 생산된 물건의 기능을 따지지 않고 상품을 통하여 얻는 위세와 권위, 곧 기호를 소비한다고 주장한다. 주요 저서로 『기호의 소비』*La Consommation des signes*, 『시뮬라크르와 시뮬라시옹』*Simulacres et simulation*, 『기호의 정치 경제학에 대한 비판을 위하여』*Pour une critique de l'économie politique du signe* 등이 있다

63) [역주] 의인화(anthropomorphisme). 넓은 의미에서 인간의 행동 특성이나 형태적 특성을 다른 생명체나 사물이나 심지어 관념에 부여하는 것을 말하므로 우리말로 '의인화'로 옮길 수 있다. 특히, 신화에서는 신을 인간의 모습으로 표현하고 희로애락 같은 인간의 감정을 지닌 것으로 규정하므로, 또 신을 성화상(聖畵像)으로 표현할 때 인간의 형상으로 나타내므로, 이때는 '신인동형론'으로 옮길 수 있다. 종교사에서는 성서의 문자대로의 해석을 통해 하나님에게 인간의 형태, 즉 인간의 육체를 부여하는 기원 4세기의 이단 종파를 가리킨다. 이는 인간의 형상을 따라 신성(神性)을 이해하는 경향으로서, 신의 본질이 인간의 본질과 비슷할 것이라는 신앙이다.

회적 현실 사이의 관계 속에 오늘날 존재하는 사실인데, 이 비현실에는 메커니즘을 숨기고 "기적·신기루"로 우리를 만족시키는 기능만 있다.

그러나 우리가 이러한 가상 사회에 산다면, 또 우리의 주의력이 이 같이 산만하고 붙들려 있다면, 또 다른 한편으로 예전에 사회를 형성했던 모든 것이 기술에 의해 유발되는 동시에 기술 체계 속에 분리된 요소들로서 통합된다면, 우리는 '거대 기계'의 단계로 옮겨가지 않겠는가? 우리 사회는 이미 그 자체가 단순한 기계 아닌가? 이는 사회가 그 자체로 컴퓨터에 의한 자동화 사회라는 생각을 품는 위너64)의 방향이며, 완전히 다른 함축된 의미와 더불어 『기계의 신화』*The Myth of the Machine*를 쓴 멈포드Mumford의 방향이다. '거대 기계'는 완전히 조직되고 동질화된 사회 체계인데, 이 체계 안에서 사회는 인간이 그 톱니바퀴일 수도 있는 기계로서 작동한다. 이러한 종류의 조직은 완전한 협력에 힘입어, 또 질서와 힘과 예측력의 끊임없는 증대에 힘입어, 무엇보다 통제의 증가에 힘입어, 이집트 사회나 메소포타미아 사회가 해당되었던 초기 '거대 기술·기계 사회'에서 거의 기적에 가까운 기술적인 결과를 얻었다. 이러한 체계는 현대 기술담론의 도움에 힘입어 미래의 '기술담론적인 사회' société technologique에서 체계 자체의 가장 완전한 표현을 발견할 것이다. 어떤 저자들은 '거대 기계'가 컴퓨터 덕분에 완성된다고 생각한다. 즉, "기계의 악마성은 사회의 '순응행위' conformisme에 비하면 아무 것도 아니다."라고 엘고지65)는 언급한다. 이 '거대 기계'는 가차 없이 작동하고, 개인적 자유의 의미 자체는 거기서 사라졌다. '거대 기계'에는 기계의 냉혹함과 무관심과 익명성이 있다. 분명히 '거대 기계'는 인간을 괴롭히거나 혹은 소외시키려 들지는

---

64) [역주] Norbert Wiener.(1984-1964). 미국의 수학자이자 응용수학 이론가이자 전기공학자. 인공두뇌학(Cybernetics)의 창시자로서 과학에 피드백(feedback) 개념을 도입한다. 제2차 세계대전 중 전기회로를 통해 자동 조절하는 자동 조준 연구에 종사한 일이 계기가 되어 새로운 학문으로서 인공두뇌학을 제창하고, 동물과 기계에서 제어와 통신을 통일적으로 취급하려고 시도하며, 인간의 정신활동부터 사회기구에까지 미치는 통일과학을 세우려고 한다. 주요저서로는 『인공두뇌학 혹은 동물과 기계에서 제어와 통신』*Cybernetics or Control and Communication in Animal and Machine*이 있다.

않는데, '거대 기계'는 존재하고자 그렇게 한다. '거대 기계'에서 질서가 자체의 작동에 반드시 필요할수록, 더 추가되는 질서가 필요하다. 질서는 질서를 낳고 가장 사소한 혼란도 용납하지 않는다. 정보 수단과 통신 수단에 힘입어 더욱이 이 '거대 기계'는 제1차 산업 사회의 어떤 특징을 드러낸다. 각자는 국가 컴퓨터에 등록된 총체totalité 속에서 인식된다. 컴퓨터는 지금까지 분산된 각 개인에 대한 일련의 정보를 모으는데, 이 점은 사회에 대한 통제를 참을 수 없게 만들 수도 있다. 이 통제가 "권력 당국"에 의해 이루어지기에 더구나 그러할 뿐 아니라, 각자와 관계되는 모든 것이 원격통신을 통해 유포되고 모두의 눈에 띌 수 있기 때문에, 이 통제가 대중과 타인들과 여론에 의해 이루어지기에 더구나 그러하다.

이와 같이 '거대 기계'는 기계 부품들의 정체성을 박탈하면서, 사회적 기계로서 추상적으로 기능을 수행하는 동시에 전체적인 방식으로 기능을 수행한다.

이 일차적 특징에서 우리는 맥루한이 세계가 텔레비전 덕분에 지구촌이 될 것이라고 언급할 때 맥루한의 사고를 다시 발견한다. 이것이 다시 생겨나는 신화적 사고 방식으로 텔레비전에 의해 허용된 편재(偏在66)와 관계된 것일 뿐 아니라 정보에 힘입어 모두에 의해 각자에 대한 통제와 관계된 것이라면, 이 사실은 훨씬 더 부각된다. 이 관점에서, 기술 체계는 결국 사회 자체를 기술 체계로 변모시키기에 이른다. 이는 많은 작가를 유혹하는 위험이거나 혹은 가능성이다. 그러나 사회학자들이 사회를 기계 상태로 이렇게 한정하는 것을 받아들일 수 있다는 점은 이상스럽다. 사람들이 기계론자이거나 혹은 결정론자이거나 간에, 어떠한 사회도 이와 같이 작동된 적이 없었음은 분

---

65) [역주] Georges Elgozy(1909-1989). 프랑스의 경제학자. 경제의 사회적 경향에 대한 분석에 치중하면서 전문기술관료에 대해 비판, 특히 공공 행정을 독차지한 프랑스 국립행정학교(ENA) 출신의 엘리트 계급이 장악한 권력에 대해 많은 비판을 가한다. 주요 저서로 『전문기술관료의 역설』Le Paradoxe des technocrates이 있다.
66) [역주] 편재(ubiquité). 동시에 어디에든 존재함.

명하다. 바빌론 사회나 혹은 아즈텍 사회가 하나의 메커니즘이었다고 생각하는 것은 전적인 환상이다. 사회 제도와 사회 배경과 사회 형태는 그러했겠지만, 사회적 실재는 내부에서나 그 아래에서 전혀 달랐다. 게다가 그러한 역사적 사회들이 '거대 기계'였다는 견해는 혼란을 드러내는 경향이 있다. 따라서 상황이 이처럼 될 수도 있는 것은, 우리 문명의 기술적인 성장 때문이 아닐 수도 있다! 그런데 이와 반대로, 이 결과를 생겨나게 할 위험성이 있는 것은 바로 기술 체계이다. 그러나 나는 그러한 소름끼치는 전망을 하는 것이 아주 위험하다고 생각한다. 우리 사회가 기계화되어 있지 않다는 점을 사실들을 통해 입증하는 것은 너무 쉽다. 한편으로 우리 사회가 단락短絡67)과 고장과 혼란으로 가득하고 기계화되지 않은 큰 빈자리를 포함한다는 점을, 다른 한편으로 이 사회의 인간이 하나의 톱니바퀴일 따름일 정도로 진정으로 기계화되어 있지 않다는 점을, 사실들을 통해 입증하는 일은 너무 쉽다. 크로지에68)가 가장 관료적 체계에서 인간 사이에 관계의 중요성을 상기시킨 것은 정말 올바른 판단이었다. 실제로 기술 체계와 기술 사회를 혼동하지 말아야 한다는 것이다. 체계는 엄밀함 속에서 존재하지만, 그 자체로 살아 있는 동시에 그 자체로 이식된 사회 속에 존재한다. 자연과 기계 사이에서처럼 이중성이 있다. 기계는 자연의 산물 덕분에 작동한다. 그러나 기계는 자연을 기계로 변화시키지 않는다. 사회 역시 "자연의 산물"이다. 어떤 측면에서 문화와 자연은 인간을 위한 자연이 되는 결합체ensemble의 형태로 사회를 형성하며 서로의존한다. 기술 체계가 이상하고 압도적이며 대체할 수 없는 '몸체' corps로서 자리 잡는 것은 이러한 복합체 안에서이다. 기술 체계는 사회를 기계로 만들지

---

67) [역주] 단락(court-circuit). 전위차를 갖는 회로 상의 두 부분이 피복의 손상 등의 이유로 전기적으로 접촉되는 현상을 말한다. 이 때 접점에서는 과량의 전류가 흐르게 되어 발열이 있고, 심하면 화재나 폭발이 일어나기도 한다. 쇼트라고도 한다.
68) [역주] Michel Crozier(1922-). 프랑스의 사회학자. 조직 사회학에서 전략적 분석의 주된 입안자로서 프랑스 '정신과학 · 정치학 아카데미'(Académie des sciences morales et politiques)의 회원이다. 주요 저서로 『조직 체계로서 관료주의에 대하여』De la Bureaucratie comme système d'Organisation, 『관료주의 현상』Le Phénomène bureaucratique 등이 있다.

는 않는다. 기술 체계는 자체의 필요에 따라 사회를 만들고, 사회를 버팀목으로 이용하며, 사회의 어떤 구조들을 변형시킨다. 하지만, 사회corps social에는 예견할 수 없고 일관성이 없으며 제한할 수 없는 부분이 늘 존재한다. 사회는 다른 측면에 위치한 여러 체계와 유형과 도식으로 구성된다. 기술이 이러한 사회의 결정 요인이라는 것은, 이 결정 요인이 유일한 요인임을 뜻하지 않는다! 특히, 사회는 인간으로 이루어져 있으며, 자체의 추상적 관념에서 체계는 이 점을 설명하지 않는 듯이 보인다. 사회와 체계의 동일화identification가 주장될 수도 있는 것은 극단적인 한계에 이르러서일 따름이지만, 한계로의 이러한 이행은 심각하지 않다. 따라서 우리는 기술 사회가 그 안에 기술 체계가 자리 잡은 사회라고 언급할 것이다. 그러나 기술 사회 자체가 그러한 체계가 아니며, 이 둘 사이에 긴장이 있다고 언급할 것이다. 이 둘 사이에는 긴장뿐만 아니라 무질서와 갈등도 있을 수 있다. 기계가 자연 환경 속에 혼란과 무질서를 유발하고 생태적 환경을 문제 삼는 것과 마찬가지로, 기술 체계는 무질서와 비합리성과 비일관성을 사회에 유발하고 사회적 환경을 문제 삼는다. 물론, 현대 사회를 '거대 기계'로 언급하는 것이 잘못이라면, 어떤 이들은 이러한 목적의 달성을 열렬히 원한다는 것, 곧 우리 사회를 '거대 기계'로 만들려는 노력을 기울인다는 것을 잊지 말아야 한다. 여기서 우리는 폰 클라이스트69)가 『꼭두각시 연극』*Le Théâtre de marionnettes*에서 아주 훌륭하게 제시한 모순 앞에 있다. 은총이나 혹은 한없는 양심을 받아들이게 하는 것은 절대적 소외이다. 한없는 양심은 하나님만의 속성이기에, 인간은 원래의 순진함과 은총을 되찾고자 꼭두각시의 상태로 돌아가야 하고 사회는 기계의 상태로 돌아가야 한다는 것이다. 그러나 폰 클라이스트는 인간이 어떻게 전과 같이 되어야 하는지를 파악하지 않는 것처럼 보이고, 이제 우리는 이 점을 알고 있다. 이와 같이 완전한 자유와 무상성70)에 이르려면, 또한 도덕적이거나 혹은 사회적 제약만큼이나 자연적 제약에서 독립하려면, 어떤 면에서 완전한 탈개인화 상태와 부재不在 상태에 있어야 한다. 즉, 꼭두각시는 절대적 무의식 속에서 은총을 얻는다는 것이다. 그런데 이는 누구를 위해서인가? 이 점은 형이상학적 용어로 자신의 생각을 표현하지 않는 수많은 연구자의 논증 전체의 축소판이다. 그러나 그들 연구의 기초가 되게 하고 이 연구를 정당화하는 것은 이러한 논증이다. 이는 사회적 실재 전체를 기술 체계에 종속시키려 드는 전문기술 관료의 태도일 수도 있다. 우리는 나중에 이러한 문제를 살펴보아야 할 것이다. 그러나 여기서는 단지 두 가지 단서를 염두에 두기로 하자. 하나는 도쿄 "일본 컴퓨터 사용 개발 연구소"의 계획 같은 실제적이고 아주 현실적이며 수치화된 계획과 관계되는 것인데, 이 계획을 위해 연구자들과 가장 진지한 정치인들이 투쟁한다. 실제로 이 연구소는 컴퓨터에 힘입어 완전히 기술화된 사회 계획을 1972년에 제시했다. 이 계획은 그 첫 번째 단계가 1977년에, 두 번째 단계가 1982년에 시행되는 식으로 단계에 걸쳐 이루어진 듯이 보인다. 첫 번째 단계는 십만 명의 도시 실험 집단을 대상으로 한 것 같다. 이 계획을 특징짓는 것은 병원, 학교, 공장, 사무실, 세무서, 법정 등과 같은 몇몇 단위 공간 및 입안, 집행, 통제, 정보 등과 같은 몇몇 기능에 사회를 한정시킨다는 점이다. 그리고 이 구성단위들 중 각 구성단위의 자동화가 이루어지는데, 이는 불가능한 일이 아니다. 그래서 인간은 완전히 이 결합체의 하수인이 된다. 다음으로 모든 단위 공간과 모든 기능의 연결이 컴퓨터에 의해 가능해진다… 예를 들어, 이 순간 결정 과정은 더는 전혀 독립적이지 않다. 이 결정은 이러한 복합적인 결합의 불가피하고 필연적인 결과이다. 분석이 전체적이 될 가능성이 있는 한, 바로 이 '거대 기계'와 비슷한 것이 존재할 수도 있다. 그러나 수많은 제약이 방법적 관점에서와 마찬가지로 재정적 관점에서 나타난다. 그렇지만,

---

69) [역주] Heinrich Von Kleist(1777-1811). 독일의 극작가이자 시인. 『깨진 항아리』Der Zerbrochenekrug는 독일 희극 가운데 최고봉의 위치를 차지하는 작품으로 꼽히고, 대표작으로 『홈부르크 공자公子』Der Prinz von Homburg, 『암피트리온』Amphitryon 등이 있다.
70) [역주] 무상성(無償性:gratuité). 이해관계를 초월하여 사리사욕 없이 대가를 바라지 않고 거저 주고받는 상태를 가리키는 표현.

의도는 거기에 있다.

항상 더 완성된 기술의 확장에서 나오는 개념만을 기술전문가가 지닐 수 있기 때문에 아주 이해될만한 기술전문가의 이러한 의도는, 신新 이상향주의자의 의도와 위험스럽게 마주친다. 나는 이미 다양한 측면에서 신新 이상향주의자의 흐름을 공격했다.[71] 나는 어떠한 판단 착오로 르페브르가 전문기술관료체제를 반대하는 동시에 이상향을 격찬할지는 모르겠다. 물론, 나는 폭넓은 상상력과 관련하여, 또 이상향이 드러내는 신기한 자유와 관련하여 사람들이 거들먹거리며 주장하는 논증들을 안다. 하지만, 정확히 또 구체적 방식으로, 나는 이러한 흐름이 우리를 '거대 기계' 안으로 들어가게 하기 위한 "악마의 새로운 간계"라고 생각한다. 과거에 모든 이상향주의자는 한 사람도 예외 없이 마치 **'거대 기계'** 와 같은 사회를 제시했음을 거론해야 할 것이다. 문제되는 것은 이상적인 조직의 정확한 반복이고, 사회corps social의 부분들 사이의 완벽한 연결이다. 이상향은 인간이 평등과 미래를 결국 확신하는 흠 없는 전체적 사회를 제시한다. 이는 정치권력을 없앨 완벽한 조직이다. 이상향에 대한 묘사들을 통해 생겨났던 것은 이상향의 실현할 수 없는 특성이다. 오늘날 사람들은 이상향이 앞으로 있을 것과 예전에 실제로 있었던 것을 만들어 내도록 부추긴다는 점에서 놀랍도록 유용한 것으로서 이상향을 우리에게 제시한다. 이상향을 그것의 가장 작은 차원으로 한정하는 어떤 저자들은, 예를 들어 날아다니는 것이나 혹은 어떤 사람과 직접적 관계를 맺는 것이나 혹은 수천 킬로미터 밖에서 일어나는 바를 보는 것으로 인간이 이상향을 표현했다고 우리에게 천명한다… 그렇기는 한데, 이는 기술적인 방식 덕분이다. 그리고 사람들은 우리에게 이상향에 뛰어들라고 하면서 이것이 내일의 실재라고 언급한다. 그러나 우리는 이상향이 어떻게 실현되는지 안다. 즉, 이상향은 어리석은 몽상이거나 아니면 기술들의 발전에 힘입어 이루어진다.

---

[71] 『혁명』*La Révolution*과 『새로운 악령 들린 자들』*Les Nouveaux Possédés*에 대한 나의 책 참조.

즉, 이 딜레마에는 다른 갈래가 없다. 어떤 이상향은 실현되어졌기 때문에 사람들은 우리의 이상향을 표현하라고 권하는데, 이는 이상향이 터무니없을지라도 이상향은 미래를 제한할 것이기 때문이다. 그러나 실제로, 꿈을 차지하고 꿈을 실천하는 기술이 있거나 아니면 불 없는 연기만 있을 것이다. 따라서 미래 사회의 이상향은 내가 언급한 '거대 기계'의 실현을 위한 끔찍한 유혹처럼 보인다. 현재의 이상향주의자는 전문기술관료에 대한 "무의식적 신봉자"72)이다. 전문기술관료는 지배력을 행사하고자 사회(corps social)의 지적이고 영적인 엘리트의 특징만을 기대할 따름이라고 사람들은 확신할 수 있다. 기술적인 이상향 외에 다른 이상향이란 없다. 아마도 기술 체계와 기술 사회 사이에 동일화가 이루어지는 것은 이러한 경로를 통해서이다. 이상향은 기술 사회 안에 있고, 기술의 지평 안에 있다. 그 이상은 아무 것도 없다.

---

72) [역주] '무의식적 신봉자'(les appelants)란 표현은 엘륄이 자신의 사상을 표현하려고 만들어낸 것이다. 기술 체계는 이상향주의자인 많은 그리스도인의 순진함 덕분에 발전할 수 있었다. 『세상 속의 그리스도인』에서 묘사된 그리스도인은 이상향주의자이다. 기술 덕분에 인간은 자연을 지배하고 인간이 그러한 세상을 창조했을 때 그 점을 통해 인간은 신에 비견되기 때문에 기술은 선한 것이라고 인간은 상상한다. 프랑스에는 "붉은 양탄자를 깐다."라는 표현이 있다. 예를 들어, 한 국가 원수가 외국을 방문하여 비행기에서 내려올 때, 그를 영접하는 국가 원수와 상봉하는 붉은 양탄자가 앞에 깔려 있다. 영접하는 국가 원수가 방문한 국가 원수에게 "내가 당신을 초청하고 영접하며 당신의 정통성을 인정한다."고 하는 것은 아주 공식적이고 의전적인 표현 방식이다. 이와 같은 식으로 많은 그리스도인, 일반적으로 모든 이상향주의자는 전문기술관료 앞에 붉은 양탄자를 깔았다. 왜냐하면 그들은 기술이 어떻게 될지에 대해 아무 것도 이해하지 못했기 때문이다. 그들은 기술 앞에도 붉은 양탄자를 깔았고 기술로 하여금 오늘날 기술이 행사하는 힘을 행사하게 했다. 엘륄은 자신의 저서 전체에서 이 점을 설명한다.

제1부. 기술이란 무엇인가?

제1장: 개념으로서 기술
제2장: 환경으로서 기술
제3장: 결정 요인으로서 기술
제4장: 체계로서 기술
    1. 일반적 견해
    2. 체계에 대한 규정
    3. 체계의 특성
    4. "피드백"의 부재

제1장: 개념으로서 기술

기술에 관한 나의 초기 연구에서, 나는 이 용어에 대해 설명하지 않은 채 이 용어를 하나의 개념으로서 사용했는데, 이 점은 수많은 오해를 불러 일으켰다. 모든 가능한 활동 영역에서 사용된 기술들은 이 기술들에서 일반적 개념을 이끌어 낼 수 있듯이 공통된 특성을 나타내는 듯이 보였다. 다음 같은 문제가 있다. 즉, 아무도 "개"를 결코 보지 않았음에도, 스패니얼 종의 털이 긴 개, 불도그 비슷한 꼬리 짧은 개, 스패니얼 종의 사냥개, 덴마크 개, 북경 개 사이에는, 온갖 차이가 있음에도 우리가 '개'라는 단어를 발음할 때 완벽하게 서로 이해하기에 충분한 공통된 특징이 있다. 분명히 나는 보편개념Universaux을 둘러싼 논쟁에는 끼어들지 않을 것이다. 나는 그 자체로 존재하는 절대적 기술에 대한 구체적 개념이 어떤 천상계에 있다고 주장하지 않을 것이다. 그러나 지배적이 된 기술이 하나의 개념이 되는 첫 번째 사회가 우리 사회이기 때문에, 일반적으로 '기술들'이라고 불리는 우리 사회에서 인정된 현상들 사이에 존재하는 특성과 내적 관계에서 나는 과학적으로 현상을 수립할 수 있다고 주장한다. 오늘날 어떤 사람들은 "기술"이 존재하지 않고 자신들은 기술들만 알 따름이라고 밝힌다. 그러나 이는 단지 피상적 현실주의에서 기인하고, 체계화가 명백히 결여된 데서 기인할 따름이다. 파악할 수 있는 기술들의 명백함이라는 측면에 위치하면, 보이지 않는 채로 남아 있는 일련의 현상들을 기술을 통해 개념으로서 이해할 수 있다. 그러나 이 개념이 이해를 위해 반드시 필요하다 하더라도, 그렇다고 해서 그 자체로 명확하거나 단순하지는 않다. 또한 이 개념은 기술 체계의 존재도 전제로 하지 않는다. 우리는 기술에 대한 정의定義 문제를 다시 다루지 않겠지만, 어떻게 이러한 개념이 현대의 실재에 항상 의거하여 수립되었는지 발생론적 방식으로 살펴볼 것이다.

'기술'이란 용어가 포함하는 의미와 실재

기술이라는 용어는 수많은 현상을 내포하고 몇 가지 의미를 포함한다. 그러나 실제로 어려운 점은 이 의미들이 다양한 실재와 관련된다는 것이다. 즉, 한편으로 원동기 기술 같은 구체적 실재이고, 다른 한편으로 과학 연구 대상이며, 마지막으로 시간 속에 겹겹이 쌓이고 다양화된 기술들의 층이다. 어떤 실행 방식, 곧 하나의 방법이나 혹은 일련의 방법들이 처음에는 기술에 의해 지칭되고 자체의 어원에 따라 지칭되는 듯이 보인다. 디드로[1]는 "각 화가에게 고유한 기술적인 것[2]"에 대해 이와 같이 언급한다. 그러나 기계 및 기계의 산업적 적용이 지배함에 따라 급속히 기술은 건설 방법과 기계의 사용 방법을 지칭하기에 이른다. 그러한 기술들을 묘사하고 추론하며 기술들의 역사를 서술하고 기술들의 완성을 연구하는 기술담론Technologie이라 불리는 학문에서, 기술들은 이미 연구되기 시작한다. 19세기 말에는 원료, 주거·의복·음식과 관련된 방법과 기계, 위생과 의료, 전기와 난방, 도구와 연장 등 다섯 분야로 기술담론을 분류하였는데, 이는 기술이라고 불렸던 바를 무척 연상

---

1) [역주] Denis Diderot(1713-1784). 프랑스의 철학자이자 작가. 프랑스의 대표적 계몽주의 사상가로, 생애의 대부분을 『백과전서』*Encyclopédie* 편찬에 바친다. 『백과전서』의 내용은 종교와 교회에 대한 비판, 중세적 편견의 타파, 전제정치에 대한 비판 등을 반영한 것이어서 도중에 수많은 탄압과 발행 정지 명령을 받는다. 사상적으로는 18세기의 가장 철저한 유물론자로서, 최신의 생물학이나 화학을 도입한다. 대표작으로 『맹인서간(盲人書簡)』*Lettre sur les Aveugle*, 『달랑베르의 꿈』*Le Rêve de d'Alembert*, 『수녀』*La Religieuse* 등이 있다.
2) [역주] 여기서 Technique는 여성명사가 아니라 남성명사이다. Technique는 여성명사일 때 '기술'이라는 뜻이지만, 남성명사일 때 형용사 technique(기술적인)를 명사화시킨 표현으로서 '기술적인 것'이라는 뜻이다. 엘륄도 원문에서 'au masculin' (남성으로 된)이라는 표현을 덧붙여 디드로의 인용문에 나오는 Technique가 남성명사임을 확인한다.

시킨다.

그 다음으로, 특히 도구와 에너지원이 재빨리 구분되기에 이른다. 그래서 연장, 도구, 기계, 기계장치와 관련된 기술들이 분류되었다. 인간의 방향에 직접 영향을 미치기에는 강도가 너무 약한 현상들3)에 인간으로 하여금 접근하기 쉽게 하면서 혹은 인간의 노력 강도를 늘리면서 인간 활동의 효율성을 증대시키기로 되어 있는 물질 체계가 첫 번째 범주에 포함된다. 기술적인 관점에서 이러한 연장과 도구는 인간에 의해 직접 조작된다는 특징을 드러낸다. 대체로 인간 자신이 행할 수 없는 행위는 지나치게 많은 양의 에너지를 요하기 때문에, 기계는 이 행위를 위해 인간과 대체된 물질 체계를 지칭한다. 결국, '기계장치'라는 모호한 용어는 복합적 도구를 지칭하거나 소량의 에너지를 사용하는 기계를 지칭한다. 물론, 각 분야에는 작업을 잘 수행하기 위한 여러 연장과 기계와 도구의 결합이 있다. 기술들 자체는 기계를 만들어 내기에, 분업을 통해 기술들이 증가한다. 그래서 기술은 세분된 작업과 관계되는 것이 아니라, "인간에 의해 정의된 일련의 작업을 실행하는 데 있어 인간을 대체하도록 조직된 생명이 없거나 혹은 예외적으로는 생명이 있는 일련의 존재"4)와 관계된다고 간주되고 만다. 그래서 기술은 새로운 두 가지 특징을 포함한다. 즉, 기술은 외관이나 활동과 더는 관계되는 것이 아니라 결합체(ensemble)와 관계된다. 특히 기술은 인간과 대체되려는 경향의 기계와 관계된다. 이 기계들 중에서 에너지 공급과 관계되는 기계, 물질에 대한 작용에서 인간을 대체하는 에너지 기계인 에너지를 사용하는 기계, 생성 작업이나 변형 작업이나 혹은 정보 전달 작업에서 인간을 대체하는 작업 기계5)인 정보와 관계되는

---

3) 이는 측정도구들이다. [본문 내용을 역자가 각주로 설정]
4) 꾸피냘(Couffignal), 『활동의 효율성 이론』, *Théorie de l'efficacité de l'action*
   [역주] Louis Couffignal(1902-1966). 프랑스의 수학자이자 인공두뇌학자. 인공두뇌학의 창시자인 위너(Wiener)와의 만남이 인공두뇌학 연구의 결정적 계기가 되고, 인간 신경체계의 기능과 기계장치의 작동 사이의 유사성을 연구한다. 주요 저서로 이 책에서 언급되는 『생각하는 기계』*La Machine à penser*가 있고, 『인공두뇌학』*La cybernétique*이 있다.

기계가 구분된다. 결국, 이 차원에서 기술은 산업적인 작업에만 관계된다.

기술의 단계들과 산업 성장의 단계들은 곧잘 동일시된다. 이러한 단계들은 에너지 생산에 의해 결정된다. 그래서 "1차 산업혁명"이 언급되는데, 이는 에너지원으로서 석탄의 사용으로 특징지어지고, 석탄의 사용에 따라 만들어진 기계들로 특징지어진다. 그 다음으로 전력으로 특징지어지는 "2차 산업혁명"이 이어진다. "3차 산업혁명"에 대해서는 약간 망설여지는데, 그것은 원자력의 개입일 수도 있다. 그러나 이미 몇 년 전부터 "4차 산업혁명"에 대해 이야기 되는데, 이는 컴퓨터에 의해 유발된 산업혁명이다. 그런데, 이제 우리가 어조를 바꾼다는 점이 쉽게 간파된다. 즉, 이는 에너지원의 변화나 혹은 발전과 관계된 것이 더는 아니다. 지배적인 현상이 되는 것은 잠재된 에너지나 사용된 에너지의 증가가 더는 아니라, 조직과 정보와 정보의 기억과 결정에 따른 준비를 갖추는 일인데, 이는 인간의 수많은 지적 활동에서 인간을 대체한다. 이러한 단계들이 모두 기계와 특별한 기술들의 적용과 연결되어 있다고 보인다. 하지만, 기술은 한편으로 다소 완벽해진 실행과는 무관한 실재, 다른 한

---

5) 소스타인 베블런(Thorstein Veblen)이 기계적 현상을 "추론된 절차"와 "체계적 인식"에 의해 특징지어지는 것으로서 제시할 때, 그는 기계적 현상 속으로 체계화를 처음으로 도입한다. 그러나 그의 고찰의 중심은 산업에 기계를 적용하는 것, 다시 말해 경제적 재화를 생산하는 것이다. 하지만, 이와는 반대로, 『사회 · 경제적 조직 이론』*Théorie de l'organisation sociale et économique*에서 베버(Weber)는 기술에서 너무도 넓은 의미를 택한 나머지 그 의미는 사회학적 연구에서 거의 쓸모가 없다. "어떤 활동에 적용된 기술담론이란 용어는, 의미나 혹은 목적에 대립된 것으로서 사용된 수단들의 총체와 관련되는데, 이 의미나 혹은 목적과 관련하여 활동의 방향이 설정된다. 합리적 기술은 수단들의 선택인데, 이 선택은 활동 주체의 경험과 고찰에 따라 의식적이고 체계적으로 방향 설정되고 최고의 합리성의 수준에서 과학적 지식으로 이루어진다." 존 볼리 베넷(John Boli-Bennet)의 탁월한 시론(試論), 『기술화』 *Technization* (1973)에서 이 규정들에 대한 토론 참조.

[역주] Thorstein Veblen(1857-1929). 미국의 사회학자. 산업 정신과 기업 정신을 구별하여, 산업 정신은 최소의 비용으로 최대의 생산량을 올리는 것이지만, 기업 정신은 이윤 추구를 목적으로 하기 때문에 소유계급의 낭비를 초래한다고 지적한다. 그의 저서『유한계급론』*The Theory of the Leisure Class: An Economic Study in the Evolution of Institutions*에서 상층계급의 두드러진 소비는 사회적 지위를 과시하려고 자각 없이 행해진다고 하면서 과시적 소비를 비판한다.

[역주] John Boli-Bennett(1897-1974). 미국의 사회학자. 주요 저서로『1870년부터 1970년까지 단일 민족국가의 확장』 *The expansion of nation-states, 1870-1970*, 『발전에서 수렴과 분열』 *Convergence and Divergence in Development* 등이 있다.

편으로 기계들과 무관한 실재라고 간주되기에 이른다. 기술은 기술들에 비해 일반성이란 특징을 띠기는 하지만, 기계의 적용 분야를 벗어나지 않는다. 그럼에도, 새로우며 가능한 의미가 즉시 나타날 것이다. 이러한 기술들과 기계는 인간의 행동과 사회 조직에서 상당한 결과를 유발하는 점은 점점 더 분명해진다. 그래서 사람들은 프리드만G.Friedmann처럼 기술 사회에 대해 이야기하기 시작할 것이고, 확장된 의미로 취해진 기술이라는 이름하에 그 자체로서 기계뿐만 아니라 인간과 사회와의 관계에서 기계를 연구하기 시작할 것이다.6)

하지만, 20년 전 그 당시, 사회학적 차원에 의거하지 않고서 기술적인 방식에 대한 과학적 연구라는 좁은 의미에서 기술담론이라는 용어가 유지되었다. 그래서 기계 사회학이나 혹은 기술 사회학에 대해 이야기되었다. 그렇지만, 이미 새로운 개념이 나타났다. 한편으로, 그 기원부터 은연중에 현상의 지배적 특징이었던 효율성에 따라 기술에 대한 아주 폭넓은 정의가 주어질 듯이 보였다. 그래서 기술은 주어진 한 순간에 절대적으로 가장 효율적인 수단들 전체로 구성되어 있다고 할 수 있었다. 이 점을 통해 기술이 기계에서 벗어날 수 있었다. 왜냐하면 기계와 관련된 기술들과는 다른 많은 기술들7)이 실제로 있었기 때문이다. 더욱이 이러한 정의는 기술이 수단들, 곧 온갖 수단들로 구성되어 있음을 거론하게 하는 이점이 있었다. 하지만, 이는 기술들 중에 선택과 진보의 기준 자체였기 때문에, 한 순간 가장 효율적으로 여겨졌던 수단들만 받아들여질 수 있었음을 떠올리게 한다. 달리 말해, 효율성이라는 기준에 따라 새로운 수단들을 탐구하고 적용하는 곳마다 기술이 있다고 할 수 있다. 따라서 기술은 사용된 도구들에 의해서도, 의복과 운송 등 이러저러한 활동 영역에 의해서도 정의되지 않는다. 예를 들어 속독 기술 같은 완전히 추상

---

6) 우리는 산업 사회의 이름으로 연구된 기술의 사회학을 여기서 살펴보지 않을 것이다.
7) 예를 들어 운동 기술. [본문 내용을 역자가 각주로 설정]

적인 기술도 있다. 그렇지만, 세분된 기계적 기술들techniques과 이 마지막 의미로 취해진 기술Technique을 지칭하려고 같은 단어가 착상된다. 대문자는 그 자체로 거의 의미가 없기에 말이다.

미국인들은 '테크닉스' Technics와 '테크닉' Technique과 '테크놀로지' Techology라는 용어 사이에서 머뭇거린다. 흔히 그들은 마지막 용어 '테크놀로지' 를 프랑스에서처럼 기계적 기술들의 학문이 아니라 우리가 방금 정의했던 일반적 의미에서 기술을 지칭하는데 사용한다. 그러나 현상의 다양화와 복잡화에 일치하는 '테크놀로지' 라는 단어의 변형들은 마무리되지 않았다. 다른 분야에 적용되고 서로에게 영향을 미칠지라도 기술들을 분리하여 연구할 수 없다는 점이 목격되었다. 다른 한편으로 기술들은 점점 더 수가 많아졌고, 그 숫자와 밀도 때문에 새로운 일관성을 띠는 듯이 보이면서 인간의 활동 영역 전체를 점진적으로 차지했다. 마침내 이 두 요소에다 수많은 기술들 사이에 결합과 조정의 한 요소인 컴퓨터의 존재가 덧붙여진다. 컴퓨터의 태동은 다양한 기술들의 결합에서 나온 산물이다. 이와 같이 주위환경과 체계로서 기술에 대한 새로운 개념에 이르렀다. 다시 말해, 기술들 사이에서 결합된 기술들이자 활동들의 총체totalité나 혹은 인간 삶의 방식의 총체와 관련된 기술들이 질적으로 다른 중요성을 띠었다. 기술은 결합과 보편화를 거쳐 일종의 자율성과 특수성에 도달하려고 기술들을 합한 것이 더는 아니었다. 이는 사실들의 영역에서뿐 아니라 확실한 사실들의 영역, 따라서 과학적 분석 영역에서 우리가 도달했던 지점이다. 그러나 이러한 분석이 이미 인간 집단에 대한 영향의 연구인 기술 사회학에서 아주 어렵고 무모하다면, 이 분석은 체계로서 또한 포괄적이고 총괄적 실재로서 기술에 대한 연구에서는 훨씬 더 어렵고 무모할 것이다.

그러나 우리가 기술의 개념을 정립 할 때, 우리는 모델의 수립에 도달하는가? 개념을 언급하는 사람은 반드시 모델을 언급하지는 않는다. 오늘날 많은 인문과학에서 "모델"은 이상적 도움을 주는 관문이라는 것은 알려져 있다.8) 즉, 모델을 수립함으로써 무책임한 태도를 취할 수 있다는 것이다. 사람들이 어떤 사회학적 현상을 묘사한 후 실재를 묘사하려는 것이 아니라 "그것이 어떻게 작동하는지 보기 위해" 모델을 수립한다고 분명히 말할 수 있다. 모델이 현실과 아주 멀리 있다면 모델이 작동하는 것은 보일 테지만, 이러한 작동을 통해 우리에게 아무 것도 설명되지 않으리라는 점은 단지 잊혀 진다. 이는 바로 화가가 어떻게 자신의 작품을 만드는지 설명하려는 사람과 같은데, 그는 설명을 하려고 화가의 화폭을 나타내 보여주는 그림 짜 맞추기를 하며 화폭을 재구성할 것이다. 그는 그림에는 도달할 수도 있지만, 예술가인 화가를 보여주는 것이 아니라 그림 짜 맞추기가 어떻게 작동하는지 보여주었을 수도 있다. 따라서 나는 여기서 모델을 정립하려는 것이 아니라, 어떤 추상의 차원에서 단지 고려된 현실을 실제로 설명하려고 한다. 나는 하나 혹은 여러 관점을 강조하면서, 또 이러한 현상에 특전을 부여하면서, 또 '균질 결합체'9)를 구성하도록 동떨어진 듯이 보이는 사실들을 연계하면서, 베버Weber식의10) 이상적인 유형에 접근한다. 결합체가 실제로 균질하다고 내가 주장한다는 점에서, '균질 결합체'는 모델이 아니다. 하지만, '부대 현상' épiphénomène과 부수적 사건 때문에, 또 다른 면에서 '상호 관계의 익명성' incognito des inter-relations 때

---

8) 소비(Sauvy)에게서 모델들에 대한 편집 증세를 탁월하게 비판한 내용을 볼 것. 『제로 성장?』 *Croissance zéro?* (1973년).
9) [역주] '균질 결합체' (ensemble homogène). 그 결합체에서 어느 부분을 취하여도 성분이나 특성이 일정한 결합체를 가리킨다.
10) 『과학 이론에 대한 시론』 *Essai sur la Théorie de la Science*.
[역주] Max Weber(1864-1920). 독일의 사회학자이자 경제학자. 현대 사회학의 창시자 중 한 사람으로서 그의 사회과학 인식론은 역사학파에 대한 비판일 뿐 아니라, 마르크스주의에 대한 비판이기도 하다. 마르크스주의를 유물사관에 의하여 주관적으로 구성된 하나의 이념형이라고 봄으로써 이를 상대화하고, 여러 경제적 요인에 의하여 역사적 인과관계를 설명하는 유물사관에 대하여 종교나 정치 영역에서의 행위의 동기와 관련시켜 역사적 현상을 설명한다. 그의 저서 『프로테스탄티즘 윤리와 자본주의 정신』 *The Protestant Ethic and the Spirit of Capitalism*에서는 근대 유럽에서의 자본주의의 발생을 프로테스탄티즘, 특히 깔뱅주의 교리 하에서 금욕과 근로에 힘쓰는 종교적 생활태도와 관련시켜 설명한다.

문에 결합체가 균질해 보이지 않는다고 단지 내가 주장한다는 점에서, '균질 결합체'는 모델이 아니다. 그러므로 출발점에서 다음 같은 질문이 실제로 제기되어야 한다는 점에서, 개념의 이름과 체계의 이름 아래 내가 수립하는 바는 모델이란 겉모습을 띨 수 있다. 이는 "사물들은 실제로 그와 같은가?"라는 질문이 아니라, "이해하고자 사실들을 그와 같이 고려하는 것이 이로운가?"[11]라는 질문이다. 그러나 우리는 모델이 어떻게 작동하는지를 검토하려고가 아니라, 모델의 문제점이 무엇인지를 검토하려고 이러한 단계를 재빨리 벗어날 것이다. 다시 말해, 어떻게 그 자체가 그 자체로서 문제시되는가라는 것이다. 이 순간 우리는 현실을 설명하고자 모델을 파괴하는 과정을 통합한다. 그리고 이에 따라 우리는 원래부터 모델에 소용되는 사실 자체를 문제 삼는 쪽으로 더 멀리 나아간다. 이처럼 모델과 현실의 비판적 관계가 정립된다. 우리는 철학적 기술담론의 수사학적 담화에서 벗어나는 동시에, 외적인 문제점 없이 쉽게 모델을 구성하는데서 벗어난다.

'기술'이란 개념에 대한 잘못된 견해들

예를 들어 밀스[12]가 다음 같이 아주 정확히 언급하듯이, 어쨌든 기술의 특수성을 강조하고 습관적 혼동을 피하는 결정적 이점을 이 개념은 드러낸다. "오늘날 문명의 가장 큰 위험 중 하나가 '경제적인 것' l'*économique*과 '기술적인

---

[11] 아몽(Hamon), 『역사의 동인과 여건』*Acteurs et données de l'Histoire* 1,2권 참조.
 [역주] Léo Hamon(1908-1993). 프랑스의 정치가. 상원의원을 지내고 정부 대변인과 정무차관을 역임한다. 그의 저서 『재검토, 진정한 충성』*La Révision, la vraie fidélité*에서 나라와 국가에 대한 긍정, 현대화 의지, 민주주의에 대한 애착, 경제와 사회에서 국가의 책임 등 드골 주의를 기술한다.
[12] [역주] Charles Wright Mills(1916-1962). 미국의 사회학자. 현대사회 비판, 지적 중간계급의 역할, 사회과학의 역할에 대해 주로 관심을 두고, 중간계급인 화이트칼라나 지배계층인 파워 엘리트에 대한 경험적 조사가 뒷받침된 연구로 잘 알려져 있다. 또한 현대의 세계정세 및 쿠바 혁명을 주제로 역사적 해석에 힘을 쏟는다. 주요 저서로 『화이트칼라, 미국 중간계층』 *White Collar: The American Middle Class*, 『파워 엘리트』*The Power Elite*, 『들어라 양키들아, 쿠바 혁명』*Listen, Yankee: The Revolution in Cuba* 등이 있다.

것' le Technique사이의 차이점을 인식하지 못하는데 있다고 주장하는 것은 과장이 아니다. 이러한 인식 불능은 자연 과학에 익숙해진 풍조를 통해 입증된다."13) 이는 우리가 이전에 충분히 이야기했던 기술과 과학 사이의 혼동이자 기술과 기계 사이의 혼동이며, 더 흔하게는 기술과 경제 사이의 혼동이다. 이들을 분리하려고 시도하는 즉시, 마르크스주의자들은 양동 작전을 펴는 것이라 비난하고 이상주의적이며 반혁명적 태도를 지닌다고 비난한다! 그렇지만, 기술 현상의 경제적 결과를 벗어나서 또 경제 체계의 문제나 혹은 계급투쟁의 문제를 벗어나서 기술 현상을 연구하지 않는 한, 현대 사회에 대해 아무 것도 이해하지 못할 수밖에 없으며, 결국 혁명 활동으로서 아무 것도 하지 못할 수밖에 없다. 경제적 진보와 기술화 사이에는 일치되는 바가 없다. 우선 기술화에는 경제적 측면이 원래 없다. 오늘날 기술적인 성장과 경제 성장 사이에 잠재적이고 논란이 되는 관계가 분명히 있다면, 우리가 보듯이 기술적인 성장과 경제적 발전 사이에는 전혀 이런 관계가 없다. 이 문제에 대한 완전히 피상적 시각의 좋은 예를 로까르14)가 제시하였다.15) 이 예에서 그는 유일한 문제가 기술적인 성장이 집단의 열망을 충족시킬지 혹은 소수의 이익을 증가시킬지 파악하는 것이기에 "자본주의적이고" 드골주의적인 이용을 비난하면서, 또한 기술적인 발견에는 경제적인 궁극목적이 있다고 간주하며, 기술과 기술의 경제적 이용을 끊임없이 혼동한다. 물론 실제적이면서도 내가 반박하지 못하는 문제들이란, 우리 사회의 구조를 보는 것을 근본적으로 방해하고 풀 수 없는 난제에 관여시키는 것들이다. 예를 들어 로까르는 기술적인 발견에 대한 완전한 이용을 방해하는 것이 자본주의 구조라 판단하지만,

---

13) 찰스 밀스(Charles Wright Mills), 『사회학적 상상력』 L'Imagination sociologique, 85쪽.
14) [역주] Michel Rocard(1930-). 프랑스의 정치가. 프랑스 통합사회당(PSU)의 대통령 후보로 나와 낙선하고, 프랑스 사회당(PS)에 합류하여 계획·지역개발 장관과 농림 장관 등을 지낸다. 미테랑(François Mitterrand) 대통령의 정책에는 현실주의적 관점에서 비판적이나, 대통령 선거에서 미테랑의 재출마를 지지하여 총리에 임명된다. 프랑스 사회당의 제1서기 자리에 오르기도 하고, 유럽의회 의원과 상원의원에 선출되기도 한다.
15) "연구의 위기" La crise de la recherche, 「르몽드」(Le Monde) 1970년 5월.

결국 봉건제도 하의 일본과 독일에서 어떻게 그것이 꽤 잘 진행되는지를 설명하지 않는다. 따라서 이 개념 구상에 대한 첫 번째 판단은, 분명히 이 개념이 연계된 수많은 현상에 대해 고립되어 있다는 점이다. 하지만, 이 현상들은 기술의 영역에 속하지 않는 현상들이거나 혹은 기술들과 정치적이고 과학적이며 심리적이고 이데올로기적인 다양한 요인이 복잡하게 뒤섞여 이루어진 현상들이다. 우선 이 개념을 그 자체로 간주하고자 고립시키지 않으려는 행위는, 일례로 기술 자체에 대해 제기되는 질문들에서 수많은 오류로 귀결된다. 엄밀함이 부족하여 단지 잘못된 기술에 대한 잘못된 질문 목록은, 동일한 질문들을 제기하는 많은 글의 요약인 세계교회협의회의 문서가 우리에게 제시한다.16) 이 문서에서는 연구해야 할 질문 목록을 다음 같이 작성한다. 즉, 환경 정책의 필요성, 세계 식량문제, 기술담론을 이용하기 위한 더 적절한 국가 조직과 국제 조직의 창설, 도시 발전 계획, 우주와 해양의 새로운 문제, 생명을 조절하고 생명을 더 낫게 만들기 위한 유전학적이고 생물학적인 진보의 결과, 소비자에게 새로운 필요의 창출, 정보 생산 및 정보 축적에서 혁명, 여론 조정과 교육에서 통신 기술의 결과 등이다… 이 모든 질문이 틀리지는 않으나, 이 질문들은 기술적인 사실이 그 자체로 사전에 연구되지 않고서 제기된다.17) 다시 말해, 현상 자체가 연구되지 않고 현상의 측면이 연구됨으로써, 어쩔 수 없이 오류나 진부함에 이른다. 그 전문가들이 첫 번째 장에서 자신들이 사실 자체가 아니라 오직 결과들만을 이미 연구했음을 고려하지 않고서, 두

---

16) '기술담론적인 세상' (monde technologique)에서 인간과 사회의 장래에 대한 연구에 대비하는 세계교회협의회의 보고서의 「교회와 사회 분야」,Département Eglise et Société, 1969년 10월.
17) 어쨌든, 기술과 기술 체계의 개념이 무엇인지 이해하려면 인간이나 혹은 사회에 대한 기술의 영향들에서 출발하지 말아야 한다. 기술의 개념으로 거슬러 올라가는 것은 사회학적이거나 혹은 심리학적 고찰들에서가 아니다. 기술적인 대상을 그 자체로 고찰해야 하고, 『기술적인 대상들의 존재방식에 대해』*Du mode d'existence des objets techniques* (1956)에서 시몽동(Simondon)이 놀랍게 고찰했듯이 기술적인 대상의 내적 관계를 고찰해야 한다. 소외, 텔레비전의 결과들, 노동의 체계화, 투표에 대한 대중매체의 영향, 도시화 등에 대한 수많은 연구는 이후에 기술 체계의 이러저러한 측면을 이해하는데 유용할 수 있다. 하지만, 기술의 개념을 다듬어내는 출발점은 거기서 부터가 아니다. 기술과 인간, 혹은 사회 사이의

번째 장에서 "기술담론의 정치·경제적 결과들"에 대한 질문을 제기했다는 점은 아주 놀랍다. 우선 무엇의 결과인지 물어보지 않고서 결과에 대해 어떻게 이야기할 것인가? 이들은 기술이 무엇인지 선험적으로 마치 알고 있는 듯이 행동했다. 이는 명백히 주제넘은 태도로서, 세계교회협의회를 일련의 피상적 작업들로 이끌었던 것이다. 따라서 이와 같이 처리하는 일을 삼가야 하며, 그 자체로서 사실에 대한 분석에서 시작하는 일을 삼가야 하는데, 이는 기술의 경제·정치적 외피에서 기술을 분리하면서 어떤 개념을 수립하는데 힘입어서만이 이루어질 수 있을 따름이다.

'기술'이란 개념 정립의 필요성

하지만, 이러한 작업은 기술이 이제부터 그 자체로 간주되는 것을 의미하지도 않고, 그 자체로 충족되는 실체로서 간주되는 것을 의미하지도 않는다. 이것은 반대되는 다른 오류에 이를 수도 있다. 지적인 추상화抽象化 작업을 결코 하지 말아야 하고 거기서 절대 멈추지 말아야 함은 분명하다. 또한 사물들을 있는 그대로 간주해야 하고 자체로서 기술에 대해 헛소리를 늘어놓지 말아야 함도 분명하다. 이는 바로 인간과 경제와 정치와 사회가 단순히 존재하지 않고 완전히 변형가능한 점토인 듯이 기술에 대한 글을 쓰는 오늘날 많은 저자가 행하는 바로서, 일례로 로르빅18)의 놀라운 저서들이다.19) 이 저서들에서는 어떤 첨단 기술이 실행할 수 있는 방대한 목록이 발견된다. 사람이 이미 습득되고 제어된 기술들 앞에 있는지, 혹은 아직 그 결과를 모르는 진행

관계에 의해 이루어진 현실에 다다르려면 최고의 추상적 수준에서 시작해야 한다.
[역주] Gilbert Simondon(1924-1989). 프랑스의 철학자. 그의 저서는 기술 문제의 철학적 중심성이나 혹은 새로운 형태의 소외를 다룬다. '어려운 인본주의'(humanisme difficile)라 지칭될 것을 위해 신기술을 두려워하는 소위 '쉬운 인본주의'(humanisme facile)에 대립하면서, 문화와 기술을 양립시킨다. 주요 저서로 『상상력과 발명』Imagination et Invention, 『통신과 정보』Communication et Information 등이 있다.
18) [역주] David Rorvik(1944-). 미국의 기자이자 소설가. 자신의 저서 『그의 이미지로, 인간 복

중인 실험 앞에 있는지, 혹은 과학적인 것이나 연구계획의 성공에 대한 희망 앞에 있는지, 혹은 앞으로 20년 후에는 도달할 확신 앞에 있는지, 그의 묘사에서는 정확히 알려져 있지 않다. 그것이 무엇이든 간에 그는 '기계 인간' homme machine의 실현, 두뇌와 컴퓨터의 직접적 연결, 전자 의료, 로봇의 일반화 등을 제시한다. 또한 그는 전자 섹스와 전자 기억과 전자 행복감으로 자신이 기막히게 표현하는 뇌의 전자적 자극의 적용, 사람들이 있는 장소에서 수천 킬로미터 되는 곳에서 일할 수 있게 하는 사이버 네트워크 체계의 적용, 물질에서 정신을 분리하고 육체를 해방시키기 위한 생물학적 반응의 실천인 '바이오 피드백 트레이닝' Bio-Feed-Back Training의 적용 등을 제시한다. 이 모든 것을 토플러20)와 같은 방식으로 제시하고, 가까운 장래 기술의 실재로서 또 필연적 기술의 실재로서 제시한다. 모르모트의 뇌 속에 50번의 전기 자극을 주듯이 실험실에서 어떤 실험들이 행해지고, 내일에는 이것이 일상적이고 정상적 상황이 될 것이라고 설명한다. 인간에 의해 제기된 도덕적이고 심리적인 장애물에 대해서나, 이러한 시도를 일반화하기 위한 경제적 어려움에 대해서나, 정치적이고 사회학적 심각성에 대해서는 어떠한 질문도 제기하지 않는다. 모든 것이 꿈의 세계에서처럼 일어난다. 즉, 대단한 요술쟁이가 새로운 기술을 발견하고, 요술막대기는 실재에 적용되며, 갑자기 모든 것이 변형된다. 이

제』*In his Image: The Cloning of a Man*에서 인간을 복제하려는 노력에 자신이 일조했다고 주장하면서 어떤 부자의 부탁을 받아 인간을 복제하는 과학자 팀을 구성하여 실제로 인간 복제에 성공한 경험담을 기술한다. 따라서 이 책은 많은 인기를 끌면서 인간 복제 윤리와 관련된 많은 논란을 불러일으킨다.

19) 『멋진 새로운 아이』*Brave New Baby*(1972년) 와 『인간이 기계가 될 때』*Quand l'homme devient machine*(1973)

20) [역주] Alvin Toffler(1928-). 미국의 저술가이자 미래학자. 디지털 혁명과 통신 혁명을 다룬 연구 작업으로 잘 알려져 있다. 초기 연구 작업은 기술 및 기술의 영향에 맞추어져 있으나, 이후에는 군사 하드웨어, 무기, 기술 증식, 자본주의 등 21세기의 증대하는 힘에 초점이 맞추어진다. 그의 저서 『제3의 물결』*The Third Waves*에서 고도 정보화 사회 현상의 저류底流가 되는 사회의 변혁 방향을 날카롭게 지적한다. 미래사회를 정보화 사회가 될 것이라고 하면서, 제1의 물결인 농업혁명은 수천 년에 걸쳐 진행되지만, 제2의 물결인 산업혁명은 300년밖에 걸리지 않으며, 제3의 물결인 정보화 혁명은 20~30년 내에 이루어질 것이라고 주장한다. 주요 저서로 『미래의 충격』*Future Shock*, 『권력 이동』*Powershift* 등이 있다.

러한 언급을 통해 내가 분명히 밝히는 바는, 이러저러한 기술에 대한 판단을 내리는 일이 중요한 것이 아니라, 실험실에서 기술의 발견과 기술의 일반화 사이에는 하나의 세계가 있음을 이해하는 일이 중요하다는 것이다. 한 순간에는 가능한 것으로 나타나지만, 결코 실현되지 않는 온갖 발견이 있다. 나를 두렵게 했던 것은 이런 기술들의 증가 "위험"이 아니라, 내일의 세상은 오늘날의 실험실일 것이라 여기며 자신만만해 하는 저자들의 유치함이다. 살아서 사고하거나 혹은 자가 번식적 기계에 대해 이야기하는 것은21), 유치한 인간중심주의anthropocentrisme이다. 기계가 "자체의 규범을 만들어내는 사고력, 엄밀히 말해 소음과 의미로 가득한 새로운 세상의 토대가 되는 사고력을 드러내 보이는"22) 초자연성을 지니고 있다고 밝히는 것은 환각 속에 빠지는 일이다. 바로 이것은 마치 현실이 그러하다는 듯이 주로 컴퓨터 같은 기술의 측면들을 중시하는 것이고, 이 측면들을 극단으로 몰고 가는 것이다. 그런데, 기술은 무기력하지 않은 세상에 불가피하게 관여한다. 기술은 세상과 관련되어서만 발전할 수 있다. 아무리 자율적인 어떠한 기술도 어떤 경제적, 정치적, 지적 맥락에서 벗어나 발전할 수 없다. 이러한 조건이 실현되지 않은 곳에서 기술은 실패한다. 인간의 완벽한 대체물로서 기계, 곧 "정념의 혼란을 벗어나"23) 사고할 수 있기 때문에 인간보다 훨씬 더 잘 사고하는 기계를 우리에게 제시하는 마법사 같은 재주를 부리는 사람들은 다음 같은 동일한 오류에 또다시 빠진다. 즉, 기술 현상의 이러한 측면과 부분을 고려하면서도 기술 현

---

21) 폰 노이만(Von Neumann)
 [역주] Johann Von Neumann(1903-1957). 헝가리 출신의 미국의 수학자이자 물리학자. 기상연구용 컴퓨터 고속도 전자계산기(MANIAC)의 연구·제작과 수치해석에 기여한 공로로 페르미(Fermi)상을 수상한다. 또한 컴퓨터 중앙처리장치의 내장형 프로그램을 처음 고안하고, 에드박(EDVAC. Electronic Discrete Variable Automatic Computer)이라는 새로운 개념의 컴퓨터를 만들며, 이때 고안한 방식은 오늘날에도 거의 모든 컴퓨터 설계의 기본이 된다.
22) 본느(Beaune)
 [역주] Jean Claude Beaune. 프랑스의 철학자. 주요 저서로 『기술 환경의 인류학, 악순환』 Anthropologie des milieux techniques, Engrenages, 『방랑자와 기계』Le vagabond et la machine 등이 있다.
23) 본느(Beaune)

상 자체를 고려하지 않는 오류이다. 이 현상의 새로움과 한계를 동시에 잴 수 있는 것은, 현상의 포괄성 속에서 현상을 인식할 때일 따름이다. 어떤 기술들을 다른 기술들과 가지런히 놓고서 기술들을 고찰한다면, 늘 기술들의 무한한 발전에 대한 공상에 빠질 수 있음은 분명하다. 그러나 다음 같은 체계가 연구된다는 조건에서이다. 즉, 이 체계 속에서 기술들은 서로 관련 있으나 이 체계가 닫혀져 있지 않다고 식별되는 체계이자, 이 체계 속에서 기술들을 인간화할 수도 없고 기술들의 무한한 발전을 꿈꿀 수도 없음이 즉시 식별되는 체계이다. 그렇기 때문에 기술의 개념화에서 출발하여 고다르24)의 영화「알파빌」25) 같은 방식으로 된 내일의 사회에 대한 환각적이고 과장된 표현들을 힘차게 거부해야 한다.

이는 생겨나지 않고 결코 존재하지 않을 문명에 대한 신화적 표현이다. 이 표현은 「2001 스페이스 오디세이」26)처럼 완전히 낯설어서 끔찍한 동시에 완전히 마음을 놓이게 한다. 다가 올 세상에 대한 기괴하고 공상적 이미지가 수립되고 이 이미지는 공격받는다. 그런데 이 이미지는 어떠한 사회 구조에도 어떠한 집단에도 일치하지 않기 때문에 이런 일은 별 위험 없이 이루어진다. 이런 일은 체계의 발달에서도 역할을 담당하는데, 우리가 나중에 살펴보겠지만, 이는 기술과 관계된다는 점에서 단지 잘못되어 있다. 오류가 로르빅

---

24) [역주] Jean Luc Godard(1930-). 프랑스의 영화감독. 침체되어 있던 프랑스 영화계의 새로운 흐름 '누벨 바그'(nouvelle vague)를 주도한다.
25) [역주]「알파빌」Alphaville. 슈퍼컴퓨터로 말미암아 인간의 일거수일투족이 통제 당한다는 암울한 미래 지구 풍속도를 소재로 한다. 막강한 능력을 지닌 일급 탐정이 사랑과 같은 인간적인 감정을 철저하게 통제하는 알파빌에 파견되어 그곳에 억류된 과학자를 탈출시킨다. 이 영화는 융통성 없는 독재자 같은 컴퓨터 문명이 가져올지 모르는 미래를 그리고 있다.
26) [역주]「2001 스페이스 오디세이」2001 A Space Odyssey. 1968년 스탠리 큐브릭(Stanley Kubrick)이 감독한 인간의 진화, 기술, 인공 지능, 외계에서 생활 등을 주제로 한 공상과학영화. 이 영화에서는 절대적 존재인 신과 기술적 진보가 수반한 비인간화, 인간이 만든 기계문명에 오히려 인간이 예속될지도 모른다는 문제의식, 상업성을 떠난 문명 비판과 철학적·종교적인 주제 의식이 표출된다. 소설과 영화 작업을 동시에 진행하여 각본은 큐브릭 감독과 아서 클라크(Arthur C. Clarke)가 함께 집필하고, 영화가 개봉된 직후 아서 클라크의 동명 소설이 출간된다.

Rorvic에게서처럼 현란함에 속하거나 혹은 혐오스러움에 속하거나 간에, 오류는 마찬가지이다. 즉, 이것은 기술도 아니고 "내일의 세상"도 아니다.

이와 같이 기술적인 개념을 끌어내는 것을 통해, 포괄성을 수립함으로써 또 기술이 발전하는 맥락과의 관계 속에서 기술 현상을 제자리에 다시 놓음으로써 기술의 가능성을 정확히 잴 수 있다. 그러나 다른 측면에서, 기술적인 개념을 끌어내는 것을 통해, 기술의 자율성을 확인하는 동시에, 그에게는 모든 것이 이루어지는 라이시27)의 저서28)에 나오는 단순한 낙관주의에 빠지지 않을 수 있다. 하지만, 이는 단지 의식意識의 차원에서이다. 기술을 이끌어 나가려면 "아무도 잡지 않는 조종 장치를 차지하는 것으로 충분하다. 공허를 채우는 것이 중요하고 지성이 없는 곳에 지성을 두는 것이 중요하다…" 이 견해는 바로 앞에 나온 견해만큼이나 단순하다. 여기서 여전히, 이것은 첨단 기술의 일반적 적용을 급증시키는 것이기는커녕, 요술 막대기를 치는 것이며, 체계 전체를 단순히 의식함으로써 놀랍게 뒷수습하는 것이다. 기술은 그 자체로 "제3 의식"Conscience Ⅲ을 초래하는데, 이 의식은 성숙하고 자유로우며 영적이 된 인간의 의식이다. 이는 도처에 존재하는 히피와 같다. 가치 체계가 변하는 것으로 충분하고 심리적 행동과 삶의 방식이 변모되는 것으로 "충분하다". 그렇게 함으로써 기술은 더는 힘을 갖지 않는다는 것이다. 긴 머리카락과 '디스코 바지'29)에 대한 추앙을 통해 기술에 대한 통제가 우리에게 보장된다고 라이시는 주장한다. "기계를 초월하고자, 즉 독립성을 나타내 보이려면 삶의 방식을 선택하는 것으로" 충분하며, "새로운 사회를 정의하려면 새로운 삶의 방식을 정의하는 것으로 충분하다…"는 것이다. 이쪽이든 저쪽이든 조

---

27) [역주] Charles Reich(1928-). 미국의 법학자이자 사회학자. 1960년대의 반문화(counterculture)와 청년운동을 찬양하는 글을 쓴다. 주요 저서로 『아메리카의 인사』*The Greening of America: How the Youth Revolution is Trying to Make America Livable*, 『체계에 맞서』*Opposing the System* 등이 있다.
28) 『미국의 소생』*Le Regain américain*.
29) [역주] '디스코 바지'(pantalon à patte d'éléphant). 엉덩이와 허벅지는 달라붙고 무릎 아래쪽으로 갈수록 점점 풍성해지는 디스코 춤을 출 때 입는 바지를 가리킨다.

심하기로 하자. 물론 로르빅이 기술적인 잠재성의 엄청난 증가와 우발적 적용들의 엄청난 폭을 강조하는 것은 옳지만, 기술이 닫혀진 공과 같은 완전한 공허 속에서 발전한다고 생각하는 것은 틀리다. 라이시가 의식의 가담 없이는 아무 것도 이루어질 수 없으며 의식은 사회를 만드는 데 있어 우월한 역할을 한다고 역으로 주장하는 것은 옳지만, 의식의 변화가 그 자체로 기술 체계의 변모라고 생각하는 것은 틀리다. 사람들은 한편으로 인간과 사회의 완벽한 전연성30)에 대한 공상에 빠지고, 다른 한편으로 기술의 완전한 전연성에 대한 공상에 빠진다. 개념화를 통해 우리는 이 두 오류를 피해야 한다. 개념의 지적인 엄밀함 때문에 개념은 주제를 벗어나지 않게 한다. 추상화함으로써 우리가 현실에서 멀어지기는커녕, 만일 작업이 잘 이루어졌다면, 이와 반대로 개념을 통해 우리는 현실 전체를 고려할 수 있으며, 개념이 위치하는 상호관련들 중 어느 것도 잊어버리지 않을 수 있다.

따라서 첫 번째 작업은, 가능성으로 가득한 들판 여기서 붓꽃을 따듯이 심장 이식을 하거나 혹은 저기서 들 백합을 따듯이 생각하는 컴퓨터를 만들어내며 허송세월하는 것이 아니라, 다른 요소들을 설명하는 체계를 제시하는 동시에, 결정짓는 실재 및 결정지어진 실재와 관련하여 다른 요소들을 요인으로 삼는 것이다. 비판을 모면한 우리의 마음에 따라 우리가 이끌려가는 어떠한 방향에서든 사물들이 이상한 데에 빠지게 하지 말고, 하나의 개념을 심사숙고하여 구상함으로써 "사물들이 존재하는 그대로 포착하는 것이" 중요하다!

이러한 조건에서 **기술**Technique이란 개념과 **기술담론**Technologie 31)이란 개념의 차이를 분명히 정립해야 한다. 기술담론은 기술에 대한 담론, 곧 기술에 대한 학문이다. 우선 이것은 특별한 기술들에 대한 담화이고, 다음으로 일반적

---

30) [역주] 전연성(展延性: malléabilité). 늘리고 펼 수 있는 금속의 성질을 의미한다.
31) 실제로 기술(Technique)을 지칭하고자 할 때 기술담론(Technologie)에 관한 이야기를 하는 것은 미국식 어휘를 본 따서 프랑스 지식인들이 지금 흔히 저지르는 심각한 잘못이다.

으로 기술에 대한 '담화 시도' essai de discours, 다시 말해 개념 자체에 대한 '담화 시도'이다. 그러나 여기서 우리는 이러한 작용 과정, 예를 들어 늘 기술적 강의의 대상인 산업적 작용 과정에 대한 연구에 이르는 것이 아니라, 철학적 고찰에 도달한다. 그런데, 기술이란 개념 자체와 기술 체계를 규정하는 것으로 시작하지 않는 한, 철학적 고찰은 실제로 불확실성만을 제시한다. 이 때 로고스Logos는 일종의 추상적이고 근거 없는 논지가 된다. 마치 18세기 이전 서구 기술과 현재의 기술을 동일시 할 수 있듯이, 철학자들이 평소에 지닌 별난 버릇에 따라 이것이 어떤 시대에서든 어떤 환경에서든 그 자체로서 기술에 대한 담화와 관계되는 것일수록 그만큼 더 흥미로운 논지이다. 시몽동Somondon은 기술 현상 자체를 직접적으로 비판하고, 몽상적 담화를 펼치는 것이 아니라 이러한 방향에서 유용한 작업을 한다. 이와 반대로, 본느Beaune의 저서와 더불어 '기술담론'이라 불리는 무의미한 담화의 좋은 예가 있다.32) 내용을 풍성하게 하고자 구조주의적이고 후기 마르크스주의적이며 언어학적이고 현대적인 과장된 수사학 전체로 장식된 이러한 시도는, 기계는 살아 있고 사고한다와 같은 지나친 단순화를 피하지 못한 채, 또 "대상은 우리가 대상에 대해 품는 환상과 무관하기" 때문에 기술 현상들에 대해 비판할 수 없다는 등의 가장 기초적 혼동을 피하지 못한 채, 기술담론에 대한 네다섯 가지 정의를 제시한다. 이는 수사학적 체계 덕분에 과학적인 겉모습을 띤 아주 순진한 작업이며, 이 점에서 이 작업은 바로 "기술담론적인"technologique이다. 이는 명확히 개념화된 '아무 것도 아닌 것' rien에 대한 단순한 담화이다.

---

32) 『기술담론』 *La Technologie* (1972).

제2장 : 환경으로서 기술

인간의 유일한 환경으로서 기술 환경

기술이 추상적일 때에라도, 또 기술이 방법이고 조직일 때에라도, 기술은 도구라기보다 매개이다. 인간이 자기 자신의 수단들로 성취할 수 없는 바를 인간으로 하여금 행할 수 있게 하는 활동 수단으로서 기술이란 개념을 사람들은 일반적으로 지니고 있다. 물론, 이 점은 정확하다. 그러나 이 "수단들"이 인간과 자연 환경 사이의 매개임을 고려하는 것이 훨씬 더 중요하다33). 의복과 집과 기술 생산물이 신체와 주변 환경 사이에 놓인 차단막이듯이 이는 능동적인 만큼 수동적인 매개인데, 인간은 일련의 매개들 전체를 온통 자기 주변에 이와 같이 만들었다. 전통 사회의 기술들이 산발적이고 단편적인 한, 이 기술들은 특이한 매개들을 나타냈다. 기술들의 증식과 기술 현상의 발전과 함께 상황은 변했다34). 그런데 시몽동Simondon이 다음과 같이 강조하듯이, 매개의 이러한 특성은 이미 기술적인 대상의 특성이다. "추상적인 기술적인 대상, 다시말해 원초적 기술적인 대상의 과학적 표현과 자연적인 대상 사이에 매개적 위치를 기술적인 대상에 부여하는 것이 구체화인데, 구체화는 자연적

---

33) 우리가 접하는 기술에 대한 첫 번째 규정은 바로 수단으로서 베버(Weber)의 규정이다. "활동의 기술은 활동의 의미나 혹은 목적과 대조적으로 활동의 실행에 필요한 수단들의 합이다. 합리적 기술은 경험과 숙고와 과학적 고찰에 따라 의도적으로 또 체계적으로 방향 설정된 수단들을 실행하는 것이기 때문이다." 또한 "활동의 포괄적 맥락 속에 놓인 구체적 행위의 궁극적 의미는 기술적인 성격을 띤다. 다시 말해 그 행위는 더 광범위한 맥락과 관련하여 수단의 구실을 할 수 있다. 그러나 이 때, 기술적인 성취는 그 행위의 의미이고, 거기에 도달하고자 실행된 수단들은 그 행위의 기술이다… 기술에 대한 질문을 제기하면서 사람들은 가장 합리적 수단에 대한 의문들을 표출한다." 『경제와 사회』*Economie et Société*, 프랑스어 판 1권.
34) 이 발전에 대해서는 『기술 혹은 시대의 쟁점』*La Technique ou l'enjeu du siécle* 장 참조.

체계를 수립하는 것과 아주 거리가 멀다. 기술적인 대상은 서로 분리된 일련의 과학 개념과 과학 원리에 관한 표현이다. 이와 반대로, 구체적 기술적인 대상, 다시 말해 진전된 기술적인 대상은 자연적인 대상들의 존재 방식에 가까우며, 내적 일관성을 지향하고 '원인과 결과 체계'의 폐쇄를 지향한다. 더욱이, 기술적인 대상은 작용 조건으로서 개입하는 자연계의 일부분을 통합한다." 게다가 자주 언급되었듯이, 이 작업에 의해 인간이 생물 분류의 기본단위인 종種으로서 인류와 자연 사이의 매개자가 된다면, 이 작업의 통합성과 지속성이 있기 때문에 기술적인 작업에 의해 상상할 수 있는 매개들의 가장 광대한 결합체ensemble가 생겨난다. "기술적인 활동에 의해 인간은 매개들을 만들어 내며, 매개들을 만들고 구상하는 개인에게서 이 매개들은 분리될 수 있다. 개인은 매개들로 자신을 표현하지만, 매개들에 집착하지는 않는다. 기계에는 기계가 한 다른 인간의 도구가 되게끔 하는 일종의 비인격성이 있다. 기계가 분리될 수 있다는 바로 그 이유 때문에, 기계에 의해 기계로 구체화되는 인간적 실재는 소외될 수 있다. 인간에 의해 구상되고 구성된 기술적인 대상은 단지 인간과 자연 사이에 매개를 만들어내는데 그치지 않는다. 기술적인 대상은 인간적인 것과 자연적인 것의 안정된 혼합이고, 인간적인 것과 자연적인 것을 담고 있다. 기술적인 대상은 자연적인 대상의 구조와 비슷한 구조를 자체의 인간적인 내용물에 부여하며, 이러한 인간적 실재의 자연적인 원인과 결과가 세상에 개입하게 한다. 인간과 자연의 관계는 모호한 방식으로 단지 체험되고 실행되는 대신 안정성과 일관성이라는 위상을 띠는데, 이 위상으로 인간과 자연의 관계는 자체의 법칙과 정돈된 영속성이 있는 실재가 된다. 기술적인 활동은 기술적인 대상들의 세계를 이룩하면서, 또 인간과 자연 사이에 객관적 매개를 일반화하면서, 집단 작업의 특이한 반응의 연계보다 훨씬 더 풍부하고 더 명확한 연계에 따라 인간을 자연에 결부시킨다."35)

이 점은 완전히 들어맞지만, 이러한 매개가 전혀 다른 매개를 배제한다는 점을 덧붙여야 한다. 자연에 대한 인간의 다른 관계는 더는 없다. 인간이 끈기 있게 만들었던 복잡하고 약한 이 일련의 연계들 전체, 곧 시적이고 마법적이고 신화적이고 상징적인 이 일련의 연계들 전체는 사라진다. 강요되고 전체적이 되는 기술적인 매개만이 있을 따름이다. 그래서 기술을 통해 한편으로 지속적 차단막이 형성되고, 다른 한편으로 개입의 일반화된 방식이 수립된다. 기술은 그 자체로 수단일 뿐 아니라 배타적인 동시에 전체적인 총체 Universum란 의미에서 수단들의 세계이다. 이는 개인들 사이의 관계에서 나타나거나 혹은 개인들과 집단 사이에 수립되는 관계에서 나타난다. 거기서 여전히 모든 것은 기술이 된다. 인간의 관계는 더는 아무렇게나 내맡겨질 수 없으며, 경험과 전통과 문화적 규범과 상징적인 것의 대상이 더는 아니다. 집단의 역동성과 정신 분석과 심층 심리학 등 모든 것은 밝혀져야 하는 동시에 해명되어야 한다. 또 이 모든 것은 한편으로 각자가 자신의 기여를 하도록 다른 한편으로 자신에게 기대되는 역할을 정확히 하도록, 교육학과 인간관계 등과 같은 적용할 수 있는 기술적인 도식으로 변형되어야 한다. 그래서 단지 각자는 자기 자신에 대한 완전한 심리적 만족감을 갖게 되고, 자신의 일치된 행동 때문에 다른 사람들은 심리적 만족감을 얻는다. 규범code은 기술적이 되었다. 보드리야르Baudrillard는 영성체36)와 관련하여 이 점을 탁월하게 묘사한다. 그는 텔레비전 퀴즈쇼에 관한 이야기를 하면서, 퀴즈쇼에 '참여'라는 중요한 기능이 있음을 보여준다. 참가자에게는 자기가 원했던 것, 곧 텔레비전 화면에 나왔다는 기쁨이 있었고 시청자에게는 "접촉하는" 결합체ensemble가 된다

---

35) 시몽동(Simondon).
36) [역주] 영성체(領聖體:communion). '성체배령'(聖體拜領)이라고도 한다. 예수 그리스도가 죽기 전날 밤 열두 제자와 함께 최후의 만찬을 할 때, 빵과 포도주로 자기를 십자가에 의한 희생으로 미리 바치면서 이를 기념하여 의식을 거행하도록 제자들에게 명령한다. 초대교회에서는 이 명령에 따라 빵을 떼어 나누는 의식을 행하고, 이후 이것이 미사성제(聖祭)라는 형태로 발전한다. 가톨릭 교리에 의하면 빵과 포도주라는 두 형색(形色)의 바탕에는 그리스도의 살과 피가 실체로 변화하여 바로 그 성체 안에 현존하며, 미사성제 중에 그리스도 자신이 희생의 제물로서 성부에게 바쳐지는데, 신자들은 그 성체를 배령함으로써 그리스도와 일치하는 은총을 받는다. 이처럼 성체를 배령하는 것을 영성체라고 한다.

는 감정이 있었다. 그들에게는 자기들이 원했던 것, 곧 영성체가 있었다. 이것은 영성체라는 방부처리 된 현대의 기술적인 형태로서, 영성체는 의사소통 곧 "접촉"이다. 사실상 소비 사회를 특징짓는 것은, 유감스럽게도 의식儀式이 없다는 점이 아니다. 라디오 방송의 퀴즈쇼는 원시 사회에서 미사나 희생 제사와 같은 자격으로서 하나의 의식이다. 그러나 의식상의 영성체는 몸과 피일 수도 있는 빵과 포도주를 통해 더는 이루어지는 것이 아니라 대중매체를 통해 이루어지는데, 대중매체는 메시지일 뿐 아니라 방송 장비, 방송망, 방송국, 수신 장치, 제작자, 청취자라는 것이다. 달리 말해, "영성체는 상징적 매체에 의해 더는 이루지는 것이 아니라 기술적 매체에 의해 이루어진다. 영성체가 의사소통이 되는 것은 이 점에서 이다." 여기서 보드리야르는 기술의 가장 심오한 매개적 실재를 지적했다. 기술은 인간 사이에 영성체의 매체이다. 하지만, 이러한 영성체는 더는 상징적이지 않기에 단지 기술적인 의사소통이 되었다. 이러한 방식으로 기술은 매개적이 되었으며, 인간이 중앙으로 집중된 배타적이고 유일한 매개 모델에 관여하기 때문에 기술은 매개적이 되었다. 기술은 늘 이런 것이었고 본래 기술은 이런 것일 따름이라고 분명히 언급할 수 있다. 기술은 수단이며 수단들의 결합체ensemble인 이상, 분명히 기술은 인간과 인간의 옛 환경 사이에 매개적이고 중개적이다.37) 그러나 이 점은 세 가지 중요한 결과를 포함한다. 첫 번째 결과는 이것이 자율적인 매개와 관계된다는 것이다. 가장 중요한 것은 가치의 선택이라기보다는 차라리 가치와 개인 혹은 가치와 사회단체 사이에 매개의 가능성이라는 점은 잘 알려져 있다. 그런데, 기술은 지금 인정된 유일한 매개체이기에 실제로 모든 가치 체계

---

37) 르페브르(Lefebvre)가 기술에 어떤 의미를 부여할 수도 있는 사고나 문화의 매개 없이, 기술에서 의식이 파생되는 것이나 의식의 사회적이고 개인적 형태들이 파생되는 것을 묘사할 때, 그는 이 자율성의 측면을 완벽히 파악했다. "대상과 의식을 통해 기술은 반영된다.", "자체의 기능적이고 투명한 이중적인 형성과 더불어 기술적인 대상은 한정된 위상을 받아들이지 않는다." 도시는 기술적인 대상, 곧 1968년 현대 세상에서 봇짐이 된다. 실제로, 기술이 매개적이 되었기 때문에 그는 수많은 예증을 제시한다.

를 벗어난다. 그래서 기술을 위해 혹은 기술에 맞서 선택을 할 수도 있고 기술을 종속시키는 수단들을 발견할 수도 있는 다른 매개체가 더는 없는가? 그것은 국가인가? 그러나 국가는 이미 기술적이 되었다. 그것은 민중인가? 그것은 국민 전체인가? 민중은 "대단한 선택"을 결정해야 하고 기술은 이 선택을 실행해야 한다는 세심하게 유지된 신화를 따르자면 말이다! 하지만, 민중은 반세기나 실재에 뒤쳐져 있으며, 제기되는 현실의 문제에 대해 더는 아무 것도 이해하지 못한다! 민중의 결정이 적용될 수 있다면, 기껏해야 이 결정은 기술적인 성장을 막을 수 있고 체계를 혼란시킬 수 있으며 사회·경제적 퇴보를 유발할 수도 있을 것이다. 그러나 바로 위에 언급된 민중은 떠맡을 준비가 전혀 되어 있지 않다. 이와 같이, 기술에 의한 매개를 통해 전혀 다른 매개는 배제되고, 이 점은 기술로 하여금 '요구 가치' valeur souhaitée 나 혹은 '전제 가치' valeur supposée를 벗어나게 한다.38)

아마도, 우리는 기술의 각 발전과 방향설정이 인간이나 혹은 대중이나 혹은 여론의 매개로 이루어진다는 인상을 갖고 있다. 그러나 이것이 이미 체계 내부에 위치한 인간이자 그 인간 위에 압력이 가해지는 인간과 관계됨을 잊지 말자. 그런데, 이 압력은 이미 존재하는 실재에 의해서 단지 가해지는 것이 아니라, 예견되고 기대된 가능성에 의해 가해진다.

기술들의 결과에 의해 이제 가능해진 것을 통해 욕구가 형성되고, 여론은 거기서부터 형성된다. 그러나 여론은 나름대로 실현을 요구하고자 압력을 행사할 것이다. 간단한 예를 들면, 전문가의 모든 보고서는 자동차 사고가 거의 대부분 과속에 의해 일어난다고 언급한다.39) 가능한 아주 단순한 조치가 있는 듯한데, 즉 자동차 제작자가 한정된 출력을 지닌 엔진을 사용하기만 하

---

38) [역주] 우리는 자유, 평등, 박애 등과 같은 가치들이 존재하기를 바랄 수 있으나, 이러한 모든 좋은 가치는 기술의 매개인 효율성이라는 지고의 가치와 마주할 따름이다. 여기서 엘륄은 기술이 매개적이기 때문에 다른 모든 가치를 대체한다고 말하려는 듯이 보인다.
39) 1953년부터 1969년까지 독일 연방공화국에서 이루어졌던 체계적 분석 이후로 이 점에 대

면 되는 듯이 보일 수도 있다. 출발 이후 엔진이 시속 110킬로미터의 최대 속력만을 확실히 유지하게 할 수 있다면, 거의 대부분의 위험과 법규는 사라진다는 것이다. 그런데, 이 점은 고려될 수 없는 듯이 보인다. 왜냐하면 도로에서 시속 200킬로미터를 실현하는 엔진과 자동차를 만드는 것이 가능한 이상, 기술적으로 가능한 바를 통해 여론에 '필연성' 이라는 압력이 가해지기 때문이다.40) 또한 제작자가 납품된 엔진의 속력을 제한하는 것 및 가능한 바가 실현되지 않는 것을 여론도 그 나름대로 받아들이지 않을 수도 있기 때문이다. 그래서 매개적이고 기준이 되는 것은 여론에 대한 압력이라 생각할 수 있다. 실제로, 여론이 이러한 역할을 하는 것은 여론이 미리 형성되고 적용되며 온갖 가능한 기술에 종속되는 한에서이지만, 여론에는 어떠한 독자성이나 특수성이 더는 없다.

두 번째 결과는 기술에 의한 이러한 매개가 예전의 모든 매개 체계와 반대로 본질적으로 메말라 있고 메마르게 한다는 것이다. 예전의 모든 매개 체계는 적용에서 다의적多義的이고 모호하며 불안정한 동시에 풍성하고 창조적인 무의식 속에 깊이 뿌리 내리고 있었다. 기술은 일의적一義的이고 피상적이지만, 안정적이다. 기술은 명확하고 정돈된 매개를 내포하지만, 놀이도 일깨움도 추억도 계획도 없다. 기술은 효율적인 진정한 수단이며, 시적詩的 매개를 대신하여 절대로 필요한 것이 되었다. 기술은 자기 주변에 이러한 엄밀함을 흩뜨릴 수 있는 모든 것을 메마르게 하고, 메마른 세계인 동시에 미생물도 싹도 없는 세계를 실제로 인간에게 제시한다.

마지막으로, 세 번째 결과는 기술과 인간 사이에 관계가 '매개되지 않은

한 논의는 더는 있을 수 없다. 동일한 자동차 보유 대수와 주행 거리에서 유일한 수치는, 속도 제한이 없을 때 사고 사망자는 37퍼센트 이상 생겨나고 부상자는 20퍼센트 이상 생겨난다. 이 점은 1970년 1월 파리(Paris)에서 회의로 모인 교통 "전문가들"에 의해 정확히 확인되었다. 속도 제한 덕분에 프랑스에서 일 년에 평균 천 명의 사망자를 줄일 지도 모른다. 그러나 그 신중한 조치들이 인기가 없기 때문에 이 회의는 그 조치들의 적용 가능성에 대해 비관적 태도를 취했다.
40) 현대인은 이러한 환경에 위치해 있기 때문이다.[본문 내용을 역자가 각주로 설정]

관계'라는 것이다. 기술이 존재함으로써, 또 이러한 환경 속으로 인간이 침몰함으로써 오늘날 직접적으로 형성되는 사회적 의식意識이나 혹은 개인의 의식은 사고思考의 매개나 문화의 매개 없이 형성되는데, 사고에서 기술은 하나의 대상일 따름이다. 기술에 대한 관계는 직접적인데, 이는 의식이 이제 기술 환경의 단순한 반영이 되었음을 의미한다. 이것은 예를 들어 맥루한이 "매개체는 메시지이다"라는 자신의 표현과 더불어 나타내려는 바다. 인간이 전달하려고 애쓰는 메시지는 기술 체계와 기술적인 대상들의 단순한 반영이 되었으며, 이 메시지는 기술적인 이미지일 따름인 이미지와 기술에 대한 담화일 따름인 담화의 단순한 반영이 되었다. 왜냐하면 체계는 체험된 것의 총체totalité와 사회적 실천 전부를 침해하기 때문이다.41) "기술적인 대상에 대한 시선, 곧 수동적이고 유일한 작용에 주의를 기울이며 유일한 구조에 관심이 끌리고 배경이 없는 구경거리에 매혹되며 자체의 투명한 실체 속에 온통 들어 있는 이 시선은 사회적 활동 모델이 된다." 이와 같이 매개적인 기술 체계는 자신의 매개와는 아주 다른 매개를 배제하면서 보편적 매개가 된다.42) 이는 기술 체계의 자율성의 가장 높은 단계이다. 기술에 의한 '매개 작용' médiatisation은 현대 사회를 이해하는 데 중요하다. 기술은 인간과 자연 환경 사이에서 매개적일 뿐 아니라 두 번째 단계에서 인간과 기술 환경 사이에서 매개적이지만, 기술은 인간 사이에서도 매개적이다. 인간은 점점 더 전화 같은 기술적인

---

41) 『일차원적인 인간』 L'homme unidimensionnel에서 마르쿠제(Marcuse)의 분석의 극단적 취약함은 이런 인간의 출현이 기술 체계의 가장 직접적인 결과임을, 특히 기술의 자율성의 가장 직접적인 결과임을 파악하지 못하는 데 있다. 정치적 체제나 혹은 정치 사회적 체제에 대한 변화에서 그가 미치는 공헌들은 단지 자신의 사회학의 불충분함에 대한 입증이며, 아마도 어렵지 않게 난관을 벗어나고 희망을 간직하려는 자신의 의지에 대한 입증이기도 하다.
42) 그리고 기술이 결국 자체의 질서를 강요하는 것은 배타적인 매개로서 인데, 그 점을 우리가 줄곧 살펴볼 것이다. 출발점에서 인간과 반대되는 의지가 있을 때 기술은 강요되기에 이른다. 마르쿠제도 그 점을 그 후에 재론했는데, 비합리의 철학과 신비적인 것과 초인(超人)의 개념을 지닌 당파인 국가 사회주의가 기구의 기술적인 합리화인 기술 체계가 되었던 순간부터 그 모든 것을 부인하기에 이르렀다는 점을 나는 보여주었다. 그와 반대로, 비합리적 견해는 체계 앞에서 전혀 힘이 아니다.

도구 및 교육과 인간관계와 집단의 역동성 같은 심리적 기술들에 의해 서로 접촉한다. 하지만, 이 뿐 아니라 인간 각자는 짧고 매개되지 않은 관계들과 질적으로 다른, 혹은 별로 효율적이지 않은 전통적인 문화적 접근에 의해 매개된 관계들과 질적으로 다른 '긴 관계들' 이라 불렸던 것을 지배하는 텔레비전과 라디오 같은 기술적인 수단을 통해 인류, 즉 인간 전체와 접촉한다. 인간관계의 이 기술적인 '매개 작용'을 통해, 사람들이 그 현상에 대해 끊임없이 놀라는 현상이 생겨나고, 일반화된 의사소통의 세계에서 개인적 고독감이 증가한다. 수단들의 총체Universum가 된 기술은 실제로는 인간의 환경이다. 이 매개들은 일반화되고 확장되며 증식된 나머지 마침내 새로운 세계를 만들었으며, "기술 환경"이 나타나는 것이 목격되었다. 이는 인간이 이제 새로운 인공적 환경에 위치하려고, 무엇보다 통속적으로 "자연"을 지칭하는 들과 숲과 산과 바다로 구성된 "자연 환경" 속에 더는 있지 않음을 의미한다. 인간은 땅과 물의 실재와 더는 접촉하며 살지 않고, 인간적인 환경의 총체를 형성하는 도구와 사물들의 실재와 접촉하며 산다.43) 인간은 이제 아스팔트, 철, 시멘트, 유리, 플라스틱 물질로 된 환경 속에 있다. 인간은 조종사나 선원일 때를 제외하거나 혹은 산행을 위한 여가 기간 중에 있을 때를 제외하고 앞으로 일어날 날씨의 징조를 알 필요가 더는 없으며, 교통신호의 의미를 아는 것이 무엇보다 필요하다. 앞으로 일어날 날씨 문제조차도 하늘과 바람에 대한 직접적 인

---

43) 헤겔(Hegel)이 다음 같이 기술했을 때, 하버마스(Habermas)의 『이데올로기로서 기술과 과학』*Technik und Wissenschaft als Ideologie* 187쪽에 인용된 헤겔의 『실질 철학』*Realphilosophie* 1권 237쪽은 이 변화의 출발점을 인식했다. "도구가 자체의 부분적인 부정의 힘을 그러한 것으로서 취하는 것은 인간에 대해서이다. 그러나 그것은 인간의 활동으로 남는다. 하지만, 기계와 더불어 인간은 자신의 이 형식적인 활동을 뛰어넘고, 자기를 위해 기계를 노동하게 만든다. 그러나 인간은 자기가 자연을 종속시키는 이 기만의 희생자가 된다. 인간이 자연을 탈취하여 자신을 위해 예속시키고 나서, 자신도 낮추어진다. 온갖 종류의 기계에 의해 자연으로 하여금 노동하게 하면서, 인간은 자기 자신의 노동의 필요성을 없앤다. 인간은 실패를 늦추는데 만족하고, 자연에서 멀어지며, 살아 있는 것으로서 자연, 곧 살아 있는 자연을 더는 본받지 않는다. 이 부정적인 활력은 사라지고, 인간에게 남아있는 노동의 유형은 점점 더 기계적이 된다." 이것은 탁월한 통찰력이다.

식에 의해 더는 결정되는 것이 아니라, 국립중앙기상대의 라디오 방송에 의해 결정된다. 인간은 기술들의 너무도 완벽한 하나의 결합체를 통해서만이 자연적 요소들과 관계있는 나머지, 실제로는 이러한 기술들과 관계가 있을 뿐이다. 자연 환경은 그 자체로 사라진다. 기술의 본질적 산물인 도시와 분명히 비교해 볼 필요가 있다. 도시에서 인간은 공원과 광장의 나무 같은 자연적 요소를 우연히 받아들일 따름이다. 원래 자연적인 것은 더는 아무 것도 없다. 그리고 외부 자연은 농업의 중요성이 퇴조하고 농민이 감소하기 때문에 여가와 휴식 등에 할애되어 있다. 그러나 기술 환경을 도시화 현상을 띤 자연 환경으로 축소하지 말아야 한다. 노동에도 마찬가지의 단절이 있다. 예를 들어, 노동자는 자기가 가공하는 재료에 대해 더는 아무 것도 알지 못하고, 그 기계 덕분에 필요한 작업이 이루어지는 기계만을 알 뿐이다. 즉시, 자동화와 더불어 부차적인 추상화(抽象化)가 여전히 있다. 사람들은 삶의 모든 분야를 취할 수 있고, 어디서든 같은 움직임이 일어남을 깨닫는다. 따라서 아이들의 교육은 이러한 환경에 대한 인식을 향해 방향이 설정되며44), 직업을 수행하는 기술적인 준비를 향해 방향이 설정된다. 기술이 자연적 요소와의 직접적 관계를 배제한다는 사실이나, 혹은 기술이 물과 공기 같은 존속하는 것을 변모시킨다는 사실이나, 혹은 인간의 환경이 기술적인 대상들로만 이루어진다는 사실에 의해서 뿐만 아니라, 기술이 인간의 삶에 직접 개입하여 자연 환경이 원래 요구했던 적응과 비교되는 적응을 인간에게 요구한다는 사실에 의해 기술은 삶의 환경이다.

인간이 사는 세상은 기계적 환경의 세상이다. 그래서 이 점을 통해 이러한 환경에 의거하는 인식이 주어지는 동시에, 이 환경과 관계된 일련의 행동들이 제시된다. 사람들은 이러한 것으로서 자연 환경을 인식하려고 전혀 애쓰

---

44) 아이에게는 자연의 요소들 중 무엇인가를 아는 것은 유용하지 않고 공장에 대해 아는 것과 길을 건너는 것이 유용하다.[본문 내용을 역자가 각주로 설정]

지 않는다.

    이 때문에 기술적인 사고는 원시적 사고와 아주 다르게 나타난다. 아마도 사고 과정은 동일하지만, 사고 과정은 어떤 방식을 강요하는 다른 영역에 적용된다. 그런데, 원시적 사고방식은 자연 환경에 일치했다. 완전히 기술적인 환경에 인간이 던져졌을 때, 어떤 면에서 인간 안에 이런 식으로 존속하는 원시적 사고방식은 쓸모없게 된다. 원시적 사고는 자연 환경에 의해 결정지어지고, 자연 환경을 적용 지점으로 삼으며, 인간적 환경과 자연 환경 사이의 관계를 정립하는 환경 자체를 형성한다. 하지만, 환경의 역할을 할 뿐만 아니라, 더 나아가 인간과 인간 자체의 관계 및 인간들 사이의 관계에 중개 역할을 하는 것이 자연 환경이다. 자연 환경을 기술 환경으로 대체함으로써 이러한 관계의 변화가 일어난다. 실제로 자연적인 집단의 파열 같은 인간의 분열이 일어나고, 교감을 명백한 의사소통으로 대체하며, 그리하여 기술 환경은 인간의 잘못된 관계의 중개 역할을 한다. 왜냐하면 원시적 사고가 "인간성"을 구성하는 부분임이 인정된다면[45], 인간성이 부적당한 환경 속에 있다는 사실을 통해, 인간이 더는 공동체에 관여하는 것이 아니라 분열의 온갖 형태에 관여하기 때문이다. 이 점은 상징화의 어려움이나 혹은 상징화의 불가능으로 특히 나타날 것이다. 현대인의 가장 큰 실패 중 하나는 이러한 상징화의 능력과 관계된다. 그런데 상징화는 자연 환경과 관계되어서만이 작용했고 작용할 수 있었을 따름이다. 상징화 덕분에 인간은 적대적인 세상에서 살아남았는데, 상징화는 상징화가 아무 쓸모없는 기술 환경과 관련하여 부적당한 작용이 되었다. 현대인은 이러한 분열 속에 있다. 상징화는 수천 년에 걸쳐 인간 안에 깊이 새겨진 작용으로, 남아 있는 나머지 상징화는 파기될 수도 있다. 하지만, 상징화는 결국 헛되고 비효율적이 되었으며, 인간이 존재하는 환경이 이러한 작용의 필요성을 완벽히 받아들일 수 없기 때문에 상징화는 배척되

---

[45] 나는 기꺼이 인정한다. [본문 내용을 역자가 각주로 설정]

기조차 한다. 그래서 예를 들어, 현대 예술의 허구적 비합리 속으로 도피의 상징화가 있거나, 아니면 인위적 상징화가 있을 것이다. 인위적 상징화는 기술과 분명히 관계되지만, 완전히 쓸모없고 의미 없는데, 우리는 이 점과 마주칠 것이다. 기술 환경에 대한 접근과 포착과 해석과 지배는 상징적인 경로로 이루어질 수 없다. 자연 환경에 관해 말하자면, 상징화는 기술적인 실용적 지배에 의해 완전히 의미 없어졌다.

우리의 인식은 점점 더 세밀한 기술들을 통해 포착된 자연 환경의 추상화와 관계되지만, 삶의 환경은 이러한 것으로서 직접 연구된 기계적 기술 환경이다. 예를 들어, 사람들은 삶의 환경에 대한 전체적 설명으로서 '진동과 충격 이론' 46)과 마주할 것이다.

이러한 종류의 연구는 기술자가 자신의 작업에서 사용해야 하는 기계적 수단과 단지 관계되는 것만 아니라, 인간적인 주위 환경의 총체와 관계된다.

---

46) 진동 이론. 눈에 띄지 않는 체계, 행렬 접근(approche matricielle), 특유의 방식, 감가상각(amortissement). 일반 방정식과 예.
▶우발적 기능들. 상관관계, 답보상태에 있는 과정에 대한 스펙트럼 분석, 이전 기능, 일관성 계수, 진폭 통계 분석.
▶우발적 진동들. 한계 추월. 변형(fatigue)의 관점에서 임의 진동 비교, 상자 이론.
▶비선형적(非線形的) 체계. 상(相) 계획 방식, 비(非)선형적 현상, 비(非)선형적 공명, 하위배음(倍音), 진동, 조변수.
▶충격 시험. 충격 시험의 특화, 분석, 충격 스펙트럼.
우발적 여진에 대한 구조의 응답. 단 한 번 입력에 대한 단순한 체계의 응답, 여러 번 입력의 경우 응답, 특   별한 두 번 입력의 경우에 적용. 음향 여진, 공간적 상관관계, 상관관계의 길이, 양태 분해의 이용.
▶아날로그 방식의 처리. 스펙트럼 분석, 회전하는 기계에 대한 조치, 이 결과들의 활용에 의한 구조들에 대한 역동적 분석.
▶디지털 방식의 처리. 신호 습득 문제, 표본 추출, 아날로그?디지털 방식의 변환, 신호 처리의 일반적 방식, 정현곡선적이고 우발적이며 일시적인 진동 실험의 검토에 대한 적용. 미사일 가장자리에서 진동 현상.
▶기계적 임피던스. 임피던스 개념 - 통화관(通話官)과 전기시설과 기계장치에 대한 적용, 연상과 일반적 정리(定理)의 규칙, 단순한 체계의 기계적 임피던스. 임피던스 개념들의 적용 그 다음으로 사람들은 이 환경들과 관련되는 측정들에 몰두한다.
▶측정 증폭기. 일반성과 원리, 환경 측정을 위한 근본적 특징, 다른 유형의 증폭기. 측정 연쇄 속에 증폭기의 삽입.
▶기록장치. 일반성, 기록의 원리, 실행, 다른 유형의 기록장치.
▶기계적 제약의 측정. 제약에 대한 분석의 이론적 토대, 전기적인 측정계기 이론, 측정과 해석에 대한 면밀한 검토

즉, 기술 환경에서만 인간적 환경을 이와 같이 분석하는 것을 생각할 수 있다.
기계적인 것은 그 혼자의 힘으로 하나의 주위환경을 이루며, 기계적인 것 그

▶사진 탄성(Photoélaticité)-사진 스트레스(Photostress). 원리, 공간 사례의 소개, 증명.
▶기계적인 크기의 측정을 위한 유체를 이용한 픽업장치.
▶변위 측정, 속도 측정, 힘의 측정.
▶가속 측정. 다른 유형의 픽업장치, 공학(techonogie)과 실행, 픽업장치의 선택.
▶원격측정과 결국 재료의 기계적 반응이 분석될 것이다. 음향적이고 열역학적 외력(外力)의 파급효과.
▶재료의 기계적 반응.
1. 제약 관계 - 탄성 가설에서 변형
2. 가소성과 점성 및 가소성과 점성에 대한 증명 : 고압에 의한 금속 변형, 이완, 바우싱거(Bauschinger) 효과
3. 재료에서 감가상각, 복합 계수
4. 선형적이고 비(非)선형적 유동학적 모델
5. 구조에서 감가상각 - 요인과 형태
6. 기계적 특징의 측정 원리
▶복합 계수 측정의 증명.
1. 임피던스 방법에 의해
2. 정상파(定常波) 방법에 의해
3. 비스코스분석기(viscoélasticimètre)의 도움으로
▶재료의 변형.
1. 재료의 감성(減成) 과성
2. 변형의 속성에 대한 표현 - 뵐러(Woöhler)와 굿맨(Goodman)의 도식
3. 변형 메커니즘의 묘사 이론 - 파면해석(破面解析:fractographie)
4. 감성(減成)의 진행. 측정과 예측
5. 부품 특성의 영향
6. 열역학적 변형
7. 예측할 수 있는 진행에 대한 현재 인식 한계
▶열역학적 외력.
1. 일반적 정의. 투과 방식
2. 전도 문제에 대한 기초 방정식
3. 용해 방식
4. 실행과 적용
▶열역학적 유량 측정.
1. 도입. 문제의 제한
2. 측정의 유효성
3. 픽업장치에 대한 묘사
4. 방사 유량에 대한 측정
▶온도 측정.
1. 직접 접촉을 통한 측정 방식과 직접 접촉이 없는 측정 방식
2. 측정의 유효성
3. 조합된 실험의 유효성에 대한 파급효과
▶온도 측정에 대한 증명.
▶열역학적 유량 측정에 대한 증명.

자체는 기술 환경의 작은 부분일 따름이다! "원시적인" 인간이 자연 환경을 "탐구해야" 했듯이, 이제 인간은 자신의 환경을 탐구해야 한다. 이는 우선 자신의 환경을 쫓아가고, 그 다음으로 자신의 환경을 제어하며 자신의 환경에서 가능한 한 가장 좋은 방책을 이끌어내기를 시도하기 위함이다. 우리가 기술 환경인 도시 환경과 자연 환경 사이의 중간 단계인 환경과 마주해 있다면, 우리는 이 환경을 순전히 기술 환경으로 변화시키려는 생각만을 한다. 도시 환경은 자연 환경의 어떤 자발성, 인간과 관련된 비일관성, 풍부함, 다양성, 비합리성을 간직한다. 도시 환경은 인간에게 가까운 동시에 낯선 자연 환경이다. 단지 기술적인 산물로만 형성된 도시 환경은 무질서하고 비非기술적인 방식으로 발전했기 때문에, 그 자체로는 기술 환경이 아니다. 그러나 이는 바로 우리를 불편하게 하는 점이다. 도시 환경에는 기술들의 엄밀함과 단순함과 합리성이 없다. 인간은 거기에 무질서를 도입했으며, 이러한 환경을 자신의 소유물로 삼았다. 거리는 불결하고 복잡하다. 신비로운 깊숙한 구석이 있고, 외딴 광장이 있다. 차선은 분명하지 않고 아무 것도 기능적이지 않다. 이는 단지 중세 도시와 자동차 운행 사이의 "갈등"만이 아니다. 더 나아가 이는 인간이 인간미를 띠게 했던 전통 기술들의 산물이자, 모든 것을 정확한 기술들에 순응하게 하려는 조급한 우리의 욕구를 만족시키는 전통 기술들의 산물이다. 스웨덴 인들은 스톡홀름 중심가를 재개발하고 철두철미하게 교외 신도시를 건설함으로써, 또 엄밀한 계획 추진과 효율적인 대중교통 체계 덕분에 이렇게 해내었는데, 그들은 도시 구조에 대한 거의 완벽한 기술화에 이르렀거나 혹은 이같이 쾌적한 환경을 실현했다. 기술적인 합리성만이 단지 만족스러운 것은 아니다. 기술적인 합리성이 정확히 사용될 때 기술적인 합리성은 매력으로 귀착된다. 그토록 많은 휴식 장소와 그토록 넓은 녹지와 그토록 많은 사회문화적 장치가 필요하다는 점이 이제 알려진다. 그렇지만, 스톡홀름에는 어떤 불안이 떠돈다. 마치 이러한 완전함이 일단 달성되면 무엇이 갑자기 일어나야 하는지 자문하듯이 말이다. 그 이후에는 낙원 너머에는 무엇이 있는가? 모든 것이 해결되었더라도 도시계획은 문제로 남는다. 이는 "인간의 영원한 불만족"인가, 그렇지 않으면 환경이 쾌적할 때조차도 완전히 기술화된 환경에 대한 인간의 적응이라는 어쩔 수 없는 문제가 있는 것일까? 오늘날 우리는 이러한 질문에 답할 수 없다. 그러나 사실로 남은 것은 이제 현대인으로서 우리가 기술들을 사용하기로 되어 있는 것이 아니라, 기술들과 더불어 또 기술들 가운데 살기로 되어 있다는 점이다. 분명히 로르빅은 인간과 로봇의 목적인 결합을 묘사할 수 있는데, 이 문제는 더 미묘하다. 가장 오래된 시대에서 우리에게 다가오는 자연적 실재들에 대한 우리의 적응은 이제 쓸모없게 되었다. 버섯이 독이 있는지 분별할 줄 아는 것이나 혹은 사냥감에 접근할 줄 아는 것은 무슨 소용 있는가… 그러나 우리는 실재들의 새로운 결합체ensemble에 적응해야 한다. 우리는 우리의 뇌를 사용하고자, 또 그 자체가 기술 사회의 표현이 된 예술을 평가하고자, 또 기술들을 매개로 인간관계를 수립하고자, 새로운 반사 작용을 해야 하고 기술들을 배워야 한다. 기술 환경은 우리가 일하거나 혹은 기분전환을 위해 가끔 사용하는 수단들의 결합체가 아니라, 모든 면에서 우리를 "엄하게 규제하고" 우리 자신 안에 들어와 있으며 우리가 더는 벗어날 수 없는 긴밀한 결합체이다. 바로 이것은 이제 우리의 유일한 삶의 환경이다.

수단들의 세계이자 기술 체계로서 인간 세계

그렇지만, 우리는 오해를 피해야 한다. 대상들로 이루어진 인공적 환경에 대해 습관적으로 이야기된다. 몇 년 전부터 대상들에 의한 침범이 무척 역설되었다. 쁘렉47)의 사물들은 대단한 의미를 지닌다. 우리는 대상들의 세계 속에 산다. 그리고 보드리야르는 대상들의 체계를 만들기조차 했다. 보편적 현존, 존재의 부족을 늘어난 소유로 채우려는 욕구, 나 자신도 연구했던 인간의 사물화로 귀결되는 과정은 물론 틀리지 않는다. 그러나 이러한 대상들이 거의 지속되지 않으며 이 대상들이 내버려지고자 만들어진다는 점도 주목 되었다. 이 대상들은 스스로 존재하지 않고, 아주 빠른 속도로 대체되며, 완전히 가치가 떨어진다. 또한 이 대상들이 획득되는 순간에는 대상들이 겉으로 광택을 띠나, 그 다음에 더는 존재하지 않으면서 진정 유용하지도 마음에 들지도 친숙하지도 친근하지도 않게 된다. 즉, 대상들은 파괴되고 내버려지려고 진정 만들어지고 한껏 사용된다. 대상들에 의한 침범과 더불어 바로 이 동일한 대상들은 무시된다. 이 두 사실은 관련될 수밖에 없다. 한편으로는 급속한 증가가 일어나지 않고, 부수적인 지적이나 다른 한편으로는 대체 되지 않는다. 사실상 파괴하려고 생산하고, 내버리려고 구매하며, 제거하고자 대상들은 증가한다. 대상들은 우리의 근본적인 경멸 대상이다. 하지만, 그래서 어떻다는 것인가? 실제로 이러한 대상들은 어떠한 종류의 가치나 중요성이 없으며, 이 대상들은 기술적인 메커니즘의 산물로서만 존재한다. 이 사회를 특징 짓는 것은 대상이 아니라 수단이며, 대상들에 의한 침범이 아니라 수단들의 무한한 증가이다. 현대 예술은 이 구조적 실재의 좋은 증거이다. 게다가, 기술을 통해 모든 것을 할 수 있기 때문에, 기술이 대상으로 삼는 것에는 결국 어떠한 중요성도 없다는 사실에 의해 이 점은 근본적으로 입증된다. 대상들이 급속히 증가한다면, 이는 그 자체로서 현상도 아니고 인간 욕구에 대한 반응도 아니라, 이는 바로 기술적인 수단들의 적용이다. 수단들만이 떠받들어진다.

생산물은 거의 값어치가 없는 것으로 간주된다. 예를 들어 공산주의적 의도를 고려하기만 하면 되는데, 생산물과 수입의 공평한 분배로는 도저히 욕

---

47) [역주] Georges Perec(1936-1982). 프랑스의 작가. 작품의 토대를 형식적 제약이나 문학적 제약 혹은 수학적 제약의 사용에 둔다. 자신의 첫 소설 『사물들, 60년대의 이야기』*Les Choses : Une histoire des années soixante*를 통해 알려지는데, 이 소설은 소비사회의 주변부에 있는 시대의 분위기를 복원한다. 대표작으로 『사용법 인생』*La Vie mode d'emploi*이 있는데, 이 소설에서 한 건물에 사는 다양한 사람의 삶을 일정한 방법에 따른 제약적인 방식으로 탐색한다.

구를 충족시킬 수 없다는 것이다. 사람들이 원하는 바는 생산 도구들에 대한 제어이다. 투쟁의 쟁점은 높아진 소비 능력이 아니라 기술의 소유이다. 물론, 기술 사회에 대한 정확한 분석의 모든 것을 무시하는 레닌주의자들은 그들의 요구를 표명하면서도 그들이 행하는 바가 무엇인지 모르지만, 그들은 유효 가치들의 단계를 자발적으로 따른다. 우리가 우리를 둘러싸는 현실로서 대상들을 간주한다면, 점점 더 빈번히 나타나는 표현에 주의해야 하는데, 이 표현에 따르면 대상은, 결국 존재하지 않는다는 것이다. 주체도 마찬가지이다. 전통적인 분명한 구분은 사라진다. 이는 무엇을 위해서인가? 개입 과정과 작동 구조를 위해서이다. 게다가, 우리는 구조주의가 창조적 사고가 아니라 수단들의 우위에서 나온 단순한 산물임을 보여주어야 할 것이다. "그것"(ça)은 어떻게 작동하는가라는 문제이긴 하나, 이는 단지 기술이며, '기술 지상주의'에 의해 지배된 세계이다. 그런데, 이 '철학적 돌출'에서 아주 흥미로운 것은 이 돌출이 다음 같은 점을 드러낸다는 것이다. 즉, 기술적인 수단들의 종속된 활동에다 자유로운 위치나 작용을 부여하려면 주체가 존재하지 말아야 하지만48), 대상도 존재하지 말아야 한다는49) 점이다. 이 철학이 정확히 표명하는 바가 이 점이다. 이와 같이, 우리의 세계가 대상들의 체계가 존재하지 않는 대상들의 세계가 아니라, 우리의 세계는 수단들의 세계이자 기술 체계라는 결정적 결론에 우리는 도달한다.

기술 환경의 특성

이러한 기술 환경이 우리 삶의 환경이 되었다는 사실을 통해, 지금까지 인

---

48) 주체는 수단들에 따르기만 하면 된다. [본문 내용을 역자가 각주로 설정]
49) 대상은 기술들의 작용에서 나온 중요하지 않은 산물일 따름이다. [본문 내용을 역자가 각주로 설정]

간의 역사가 흘러왔던 전통적 환경과 관련하여 분명히 여러 변화가 초래된다. 도식적으로 언급하면 이는 자연과 사회이다.

기술화된 자연과 기술 사회는 더는 예전에 늘 있었던 그대로가 아니다. 진정 이 변화는 이 연구에서 우리 연구방식의 궁극적 질문으로 간주될 수 있지만, 우선 이 변화를 잠깐 살펴 볼 필요가 있다. 자연 환경에 대한 현대 기술의 영향 및 그 자체가 인간 노동의 산물인 자연에 대한 현대 기술의 영향을 강조할 필요가 없을 수도 있다. 하지만, 천연자원을 이용하는 무공해 기술들이나 '무한 제어'를 전제하지 않는 기술들과 더불어 이 영향을 강조할 필요가 있다. 이를 위해 주로 샤르보노의 뛰어난 연구들을 참조하는 것으로 충분하다.50) 그러나 더 추상적 방식으로는, 새로운 환경이 예전의 환경에 대해 침투와 파열에 의해 작용한다는 점을 이해해야 한다. 실제로, 새로운 기술 환경을 위해 예전의 자연 환경을 버리지 않는다는 것이다. 새로운 환경은 예전의 환경에 침투하고 예전의 환경을 흡수하며 이용하지만, 이렇게 하고자 예전의 환경을 식세포 활동을 통해서처럼 파괴하고 해체한다. 암에 걸리지 않은 예전의 세포 조직에 증식하는 암에 걸린 세포 조직처럼 말이다. 눈에 보이는 가장 간단한 예는 교외의 증가에 의한 시골 환경 속에서 도시 환경의 확장이다. 기술 환경이 자연과 사회라는 자연적인 것에서 지원과 자원을 얻는 것이 아니라 자연적인 것을 고갈시키며 쇠약하게 하는 동시에 환경으로서 자연적인 것을 제거하고 대체한다면, 기술 환경은 전혀 존재할 수 없을 것이다. 기술이 하나의 환경이 되기 위한 조건은 바로 예전의 환경이 더는 하나의 환경이 되지 않는 것이지만, 이는 환경으로서 예전 환경의 구조 상실을 전제하는 동시에 예전 환경에 대한 과도한 사용을 전제하는데, 이처럼 과도하게 사용한 나머지 예전 환경은 아무 것도 남지 않는다. 달리 말해, 우리가 다시 언급해야 할

---

50) 『바빌론의 정원』*Le Jardin de Babyone*, 『슬픈 전원』*Tristes campagnes* [본문 내용을 역자가 각주로 설정]

자연 자원의 "고갈"은 기술들을 남용한 결과만이 아니라, 본질적으로 인간의 새로운 환경으로서 기술을 설정한 결과이다. 기술은 우선 자연적이고 문화적인 실재들의 분리와 분할에 의해 이러한 환경에 영향을 미친다. 현실에 대한 기술의 개입 과정은 언제나 늘리고 펼 수 있는 조각난 단위들로 현실을 단절하는 데 있다. 기술은 불연속에 대한 과학적 발견에 일치한다. "학자들은 일시적인 시간 속에서 원자, 분자, 음소, 염색체 같은 분리할 수 있는 단위들을 발견한다. 이러한 불연속에 대한 탐구는 모든 영역을 침범한다… 변하는 것과 생겨나는 듯이 보이는 것은 기초적 단위들의 배열에 의해 규정된다."51)

모든 움직임은 이러한 분석에 의해 요소들과 움직이지 않는 결합체ensemble로 귀결된다. 기계는 이러한 여건들에서 작동한다. 그러나 과학에 의해 현실을 불연속으로 국한시키는 것은, 기술에 의해 이러한 현실을 다음 같은 요소들로 실제로 단절시키는 것으로 바뀐다. 그런데 이 요소들은 이론적으로 분리된 것이 아니라 실제로 분리되어 있고, 따라서 각각 그 자체로 이용될 수 있으며 조정과 배합이 가능하고 모든 양화52)와 분류를 받아들일 수 있는 요소들이다. 그러나 이는 새로운 기술 체계에 관한 것인 동시에, 인간이 그 안에서 살기로 되어 있는 구체적 실재에 관한 것이다.

기술은 일종의 분석과 일종의 일반화된 구획에 의해 결합체를 단순한 단위들로 국한시킨다. 작업을 위한 '테일러 방식' 53)은 전형적인 예이다. 수공업은 공동 행동과 공동 작업의 복합적 결합체였는데, 이 공동 행동과 공동 작업은 한편으로 일하는 개인을 나타내고 다른 한편으로 완전한 전체tout인 "작품"을 만들어내는 것이었다. 분업에 뒤이어 테일러 식 작업 능률 증진과 더불

---

51) 르페브르는 『입장 : 전문기술관료에 대항하여』 Position : Contre les Technocrates (1967)에서 다시 다루어진 『인간과 사회』 L'Homme et la Société (1966) 안의 「새로운 엘레아 학파 철학」 Le Nouvel Eleatisme에서 이 현상을 훌륭하게 연구했다.
52) [역주] 양화(量化:quantification). 과학에서 '양화'는 흔히 컴퓨터로 처리하려고 아날로그 정보를 디지털화 할 목적으로 '가치들의 완결된 결합체' (un ensemble fini de valeurs) 속에 취해진 물리적 변량에 가치를 더하는 것이다. 더 나아가 '양화'는 어떤 양에다 변수들을 연결짓는 논리 개념들을 결집시킨다.

어, 더 큰 효율성과 상호대체성에 이르지만, 이는 완벽하고 분리할 수 없는 동작 단위로 분산시키고 분리하는 대가를 치르고서 이다. 작업 동작은 작업자 자신에서 완전히 분리되고, 그 자체로 존재한다. 이와 같이, 모든 분야에서 원래의 여건은 산산조각 난다. 그 다음으로 기술은 이전에 해체된 자연적 요인들이 통합될 새로운 결합체와 새로운 총합을 가장 단순해진 요소들에서 재구성하고자 그 요소들을 다시 취한다. 그러나 아마도 인간이 전통적으로 남아 있기 때문에, 이러한 기술적인 결합체는 인간에게 전혀 "만족감을 주지" 않는다. 인간은 파열된 세계에서 사는 감정을 늘 갖고 있다. 이는 그 어느 때보다도 더 강하게 연합되었을지라도 파열된 사회이며, 파열되고 일관성 없는 삶이다. 기술에 의해 구성된 결합체들을 통해 충일감과 만족감이 주어지지 않는다. 이것들은 파열된 결합체들처럼 늘 체험된다. 인간은 자신의 예전 세계의 파편을 여기저기서 인정하고 받아들이는데, 이 세계는 기능적 결합체 속에 통합되어 있으나 그 속에서 어쩔 수 없이 살아야 하는 낯선 익명의 세계이다. 다른 세계란 없다. 이러한 파열의 감정을 거슬러 현대인은 포괄과 종합의 강렬한 욕구를 느끼지만, 기술의 경로와 다른 경로로 이루어지는 포괄과 종합은 실패하고 아무 것에도 귀결되지 않는다. 가능한 노아의 방주도 없고, 지상으로 귀환도 없다. 인간이 우리가 지금껏 알고 있는 인간으로 남아 있는 한, 인간의 이런 불만족은 피할 수 없다. 왜냐하면 기술이 개입하는 모든 환경에 대해 기술은 불가피하게 단순화시키고 실용적이며 도구적이고 재再조직

---

53) [역주] 테일러 방식(taylorisme / méthode Taylor / système Taylor). 공장의 경영 합리화 방법으로서 미국 기술자 테일러(Frederick Winslow Taylor)의 이름에서 나온 작업 방식이다. 기계공장 노동자로 출발하여 주임기사 자리에 오른 그는 1881년 미드베일 제강공장에 시간 동작 연구를 도입한다. 이 연구계획의 성공으로 시간 동작 연구가 전문적 연구 분야로 확립되며, 이것이 테일러 경영학 이론의 기초가 된다. 테일러의 이론은 본질적으로 개별 작업자를 주의 깊게 감독하는 동시에 조업 중 발생하는 시간과 동작의 낭비를 줄임으로써, 작업장이나 공장에서 생산의 효율성을 급격히 높일 수 있음을 제시한 것이다. 이러한 테일러의 경영체계가 극단적으로 실행되자 노동자들의 항의와 분노가 일어나지만, 생산성 향상이란 측면에서 테일러 이론이 유용하다는 것은 명백하며, 이 이론이 대량생산기술의 발전에 미친 영향력은 매우 크다. 테일러는 '과학적 관리론'의 시조로서 산업관리에 대한 그의 이론은 근대산업 발전에 막대한 영향을 미친다.

적이기 때문이다. 기술은 자연적이었던 모든 것을 다루기 쉬운 대상의 파편으로 국한시킨다. 이처럼 다루어질 수 없고 조작될 수 없으며 사용될 수 없는 것은, 유효한 것을 벗어나 내버려진다. 이처럼 사용될 수 있는 것만이 무한히 주어지는 가능성 속에서 가치를 부여받는데, 당장에는 아직 기술의 대상이 아닌 나머지는 기술 사회에서 우발적으로 우연히 버려진다. 이와 같이 우리에게는 모든 현실과 관련된 모든 기술의 단순화와 축소라는 이중적 측면이 있다. 한편으로 어김없이 실행되는 엄밀한 체계가 있고, 다른 한편으로 "자유에 의미를 부여할 수 있는 가치들을 미리 파괴했던" 영역이자 불합리에 내맡겨진 알려지지 않은 것으로 간주되는 영역이 있다. 기술은 하나의 환경을 구성할 수 있는 것을 사회적이고 인간적인 현실의 복잡한 조직 속에서 부각시키지만, 기술이 고려하지 않는 모든 것을 중성화시키고 의미를 박탈한다. 그러나 기술 체계는 본질적으로 생태계보다 훨씬 더 역동적이기에, 기술은 자연적인 생태계를 형성했던 것의 총체를 맹목적으로 대체하려 든다. 기술은 항상 더 정복하고 끊임없이 동화시키며 재조직한다. 결국, 이 새로운 환경만이 존재하도록 이상형이 되는 것이, 새로운 환경에서 "이상형"이 되는 길일 수도 있다. 요컨대, 이는 로르빅 같은 저자들이 꿈꾸는 바이다. 그러나 난처한 것은 예전의 환경이 완전히 사라지지 않았다는 점이다. 여전히 공기와 물이 있으며, 인간조차 지금까지 공기와 물 없이는 살 수 없다. 우리가 보듯이 체계의 비합리성과 위기를 유발하는 것은 본질적으로 이 점이다. 잠시 결정적인 반전이 생겨났음을 기억하자. 인간은 자연 환경 속에 살았으며, 자연 속에서 더 잘 살고자 또 자연에서 자신을 방어하고 자연을 이용하려고 기술적인 도구들을 사용했다. 이제, 인간은 기술 환경 속에 살며, 예전의 자연적인 세상은 인간에게 단지 공간과 원료를 제공한다. 결국 기술 환경은 자연 환경이었던 모든 것을 기술 환경의 모든 기능의 성취로 대체하는 것을 전제로 한다. 그러나 기술은 단순화하는 것이기 때문에, 분명히 우리는 자연 환경의 예전의 복잡성, 곧 우리가 이 복잡성을 파괴함에 따라 점점 더 잘 발견되는 복잡성에 결코 이르지 못한다. 이러한 복잡성이 인간의 삶에 꼭 필요한 지 아는 질문이 남아 있다. 우리는 이 질문을 다시 다룰 것이다. 그러나 자연 환경의 모방이나 복제는 없다. 반드시 필요하다고 드러나는 자연적 메커니즘을 대체해야 하는 수많은 때에 우리가 있을 지라도, 이는 바로 새로운 환경의 창조이다. 이와 같이 우리는 수적으로 증가하는 외적 규제를 도입해야 한다. 생태학의 근본 법칙 중 하나가 항상 증가하는 복잡성을 통해 안정성에 도달한다는 것인데, 이는 다양화된 적응을 가능하게 하는 주위환경 변화와 주위환경 교환의 복잡성이다. 복잡한 자연적 메커니즘이 단순한 기술적인 메커니즘으로 대체될 때, 생태계는 "더 피해입기 쉽고 덜 적응하게" 된다. 그런데 기술 환경의 팽창이라는 상황과 더불어 기술 환경의 해결책은 사회적 환경에서와 마찬가지로 자연 환경에서도 유효하다는 것이다. 또한 이는 전통 사회의 복잡한 관계들을, 기술적이고 긍정적인 의미로 쓰인 관료제도의 합리화되고 단순화된 관계들로 대체하는 일이다. 어쨌든 우리가 파괴하는 지원 역할에 국한된 생태계의 복잡성이 무엇인지 우리가 정확히 모르는 한, 이와 같이 이런 환경은 기술의 효율성에 연결된 특성들이긴 하나 무서운 특성들을 제시한다. 우리는 이 특성들이 사라져서 나타나는 결과들에 의해 이 특성들을 발견한다. 매우 명백히 이러한 환경은 완전히 인공적이다.[54] 이러한 환경의 각 요인은 살아 있는 결합체의 배합적인 생성에서 나오는 것이 아니라 모두 분리할 수 있는 과정들의 합산에서 나오는데, 이 과정들은 생성되었던 만큼이나 인위적으로 배합된 과정들이다. 각 요인은 통제나 계측에 종속될 수 있고, 연결을 설정하는 것이 우리이기 때문에 각 요인은 나머지에서 분리될 수 있으며, 그 결과가 검사될 수 있다. 실제로 기술 환경은 추상화抽象化의 증가 및 통제의 증가로 특

---

[54] 그것은 내 생각으로는 비판이 아니다. 즉, 자연적인 것은 나에게 탁월하고 규범적 가치가 없다.[본문 내용을 역자가 각주로 설정]

징지어 진다. 분명한 것은 이러한 조건에서 기술 환경은 자발성과 창조력에 거의 부합하지 않는다는 점이고, 또 기술 환경은 명백히 자연 환경에 본질적으로 연결된 살아 있는 리듬을 체험할 수 없다는 점인데,55) 이는 우리가 다시 마주칠 문제이다. 이러한 인위성이 본질적으로 전제하는 바는, 인공물만이 이 환경 속으로 들어간다는 것과 인간은 이 인공물과 관계를 맺을 수 없다는 것이다. 인공물이 아닌 모든 것은 이 환경에 주어지지 않을 수도 있고 불일치를 가져 올 수도 있는데, 이 점은 기술 환경 속에서 전적으로 용납할 수 없는 바이다. 어찌되든 간에 자동차 엔진에다 약간의 풀이나 혹은 어떤 꽃을 갖다 놓는다는 생각을 품을 수는 없다. 이는 물론 매혹적 환상이기는 하나 몰상식이다. 그런데 기술 환경이 자동차 엔진과 대등하다고 주장하지 않는다면, 이 비유는 그럴듯하다. 인공물은 문제의 이 환경에 정확히 들어맞는 식으로 정확히 만들어지기 때문에, 인공물만이 이 환경에 들어갈 수 있다. 인공물은 어떠한 자연적 요소도 아닌 것을 "위해 만들어진다". 이와 같이 기술 환경의 인위성은 기술 환경을 근본적으로 배타적으로 만든다. 이 점은 경제적 형태나 혹은 사회적 형태로 나타난다. 예를 들어, 이제 정적인 것은 사라졌고 정적인 것은 역동적인 것으로 대체되었다는 사실이 무척 강조될 것이고, 어떤 이들에게는56) 의기양양하게 강조될 것이다. 소유, 즉 자본은 지식을 위해 중요성을 상실하고, 원료는 생산물을 위해 부차적이 된다. 침체된 생산자인 인간의 고립이 세계적인 교류와 사회적인 것과 공동체적인 것과 공공 업무로 대체되듯이, 수동성이 아니라 활동이 강조되기 마련이다. 실제로, 틀리지는 않은 이 모든 것은 자연 환경에서 기술 환경으로의 변천에서 눈에 보이는 사회적 징표이다. 변동의 리듬을 우리에게 받아들이게 한 것은 자연이었으나, 이제 그것은 기술이다. 보뎅57)과 몽떼스끼외58)의 '기후 이론' 59)처럼 어떤 사회

---

55) 볼리(J. BOLI) 『기술화』 *Technization* (1973).
56) 예를 들어 1963년 출간된 르끌레르끄(J. Leclercq)의 『20세기 인간의 혁명』 *La Révoluton de l'homme au xxe siècle*.

구조를 결정하는 것은 자연이었으나, 이제 그것은 기술이다. 원료를 공급하는 것이 자연이었으나, 이제 우리에게 중요한 것은 기술적인 활동의 진보이다. 사물과 인간 사이에 고정된 관계의 법칙을 인간이 수립하게끔 요구하는 것은 자연이었다. 이제, 늘 새롭게 변하는 기술적인 활동에서 나온 대상들은 더는 그토록 관심거리가 되지 않는다. 중요한 것은 기술 환경 속에서 정확히 개입하게 하며 제 위치에 있게 하는 지식이다.

한편으로 이러한 기술 환경은 우리로 하여금 모든 것이 기술적인 문제가 된다고 간주하게끔 하는 동시에, 다른 한편으로는 그 자체가 완전한 체계가 되는 기술 환경에 우리가 실제로 갇혀 있다고 간주하게끔 한다. 첫 번째 측면은, 우리가 정신의 어떤 표현법, 곧 상황을 간주하는 어떤 방식을 지닌다는 것인데, 이 방식은 어떤 질문이든 어떤 상황이든 기술과 관련된 것으로서 우리가 저절로 간주하게끔 한다. 우리는 행정적 문제나 혹은 심리학적 문제에 착수하기 위한 기술을 갖고 있지 않을 때 어찌할 바를 모른다. 기술적인 문제를 실제로 제기하려면 결국 기술적인 용어로 상황을 국한시켜야 한다. 지엽적이지만, 전형적인 예는 사르뗑P. Sartin 부인이 1973년 4월 「르몽드」에 "우리 사회에서 여성의 지위 : 기술적인 문제"라는 글을 쓴 일이다. 글의 내용은 흥미가

---

57) [역주] Jean Bodin(1529-1596). 프랑스의 법학자이자 철학자이자 정치이론가. 경제 이론과 '선한 정부'의 원리를 정립함으로써 유럽의 지적인 역사에 영향을 미친다. '주권'과 '화폐 수량설' 같이 이후에 엄청난 발전을 하는 몇몇 개념을 도입한 것으로 알려져 있다. 자신의 저서 『공화국에 대한 육서(六書)』Six Livres de la République에서 거주민의 활력에 대한 기후의 영향에 대해 언급한다.

58) [역주] Montesquieu(1689-1755). 프랑스의 정치 사상가이자 작가. 대표적 계몽사상가 중 한사람으로서 그의 3권 분립 이론은 미국의 독립 등에 영향을 주고, 19세기의 자유주의가 옹호하는 기본적 자유의 규정에 공헌한다. 또한 그의 구체적인 사회 분석은 근대의 사회학에 방법과 연구 영역을 준 것으로 평가받는다. 기후 이론을 정치 영역에 적용함으로써 '기후 이론'에 큰 반향을 일으키는 힘을 부여한다. 프랑스 사회를 풍자한 자신의 저서 『페르시아인의 편지』Lettres persanes에서 우선 '기후 이론'를 개괄적으로 기술하고, 『법의 정신』De l'esprit des lois에서는 '기후 이론'에 상당한 위치를 부여한다. 주요 저서로 『로마인의 성쇠 원인에 대한 고찰』Considérations sur les causes de la grandeur des Romains et de leur décadence이 있다.

59) [역주] '기후 이론' (théorie des climats). 기후가 인간의 본성 및 인간 사회의 실체에 실제로 영향을 미칠 수도 있음을 주장하는 이론.

없으나, 기술과 지위라는 두 용어를 근접시킴으로써 이 제목은 의미가 가득하다. 이와 같이 사회에서 개인의 지위라는 무한한 변수에 연결된 복합적이고 모호한 특성은 갑자기 기술적인 문제로 귀결된다. 즉, 기술전문가와 더불어 여성 상황의 문제들을 연구하면서 여러 요인을 변모시키면 여성의 지위를 변화시킨다는 것이다. 다시 말해, 이는 체험된 사회적 위계位階, 사랑의 형이상학, 성性의 대립·보완의 형이상학 등과 같은 여성이 여성 자신에 대해 지닌 견해만큼이나 여성과 관계되는 견해라는 것이다. 그렇지 않다. 이 모든 것은 꿈에 속한다. 가정에서의 여성이나 혹은 일터에서의 여성의 모순, 이행된 심리적 인식 등과 같은 실제로 몇몇 기술적인 질문이 있다. 그렇지만, 지위는 기술적으로 만들어지지 않는다! 그러나 사르뗑 부인은 그렇다고 확신한다는 점에서 바로 전형적이다. 나는 어느 정도까지 우리가 기술 환경 속에서 살고 있다고 판단하는지 드러내는 이러한 종류의 예를 수없이 들 수 있을 것이다. 그러나 분명한 것은 다른 차원에서 기술적인 요인들이 더 배합될수록 실제로 제기되는 문제들은 더 기술적인 문제들이라는 점이다. 따라서 우리로 하여금 이 점에서 모든 문제의 전문성technicité을 추론하게끔 하는 기술적인 문제들이 실제로 늘어난다. 우리가 더 나아갈수록 우리는 우리의 약점은 더 가중된다. 우리는 점점 더 체계에 의존한다. 즉, 일탈하는 경향이 있는 자연의 메커니즘을 기술적인 대용 메커니즘으로 대체해야 한다. 지금까지 마주친 어려움은 자연적인 종류에 속하지만, 대용 메커니즘과 더불어 이 어려움은 기술적이 될 것이다. 자연이 제공한 마실 물을 우리가 더는 가질 수 없을 때, 우리의 물 조달은 정수 공장이나 혹은 바닷물의 염분 제거 공장에 의존할 것이다. 이러한 상황에서 물 부족이 있다면, 이는 더 이상 기후적 가뭄의 문제가 아니라 공장의 고장 문제일 것이다. 이러한 예를 일반화 할 수 있다. 기술 환경은 문제와 어려움을 기술적인 종류에 속하게끔 한다. 그러나 일시적으로는 모든 문제나 어려움이 그렇지는 않다.

결국, 이러한 환경 속에 진정으로 유폐되는 경향이 있다. 이 점은 언어와 더불어 나에게 아주 특별히 중요한 듯이 보인다. 단지 구조주의와 더불어서만 아니라 언어에 대한 연구는 점점 더 언어를 몇몇 구조와 기능과 메커니즘으로 국한시키려는 경향이 있다. 이런 식으로 이상하고 신비한 이런 현상이 더 잘 이해되는 듯이 보인다. 그러나 현대 언어학과 더불어 실제로 행해지는 바는 축소 작업인데, 이 작업에 따라 언어는 결국 기술 세계 속으로 정확히 되돌아오고, 체계의 생성을 위해 반드시 필요한 의사소통의 기능으로 국한될 것이다. 언어는 자체의 신비와 불가해성不可解性과 마법을 상실하며, 더는 꿈의 표현이 아니다. 아니 더 정확히 말해서, 언어는 언어가 겪는 기술적인 해독解讀에 의해 꿈과 영감과 열망과 열광이 이러한 기술 환경 속으로 들어가게 하기 위한 수단이 된다. 어디서든 나타나는 수많은 난해한 언어를 조롱하는 것은 오늘날 더는 통하지 않는다. 이상한 단어들의 이러한 사용은 새로운 "기술적인 존재"를 언어에 의해 명확히 구분하려고 행해진 필사적인 노력에 실제로 일치한다. 이러한 환경에 언어를 적용하려는 노력을 조롱하는 많은 지적 위선이 있다. 그러나 이러한 탐구는 순진하다. 실제로, 진정한 공격은 언어의 기술화 속에 바로 위치한다. 왜냐하면 이 순간 모든 것이 이러한 기술 환경 속에 갇히기 때문이다. 말이 예속될 때, 모든 것은 예속된다. 말이 비명 소리로 국한될지라도, 말은 마지막 해결 방도이며, 마지막 문제 삼기이다. 그러나 말하는 "**그것**"60)과 "**사람들**"61)은 기술적인 덮개가 다시 떨어지고 이러한 세계가 닫혀 있음을 전제로 한다. 우리의 현대 언어학자들은 열심히 이 일에 힘쓴다.

여기서 토도로프의 이론62)을 깊이 파고들 필요가 있는데, 그에 따르면 낭만주의적 폭발은 전적인 뒤바꿈이었다. 미메시스Mimesis, 곧 모방 행동을 유발하는 세상과 언어의 동일성과 통일성이라는 고전적 개념과 마주하여, '비극'

---

60) [역주] 정신분석학에서 '그것' (Ça)은 독일어에서 '에스' (Es), 영어에서는 '이드' (id)에 해당

대신 '드라마' 63)라는 표현을 쓰듯 다양성과 불확실성의 이미지는 차이를 밝히면서 발전한다. 전체tout란 생산의 개념에 근거하기에 말이다. 여기서 어떻게 기술로의 이행 및 무제한의 기술적인 생산으로의 이행에 대한 미적이고 영적이며 이미지화된 표현을 보지 않겠는가?

하는 표현으로 게오르그 그로덱(Georg Groddeck)에 의해 처음으로 만들어진 정신분석학적 개념이다. 이후에 프로이드(S. Freud)가 다듬어서 사용한 정신분석 용어이며 본능적 충동에서 유래하는 심적 에너지를 말한다. 프로이드는 '이드'의 내용을 처음에는 자기보존 본능과 성적 본능으로 나누고 나중에는 생의 본능인 에로스와 죽음의 본능인 타나토스로 나누었다. '이드'는 유전적·계통발생적으로 주어진 본능 에너지의 저장고이고 무의식적이며 쾌감원칙만 따라서 현실원칙을 무시하고 만족을 추구한다. 그 때문에 현실에 거부되거나 '초자아'(Surmoi)에서 비판되어 불안이나 죄악감이 생길 수 있다. 그래서 '이드'는 '자아'(Moi)의 방어기전에 의해 의식되지 않도록 억압되거나, 의의 있는 형태로 승화되거나 한다.
61) [역주] '사람들'(On)은 정신분석학이나 라깡(Lacan)을 조롱하고자 엘륄이 만들어 낸 표현인 듯이 보인다. 이 책 1부의「제4장 : 체계로서 기술」중「3. 체계의 특성」에서 이에 대해 다시 설명된다.
62)「상징 이론」*Théorie de Symbole*, 1977. [본문 내용을 역자가 각주로 설정]
[역주] Tzvetan Todorov(1939-). 불가리아 출신의 프랑스 철학자이자 역사가이자 언어학자. 현대 시학의 전파에 폭넓게 공헌한『러시아 형식주의자』*Formalistes russes*를 번역하여 주목받고, 그의 에세이『문학과 의미』*Littérature et signification*를 통해 수사학 부흥의 선구자 중 하나가 된다.
63) [역주] 드라마(drame). 프랑스 문학에서 17세기의 비극(tragédie)과 희극(coméde)에 대한 18세기의 현실주의적 연극 장르를 가리킨다.

제3장 : 결정 요인으로서 기술[64]

서구 사회에서 결정 요인으로서 기술

현대 유파에 속하는 역사학자들과 마찬가지로 사회학자들은 역사학에서처럼 사회학에서 인과관계를 더는 믿지 않는다. 직접적이고 늘 같은 뜻을 지닌 인과관계를 밝히기란 불가능하다. 현상들은 상호적으로 결정되고, 상호작용은 묘사될 수 있으며, 상호관계는 정립될 수 있다. 또한 체계들은 분석될 수 있고, 결합체를 위해 현상이 요인으로 설정될 수 있으며, 판이한 구조들이 발견될 수 있다. 하지만, 어느 사실을 통해 다른 어느 사실이 유발된다고 언급하기란 불가능하다. 요인이란 개념은 일반적으로 받아들여진다. 그렇지만, 마르크스주의 사회학자들은 이러한 개념을 부르주아적 불가지론의 특성으로 간주하면서 이 개념을 배격한다. 그들은 서로간의 상호작용을 유지한다는 조건으로 사회학적 분석을 위해 도식을 유지해야 한다고 생각하는데, 이 도식에 따르면 결정짓는 어떤 현상들과 결정지어진 다른 현상들이 있다. 게다가 결정지어진 현상들은 결정짓는 현상으로서 나름대로 작용할 수 있다.

가장 좋은 방법은 두 가지 태도를 고려하는 것인 듯하다. 한편으로, 사회학에서는 인과관계에 대해 결코 언급할 수 없는 것이 사실이다. 정밀과학과는

---

[64] 이는 하버마스(Habermas)가 『기술과 과학』*Technik und Wissenschaft* 사회에서 "우월성"(Prépondérance)이라고 부르는 바에 꽤 정확히 일치한다.

반대로 현상을 분리시킬 수도 없고, 현상을 순수한 상태로 살펴볼 수도 없으며, 실험의 정밀한 조건들을 실험하거나 반복할 수도 없다. 그러나 '결정지어진 것'에 대한 '결정짓는 것'의 관계를 결코 설정하지 않는다면, '왜'에 대한 대답을 찾으려고도 하지 않은 채 "어떻게"에 대한 어떠한 의미도 설명조차도 없는 무한하고 막연한 묘사에 그칠 것임이 분명하다. 다른 한편으로, 마르크스주의 방법에 따라 작업한다면, 모든 분석에 선행되는 "해석 틀"grille을 갖게 될 것이다. '결정짓는 것'과 '결정지어진 것'이 무엇인지는 이미 알려져 있다. 설명 도식이 예전처럼 플레하노프65)와 더불어 또 오늘날처럼 알뛰세르66)와 더불어 완화될지라도, 설명 도식은 결정적으로 정립되었다. 그러나 이 때문에, 마르크스에 의해 분석되었던 것들과는 다른 유형의 관계와 새로운 구조들을 고찰할 수 있는지는 확실하지 않다. 따라서 나는 이 현상들의 새로움과 특이함 속에서 이 현상들을 고찰하려고 애써야 하는 동시에, 유일하게 받아들여질 수 있는 요인이란 개념을 유지하면서 이 현상들 사이에 결정 관계들을 발견하려고 애써야 한다고 생각한다.

그런데, 내가 현재 서구 사회의 사회학적 현상을 고찰한다면, 또 서구 사회의 구조와 다른 사회들과의 관계를 가능한 한 정확히 분석한다면, 많은 결정

---

65) [역주] Gueorgui Plekhanov(1856-1918). 러시아의 혁명가이자 마르크스주의 이론가. 러시아에 사회민주주의 운동을 창설하고 러시아에 마르크스주의를 전파하는데 공헌한다. 마르크스주의에 근거한 사회주의 운동을 배경으로 성립한 국제기구인 '제2인터내셔널'의 러시아 대표가 되어 각 대회에 참석하며, 1900~1903년 레닌이 발간한 신문 「이스크라」*Iskra*를 편집한다. 이후 레닌과 결별하여 멘셰비키의 지도자가 되며, 1917년 '3월 혁명'으로 귀국하는데, '11월 혁명'에는 부정적 태도를 취하여 볼셰비키와 대립한다. 주요 저서로 『사회주의와 정치투쟁』*Le Socialisme et la lutte politique*, 『마르크스주의의 근본문제, 전투적 유물론』*Les Questions fondamentales du marxisme. Le matérialisme militant* 등이 있다.
66) [역주] Louis Althusser(1918-1990). 프랑스의 철학자이자 공산당원. 그의 저서 『자본론 읽기』*Lire le Capital*에서 헤겔 사상과 단절하여 마르크스 사상에 구조주의적 해석을 제시하면서, 구조주의에 연결된 관점에서 마르크스 사상의 상당한 쇄신을 불러일으킨다. 또한 『마르크스를 위하여』*Pour Marx*에서 마르크스 사상을 초기의 인간론과 소외론으로 환원되는 것을 거부하고, 마르크스 사상의 특질이 이데올로기에서 나오는 인식론적 단절에 있다고 주장한다. 그리고 『레닌과 철학』*Lenine et la philosophie*에서 철학과 과학과의 관계 및 철학의 정치적 본질을 파악한다.

요인을 발견할 수 있음은 분명하다. 내가 젊은이 집단의 형성을 예로 든다면, 가정환경, 도덕적 변화, 주거, 다양한 재화의 소비, 광고, 오락, 성적 조숙함 등을 고려할 수밖에 없다. 이 모든 요인은 개입하며 일반적 맥락을 제시하는데, 이 맥락 속에서 젊은이 집단이 형성된다. 이 요인들 가운데 하나의 결정 요인이 있다고 언급하는 것이나 혹은 두세 가지 요인을 따로 떼어놓는 것은 거의 불가능하다. 결국 다소 근접한 설명을 제시하는 것은 이 요인들의 배합이다. 이제 내가 사회학적 현상을 일순간 정적인 여건으로서 취하는 대신 이 현상을 이 현상의 변동 속에서 고찰한다면, 사전에 변동했던 요인들, 곧 그 변화가 선행했던 요인들을 이 현상의 맥락을 형성하는 요인들 가운데서 알아볼 수 있을 것이다. 또한 나는 연속된 이 두 변화 사이의 상호관계를 설정하려고 신중하게 애쓸 수 있을 것이다. 따라서 나는 이 문제에 마침내 좀 더 가까이 다가간다. 맥락에 대한 분석은 아주 어렵사리 완벽해지기 때문에, 상당한 부분의 불확실성이 늘 존재한다는 사실을 감안하면서 말이다. 정적인 분석에 의해서는 드러나지 않았던 요인이, 변동중인 현상에 대한 연구를 통해 나타날 수 있다.

"문제"라 불릴 수 있는 것, 다시 말해 사회학적 현상의 변동 때문에 개인에게 긍정적이거나 혹은 부정적인 격렬한 반응을 유발하고 적응의 어려움과 불안을 유발하는 사회학적 현상이라 불릴 수 있는 것을 이제 고찰해보자. 이러한 문제들은 다소 광범위할 수도 있고, 노동자에게 문젯거리가 되는 작업장의 자동화처럼 상대적으로 개인적일 수 있거나 혹은 사회의 관료주의화처럼 포괄적일 수도 있다. 그런데, 이 결정 요인들은 수가 더 적을 뿐더러, 단순한 중립적 현상과 관계될 때보다 "문제"와 관계될 때 상대적으로 따로 떼어놓기 더 쉬운 걸로 파악된다. 실제로, 우리는 "현상이 체험되는 방법"이라는 측면을 여기서 끌어들이는데, 객관적이지 않은 새로운 종류의 요인들이 고려되기 때문에 이를 통해 사물들이 복잡하게 되는 듯하지만, 여론에 대한 인식이 상대적으로 확실한 듯이 보이기 때문에 그와 반대로 이를 통해 사물들은 용이하게 된다. "체험된" 요인의 개입에 의해, 다른 요인들에는 이 요인들을 분류하게 하는 어떤 '중요도 계수' coefficient d' importance가 부여된다.

이제 내가 한 현상이나 혹은 문제를 고찰하는 대신 동일한 포괄적 사회에 모두 속하는 여러 현상이나 문제를 살펴본다면, 무슨 일이 일어나는가? 실제로 현상이나 문제가 동일한 사회에 속하는 한, 이것들은 불가피하게 서로 관계 맺는다. 물론, 각 현상이나 문제는 요인들로 된 어떤 별자리에 위치한다. 그러나 나는 이러한 현상들에 접근함으로써, 어떤 요인들이 이 별자리에 특유하며 인접한 문제들과 관계가 없음을 깨닫는다. 이와 반대로, 다른 요인들은 여러 현상이나 혹은 문제에 공통된다. 내가 조사를 더 확대할수록, 다시 말해 내가 주어진 포괄적 사회의 현상과 문제를 더 살펴볼수록, 모든 것들에 공통 요인들의 수는 더 줄어든다는 것은 자명하다. 그래서 다음 같은 이중적 질문이 제기되어야 한다. 즉, 내가 유지하는 요인들은 각각의 때에 결정적인가? 고려된 결정 요인들이 별로 일반적이지 않아서 전혀 의미가 없는가?[67] 결정 요인들은 이차 단계나 혹은 삼차 단계에서 단지 "멀리 떨어진 원인"으로서만 작용하지 않는가? 또 어떠한 때에 이 '멀리 떨어진 원인'에는 설명적 특성이 더는 없는가? 따라서 관계의 근접성에 주의를 기울여야 하고, 고려된 요인에 대한 비판을 해야 한다. 포괄적 사회의 다양한 현상이나 혹은 문제를 결정짓는 유일한 요인으로 귀결시키고자 하는 데는 분명 큰 위험이 따른다. 이는 바로 마르크스의 후계자들이 겪었던 어려움이다. 그렇지만, 설명적인 것으로서 유지해야 하는 일련의 요인들 가운데서, 더 효과적이며 더 제약적일 한 요인을 이 요인들에서 구분하는 것은 불가능하지 않다. 여러 현상들의 변화 속에서 또 여러 문제의 여건 속에서 우리가 이러한 같은 요소를 다시 발견한다

---

67) 예를 들어 인구 증가에 의해 현재의 모든 사회학적 현상을 설명할 수 있지만, 이것은 너무 일반적이다. [본문 내용을 역자가 각주로 설정]

면, 우리는 이것을 결정짓는 것으로서 받아들여야 하며, 아마도 이것에 처음에는 나타나지 않는 '힘의 계수' coefficient de puissance를 부여해야 한다. 이러한 요인이 우리로 하여금 한편으로 고찰된 사회의 수많은 사실에 대해 설명하게 하고 다른 한편으로 이 사실들의 상호관계 및 판이한 구조들을 이해하게 한다면, 이 요인은 "전략적인" 위치를 갖고 예외적 역할을 수행한다는 점을 인정해야 한다. 포괄적 사회에서 엄청나게 많은 사실들에 대한 "점點 형태의" 고정으로 그칠 수 없음은 분명하다. 이 사실들의 존재를 설명하려고 애써야 하고, 이 사실들의 관계를 묘사하려고 애써야 한다. 그런데, 더 수많은 확증된 사실을 설명하게 하는 요인은 불가피하게 더 중요하고, 적은 수의 사실만을 설명하는 다른 요인보다 더 결정적인 것으로 고려해야 한다. 마찬가지로 이는 극히 많은 수의 관계를 설명하게 하는 요인이다. 그러나 이 점은 사람들이 사회적 사실을 '관계의 사실'로서 간주하고 가장 많은 수의 가능한 관계를 고찰하려고 애쓴다는 것을 전제로 하는데, 상황이 항상 그렇지는 않다. 게다가, 이러한 작업에서 사실들을 "강요하는" 큰 위험이 도사리고 있음은 자명하다. 그리고 여전히, 이는 마르크스주의 사회학자들에게서 우리가 흔히 확인하는 바다. 극히 많은 수의 사실과 관계의 결정 요인을 포착한다고 생각하는 때부터, 사람들은 반대되는 사실들이나 혹은 우리의 요인이 더는 영향을 미치지 않는 사실들을 더는 고찰하지 않으려 한다. 더 나아가, 사람들은 사실들을 설명적 도식 속으로 집어넣고자 사실들을 변경하려 한다. 따라서 다른 현상들을 위해 고려된 결정 요인과 이 사실 사이에 관계 설정을 시도함으로써, 그 자체로 일단 정해진 사실이 변경되지 말아야 한다는 것이 첫 번째 규칙이다.

우리는 마지막 지적을 함으로써 이러한 방법적 고찰을 마무리할 것이다. 우리가 1970년대 서구·미국적 사회 같은 우리의 포괄적 사회의 주요한 문제들을 사회학적 관점에서 살펴보면, 우리는 이 문제들이 서로 간에 모순된 여건들에 의해 구성된 듯이 나타나는 식으로 이 문제들 중 대부분이 제기됨을 깨닫는다. 이 문제들과 관련하여 모순된 견해들을 드러나게 하는 것은, 정말 거추장스러운 이런 특성이다. 프랑스 사회에서나 혹은 미국 사회에서 우리는 예를 들어 탈정치화가 있다고 주장하는 진지한 저자들을 목격하지만, 마찬가지로 틀림없이 시민들의 정치화가 있다고 주장하는 다른 저자들도 목격한다. 실제로, 시민과 권력 사이의 관계 문제는 "정치화·탈정치화"라는 용어로 제기되어야 한다는 것이다. 이는 "-이거나,-이거나"가 아니라, 명백히 모순되지만, 상호관계가 있는 현상들의 복합체이다. 다른 예는 우리 서구 사회에서 다른 사회학자들은 이데올로기의 위치가 증대하고 모든 것이 이데올로기를 통해 만들어지고 체험된다는 것을 입증하는 한편, 어떤 사회학자들은 "이데올로기의 죽음"에 대해 이야기한다는 것이다. 거기서 여전히, "이데올로기들의 상호 관련된 죽음과 증가"의 복합체로서 문제가 제기될 수밖에 없다. 물론, 고찰된 문제가 포괄적일수록 현상의 모순된 특성이나 혹은 양면성을 지닌 특성은 더 중요하다. 그런데, 복합적이고 다양하며 각 측면에 반대되는 원인들을 찾는 것은 필요하지 않다. 한편으로 이러저러한 분야에 파급되고 이러저러한 원인에서 나오는 탈정치화가 있으며, 다른 한편으로 이러저러한 다른 분야에 파급되고 이러저러한 다른 원인들에서 나오는 정치화가 있다고 언급할 필요는 없다. 현상에 대한 이러한 세분을 통해 현상의 특수성이 없어진다. 중요한 것은 현상의 내적 모순의 결정 요인이 있는가를 탐구하는 것이다. 우리가 동일한 문제의 모순된 두 여건들을 설명하는 이러저러한 요인을 발견한다면, 이 요인이 진정 결정적일 가능성이 많으며, 이와 동시에 우리는 관찰된 현상의 단일성과 특수성과 명료성을 보전할 수 있다.

    이 몇몇 설명은 반드시 필요했다. 나는 실제로 이러한 방법을 적용함으로써, 서구의 포괄적 사회의 사회·정치적 문제에서 유일한 결정 요인은 아니더라도 주요 결정 요인이 기술 체계임을 결론짓게 되었다. 이 같이 표명되기에 이 점은 즉시 모순들을 유발한다. 그렇지만, "탐구는68) 사회의 젊음과 장래이다. 탐구를 포기하는 나라는 죽는 병에 걸려 있다… 탐구를 제한하는 것은, 병든 것이 사회의 뇌 자체이며 병에 걸린 것이 사회의 생존 희망임을 드러낸다…"69) 탐구에 이런 중요성이 있다면, 탐구는 순수한 지적 만족으로 귀결되는 것이 아니라 기술로 귀결된다는 것이다. 통용되는 이런 표현들을 통해, 기술이 우리 사회의 결정 요인임이 잘 나타난다. 여기서 나는 이러한 명제가 사실임을 입증하고자, 우리 사회의 여러 문제들을 살펴볼 것이다.

내가 우리 사회에서 조사된 모든 주요 문제를 위해 이러한 작업을 제시한다는 조건에서 만이, 이 입증은 완전한 것으로 간주될 수 있을 따름인데, 분명히 이것은 불가능하다70).

결정요인으로서 기술의 상황 – 첫 번째 예

국가화의 문제는 분명 우리 사회의 특징적인 주요 현상들 중 하나이다. 그러나 이 문제는 분명히 모순된 이중적 측면을 제시한다. 한편으로 우리는 국

---

68) 그것은 "연구 개발"이라 불리는 바와 분명히 관계된 것이다.
69) 숑바르 드 로웨(Chombart de Lauwe).
　[역주] Paul-Henry Chombart de Lauwe(1913-1998). 프랑스의 사회학자. 프랑스에서 도시 세계와 가족의 삶에 대한 현대적 연구를 개척한 도시 사회학의 선구자 중 하나이다. 주요 저서로 『문화와 권력』*La Culture et le pouvoir*, 『도시의 종말 : 신화인가, 실재인가?』*La Fin des villes : mythe ou réalité?* 가 있다.
70) 1966년에 발표된 이 연구는 1969년 『진보에 대한 환멸』*Désillusions du progrès*에서 발표된 아롱(R. Aron)의 연구와 아주 놀라운 방식으로 일치하는데, 이 연구에서 아롱은 모순된 상황의 발전에서 결정 요인이 결국 기술적인 현상임을 보여준다. 모순된 상황이란 한편으로 새로운 위계질서와 엘리트와 지배 계층이 형성되고, 다른 한편으로 평등 이데올로기가 존재하는 상황이다. 또한 한편으로 개인이 대중 속으로 사라지지 않을까라는 두려움과 더불어 개인적 의식이 사회화되고, 다른 한편으로 개인이 고독 속에서 자신의 정체성을 잃어버리지 않을까라는 두려움과 더불어 개인적 자율성이란 이데올로기가 존재하는 상황이다. 기술에서 비롯된 이 모순된 현상들의 예는 실제로 더 늘어날 수도 있는데, 아롱이 이 모순된 현상들을 평등과 사회화와 보편성이라는 변증법으로 귀결시킨다.
　게다가, 경제적인 것들을 포함하여 다른 모든 요인들에 대한 기술적인 요인의 우위에 관한 가장 명확하고 설득력 있는 저서 중 하나가 『경제적 발전에 대항하는 기술적인 진보?』*Progresso technico contro sviluppo economico?* (1968)라는 페라로(Pietro Ferraro)의 저서이다.

가의 증대 앞에 있으며, 다른 한편으로 정치적 기능의 감소 앞에 있다. 국가의 증대는 기능의 증대와 조직체의 증대와 중앙 집중의 증대로 분석된다.

현대 국가의 능력과 기능이 어느 정도까지 끊임없이 증가하는지 파악하기는 쉽다. 우리가 19세기의 '헌병 국가' 71)에서 20세기의 '복지 국가'로 넘어왔다는 도식을 거론하는 것으로 충분하지 않다. 실제로, 반세기 전부터 국가는 교육, 사회 복지, 경제생활, 교통, 기술적인 증대, 과학 연구, 예술의 발전, 건강, 인구를 장악했다. 이제 영토의 정비 같은 사회학적 구조화의 기능 및 공공의 관계 같은 심리적 구조화의 기능을 지닌 국가가 지향된다. 이런 단순한 열거를 통해 현재의 국가에는 18세기나 혹은 19세기의 국가와 아무런 공통점이 없음을 이해한다. 국가의 기능 및 개입 영역과 더불어 국가의 조직체가 증대했다. 그러나 흥미로운 점은 업무의 수나 혹은 업무의 중요성보다는 차라리 업무의 복잡성이다. 결국, 각 활동은 전문화 되었고 조직체의 부분들 사이에 연결은 점점 더 세세하고 수가 많아지며 흔히 불명확해진다. 점점 더 세분된 업무의 다양성 속에서 새로운 협력 업무를 만들어내야 한다. 그래서 행정을 관리하는 책임을 진 일종의 이차 단계 행정이 존재한다.

이와 동시에, 쉽게 떠오르는 중앙 집권화의 움직임이 생겨난다. 사물의 본체가 복잡할수록 더 전체를 하나의 두뇌부에 연결시켜야 한다. 이러한 중앙 집권화에 대해 많은 논란이 있다. 실제로, 지방 분권화의 온갖 노력은 단지 지방으로 행정 분산의 실현일 따름인데, 지방으로 행정 분산을 통해 실제로 중앙 집권화가 증대한다. 이러한 세 가지 움직임은 프랑스처럼 전통적으로 중앙 집권화된 국가에서 뿐만 아니라 미국처럼 전통적으로 지방 분권화하는

---

71) [역주] '헌병 국가'(Etat gendarme). 영토 방어를 위한 군대, 질서 유지를 위한 경찰, 사법권 같은 기능에 개입을 한정시키는 국가의 형태를 지칭한다. 막스 베버(Max Weber) 같은 사회학자는 국가가 "합법적인 폭력의 독점"을 당연한 권리로서 요구한다고 보는데, 폭력의 사용이 정당화되는 근본적 특전이 국가에 있다는 것이다. 20세기 전반에 현대 국가의 출현과 더불어 현대 국가는 개입 영역을 경제와 사회문제로 확장하는데, 이것이 '헌병 국가'로 부터 '복지 국가'(Etat providence)로 변천이다.

국가, 곧 국가가 엄청나게 불신을 당했던 국가에서도 생겨난다는 점이 강조되는 만큼 이 움직임들은 더욱 더 중요하다. 그런데, 1936년부터 미국에서도 이러한 역량의 증대와 권력의 중앙 집중이 목격된다.

따라서 국가에 결부된 기능, 곧 정치적 기능이 이와 동시에 증가하는 듯이 보일 수도 있다. 그런데, 이와 반대로 전통적 겉모습이 남아 있음에도, 이런 기능의 중요성이 감소하는 것이 목격된다. 이러한 감소는 시민의 차원과 정치인의 차원이란 두 차원에서 관찰할 수 있다. 개인으로서 시민은 현대 국가가 직면하게 만드는 현실적인 문제에 관한 의견을 지닐 능력이 점점 더 없어진다. 즉, 시민에게는 자신의 의견을 표현할 가능성과 정치에 진정으로 영향을 미칠 가능성이 점점 더 없어진다. 의견의 일시적 표현인 선거와 국민투표조차 정치적 진행에 전혀 영향을 미치지 않는다. 어쨌든 시민은 정당이나 조합 같은 더 광범한 단체에 통합될 수밖에 없다. 이 단체는 압력 집단으로서 역할을 할 테고 의견의 표현보다는 훨씬 더 이익의 표현으로서 역할을 할 텐데, 이러한 집단들 속에서 개인은 "여론 주도자"나 혹은 전문가들 앞에서 거의 영향을 미치지 못한다. 그러나 이 뿐 아니라, 개인과 아주 멀리 떨어져 국가 활동의 가장 중요한 부분이 되었던 것, 곧 넓은 의미에서 행정 기능 앞에서 개인은 어떠한 방어 수단이나 혹은 압력 수단을 실제로 갖고 있지 않음을 이해해야 한다. 실제로 시민은 행정적 결정 앞에서 아무 것도 할 수 없다. 따라서 국가의 중요성이 증대할수록 더 정치적 주권의 이론적 보유자인 시민의 중요성은 감소한다고 할 수 있다. 그런데, 주목할 만한 점은 전통적 정치인에게도 상황은 마찬가지라는 것인데, 국회의원이나 상원의원이나 심지어 장관조차도 진정한 권력을 점점 덜 가진다. 결정 과정에 대한 현대적 분석들을 통해, 한편으로 정치인의 위치가 이러한 과정에서 매우 축소되어 있으며, 다른 한편으로 진정한 "결정 장소"가 흔히 장관의 사무실이나 혹은 의회가 아니라는 점이 드러난다. 이는 바로 "중대한 방향설정"과 "현행의 결정 혹은 실행" 사이의 구분인데, 이 구분에 따르면 "중대한 방향설정"은 정치와 정치인이 해야 할 일일 수도 있으나, "현행의 결정 혹은 실행"이 행정기관에 맡겨지는 것은 전설 속에서나 가능한 일이다. 정치인은 자신이 결정을 내리게 될 때 예전보다 훨씬 더 이 결정이 이전의 결정들에 의해 제약을 받는다는 단순한 사실 때문에 점점 더 자율성을 잃는다.72) 나는 정치인의 능력 부족을 강조하지는 않겠는데, 이는 너무 쉬운 논증이다. 그러나 문제들의 엄청남과 복잡성으로 말미암아, 정치인은 자료를 준비하는 전문가와 연구실에 밀접히 의존한다. 준비된 결정이 정치인에 의해 일단 제시되면 이 결정은 정치인에게서 멀어지며, 실행에 옮기는 것은 집행부서이다. 그런데, 우리는 오늘날 모든 것이 실행에 달려 있음을 안다. 정치인은 표면상의 역할과 겉으로의 역할을 하며, 다른 한편으로 자신이 아주 피상적으로만 아는 일에 대한 책임을 떠맡는다.73)

이러한 이중적인 현상은 어디서 나오는가? 나는 체계의 논거raison가 기술적인 성장이라고 생각한다. 한편으로 국가가 역량을 늘린다면, 이는 사회주의적 간섭주의의 결과가 아니라, 기술 자체에서 나오는 일종의 필연성의 결과이다. 활동들이 더 복잡해지고 극단적 전문화 때문에 서로 침투하며 더 효율적이 됨에 따라, 삶의 모든 영역은 점점 더 기술화된다. 이 점은 이 활동들의 실현이 더 비싼 기계장치들의 실행과 일종의 모든 힘의 동원을 전제하는 동시에, 이 활동들의 효과들이 더 광범해지고 더 멀리 확산됨을 의미한다. 기술화된 모든 활동에서 프로그램화가 필요해진다. 그런데, 이러한 프로그램화에는 국가적 틀이 있을 수밖에 없고, 국제적 틀이 아주 빈번하게 있기 마련이다. 그래서 국가 조직체만이 하나의 기술이나 혹은 몇몇 기술들을 적용하고

---

72) 예를 들어, 동맹을 뒤엎는 것은 1900년에는 꽤 쉬웠다. 1960년에는 실행 중인 경제 계획을 뒤집어엎는 것은 실제로 불가능하며, 이어지는 계획은 불가피하게 이전의 경제 계획에 제약 받는다. 정치적 선택의 여백(폭)은 실제로 아주 좁아진다. [본문 내용을 역자가 각주로 설정]
73) 그러므로 최근의 연구들은 과도한 권력들을 위해 분산된 중앙 국가의 권력의 증가를 회의하기에 이른다. 일례로 그레미용(Grémion)의 『주변 권력들』*Les Pouvoirs périphériques* 참조.

자 나라의 모든 자원을 동원할 수 있기 때문에, 즉 국가 조직체만이 이러한 기술의 멀리 확산된 효과들을 측정하고 떠맡을 수 있기 때문에, 국가 조직체는 이러한 협력과 프로그램화를 잘 수행할 수 있다. 우리는 세부적으로 이 연구를 수행할 수 있을 것이고, 늘 이것이 현대 사회에서 국가의 역량에 의해 성장하는 기술 때문임을 수많은 예를 통해 입증할 수 있을 것이다.

국가 조직체의 증가와 관련하여 거기서 이러한 역량 증가의 단순한 결과를 목격하고 싶을 수도 있고, "국가가 해야 할 일이 많을수록 더 국가는 만들어 내야 할 공공업무와 이름 붙여야 할 공무원이 많아진다."라고 언급하고 싶을 수도 있다. 물론, 이는 문제의 정확한 측면이지만, 하나의 측면일 따름이다. 거기에는 역시 국가 조직체의 증대와 복잡성에 대한 기술의 직접적 영향이 있다. 이미 한 영향을 지적할 수 있는데, 어떤 결과들을 이 영향이 결국 포함할지는 모른다. 즉, 사무실 작업에서 온갖 종류의 전자 기계의 적용이다. 어쨌든, 이 점은 관료주의 구조의 변화를 전제로 하고, 결국 직무에 대한 새로운 분석을 전제로 하는데, 거기에서 행정 기능에 대한 법적인 새로운 분석이 나온다. 그러나 이 뿐 아니라, 국가 조직체를 변화시키는 것은 조직 기술의 적용이다. 여기서 우리는 기능의 증가에 물론 연결된 효율성의 절대적 필요성 앞에 있다. 사람들은 꾸르뜨린느[74]가 조롱한 관료주의와 비교할 수 있는 관료주의와 더불어 더는 일할 수 없다. 이는 더 엄밀하고 더 정확하지만, 이와 동시에 덜 색다르고 덜 "인간적인" 듯이 보이는 새로운 관료주의이다. 그런데, 이 두 움직임은 함께 나아간다. 예를 들어 행정권 분산의 노력이 있다면, 이는 이데올로기적이거나 혹은 인문주의적 이유에서가 아니라, 이러한 행정 조직체의

---

[74] [역주] Georges Courteline(1858-1929). 프랑스의 소설가이자 극작가. 하급 관리에게서 소재를 얻거나 소시민의 생활을 주로 그리는 그의 작품 세계는 소시민의 무지함과 인색함, 인간의 연약함과 선량함 등 일상적 사실을 가벼운 터치로 그리는데 있다. 따라서 작품의 특징은 가벼운 풍자와 웃음을 통해 사회생활 및 사회구조에 깔린 관습 등을 예리하게 관찰하는 것이다. 대표작으로 『친구 부인』*Les femmes d'amis*, 『바댕씨』*Monsieur Badin*, 『자기 집에서의 평화』*La Paix chez soi* 등이 있다.

최대한의 효율성을 얻기 위함이다.

거꾸로 말해, 정치적 기능과 시민과 정치인 역할의 가치를 떨어뜨리는 것이 기술의 활동이다. 시민과 관련하여 말하자면, 국가가 결정해야 하는 바가 순수하게 정치적인 영역에 점점 더 드물게 속하고 대체로 기술적인 영역에 속하기 때문에, 한편으로 시민은 이제 그 대부분이 기술적이 된 문제들과 싸운다. 경제 계획의 중대한 방향설정을 결정할 수 있는 것은 시민이 아니다. 왜냐하면 이러한 방향설정은 기술전문가에 의해 확립된 여건들에 실제로 의존하고, 기술전문가가 정하는 "최대·최소 예상치 사이의 격차" 안에 위치하며, 시민이 추산할 수 없는 결과들을 포함하기 때문이다. 이 뿐 아니라, 다른 종류의 기술을 통해 시민의 상황과 가능성 있는 참여가 변하는데, 이는 정보 기술이고 심리학적 방향의 기술이다. 다른 책에서[75] 나는 현대 국가가 민주적이긴 하지만, "여론을 만드는" 경향이 있는 심리학적인 어떤 활동을 반드시 필요로 한다는 점을 보여주었다. 게다가 정보의 홍수 속에 빠진 시민은 누군가 자신에게 현상을 단순화하고 명확하게 하며 설명해 주기를, 다시 말해 일종의 선전에 의해 자신이 정치적 선택을 쉽게 하도록 누군가 자신에게 영향 미치기를 바란다는 점을 보여주었다. 그래서 어떤 정치학자들은 시민의 유일한 역할이 이데올로기에 따라서가 아니라 공감과 인간적 특성에 따라 "방향 팀"을 선택하는 것이라고 언급하는 경향이 있다. 그러나 정치인의 역할에 대한 평가 절하, 이 역시 사회의 기술화에서 나오는 평가절하가 통하는 것은 그 때이다. 실제로, 공공업무의 다양성 속에서 정치인은 어떠한 통제도 행할 수 없다. 정치인은 전문가, 기술전문가, 행정가[76] 같은 세 종류의 인물에 전적으로 의존하는데, 이들만이 활동 지식과 활동 수단들을 보유한다. 분명히, 정치인에게는 하나의 길이 있는데, 이는 옛 의미에서 정치인이 더는 되지

---

75) 자끄 엘륄, 『선전』 *Propagandes*(대장간 역간, 2012)
76) 행정가 역시 조직과 집행의 기술자이다. [본문 내용을 역자가 각주로 설정]

않는 것이고, 질문에서 아주 엄밀히 전문화되는 것이며, 이러한 질문의 기술 전문가가 되는 것이다. 오늘날 경제의 기술전문가가 더는 될 수 없고 작은 경제 분야의 기술전문가가 될 수 있음을 고려하면 말이다. 이는 전문기술관료체제의 출현을 전제로 하는가? 기술전문가에 의해 직접 행사된 정치권력이라는 방향에서도, 기술전문가 쪽에서 권력을 행사하려는 의지에서도 절대로 아니다. 두 번째 측면은 실제로 흥미를 끌지 않는다. 정치권력을 행사하고 싶어 하는 기술전문가는 거의 없다. 첫 번째 측면에 관해 말하자면, 이 측면은 국가에 대한 전통적 분석 속에 여전히 위치한다. 장관 자리에 앉아 있는 기술전문가가 목격된다. 하지만, 기술의 영향 아래에서 변화하는 것은 국가 전체이다. 이데올로기, 권위, 인간에 대한 인간의 권력 등과 같은 내용 전체와 더불어 정치권력이 더는 없다고, 또한 정치권력이 점점 더 없을 것이라고 언급할 수도 있다. 태동하는 것은 기술 국가인데, 이는 전문기술관료체제와 전혀 다른 것으로서, 특히 기술적인 기능들과 기술적인 조직과 합리화된 결정 체계를 지닌 국가이다.

결정 요인으로서 기술의 이러한 상황에 대한 아주 간략히 분석된 첫 번째 예는 그러하다.

결정요인으로서 기술의 상황 – 두 번째 예

내가 제시하는 두 번째 예는 아주 다른 분야에서 취해질 것이다. 이것은 생산의 증가에 연결된 인구 증가라는 주요한 현상과 관계된 것이다. 인구 증가에 "원인"을 부여하기란 어렵다. 왜냐하면 정확한 원인들이 있었다고 주장될 수 없어도, 역사가들은 어떤 시기에 갑작스러운 인구 증가가 생겨남을 잘 알기 때문이다. 특히, "인구 증가가 경제 성장의 원인인가 혹은 결과인가?" 라는 문제를 해결할 수 없다. 실제로 이 둘은 대등하게 주장될 수 있다. 이 두 현상은 서로 생겨나게 할지도 모른다. 그렇지만, 현 시대에서 생산 증가의 결정 요인이 바로 기술적인 발달이라는 것은 확실하다. 이 점에 관해 이론異論의 여지는 많지 않을 수도 있다. 덜 확실하기는 하지만, 다양한 분야에서 기술이 인구 증가에 아주 폭넓게 기여했던 것처럼 보인다. 실제로, 이것은 의료 기술과 위생 기술과 토양 정화 기술이다. 그 다음으로 이것은 삶의 수준 개선이고, 인구 증가를 유발하지 않는다면 인구 증가를 가능하게 하고자 변화하는 더 적응된 삶의 방식의 창조이다. 기술을 통해 유아 사망과 기근 등과 같은 예전의 인구 조절 기능이 사라진다. 또한 이십년 전에는 확실한 진리였던 것, 곧 일반적 삶의 수준 향상과 식량의 풍부함이 출생 숫자의 감소로 자동적으로 귀결되었다는 점을 사람들은 더는 믿지 않는다. 미국의 새로운 비약적 인구 증가는 이 점과 어긋난다. 아주 낮은 생활수준에서 소비 가능성의 개선으로 출산이 급등한 것은 확실하다. 사실을 과장하지 않고서, 아마도 기술은 결정 요인이 아니라 연결된 두 현상에서 우선권을 가진 결정 요인이라 할 수 있는 듯하다. 그래서 두 현상의 연결과 더불어 우선권을 가진 결정 요인이 있다면, 증가는 조화로운 방식으로 일어날 수밖에 없다고 생각하는 것은 당연할 수도 있다.

다시 말해, 생산 기술들을 통해, 인구 증가에 일치하는 재화의 소비가 가능하다. 아마도 정확한 일치란 없을 수도 있고, 어떤 때에는 인구 곡선이 생산 곡선을 넘어서는 경향이 있을 수도 있다. 혹은 그 반대일 수도 있다. 또한 생산의 차이가 있을 수도 있고, 생산 물품들에 대한 점점 더 넓은 선택의 폭이 있을 수도 있다. 그런데 이 선택의 폭은 증가된 인구의 모든 필요가 정확히 채워지지 않게끔 할 수도 있다. 그러나 전체적으로 격차들은 서로 채워지기 마련이고, 균형 잡힌 팽창이 확인되기 마련이다. 그런데, 우리가 확인하는 바는 현상 전체가 결코 아니다. 이와 정반대로, 우리는 증가된 인구의 소비 요구에 생산의 증가가 맞추어지지 않음을 목격한다. 인구 곡선과 생산 곡선이 더 분산되는 것에 대해 언급할 수 있는 듯이 보인다. 다시 말해, 실제로 생산이 정체되어 있으나 출산이 그렇게 급등하도록 생산이 단지 개선된 지역에서 인구는 절대적 수치로 좀 더 빨리 증가한다는 것이다. 또한 이와 반대로, 인구 증가가 미약한 나라에서 소비가 아주 심하게 증가한다는 것이다. "가진 자들"과 "가지지 못한 자들" 사이의 격차는 이러한 이중적 움직임 때문에 끊임없이 증가한다.

여기서 내가 문제로서 고찰하고 싶은 것은 이런 증가하는 격차이다. 그런데, 지금까지 지나치게 단순한 진단과 치료법과 마주해 있다. 삶을 영위하려면 3200 칼로리가 필요하다는 사실과 서구인은 3800 칼로리 혹은 4000 칼로리를 소비한다는 사실에서 어떤 이들은 출발한다. 따라서 소비를 억제하고 잉여물을 가난한 나라에 보내라고 한다. 부를 공평하게 분배함으로써 영양실조에 걸린 이들의 상황을 상당히 개선할 무언가가 있다는 것이다. 도덕적으로 이것은 칭송할 만한 의로운 행동일 수도 있음은 확실하다. 또한 농업 잉여물의 분배는 당연할 수도 있지만, 이는 해결책이 아니다. 우선 그 이유는 부유한 사람들의 식량 과잉은 다른 사람들을 아주 미미하게만 도울 수도 있기 때문이고, 그 다음으로 이 점을 통해 구호 받는 자의 상황이 지속될 수도 있기 때문이다. 이는 단지 재분배 문제와 관계된 것이라 할 수도 없고, 장애물이 민족적 이기주의나 혹은 관대함의 부족에 있다고 할 수도 없다. 더 진지한 태도는 다음 같이 언급하는 것인데, 즉 기술적으로 지나치게 장비를 갖춘 사람들이 그들의 생산 가능성의 방향을 잘못 설정하며 기초 생산을 희생시켜 불필요한 잉여 재화를 생산한다는 것이다. 미국과 서구의 생산력을 음식과 의복과 기초 도구 같은 필수 소비 재화의 생산 방향으로 돌린다면, 증가하는 세계 인구의 요구에 분명히 꽤 긴 기간 동안 부응할 수도 있다는 것이다. 그 대신, 생산은 축음기나 혹은 전기면도기 분야에서 훨씬 더 급속히 발전한다는 것이다. 이와 같이 기술적인 힘의 사용에 대한 잘못된 방향설정이 있을 수도 있는데, 이는 세계의 실제적 필요들을 고려하지 않는다는 것이다. 이 점은 한편으로 비생산적 업무에 인력을 더 사용함으로써 여전히 두드러진다는 것이다. 따라서 노동 시간의 단축이나 혹은 서비스업 분야의 성장으로 향하는 것이 아니라, 인구 증가에 부응하고자 필수적인 생산에 모든 노동력을 사용하는 것으로 향해야 한다는 것이다. 이러한 논리는 아주 빈번히 주장되고 합리적 분석의 모든 겉모습을 띠고 있다. 불행히도 나는 이 논리가 모호한 전제 및 기술 사회에 대한 포괄적 이해의 결핍에 근거한다고 생각한다. 이 전제는 생산력과 기술적인 가능성을 적용함에 전적인 유동성이 있다고 생각하는 데 있다.

더 많은 밀과 고기를 생산하기로 "결정하는 걸로 충분하다"는 주장은, 이와 같이 결정하지 않으면 이것이 결국 악의에 기인하며 가장 큰 이익을 보장하는 생산 분야에 관심을 쏟는 자본주의적 경제 구조에 기인한다는 확신과 더불어 생겨난다. 나는 이 점이 실제로 부정확하다고 생각하고, 나에게는 이러한 전제가 분석 오류에 근거하는 듯이 보인다. 기술적인 진보의 방향설정 및 기술의 적용 가능성에는 꽤 중대한 엄밀함이 있다.

전혀 논의되지 않으나 잘 알려진 고려해야 할 첫 번째 사실은, 기술적인 진보가 어디서든 동시에 이루어질 수 없다는 것이다. 기술적인 진보의 특정 상황들이 있고, 우리가 나중에 보게 되듯이 기하급수적으로 이루어지는 경향이 있는 기술적인 성장의 급속함은 이전에 실현된 기술적인 진보들에 본질적으로 기인한다. 이와 같이 우리는 저개발 국가의 무無에서 기술적인 도약이 생겨나기를 기대할 수 없으며, 단계가 아무리 단축되더라도 서구 세계의 200년간의 기술적인 진보가 아프리카나 혹은 아시아에서 5년 혹은 10년으로 줄어들 수 없음을 인정해야 한다! 이와 같이 "인구 · 소비"라는 문제를 해결하려면 이러한 나라들에서 기대할 수 있는 자발적인 원조는 느리고 취약할 것이다. 기술적인 진보가 많이 이루어진 나라들에서 많은 것을 분명히 기대해야 한다. 하지만, 문제는 다음과 같다. 즉, 이러한 기술력을 이러한 종류의 소비에 단순히 적용할 수 있을까? 전혀 식별되지 않는 바는, 이런 강한 기술적인 진보가 생겨나는 곳에 새로운 세계가 생성된다는 것이다. 그런데, 늘 받아들여지는 가정은 결국 우리가 특별한 생산력을 단지 부여받은 전통 사회와 마주해 있다는 것이고, 단지 특권을 부여받은 소비자일 따름인 언제나 동일한 사람과 마주해 있다는 것이다. 사정이 그렇다면, 실제로 이러한 사람에게 소비를 줄이라고 할 수도 있고, 이러한 사회를 향해 모두를 위한 필수품만 생산하라고 할 수도 있다. 불행히도 이 가정은 잘못되었다. 기술의 대량 발전을 통해 개인의 여러 변화가 일어나고77), 동일한 구조를 유지할 수 없는 사회의 여러 변화가 일어난다. 이 두 사실을 고찰해보자. 즉, 인간으로 하여금 불편함을 넘어설 수 있게 하는 몇몇 보완적 만족을 인간이 받아들인다는 조건에서만이, 인간은 기술 사회에서 삶을 영위하고 일할 수 있다. 여가와 오락 및 그 계획을 짜는 일은 더 유용한 어떤 것을 위해 없애는 것이 쉬울 수도 있는 잉여물이 아니며, 여가와 오락은 생활수준의 진정한 향상을 나타내지 않는다. 여가와 오락은 노동에 대한 관심 결여, 전문화에 의해 유발된 탈문화화, 모든 작업의 지나친 급속성에 기인한 신경의 긴장, 어려운 적응을 요하는 진보의 가속화를 보상하고자 반드시 필요하다. 기술적인 발달에 의해 유발된 이 모든 것은 인간이 다른 수준에서 보상들을 찾는다는 조건에서만 허용될 수 있다. 음식의 다양함과 마찬가지로 질소 함유물과 포도당의 소비 증가는 미식에서 기인된 과잉이 아니라 기술화된 삶에 의해 연루된 신경의 소비에 대한 보상 적 응답이다.

 기술적인 활동과 도시 환경 속에 빠진 사람에게 일정한 영양을 섭취하고 주로 채식으로 영양을 섭취하라고 요구할 수는 없다. 심리적으로 그는 그렇게 할 수 없을 것이다. 점점 더 비인격적인 사회를 용납하려면 문제 해결을 위한 묘안이 반드시 필요하고, 적응하는데 치료법이 필요하다. 결국, 사치나 과잉으로 간주되는 생산물을 향해 생산력의 방향을 설정하는 것은, 자본주의

---

77) 결코 잘못되지 않은 필요나 혹은 결코 인위적이지 않은 필요가 특히 생겨남으로써 [본문 내용을 역자가 각주로 설정]

적 이익 욕구나 혹은 대중의 비정상적이고 뒤틀어진 요구 전체에서 나오기보다는, 기술화된 환경 속에서 사는 인간이 심하게 느끼는 필요성들에서 훨씬 더 나온다. 인간은 이 요구들이 충족되지 않으면, 이 환경에서 계속 살아갈 수 없을 것이다. 그런데, 생산이 증가할수록 더 기술화가 진전되는 듯 하고, 이 요구들은 수적으로 질적으로 더 늘어난다. 그래서 생산력은 늘 증가하는 추세로 이 요구들의 충족을 향해 빗나간다. 그러나 이에 대해 답하지 않는다면 어떠한 환상도 품지 말아야 하는데, 이 점은 이러한 생산력이 더 유용한 다른 것에 적용될 수도 있음을 의미하는 것이 아니라, 차라리 이 점은 인간이 이러한 종류의 삶에 적응할 수 없음으로써 생산력이 차단될 수도 있음을 의미할 것이다. 퇴보의 위험이 있을 수도 있다고 나는 생각한다. 쓸모없는 생산들이 자본주의적 탐욕의 동기들을 위해 결정되는 것은 미약한 부분일 따름이다. 소련이 산업화되고 나름대로 기술 국가가 됨에 따라, 동일한 생산들이 삶 앞에서 동일한 태도들에 일치하는 듯이 나타난다. 사람들은 이러한 유용한 생산에 찬성하여 결정을 내리는 데 자유롭지 않다. 생산이 증가할수록 생산은 부차적 요인들에서 더 늘어난다. 그러나 생산이 부응하는 요구들은 겉으로만 하찮을 따름인데, 이 요구들은 인간이 살아갈 수밖에 없는 인위적 환경에 의해 만들어질 지라도 실제로는 억제할 수 없다. 기술 세계가 강렬하고 연속된 소음으로 표현될수록, 또한 침묵이 실제로 더 많이 필요할수록, 더욱더 '연구 업무'와 '신용 업무'를 침묵을 만들어내는데 집중시켜야 한다. 공기와 물의 오염 앞에서도 상황은 마찬가지이다. 그러나 여기서 우리는 새로운 생산들에 의해서 뿐만 아니라 업무와 조직에 의해 해결될 수 있는 문제들과 마주해 있다.

 이와 같이 우리는 우리가 고찰해야 할 두 번째 측면으로 다가간다. 기술적인 발달은 "서비스 산업 분야"의 성장을 전제로 한다고 일반적으로 알려져 있다. 그러나 이 점은 일례로 인류 전체를 위해 즉각 유용하지 않은 분야들을 향해 힘을 전환시키는 것으로 나타난다. 가끔 제안되는 바로서, 활력 전체를 유용한 생산에 기울이고자 선진 사회 사람들의 삶을 서비스에서 약간 덜 풍성하게 만들 수는 없는 것일까? 실제로, 이 점은 마찬가지로 불가능하다. 왜냐하면 사회가 기술화되려면 기술들의 발달을 가능하게 하는 일련의 조직의 생성을 전제로 하기 때문이다. "자연적인" 사회에 어떤 기술력을 단순히 덧입히는 것은 불가능하다. 생산 기술들이 증대하려면 교통망과[78] 조직 업무와 분배 기관 등이 필요하다. 그런데, 생산 메커니즘이 광범위하고 완전할수록 조직 업무는 더 복잡해지고 많아진다. 그래서 사회의 힘들은 비생산적인 영역에서 사용되는 듯이 보인다. 하지만, 생산적인 영역 자체는 이러한 조직과 서비스와 사무실에 힘입어서만이, 또 이러한 조직과 서비스와 사무실의 토대 위에서만이 성장하고 완성될 수 있을 따름이다. 그런데 이러한 조직과 서비스와 사업소는 수익성이 없는 단순한 소모들을 나타내지만, 이러한 소모들 없이는 아무것도 더는 기능을 다할 수 없을 것이다. 어디서든 심리적인 서비스를 만들어내는 것과 이러한 차원에서 노동자의 문제들을 연구하는 것은 불합리한 듯이 보일 수 있다. 하지만, 실제로 노동자가 이러한 서비스에 의해 둘러싸이고 지탱된다면, 노동자는 새로운 기술 장비에 적응된 생산자가 더는 아닐 것이다. 이 뿐 아니라, 우리는 이제 기술 사회에서 산업 생산 분야나 혹은 산업화된 농업 생산 분야에서의 각각의 진보가 이루어질 수 있는 것은, 이러한 진보를 통제하며 이 진보를 혼란 없이 결합체 속으로 통합하는 적극적인 행정 유형의 거대 조직이 미리 존재한다는 조건에서만이라고 말하고 싶은 생각이 든다. 또한 우리는 여기서 서비스업 분야의 성장에 대한 잘 알려진 확증 사실의 이중적 결과를 주장하고 싶다. 첫 번째 결과는 다음과 같다. 마르크스주의 해석에서 생산력은 하부구조로 규정되고, 국가나 법률 등과 같

---

[78] 예를 들어, 다양한 나라가 인도에 보낸 식량은 운송 수단의 부족으로 기아가 휩쓰는 지역에 아주 어렵게 도달하고, 1968년의 풍성한 수확은 같은 이유로 이 나라에서 부분적으로 상실되었다. [본문 내용을 역자가 각주로 설정]

은 나머지 모든 것은 상부구조이다. 그런데, 나는 우리의 기술 사회에서 생산력이 더는 하부구조가 아니라고 생각한다. 생산력은 상부구조가 되었다. 다시 말해, 이러한 진보를 위해 반드시 필요한 연구들을 실행하는 동시에 사회corps social에서 이러한 진보를 받아들일 수 있는 조직상의 사회적 하부구조가 있다는 조건에서 만이, 생산력은 발전하며 새로운 진보를 할 수 있다. 이제 생산 메커니즘은 서비스에 의해 결정지어진다. 생산 메커니즘은 결정 요인인 기술 세계의 내부 자체가 더는 아니다.

두 번째 결과는 다음과 같다. 감소하는 생산성 법칙의 새로운 측면이 매우 주의 깊게 거론될 수도 있을 것이다. 이러한 법칙은 농업 생산을 위해 세워졌는데, 이제 이 법칙은 부정확한 것으로 간주된다고 알려져 있다. 그러나 이 법칙은 오늘날 산업 생산에 적용될 수 있는 듯하다. 도식적으로 언급한다면, 기술이 산업 생산에 적용되던 초기에는 기술적인 진보에 직접적으로 비례하여 증가가 이루어진다. 하지만, 이러한 생산이 증가할수록 생산은 더 다양한 서비스의 틀을 전제로 한다. 그래서 기술적인 진보들은 더 복잡하고 넓은 결합체들 위에 펼쳐지고, 이러한 진보의 한 부분만이 생산에 직접적으로 적용될 수 있다. 앞으로 나아갈수록 생산에 더 적용된 부분은 일련의 기술적인 진보들에 비례하여 감소한다. 달리 말해, 유용한 재화의 생산을 새롭게 증가시키려면, 직접적으로 유용하지 않은 분야들에 적용된 더 향상된 수많은 기술력이 필요하다. 그래서 유용한 재화의 생산 증가는 꾸준히 진보하는 '기술 체계' système technique 내부에서 언제나 더 약해지는 경향이 있다. 물론, '감소 유용有用 생산성'이란 개념은 두 가지 조건에서만 가치가 있다. 즉, 한편으로 포괄적 생산이 고려된다는 조건에서, 다른 한편으로 기술적으로 매우 발달한 나라가 연구 영역으로서 설정된다는 조건에서 이다. 이러한 현상이 관찰되는 것은 이미 매우 높아진 생산 한계에서 이다. 그러나 지금으로서는 다른 나라 사람들의 삶을 보장할 수밖에 없는 것이 매우 기술화된 나라들이라는 견해에서 우리는 분명히 출발했다. 따라서 이 점이 실현될 수 있을 것 같지는 않다. 결국 밀의 생산과 기발한 가정용구의 생산 사이에 선택이 이루어진다고 절대 말할 수는 없다. 처음 보기에 이것은 명백하다. 그러나 이러한 명백함은 단지 실제로 기술 사회인 것에 대한 분석 오류에 근거한다. 마치 아프리카 사회나 혹은 중세 유럽 사회 같은 자연적 사회 및 18세기와 19세기 초 유럽 사회 같은 산업 사회와 기술 사회가 동일한 판단 기준에 따르듯이, 또한 비교할 수 있는 구조와 동일한 발달 과정이 이 사회들에 있는 듯이 습관적으로 추론된다. 마찬가지로 이 다양한 유형의 사회들에 인간의 요구들이 비슷하게 남아 있었다고 간주된다. 그런데, 그렇지는 않다. 사회들에 대한 구조적 분석을 통해 차이점들이 드러나는데, 이 세 가지 유형의 사회 사이에 가능한 비교가 더는 거의 없을 정도로 이 차이점들은 양적 차원에 속할 뿐 아니라 실제로 질적 차원에 속한다. 한 사회에 적용할 수 있는 개념들은 다른 사회에 적용되지 않는다. 공통된 척도란 더는 없다. 마을 용광로에 토대를 둔 중국의 "선도적 산업 도약"의 실패를 일례로 설명하는 것이 바로 이 점이다. 사회적 유형의 본래 차이점들은 기술적인 현상의 증가하는 복잡성에 의해 정해진다. 그런데 기술적인 현상을 전체tout로서 간주해야 하며, 하나가 다른 것들 없이도 사용될 수도 있는 분리된 조각들로 간주하지 말아야 한다. 기술화의 어떤 단계를 넘어서면, 자연적 요인들에 의해 결정되는 사회에서 기술적인 요인들에 의해 결정되는 사회로 넘어간다. 이러한 사회에서는 사회 구조의 변화 및 인간의 요구와 태도가 생겨난다. 따라서 이러한 변화를 고려하지 않고서 추론하는 것은 불가능하다. 이는 현대 기술의 생산력을 그 사회에 적용함으로써 인구 과잉의 생존 문제를 해결하려고 할 때 행해지는 바이다. 변화는 실제로 불가능하다. 생존을 위해 유용한 재화의 생산력 증가와 인구 증가 사이에 대응은 없다. 이와 같이 문제는 기술적인 성장의 특수성 때문에 제기된다. 따로따로 고찰된 두 용어에 대하여서 뿐 아니라 문제 자체에 대하여 모순에서 생겨난 문제로서 표명되어 결정 요인으로서 나타나는 것이 기술이다. 나는 저개발국에 대한 원조가 불가능하다고 말하려는 것이 아니라, 그 원조가 정치적 열정에서 행해지는 것과는 다른 식으로 제시되어야 함을 말하고자 한다.

결정요인으로서 기술적인 요인

결국, 우리는 우리 시대의 상당히 폭넓고 가장 대대적인 두 사회학적 현상을 완전히 임의로는 아니게 예로서 선택했다. 우리는 이 현상들이 설명하기 어려운 듯이 보이는 일련의 근본 모순들에 의해 각인된 내적 구조 안에 있음을 입증했다. 그러나 사실 그 자체의 발달에서 큰 역할을 하는듯한 요인인 동시에, 이 사실을 두드러지게 하는 모순들이 정립되는데 큰 역할을 하는듯한 요인이 이 두 경우에 존재한다. 우리는 이러한 요인이 아주 다른 기술 적용 분야에서 기술적인 발달임을 인정했다. 물론, 고찰된 현상들 중 각각에서 구성하는 다른 요소들이 있으며, 이 현상들 중 각각에서 아마 기술만큼 마찬가지로 중요한 다른 요소들이 있다. 그러나 이러한 요소들은 어떠한 때에도 체계의 모순들을 설명할 수 있는 듯이 보이지 않는다. 특히 우리는 한 체계에서 다른 체계까지의 동일한 요소들을 다시 발견하지 못한다. 우리가 어디서도 기술적인 요인을 발견하는데도 말이다.

따라서 주어진 사회학적 현상에 대한 의미도 없고 차이도 없는 분석, 예를 들어 양적 분석을 통해 가장 중요한 요인으로서 기술을 우리가 포착할 수 없다 하더라도, 기술적인 요인은 결정 요인으로 규정될 수 있을 것 같다.

게다가, 나는 결정 요인 이론이 어느 정도까지 비판받을 수 있었는지 안다.[79] 그래서 내가 이를 통해 이해하는 바를 자세히 설명할 필요가 있다. 이 이론은 한 요인에 특전을 부여하고자 요인들을 인위적으로 고립시킨다고 흔히 비난받는다. 하지만 정확히 말해, 한 원인이 있다고 하지 말고, 사회에서 작용하는 수많은 요인들 가운데서 그 요인들 중 하나가 주어진 한 순간에 다른 요인들보다 더 결정적인 것으로 나타난다고 할 필요가 있다. 이러한 요인 자체에는 사회적인 동시에 지적이고 이데올로기적이며 정치적인 수많은 원천이 있다. 그러나 기술적인 요인을 결정짓고 어떤 면에서 기술적인 요인을 앞에 내세우는 것이 바로 결정 요인이기 때문에, 또 기술적인 요인 자체가 결정되었기 때문에, 아몽 Léo Hamon의 모든 비판은 결국 기술적인 요인이 나머지에 대한 결정 요인이 아님을 보여주는 것이 아니다. 아몽의 모든 비판은 기술적인 요인이 "집단 인식"80) 및 경제와 관계없지 않음을 보여준다. 일반화하는 것을 여전히 피해야 한다. 나는 기술이 언제나 모든 사회에서 결정 요인이었다고는 하지 않는데, 이는 바로 내가 마르크스에게서 비난하는 바이다. 내가 언급하는 바는 20년 전부터 일반화될 수 있는 것으로서, 우리 서구 세계에서 결정 요인이 기술이라는 점이다. 비판을 가하는 대부분의 저자는 우리 서구 사회 상황의 새로운 특성을 전혀 실제로 보지 않는다. 따라서 현재의 결정 요인이 존재한다거나 혹은 현재의 결정 요인이 비현실적이라는 점과 관계되는 역사적 실험은 공통의 척도가 없어 측정할 수 없다. 다음과 같을 때 결정요인에 대해 이야기하는 것이 실재와 가장 가까운 듯하다. 즉, 결정 요인에 의해 사실이나 상황이 거론될 때이다. 또한 결정 요인에 의해 사실이나 상황이 만들어지는 것이 아니라 결정 요인에 의해 사실이나 상황에 형태가 부여될 때이다. 또한 결정 요인 자체는 어둠 속에 남아 있기에81) 결정 요인에 의해 사실이나 상황이 전면에 내세워지고 인간이 주시하는 반사경 불빛 아래 놓일 때이다. 또한 결정 요인에 의해 사실이나 상황이 다른 사회적 요인들에 통합될 때82)이다. 무無에서의 창조와는 아주 거리가 먼 촉매 작용에 해당하는 일종의 작업이 있다. 이 기준에서 결정 요인 이론은 정확한 듯이 보인다. 우리 시대

---

79) 아몽(Hamon)의 『역사의 동인과 여건』*Acteurs et données de l'Histoire* 1권 (1970년) 참조.
80) [역주] '집단 인식' (épistème). 어떤 주어진 순간에 사회 집단의 인식 전체를 가리키는 표현이다.

에서 이러한 요인은 기술이다.83)

무엇을 결정짓는지를 아직도 자문해야 하는가? 그래서 목록을 작성하고 싶은 생각도 든다. 기술이 진정으로 환경을 구성한다면, "모든 것에 대해"라고 말하고 싶은 생각이 들 수도 있다. 결코 그렇지 않다. 이는 토플러의 실수를 저지르는 것일 수도 있다. 토플러에게서 우리는 끊임없이 쇄신된 전적 변화의 시대로 들어가는데, 이 점은 약간 유치하다. 자신의 탁월한 총론84)에서 까즈85)처럼 사람들은 일종의 목록을 작성하려고 시도할 수 있다. 까즈는 불변요소들constantes과 "구조적 확실성"86)을 고수하고, 과학적 연구방식과 정치적 기능과 인간의 발달 법칙이 영속적 필연성에 속한다고 여기는데, 이 영속적 필연성에는 변동이 없다. 그렇지만, 내가 결정 요인으로 정의했던 바가 기꺼이 고려된다면, 나는 기술에 의해 다른 현재의 형태가 분명히 정치적 기능 만큼이나 과학적 연구방식에 부여되고, 기술에 의해 이러한 불변요소들의 새로운 통합이 실행된다고 할 것이다. 게다가, 까즈는 사회적이고 도덕적이며

---

81) [역주] '어둠 속에 남아 있다'는 것은 '즉각 감지되지 않은 채로 있다'는 뜻으로 볼 수 있다.
82) [역주] '결정 요인에 의해 사실이나 상황이 다른 사회적 요인들에 통합될 때'라는 것은, 다시 말해 '다른 사회적 요인들을 결국 결정짓는 것이 사실이나 상황에 부여된 이 새로운 형태일 때'이다.
83) [역주] 엘륄이 결정 요인이 기술이라고 언급할 때, 바로 앞에서 자신이 언급한 "결정 요인 자체는 어둠 속에 남아 있다"와 모순되는 말을 한다. 이와 반대로, 그의 저서 『새로운 악령 들린 자들』Les Nouveaux possédés 1973년) 316쪽에 나오는 "우리를 굴종시키는 것은 기술이 아니라 기술에 전이된 신성함이다."라는 표현을 참고하면, 모든 것은 분명해진다. 이 설명은 극히 중요하다. 왜냐하면 이러한 설명을 하지 않는다면, 엘륄이 '신기술을 두려워하는 사람'(technophobe)이라는 아주 널리 퍼진 편견이 지속되기 때문인데, 이는 사실과 맞지 않다. 이 점에 관한 설명이 더 필요한 독자는 앞에 나오는 조엘 드까르쟁(Joël Decarsin)의 한국어판 서문을 참조하기 바람.
84) 까즈(B. Cazes)의 「참되고 거짓된 변화」Vraies et fausses mutations, 『대위법』Contrepoint(1971년).
85) [역주] Bernard Cazes. 그의 저서 『미래의 역사』Histoire des futurs에서 세 가지 유형의 미래를 구분한다. 사회 진화론에 의해 뒷받침되는 '특정한 경향의 미래', 진보를 지향하지만, 마르크스주의적 견해에서처럼 급격한 변화에 의한 '불연속적인 미래', 장래의 모든 진보를 배제하는 '근본적으로 불연속적인 미래'이다.
86) 드 쥬브넬(de Jouvenel). [본문 내용을 역자가 각주로 설정]
[역주] Bertrand de Jouvenel(1903-1987). 프랑스의 작가이자 법학자이자 정치학자이자 경제학자. 프랑스에서 미래를 다루는 방법론과 관점을 처음으로 개발하기 시작한 미래학 선구자 및 이론가 중 사람으로서 가능한 미래에 대한 고찰에 할애된 잡지 「미래학」Futuribles을

일반적으로는 인간적인 모든 실재 및 기존 구조와 지적인 구획과 사회적 역할과 관련하여 기술의 파괴적 결과를 주장한다. 그러나 역할에 대한 이러한 이의 제기가 남자와 여자, 젊은이와 성인, 전문가와 비전문가, 가르치는 자와 배우는 자, 미친 자와 미치지 않은 자 등의 역할 구분을 인정하지 않는 데까지 나아간다면, 이 파괴적 결과를 지닌 기술이 바로 결정 요인의 특성인 듯이 보인다고 할 수 있다. 그러나 모든 것을 기술로 귀결시키지 말아야 하며, 까즈가 그렇게 하듯이 진정한 변동을 거짓된 변동 혹은 표면적 변동과 세심하게 구분해야 한다.

결정요인으로서 기술

게다가, 우리는 훨씬 덜 복잡한 방법에 힘입어 어느 정도까지 기술이 결정 요인이 되는가를 보여줄 수 있다. 실제로, 몇몇 기술적인 성장의 결과들이 존재하는데, 이 결과들에 대해서는 기술에 대해 지지하는 저자들이나 혹은 반대하는 저자들이 쉽게 동의한다. 기술에 대해 지지하는 저자들에게는 기술의 탁월함에 대한 입증으로서 이러한 사실들이 인용될 것이고, 기술에 대해 반대하는 저자들에게는 이와 반대로 기술의 위험성의 입증으로서 이러한 사실들이 인용될 것이다. 그러나 이는 단지 겉으로 착색의 문제일 뿐이지, 내면 자체에서는 의견 일치가 이루어진다. 그래서 이의 제기가 되지 않은 꽤 인상적인 일련의 결과들과 마주한다. 이 결과들의 목록을 작성하는 것은 거의 불가능하다. 이것이 "권위자"의 방법으로 돌아가는 것이 아니라는 점이 강조되면서, 이 결과들에 대한 미미한 개념만이 주어질 수 있다. 실제로 여기서 문제되는 것은 견해가 아니라 사실들인데, 이 사실들에 대해 암묵적으로 의견 일

창간한다. 주요 저서로 이 책에서 인용되는 『이상향』*Arcadie*이 있으며, 그 외 『시대 속에서 여행자』*Un voyageur dans le sièle*가 있다.

치가 이루어진다. 전체적으로 기술은 이데올로기적 도식이나 혹은 인간 자체의 특성만큼이나 인간관계를 근본적 방식으로 변화시키는 것으로 실제로 간주된다. 많은 사람들이 너무 편향적이라고 간주하는 화이트87)와 『조직 인간』으로 거슬러 올라갈 필요 없다. 하지만, 프리드만G. Friedmann에 의해 만들어진 총론이 알려져 있는데88), 그는 이 총론에서 인간이 기술 환경 속에서 살아간다는 사실 때문에 인간이 자신의 생리 자체에서 어느 정도까지 변화하는지 보여준다. 이는 그가 강박 관념과 우울증과 불안과 복합적 부적응의 증가라는 문제에 대해 여러 정신과 의사들이 이끌어낸 결과들을 고려하면서, 일례로 1970년에 나온 프리드만의 『힘과 지혜』*La Puissance et la sagesse*에서 정신병의 차원에서 재론하는 것이다. 수많은 이러한 현상들을 기술 환경 속에서 인간에게 강요된 생활이 유발한다고 간주하는데 의견 일치가 이제 상당히 이루어지는 듯하다.

사람들은 라이시Reich가 제 2의식意識으로서 묘사하는 바에 결국 이른다.89) 그가 비판하는 바가 어제의 인간, 곧 "산업 자본주의"의 인간인 한에서, 그가 기술 체계 속에 통합된 인간에 대해 행하는 묘사는 꽤 쉽게 받아들여질 수 있다. 완전히 고전적이고 평범하며 대충 그려진 이 묘사는 이러한 인간의 심리와 가치들에 대해 언급되었던 모든 것을 모으는데, 이 점은 이러한 차원에서 취해진 어떤 실재, 곧 분명히 저급하지만, 부정확하지는 않은 어떤 실재에 일치하는 듯하다. 그렇지만, 라이시에게 제3의식은 기술적인 과정에서 마

---

87) [역주] William H. Whyte(1917-1999). 미국의 사회학자이자 도시계획가. 뉴욕 도시계획위원회의 업무와 병행하여 도시의 공공장소에서 보행자의 행동을 묘사하고자 직접 관찰을 시행하면서, 메모장과 사진과 영화필름에 기록된 경험적 관찰에서 객관적이고 측정할 수 있는 방식으로 공공장소에서 도시 생활을 묘사하고 파악하려 한다. 영화촬영과 사진기 같은 이 새로운 기술의 사용은 하나의 혁신이자 도시계획 연구자뿐만 아니라 도시계획 전문가에게 진정한 시각의 변화를 초래하는데, 그의 저서 『작은 도시 공간에서 사회적 삶』*The Social Life of Small Urban Spaces*에서 이 기술들이 묘사된다. 주요 저서로 이 책에 인용되는 『조직 인간』*The organisation man*이 있다.
88) 『인간과 기술에 대한 일곱 시론(試論)』*Sept essais sur l'Homme et la Technique*
89) 『미국의 소생』*Le Regain amércain*(1971)을 볼 것.

찬가지로 나온다. 왜냐하면 그가 혁명이 "의식"에 의해 생겨난다고 주장한다면, 이와 동시에 그는 이러한 "의식"이 기술 자체에 의해 유발됨을 보여주기 때문이다.

이 초안들은 『고독한 군중』90) 이나 혹은 『사무직 종사자』91)와 같은 1930년부터 1960년까지 시대의 소설들이나 유명한 연구들을 다시 다룬다. 이러한 기술 환경 속에 살아 있는 인간을 더 근본적으로 특징짓는 것은 힘의 의지의 증가이다. 나는 이전의 나의 연구들에서 기술이 힘의 정신의 실현이므로 힘의 정신의 성취이고, 힘의 정신의 성취이므로 힘의 정신의 증가임을 보여 주었는데, 이는 힘에 대한 인간의 집중으로 귀결되었다. 이 점은 드 쥬브넬De Jouvenel이 현대의 부가 힘의 의지의 표현이라는 사실을 세심하게 연구할 때 그에 의해 훌륭히 다루어지고 입증된다. 기술적인 진보는 본질적으로 인간의 힘의 표현이며, 인간이 자신을 경탄할 기회이다… 힘의 발달은 목적이었고, 증가하는 행복의 차지는 부산물이었다. 마찬가지로, 기술적인 진보는 인간의 정복 정신의 변형인데, 정복 정신은 기술에 의해 충족되고 강화된다. 그런데 이러한 정복 정신은 인간을 생산자와 소비자로 분리시키고 효율성의 절대적 필요성에 따르게 한다. 드 쥬브넬의 연구에서 흥미로운 점은 그가 잘 알려진 현상들의 결과들을 보여준다는 사실뿐 아니라 그가 이 결과들을 경제적 이론 속으로 끼워 넣는다는 사실이다.

그것이 무엇이든 우리는 이 일련의 첫 번째 단순한 확증된 사실들과 더불어 인간의 엄청난 변화에 직면해 있다. 분명히 이 점은 예를 들어 문화라고 불리는 것에 영향을 미칠 따름이다. 사실상, 기술적인 충격은 문화의 변화를 초

---

90) [역주]『고독한 군중』*The Lonely Crowd*. 미국의 사회학자 데이비드 리스먼(David Riesman 1909-2002)의 저서. 그는 이 저서에서 현대 미국 사회의 순응성을 다루면서 미국 사회에 대하여 날카로운 비판을 시도한다. 현대 대중사회에서 미국인의 사회적 성격을 외부지향형, 곧 타인지향형이라 이름 짓고, 겉보기만의 사회성이라는 그늘 아래 불안과 고독감을 지닌 성격 유형을 '고독한 군중'으로 파악한다.
91) [역주]『사무직 종사자』*White Color. The American Middle Classes* 미국의 사회학자 라이트 밀즈(Charles Wright Mills)가 1951년에 쓴 작품이다.

래한다. 문제되는 것은 소위 대중문화의 출현이거나, 혹은 짧은 관계를 긴 관계로 변화시키는 의사소통의 증가에 의한 인간 상호간의 관계 변화이거나92), 그렇지 않으면 정보의 작용에 의한 세상에서 존재함인데, 이 모든 점에 대해 잘 알려진 문화의 변화가 목격된다. 기술적인 요구 때문에, "일반 문화는 얇은 종이장이고 순수한 소일거리의 습득이다"93). 무미건조하고 중요하지도 않은 일반 문화 대신, 예를 들어 지속적인 훈련과 더불어 기술 문화를 두는 것이 반드시 필요하다. 그러나 변화하는 것은 문화의 내용과 문화의 실현 혹은 문화의 습득 방식일 뿐 아니라, 문화라는 개념 자체이다. "일반 단어나 혹은 문화적인 단어가 튀어나올 때마다 이 단어들은 명료한 설명을 즉시 갖추므로, '기술담론적인 진보' progrés technologique에 적응하는 것과 경제적 메커니즘을 더 잘 인식하는 것이나 혹은 노하우를 개선하는 것이 문제된다…"94) 이 변화에 대한 훌륭한 전체적 조망은 그리띠95)에 의해 특히 문화/전문화, 전통/현대성, 백과사전적 지식주의/동일시, 무상성無償性/효율성, 노력/기쁨, 말/이미지 등 "변증법적 쌍들"에 대한 분석 시도와 더불어 제시되었다.

---

92) 리꾀르(Ricoeur)
 [역주] Paul Ricoeur(1913-2005). 프랑스의 철학자. 인문과학 및 사회과학과 지속적으로 대화하면서 현상학과 해석학을 전개하고, 기독교 실존주의와 개신교 신학에 관심을 기울인다. 또한 현상학을 통하여 인간 존재의 유한성을 밝히고 그러한 유한성으로 초월적 존재인 신을 해명하려고 노력한다. 그의 저서는 특히 문학과 역사에서 의미와 주관성이란 개념 및 허구의 발견적 기능이란 개념을 중심으로 삼는다. 주요 저서로 의지에 관한 현상학적 기술을 다룬 『철학과 의지 1권, 의지적인 것과 비의지적인 것』 Philosophie de la volonté. Tome I: Le volontaire et l'involontaire, 종교적 상징에 대한 해석학을 다룬 『철학과 의지 2권, 유한성과 죄의식』 Philosophie de la volonté. Tome II: Finitude et culpabilité, 정신분석학적 상징에 관한 해석학을 개진한 『해석에 관하여, 프로이트에 관한 시론』 De l'interprétation. Essai sur Sigmund Freud이 있으며, 그 외 『타자로서 자기 자신』 Soi-même comme un autre이 있다.
93) 몽몰렝(Montmollin), 『심리학 어릿광대』 Psychopitres.
 [역주] Maurice de Montmollin(1926-). 프랑스의 '인간 공학' (ergonomie) 창시자 중 한 사람으로 여겨진다. '인간 공학'이란 인간과 인간의 수단·방법과 노동 환경 사이의 관계에 대한 과학적인 연구이면서 최대한의 안락과 안전과 효율과 더불어 최대다수에 의해 사용될 수 있는 체계 개념에 이러한 지식을 적용하는 것을 가리킨다. 주요 저서로 『인간공학』 L'Ergonomie, 『노동조직론』 Discours sur l'organisation du travail 등이 있다.
94) 아르뗑(Hartung), 『약속의 아이들』 Les enfants de la promesse. (1972년)
 [역주] Henri Hartung(1921-1988). 프랑스의 작가. 대표작으로 『인간의 통일』 Unité De L'homme이 있다.

마찬가지로 보드리야르는 기술에서 나온 문화가 다음과 같은 것으로서 받아들여진 문화에 어느 정도까지 정반대되는 것인지를 보여준다. 첫째, 이 문화는 일과 사고와 전통의 세습 유산으로서 받아들여진다. 둘째, 이 문화는 이론적이고 비판적인 고찰의 지속된 차원으로서 받아들여지며, 비판적 초월과 상징적 기능으로서 받아들여진다. 이 두 가지는 노폐한 문화적 재료와 문화적 징표로 만들어진 순환적 하부 문화에 의해, 또 문화적인 '당대의 관심사'에 의해 마찬가지로 부인된다… 사람들이 보기에 문화적 소비의 문제는 문화적 내용에도 연결되어 있지 않고, 정확히 말해 문화적 대중에도 연결되어 있지 않다. 결정적인 것은 문화가 지속하도록 더는 만들어지지 않는다는 점이다… 문화로 하여금 늘 문화의 존재가 되었던 바와 반대가 되도록 강요하는 것, 곧 문화로 하여금 실체가 없는 기술적인 산물의 즉각적 소비가 되도록 강요하는 것은 기술 진보의 급속함이다. 보드리야르는 내용들을 배합하는 대중문화와 형태를 마음대로 다루는 전위예술의 창조 사이에는 결국 차이가 없으며, 이 둘은 모든 것이 늘 '당대의 관심사'가 되어야 함을 전제하는 기술의 기능적인 절대적 필요성에 의해 결정된다고 당연히 지적한다.

또 다시, 여기서 좋은 것이 무엇인지 판단하는 것은 중요하지 않고, 기술 때문에 문화적 결합체가 변동뿐만 아니라 변모도 겪었음을 확인하는 것이 중요하다. 그런데, 문제되는 것은 프랑스인이 "일반 문화"라고 전통적으로 지칭하는 바가 아니라, 앵글로 색슨 어휘에서 특히 그 용어에 의해 내포되는 바이다. 이 점에 대한 여러 예를 들 수 있다. 이와 같이 이것은 아마도 그런 분야에서 본질적인 다음 같은 사실, 곧 평등 사회로 위계(位階) 사회의 변화이다. 전통 사회, 곧 모든 전통 사회는 위계 사회이다. 뒤몽96)이 인간을 '위계적 인간' Homo hierarchicus으로 규정할 때, 그는 적어도 '호모 파베르' 97)의 특성만큼 본질

---

95) 「문화와 대중 기술」*Cultures et Technique de masse*. (1967년)
   [역주] Jules Gritti(1924-1998). 프랑스의 기호학자. 대표적인 글로는 「대중매체 속에서와 대중매체에 대한 거짓과 진실」*Du faux et du vrai dans les mass-media, sur les mass-media*이 있다.

적인 특성을 거기서 지칭한다. 평등 사회는 결코 없었으며, 위계제도는 일반적 문화 세계에 속했다. 아무런 역량도 없는 몇몇 이상향주의자만이 평등 사회를 건설하려는 생각을 품을 수 있었다. 그러나 현대인이 생각하는 것과 반대로 이 점은 밑바탕에 있는 어떠한 민중적 요구도 나타내지 않았다. 드물게 나타나는 평등 운동은 어떠한 실제적 평등을 고려했던 것이 아니라, 자신들의 권력 이익을 쟁취하려는 것이었다! 그런데, 18세기부터 평등사상이 일반적이 될 뿐 아니라, 평등사상은 명백한 것으로서 나타나며, 더 나아가 평등사상의 실현이 가능한 듯이 보인다.

그런데, 이 모든 것은 기술적인 성장의 직접적인 결과이다. 기술은 비합리적 차별을 받아들일 수 없고, 신심croyance에 기초한 사회구조를 받아들일 수 없다.98) 기술은 측정할 수 있는 합리적 요인들로 모든 것을 귀결시키기 때문에, 모든 불평등, 인종 차별 같은 모든 차별, 모든 배타주의는 기술에 의해 단죄된다. 적합한 모든 분야와 확인할 수 있는 모든 집단을 위한 통계적 관점에서 완전한 평등, 이러한 것이 바로 기술이 주요 요인이 되는 사회의 목적이다. 이 점은 전문화 과정과 일치한다. 모든 것이 전문화된 곳, 곧 모든 전문분야가 기술적일 뿐더러 기술적인 관점에서 필요한 곳에 어떻게 평등이 지배하지 않을까? 사실상, 예를 들어 마르크스에게서 발견되는 절대적 평등에 대한 요

---

96) [역주] Louis Dumont(1911-1998). 프랑스의 인류학자. 인도의 카스트제도와 서구사회의 지나친 평등주의를 상대적으로 비교 분석하여 이를 토대로 위계 관계에 이론적 영역을 제시한다. 그에 따르면 위계 관계는 어떤 사회의 토대를 이루는 바의 외부적 특징을 명백하게 하는 사회생활 한가운데서 초월의 표현이다. 주요 저서로 『인도 문명과 우리, 비교 사회학 개론』 *La civilisation indienne et nous : esquisse de sociologie comparée*, 『위계적 인간, 카스트제도에 대한 시론』 *Homo hierarchicus. Essai sur le système des castes* 등이 있다.
97) [역주] '호모 파베르'(Homo faber). '도구의 인간'을 뜻하는 용어이다. 인간의 본질을 도구를 사용하고 제작 할 줄 아는 점에서 파악하는 인간관으로 프랑스 철학자 베르그송(Bergson)에 의해 창출되었다. 인간은 유무형의 도구를 만드는 동시에 자기 자신도 만든다고 보았다.
  *이 책의 원문에는 '파베르'(faber)로 되어 있으나, 이 표현이 '호모 파베르'(Homo faber)를 나타내는 것으로 보인다.
98) 볼리(J. Boli) 『기술화』 *Technization* (1973).

구는 기술의 무한한 적용에서 나온 이데올로기적 산물일 따름이라고 단호히 말할 수 있다.

다른 "문화적 가치"도 마찬가지로 기술에 의해 광범위하게 변화되었다. 문제된 것은 소유이다. 또 다시 실재를 부인하는 부자연스러운 마르크스주의적 정통사상에도 불구하고, 실제로 소유의 변화가 확인된다. 조직이 생산의 주요한 조건이 되었다는 사실을 통해, 불가피하게 부와 사유 재산의 성격이 변하고 말았다. "조직들"은 더는 "자본가"에게 속하지 않는다. 소유를 형성했던 것은 이익에 대한 주주의 참여권으로, 행동 노선을 정하는 경영권으로, 지위와 안전에 대한 노동자의 권리로, 정부를 위한 조정권 등으로 세분되었다. 부의 새로운 형태들이 예전의 "자본"의 자리를 차지했다. 일자리, 연금 수혜권, 경영 허가나 혹은 불하 허가, 사회 보장, 병원에서 의사를 위한 입원 특권은 조직들과의 관계를 나타내는 부의 새로운 형태이다. 개인이 소유하는 돈보다 개인이 쓸 수 있는 돈이 훨씬 더 평가된다. 개인은 자신의 기술적인 능력과 자신의 지위에 의존한다. 이러한 개인은 르노Renault 자동차 회사의 기술자이며, 정치경제학 박사 등이다. 따라서 이러한 지위는 인간들의 상황을 사회주의적이고 자본주의적 사회 속으로 갖다 놓는다. 소유는 관계들로 변한다. 지위를 보장하는 "기술적인 능력"에 기초한 새로운 소유는 이러하다. 현재의 인간을 이러한 지위에 붙들어 매는 연결은, 소유와 더불어 예전에 존재했던 연결만큼 마찬가지로 강력하다. 결정은 자본을 보유하는 자의 우위성의 결과로 이루어지는 것이 아니라, 이러한 결정에 귀속하는 지위를 갖는 자들 사이의 결합에 의해 이루어진다. 이것은 모든 참여에 대한 공동 관리가 반드시 이루어져야 한다는 조건에서인데, 그 반대가 되면 하층 노동자에 의한 자율 관리는 위험한 이상향이다!

결국, 기술에 의해 유발된 잘 알려진 변화들을 간략하게 언급하면서, 가장 많이 연구되었던 바를 거론하는 것이 필요하다! 이것은 노동이다. 기술에 의해 사회의 일반적인 변모가 시작되었던 것은 이를 통해서이며, 또한 이것은 가장 즉각적으로 명백히 나타났던 것이다. 따라서 반세기 전부터 이 점과 관련하여 출간된 수많은 저서들을 참고해보자. 우리는 더 새로운 두 가지 지적만을 덧붙일 것이다. 첫째, 우리가 이미 언급했듯이, 통상적으로 현대인이 기술들 때문에 자신의 삶에서 "두세 번 직업을 바꾸는데" 대비해야 한다고 주장한다. 그러나 몽몰렝Montmollin의 아주 타당한 지적에 따르면, 직업이란 더는 없으며 일자리나 혹은 활동이 있을 따름이다. "오늘날 노동자가 자신의 생애에서 두세 번 직업을 바꾸어야 한다고 언급하는 것은 옳지 않다. 노동자는 직업을 바꾸지 않으며, 더는 직업을 갖지 않는다. 따라서 노동자는 거의 영구적으로 적응해야 한다. 산업 노동자들의 재교육 분야에서 1980년에 취해질 수밖에 없던 가장 중요한 대책은 재교육이란 사고 자체를 없애는 것이다. 우리는 산업에서 '육성育成'에 아주 익숙해져야 하므로 우리는 '육성과 재교육'이란 용어로 사고하지 말아야 하며, 단지 '육성과 또 육성'이라는 용어로 사고해야 한다…"99)

게다가 흔히 주장하는 바와 반대로, 노동은 기술 때문에 노동의 "고단함"을 조금도 상실하지 않았다. 이와 반대로, 인간에 대한 기계의 영향이 잘 알려진 단지 기계화된 시대 이후에도 실제로 노동은 예전에 그러했던 것보다 더 고되고 힘들다. 완전히 자동화된 노동으로 변천이나 "무인無人" 공장으로 변천은 여전히 드물고 느리다. 이는 자본주의 체제의 진상이 아니다. 즉, 생산속도가 사회주의 국가에서 더 빠르지 않다는 것이다. 이러한 장애가 생겨나게 하는 것은 이윤 추구가 아니라 자동화에 의해 초래된 엄청난 변화인데, 모든

---

99) 몽몰렝에 의해 인용된 시무어(Seymour).
　[역주] Seymour Papert(1928-). 남아프리카 공화국 출신의 미국 수학자이자 컴퓨터 과학자이자 교육자. 주로 교육·인공지능 연구용으로 쓰이는 그래픽 기능이 뛰어난 프로그래밍 언어인 '로고 프로그래밍 언어'(Logo programming language)의 발명가일 뿐 아니라 인공지능 연구의 선구자 중 한 사람이다. 주요 저서로 『아이들의 기계, 컴퓨터 시대에 학교를 다시 생각하기』*The Children's Machine: Rethinking School in the Age of the Computer*가 있다.

분야에서 이 변화를 택하기란 쉽지 않다. 실제로, 노동자들 대부분에게 기술적인 성장을 통해 더 힘들고 기진맥진하게 하는 노동이 유발되는데, 이는 자본주의적 요구에 따른 작업속도가 아니라, 기술적인 요구와 기계에 기인한 서비스의 요구에 따른 작업 속도이다! 사람들은 여가와 보편적인 자동화에 도취했고, 낭비되고 소외된 노동에 오래 동안 남아 있다. 그러나 소외는 더는 자본주의적이 아니라 기술적이다.

간략히 설명한 이 모든 점들에 대해100), 단지 기술에 의해서만 유발된 엄청난 변화가 있다고 판단하는데 모두 동의한다. 달리 말해, 개인 사이의 일련의 인간관계나 혹은 포괄적인 일련의 인간관계는 변했다. 그러므로 어떻게 기술이 바로 "결정 요인"이라고 생각하지 않을 수 있는가?

결정요인으로서 컴퓨터의 역할

이러한 언급에서 컴퓨터의 역할을 거론하는 것을 빠뜨릴 수 없다. 그런데 이는 그 역할을 과장하지 않으면서, 특히 이제부터 컴퓨터가 모든 것에 적용된다고 생각하지 않으면서, 혹은 마찬가지로 컴퓨터의 모든 가능성이 이루어질 것이라고 생각하지 않으면서 컴퓨터의 역할을 거론하는 것이다. 어쨌든, 이러한 기술 분야가 어느 정도로 결정적일 수 있는지 강조해야 한다. 기록과 인쇄술이라는 기술은 다른 문명을 태동시켰고, 또 다른 기술인 텔레비전은 맥루한이 보여주었듯이 지적 영역을 변화시켰으며, 또 다른 기술인 컴퓨터는 우리로 하여금 경험의 문화에서 인식의 문화로 넘어가게 한다. 인쇄술은 개별적 지력知力에 의해 파악될 수 없기 때문에 대부분 사용할 수 없는 수많은 정보의 엄청난 축적을 가능하게 했다. 즉, 인쇄술은 탁월한 집단 기억력

---

100) 이 모든 점들에 대해서는 공저인 『문명과 인본주의』*Civilsation et humanisme* (1968)에서도 볼 수 있다.

을 우리에게 부여했지만, 개별 기억력은 집단 기억력에 균형을 맞추지 못하고 있었다. 즉, 집단 기억력의 정보는 잠들어 있었다. 컴퓨터는 이러한 집단 기억력과 인간에 의한 사용 사이에 중계 역할을 한다. 컴퓨터는 개별 기억력의 역할을 담당하고, 얻어진 정보를 사용할 수 있게 한다. 이와 동시에, 지금까지 인간이 제기된 문제들을 해결하는데 모든 노력을 기울였거나, 그렇지 않으면 인간 두뇌가 매우 한정된 수의 변이가 있는 이 문제들을 미리 해결할 수 있다는 식으로 문제가 제기되었다고 라떼스R. Lattès처럼 아주 정확히 언급할 수 있다. 컴퓨터는 사람들이 원하는 만큼 복잡한 방식으로 문제들을 제기할 수 있는 가능성과 더불어 이제 문제들에 대한 고찰의 단계로 넘어가게 할 수 있다. 우리는 "우연의 일치"라는 이상한 특성을 지적해야 한다. 컴퓨터가 "나타나는" 것은 축적되고 기록된 정보가 사용할 수 없게 될 때이다. 그런데, 문제들에 대한 이러한 고찰이 존재한지는 반세기 전부터라고 할 수 있다. 나는 이러한 고찰을 예를 들어 역사학에서 잘 알고 있다. 역사학은 더는 고문서들에 대한 연구의 결과가 아니라, 점점 더 복잡한 문제들을 고심하여 만들어 내는 것이다. 그런데, 시도되긴 하나 결말이 없는 이러한 고찰에 컴퓨터의 "출현"이 부합한다. 따라서 컴퓨터는 새로운 것을 창조하는 요인이 아니다. 하지만, 컴퓨터 그 자체는 창조가 구체화되게 하는 새로운 것이다. 결국, 컴퓨터는 집단적이고 구체적인 면에서 결정 요인이다. 컴퓨터와 더불어 인식은 생산력과 정치에서 결정적 힘이 되지만, 경제적이고 기술적인 모든 요인이 합리적으로 파악된 결합체로 응집 되는 한에서 이다. 컴퓨터와 더불어 우리는 기술적인 움직임 전체 속에서 이미 예고된 모순이자, 컴퓨터 덕분에 제기된 문제들과 주어진 대답들의 합리성 그리고 인간 태도와 인간 성향의 비합리성 사이에서 이제 완전히 엄밀해져 버린 모순과 마주해 있다. 컴퓨터는 인간의 결정에 존재하는 비합리적인 것을 명백히 드러나게 하며, 이성적으로 간주된 이러한 선택이 정념에 사로잡힌 것임을 보여준다. 이는 절대적 합리성에 의해 표현되지는 않지만, 이러한 갈등을 통해 인간이 전에 알았던 모든 것과는 다른 문화 세계로 들어간다는 점은 분명하다. 인간에게 형이상적인 중심 문제는 신성한 신비로움에 따른 신의 존재나 인간의 존재가 더는 아니라, 이러한 절대적 합리성과 지금껏 인간 자신을 형성했던 것 사이의 갈등일 것이다. 현재의 고찰 전체의 축은 이러하며, 오래도록 유일한 철학적인 질문은 이러하다.

이렇게 함으로써, 컴퓨터는 기술일 따름이며 그 이상은 아니다. 그러나 컴퓨터는 잠재적으로 기술적인 결합체의 활동이었던 바를 수행하고, 이 활동을 노출된 완벽함으로 이끌어 가며, 이 활동에다 명백함을 부여한다. 기술은 현실과의 관계를 이렇게 완전히 변형시키는 것을 그 안에 담고 있었다. 『소비사회』*La Société de consommation*에서 보드리야르는 이 점을 탁월하게 보여주었다. 인간을 물질화하고 인간을 물질 환경에 얽어맨다고 흔히 비난받으면서 사실상 물질적인 것 속에서의 활동으로 모든 것을 집중시키는 기술이, 모든 것의 현실성을 잃게 하며 모든 것을 "사소한 소비 기호"signe-de-rien-à-consommer로 변형시킨다고 간주하는 점은 주목할 만하다. "거대한 도시 구조에 둘러싸인 표본 상태로 국한된 전원의 형태로, 또한 녹지대나 자연 보호지구나 혹은 별장에 딸린 장식물로 구획되고 오목조목하게 제시된 전원의 형태로 자연을 재발견하는 것은 사실상 자연의 재활용이다. 다시 말해, 이는 문화와 상징적 대립 상태에 있는 원초적이고 특별한 존재함이 전혀 아니라, 시뮐라시옹[101] 모델, 곧 다시 유포된 '자연 기호들의 소비체'consommé de signes de nature이다. 더 나아가 "사람들이 진상을 담은 자료와 생방송에 접근할수록 색채와 입체감 등으로 현실을 더 몰아세우고, 세상에서 실제적 부재는 기술적인 완벽함이 거듭됨에 따라 더욱더 깊어진다." 매개적이고 새로운 환경인 기술은 실재 전체를 그 자체와 다르게 추상적이고 멀리 떨어져 있으며 내용이 없게 만든다. 이 거대

---

[101] [역주] 시뮐라시옹(simulation). 보드리야르(Jean Baudrillard)의 이론으로 실재가 '파생 실재'

한 변화 속에서 어떻게 결정 요인의 역할을 기술에다 다시 부여하지 않겠는가?

로 전환되는 작업이 '시뮬라시옹'이고, 모든 실재의 인위적 대체물을 '시뮬라크르'(simulacre)라고 부른다. 그에 의하면 우리가 사는 이곳은 '가상 실재', 즉 시뮬라크르의 미혹 속에 있다. 현대 자본주의 사회는 사물이 기호로 대체되고 현실의 모사나 이미지, 즉 시뮬라크르가 실재를 지배하고 대체하는 곳이다. 이제 재현과 실재의 관계는 역전되며 더는 흉내 낼 대상, 원본이 없어진 시뮬라크르는 더욱 실재 같은 '극실재'(hyper-réalité)를 생산해 낸다. 더는 원본은 없고 어느 의미에서는 원본과 모사물의 구별도 없다는 것이다. 이러한 시뮬라시옹의 질서를 이끌고 나아가는 것은 정보와 매체의 증식이다. 온갖 정보와 메시지를 흡수하지만, 그것의 의미에는 냉담한 스펀지 혹은 블랙홀 같은 존재가 현대의 대중이다. 사유가 멈추고 시간이 소멸된 현대사회에서 역사의 발전은 불가능하며 인권이란 미명 아래 강요된 정보에 노출된 대중과 시뮬라시옹의 무의미한 순환이 있을 뿐이다. 보드리야르가 자신의 사상 체계를 만들어 가던 1960년대는 프랑스가 본격적인 대량 소비 사회로 접어들던 시기로서, 거리, 상점, 가정에 물건들이 넘치기 시작하고 라디오와 TV가 가정필수품으로 자리 잡아 가던 즈음이었다. 넘치는 물건, 넘치는 일자리, 넘치는 이미지 앞에서 보드리야르는 우리가 실제 사용할 수 있는 것보다 훨씬 많이 넘치는 물건들이 우리의 삶과 어떤 의미 관계를 맺는지를 고찰했다.

제4장 : 체계로서 기술

1. 일반적 견해

기술 체계의 개념

오늘날 "체계"에 대한 수많은 개념이 존재한다102). 대체로 사람들은 연구하기 원하는 대상에서 출발하여 이 대상에 따라 체계를 정의한다. 아몽 Hamon에 의해 인용된 도이치Deutsch는 다음 같이 언급한다. "체계는 구성 요소들이 너무 천천히 변하는 경향이 있는 나머지 잠정적으로 불변 요소들로 취급될 수 있도록 상호 작용하는 일련의 부분들이나 혹은 일련의 하위체계들이다. 천천히 변화하는 이 부분들은 구조들이라고 불릴 수 있다. 상호 관계 속에 자리 잡는 교환들은 체계의 유지나 혹은 재생산을 향해 방향 설정된 것으로 드러나고, 이 교환들은 기능들로 규정될 수 있다." 아몽은 문제된 것이 일련의 관계 요소들이며, 이 관계 요소들은 특히 이 관계 요소들의 변동 속에서 피드백103)에 의해 특징지어진다고 자세히 설명한다. 그러나 그는 문제된 것이 실재라는 결합체ensemble 속에서 체계의 자율성을 확고하게 하는 부분들에 대한 결합체의 피드백이라 여긴다. 이와 같이 체계는 서로 가지런히 놓인 대상들의 모음도 아니고, 특별함이 없는 집합체agrégat도 아니다. 많은 저자는 정

---

102) 모든 개념의 출발점에, 본 베르탈란피(Von Bertalanffy)의 『체계의 일반적 이론』*Théorie générale des systèmee* 프랑스어 판(1973)이 있다.
   [역주] Ludwig von Bertalanffy(1901-1972). 오스트리아 출신의 생물학자. 그의 저서 『일반체계이론』*General System Theory*으로 체계 이론의 창시자로 알려져 있다.
103) [역주] 피드백(feed-back). 어떤 원인에 의해 나타난 결과가 다시 원인에 작용하거나 영향을 미쳐 그 결과를 줄이거나 늘리는 자동 조절 혹은 자동 제어 원리를 말한다. 프랑스어 표현으로는 'rétroaction'이나 'structure de renvoi'가 해당된다.

말로 체계의 "열쇠"가 되는 것으로서 피드백을 지나치게 강조한다. 이와 반대로, 앙리 르페브르Henri Lefebvre는 피드백에 대해 이야기하지 않고, 전체tout와 부분들의 합 사이에 차이만을 유지시킨다. "체계는 다양한 요소들의 합에 어떤 것을 덧붙이는 것과 같이 일련의 관계들이다. 이 때문에 체계의 동일구조 원리에 대해 이야기할 수 있다. 아주 다른 요소들에는 대등한 역동적인 법칙이 있을 수 있다. 달리 말해, 체계는 자체의 구성 법칙이 있는 총체totalité이다. 이러한 이유로 집합체들은 늘 종속된 것으로 나타난다." 그러나 체계는 단지 자체의 내적 논리에 따라 변화한다는 분명히 이론의 여지가 있는 견해가 거기서 나온다. 이는 로마 보고서에서 메도우즈Meadows의 경우이다. "모든 체계의 구조, 다시 말해 연결과 더불어 고리를 형성하는 수많은 요소 사이의 관계들104)은 체계를 구성하는 개별 요소들 중 각각의 본성만큼이나 체계의 변화에서 마찬가지로 큰 중요성을 띤다…" 결국, 파슨스105)의 다음 같은 정의는 기술 체계의 한 측면을 잘 특징짓기는 하지만, 실제로 이 정의는 너무 지나치게 막연하다. 즉, 첫 구성단위의 상태 변화에 뒤이어 다른 모든 구성단위의 상태 변화가 일어나도록 연결된 두 개의 구성단위나 혹은 그 이상의 구성단위들이 체계를 구성하는데, 다른 모든 구성단위의 상태 변화에 뒤이어서도 첫 구성단위의 새로운 변화가 일어난다는 것이다. 어쨌든, 파슨스의 견해에서 기술 체계에 특히 잘 들어맞는 점은, 체계는 불가피하게 통합하는 성격을 띠면서도 통합되는 성격을 띤다는 것이다. 그렇지 않으면 체계는 "구성단위들 사이에 상호작용의 구조적 조직"이 된다. 체계는 모델과 균형과 통제 체계를 포함한다.106) 나는 내 처지에서 여러 특성을 고려할 것이다. 즉, 한 요소의 모든

---

104) 어떤 관계들에서는 시간 속으로 옮겨진 결과가 있는 관계들.[본문 내용을 역자가 각주로 설정]
105) [역주] Talcott Parsons(1902-1979). 미국의 사회학자. 사회행동의 일반이론을 전개하여 활동의 체계적 기능주의라 불리는 이론을 정립하고, '패턴 변수'(pattern variables)를 중심으로 한 사회체계론으로 잘 알려져 있다. 주요 저서에 이 책에서 인용된 『사회체계』The Social System 가 있고, 그 외 『사회적 행위의 구조』The Structure of Social Action가 있다.
106) 파슨스, 『사회 체계』The Social System (1951) 및 이 책의 프랑스어 판 『현대사회들의 체계』Le

변화가 결합체의 변화를 유발하도록, 또 결합체의 모든 변화가 각 요소에 반영되도록, 체계는 서로 관계있는 일련의 요소들이다. 따라서 우리는 결코 고립된 대상들 앞에 있는 것이 아니라, 상호 관계망 앞에 있음이 아주 분명하다. 마찬가지로, 체계를 구성하는 요인들이 같은 성질이 아님도 분명하다. 예를 들어, 양적 요소들이 있고, 양적이지 않은 다른 요소들이 있다. 결국, 요인들 각각이 변화하는 데 있어 그 급속성은 같지 않음이 확실하다. 체계에는 자체의 과정이 있고, 부분들과 관련된 자체의 특별한 변화 속도가 있다. 마찬가지로 체계에는 발달과 변형의 특별한 법칙이 포함되어 있다. 내가 고려할 두 번째 특성은 체계를 구성하는 요소들이 외부 요인들과 배합되기 보다는 이 요소들 사이에서 배합되려는 일종의 특별한 능력을 나타낸다는 것이다. 경제 체계는 특별한 관계를 전제로 하는데, 이는 내적 동기를 위한 변화의 경향을 초래하는 동시에, 외부 영향에 대한 반발을 초래한다. 세 번째 특성은 한 순간 자체의 구성을 갖출 수 있는 체계가 역동적이라는 것이 분명하다. 부분들 사이의 상호 관계는 서로에게 영향을 잘 미치며 서로를 따라서 영향을 미치지만, 무한히 같은 활동을 반복하는 원동기 부품들 속에 있는 상호 관계의 유형에 속하지 않는다. 체계 속에서 활동적 요인들은 다른 요소들을 변화시키고, 이 활동은 반복적이 아니라 끊임없이 혁신적이다. 상호 관계를 통해 변화가 생겨난다. 하나의 체계로 남으면서도, 또 이 체계가 수많은 변화 이후에 조차 이러한 엑스X라는 체계로 인정되는 채로 남으면서도, 체계는 결코 고착되지 않는다. 네 번째 특성은 포괄성으로서 존재하는 이 체계가 다른 체계 및 다른 포괄성과 관계 맺을 수 있다는 것이다. 결국, 본질적 특징 중 하나는 피드백이라는 점이 잘 알려져 있다.

따라서 체계는 이중적 요소로 특징지어 진다. 한편으로는 다른 조건이 모두 똑 같다면 결코 시험해 볼 수 없는 결합체의 중요한 주된 요소들 사이의 상

système des sociétés modernes (1974).

호관계라는 요소이고, 다른 한편으로는 결합체가 외부와 맺는 유기적 관계라는 요소이다. 즉, 사회 과학에서 체계는 불가피하게 열려 있다. 체계는 다른 모든 관계를 배제하고서 그 자체로 결코 고려될 수 없다.

내가 현재 사회에서 기술을 묘사하려고 이러한 용어를 선택한 것은, 분명 이 용어가 유행하기 때문이 아니라 이 개념이 기술이 해당하는 것에 잘 일치하기 때문이다. 관찰을 불가능하게 만드는 눈길을 끄는 것과 신기한 것과 부대 현상을 빼고 생각하면서, 기술에 대해 이야기할 때 이것이 무엇과 관계되는지 이해하도록 반드시 필요한 도구가 이 개념이다. 의료의 예를 들어보자. 예전에 특히 이러저러한 병의 이상적 모델에 대한 묘사가 있었다. 그러나 구체적으로 드러나는 온갖 장티푸스는 격렬한 발작과 죽음으로 마무리되는 추상적인 그 병에 대해 책에 묘사되었던 온갖 특성을 나타내지 않았다. 그러나 의사가 부차적인 모든 위험을 없애면서 얻어진 추상적인 병에 대한 이러한 도식을 갖고 있지 않았다면, 그는 고려된 이러한 증상 전체가 장티푸스에 일치한다는 것을 결코 판별하지 못했을 것이다. 따라서 체계는 증상과 요인의 선택을 전제로 하고, 증상과 요인의 관계에 대한 분석을 전제로 한다. 그러나 체계는 단순한 지적인 형성이 아니다. 즉, 다시 모아질 수 있고 이름이 지칭될 수 있는 증상들 사이의 상호관계에서 표현된 병이 실제로 있듯이, 실제로 체계가 있다는 것이다.

기술은 이제 이러한 특수성을 띤 나머지, 기술을 그 자체로서 또 체계로서 간주하는 것이 필요해졌다107).

---

107) '체계' 라는 용어를 사용하지 않고서 기술을 체계로서 제시하는 첫 사람들 중 하나는 『가장 악명 높은 승리』 *A most notorious victory* (1966)의 저자 셀리그먼(Ben. B. Seligman)이다. 이러한 확인된 사실의 의미를 완전히 파악하지 않고서 기술을 체계로서 나타내는 공저 『기술 시대에서 기술』 *Technik im Technischen Zeitalter* (1965)의 서문에서 바이페르트(G. Weippert)를 참조할 것. 마찬가지로 하버마스(Habermas)도 참조할 것. 아마도 그들이 거기에 살고 있기 때문에 기술 세계의 실재를 가장 근접하게 이해하는 것은 일반적으로 미국 사회학자들이다! 『기술과 변화: 새로운 헤라클레이토스』 *Technology and change : the new Heraclitus* (1963)의 저자 도날드 숀(Donald A. Schon)이 기술 체계에 대한 현재의 모든 고찰의 출발점이 되는 바인 "기술 혁신은 우리에게 속하는 것보다 더 우리가 기술 혁신에 속한다."라고 기술할 때,

나는 기술 체계에 대한 이야기를 하면서, 현실의 중요한 부분을 설명하고자 한다. 이는 우발적 발달에 대한 단순한 가정도 아니고, 이러저러한 분야에서 과거의 양적 데이터를 고려하면서 그려진 곡선의 확대 적용도 아니다. 현재 기술은 질적이고 양적인 차원에서 기술의 "정상적인" 발달이 납득될 수 있도록 발달한다. 즉, 체계를 만드는 논리가 있다는 것이다. 결국, 나는 이러한 체계와 체계의 변화를 분석하면서 현실을 설명하고자 한다. 그러나 기술 체계는 완성되지 않았기 때문에, 내가 완전한 확신을 가지고 그렇게 할 수 없음은 분명하다. 기술 체계는 닫혀 있지 않고, 자체의 유일한 내적 논리에 의해 변화하는 체계가 아니다. 따라서 기술 체계는 우발적인 커다란 여백을 포함한다. 하지만, 기술 체계는 상당한 부분의 가능성도 포함한다. 기술 체계는 1990년에는 이런 저런 것이 있을 거라는 식의 기술적인 "발명들"을 예측하는데 아무 소용이 없다. 왜냐하면 예측은 수많은 혁신과 적용을 합함으로써 이루어지는 것이 아니라, 그 자체로서 체계에 대한 포괄적 연구에 따라서만 이루어지기 때문이다. 결국, 기술 체계가 "반복적이지" 않은 한에서, 연구해야 할 유일한 상황만을 우리에게 제시하는 기술 체계는, 관찰할 수 있는 반복된 주기가 있는 물리 체계나 생태계 등보다 더 어렵다108).

그 역시 이 실재에 대해 직감한다. 그러나 나는 '체계'라는 단어를 사용하면서 구조주의적 사고에 매이려는 것은 전혀 아니다. 나는 힘의 체계나 혹은 열역학 체계에 대해 아주 오래 전에 언급되었던 대로 기술이 이제 체계를 구성한다고 생각한다. 또한 나는 모든 사회 조직이나 모든 관계에 존재하는 절대적 실재인 체계에 대한 어떠한 언급도 하지 않는다.

[역주] Ben. B. Seligman. 미국의 경제학자. 위에 인용된 그의 저서 『가장 악명 높은 승리』에서는 작업장에 컴퓨터가 도입된 자동화의 시대에서 인간의 상황을 묘사한다. 주요 저서로 『현대 경제학에서 주요 흐름』 *Main Currents in Modern Economics*이 있다.

[역주] Donald A. Schon(1931-1997). 미국의 사상가이자 교육가. 반성적 학습의 실천과 이론을 개발하여 서구세계에 영향을 미친 인물이다. 주요 저서로 『조직 학습 2권, 이론과 방법과 실천』 *Organizational learning II: Theory, method and practice*이 있다.

108) 리치타(Richta)는 사회나 발전의 결정론적 모델이 산업 체계에 연결된 것으로 간주했고, 모든 것이 과학적이고 기술적인 혁명과 더불어 변화한다고 여겼다. 그것을 계기로 그는 체계라는 개념에 도달한다. "통제된 요인들에 고유한 종속성이 배제될 수 없는 근본 요인이 되자마자, 또 사물들의 외적인 단순한 합리성이 발전하고 변화하는 중인 체계들의 우월한 합리성에 자리를 양보하자마자, 생산력의 수많은 영역 중 각 영역에서 또 일반적 상황들의 망에서 하나 혹은 여러 산업 요인들이 일반적 역동성에 의해 대체될 때 상황은 변한다…"

기술적인 현상에 의해 형성되는 기술 체계

이러한 체계는 기술적인 현상의 존재에 의해 또 기술적인 진보에 의해 형성된다. 나는 역사의 흐름에서 늘 존재했던 기술적인 작용에서 기술적인 현상을 구별하면서, 『기술 혹은 세기의 쟁점』에서 내가 기술적인 현상에 부여했던 방향에서 기술적인 현상을 여기서 제시한다.109)

기술적인 현상은 18세기부터 서구 문명의 특유한 현상이다.110) 기술적인 현상은 의식과 비판과 합리성에 의해 특징지어 지는데111), 나는 이 점을 재론하지 않겠다. 하지만, 기술적인 현상은 그 자체로 체계를 구성하기에 충분하지 않으며, 실제로 기술적인 현상은 본질상 정태적인 것으로 간주될 수 있다. 즉, 이 현상을 있는 그대로 취하여 그 상태로 간주하며 분석하고 싶을 수도 있다112). 그런데, 체계는 그 자체로서 변화하는 특성이 있기 때문에, 이렇게 함

히지만, 그는 그것이 인간들의 창조적 협동을 전제로 한다고 결론짓는데, 그 점은 덜 확실한 듯이 보인다. 『교차점에서의 문명』 *La Civilisation au Carrefour*, 290쪽.
109) 시몽동(Simondon)과 도마(Daumas) 이후에 리치타는 기계가 완성된 도구로서 평범하게 간주되고 자동기계장치(automate)가 완성된 기계로서 여겨질 때 기술의 발전 단계들이 명확히 구분되지 않는다는 점을 주목하게 한다. 즉, 기계는 도구가 아니라 자체의 도구들을 마음대로 할 수 있는 메커니즘인데, 그 점은 주체와 객체의 전도(顚倒)를 전제로 한다. 기계는 기계를 섬기도록 인간을 사용한다. 자동적 체계는 기계가 아니라 기계들을 사용하는 집합체나 혹은 명령과정이다. 따라서 새로운 종속성의 측면이 존재하고, 인간에게 자동기계장치의 중요성은 기계의 중요성과 전혀 다르다.
[역주] Maurice Daumas(1910-1984). 프랑스의 화학자이자 역사학자. 프랑스에서 기술사의 선구자 중 한사람으로서 기술 고고학과 프랑스의 산업 유산에 연구 작업 대부분을 할애한다. 주요 저서로 이 책에서 인용되는 『과학의 역사 및 과학 적용의 역사 지(誌)』*Revue d'Histoire des Sciences et de leur application*, 『기술들의 역사』*Histoire des techniques*, 『기술들의 역사를 위한 자료』*Documents pour l'Histoire des techniques* 등이 있다.
110) 나는 기술적인 현상의 출현 및 특징과 관련하여 내가 할애했던 긴 논리전개들을 여기서 재론하지 않겠다.
111) 전문기술관료의 의식이라는 개념에 대해 하버마스(Habermas)에 의해 행해진 긴 분석은 기술적인 작용에서 기술적인 현상으로 이행을 설명하려고 『기술 혹은 시대의 쟁점』*La Technique ou l'enjeu du siècle*에서 내가 연구했던 바에 대한 부연일 따름이다. 그 점은 하버마스가 실천(praxis)과 기술 사이의 차이의 제거에 대해 언급할 때 그가 철학적으로 표현하는 것이다. 그것은 사물들을 기술적으로 마음대로 사용하려는 의지 뒤에서, 지배가 없는 소통의 욕구를 제거하는 것이다.
112) 나는 한편으로 기술과 '기술담론적인 담화'(discours technologique)를 혼동하고 다른 한편으로 기술을 통해 이해하는 바에 대한 개념을 제시하고자 할 때 완전히 시대에 뒤떨어진 듯

으로써 주어진 한 순간에 이러한 종류의 "단면斷面"에 대한 습관적 잘못을 저지를 수도 있을 뿐 아니라, 체계 자체를 놓칠 수도 있다. 하지만, 이 문제를 자세히 설명해야 한다. 나는 대상들이나 혹은 기술적인 현상이 변화한다고 말하고 싶지 않다. 이 점은 자명하고 명백하며 아무 것도 덧붙일 게 없다. 1970년대의 자동차가 더는 1930년대의 자동차와 같지않다고 알려져 있다. 하지만, 이 점에서 기술적인 대상이나 혹은 더 포괄적으로 말해 현상은 아무렇게나 굴러다니는 조약돌과는 다르다. 그런데, 우리는 기술 체계가 현상과 진보로 구성된다고 언급했다. 진보는 대상의 변모도 아니고 대상의 변화도 아니다. 그런데, 이는 우리가 늘 생각하고 싶은 것이다. "모든 것은 흘러가고", 시간은 지나간다. 따라서 대상은 변화한다. 변화는 시간의 흐름에 달려 있다고 할 수도 있는데, 시간은 대상에 대한 일종의 외부적 힘이자 그 속에 대상이 잠겨 있고 대상을 이끌어 가는 하천이다. 그러나 바로 기술과 더불어 우리는 전혀 다른 실재와 마주하는데, 이 실재 자체의 변화를 생겨나게 하는 것은 기술이다. 드 쥬브넬De Jouvenel이 "과정들의 영속적 혁명"이라 부르는 것이 존재한다. 진보는 어떤 면에서 대상 자체에 속한다. 즉, 진보는 대상을 구성한다. 진보가 없으면 기술도 없다고 할 수 있다. 기술적인 진보는 변화하는 기술이 아니다. 또한 기술적인 진보는 기술적인 대상들이 개선되기 때문에 변화하는 기술적인 대상들도 아니다. 그리고 기술적인 진보는 이러한 기계나 조직이 적용되게끔 하는 기계나 조직에 대한 영향들의 합도 아니다. 기술이 자체를 위해 필요하게 하는 특별한 여건으로서 기술 자체의 변형을 기술은 포함한다. 기술이 현

이 보이는 하버마스와 (『이데올로기로서 기술과 과학』Technik und Wissenschaft als Ideologie, 1973) 의견이 전혀 일치하지 않는다. 이 책의 서문을 쓴 라드미랄(Ladmiral)은 "실험 과학에 의해 형식화된 경험적 지식의 적용인 기술담론 혹은 기술적인 규칙들은 기술적인 수단들을 사용하는데, 이 때 기술적인 수단들은 도구적 활동의 어떤 연속의 틀에서 체계적 방식으로 다시 사용될 수 있는 모든 물질적 대상이다."라고 기술한다. 이것은 너무 단순한 정의이자 19세기의 기술에 적용될 수 있는 정의이지만, 현재의 현상과 아무런 관계가 없다! 그렇지만, 나는 기술에 대한 자기 견해가 "실험의 틀에서 접근될 수 있으나 사용될 수 있는 것으로서는 진지하게 확인되지 않은 도식"이라고 강조하는 하버마스의 겸손함을 존중한다.

대의 실재 속에 존재하는 순간부터 기술을 통해 진보 현상이 생겨나는데, 우리는 이 진보에 젖어 있으며, 우리의 모든 판단을 고취하는 진보 이데올로기는 기술의 직접적 산물이다. 진보는 "진보하는 기술에" 속하지 않으며, 독립적 새로운 실재이다. 기술 체계를 구성하는 것은 기술적인 현상과 기술적인 진보 사이의 연결이다. 그래서 기술적인 현상 및 기술적인 진보의 특성과 조절과 "법칙"이 있다. 이 기술적인 진보는 어떤 방식에 따라 이루어지고, 다른 유형의 변화에서 기술적인 진보를 구별하는 특수성들을 제시한다. 경제 성장이나 혹은 문화적 발달은 기술적인 진보와 같은 방식에 따라 이루어지지 않는다. 이와 같이 기술 체계는 확인할 수 있는 다른 체계들에서 기술 체계를 구별하는 일련의 특수성에 의해 특징지어 진다113). 이러한 체계의 특이성에 대해 말하자면, 이 특이성은 기술적인 요인이 늘 특별한 방식으로 다른 기술적인 요인과 결합한다는 사실로 이미 명백히 나타난다. 이 요인들 서로 간에 "끄는 힘"이 존재하는데, 이는 각 요인의 어떤 본성에 기인하는 것이 아니라, 이 요인들이 동일한 체계에 속해 있다는 사실에 기인한다. 그래서 정치적이고 경제적이며 이데올로기적인 다른 체계에 의존하는 외부 요인과의 결합은 물론 배제되지 않고, 언제나 부차적이 될 것이다. 물론, '체계'라는 단어를 사용하면서, 나는 기술이 정치적이고 경제적인 환경에 생소하다고 말하고 싶지는 않다. 기술은 닫힌 체계가 아니다. 그러나 기술은 일례로 기계 같은 기술적인 각 요인이 기술적이지 않은 요소들과 관계를 맺기 전, 우선 일련의 다른 기술적인 요인들에 연결되고 관계되며 의존한다는 점에서 체계이다. 보다 정확히 말해, 기술이 환경이 되었던 한에서, 체계는 이러한 환경 속에 위치하며, 이 환경에서 자양분을 취하면서 이 환경을 구성한다. 암이 체계라고 할 수

---

113) 나는 주어진 체계의 구조가 다른 체계들을 해석하게 한다고 생각하지 않는다. 각 체계를 특징짓는 것은 바로 체계의 구조와 특징과 배열의 특수성이다. 이와 같이 나는 다른 언어 체계들을 분석하거나 혹은 심지어 설명하고자 언어 체계의 구조를 사용하는 것은 과학적 방법의 오류라고 생각한다.

있듯이 체계가 존재한다. 암이 나타나는 조직체의 모든 지점에서 비슷한 활동 방식이 있고, 옛 세포 조직과 관계있는 새로운 세포 조직의 증식이 일어나며, 암의 전이轉移 사이에 관계가 존재한다. 살아 있는 다른 체계 속에 끼워 넣어진 암은 그 자체로 조직체이나, 스스로 생존할 수는 없다. 기술 체계에서도 마찬가지이다. 한편으로 기술 체계는 그것과는 별도로 존재하는 사회corps social 속에 끼어드는 한에서만, 나타나고 발전하며 존재할 수 있다. 기술은 스스로 생존할 수 있는 "자연"으로 간주될 수 없다. '사회적 자연' 114)은 기술 체계에 앞서 존재하고, 기술 체계가 자체의 편입과 가능성과 뒷받침을 발견하는 것은 '사회적 자연' 안에서 이다. 그러나 다른 한편으로 기술의 성장은 사회를 멀쩡한 채로 내버려 두지 않으며, 사회의 다른 요소들이 스스로의 힘으로 또 스스로를 위해 발전하게 하지 않는다. 예를 들어, 기술에 힘입어 가족으로서 변할 수도 있고 새로운 가족적 균형을 찾을 수도 있는 그 자체로서 가족은 없다. 실제로, 기술적인 영향은 가족이라는 사실의 총체성을 문제 삼는다. 가족은 무엇보다 기술 체계에 의존하고자 사회에 연결된 사회학적 실재가 더는 되지 않는다. 가족은 "기술 환경 속에서 가족"이 되었다.115) 그 뿐 아니라, 기술적인 각 요인은 이러한 집단 및 이러한 경제적 현상이나 혹은 사회적

---

114) [역주] '사회적 자연' (nature sociale). 소비(Alfred Sauvy)가 개인과 사회를 근접시키고자 사용한 개념으로서, 이와 아울러 그는 유기체의 비유를 사용하면서 다음 같이 기술한다. "당파, 곧 충분히 의식적인 사회계층은 대규모 사회의 신체기관일 따름이며, 그런 식으로 기능을 수행한다. 그것이 존재하는 것은 다른 것들이 존재하는 덕택이며, 특히 그 적들이 존재하는 덕택이다. 각자는 나머지에 의해 만들어진 산물이다. 흔히 격렬히 생겨나는 상호 반발은 전체의 균형과 생존을 공고히 하고 확인하기 위한 표현일 따름이다."
115) 여기서 내가 추구하는 계획은 『대상들의 체계』Le système des objets (1968)에서 보드리야르(J. Baudrillard)에 의해 지적된 두 노선과 아주 다르다. 한편으로, 그는 "사람들이 그 과정들에 의해 기술적인 대상과 관계를 맺는 과정들"을 연구한다. 거기서 비롯되는 행동들의 체계는 무엇인가. 다른 한편으로, 그는 사람들이 구조 분석에 의한 언어 체계처럼 연구될 수 있는 결합체(ensemble)를 형성하는 기술적인 대상들만을 고려하면서 기술담론을 검토할 수도 있다고 생각한다. 여기서 나는 한편으로 사회의 차원에 위치하며, 다른 한편으로 대상들 뿐만 아니라 방법과 프로그램으로 이루어지면서 그 체계가 사회 집단과 관계를 맺지 않거나 사회 집단에 개입하지 않으면 연구될 수 없는 기술 앞에 위치한다. 그런데, 이 두 측면을 무시하는 일은 보드리야르의 연구가 아무리 예리하고 흥미롭더라도 그의 연구를 쓸모없게 만든다. 그는 기술 세계에 인간을 정확히 위치시키지 않고서 기술적인 인간·대상의 관

현상에 우선 연결되지 않는다. 기술적인 요인은 기술 체계 속에 우선 끼워 넣어져 있다. 이와 같이 이것은 사무 작업의 기계화이다. 즉, 일반적 견해는 "국가·행정·관공서"라는 복합체가 지배적이 된다는 것으로서, 기술은 그 속에 끼어든다. 기술적인 요소는 행정 메커니즘 속으로 통합되고 이러한 활동에 결부되어 있기에, 관료주의 조직에 보완적인 기술적 요소가 덧붙여진다. 상황에 대한 이러한 이해를 통해, 기술은 잡다한 파편과 조각들 사이의 우발적이고 불확실한 관계들과 더불어 이러한 파편과 조각들로 이루어진 것으로서 간주되기에 이른다. 실재는 이 반대인데도 말이다. 기술적인 각 요소는 다른 모든 요소들과 연결되어 있다. 기계화가 관공서에 도입될 때, 이는 기술 체계에 의해 이러한 방향으로 떠밀린 일종의 정점pointe이다. 그래서 행정은 변모되지만, 특히 자체의 결정적 특성을 상실한다. 즉, 새로운 기계장치에 의해 결정되는 것이 행정이다. 통일성은 국가·행정과 같은 옛 틀에서가 아니라 다양한 기술들 사이의 상호관계라는 수단에 의해 이루어진다. 따라서 자체의 조직 원리와 통일성을 포함하는 다양한 사회적·정치적·경제적 맥락 속에 끼워 넣어진 산재된 기술적인 요인들은 없다. 이와 반대로, 다양화된 개입 양상을 띠는 기술 체계이자 인간적 실재나 혹은 사회적 실재의 각 단편을 기술 체계에 결부시키는 기술 체계가 존재하는데, 이 단편은 기술 체계가 그 안에 포함되었던 나머지 조직의 작용 자체에 의해 분리된 것이다. 이와 같이 다른 기술적인 요인들에 연결된 기술적인 각 요인은 다소 일관성 있는, 다시 말해 내적이지만, 반드시 명백하지는 않은 일관성을 지닌 엄밀한 결합체를 형성한다.

계를 설정하려 한다. 따라서 그는 인간에게 어떤 태도와 행동을 부여하는데, 그가 인간을 늘 주체로 위치시키면서도 그 태도와 행동에 대한 설명은 기술의 포괄성 속에 있다. 게다가, 표명되지도 밝혀지지도 않은 마르크스주의적이며 프로이트적인 이중적 선입관은 대상들의 체계에서 그 가치의 많은 부분을 앗아간다.

2. 체계에 대한 규정

기술 체계의 특성

우리는 어떤 점에서 기술이 체계이며 어떻게 체계가 작동하는지 줄곧 밝혀야 하겠지만, 이 단락에서 우리는 그 시도에 대해 일반적으로 해명할 수 있다.

입증할 수 있는 효율성이 어디서든 얻어지도록 인간 삶의 각 측면이 통제와 조작과 실험과 관찰에 종속될 때, 전체적 기술화가 존재한다.[116] 모든 구성 요소에서 독립이라는 사실에 의해, 또 포괄성이라는 사실에 의해, 결국 기존의 안정성에 의해, 체계는 변화 속에서 드러난다. 이 변화란 운동성이나 적응 등과 같은 '기술담론적인 변화' 이자 사회적 변화로서, 기술 때문에 점점 더 빨리 불거지는 문제를 끊임없이 해결하고자 필요한 변화이다. 마지막 사항인 기존의 안정성이 특히 중요하다. 즉, 사람들은 더는 "탈奪기술화" 할 수 없다. 사람들이 뒤로 돌아가기를 더는 바랄 수 없을 정도로 체계에는 이런 폭넓음이 있다. 탈기술화는 숲속의 원시인이 자기들이 태어난 환경에 불을 지르는 것과 맞먹을 수도 있다. 기술의 이 네 가지 특성을 통해, 포괄적 방식으로 검토된 체계라고 불릴 수 있는 것에 대한 신속한 첫 번째 시각이 제시된다. 그러나 시몽동Simondon[117]은 어떤 결합체ensemble에 대해 이해하고 파악하려면 기술적인 대상에 별도의 처리가 수반된다는 점을 밝혔다. 시몽동에 의해 제기된 기술적인 대상에 대한 특별한 인식 문제는, 그 체계에서 기술적인 대상을 분리할 수 없는 체계가 있음을 밝혀준다. 기술적인 대상을 관계들의 총체 속에서 또 발생론적 방식으로 취해야 한다. 기술적인 대상의 존재 방식은 형성과정에서 나온 것이기 때문에 시몽동에 따라 정의되지만, 이 형성과정은 대상만을 만들어내지는 않는다. 형성과정은 우선 "기술적인 실재"를 만들어

---

116) 볼리(J. Boli) 『기술화』*Technization* (1973), 101쪽 및 이하.
117) 시몽동(Simondon)의 『기술적인 대상들의 존재방식에 대해』*Du mode d'existence des objets techniques* 20, 220, 245쪽 및 이하.

내고, 다음으로 일반적인 '전문성'을 만들어낸다. "자연적이고 인간적인 세계인 동시에 다多기술 세계를 만드는 것은 일련의 기술 및 기술들의 상호연결이다… 자연 세계와 인간 세계에서 기술들은 그 존재가 분리되어 있지 않다. 그런데, 기술적인 결정과 기술적인 규범 위에 있는 구체적 결합체들의 기술적인 망상網狀체를 이론화하기 위한 꽤 발달된 사고가 존재하지 않기 때문에, 기술들은 마치 분리된 것처럼 기술적인 사고를 위해 남아 있다. 그러므로 다기술적이고 기술담론적인 결정과 규범을 발견해야 할 것이다. 자체의 고유한 구조가 있는 다양한 기술들의 세계가 존재한다…" 시몽동은 이러한 것이 철학의 진정한 책무라고 판단한다. 그런데 시몽동은 반대되는 것을 제시하기 때문에, 이 철학자는 이러한 발견을 하는데 대한 대비가 별로 되어 있지 않은 듯이 보인다. 사실 이것은 유일한 특수성 속에서 그 자체로 취해질 수밖에 없는 인위적 세계의 발견과 관계되는 것이다. "떼어 놓을 수 있게 된 기술적인 대상은 이러저러한 조합에 따라 다른 기술적인 대상들과 함께 모아질 수 있다. 기술 세계는 결집과 연결의 무한한 사용가능성을 제시하는데, 기술적인 대상을 만드는 것은 사용가능성을 갖추어 놓는 것이다. 산업적 결집은 기술적인 대상들과 더불어 실현될 수 있는 유일한 결집이 아니다. 조직된 매개들의 일정한 연계에 의해 인간을 자연에 연결시키는 것을 목적으로 삼고 인간의 사고와 자연을 결합시키는 것을 목적으로 삼는 생산적이지 않은 결집들이 실현될 수도 있다. 여기서 기술 세계는 전환 체계로서 개입한다." 이와 같이 기술 체계는 내재적 관계에 의해 존재할 뿐 아니라, 기술들이 적용되는 대상들도 체계이기 때문에 존재한다. 이는 "자연"과 "사회"이다. "자연"과 "사회"는 예를 들어 생태계처럼 체계로서 존재했기 때문에, 분리되고 전문화되어 있는 서로 구별된 측면들에 적용되는 기술은 마침내 이 측면들을 전체적으로 포함하고 말았다. 하지만, 자연적 요구나 자연의 도전과 관련된 어떤 기술의 상응이나 혹은 기술적인 대상의 창조 같은 세분된 작용들 사이에는 관계가 존재했는데, 이는 애초에 이 작용들이 기술적으로 규정되기 때문이 아니라, 이 작용들이 체계에 적용되기 때문이다. 기술이 진정한 연속된 조직으로서 구성된 다음 환경으로서 구성됨으로 기술의 대상과 무관하게 그 자체로 점진적으로 체계가 되었던 것은, 두 번째 단계와 세 번째 단계의 기술들의 습득과 더불어 점진적으로 이루어진 것일 따름이다. 이 순간, 기술들은 서로 관련되어 일관성 있게 되고, 서로를 따라서 조직된다. 기술적인 요소들과 요인들은 단지 나란히 놓이지 않고, 이것들 사이에서 조합된다. 기술의 모든 대상과 방법 사이에는 "결속"과 결합과 협력의 결합체가 확립되었다.

그렇지만, 여기서 자세히 설명할 필요가 있다. 내가 체계에 대한 이야기를 할 때, 나는 정보처리기술 모델에 의한 모의실험에 기반을 둔 묘사적이고 조작적 분석에 내맡겨진 체계를 세우지 않는다고 언급하고 싶다. 결국 나는 어떤 한도 내에서 실제적 결합체에 체계적 분석을 적용한다고 언급할 수도 있다. 그러나 차라리 나는 기술적인 현상들이 실제로 존재하는 체계의 특징들을 이제 제시하도록 이 현상들이 조합되었음을 확인할 수 있다고 생각한다. 따라서 문제되는 것은 컴퓨터 처리를 위한 형식화가 아니라, 이를 가지고 이론을 만들게 하는 어떤 현실에 대한 확인이다. 나는 문제의 그 체계에 대한 완전한 이론을 세우기 전에 컴퓨터로 하는 모의실험을 행하는 것이 유용하지 않을 수도 있다고 생각하기조차 한다. 실제로 나에게 아주 분명히 나타났던 점은, 내가 연구하고 싶었던 형식화된 일련의 체계들이 사실들을 이해하는 데 개념적으로 매우 취약하고 결핍되어 있었다는 것인데, 이러한 취약과 결핍은 사실들을 완전히 부적당한 것으로 만들었다. 이런 형식화된 체계들에서 나오는 작용들은 수학적 차원에서는 아주 완벽하더라도 큰 의미가 없다! 적용 한계는 대상의 범위와 관련 있는 듯이 보인다. 될 수 있는 대로 나는 정확하고 상대적으로 제한된 대상들에 대한 이러한 방법의 적용을 믿는다. 이 대상들은 그러한 방법과 관련되는 정보 체계 및 결정 체계에 대한 연구와 더불어 조직이나 혹은 조직 전체인데118), 그 만큼 이 점은 예를 들어 포괄적인 사회와 전체적인 서구 경제나 혹은 유럽의 일반 정치에서 불가능한 듯이 보인다. 결국, 여기서 체계로 형식화하는 일은 해석으로는 가능하지 않은 것을 최고로 드러낼 수도 있다. 그러나 자신의 저서 『현대 사회들의 체계』에서 파슨스의 관점을 취하기 보다 나는 훨씬 그 이상으로 이 책의 관점을 따르겠다..

전체적이고 포괄적인 기술 체계

그러나 진지한 비판과 마주쳐야 한다. 마치 기술이 그 자체로 일종의 존재를 갖는 듯이 어떻게 기술을 간주할 수 있을까? 혼자 작동할 수도 있는 일종의 시계로서 어떻게 기술 체계를 분석할 수 있을까? 기술에 참여하고 기술을 작동하게 하며 기술을 만들어 내고 선택하는 인간들이 있다는 이유에서 만이 기술은 존재한다. 우발적인 일과 인간에 의해 만들어진 비非규칙성을 고려하지 않고서 기술을 살펴보려는 것은, 타당치 않은 불가능한 추상화를 행하는 것이다. 기술 체계는 순전히 가상적이다. 즉, 기술 체계는 결코 보이지 않는다. 사람들이 보고 접하는 것은 도구를 사용하는 인간들이다. 결국, 기술은 존재하지 않는다. 생산물이 있고, 기계가 있으며, 방법이 있다… 하지만, 이것들을 다 같이 고려하는 것은 인위적이다. 르페브르는 서로 간에 관계 없는 다양한 기술이 있음을 보여주려 하고, 아주 다른 궁극목적이 있으면서 동일한 환경과 결코 관계되지 않은 흩어지고 분산된 기술적인 대상들이 있음을 보여주려 한다. 따라서 체계가 있는 것이 아니라, 모으기나 더하기가 있을 수도 있다. 나는 내가 인간이나 혹은 집단들을 고려하지 않은 채 그 자체로 하나의 대

---

118) 예를 들어, 르 무아뉴(Le Moigne)의 『조직 속에서 결정 체계』*Les systèmes de dècision dans les organismes* (1974년)를 볼 것.
 [역주] Jean Louis Le Moigne(1931-). 프랑스의 시스템 공학 전문가이자 구성주의적 인식론 전문가. 주된 이론적 연구 분야는 시스템학, 공학, 인공지능 학으로서, 연구 주제는 인간의 차원에서 조직과 정보와 결정에 두루 걸쳐 있다. 주요 저서로 『조직 속에서 정보 체계』*Les systèmes d'information dans les organismes*가 있다.

상으로서 기술 체계를 분석하면서, 현 사회학의 주된 경향에 반대하고 있음을 잘 안다. 마찬가지로 베버Weber도 관료주의의 특성과 운용 법칙을 기술하면서 관료주의를 체계로서 연구했다고 비난받는다. 공무원이나 사무직 종사자가 중요하다는 점과 베버에 의해 제시된 원리와 법칙이 구체적 연구 어디에도 눈에 띠지 않는다는 점이 부각된다. 하지만, 인간관계, 집단이나 개인의 작용과 반작용, 선택과 주도권의 "역기능"이 발견된다. 확인할 수 있는 행정의 실재는 바로 이것이지, 다른 아무 것도 아니다. 이와 같이 이것은 기술이라 불리는 것과 관련된 인간이다. 즉, 최종 분석에서 행동하고 선택하기로 되어 있는 것이 인간이다. 기술의 어떤 실재가 존재하더라도, 인간의 현존을 추상화하면서 기술을 분석하려는 것은 잘못이다119). 그렇지만, 이런 반론을 알면서도 또 이런 지적이 전적으로 틀림없음을 인정하면서도, 내가 여기서 시도했던 바는 그러한데, 이는 두 가지 이유에서 이다.

첫째, 체계를 이루지 않는 분리된 기술적인 대상들만 "본다"고 하는 것은, 그 태도를 아무리 존중하더라도 초보적인 태도를 취하는 것이다. 자연의 사물들을 고려하는 인간이 분리된 대상들만을 자연에서 볼 때 구름과 풀과 조약돌과 물 등이 있을 텐데, 이 모든 것은 흩어져 있고 관계가 없다. 이것이 아주 만족할 만한 지적 견해 표명이라고 할 수는 없다. 우리는 기원부터 인간이 자연의 체계를 수립하려고 애썼음을 안다. 인간은 한편으로 관계의 체계를 시도했고, 다른 한편으로 설명적인 체계를 시도했다. 인간은 마법적이거나 혹은 형이상학적 설명이나 대응과 더불어 흔히 착오를 일으켰지만, 우리가 과학적이라 부르는 합리적인 관계 체계가 세워질 때까지 매번 체계는 다른 체계를 대체했다. 그런데, 우리가 여기서 시도했던 것은 바로 같은 작업이다.

---

119) 셀리그먼(Seligman)의 『가장 악명 높은 승리』*A most notorious victory*는 기술이 자체의 자율성을 취했다는 이 개념에 반대하여 미국에 널리 퍼진 주요한 논증들에 대한 일종의 분석이다. 그는 그 논증들을 주장하는 사람들이 "사실들에 대한 엄청난 왜곡, 새로운 기술에 대한 근본적 무지, 지나치게 단순하고 시대에 뒤떨어진 개념들"에 힘입어 그렇게 한다고 간주한다.

우리는 기술 체계에 대한 우리의 묘사가 과학적이며 결정적임을 언급하는 것이 아니라, 이것이 반드시 필요한 첫 걸음이며 단지 이 체계 없이는 인간의 새로운 세계를 이해하는데 아무 것도 이루어질 수 없음을 언급한다.

게다가, 이와 비슷한 재현이 결코 없을 것임이 잘 알려져 있는 반면, 내가 인간적 역기능을 추상화할 때 나는 "동등한 만물"을 제시하는 과학자의 태도와 다른 태도를 취하지 않는다. 마찬가지로, 현상에 대한 분석은 이러저러한 조건의 추상화를 전제로 한다는 것은 화학과 물리학에서 매우 잘 알려져 있다. 즉, 하나의 법칙에 이르기는 한다. 하지만, 추상화되었던 요인들이 실제로는 추상적이지 않기 때문에, 실험을 하고자 할 때 예견되었던 바가 실험을 통해 결코 제시되지는 않는다. 그러나 이렇게 행해지지 않는다면 가능한 어떠한 과학도 없을 것이다. 현상 자체를 구분하고 현상의 규칙성을 알려면, 변이와 우발적인 일과 우연한 변동에서 현상을 떼어놓아야 한다. 어쨌든 이러한 변이들이 실제로 늘 나타나는 것이 식별된다면, 이 변이들을 원상으로 복귀시켜야 하며, 현상이 이와 같이 겪은 변화들을 원래의 분석에서 고려해야 한다. 그런데, 소위 정밀과학으로 잘 알려진 바는 사회과학을 위해 적용되어야 한다. 정치 경제학에 대한 마르크스의 태도가 본보기처럼 보인다. 마르크스가 경제학자라고 불렀던 이들, 다시 말해 경제학의 "고전주의자"와 자유주의자와 창시자들은 인간적 요인을 추상화 했다. 마르크스는 이들이 틀렸으며 이 때문에 경제에 대한 이들의 분석이 정확하지 않다고 하지는 않을 것이다. 이와 반대로, 마르크스는 끊임없이 이런 분석을 사용할 것이고, 이 경제학자들에 의해 얻어진 결과들을 과학적으로 옳은 것으로 간주할 것이다. 그러나 그 다음으로 마르크스는 경제적 환경에서 인간적 요인을 추상화하는 것은 불가능하며, 인간적 요인을 다시 삽입하는 것이 무엇을 의미하는지 알아야 한다고 강조할 것이다. 이 뿐 아니라, 마르크스는 인간적 현상을 제외하면서 경제적 실재를 과학적으로 연구하는 것이 가능했기 때문에 경제적 실재와 관계되는 결과들을 이끌어 낼 것이고, 고전 경제학자들이 마르크스에게 제시했던 여건들 자체에서 정치 경제학에 대한 비판을 할 것이다. 그러나 이 경제학자들이 먼저 행한 연구방식은 반드시 필요했다. 베버와 관료주의와 관계되는 것에서도 마찬가지이다. 즉, 역기능에 대한 연구 및 노동자의 행동에 대한 분석은 베버의 체계적 이론수립에서 만이 가능하다. 관료주의가 전적으로 베버에 의해 분해된 체계라고 하는 것은 틀릴 수도 있다. 그러나 관료주의가 전적으로 일련의 인간관계와 압력과 관심 등이라고 하는 것은 똑같이 잘못이다. 이것들은 객관적 체계 속에서 객관적 체계와 관련하여 위치하는 한에서만이 존재 의미와 존재 가능성이 있다.

이 점과 관련하여 인간에 의해 체험된 실재가 무엇인지 알기 전 우선 체험하고 고착시켜야 할 객관적으로 확립된 일련의 규정과 위계位階와 경쟁과 역량 속으로 이러한 인간관계들이 끼어든다는 것이 사전에 알려져 있지 않다면, 이 인간관계들은 과연 무엇을 의미할까? 체험된 실재 외에는 실재가 없다는 점을 반박하지 말아야 한다. 또 이러한 체험을 벗어나면 존재가 있는 것은 아무 것도 없기에, 중요한 것은 "…을 위해 받아들여진 것"이고 "…로서 이해된 것"이라는 점을 반박하지 말아야 한다. 이는 분명히 틀림없지만, "체험된 것"이 있으려면 이러한 체험 외부에 있는 실재가 있어야 한다. 나는 철학적 토론을 벌이기를 거부하고, 공무원이 '…로서의 경쟁'을 "체험할" 수 있다고 단지 말할 따름이다. 하지만, 나는 경쟁이 자신의 실재를 공무원에게 부여하는 법률에 의해 만들어진 것이며, 적용 규정과 임명된 배심원단 등이 있다고 언급한다. 그런데, 이러한 결합체는 경험에 선행하는 것으로서도 아니고 경험의 기회로서도 아니라 스스로 존재한다. 분명히 이 결합체는 개인적이거나 혹은 집단적인 일련의 경험과 일련의 표상을 통해 체험된다. 그러나 이러한 객관적인 법률과 규정이 존재하지 않는다면 경험도 표상도 없을 것이기 때문에, 이 결합체를 이 점에 국한시킬 수는 없다. 이 결합체의 대상이 무엇인지 알아보았자 쓸데없는 일이다. 달리 말해, 기술 체계를 연구하면서 나는 인간을 고려하지 않는 것 같은 인상을 주었다. 실제로, 나는 활동과 거부와 고뇌와 집착과 표상 등이 그 위에서 생겨나는 바탕천을 제시한다. 이 바탕천에 대한 인식 없이는 나는 그러한 경험과 표상 등을 역시 이해할 수 없다. 따라서 나는 실재를 제시하려는 것이 아니라 이 실재를 아는데 반드시 필요한 어떤 여건을 제시하려 한다. 물론, 이런 점들과 관련하여 인간이 체험하는 바와 관계없는 어떠한 객관적 실재도 없지만, 인간이 체험하는 바는 주관성으로 귀결되지는 않는다. 인간에게 부과된 규칙과 인간이 마주치는 장애물 등을 고려해야 한다. 내가 이러한 해석과 복종 행위와 법률 위반을 이해할 수 있는 것은 법조문을 안다는 조건에서만이다. 이와 같이 체계를 묘사하면서 나는 개인의 주도권과 선택을 배제하는 것이 아니라, 모든 것이 그것으로 귀결되는 가능성만을 배제한다. 나는 "일어나는 것"이나 "존재하는 것"을 제시하는 것이 아니라, 인간이 변화시키고 촉진하며 혼란케 하는 바를 제시한다.

그렇지만, 여기서 피해야 할 또 다른 오류가 있다. 이는 그와 같이 간주된 기술이 대상일 수도 있다고 생각하는 것과 기술과 관련하여 인간이 주체일 수도 있다고 생각하는 것이다. 흔히 들리는 말은 결국 기술이 사물들만을 제시한다는 것과 인간은 사물들을 가지고 자신이 원하는 바를 만든다는 것이다. 따라서 모든 것은 선용과 악용에 달려 있다는 것이다… 게다가 기술 체계가 그러한 것으로서 존재하지 않는다고 밝히는 일과 기술적인 대상들만이 있다고 주장하는 일이 바로 마찬가지임을 확인하는 것은 주목할 만하다. 실제로 이러한 대상들은 분산되어 있지도 않고, 관계없는 상태도 아니다. 이 대상들은 체계 속에 포함되어 있지만, 이 체계에 영향을 미치고 기술적인 대상들을 사용하기로 되어 있는 인간은 그 자체로 인간도 아니고 절대적 주체도 아니다. 즉, 인간 자신은 기술 사회 속에 포함되어 있다. 꽤 일반적인 이러한 시각을 자세히 설명할 필요가 있다. 우선 이 시각은 기술적인 결합체를 물론 식별하지 못하며 자신의 자동차와 텔레비전과 현대식 회계장부 및 컴퓨터와 비행기를 계속 상대한다고 여기는 "길거리 인간"의 시각인데, 이는 분리된 순간이자 별개의 용도이자 이것들의 일관성과 연속성에 대한 고찰의 결여이다. 하지만, 이 태도는 전문화에서 비롯된다. 각 분야는 겉으로는 다른 분야들과 관계없이 발전한다. 우리 각자는 분리된 기술적인 분야에 빠져 있다. 각자는 자신의 직업 기술을 아는데, 이 기술만을 안다. 각자는 옆에 다른 기술들이 있다는 점을 이론적으로는 알지만, 이 분야들의 내적 일관성을 보지 못하고, 독자성과 상상력이 지배하는 무한하고 자유로운 이 모든 영역에 대한 공상에 빠질 수 있다⋯ 각자에게 속한 영역은 엄밀함과 효율성과 예속의 영역이다. 결국, 지식인에게 이러한 태도는 이 실재를 고려하기를 일률적으로 거부하는데서 비롯된다. 기술이 진정으로 체계라면, 사고의 자유는 기만일 따름이고 인간의 지대한 권한은 위협받는다. 그렇게 될 수 없기 때문에 기술은 체계이지 말아야 한다. 그러한 것으로서 기술의 존재에 대한 대부분의 지적인 평가를 불가피하게 하는 것은 이 공포의 반사작용이다. 관계없는 기계장치와 대상과 방법만을 단지 고려하는 것은, 실제로 꽤 편리하고 마음을 놓이게 한다. 그래서 이러한 '모으기' collection 가운데서 당당하게 자리 잡고 완전히 독자적으로 이 '모으기'에 영향을 미치는 지고한 인간을 상상할 수 있다.[120] 기술적인 모든 요소는 이러한 인간에게 나오고, 이 인간을 벗어나서는 존재할 수도 없으며, 이 인간에게로 다시 온다. 이 모든 요소에 그 일관성을 부여하는 것은 결국 이러한 인간이다. 왜냐하면 인간에게 상대적으로 예속되지 않은 특별한 기술 조직이 존재한다는 것과 기술에 의한 일종의 삶의 도식화가 존재한다는 것을 인정하는데 큰 반감이 따르기 때문이다. 이는 낭만적 반발에서와[121] 마찬가지로 이러한 가능성에 대한 지적인 거부에서도 잘 나타나는

---

[120] [역주] 여기서 우표나 쓸데없는 물건을 수집하는 어떤 사람과 꼭 마찬가지로, "현대적"이라고 자부하지만, 그토록 많은 정보들에 둘러싸여 시달리는 나머지 그 정보들을 가지고 무엇을 해야 할지 모르는 듯이 보이는 오늘날의 인간을 엘륄은 마치 조롱하는 것 같다.

반감이다. 혹은 이는 우리 사회를 설명하고자, 또 인간과 사회와 자연이 늘 그대로 인 채 결국 아무 것도 변하지 않았음을 입증하고자 잘못된 개념을 착상하는 데서 잘 나타나는 반감이다. 사회는 형식상으로나 실질적으로나 늘 마찬가지이다. 다시 말해 2세기 전부터 본질적으로 아무 것도 변하지 않았다. 속력과 도시화 등은 인정된다. 하지만… 실제로는, 변하지 않은 그대로의 인간처럼 변하지 않은 그대로의 사회에 대한 이미지가 존재한다. 물론 동일하지는 않으나, 구조가 과거의 구조에 비교될 수 있는 사회이며, 집단과 문화와 노동에 동일한 원리와 분석이 적용될 수 있는 사회이다. 변함없이 사회는 예전처럼 계급으로 구성되어 있으며 언제나 동일한 변증법을 따른다고 여겨진다… 달리 말해, 표면적 변화를 겪는 영속적 실재가 있는데, 이는 어떤 사람들에게는 인간이라는 실재이고, 다른 어떤 사람들에게는 사회라는 실재이며 또 계급이라는 실재이다. 물론 이러저러한 사회의 측면을 변화시키지만, 결국 사회에 통합되고 덧붙여지는 일련의 진행 과정과 대상과 작업 방식과 기계가 이 실재에 덧붙여진다. 가장 철저한 "진보주의자들"에게 조차 결국 더 많은 기술이 있는 전통 사회일 따름인 현대 사회에 대한 이미지가 끊임없이 다시 나타난다. 물론, 그러한 것으로서 언급되지는 않지만, 행해지는 분석 유형을 통해 숨겨진 전제가 바로 그러하다는 점이 드러난다. 이는 바로 앞에서 인용된 문장에서 르페브르의 전제이다. 우리가 앞서 존재했던 사회들과 공통된 척도가 없는 사회에 살며 선조들의 경험과 사고가 우리에게 아무 쓸모가 없다고 인정하기란 매우 어렵다.

훨씬 더 흥미를 끌고 마음을 사로잡는 것은, 그리스도인과 기독교 교파 통합 회의에 의해 행해진 연구에서 많이 활용된 빨리 변화하는 문명이나 사회 같은 "급속한 변화"라고 불리는 것이다. 이 견해는 두 가지 관점에서 잘못되었다. 우선, 이런 표현을 사용하면서 일례로 가족 같은 이미 알려진 이전의 요

---

121) 현대 문학의 한 부분 전체는 이와 같이 설명된다. [본문 내용을 역자가 각주로 설정]

인 변화의 급속성에 집중한다는 것이다. a,b,c 라는 가족 상태가 있다고 하자. b 부터 c 까지 이루어진 실제 변천은 a 부터 b 까지 이루어진 이전의 변천보다 훨씬 더 빨리 이루어진다는 점이 확인된다. 그러나 이 문제는 완전히 부차적이다. 옛 요소들의 급속한 변화는 전혀 새로운 구조의 출현 및 일련의 기능들의 출현보다 훨씬 덜 한 문제이다. 도덕적 관점이나 혹은 인본주의적 관점에서 급속한 변화에 영향을 받은 개인과 집단의 구체적 운명을 분명히 걱정해야 한다. 그러나 급속한 변화가 우선 고려되는 한, 아무 것도 이해하지 못한 채 사람들은 이 문제에 매달린다. 옛 틀의 변화보다 새로운 환경의 출현을 더 바라보아야 하고, 도시적 변모보다 기술적인 구조들 속에 있는 인간의 상황에 더 관심 가져야 한다. 이 오류의 두 번째 측면은 급속한 변화라는 개념의 기원이 고려될 때 나타난다. 이 개념은 매우 인상적인 이러저러한 큰 사건에서 비롯되는 특히 강한 인상의 결과이다. 즉, 더 많이 생산할수록 더 빨리 나아간다거나, "급속한 변화"는 우리 사회의 구경거리가 될 만한 측면과 관계된다는 것이다. 또한 이 개념은 순수한 '사실史實 기록' événementiel에서 더는 나아가지 않음을 전제로 한다. 이와 반대로, 중요한 것은 기술 체계의 출현에서 비롯되는 포괄적 변화에 집중하는 것이다. 이 점이 의미하는 바가 실제로 포착되었던 순간부터, 놀라운 발견들은 많은 관심에서 멀어진다. 달에 가는 것은 더는 큰 사건이 아니다. 이는 이미 존재하는 것의 마땅하고 당연한 결과이다. 그래서 기술 체계가 우리 사회의 구조가 되었던 순간부터 "급속한 변화"에 대해서가 아니라 이전의 변화의 결과들에 대해 이야기할 수 있는데, 이는 당연하고 예측할 수 있는 거의 단일 선상의 결과들이다. 이 때문에 하나의 관심전환인 "급속한 변화"라는 개념을 거부하는 일이 필요한 듯이 보인다.

'기술 체계' système technique는 다양한 기술들과 대상들의 합과는 질적으로 다른 현상이다. 기술들과 대상들을 따로 고찰하거나 혹은 기술의 작용 분야를 떼어 놓는다면, 기술들과 대상들에 대해 아무 것도 이해할 수 없다. 포괄적 기술 체계 내부에서, 또 기술 체계와 관련하여 이것들을 연구해야 한다. 통신을 현대의 노동 방식, 주거 형태, 통치 기술, 행정 기술, 생산과 소비의 요구 등에서 분리한다면, 급속한 통신의 영향을 어떻게 평가할 수 있을까? 한 측면을 단지 따로 떼어놓음으로써 결합체 속의 문제는 완전히 왜곡된다. 기술적인 현상을 이해하려면, 또 기술적인 현상에 대한 사회학을 시도하려면, 첫 번째 조건이 기술적인 현상을 전체적으로 통일성 속에서 고찰하는 것이다. 기술들을 따로 고찰하더라도, 각 기술에서 기술의 형성과 특수한 방법과 특별한 영향을 물론 검토할 수 있다. 하지만, 이는 우리가 사는 사회에 대해 또 기술 환경의 실재에 대해 조금도 밝혀주지 않는다. 그래서 결합체에 대해서 뿐 아니라 특별한 각 기술에 대해 잘못된 시각이 취해진다. 왜냐하면 각 기술은 다른 기술과 관계에 의해서만이 진정으로 이해되기 때문이다. 어느 정도로 각 기술은 다른 기술의 발달을 초래하고, 어느 정도로 각 기술은 다른 기술에 의존하는가 이는 결정적 방법론의 문제이다. 기술 체계는 그 자체로 연구되어야 하고, 다른 기술들에 대한 연구가 가능한 것은 기술 체계에서 일 따름이다. 이 점은 내가 '추상적 경험주의' [122]라 부르는 것을 인정치 않게끔 한다. 다시 말해, '추상적 경험주의'는 한 측면만을 지니려고 한 측면을 따로 떼어 놓는 태도이며, 정확한 방식을 실재에 적용하도록 연구 대상으로서 가장 즉각적인 실재에 집착하는 태도이다. 수학적 방식과 통계학과 조사는 제한되고 종속된 측면에서만 유용할 따름이라는 점은 명백하다. 분명히 이러한 연구를 해야 한다. 하지만, 이런 연구가 이루어질 때, 이 연구가 충실한 관계도 정확한 해석도 전혀 아님을 알아야 한다. 또한 이 연구가 특별한 설명적 상황도 탁월

---

[122] '추상적 경험주의'는 소로킨(Sorokin)과 밀스(Mills)에 의해 이미 충분히 비판받는다. [본문 내용을 역자가 각주로 설정]
[역주] Pitirim Sorokin(1889-1968). 러시아 출신 미국 사회학자. 그의 사회학은 농촌사회학, 특히 러시아 혁명의 체험에 의한 사회문화 변동론으로 잘 알려져 있다. 주요 저서로 『사회적 이동성』*Social Mobility* 과 종합사회학의 구상을 구체화한 『사회와 문화와 인격』*Society, Culture and Personality*이 있다.

한 설명적 상황도 요구하지 말아야 함을 알아야 한다. 이 연구가 포괄적 실재에 대한 분석이나 일반적 상호관계에 대한 묘사에 속하지 않는다면, 이 연구는 이런 결과들을 신뢰하는 이를 오류로 이끄는데, 본질적인 것인 상호작용이 누락되어 있다.

정보와 컴퓨터에 의한 새로운 기술적인 결합체

이 점은 우리로 하여금 체계의 측면 중 어떤 측면들을 명시하면서 체계에 대한 첫 번째 시각을 재빨리 끌어내고 싶은 생각이 들게 한다.

첫 번째 측면은 분명히 체계의 특수성이다. 기술적이 아닌 것은 기술적인 것과 어떠한 공통점도 없기에 기술들은 다른 아무 것에도 비교될 수 없으며, 기술들 사이에는 비슷한 특징이 있다. 그러나 더 멀리 나아가야 한다. 실제로, 모든 부분은 상호관계에 있는데, 이는 정보의 기술화에 의해 강조된 상호관계이다. 이 점을 통해 두 가지 결과가 초래된다. 맨 먼저, 수많은 다른 대상이나 혹은 방식에 대한 파급효과나 변형을 유발하지 않고서 어떤 기술을 변형시킬 수 없다는 것이다. 그 다음으로, 기술들 사이의 배합을 통해 기술적인 효과가 생겨나고, 새로운 대상이나 혹은 새로운 방식이 생겨난다는 것이다. 이러한 배합은 필연적으로 불가피하게 일어난다. 하지만 이 뿐 아니라, 모든 체계처럼 기술 세계에는 자기조절 경향이 있는데, 다시 말해 기술 세계에는 기술로 하여금 자체의 가속기와 아울러 제동장치를 만들게끔 하는 발달 질서나 작동 질서가 이루어지는 경향이 있다. 그렇지만, 이러한 측면은 우리가 보듯이 가장 불확실하다. 따라서 이러한 체계는 자연 환경이 자율적이었던 것처럼 인간과 아주 독립되어 있는 듯이 나타난다.

시계 장치의 다양한 부품 같은 기계적 관계[123]가 아닌 점점 더 조밀해진 일련의 정보 관계가 다른 요인들 사이에 정립되었기 때문에, 이 체계는 본질

---

[123] 기술 체계가 모습을 나타내는 것은 전혀 그런 식이 아니다! [본문 내용을 역자가 각주로

적으로 존재한다. 정보 관계는 우리 자신의 해석 차원에서 이미 설명된다. 오늘날 두려움을 주는 정보 이론은 "과학 개념의 체계화 뿐 아니라 다양한 기술의 도식화를 가능하게 하는" "과학 상호간의 기술담론"이다. 정보 이론은 새로운 과학도 아니고, 기술들 사이에 있는 기술도 아니다. 정보 이론은 기술 체계가 정보 관계에 의한 체계로서 존재한다는 바로 그 이유 때문에 발달했다. 이는 우연도 아니고, 인간의 천재적 발견도 아니다. 이는 새로운 세계를 이해하려고 애써야 했던 인간의 필연성에 대한 응답이다. 정보 이론은 다양한 기술 사이에서 매개적 사고일 뿐 아니라, 다양한 과학 사이에서 또 과학과 기술 사이에서 매개적 사고이다. "정보 이론은 기술들의 과학으로서 또한 과학들의 기술로서 개입한다." 그러나 사정이 그러하고 이 정보 이론이 오늘날 이러한 체계 속으로 뚫고 들어가기 위한 수단인 듯이 보인다면, 이는 정보가 체계 자체의 구조화에서 이러한 역할을 했기 때문이다. 서로에게 전달되고 각 분야에서 기술적으로 사용된 정보들에 의해 다양화된 기술들은 체계로 통합되었다. "체계의 정보량이 체계의 조직 정도를 재는 것과 마찬가지로, 체계의 엔트로피124)는 체계의 탈奪조직 정도를 잰다"는 『인공두뇌학』Cybernetics에서 위너Wiener의 표현은 기술 체계에 완벽히 적용될 수 있다. 체계가 존재했던 것은, 각각의 기술적인 대상이나 혹은 기술적인 방식이 그 자체가 생겨났던 목적이 되는 과업을 정확히 수행하는 기능을 가졌을 뿐 아니라 정보 발신자가 되었던 순간부터이다. 또한 체계가 존재했던 것은, 각각의 기술적인 대상이나

설정]
124) [역주] 엔트로피. 엔트로피라는 개념은 1850년 독일 물리학자 루돌프 클라우지우스(Rudolf Clausius)에 의해서 처음 제안된다. 열이 높은 쪽에서 낮은 쪽으로 이동하고 농도의 농담(濃淡)이 있을 때 서로 섞여 균일해지려는 것과 같이, 불안정한 물질이나 계(系)가 평형적이고 안정된 상태로 되려 할 때 엔트로피는 증대된다. 엔트로피는 어떤 물질계 내에서 일하는 데 사용할 수 없는 에너지를 나타내는 하나의 척도로서, 일은 질서에서 얻어지기 때문에 엔트로피의 양은 계의 무질서나 무작위의 정도를 나타내는 것이기도 하다. 따라서 통계적 정의로 엔트로피는 통계적 '무질서도'를 나타낸다. 정보 이론에서는 상호 배타적이면서 각각 특정한 발생 확률을 갖는 어떤 유한(有限)개의 사상(event) 가운데서 임의의 한 사상이 발생함으로써 전달되는 정보 척도의 평균치를 가리킨다.

혹은 기술적인 방식이 그러한 것으로서 작동하기 시작했을 뿐 아니라 기술 환경 전체에 의해 보내어진 정보들을 담기 시작했던 순간부터이며, 결국 각자가 이 정보들을 고려했던 순간부터이다. 우리로 하여금 이 점을 확인하도록 강요하는 것은, 정보 이론의 출현일 뿐 아니라 정보 전달 장치의 증가 및 정보 기술의 성장이다. 그래서 기술 체계는 이러한 분야들에서 요구자가 되었다. 기술이 발달할수록 더 이 발달의 조건으로서 정보 작업은 증가한다. 물질적 생산과 물리적 대상의 움직임은 비물질적 활동보다 덜 중요하게 되었다. 정보 폭발은 체계가 생겨나도록 필요했다. 정보를 만들어내는 것은 우리 능력의 우연하고 단순한 산물이 아니다. 그러나 체계가 조직되려는 경향이 있는 순간부터, 정보에 대한 요구는 명백해진다. 다시 말해, 정보를 만들어내고 전달하며 모으는 특수성만을 지닌 기술들로 그 자체가 구성된 새로운 정보 분야가 나타난다.

그런데, 이러한 정보들은 이제 90퍼센트가 활동 기술 및 개입 기술의 작용에 의해 만들어진 정보이다. 이 정보들은 다른 기술적인 분야가 완성되게 하거나 적용되게 한다. 따라서 우리가 다루는 문제는 기술 상호간의 관계 설정 및 일련의 매개들의 출현에 대한 것이다. 기술을 체계로 구성하는 것은 바로 이 점이다. 따라서 이 점이 자체로 중요하더라도, 우리가 다루는 문제는 과학적인 발견의 전달과 혁신의 전달과 이것들에 대한 판독125)의 전달에 대한 것뿐만 아니다. 훨씬 더 중요한 점은, 실행되는 모든 것이 인접한 '실용 가능 영역' domaine opérationnel에서 실행될 수도 있는 모든 것과 구체적 차원에서 또 간혹 아주 보잘 것 없는 차원에서 맺는 지속적 관계이다. 과학 정보는 늘 관심을 많이 끌었고 불안하게 만들었다. 하지만, 우리가 속한 세상의 중심에 있는 것은 과학 정보가 아니라, 무수한 '실용 가능 정보' information opérationnelle가 기술 분야

---

125) 예를 들어 현재 시각에 존재하는 전자 '데이터 뱅크'(banque de données)를 통합할 국제 정보망의 정비 같은 것이다. (본문 내용을 역자가 각주로 설정)

에서 또 다른 분야로 지속적으로 옮겨지는 일이다. 그런데, 이 점은 컴퓨터의 출현으로 결정적으로 쉬워졌다. 이 새로운 기술적인 결합체에 대한 질문을 우리에게 제기해야 하는 것은 이 차원에서인데, 이것에 힘입어 기술 체계의 구성이 마무리된다.

컴퓨터의 이러한 중요성은 분명히 다음 같은 사실에 연결되는데, 즉 우리가 진보할수록126) 우리가 속한 세상의 더 중요한 부분이 정보라는 사실이다. 우리가 더는 생산의 절대적 필요성에 의해 지배되는 사회에 있는 것이 아니라, 다양한 정보의 송출과 유포와 수신과 해석에 의해 지배되는 사회에 있다. 체계의 구성을 마무리하는 것은 바로 이 점이다. 그 양측은 단순히 정돈되어 있지도 않고 서로 연결되어 있지도 않다. 양측은 구체적으로 연결되지는 않지만, 양측은 각각 정보를 송출하는 자와 정보를 수신하는 자이다. 체계는 끊임없이 새롭게 되는 정보망에 의해 유지된다. 이는 주어진 순간에 체계를 유연하게 만드는 것이고, 체계를 포착할 수 없게 만드는 것이다. 일종의 "체계 상태"는 결코 만들어질 수 없다. 왜냐하면 이는 정보를 고착시키는 것일 수도 있고, 따라서 체계 자체를 부정하는 것일 수도 있기 때문이다.

컴퓨터에 의한 변증법적 사고의 배제

컴퓨터는 수수께끼이다. 이는 컴퓨터의 제조나 사용에 관계되어서가 아니라, 사회나 인간에 대한 컴퓨터의 영향에 대해 그것이 무엇이든 인간이 예견할 수 없는 듯이 보인다는 점에서 이다. 이렇게 모호한 기계장치이자, 최선과 최악을 그 안에 담고 있는 듯이 보이는 도구이자, 특히 우리가 그 실제적 가능성을 살필 수 없는 수단과 마주했던 적은 아마도 결코 없었다. 물론, 우리는 컴퓨터가 직접적 용도로서 무엇에 소용될 수 있는 지를 안다. 여기서 컴퓨터의 가능한 사용에 대해 언급하는 것은 무의미하다. 이 점은 이 연구의 주제에

---

126) 이 점은 진부한 것이 되었다. [본문 내용을 역자가 각주로 설정]

속하지 않는다. 나는 받아들여진 몇몇 진리를 단지 언급할 것이다. 기계가 전부는 아니다. 우선 인간이 양적 평가를 할 수 있다는 조건에서 인간은 달성할 목적과 목표를 정해야 하고, 기계의 기억 장치 속에 넣어야 할 프로그램을 결정해야 하며, 프로그램을 컴퓨터가 이해할 수 있는 언어로 나타내야 하고, 해결할 문제에 고유한 데이터donnée를 자기 자신이 모아야 한다. 기계는 연산 작업을 하고 결과를 제시하지만, 결과를 가지고 만들어야 할 바를 결정하는 것은 인간이다. 우리가 나중에 논쟁을 살펴보겠지만, 원칙적으로 기계는 자체의 한계를 넘을 수도 없고, 주도권을 취할 수도 없으며, 미리 정해진 규칙에 따라 작동한다. 기계사용의 결과로서 인간이 자동적인 하등 업무에서 벗어나 있다고 인정할 수 있다. 그래서 인간이 발명과 프로그램 구상 같은 고급 업무에 매진할 수 있다는 결론을 거기서 끌어낸다. 여기서 이러한 진부한 언급을 그만두기로 하자.

언뜻 보아 풀릴 수 없는 문제들이 곧 시작된다. 이는 연구자들의 근본적 대립이다. 가장 단순한 차원에서 컴퓨터의 실제적 인식불가능성을 입증하는 듯이 보이는 것은 이런 대립인데, 이 대립에서는 다른 상황보다 차라리 어떤 태도를 택하는 것이 타당한지 분간하기가 불가능한 듯이 보인다. 컴퓨터는 실업을 유발할 것인가? 사무직종이 전체적으로 급격히 대체될 것이기 때문에, 어떤 사람들에게 이 점은 확실하다. 한 대의 컴퓨터가 50명 혹은 100명의 일을 하기에 말이다. 이와 반대로 다른 사람들에게 이러한 기계들의 설치와 유지 및 프로그램 설정은 상당한 전문가를 필요로 할 것이다. 몇 초 만에 질문이 답을 찾을 그러한 프로그램은 노동자 팀에 의해서는 몇 달 간의 공들인 작업을 필요로 할 것이다. 그러나 우리에게는 어떠한 실제적 경험이 없기 때문에, 이 두 주장 가운데서 우리는 근본적으로 선택할 수 없다. 모든 기술적인 진보를 통해 실업과 '보상 일자리' 가 생겨난다고 단지 주장할 수도 있지만, 새로운 일자리에서 되찾을 수 있는 것은 같은 일자리가 아니라고 주장할 수도 있다. 컴퓨터를 통해, 예전 상태로 돌아갈 수 없는 나이 든 사무직 종사자의 능력은 점점 더 빨리 쓸모없어지고, 기술전문가와 고도로 숙련된 사무직 종사자와 젊은이의 우위가 두드러진다는 점이 확실한 듯이 보인다.

풀리지 않는 다른 문제는 컴퓨터가 중앙 집중을 유발할지 혹은 분산을 가능하게 할지이다.[127] 컴퓨터는 결정 내리는 일을 가속화하고, 중앙 집중 영역과 분산 영역을 변모시킨다. 이는 수단의 중앙 집중, 한 지점으로 결정 권한 조정, 중앙 집중을 전제하는 결정들의 일관성이다. 통합 처리를 통해 결정 과정은 일관성 속에서 분석될 수 있다. 또한 '기억장치 방식' procédé de mémoire을 통해 온갖 유용한 사실들이 한 지점으로 집중될 수 있다. 그렇기 때문에 단 하나의 "정치적인" 결정 중심지가 완벽히 구상될 수 있다. 데이터뱅크는 데이터뱅크를 보유하는 집단에게 결정적 우위성을 부여한다. 따라서 그 집단만이 아는 것일 수도 있는 수많은 사실에서, 또 그 집단만이 소유하는 것일 수도 있는 컴퓨터 덕분에 처리된 수많은 사실에서, 권력에 의해 수립된 경제 계획을 논의할 수도 있을 것이다. 그러나 다른 저자들은 컴퓨터가 분산의 신기한 도구라고 주장한다. 모두에게 데이터뱅크를 연다면 모든 사람이 지금껏 알려지지 않은 수단과 더불어 정치를 논할 수 있다는 것이다. 결정의 중앙 집중은 공조共助와 추진이 중앙 집중을 요하는 한에서만 필요할 따름이다. 다른 모든 상황에는, 정보처리 수단의 중앙 집중이 결정의 분산과 결합할 수 있다. 분산은 가능할 뿐 아니라 쉬워진다. 컴퓨터는 분산된 집단들을 시간이 많이 드는 업무에서 벗어나게 하고, 분산된 집단들의 정보 수단을 늘리면서 분산된 집단들의 결정력을 증대시킨다. 정보처리기술은 중심지의 포화상태에 의해 곧 필요하게 될 분산된 체계를 조정하고 강화한다.[128]

이러한 논쟁에서 우리에게 위안이 되는 바는, 문제된 것이 인간 자신의 단

---

[127] 이 문제에 대해 스페즈(Sfez)의 탁월한 연구인 『미래 전망 행정』*L'Administration prospective* (1970)을 볼 것.
[128] 보고서 「정보처리기술과 자유」*L'Informatique et les libertés*(1975) 참조.

순한 방향설정이라는 느낌을 우리가 또 다시 받는다는 점이다. 이와 같이 데이터뱅크가 모두에게 개방되는 것이나 혹은 닫히는 것이나 어떤 사람들에게 유보되는 것은 인간의 결정이라는 단순한 문제이다. 인간이 그렇게 하기 원한다면 정보처리 체계는 독재의 도구나 혹은 민주주의의 도구가 될 수 있다. 유감스럽게도, 우리가 그 점을 보듯이 이 문제는 그리 단순하지 않다.

언뜻 보아 풀릴 수 없는 가장 중심된 마지막 문제를 살펴보자. 이는 컴퓨터의 한계라는 문제이거나 그렇지 않으면 인간의 전적인 대체라는 문제이다. 컴퓨터는 인간이 컴퓨터를 가지고 자신이 원하는 바를 만드는 무기력하고 단순한 도구로 남을 것인가? 그렇지 않으면 로봇이 자율성을 얻어 인간을 대체할 것인가? 르루아 구랑129)에 의해 해석된 변화는 다음과 같다. 즉, 인간은 자신을 대신해 활동할 어떤 것을 자신도 모르게 끊임없이 만들어내며, 이 때문에 인간은 자신의 활동을 쓸모없이 만든다. 컴퓨터와 더불어 인간의 사고가 쓸모없이 된다는 이러한 대체의 마지막 단계에 우리는 이른다. 기술은 인간능력의 외재화外在化 과정이다. 그리고 마지막 걸음을 내딛게 된다. 인간 앞에는 인간이 행했던 모든 것을 더 빨리 더 정확히 행할 수 있는 다른 존재가 있다는 것이다. 로르빅Rorvic의 책에 제시된 내용은 인상적이다. 즉, 진화는 점진적인 동물적 변화에 의해 아메바에서 인간으로 거쳐 가고, 그 다음에는 인간에서 진화의 마지막 단계일 따름인 컴퓨터로 거쳐 간다. 그러나 컴퓨터는 "만물의 영장"으로서 인간을 대체해야 한다. 기계는 똑똑하다. 기계의 똑똑함에는 어떠한 한계도 없다. 자신이 과학적인 것으로서 제시하고 싶어 하는 시각에서, 로르빅은 공장의 완전한 자동화나 저절로 습득하고 스스로 프로그램을 짜는 능력 같은 컴퓨터의 모든 가능성을 묘사한다. 컴퓨터는 인격을 부여

---

129) [역주] André Leroi Gourhan(1911-1986). 프랑스의 민족학자이자 고고학자이자 역사학자. 기술담론과 문화에 대한 사상가이기도 한 그는 과학적 정확성과 철학 개념을 결합시키는 연구방식으로 알려져 있다. 주요 저서로 『환경과 기술』Milieu et techniques, 『세상의 근원』Les Racines du monde 등이 있다.

받고, 심리적 발작을 하며, 우정과 혐오와 애정을 느끼고, 음악을 만들거나 혹은 시를 짓고 가르치고 추론하고 정신분석요법을 지도하고 환자를 돌보는 것 같은 매우 융통성 있는 업무를 수행할 수 있다. 번역 기계와 재판을 하는 기계와 글을 읽고 사용하는 기계 등에 관해서도, 로르빅은 이것이 이미 이루어진 것이라 판단한다… 로르빅은 이렇게 주장하려고 전문가들의 수많은 의견을 근거로 하지만, 정확한 참고인용을 하지 않으면서 이렇게 한다. 엘고지 Elgozy의 『탈脫컴퓨터』 Le Désordinateur에서 이러한 상상력의 수많은 예를 찾을 수 있다. 현상에 대한 이러한 해석은 본느Beaune에 의해 실제로 확인된다. "기계는 살아 있고 생각한다.130) 기계는 이 두 기능을 특징짓는 속성들을 끝까지 탐색한다. 그러나 기계는 새로운 잠재성과 자율적 의미라는 고전적 개념 틀을 가득 채우면서 나름대로의 방식대로 삶을 영위하고 생각한다. 이 점은 자체의 규범을 만들어내는 사고력, 글자 그대로 소음과 의미로 가득한 새로운 세상을 처음으로 만들어내는 사고력을 뚜렷이 나타낸다. 자발적 운동성, 기억 과정, 우발적 상황에 대한 평가 같은 인간의 행동은 이 기구들engins에 의해 유리하게 가장되고 기계적으로 설명된다. 이 기구들은 삶과 사고를 더는 모방하지 않지만, 우리로 하여금 삶을 영위하는 것을 방해하는 정념의 침묵과 감정의 침묵 속에 있는 인간보다 더 빨리 더 잘 삶을 영위하고 생각한다." 분명히 본느는 폰 노이만Von Neumann 131)의 잘 알려진 연구에 깊은 인상을 받았는데, 본느는 자체를 복제하는 로봇의 능력에 대한 노이만의 글을 인용한다. 노이만은 실제로 자가 생산적 체계가 이론적으로 어떻게 있을 수 있는지 보여준다. 일부의 우연성이 늘 관여하는 생물학적 복제와 반대로, 이는 전적으로 명확하고 자체를 의식할 수도 있는 복제이다. 노이만은 자신이 묘사했던

---

130) 컴퓨터가 결국 자율적임을 참작하여 본느 역시 컴퓨터와 인간 사이의 밀접한 공생共生 관계를 살펴본다. [본문 내용을 역자가 각주로 설정]
131) 『수학 세계에서 일반적이고 논리적인 자동화 이론』*The General and Logical of Theory of Automata in the World of Mathematics* 4권 (1956).

체계에서 명령이 어떻게 아버지의 역할을 하게 되는지, 복제 메커니즘이 어떻게 유전자 물질의 복제 같은 근본적 복제 행위를 실행하게 되는지, 결합체의 하위체계 중 한 하위체계조차 어떻게 임의적 변화를 가져오는지 보여준다… 그렇지만, 일반적 비판에는 상관하지 않은 채, 나는 노이만의 묘사 전체에서 프로그램과 명령을 부여하고 자동기계장치 A와 자동기계장치 B의 관계를 설정하는 신분이 밝혀지지 않은 '익명의 사람들'ON이 언제나 존재함을 확인할 수밖에 없다. 달리 말해, 컴퓨터가 "자기 복제"를 할 수 있으려면, 이를 위해 컴퓨터는 프로그램화 되어야 한다. 따라서 나는 '자기 복제'라는 개념을 어디서도 발견하지 못한다. 그렇지만, 본느는 컴퓨터의 주도권에 대해, 인공적인 인간사고 모델에 대해, "전자 공학적 두뇌"에 대해 주저하지 않고 이야기할 텐데, 이는 꾸피냘Couffignal의 '생각하는 기계들'과 아주 유사하다. 이러한 흐름 전체와 관련하여, 나는 인간과의 동일화 능력과 일종의 전적 가능성을 컴퓨터에 부여하는 모든 작업이 오래전부터 있음을 확인하고 싶다.132) 완전히 이차적 업적을 제외하고 최근의 작업은 거의 아무 것도 없다.133) 그런데, 실제로 대략 1963년까지 전문가들에게는 열광과 열정이 있었다. 즉, 모

---

132) 그렇지만, 예외는 스키빙튼(W. Skyvington)의 『기계인』*Machina Sapiens*(1976년)이다.
 [역주] William Skyvington(1940-). 오스트레일리아 출신의 프랑스 컴퓨터 전문가이자 프로그래머이자 기술 관련 저술가.
133) 위너(N. Wiener)의 『신과 자동인형』*God and golem* (1964년). 노이만 (1956년). 드 브로글리 (De Broglie)의 『계산기와 인간의 사고』*La Machine à calculer et pensée humaine* (1953년). 토아 (Toa)의 『뇌 컴퓨터』*Brain computer* (1960년). 꾸피냘(Couffignal)의 『생각하는 기계』*La Machine à penser* (1952년). 들라브네(Delaveney)의 『번역 기계』*La Machine à traduire* (1963년) 등.
 [역주] Louis de Broglie(1892-1987). 프랑스의 수학자이자 물리학자. 그의 논문 『양자론의 연구』*Recherches sur la théorie des quanta*에서 물질파物質波에 관한 견해를 제시한다. 이는 물질 입자라고 보는 전자도 파동의 성질을 지닌다고 주장한 설로 물리학에 새로운 전환기를 맞아 파동역학 연구가 시작된다. 주요 저서로 『새로운 물리학과 양자』*La Physique nouvelle et les Quanta*, 『과학의 확실성과 불확실성』*Certitudes et incertitudes de la science* 등이 있다.
 [역주] Emile Delavenay(1905-2003). 프랑스의 영국학자이자 국제연합 고위공무원. 국제연합이 태동할 때 5개 국어로 된 국제연합 관보 출판을 맡고, 몇 년 후 유네스코 자료·출판국을 이끈다. 이 업무를 계기로 번역 자동화를 검토하게 되고 이 분야의 대학 전문가들과 접촉함으로써 '자동번역·응용언어학 협회'를 창설하는데, 나중에 이 협회는 컴퓨터에 자연 언

든 것이 컴퓨터 덕분에 실제로 가능했다. 10년 전부터 망설임과 비판과 불확실성의 시대가 존재한다. 이미 컴퓨터 덕분에 실제로 얻는 바에 대해 확신할 수 없다고까지 분명히 말할 필요가 있다. 어떤 사람들은 병에 대한 진단이 성공적으로 이미 적용된다고 주장하고, 이와 반대로 다른 사람들은 현재의 모든 시도가 실망스럽다고 주장한다. 번역 기계는 어떠한가? 이것은 존재하고 사용된다. 그러나 엘고지(Elgozy)와 바카134)와 몰레스135) 조차도 이것이 완전한 실패라고 우리에게 언급한다. 가르치는 기계나 혹은 체스 기계가 꿈의 영역에 속하듯이, 번역 기계는 완전히 이해할 수 없는 "번역"을 제공한다. 수학에서 정리定理의 증명과 관련하여 문제된 것은 이미 알려진 정리定理였다. 컴퓨터는 수학을 한걸음도 진전시키지 못했다. 바카가 이 점을 정확히 언급했듯이, 컴퓨터에서 자율적 방식으로 또 기계에 의해 만들어진 이전의 경험에 기초하여 "배울" 가능성에 대해 말하자면 이는 정의定義의 문제이다. 사람들은 외계에서 오는 신호에 응답하도록 컴퓨터를 프로그램 할 수 있고, 이러한 신호를 자기 자신들의 용도를 위해 사용하려고 컴퓨터를 프로그램 할 수 있다. 컴퓨터는 주위환경의 변동과 관계되는 통계를 작성할 수 있으며, 결과에 따라 컴퓨터의 통제 아래에 있는 기계장치들의 방향을 설정할 수 있다. 그러나 프로그래머가 미처 예견하지 못했던 사건들에 대한 최적의 반응을 컴퓨터가 제시할 수 있다는 것은 말이 되지 않는다.136) 컴퓨터가 기쁨과 애정 등을 느낀다는 것은 분명히 어리석은 이야기다. 기계가 고장 날 때 강박 관념이

어를 이해시키는 것을 다루는 '자연 언어 처리 협회'가 된다.
134) [역주] Roberto Vacca(1927-). 이탈리아의 기술자이자 작가. 교통 통제용 전자 체계와 도시 고속도로 전문가로서, 시스템 공학 분야에서 예측과 관련된 자문역을 맡기도 한다.
135) [역주] Abraham Molès(1920-1992). 프랑스의 정보 통신 과학 연구의 선구자 중 한 사람. 주요 저서로 『통신과 사회에 대한 구조 이론』 *Théorie structurale de la communication et société*이 있다.
136) 소위 이미 얻어진 결과들과 예측들에 대한 비판을 위해서는 바카(Vacca)의 『내일, 중세』 *Demain le Moyen Age* (1973년)와 엘고지(Elgozy)의 『탈(脫)컴퓨터』 *Désordinateur* (1972년)를 읽어야 한다. 『탈(脫)컴퓨터』는 흥미로운 만큼 더더구나 저자는 상당수의 훨씬 더 긍정적인 자신의 이전 견해들을 재론하는데, 이 견해들은 『자동화와 인본주의』 *Automation et*

란 이야기가 나오고, 기계가 단지 컴퓨터의 가능성을 더 잘 아는 습관적인 프로그래머에게 더 잘 반응할 때 사랑이란 이야기가 나온다. 기계와 뇌 사이에, 또 메커니즘과 사고 사이에 약간이라도 닮은 점이 있는가? 인간의 뇌가 본질적으로 비형식적 유형에 속한다는 점을 우선 설명하는 일이 정말 필요하다.137) 따라서 사고의 경로와 조금도 비교할 수 없는 경로에 의해 컴퓨터는 인간이 사고에 의해 얻는 여러 결과를 얻을 수 있다. 하지만, 컴퓨터가 이해할 수 없고 예측할 수 없는 놀라운 부분이 인간의 사고에 늘 존재한다. 이 뿐 아니라, 인간 세상은 절대적으로 합리적인 세상이 아니다. 정념과 감정이 우리가 삶을 영위하는 것을 방해한다고 태연하게 주장하는 소리를 듣는 것은 신기하다! 나는 논쟁을 벌이지 않겠다. 그러나 결국 여전히 불확실한 시대에서 우리는 정념과 고통과 기쁨과 소망과 절망의 존재이다. 그래서 우리가 내려야 할 결정을 통해 이러한 사실이 없어질 수는 없다. 이와 같이 우리의 결정에는 엄밀히 컴퓨터는 이해할 수 없는 요인들이 관여한다. 인간은 심지어 불완전한 정보와 더불어 결정을 내려야 하고, 완전한 정보를 갖고 있다면 비합리적 요인을 거기에 덧붙여야 한다. 전쟁을 결정하고자, 예를 들어 1940년 프랑스에서처럼 국민 전체에 영향을 미치고 군대를 한데 모으는 공포 현상을 누가 미리 헤아려 볼 수 있을까? 인간의 무능력과 불충분함에 의해서가 아닌 인간에 의해 내려진 결정은 컴퓨터가 제시할 수 있는 문제의 해결이 결코 아니라, 컴퓨터가 풀 수 없는 것인 '고르디우스의 매듭'138)을 자르는 것이다! 이러한 결정이 끼어들 수밖에 없는 세상은 합리적이지 않기 때문에, 논리적 과정은

Humanisme (1968년) 및 모든 것을 해내고 음악과 여가 등을 만들어내는 만능 컴퓨터의 신화를 놀랍게 분석하는 퐁(Jean Marc Font)과 끼니우(Jean Claude Quiniou)의 『컴퓨터와 신화와 실재』*Les Ordinateurs, mythes et réalités* (1968년)에서도 표현된다.
137) 에스까르삐(Escarpit)의 탁월한 문제 연구인 『정보・통신 일반론』*Théorie générale de l'information et de la communication*을 볼 것.
　[역주] Robert Escarpit(1918-2000). 프랑스의 작가이자 대학교수. 주요 저서로 『통신의 부분 체계』*Systèmes partiels de communication*가 있다.
138) [역주] 고르디우스의 매듭. 대담하게 행동할 때만 풀 수 있는 문제를 일컫는 속담. 프리기

결정의 일부분일 따름이다. 따라서 모든 것을 할 수 있으며 결국 인간을 대체하는 컴퓨터의 완성을 상상하지 말아야 한다. 마찬가지로, 엘고지는 "인간 정신의 속성은 계산하는 것이 아니라, 인간이 계산을 한다는 것과 계산이 의미하는 바를 아는 것이다."라고 정확히 언급하는데, 이는 컴퓨터가 도달할 수 없는 것이다.

이러한 조건들에서, 데이터의 수집과 저장과 전달 같은 흔히 묘사되는 세분된 기능을 벗어나서, 또한 마찬가지로 세분된 적용 영역을 벗어나서 컴퓨터의 진정한 역할은 무엇인가? 실제로, 기술 체계를 결정적으로 체계로 확립하는 것은 컴퓨터이다. 즉, 대규모 하위체계가 세워지는 것은 우선 컴퓨터 덕분이다. 예를 들어, 도시 체계는 통계조사 결과, 운전면허 교부, 마무리되거나 진행 중인 주거 시설, 상하수도·전화·전기·운송 망 건설 등 도시의 '데이터 뱅크'에 힘입어서만이 마무리된다. 마찬가지로 항공 통신 체계는 복잡성 때문에 또 이러한 분야에서 기술저인 진보와 결합된 운송의 증가에서 나오는 문제들이 매우 급속히 늘어나기 때문에139) 컴퓨터에 힘입어서만이 작동할 수 있다. 대규모 회계 단위가 나타날 수 있는 것은 컴퓨터 덕분이다. 다시 말해 이는 경제적이고 심지어 행정 조직의 무한한 증가를 위한 하부구조이다. 과학적인 작업을 위한 기억력으로서 컴퓨터의 중요성을 언급하는 것이 필요한가? 컴퓨터는 자료화에 의해 연구자나 지식인의 과중한 부담에 대한 유일한 해결책이다. 과학자들의 대부분 시간은 도서목록 연구에 사용된다.140) 달리 말해, 발견과 혁신과 발명 등의 등재를 위해서와 마찬가지로, 이

아의 수도 고르디움을 세운 고르디우스의 전차(戰車)에는 끝을 찾을 수 없이 복잡하게 얽혀 있는 매듭으로 끌채에 멍에를 묶어놓았는데 아시아를 정복하는 사람만이 이 매듭을 풀 수 있다고 전해지고 있었다. 기원전 333년 알렉산드로스 대왕이 아나톨리아 지방을 지나가던 중 고르디움에서 이 전차를 보았고, 성미가 급했던 그는 칼로 매듭을 끊어버렸다고 한다. 따라서 "고르디우스의 매듭을 잘랐다"는 표현은 복잡한 문제를 대담한 방법으로 풀었다는 뜻을 지닌다.
139) 그것은 흔히 언급되는 좌석 예약 문제일 뿐 아니라, 예를 들어 각 비행기가 매 순간 수많은 지상 관제소와 끊임없이 교신하는 문제이다. [본문 내용을 역자가 각주로 설정]
140) 현 세계에는 단지 도서목록만을 실은 책이 10만권 이상이 되는데, 그 책들의 목록이 2차

러한 용도에 의해 과학적 하위체계가 마침내 효율적으로 체계화되게 하는 것이 컴퓨터이다. 컴퓨터만이 행정적 하위체계와 공공 업무와 상업 업무 등을 인구 증가에 맞출 수 있게 할 것이다. 그러나 분명히, 컴퓨터가 아주 큰 숫자들에서만 제구실을 다 할 수 있음을 어쨌든 염두에 두어야 한다. 중간 규모의 상사商社를 위해서나 혹은 한정된 수의 연구자들과 더불어 작업하는 작은 연구소를 위해 아주 흔히 그렇게 하듯이 컴퓨터를 사용하는 것은 우스꽝스럽다. 퐁Font과 끼니우Quiniou가 훌륭히 표현한 대로 "컴퓨터는 불도저인데 자신의 정원을 삽질하려고 컴퓨터를 사용하는 것은 있을 수 없는 일임"을 이해하지 못했던 집단들에 의해 내가 아는 대부분의 컴퓨터는 부분적으로만 활용된다. 컴퓨터가 회계원의 사칙계산을 더 빨리 해내는 것으로 간주된다면, 컴퓨터가 진정 무엇인지에 대해 아무 것도 이해 못하는 셈이다.

스페즈Sfez는 이러한 기기器機에 따라 변경될 수밖에 없었던 것은 예를 들어 행정 체계 전체임을 잘 보여주었다. 행정적 하위체계 속에는 인식 요인 및 형성 요인이 있지만141), 이 요인은 권위적 관계를 혼란에 빠뜨린다. 정치・행정적 결정은 특성을 바꾼다. 프로그래머들은 행정 기구의 우두머리가 된다. "결정권자"는 대화를 할 수밖에 없고, 사법적이고 위계적 기초 위에서 자신의 지위를 더는 유지할 수 없다. 공공 기능의 위상의 경직성과 정보 분야의 유동성 사이에 완전한 모순이 존재한다. 실행 담당자는 사라지는 추세가 될 것이다. 이러한 관리 담당자는 대중과 관계 설정이라는 과업과 미래 예측이나 혹은 연구라는 과업을 맡을 것이다. 구조의 관점에서 컴퓨터는 관리 업무를 병행 관리에서 통합 관리로 거쳐 가게 한다. 예를 들어, 이전에 각 부서에 의해 관리된 직원의 급여는 모두에게 이제부터 유일하고 독립된 업무에 속하는 유일한 기계에 의해 관리될 것이다. 마찬가지로, 모든 업무에 대한 통합 관리

단계에서 한권의 도서목록이 된다. [본문 내용을 역자가 각주로 설정]
141) 이는 행정가가 자신들 앞에 있는 문제를 엄밀한 방식으로 개념화하려는 요구이다. [본문 내용을 역자가 각주로 설정]

가 있을 것이다. 이 뿐 아니라, 컴퓨터를 통해 행정적 통제 절차와 행정적 통제 구조 중 대부분이 없어지면서 이러한 절차와 구조가 변화된다. 또한 컴퓨터를 통해 절차가 통합되고, 행정 결정이 서로 연계된다. 그러나 이 점을 통해 새로운 행정력이 거의 불가피하게 초래된다. 이는 한 나라의 개인 모두와 관계되는 모든 것을 알게 되는 위험성인데, 각 개인은 총체적 정보가 담긴 자신의 파일을 가질 것이다. 결국 컴퓨터를 통해 이러한 결합체의 다양한 부분 사이에 연결과 관계가 설정되면서 하위체계가 구성될 수 있다. 지금까지 한 행정에 대한 이야기가 지적인 추상적 관념이라는 것은 분명하다. 실제로, 복잡하고 서로에게 이상하며 자체의 비밀을 지닌 경쟁하는 행정들이 구체적으로 존재하는데, 이는 컴퓨터와 더불어 더는 가능하지 않을 것이다. 즉, 컴퓨터를 사용하지 않거나 혹은 컴퓨터를 사용한다면 다양한 행정 결정 정보망과 행정 결정 예비 망에 접속할 수밖에 없다. 일종의 각부 공동 위원회에 의해서처럼 이것들을 연결하는 일이 중요한 것이 아니라 이것들을 통합하는 일이 중요하다. 따라서 우리가 조금 전에 간략히 언급했으며 스페즈가 훌륭히 분석했던 모든 것을 통해, 컴퓨터에는 기술적인 하위체계들의 부분들을 통합하는 기능이 있음이 어디서든 드러난다. 왜냐하면 컴퓨터는 인간의 활동이 기술적인 곳에서만 유효하게 사용될 수 있기 때문인데, 그렇지 않으면 사람들은 너무 막연한 영역에 있게 된다. 물론, 컴퓨터로 하여금 그림을 그리게 할 수 있지만, 엄밀히 말해 이 점은 호기심이 아닌 어떤 관심도 불러일으키지 않는다. 몰레스와 더불어 컴퓨터를 문화적 분야에 관여시키려 할 때, 이는 민속에 속하거나 그렇지 않으면 이 점은 문화계의 전적인 기술화를 의미하고 기술적인 하위체계로 문화계를 변경시키는 것을 의미한다.142) 컴퓨터는 기술적인 데이터와 관련될 따름이다. 왜냐하면 기술적인 데이터만이 계산할 수 있고 수익을 낼 수 있기 때문이다. 이 때문에, "연구·개발"R&D이라는 바로 그

---

142) 우리는 기술 사회에서 예술에 대한 우리의 연구에서 특별한 문제를 검토할 것이다.

표현에도 불구하고, 컴퓨터가 수익을 내지 않는 순수한 과학적 사용에 이르기까지는 여전히 오래 걸릴 것이다. 수익을 낼 수도 있지만, 수학적으로 처리할 수 없기 때문에 기술로 한정될 수 없는 활동에 컴퓨터는 관여할 수 없다. 따라서 기술적인 하위체계들이나 혹은 컴퓨터 때문에 기술적이 되기 마련인 하위체계들에 따라, 또한 그러한 하위체계들을 위해 실제로 컴퓨터는 작동한다. 다른 가능성이란 없다. 그러나 이러한 통합이 강력하므로 더구나 컴퓨터 자체는 고독한 바위로 물론 남아 있지 않는다. 다양한 통신 기술의 진보가 추월당한다. 시청각 송수신 장비와 처리·기억 용량과 원격 전송을 결합하는 진정한 전자 통신 체계를 구성하는 점점 더 많은 실현을 위해, 정보처리기술과 텔레비전과 전기 통신이 서로 만난다. 컴퓨터와 텔레비전 회로와 전화망에 대한 이야기를 하는 이상으로 이제부터 전자 통신 체계에 대한 이야기를 해야 한다. 기술적인 하위체계들 사이의 새로운 관계인 것도, 기술 체계가 그 결합체에서 가능하게 하는 것도 이런 특별한 조직체이다. 그러나 1971년의 '다이볼드 연구 프로그램' Diebold Research Program에서 언급되듯이, 다행증多幸症143)에 빠지지 말아야 한다. 기술이나 혹은 일을 단순화 하기는 커녕, 컴퓨터는 복잡성을 키웠으며 끊임없이 변화하는 일련의 제약을 연구자와 통솔자에게 부과했다. 원활히 작동하는 체계로 결합체를 통합하는 것이 생각보다 훨씬 더 어려웠다는 점이 확인되었으며, 컴퓨터 제조자 자신들도 이 점을 생각하지 못했다는 점이 확인되었다.

따라서 이는 그 어려움들을 극복할 수 있을지 조차도 알 수 없는 믿기지 않는 어려움들이며, 존재하는 모든 구조와 절차의 믿기지 않는 변화이다. 이는 바카Vacca가 강조하듯이, "사람들이 컴퓨터를 가장 낮은 수준에서 단순하게 사용하는 데 그치기를 선호하게끔" 하는 것이다. 연속적 계획 및 문제가 된 체

---

143) [역주] 다행증(euphorie). 자신이 건강하다고 느끼는 환자에게서 나타나는 육체적이고 정신적인 행복, 만족, 자신에 대한 확신, 열광에 대한 부적당한 감정을 지칭하는 의학 용어.

계의 구조와 논리가 만족할 만한 방식으로 규정되지 않았다면, 또 체계의 잠재적 포화상태에 의해 제기된 문제들이 검토되지 않았다면, 컴퓨터 사용에서 어떠한 커다란 이점도 이끌어낼 수 없을 것이다. 체계에 대한 분석을 미리 하지 않고서 전자계산기를 사용할 때144), 대규모 실패의 위험을 무릅쓰지 않고자 가능한 한 단순한 체계의 전략과 구조를 전자계산기의 프로그램으로 마침내 옮기게 된다. "이와 같이 여러 과정이 전자계산기에 의해 제어되는 체계들이 존재한다. 실제로 체계들이 아주 보잘것없고 거의 흥미를 끌지 못하는 급부를 제공하는데도, 이 유일한 이유로 현대적이며 효율적이라 여겨지는 체계들이 존재한다." 현대적이려면 컴퓨터를 사용하는 것으로 충분하지 않다. 실제로, 이 점을 통해 우리는 본질적인 발견에 이른다. 즉, 하나의 단위로서 간주되는 컴퓨터에 대한 이야기를 해보았자 완전히 헛되고 쓸데없는 일이다. 우리는 컴퓨터와 원격 통신 사이에 필요한 연결을 조금 전에 살펴보았다. 그러나 이 뿐 아니라, 기억장치 분야의 급속한 계산 과정들은 엄밀히 말해 관심을 끌지 않는다. 컴퓨터를 높이 평가하는 것은 사지가 없는 남자나 혹은 수염 난 여자를 보러 장에 가는 한가한 구경꾼의 정신 상태에 머무르는 것이다. 컴퓨터는 더 빨리 그리고 더 잘 만들어야 할 기발한 가정용구가 아니다. 컴퓨터는 기술 체계의 상호 관계적 요인들이다. 지금까지 대규모 기술적인 결합체들은 이것들 사이에 거의 관계가 없었을 뿐이다. 즉, 반세기 전에는 기술 체계에 대한 이야기를 할 수 없었다. 왜냐하면 인간의 모든 활동 영역에서 단지 기술의 성장만이 확인되었기 때문이다. 하지만, 이 영역들이 인간에 의해 수행된 작업에 대한 전통적 분할에 의해 여전히 전문화되어 있었고 이 영역들 사이에 관계가 없었기에, 이는 무질서한 증가였다. 사람들은 이 영역들이 관계를 맺도록 기술적인 수단을 찾았으나, 제도적 유형의 조직 외에 다른

---

144) 그런데 우리는 그것이 여전히 아무 것도 아님을 알았다! [본문 내용을 역자가 각주로 설정]

것은 결코 생각할 수 없었다. 왜냐하면 다양한 업무 사이에 혹은 분리된 활동 분야들 사이에 절차와 관계를 설정하기 위한 제도적 수단 외에 다른 어떠한 수단도 몰랐기 때문이다. 결국 이것은 외적 틀에 맞추고 굳게 고정시키는 방식과 관계된 것이었는데, 이는 기술적인 하부 체계들이 서로 연관되어 발전하지 못하게 한다. 정보처리 과정은 이 문제를 해결한다. 즉, 컴퓨터 덕분에, 정보에 의해 표현되고 정보의 차원에서 작용하는 기술적인 결합체에 대한 일종의 내적 계통분류학145)이 출현했다. 기술적인 하위체계들이 이런 식으로 구성될 수 있는 동시에 조정될 수 있는 것은 전체적이며 상호 통합된 정보에 의해서이다. 어떠한 인간도, 어떠한 인간 집단도, 어떠한 조직도 이 일을 행할 수 없었다. 기술화가 진전될수록 더 기술적인 분야들은 독립적이고 자율적이며 일관성이 없어지는 경향이 있다. 컴퓨터만이 이에 대처할 수 있다. 그러나 이것이 한 대의 컴퓨터와 관계된 것이 아님은 분명하다. 일련의 컴퓨터들이 체계의 모든 소통 지점에서 서로 연관을 맺고 작업한다는 조건에서 만이 이 점은 효력을 나타낼 수 있다. 이러한 결합체는 다른 기술적인 하부 체계들 사이에 연결 하부 체계가 된다. 이 결합체는 기술적인 결합체의 신경 체계와 같은데, 이렇게 비유한다고 해서 비유를 남발하는 것은 아니다. 이렇게 비유하는 것은 동물 신경 체계의 구성이나 혹은 신경 체계의 작동과 관계되는 어떠한 비유도 하지 않는다는 조건에서이다.146) 즉, 비유는 동일한 기능이 되는 확실한 기능의 차원에서 성립된다. 이 결합체는 기술적인 질서 속에서 신경 체계의 역할을 한다. 관심을 끌지 못하는 다른 온갖 비유는 사이비의식의 유치함을 드러낸다. 그러나 우리는 거기서 어떤 기능과 마주하는데, 이 기

---

145) [역주] 계통분류학(systématique). 생물의 다양성에 대해 연구하는 학문으로서 다양한 원리에 기초하여 어떤 순서로 생물 개체들을 열거하고 분류하는 것을 목표로 한다. 따라서 "기술적인 결합체에 대한 일종의 내적 계통분류학이 출현했다"는 표현은 기술적인 결합체가 어떤 원리와 순서에 따라 내적으로 분류되고 정리되었다는 의미로 볼 수 있다.
146) 뇌 속에는 그토록 많은 세포가 있고 기억장치 속에는 그토록 많은 요소가 있기에, 그렇게 비유하는 것은 정말 어려석다. [본문 내용을 역자가 각주로 설정]

능은 너무나도 완전히 기술적이어서 인간이 정말 무능하다는 것이다. 기술적으로 가장 완벽하고 가장 강한 기계장치만이 거기에 이를 수 있다. 이와 같이 컴퓨터는 인간이 접근할 수 없는 과업을 수행한다! 따라서 컴퓨터와 인간 사이에는 어떠한 경쟁도 없다. 시중들거나 혹은 반항하는 로봇에 대한 막연한 관념이나 혹은 존재들의 진화 과정에서 인간을 결국 대체하는 컴퓨터에 대한 막연한 관념 같은 이 모든 것은, 컴퓨터에 대해 이야기하는 사람들이 컴퓨터가 무엇인지 아직 아무 것도 이해 못했으며 신인동형론에 의해 나아가고 있음을 입증하는 이야기들이다. 컴퓨터가 이것이나 저것 등을 할 수 있다고 말하는 것으로 충분하지 않다. 이러한 이야기 전체는 불합리하다. '정보처리 결합체'의 유일한 기능은, 유연하고 일정한 형태가 없으며 순전히 기술적이고 직접적이며 보편적 결합을 기술적인 하위체계들 사이에 가능하게 하는 것이다. 따라서 이는 새로운 기능들의 새로운 결합체인데, 이 기능들에서 인간은 경쟁에 의해 배제된 것이 아니라, 지금껏 아무도 이 기능을 완수하지 못했기 때문에 배제되어 있다. 물론, 이 점은 컴퓨터가 인간을 벗어나 있음을 의미하는 것이 아니라, 엄밀히 말해 비인간적 결합체가 자리 잡고 있음을 의미한다. 과업에 대한 세분된 기술화가 이루어졌고, 새로운 조직을 요했던 영역, 일례로 생산 영역으로 점차 넘어갔다. 인간은 이 일을 할 수 있는 법을 여전히 알았다. 대규모 조직은 조직 기술에 의해 가능해졌다. 그러나 양적으로 혹은 복잡하고 빠르게 이루어지는 것이 인간의 영역에 더는 속하지 않기 때문에, 모든 활동에 대한 기술화와 더불어 또 모든 기술의 증대와 더불어 사람들은 제약과 '기능 이상'과 마주해 있다. 어떠한 조직도 만족할 만한 방식으로 더는 작동할 수 없다. '컴퓨터 현상' *phénomène ordinateur*은 바로 이러한 제약 지점에서 나타난다. 하지만, 지금껏 인간은 한편으로 이 현상이 의미했던 바를, 다른 한편으로 이 현상이 가능하게 했던 바를 여전히 알지 못했다. 이 현상은 더 많은 정보에 의해 생기는 기술적인 질서이자, 새로운 환경이 되었던 것에서 나온 정보들로 기술적인 하위체계들을 적용시키는 기술적인 질서이다. 인간이 컴퓨터의 프로그램을 짜더라도, 연산演算 전체는 인간의 사고력을 넘어선다. 그 다음으로 다른 연산과 또 다른 연산이 인간의 사고력을 넘어선다. 왜냐하면 문제가 존재하는 것은 더는 거기가 아니기 때문인데, 그렇지 않으면 계산하는 기계로서 컴퓨터들이 사용되기 시작할 것이다. 그래서 컴퓨터는 아무 소용이 없고 엘고지와 바카와 끼니유의 모든 비판이 정확하다고 할 수 있다. 사람들은 익살을 부릴 수 있다. 그렇지 않으면 기술 체계는 '정보처리 복합체'의 진정하고 유일한 업무를 강요할 정도로 충분히 강력하다. 그리하여 우리는 상호관계와 통합에 의해 가능해진 기술 체계가 실제로 자리 잡는 것을 목격할 텐데, 이 체계에서 우리는 자체의 고유한 역동성을 지닌 가상적147) 세계가 생겨나는 것을 목격하는 동시에, 기술적인 기능들의 내적 통합과 이 기능들의 상호 통합을 목격할 것이다. 그래서 기술 체계는 완전해질 것이다. 그런데 아직은 기술 체계가 완전하지는 않다. 그러나 컴퓨터들의 복합체가 이를 가능하게 한다. 정보처리기술들을 묘사하거나 혹은 세분된 가능성들을 열거하는 것이 아니라 컴퓨터가 무엇인지 이해하기를 원한다면, 그 이해에 도달할 수 있는 것은 오로지 이러한 관점에서 이다.

따라서 이것은 컴퓨터가 아닌 정보처리기술이라는 전체를 인간과의 관계에서가 아니라 포괄적 기술 체계와의 관계에서 살펴본다는 조건에서 이다. 다른 모든 시도는 피상적이며, 자기 자신이 만든 것을 이해하지 못한다고 인간을 비난하는 것이다.

실제로, 컴퓨터를 통해 우리는 근본적으로 새로운 상황에 위치하는데, 언뜻 보기에 마법적으로 이 상황을 적용시킴으로써 잘못된 견해만이 제시된다. 이러한 기계장치를 통해 새로운 실재가 생겨난다. 자신의 매개체에 의해 이루어지는 '옮겨 적기' transcription와 완벽한 전환을 통해, 확인할 수 있고 늘 불확

---

147) 완전히 통신들로 이루어져 있기 때문에 가상적이다. [본문 내용을 역자가 각주로 설정]

실하며 단편적이고 주관적인 현실이 평가절하 된다. 그런데 이것은 실질적인 유일한 실재로서 우리에게 강요되는 포괄적이고 숫자로 나타낸 객관적이고 종합된 '자료 입력'을 위해서이다. 그런데, 이 점은 기계장치의 놀라운 효율성에서 생겨날 뿐만 아니라, 점진적으로 얻어진 우리 자신의 재량권에서 생겨난다. 예를 들어, 우리가 감지될 수 있는 현실로서 간주하는 바가 우리가 그 자체로 결코 파악하지 못하는 현실을 문화적 격자망에 투사하는 것일 따름이라는 견해에 우리는 점점 더 익숙해진다. 우리가 아는 모든 것은 아무런 객관성도 없는 어떤 사물들을 우리로 하여금 보거나 혹은 듣게 만드는 문화적 학습의 결과이다. 지금 우리는 이러한 불확실한 세계에 산다. 그런데, 엄밀하게 객관적이고 중립적인 유기체에 의해 이 불확실한 세계가 우리에게 옮겨지는데, 이는 수학적이기 때문에 확실한 것처럼 우리에게 보인다. 정말 진정한 이러한 이미지를 어떻게 믿지 않을 수 있을까? 컴퓨터가 한정된 문화의 어떤 사람에 의해 프로그램 될지라도, 컴퓨터는 우리의 '문화적 양상들' nuages culturels에 종속되지 않는다. 컴퓨터의 이런 실재 속으로 들어가게 도와주는 정신적인 다른 극단極端은, 우리가 사는 세상을 숫자로 옮겨 놓는 습관이거나 그렇지 않으면 은하수같이 무한히 크거나 혹은 무한히 작은 측면에서 세상을 관찰하는 습관이다. 게다가 가장 결정적인 것은 아마도 이러한 마지막 요소이다. 내가 만지는 목재가 허공이나 놀라운 속도로 선회하는 원자들로 되어 있음을 알 때, 또 확고한 환경 전체가 반反물질에 의해 실제로 위협받으며 에너지와 질량이 상호 변환할 수 있음을 알 때, 나는 추상적 세계에 개입하고, 나를 둘러싸는 현실은 의미도 없고 확실하지도 않으며, 적어도 독립적이고 자율적인 숫자를 유일하게 확실한 것으로 받아들인다. 그래서 우리는 숫자로 표현되고 종합적이며 포괄적이고 확실한 동시에 컴퓨터에 의해 만들어진 세계에 실재를 부여할 태세가 되어 있다. 우리는 컴퓨터를 더는 상대화시킬 수 없다. 우리가 존재하는 세상에 대해 컴퓨터가 부여하는 시각은 우리가 체험하는 실재 자체보다 더 진실한 듯이 보인다. 거기서 적어도 우리는 확실한 어떤 것을 취하면서 그것의 순전히 허구적이고 상징적인 특성을 보기를 거부한다. 우리가 "어떤 사람"이 컴퓨터의 계산 데이터를 틀리게 할 수 있었으며 우리도 모르게 프로그램을 변경시킬 수 있었다고 생각하기 시작하면, 우리는 새로운 심연에 빠진다. 우발적인 일이 무엇일지라도, 결과는 관련된 견해에서 좋은 것으로 간주된다. 컴퓨터가 틀렸음을 우리가 어떻게 입증할 수 있을까? 왜냐하면 쉽게 비웃음을 살 수 있는 이런 오류들 중 하나가 나타나더라도, 숫자로 표현된 컴퓨터의 세계가 점차 우리가 거기에 개입될 실재로 간주된 세계가 되어 간다는 포괄적 사실이 이 점을 통해 위태로워지지 않기 때문이다.148)

이 점이 전제하는 인간의 추론과 사고의 변화에 대해 말하자면, 나는 이미지와 말 사이의 특별한 갈등을 여기서 재론할 수 없고, 나중에 이것을 다시 다룰 테지만, 중요한 점을 지적해야 한다. 인간과 컴퓨터 사이에 더할 나위 없이 완전한 통합이 이루어지는 한, 이 점을 통해 변증법적 사고와 변증법적 추론과 현실에 대한 변증법적 이해가 배제될 것임을 깨달아야 한다. 컴퓨터는 근본적으로 변증법적이지 않으며 절대적인 '무無모순성의 원리' 149)에 기초한

---

148) 이 점은 특히 모리스 웨스트(Morris West)의 소설 『할리퀸(일부 전통 연극에 나오는 어릿광대)』Harlequin에서 밝혀졌다. 아마도 자기 이익을 챙기려는 기업 경영자 중 하나의 부정직한 행위와 더불어, 삭제된 후속부분에 의한 프로그램의 변경을 통해 다국적 기업에서 엄청난 결손이 생겨난다. 그런데, 사람들은 그렇게 막대한 수치와 그토록 복잡한 업무에 관여하는 나머지 어떠한 사람도 그 수치와 업무를 이해할 수 없고 어떠한 회계도 그것들을 완전히 확인할 수 없으며, 오직 컴퓨터만이 그렇게 할 수 있다. 그래서 관계자들이 그들은 그러한 것을 아무 것도 하지 않았으며 그 업무가 정상적이라고 주장하더라도, 컴퓨터의 결과만이 실제적이고 여론에 의해 실제로 여겨진다. 그러나 아무도 그러한 시도의 유효성을 실제로 확인할 수 없다.
[역주] Morris West (1916-1999). 오스트레일리아의 작가. 그의 대부분의 작품에서 주요 주제는 많은 조직이 사악한 목적으로 폭력을 사용하는데, 이에 대항하는 자가 폭력으로 대응하는 일이 언제 어떤 상황에서 도덕적으로 받아들여질 수 있는가라는 질문이다. 대표작으로 『악마의 변호사』The Devil's Advocate가 있다.
149) [역주] '비(非)모순율'이라고도 하는 '무모순성의 원리'는 아리스토텔레스의 논리학에서 'A이다'와 'A는 아니다'라는 것은 동시에 성립할 수 없다거나 혹은 참이면서 동시에 거짓인 명제는 존재하지 않는다는 원리를 일컫는 논리학 용어이다.

다. 이진법 체계와 더불어 선택해야 하는데, 이는 끊임없이 '예' 혹은 '아니오' 이다. 상반되는 것들을 포괄하며 진화하는 사고는 개입될 수 없다. 분명히 이러한 사고는 컴퓨터의 데이터를 사용할 수 있지만, 이 사고는 컴퓨터에 의해 선택으로 불가피하게 유도된다. 늘 일부분만이 사용되는 컴퓨터는 최대한으로 사용되는 법이 없다. 도구가 최대한의 역량으로 사용될 수밖에 없다면, 변증법적 사고는 불가능해진다. 컴퓨터는 극도로 이분법적이고 반복적인 동시에 비非포괄적임을 인정해야 한다. 그런데, 이 신기한 기계장치를 장기간에 걸쳐 반복적으로 애용한다면, 어떻게 이러한 사고방식을 결국 되찾는다는 말인가? 인간은 제 스스로 컴퓨터에 너무 매달려 있을 따름이다! 변증법적 사고를 없애기 위한 인간과 이 기계장치 사이에 암묵적 동조가 있을 것이다.

체계로서 기술에 대한 이해

이와 같이, 사실들과 세분된 기술적인 발견들에 대해 우리가 내리는 평가들은 체계의 존재를 통해 상당히 변화한다. 실제로, 우리는 새로운 요인 앞에서 우리가 이 요인을 선택하고 채택하며 내버리는데 자유롭다는 확신을 가진다. 우리는 "피임약", 자동차, 행성간의 우주선, 마케팅, 비디오 등을 높이 평가하려고 하며, 기술이 가져온 새로운 각 요소가 바로 자유의 보완적 요소일 뿐 아니라 물론 독재의 요인이 될 수도 있음을 인정한다. 이는 늘 새로워지는 얼마나 대단한 선택인가. 불행하게도, 새로운 기술적인 요소는 건물 전체에서 하나의 벽돌일 따름이기 때문에, 또한 아직 실행되지 않은 기능을 때맞추어 수행하며 결함이었다고 인식되는 공허를 때맞추어 채우는 기계 속에 하나의 톱니바퀴일 따름이기 때문에, 이 점은 결코 이런 식으로 제기되지 않는다. 이 기술적인 통일성이 결함을 채우도록 체계의 자력磁力이 존재하는데, 체계의 자력은 이 기능에서 빠져 나오기가 불가능한 정확하고 명확하며 한정되고 틀림없는 기능을 이 기계장치와 방식에 미리 부여한다. 이 끌어당기는 힘 앞에서 인간의 사소한 자유는 어떠한 효력도 효능도 없다.

이런 곡절로, 정치적 영역에 적용된 컴퓨터가, 모든 정보를 분산시키고 유포하며 개인적인 단계로 설정하는 유기체이자 정치적 통제를 수월하게 하는 유기체가 될 수 있다고 주장해 보았자 전혀 쓸데없는 일이다. 이 모든 것은, 두려움에서 단지 벗어나기로 예정된 이상향이자 이 때문에 정보처리 체계를 제자리에 두게 예정된 이상향에 속한다. 여기서 우리는 결정적 중요성을 지닌 사실과 마주한다. 즉, 인간은 과정을 보는 것을 근본적으로 거부한다. 또한 인간은 형이상학적이고 절대적인 용어로 문제를 제기하면서, 모든 것이 여전히 가능함을 확신하고, 아주 초연하고 객관적인 관점에서 새로운 기술적인 요인이 해방자임을 확신한다. 이렇게 마음을 가라앉히면서, 인간은 메커니즘이 발전하도록 내버려둔다. 이후 인간은 결과를 보고서 "하지만, 이는 우리가 살펴보고 예견했던 바가 전혀 아니다."라고 할 수 있다. 나쁜 면은 끝났다. 해방시키는 피임약이나 혹은 민주화하는 컴퓨터에 대한 낙관주의는 무의식적인 단순한 마비 작용이다. 중국의 경우를 포함하여 어디서든 중앙 집중화하는 정치 체계가 없다면, 또 권력을 지닌 기술전문가 계급이 없다면, 또 정확한 방향으로 정돈된 기술 체계가 없다면, 달리 말해 컴퓨터가 사막이나 한 사회의 제로 지점에서 나타난다면, 컴퓨터는 개인적 진보의 요인이 될 수도 있다. 그러나 이 요소들 중 어떠한 것도 실현되지 않는다. 컴퓨터는 자체의 힘으로 어떠한 민주화도 어떠한 지방 분권도 초래하지 않을 것이다. 이와는 반대로, 컴퓨터는 반대되는 움직임을 두드러지게 할 것이다. 엘런 웨스틴[150]은 자유에 관한 컴퓨터의 결과들을 완벽히 잘 분석했다. 수많은 고문서 자료를

---

150) 『사생활과 자유』 *Privacy and Freedom* (New York, 1967년).
 [역주] Alan F. Westin. 미국의 대학교수이자 저술가. 그가 집필한 『사생활과 자유』 *Privacy and Freedom*와 『자유로운 사회에서 데이터뱅크』 *Databanks in a Free Society*는 1960년과 1970년대 미국에서 사생활에 관한 입법을 촉진시키고, 많은 민주국가에서 포괄적인 사생활 보호 운동의 시작을 도운 선구적 저서이다. 또한 그의 저서 『민주주의에서 정보 기술』 *Information*

사용하고자 특수 관료들에 의해 정리된 고문서 자료가 중앙 컴퓨터로 모아질 수 있다. 엄밀히 말해, 온갖 범칙 위반과 의료 수술과 은행 업무 등과 같은 개인 각자에 대한 모든 정보는 우리의 생각이 미치지 않는 풍부한 세부 사항과 더불어 한데 모일 수 있다.

그런데, 이러한 전체화에 직면하여 이 파일들의 사용에 대한 사법 규정과 사생활 존중에 대한 법률이 제시된다. 달리 말해, 발견된 것이라고는 단지 완전히 낡아빠진 일련의 보호 수단이다. 즉, 이것은 전체적 국가에 맞서 아무 것도 할 수 없었던 법령이다. 이 뿐 아니라, 공권력에 의해 예견된 사법 수단들은 국가에 의해 통제될 것이다. 다시 말해, 한 개인이 다른 사람의 삶에 개입하는 일은 사생활의 비밀에 의해 방해받을 것이다. 하지만, 이 기계장치를 보유하고 이 기계장치의 사용을 통제할 권력당국 자체가 바로 이 금지사항을 준수할 것이라고 어떻게 믿겠는가? 결국 권력당국은 이 거대한 통제 체계를 사용하는데 언제나 주도적일 것이다. 양치기가 양들을 감시하지만, 거기서 누가 양치기를 감시할 것인가? 사람들이 "이는 민중일 것이다"라고 한다면, 중앙 컴퓨터를 개인들이 마음대로 사용하게 해야 하는데, 따라서 개인들은 이러저러한 개인에 대항하여 컴퓨터를 사용할 가능성이 있다. 사람들은 거기서 빠져나올 수 없다. 컴퓨터의 사법 체제가 유용해지기 위한 어떠한 기회도 없다. 중앙권력이 정직하고 개인들에게 존경받으며 지방분권적이고 민주적이라면, 특히 중앙권력이 예를 들어 혁명가들에 대항하여 자신을 방어해야 하는 상황에 놓여 있지 않다면, 법령은 필요 없다. 중앙권력은 이런 불공정한 힘의 도구를 사용하지 않을 것이다. 그렇지 않다면, 중앙권력은 사법 규정을 넘어설 것이고, 사실상 순수한 개입 영역에 관여할 것이다. 어떠한 보호도 없다. 컴퓨터는 체계라는 결합체에 의해 이미 설정된 방향으로 나아간다.151)

---

*Technology in a Democracy*은 의사결정에서 대 시민 업무 및 정보행정의 자유에 이르기까지 중앙 정부와 지방 정부에 끼치는 정보의 영향에 대한 연구 결과이다.

달리 말해, 체계로서 기술에 대한 이러한 이해는 본질적 결론으로 귀결된다. 즉, 기술이나 혹은 기술적인 결과를 따로 떼어 고찰해보았자 쓸데없는 일이다. 이렇게 하는 것은 아무 쓸모없다. 한편으로 기술이 실제로 무엇인지에 대해 아무 것도 이해 못하는 것이고, 다른 한편으로 헐값으로 위안을 찾는 것이다. 그런데, 이는 기술에 대한 거의 모든 저작에서 내가 지적하는 잘못이다. 사람들은 자동차의 용도를 변경할 수 있는지 혹은 텔레비전이 불길한 결과를 가져 오는지 자문한다. 왜냐하면 일례로 텔레비전은 기술 세계 속에 사는 사람을 위해 반드시 필요한 심심풀이로서 또 기술 세계의 표현으로서, 기술 세계와 관련하여서만이 존재하기 때문이다. 텔레비전은 단지 그 자체로 존재하기 않기 때문에, 텔레비전은 그 자체로 "미숙하다거나" 혹은 "문화적이지" 않다. 내가 알기로는, 어떠한 저자도 이런 평범한 세분화를 피하지 못했다. 물론, 체계의 이러한 측면의 불편들이 취해진다면, 이 불편들에 대한 제어가 가능하며 이 불편들을 초래하는 기계장치의 방향 재설정이 가능하다는 점이 어려움 없이 입증될 수 있다. 그러나 이 불편들은 그 자체로 존재하지 않는다! 이 때문에 전문 서적에 제시된 온갖 "해결책"은 해결책에 속하지 않는다.

3. 체계의 특성

그 특성이 명백하기 때문에 우리가 강조하지 않을 첫 번째 특성은, 이러한 체계 자체가 철도·우편·전화·항공체계, 전기 에너지의 생산·분배체계, 자동화된 산업생산 과정체계, 도시체계, 군사방어체계 등과 같은 하위체계들로 구성되어 있다는 것이다. 이 하위체계들은 이것들을 입안했던 사람들이 장기적으로 계획을 세우지 않은 채 편성되었다. 또한 이 하위체계들은 무

---

151) 정보처리기술과 자유에 관해 앞에서 인용한 보고서 참조.

엇보다 하위체계들의 규모 증대에서 나온 요구들 및 다른 하위체계들과 조금씩 이루어졌던 관계에서 나온 요구들에 부합하도록 점점 편성되었고 적용되었으며 변경되었다. 가끔 사람들은 완전히 제로 상태에서 이러한 결합체를 재편성하려 들지만, 각각의 결합체가 이제 다른 결합체들에 의해 연결되어 있고 결정지어져 있기 때문에 사람들은 점점 더 그렇게 할 수 없음을 인정해야 한다. 각각의 결합체가 포괄적 기술 체계의 단순한 하위체계로서 더욱 나타남에 따라, 각각의 결합체의 작용은 점점 덜 유연해진다. 그런데, 여기서 아무 것도 저절로 이루어질 수 없다. 이 대규모 하위체계들이 워낙 복잡한 나머지, 모든 것은 이 결합체의 목표들과 결합체의 구조와 결합체의 정보 흐름에 대한 분석을 거쳐야 한다. 이 분석은 목표들이 명백한 방식으로 또 수학적으로 처리할 수 있는 방식으로 다시 규정되는 것을 전제로 한다. 또한 이 분석은 결합체의 논리가 명확하게 되는 것, 곧 완벽한 작동 과정이 이루어지는 동안 결합체가 존재할 수 있는 각 상황에서 각 요소에 도달해야 하는 바를 결정하는 것을 전제로 한다. 달리 말해, 매번의 전화 통화에서처럼 또 각 기차와 비행기에서처럼 일어날 수 있는 모든 가능성 속에서 결합체가 생겨나기를 우리가 바란다는 점을 밝혀야 하는데, 이 점에 관한 문제는 체계에 의해 결정되고 규제되어야 한다. 각 하위체계의 기능들이 일단 세부적으로 정해지면, 예를 들어 '중앙집중·지방분산'의 문제인 하위체계의 구조와 내적 통제를 규정해야 한다. 따라서 기술 체계가 추상적이지도 이론적이지도 않다는 점을 깨달아야 하고, 기술 체계가 단지 이런 다양한 하위체계들 사이의 관계의 결과라는 점을 깨달아야 하며, 이 하위체계들 각각이 작동하는 동시에 하위체계들의 관계가 정확한 한에서만이 기술 체계가 작동한다는 점을 깨달아야 한다. 하위체계들 사이에 단락短絡이 생겨날 때, 혹은 하위체계들 중 하나에 고장이 일어날 때, 정지되는 것은 결합체 전체이다. 이를 통해 바카Vacca는 대규모 기술적인 결합체들이 취약하다는 자신의 이론을 내세우기에 이른다.

두 번째 특징은 유연성이다. 우리가 방금 언급했던 바는 아주 경직된 감정을 불러일으킨다. 사실상, 절대적 필요성은 점점 더 많아지고 쉽사리 채워지지 않는다. 그러나 각 하위체계의 차원에서 상황이 이러하다면 결합체는 더 유연한 방식으로 작동하는 경향이 있는 듯 하고, 기술의 힘과 안정성은 바로 이 적응 역량에 근거 하는 듯하다. 분석 측면의 차이에서 나오는 명백한 모순을 통해, 이 두 해석 사이에 대립이 생겨난다. 크로지에Crozier가 『차단된 사회』 La Société bloquée에서 대규모 현대 조직의 변화가 강압적인 방향에서 이루어지지 않는 듯이 보인다고 주장할 때, 아마도 그의 말이 옳다. "예측 수단의 끊임없는 개선을 통해, 규칙 적용에서 더 많은 관용이 베풀어질 수 있다. 조직은 더 약한 일치 단계에 있더라도 작동할 수 있다. 사람들이 예측의 정확성을 확보하기 위한 강압의 힘을 빌지 않고서도 예측할 수 있기 때문에, 인식을 통해 강압이 제한될 수 있다." 그러나 인간이 더 완벽히 적응하는 한에서, 체계는 인간에 대하여 더 관용적이고 너그러울 수 있다고 할 수 있다. 인간이 추종적인 한, 강압을 사용할 필요가 없다. 그런데, 기술 체계는 '순응행위' conformisme를 생겨나게 하는 점점 더 효율적인 일련의 메커니즘 전체에 의해 특징지어진다. 인간의 활동이 체계를 다시 위태롭게 하지 않을 때, 인간에게는 아주 대단한 독립성이 있을 수 있다.

그런데, 체계는 점점 더 추상적이 되는 경향이 있으며, 둘째 단계나 혹은 셋째 단계에서 확립되는 경향이 있다. 결국 초보적이고 피상적인 순응행위는 사라질 수 있다. 인간은 더 큰 자유를 얻는 것처럼 보인다. 인간은 자신이 원하는 음악을 들을 수 있고, 원하는 대로 옷을 입을 수 있으며, 종교적 신심을 택할 수 있고, 완전히 괴상한 도덕적 태도를 취할 수 있다. 이 모든 것은 기술 체계에서 아무 것도 문제 삼지 않는다. 기술들은 인간을 위해 이러한 다양화 수단들을 만들어내기 조차 한다. 하지만, 다양화는 이 기술들이 작동하는 한에서만 존재하고, 기술 체계가 완성되는 한에서만 작동한다. 이는 자유가 얻어진다거나152) 혹은 이러한 종류의 행동들에 의해 체계를 문제 삼는다거나 혹은 기술과 독립된 새로운 현상이 출현한다고 믿는 라이시Reich나 오니뮈스153)같은 여러 사상가들의 오류이다. 실제로, 이러한 독립 작용들은 엄밀하게 독립적이지만, 기술이 확실하면 할수록 더욱 기술은 무관심의 구역들을 남겨둔다. 구조가 더 기술적이 되었기 때문에, 기술적인 순응행위가 내재화하면 할수록 또 명확한 대상이 되면 될수록, 사회적 순응행위는 분명히 덜 무겁게 느껴짐이 분명하다. 진정한 사회적 순응행위는 기술에 대한 순응행위이다. 그런데 기술 체계는, 예를 들어 도덕적 행동의 일치 같은 예전에는 사회의 가장 큰 배려 대상이었던 바를 자신의 영역 밖에 남겨둔다. 이 때문에 고전적인 도덕적 표현으로 현재의 문제들을 제기하기를 피해야 한다. 일례로 기술 체계에서 자유나 혹은 책임에 대해 이야기하는 것은 아무 의미 없다. 이는 인간의 실제 상황을 설명할 수 없는 도덕적 표현이다. 하지만, 기술 체계가 더 넓은 가능성의 영역을 인간에게 제시하는 듯이 보이는 것도 사실이나, 이 선택들이 기술적인 대상과 관련되고 이 독립성이 기술적인 도구를 사용한다면 이 선택들이 기술적인 영역 속에 전적으로 포함되어 있는 것도 사실이다. 다시 말해, 이 독립성은 유착을 나타낸다. 그러나 이러한 유연성은 인간의 명백한 독립성과 단지 관련되지 않는다. 실제로 이 유연성은 하위체계들과 관련하여서는 체계의 특성이기도 하다. 하위체계들을 흔히 그 자체로 간주하게

---

152) 샤르보노(B. Charbonneau)는 어떻게 기술 체계와 인간 사이에 모순이 반드시 존재하는지 보여준다.
"조직이 내세우는 평계는 조직이 우리에게 제시할 수 없는 유일한 것, 곧 자유이다… 자유는 자체와 반대되는 것의 경로, 곧 조직으로 '자유의 조건들'을 늘 실현한다. 그 자체로 남겨진 모든 진보 역시 개인의 자율성을 제한하기에 이른다. 즉, 자유는 힘을 전제로 하고, 따라서 기계장치의 힘을 전제로 한다. 점점 더 잘 조직화된 우리 사회에서 우리는 더 잘 먹고 더 잘 교육받기 때문에 아마도 더 자유롭다. 이 점은 모든 영역에서 질서와 금지의 급속한 증가에 의해 얻어진다." (『무질서와 체계』 *Le Chaos et le Système*에서).
153) [역주] Jean Onimus(1909-2007). 프랑스의 수필가. 아주 다양한 그의 작품은 교육, 가족, 문학, 시, 예술, 현대 세계의 위기, 종교에 대한 수필을 포함하고, 작품의 각각은 성찰을 부추기는 적절하고 참신한 비전을 포함한다. 대표작으로 이 책에서 인용하는 『질식과 비명 소리』 *L'Asphyxie et le cri*가 있다.

하는 독립성이 하위체계들에는 있다. 다시 말해, 기술과 관련 없는 고유한 존재를 지닌 것으로서, 또 자체의 독창성 곧 기원을 지닌 것으로서, 또 기술에 의거하지 않는 자체의 작동 법칙을 지닌 것으로서 하위체계들을 간주하게 하는 독립성이 하위체계들에 있다. 이와 같이 문화적인 것이나 혹은 종교나 혹은 조직 등이 모든 것이 기술 체계에 속하게 되었음에도, 이는 아주 유연한 관계를 가지고 이다. 하위체계들의 자율성에 대한 이러한 고찰을 통해 기술에 대한 처방을 거기서 발견하거나 혹은 발견하기를 기대한다는 실수를 흔히 저지른다. 예전에 나는 조직이 기술에 대한 처방이 아니라, 기술 체계의 착상에서 한 걸음 더 나아가는 것임을 보여주었다. 하위체계들의 명백한 독립성의 좋은 예로서 1973년 「부꼬 평론」 *Cahiers du Boucau*에 실린 "지역주의와 기술 사회" *Régionalisme et société technicienne*라는 샤르보노의 연구를 참조할 수 있다. 지역주의 이론들 모두 차이를 축소하는 역동성을 다듬거나 혹은 정당화하는 동일한 기능을 지니고 있다. 지역주의는 상반된 겉모습에 불구하고 기술 사회의 산물인데, 이 겉모습에 따르면 기술은 늘 중앙 집중적이다. 분산된 요인이 체계 자체에 더 강력히 통합된다는 조건에서 기술은 분산적일수도 있다. 이러한 방식으로, 지역주의는 자유주의의 적용으로 제시되더라도 관료주의의 한 측면일 수 있다. 이 때문에 근년에 프랑스에서 지역주의에 대한 토론과 국민투표는 엄밀히 말해 아무런 중요성이 없다. 지역적 개혁은 더 강력한 기술적인 진보를 가능하게 하는 명백한 자율성의 획득이다. 이는 이제 한물 간 전제적 중앙집권주의보다 기술적인 증대에 더 적합한 체제이다. 기술 체계가 더 복잡하고 전면적일수록 이 점은 더 명백하고, 기술 체계는 유연해 질 수밖에 없다. 우리가 현재 확인하는 무질서의 대부분은 이 체계의 경직성에서 나온다. 기술에 의해 야기된 혼란은 없으며, 규모 때문에 비일관성만을 유발할 수 있는 경직된 중앙 집중화된 조직이 여전히 존재한다. 그러나 우리가 이미 보았듯이, 기술은 전체의 유연성을 가능하게 하는 기계장치, 곧 컴퓨터를 보유한다. 컴퓨터 덕분에 사람들은 형식적이고 제도적인 조직에서 정보에 의한 관계로 건너갈 수 있고, 또한 흐름들에 따라 역동적 구조로 넘어 갈 수 있다. 중앙 집중이 아직 일어나지 않았던 곳에서는 유연성을 통해 문화적 다양성을 유지할 수 있다. 분명히, 크메르족의 문화와 북아프리카 지중해 연안 구릉지대의 문화가 있다. 이 문화들은 기술에 의해 완전히 용인된 잔재들이지만, 또한 기술에 의해 민속학자의 진기한 물건이나 민속 등과 같은 과거의 잔재 속에 분류된 잔재들이다. 어디서도 아주 비슷하지만, 다양한 발전 단계에 있는 기술 체계의 실재를 덮는 겉모습이 이러한 문화들이다. 예를 들어, 기술이 가장 노골적이고 무자비한 측면을 나타내는 전쟁 중에처럼 기술 체계가 위험을 무릅쓰고 갈등을 일으킬 때, 지역 문화는 사라진다. 그러나 일반적으로 기술은 지역 상황에 정확히 적응할 수 있을 정도로 유연하다. 나는 이전의 저서에서154) 이 점을 이미 보여주었다. 따라서 문화적 다양성은 인간적 실재들이 체계 밖에 있음을 입증하는 것이 아니라 체계의 유연성을 입증한다는 점을 유념하자….

시간에서도 마찬가지이다. 리치타Richta가 기술적인 성장의 근본 특성이 시간의 절약이라고 주장하는 것은 전적으로 옳다. 기술적인 성장은 시간에 영향을 미치며, 이른바 공간을 희생하여 시간이 생겨나게 한다. 기술적인 성장은 공간을 축소하는 동시에 인간을 위해 시간을 만들어낸다. 르페브르Lefebvre의 이론의 근거 없고 순전히 공상적 특성이 거기서 나오는데, 이 이론에 따르면 이제 중요한 것은 공간을 만들어내는 것이다. 이러한 방향에서 사람들은 비현실적 이야기의 늪에서 길을 잃을 수밖에 없다. 이와 반대로, 리치타는 "시간의 절약은 어떤 정도의 발달에 이른 과학 기술 혁명의 적합한 경제적 형태가 된다고 간주된다.155)"라고 기술하면서, 이 점을 명확히 파악한다. 또한 그는 기존의 다른 모든 유형과 구별되는 새로운 경제적 합리성을 이러한

---

154) [역주] 엘륄의 저서 『기술 혹은 시대의 쟁점』*La Technique ou l'enjeu du siècsple*을 가리킨다.

원리에서 이끌어내려 애쓴다… 그러나 문제는 이러한 시간의 절약이 산업주의 체계에서 확인될 수밖에 없고, 시간의 절약이 여가로 귀결된다면 아무런 의미가 없다는 것이다. 시간의 절약이 기술 체계 자체와 관계 맺고 있다는 조건에서 만이, 다시 말해 리치타가 이 점을 보여주듯이 절약된 시간이 결국 통합된 문화에서 과학 기술적인 발달에 힘쓰고자 인간을 더 잘 육성하는데 사용된다는 조건에서 만이, 시간의 절약은 의미 있을 따름이다.

완전히 중요한 세 번째 특성은 기술 체계가 자체의 적응 과정과 보상 과정과 '수월성 과정'을 공들여 만든다는 것이다. 아주 일반적으로 적응 과정은 기술들임을 고려하자. 예를 들어, 기술들의 작용에서 복잡성과 요구156) 때문에 기술이 절망적 사회 상황을 만들어내는 곳에, 예방 기술과 적응 기술과 재적응 기술 등의 사회적 업무가 즉시 이루어지는데, 실제로 이 기술들은 결국 체계를 나타내는 기술들이며 비인간적 세계에서 삶을 수월하게 해주기로 된 기술들이다. 그래서 일련의 복원 기술이 형성된다.157) 인간은 이에 힘입어 쾌적하고 살만한 삶을 누리게 된다. 그러나 이것은 예전의 자연적 체계와 신들의 숙명을 인위적 체계와 기술적인 숙명으로 대체하는 것일 따름이다. 인간은 아무런 과시도 못하고, 아무런 독창적 재능도 발휘하지 못한다. 실제로, 언제나 문제된 것은 기술 자체에 의해 생겨난 수월성이다. 생기가 없고 진기한 경험도 없으며 틀에 박힌 생활에 대한 보상으로서 기발한 가정용구와 텔레비전과 장소이동을 제공하는 것이 기술이다. 마찬가지로 끔찍한 예언서나 공상과학소설 혹은 「알파빌」, 「2001 스페이스 오디세이」, 「화씨 451도」158)같은 영화를 대량으로 만드는 것은, 실제로 존재하는 그대로의 기술 사회에 대한 적응 메커니즘이자 친화 메커니즘이다. 우리가 애써 배격하는 끔찍하고

---

155) 『교차점에서의 문명』*La Civilisation au Carrefour*, 85쪽.
156) 그 요구는 사회에서 소외되고 무능력한 상태에 있는 수많은 젊은이와 노인과 능력이 부족한 자 등을 몰아내는 것이다. [본문 내용을 역자가 각주로 설정]
157) '수월성의 과정'에 대해서는 「꽁트르 뿌엥」*Contre-Point*과 「혁명」*La Révolution*에 실린 "부르주아의 변신"과 "신낭만주의"에 대한 나의 연구를 참조할 것.

받아들일 수 없는 모델이 우리에게 제시되지만, 이는 기술이 아니라 기술일 수도 있는 것에 관한 상상이다! 이에 대한 우리의 거부와 배격과 단죄 속에서, 우리는 기술을 배격했고 단죄했으며 따라서 우리는 통찰력 있으며 주의가 세심하다고 믿는다. 기술 혹은 이러한 기술이 우리를 소유하지 않을 것이라고 하며 우리는 이런 불안을 떨쳐 버린다. 우리는 아주 명료한 상태에 있으니 그렇게 하지 말도록 하자. 그런데 이 점을 통해 고약하지도 눈에 보이지도 인상적이지도 않지만, 부드러움과 너그러움으로 가득한 진정한 기술을 받아들이기가 쉬워진다.

기술은 완전히 받아들일 수 있고 안심시키는 듯이 보이는 그러한 것으로서 우리에게 제시되었던 기술이 아니기에, 우리는 진정한 기술인 것으로서 우리에게 제시되었던 허구를 회피하려고 실제적 기술 사회 속으로 도피했다. 이 때문에 나는 반反기술적인 온갖 소설과 영화에 단호히 반대한다. 이는 오래된 전쟁 계략일 따름이다. 예를 들어, 땅굴을 파는 것 같은 진정한 작전은 전혀 다른 곳에서 일어나고 다른 식으로 전개되는데도, 성채 방어자들의 관심을 끌고자 나팔 소리와 번쩍이는 빛으로 대규모 공격을 위장한다. 수많은 다른 적응 과정이 나타난다. 라이시Reich의 제3의식意識이란 현상 전체는 기술 사회의 새로운 단계에 대한 적응 과정일 따름이라 할 수 있다. 제2의식은 산업 기술 사회에 대한 적응이었으며, 제3의식은 컴퓨터 기술 사회에 대한 적응이다. 이 제3의식은 사회적 과정의 어떠한 돌변도 유발하지 않지만, 이와 반대로 가장 현대적 생산과 연계되기 때문에 그 이상의 아무 것도 없다. 라이시는 기술자들이 디스코 바지를 입고 긴 머리카락을 갖고 있다는 사실에 경탄한다. 나에게 중요한 것은 기술자로서 그들이 꼭 예전처럼 기술자의 일을 계

---

158) [역주] 「화씨 451도」 *Fahrenheit 451*. 프랑수아 트뤼포(François Truffaut)가 감독한 공상과학 영화로서, 현대사회의 부정적 측면들이 극단화되어 초래되는 암울한 미래 사회를 배경으로 한다. 이 사회에서는 지식이 위험한 것으로 간주되어 모든 책은 금지되는데, 책을 찾아내어 불살라 없애는 일을 직업으로 가진 주인공이 학교 교사인 이웃 여인을 만나면서 자신이 하는 일에 의문을 갖게 된다는 내용이다.

속한다는 것이고, 결국 그들이 직접 이 기술 사회가 나아가고 발전하게 한다는 것인데, 나머지는 유치한 것이자 "인격"에 대한 가엾은 주장이다. 인간의 적응이라는 어려움 앞에 있는 기술 체계는 체계의 증대와 작동을 수월하게 하는 만족과 보상을 만들어낸다. 마찬가지로, 이제 기술 체계는 인격의 발달 가능성으로서 나타날 수 있는 요구들을 제시한다. 크로지에(Crozier 159)는 기술적인 성장에 맞서려면 점점 더 많은 창의력과 창조와 '비非순응행위' non-conformisme와 저항이 필요함을 아주 정확히 보여준다. 창조력과 비순응행위는 기술 사회의 근본 가치이다. 실제로, 기술 사회는 발전하도록 수동성을 전제로 하는 것이 아니라 변화를 위한 열렬한 가담을 전제로 한다. 예전의 가치, 품성, 전통 도덕이 공격 받기를 요구하는 것은 기술이다. 기성질서 비판자는 기술적인 진보로 가는 길목을 연다. 기술이 나아가는 곳에 기술과 관련하여 가능한 삶의 형태들을 만들어야 하기 때문에, 사람들은 창조력의 도움을 청한다. 그러나 단지 기술에 귀속할 따름인 진정한 창조력이 있으며 가장 깊고 강한 실재에 대한 순응행위를 나타낼 따름인 진정한 비순응행위가 있다고 사람들이 생각할 때, 오류가 생긴다. 내가 순응행위에 대해 이야기하고 크로지에가 비순응행위에 대해 이야기할 때, 우리는 동일한 분석 측면에 단지 위치하지 않는다. 끊임없이 발전하는 기술이 오래 된 구조와 가치를 위태롭게 하며, 인간으로 하여금 이러한 환경 속에서 살아가게 하는 것을 만들도록 인간을 부추긴다는 점은 확실하다. 그러나 이는 순응행위일 따름이며, 창조를 통해 실용성 없는 기발한 수많은 제품이 생산될 것이다. 라이시에게 아주 소중한 디스코 바지는 적용할 수 있는 창조력의 본질적 산물이다. 마찬가지로, 타인들을 위한 신新기독교나 혹은 인간의 모습을 한 사회주의 이데올로기 같은 이타적 이데올로기가 생겨날 것이다. 실제로 체계가 압박할수록 인간은 더 자신의 독립성을 주장함으로써 보상해야 한다. 또한 체계가 인간관계를 파괴

---

159) 『차단된 사회』 *La Société bloquée*

할수록 인간은 더 자신이 이타적이라고 주장해야 한다. 보드리야르가 이를 "사회적 운활작용"이라고 지칭하는 것은 정말 옳다. 이러한 이타주의는 '언어 영역' domaine verbale에서 나오자마자 제도화되고 급속히 기술화될 것이다. 따라서 기술 체계를 인간적인 로봇을 만드는 것으로 간주하지 말아야 한다. 이와 반대로, 기술 체계는 다양성, 이타주의, 비非순응행위 같은 우리의 인간성 중에 우리가 가장 애착을 가지는 바를 발전시키지만, 이는 체계 자체에 완전히 통합되는 것이다. 다시 말해, 이는 체계를 위해 작동하고, 체계에 새로운 자양분을 공급하며, 체계가 제시하는 것에 힘입어 상호간에 실현되는 것이다. 이와 같이, 인간에게 그토록 근본적인 것으로 드러나는 유희 욕구는 기술 체계에 의해 중시되고, 인간은 마음대로 사용하게 된 온갖 기계와 더불어 완벽하게 즐길 수 있을 것이다. 또한 이 유희는 기술화 때문에 그토록 자극적이 되고 새로워질 것이다. 이와 마찬가지로, 기술 체계를 통해 성적 유희의 세련된 기술들이 재발견될 수 있으나. 실제로 이것은 기술들일 따름이다.

나는 사람들이 다음 같이 말할 수도 있음을 잘 안다. 즉, 인간이 이와 같이 기술에 힘입어 모든 가능성을 발전시킬 수 있다면, 당신은 무엇을 더 원하는가라고 말이다. 대답하기가 매우 어렵다. 고도로 기술화된 성본능은 사랑이 아니라고 어떻게 말할 수 있는가? 복잡하거나 혹은 매혹적인 기계장치들과 더불어 행해진 유희가 나무 막대기를 가지고 노는 아이의 놀이와 마찬가지가 아니라고 어떻게 말할 수 있는가? 기술에 의해 복구된 자연은 자연이 아니라고 어떻게 말할 수 있는가? 기능화 된 비순응행위가 실존적이 아니라고 어떻게 말할 수 있는가? 달리 말해, 이 모든 것이 편의와 환상과 가장의 세계에서 우리를 살게 한다고 어떻게 말할 수 있는가? 나는 2차 세계대전 초기 훈련된 히틀러 병사의 예로 늘 돌아간다. 이 병사는 개인적 주도권을 갖고 있고 명령에 대해 맹목적으로 복종하지 않으며 어떤 시도의 방향을 자신이 결정하는 능력이 있기 때문에, 특무상사의 손가락과 눈짓에 복종하는 기계적인 병사와 반대되는 듯이 보인다. 그러나 군대라는 범위를 벗어날 수 없었던 이러한 자유는 히틀러의 이데올로기 속에서 더 나은 전투원을 양성하기로 되어 있는 극도의 심리적인 조작에 의해 만들어진 군대 내부에 있었던 것이다. 기술 사회 속에 끼워 넣어진 인간의 "창조력"과 "비순응행위"는 그러하다. 이것들은 체계의 발전에 필요한 조건들이지 그 이상의 아무 것도 아니다. 여기서 샤르보노에 의해 요점이 언급된다. 즉, "톱니바퀴는 인격과 정반대이다. 인격은 세계를 향해 돌려진 세계이고, 톱니바퀴는 외부의 힘만이 결합체 속에 위치시킬 수 있는 무기력한 조각이다.160)"

왜냐하면 이것이 단지 체계 속으로 인간의 흡수와 관계된 것이 아니기 때문이다. 기술이 기술과 일체가 되었던 집단에 의해 동화되었거나 이 집단과 같아졌으므로, 더구나 체계는 발전할 수 있었다. 기술담론을 보유하는 전문 조직체가 그 당시 일어나던 바를 이해했다면, 또 이 조직체가 자신이 행하는 바에 대해 "곰곰이 생각할" 수 있었다면, 이 위험에 대한 자각은 더 빨리 생겨날 수도 있었을 것이다. 이와 반대로, 신심 같은 이데올로기적 이유에서 및 성공과 돈 같은 개인적 이익이라는 이유에서, 이 조직체들은 기술과 완전히 일체가 되었다. 그리고 이것은 기술의 우위성 및 체계 속에 기술의 조직을 가능하게 했던 기술전문가 집단의 힘이기 조차 하다. 또한 이것은 그 위험을 의식한 초기 지식인들을 마찬가지로 차단했던 사회에 대한 기술전문가들의 지배이다. 나는 수학자 꾸르노161)를 생각하는데, 그는 아마도 자신의 저서 『고찰』 162)에서 기계주의 뿐만 아니라 기술의 엄청난 위험을 이해하고 드러내려는 모든 사람들 가운데 선구자였다. 훨씬 더 나중에는 아담스163)가 기술의 결과

---

160) 샤르보노, 『체계와 혼돈』 *Le Système et le chaos*.
161) [역주] Antoine-Augustin Cournot(1801-1877). 프랑스의 수학자이자 철학자이자 경제학자. 수요와 공급 모델의 정립을 선도한 사람 중 하나로서, 수요의 법칙이나 독점 이론의 기초를 이루는 독점 가격의 원리를 밝혀 근대 수리경제학의 시조로 불린다. 주요 저서로 『부(富) 이론의 수학적 원리에 대한 연구』 *Recherches sur les principes mathématiques de la théorie des richesses*가 있다.

들을 명석하게 완벽히 파악했다. 과학자들의 목소리는 기술전문가와 과학자들에 대한 "압력 집단"의 존재에 의해 억눌렸다. 이는 갤브레이스164)가 자신이 제시한 개념인 '전문기술 관리집단' Technostructure에서 명확히 설명했던 바로서, 기술전문가 집단은 기술 체계 속에 완전히 통합되었고 기술과 사회 사이의 중계자로서 역할을 한다는 것이다. 쿤165)은 과학의 경향을 제시하고 과학을 설명하는 과학자들이라는 사회학적 집단의 존재에 의해서만 과학이 존재함을 보여주면서, 과학에서 이 점을 다루었고 깊이 규명했다.. 학자를 과학과 동일시하는 것은 과학을 학자와 동일시하는 것과 불가피하게 겹쳐진다. 기술 체계의 방어는 한 사회적 집단에 의한 기술의 방어에 의해 이루어지는데, 이 사회적 집단은 자신의 존재 이유이자 자신에 대한 정당화이자 자신의 생활 수단이자 위세를 갖는 수단인 기술을 방어하면서 자기 자신을 방어한다.

그런데, 보상 과정 중 하나는 언어의 발달이다. 기술 때문에 언어를 차지하는 사물들이 급속히 증가하는 가운데서, 인간은 '언어 세계'를 향해 달려들면서 반발한다. 단어가 더 중요해 질수록 사물들은 더 짓누르는 듯하다. 우리

---

162) 『현 시대에서 사상과 사건의 진행에 대한 고찰』Considération sur la marche des idées et des événements dans les Temps modernes (1872년).
163) 『민주주의 신조의 하락』The Degradation of Democratic Dogma (1919년).
[역주] Henry B. Adams(1838-1918). 미국의 역사가이자 소설가. 자서전인 『헨리 아담스의 교육』The Education of Henry Adams으로 잘 알려져 있고, 주요 저서로 『1801년부터 1817년까지 미국 역사』The History of the United States of America (1801 to 1817)가 있다.
164) [역주] John Kenneth Galbraith(1908-2006). 캐나다 출신의 미국 경제학자. 그가 제시하는 '전문기술 관리집단' (Technostructure)이라는 개념은 특히 1950년대부터 미국 경제 구조의 깊은 변화에 대한 관찰에서 출발한다. 그는 기술의 진보를 설명하는 동시에, 실제로 기업의 의사 결정을 내리는 개인이 자본을 지닌 계층에 더는 속하지 않고, 기술 지식이나 조직 지식으로 특징지어지고 인정받는 새로운 계층, 곧 관리자나 경영자에 속한다는 견해를 제시하면서, 이러한 계층을 '전문기술 관리집단' 이라 부른다. 주요 저서로 『1929년 대공황』The Great Crash, 1929, 『불확실성의 시대』The Age of Uncertainty 등이 있다.
165) [역주] Thomas Samuel Kuhn(1922-1996). 미국의 과학사학자이자 과학철학자. 철학, 심리학, 언어학, 사회학 등 여러 분야를 섭렵하여 과학철학에 큰 업적을 남긴다. 그에 따르면 과학의 발전은 점진적으로 이루어지는 것이 아니라, 패러다임(paradigm)의 교체에 의해 혁명적으로 이루어지며, 그는 이 변화를 '과학 혁명' 이라 부른다. 주요 저서로 패러다임이란 개념을 처음으로 제시한 『과학혁명의 구조』The Structure of Scientific Revolution가 있다.

는 인간이 자신이 통제하지 못하는 자연 한 가운데 있었을 때와 같은 '언어적인 위압적 태도'를 다시 목격한다. 즉, 사물을 나타내는 단어를 취하는 것은 사물에 대해 힘을 가지는 것이다. 이와 같이 오늘날 우리가 더는 기술 세계를 통제하지 못하기 때문에, 자신의 합리성을 버리는 인간은 기술적인 사물 앞에서 또 기술적인 사물에 근거하여 '언어의 마술'에 다시 착수한다. 그러나 동일하게 사용하더라도, 문맥 때문에 차이가 있기 마련이다. 따라서 언어 langue는 언어로 하여금 기술 체계의 객관성에 일치하게 하는 객관성을 취해야 한다. 그런데, '언어적 마술'이 자연 환경의 객관성에 영향을 미치도록 '언어적 마술'도 표현 방식의 객관화였기 때문에, 이 점은 바로 마기교166)에 속한다. "**사람들**"On, "**그것**"Ça, 장場167), 라깡주의168) 전체 등은 전적으로 마기교의 범주에 속한다. 라깡의 방식 및 많은 다른 이들의 방식은 대단한 의미를 지니나, 이것이 순수한 주술에 속하듯이 말이다. 라깡의 방식은 기술 체계의 보상적 반작용에 대한 기계적 표현이다. 그러나 다른 한편으로 이러한 언어는 자체의 역할을 하고자 그 자체가 체계에 통합되어야 한다. 거기에서 언어에 대한 구조주의적 연구들이 나오는데, 이 연구들은 바로 이러한 기술화의 특성을 띤다. 마찬가지로 거기에서 글을 그 자체로 하나로 취하며 대상으로 취하는 경향이 나온다. 이 방향에 따르면 중요한 것은 사람들이 말하는 내용이 아니라 '말한다는 것' 자체인데, 이는 '말한다는 것'을 나타내기 위함이다. 여기서 아주 직접적으로 롤랑 바르뜨169)는 언어를 기술 체계의 보상적 기능으로 국한하는 사람들 중 하나이다.

---

166) [역주] 마기교(magisme). 이원론과 성신(星辰) 숭배에 기초한 고대 페르시아의 종교.
167) [역주] 장(場:champ)은 언어학 용어로서 '개념 장'(champ conceptuel), '의미 장'(champ sémantique), '어휘 장'(champ lexical) 등이 있다.
168) [역주] 라깡주의(lacanisme). 라깡(Jacques Lacan, 1901-1981)은 프랑스의 정신분석학자로서, 무의식의 정신세계를 언어학적으로 탐구하는 데에 관심을 보여, 무의식이 언어와 같은 구조를 가지며 인간의 욕망이나 혹은 무의식이 말을 통해 나타난다고 주장한다. 즉, "인간은 말하는 것이 아니라 말해진다."는 것이다. 말이란 틀 속에 억눌린 인간의 내면세계를 해부한다고 하여, 정신분석학계는 물론 언어학계에 새 바람을 일으킨다.

기술 체계는 자체의 보상들을 만들어내고, 자체의 존재 조건과 발전 조건을 다시 만들어낸다. 인간의 장점들은 기술 체계의 일부를 이룬다. 이는 단지 발전에 장애물을 없애고 모순을 줄이기 위한 수단이다. 왜냐하면 체계는 한 법칙을 따르는데, 이는 기술의 무한한 발전이라는 법칙이다. 체계는 어떤 사람들이 체계에 대해 품는 이미지와 반대로 안정되지 않는다. 체계는 그 자체 안에 자신의 팽창을 포함한다. 체계는 영속적 팽창으로 된 체계이다. 그러나 이 때문에 팽창은 체계의 구조 자체를 문제 삼는 만큼이나 제도와 사회의 적응 같이 우리가 다시 다룰 인간의 적응을 매번 문제 삼는다. 그러나 기술은 자체를 끊임없이 재편성하는 경향이 있는 유연한 결합체이다. 그렇지 않으면 기술은 기술이 아닐 것이다. 이는 눕혀질 수도 있고 흔들릴 수도 있으나 균형을 다시 유지하는 밑 부분이 납으로 된 인형과 약간 비슷한데, 균형을 다시 유지하는 것은 이전과 다른 장소에서 이다. 이것이 바로 기술적인 편성이기 때문에, 이와 같이 기술은 재편성 과정을 자체 속에 포함한다. 체계 속에서 모든 저항과 혼란은 컴퓨터 덕분에 무한한 양으로 된 더 수많은 데이터를 매번 통합하는 새로운 기술과 조직과 방식이 제자리에 위치하기 위한 도발과 청원일 따름이다. 이는 인간에 대항해서가 아니라 '소유하는 것'이나 혹은 '지배하는 것'을 위해 이루어진다. 체계에는 어떠한 의도도 목적도 없다. 체계는 이처럼 단순하게 전개된다. 체계의 하수인들은 인간의 복지를 위해 일한다고 확신한다. 그들은 가장 좋은 의도로 고무되어 있다. 이는 기술 체계가 점점 더 인간화되어 가게끔 하는 것이다. 그러나 기술 속으로 인간을 통합함으로써 이다. 다른 과정은 생각조차 할 수 없다170).

---

169) [역주] Roland Barthes(1915-1980). 프랑스의 비평가이자 기호학자. 신비평의 대표적 존재이면서 프랑스 구조주의와 기호학의 주동자 중 한 사람으로서, 사회학, 정신분석학, 언어학의 성과를 활용한 이론을 전개한다. 주요 저서로 『신화학』 *Mythologies*과 『기호학의 요소』 *Eléments de sémiologie*가 있다.

4. "피드백"feed-back의 부재

기술이 인간을 위해 불편에 대한 보상을 만들어내고, 기술 자체를 위해서도 용이함을 만들어내며, 지방 분산이라는 특성을 바꿀 수 있다고 우리는 조금 전에 언급했다. 그렇지만, 체계에서 일반적으로 본질로 간주되는 특성 중 하나인 피드백을 이 체계가 이제 지니지 않은 것으로 점점 더 나타난다. 피드백을 한마디로 말하면, 결합체나 움직이는 체계가 작동하는 데 있어 오류를 범할 때, 이 오류를 바로 잡기 위한 메커니즘이다. 하지만, 이는 움직임의 근원과 원점에서 작용하면서 개입하는 메커니즘이다. 범해진 오류에 대한 "복구"는 없으며, 체계의 데이터를 변경하면서 움직임의 원점에서 움직임이 재개된다. 피드백은 단지 기계적이고 인위적인 체계에만 존재하는 것이 아니라, 생물학적 체계나 혹은 생태학적 체계에도 존재한다. 피드백은 통제된 결과들이 해를 끼치거나 혹은 만족스럽지 않을 때, 과정을 바로잡는 데 수반되는 결과들에 대한 통제를 전제로 한다. 이와 같이 기술 체계가 포화상태와 해로움을 키울 때, 기술 체계는 자체를 변경시키려는 경향이 없다. 기술 체계는 순전한 증가에 내맡겨져 있으며, 그래서 이 체계는 비합리성을 증가시킨다. 다른 한편으로, 기술 체계에는 상당한 육중함과 점착성粘着性이 있다. 무질서와 비합리성이 확인될 때, 이 점을 통해 보상 과정들만이 초래될 따름이다. 체계는 자체의 방향으로 계속 발전한다. 방향전환 자체는 아주 느린데, 이는 인구통계학에서처럼 기계적 결과에 의해서일 뿐 아니라, 기술적인 작업의 명백

---

170) 『공생』*La Convivialité*에서 일리치(Illich)는 그가 "현대 사회의 역동적인 하부구조의 작동과 구상은 사제나 혹은 은행가는 상상할 수 없는 힘과 통찰력과 더불어 지배적 집단의 이데올로기를 강요한다."라고 지적할 때 기술 체계에 대한 탁월한 시각을 지닌다. 『기술 혹은 시대의 쟁점』*La Technique ou l'enjeu du sièle*에서 내가 이미 제시했던 경고를 끊임없이 되풀이해야 하고, 멈포드(Mumford)가 "우리가 문제 삼는 것은 그러한 기계 생산물이나 혹은 전자 생산물이 아니라, 인간의 요구를 기준으로 삼지도 않고 이 요구가 충족되지 않을 때에 고치지도 않고서 그 생산물들을 생산하는 체계이다."라고 하며 탁월하게 표명하는 경고를 끊임없이 되풀이해야 한다.

한 필연성에 의해서이다. 가장 경제적인 기술적 표준에 따라 건설된 주택들이 사회학적 관점이나 혹은 심리적 관점에서 끔찍하다고 깨닫더라도, 사람들은 내친걸음에 밀고 나아가고 뒤로 되돌아갈 수는 없다. 결정과 수단의 거대한 복합체와 더불어 제로 지점에서 기술적인 문제를 재론하는 것은 불가능하기 때문에, 20년간 같은 주택이 지어진다. 마찬가지로, 콩코드[171]나 뽀[172]의 쓰레기 소각공장 같은 아주 다른 두 차원에서 또한 수많은 예 가운데서 심지어 이것이 재앙임이 인정되더라도, 일단 작업이 시작되면 작업은 마쳐져야 한다. 실제로, 광범한 이런 종류의 체계에 자동 조절 운동이 있도록, 체계의 반작용들은 끊임없이 체계에 지시를 내리는 환경과의 관계 모델에 근거를 두어야 할 것이다. 전통 사회에서 이러한 모델은, 예를 들어 그 사회의 구성원 모두에 의해 받아들여진 세상에 대한 개념 및 그 사회의 종교와 세계관과 전통 법규 등과 더불어 발견된다. 그런데, 기술 체계가 환경을 절대적으로 지배하기 때문에, 기술 체계는 이러한 체계를 지닐 수 없다. 기술 체계는 자체의 논리에 따라 발전한다.

그러나 기술 자체가 만들어내는 어려움을 기술이 해결할 수 없다고 생각하지는 말아야 한다. '미시 문제'와 '거시 문제'를 구별해야 한다[173]. 볼리 J. Boli에 의해 예로서 작성된 목록은 다음과 같다. 즉, 노동과 여가와 실업 같은 고용과 관계된 어려움, 자본주의에서 사회주의로 이행 같은 노동자의 예속과 "소외", 공해, 인구 증가이다. 바로 이것은 기술에 의해 유발되고 아마도 기술에 의해 해결될 수 있는 몇몇 문제이다. 그러나 이것들은 '거시 문제'이기 때문에, 나는 볼리와 더불어 이 문제들을 '미시 문제'라 부르지 않을 것이다!

---

171) [역주] 콩코드(Concorde). 영국과 프랑스 양국이 협력하여 개발·제작한 초음속 여객기. 주로 알루미늄 합금으로 제작된 이 비행기는 비행 중 공기와의 마찰로 기체(機體)가 가열되므로 객실 주위에 연료를 순환시켜 기체를 냉각하는 식의 새로운 장치가 채택된다. 그러나 소음과 대기오염의 문제가 심각하여 이 항공기의 생산은 1976년을 마지막으로 중지된다.
172) [역주] 뽀(Pau). 프랑스 남서부 아끼뗀느(Aquitaine) 지방에 있는 도시.
173) 볼리(J. Boli)가 『기술화』*Technization* (1973)에서 하듯이.

우리가 살펴보듯이, 기술적인 진보가 생겨나는 것은 이러한 어려움들이 해결되기 때문이다. 기술도 하나의 이데올로기인 한에서, 하버마스Habermas가 보여주었듯이 기술은 엄밀하게 실천적 종류의 문제를 기술적인 문제로 대체시키는 결과를 낳는다.174) 예를 들어, 국가는 정치에서 행정적이고 기술적인 관리로 귀결된다. 그러나 기술적인 해결의 어떠한 가능성도 가망성도 없는 또 다른 문제들이 있다. 예를 들어, 문제된 것은 체계의 전체주의적 특성과 무한한 복잡화인데, 이는 파괴되었던 인간적 환경의 복원, 삶의 질 추구, 질적 통제의 상실에 따른 와해 경향, 경제적인 외적 비용에 대한 계산, 자연적 리듬과 자발성과 창조력의 상실과 더불어 생긴 인간 본성의 박탈, 힘으로 말미암은 도덕적 판단 불능이다. 이에 대처하고자 불편에 대비하는 것으로도, 현실에서 어려움을 해결하는 것으로도, 위험에 대응하는 법을 발견하는 것으로도 충분하지 않기 때문에, 이는 해결할 수 없는 문제들이다. 하지만, 이러한 정보들에 힘입어 방식의 총체와 조직의 총체를 변경하려고, 기술적인 과정의 근원으로 거슬러 올라갈 수 있어야 한다. 체계를 변화시키고 팽창시키는 문제들의 첫 번째 범주는, 문제들이 현존하는 기술들의 기능에 따라 기술적인 표현으로 제기될 수 있다는 것과 같은 유형에 속한다. 다시 말해, 문제들은 기술의 진보에 의해 단조로운 방식으로 해결된다.175) 다소 짧은 기간에 질문들이 답을 얻도록, 존재 요소들의 결합이 지금 이루어지게 내버려두는 것으로 충분하다. 다른 때에는 "피드백 회로"boucle를 만들어야 하는데도 말이다. 다시

---

174) 그러나 "실천적"이란 표현을 하버마스의 의미로 취한다는 조건에서 이다. [본문 내용을 역자가 각주로 설정]

175) 내용이 아주 풍부한 자신의 저서 『기계의 신화』*The Myth of the Machine*에서 멈포드(Mumford)는 기술 체계의 개념에 아주 가까이 이르지만, 실제로 그는 기술 체계를 자동화의 산물로서 파악하는데, 그 점은 부정확한 듯이 보인다. 그와 반대로 그는 기술 체계의 제약이고 자율적 특성을 완벽히 파악한다. "자동적인 통제가 일단 생겨나면, 이론적으로 기계는 자체의 완벽한 기준을 빗나가게 하는 것을 어느 누구에게도 허용할 수 없기 때문에, 자동적인 통제 명령을 받아들이기를 거부할 수도 없고 새로운 명령을 끼워 넣을 수도 없다… 일단 체계가 보편적이 되면, 자동화의 한 가운데에 기계의 주된 약함이 존재한다. 기계에 대한 옹호자들은 기계의 결함을 인정하더라도 자동화나 인공두뇌학의 확장에 의해

말해, 거기에 새로운 정보를 유입시키고자 과정의 근원으로 돌아가야 하는 데도 말이다. 그러나 외부 정보의 전달이 문제된다는 점에서 어려움이 기인한다. 또 다시, 오늘날 전달에 대해 그토록 이야기 된다면, 이는 기술 체계 안에서이며, 전달은 매우 중요하다. 체계로 하여금 그 자체로서 확립하게 하는 것이 전달이며, 지금은 피드백이 없게끔 하는 것이 전달의 불가능성임을 우리는 이전에 살펴보았다. 피드백은 전달 문제일 따름이지만, 이는 외부 정보의 전달 문제이다. 키에프Ph. Kieff 176)는 기술이 내부 조정을 박탈당해 있다고 다음 같이 정확히 지적한다. 즉, "기술은 원리 자체에서 내적 한계를 없애는 것이다. 어떤 것이 가능하다면 기술은 그것을 할 것이다… 기술에는 내적인 삶에 유기적 형태를 부여할 수 있는 내부 조정이 없다. 내적인 삶을 없애고자가 아니라면, 기술은 내적인 삶과 아무런 관계가 없다. 일단 기술적인 모델 자체와 맞먹는 지적인 모델로 국한되면, 기술의 억압하는 힘은 불가피하게 전제적 특성을 띤다… 해답은 자신의 명령 도구를 퍼뜨릴 깊이 자리 잡힌 윤리의 복원일 것이다…" 또한 골드스미드Goldsmith도 동일한 사실을 확인한다. 즉, "자연 현상들은 자기 조절을 할 수 있다. 기술을 만들어내는 이들은 외부에서 조정되어야 한다… 화학 비료를 일단 한번 사용했다면 화학비료를 계속 사용하는 것을 피할 수 없고, 디디티DDT 덕분에 말라리아를 쫓아내기를 일단 한번 시도했다면 어쩔 수 없이 해마다 디디티를 사용해야 한다… 또한 우리 하천의 깨끗함이 정수 공장에 의존한다면, 우리는 이제 끊임없이 이 설비가 가동되도록 유지할 수밖에 없다…" 달리 말해, 결과들에 대한 어떠한 내부 통제도 없고, 어떠한 내부 조정 메커니즘도 없다. 왜냐하면 이 결과들은 기술적이지 않은 측면과 영역에서 식별되기 때문이다. 기술 체계는 공허 속에서 작동하는 것이 아니라, 사회에서와 인간적이고 "자연적" 환경에서 작동한다.

서가 아니라면 결함을 극복할 어떠한 수단도 발견하지 못한다… 일단 수립되면 명령을 내리는 것은 체계 자체이다…"
176) 『미래에서 살아남기』 Survivre au futur, 57쪽.

그래서 두 가지 어려움이 있다. 이 영역들에서 기술의 질적 효과들을 확인하는 어려움인데, 이 점은 기술적인 영역에 속하지 않는다. 모든 측정 도구 및 '기술담론적인 상상' 자체를 회피하는 일련의 현상들이 있다. 그러나 다른 한편으로, 이 현상들이 일단 등재되면, 과정의 기원으로 이 현상들을 다시 이끌어가야 할 것이다. 그런데, '정보처리 복합체'가 전부는 아니지만, 이러한 수많은 데이터를 등재할 수 있으며, 새로운 정보의 재입력 작업을 할 수 있음을 우리는 살펴보았다. 그러나 기술 체계의 나머지 부분과 '정보처리 복합체' 사이에 연결은 일종의 내재적 증가에 의해서나 기술적인 '자가 발달' autodéveloppement에 의해 이루어지지 않는다. 여기서 우리는 새로운 것과 마주한다. 기술 체계에서 이러한 결합은 인간의 매개에 의해서만 이루어질 수 있다. 컴퓨터는 자체의 판단에 따라 기술의 이러한 분야와 관계 맺을 수 없다. 연결을 설정하는 것은 인간이다. 물론, 내가 거기서 언급하는 바가, 기술이 인간이 원하는 대로 사용하는 도구라는 조상 전래의 시대에 뒤진 사고에 머물렀던 이들을 놀라게 하지는 않을 것이다. 현재의 '기술담론적인 비극' drame technologique 전체는 다음 같은 점을 향한다. 즉, 자체의 자율성을 얻어 자기증식에 의해 작동하는 기술이, 이와 반대로 외부 압력에 의해서만 피드백을 얻을 수도 있다는 점이다. 피드백은 '정보처리 복합체'에 의해 가능해 진다. 하지만, 자율성에 반대하는 것이자 전적으로 받아들일 수 없는 것인 비非기술적인 요소에 의해 관계는 매개되어야 한다. 그러나 이는 인간에 달려 있는 관계일 뿐 아니라, 이러한 정보들을 받아들이는 것이며 이 정보들을 프로그램으로 변환하는 것이다. 이와 같이 기술 체계의 피드백은 기술의 주된 효과에 대한 자각, 곧 체계 속에 포함된 인간에 의해 이루어진 자각을 불가피하게 거쳐 간다. 이와 같이 인간이 자신의 선한 감정, 도덕적이거나 혹은 인본주의적인 견해, 정치적 확신, 원칙을 가지고서 행동한다는 사실로 충분할 수도 있다177). 사람들은 상냥함과 공손함에 호소할 수는 없다. 이 모든 것은 인간이 기술의 결과에 직접 영향을 미치는 것을 전제로 한다. 외따로 떨어진 기술적인 기계장치만이 있다고 생각하는 이들에게, 인간은 각자의 주인이기에 피드백이란 문제 전체는 제기되지 않음이 확실하다. 인간이 이러한 사용을 변화시키기를 원하는 것으로 충분하고, 고분고분하게 모든 것이 변경되는 것으로 충분하다. 그러나 우리는 아무 것도 인간의 보편적인 충실한 지배를 더는 정당화할 수 없음을 살펴보았다. 인간이 기계장치를 만들었다는 것으로 충분하지 않다. 혹은 기계장치의 효과들이 모두 인간에게 완전히 명확하도록 인간이 그 안에 있는 모든 것을 아는 것으로 충분하지 않다. 우리는 인간이 개입하지 말아야 할 수도 있으나 내부 조정이 없음에 따라 인간이 개입하지 않을 수 없는 단계에 왔다. 내부 조정의 부재는 기술 체계 자체의 결핍에 기인하는 것이 아니라, 외부 정보가 아닌 내부 정보, 곧 기술 체계 자체에 대한 정보에 의해서만 기술 체계가 작동한다는 사실에 기인한다. 그런데, 진정한 문제는 체계 밖에서 제기된다. 우리 상황의 두절은 그러하다. 정확히 말해 아무 것도 의미하지 않는 기술의 "주인이 되는" 것은 중요하지 않으며, 마찬가지로 정신적 보완책을 갖는 것도 중요하지 않다. 그 기원에서 과정을 변경할 수 있는 질적인 외부 정보들을 기술 체계 속에 다시 끼워 넣을 수 있는 것이 중요하다. 거기에 갈등이 자리 잡는데, 이는 터무니없는 '특수 영상' imagerie에 따라서가 아니라, 뇌가 없어진 인간과 로봇 컴퓨터 사이에 경쟁에서이다! 우리는 마지막 부분에서 이 문제를 자세히 검토할 것이다.

---

177) 와인버그(Weinberg), "기술담론 혹은 사회공학"Technologie ou "engeneering" social, 『분석과 예측』 Analyse et prévision (1966년 10월)을 참조할 것.
　[역주] Alvin M. Weinberg(1915-2006). 미국의 핵물리학자. 제2차 세계대전 중에 이루어진 미국의 원자폭탄제조 계획인 '맨해튼 계획' 기간 동안과 그 이후에 오크 리지(Oak Ridge)의 국립연구소 책임자를 지낸다.

제2부. 기술적 현상의 특징

제1장: 자율성
제2장: 통일성
제3장: 보편성
제4장: 전체화

제1장 : 자율성

기술의 자율적 특성

시몽동Simondon은 자신이 "구체화"라고 부르는 것과 더불어, 다시 말해 기술적인 대상의 온갖 변천과 변모를 통해서도 지속적이고 잠재된 채로 남아 있는 구체적인 '조직 역량' 도식의 존재와 더불어, 기술의 자율적 특성을 놀랍게 드러내었다. 그래서 그는 다음 같이 기술한다. "이미 주어진 환경에 의해 결정지어지는 대신 환경 생성을 결정짓는 과정이 적응 · 구체화이다. 만들어지기도 전에 가상적으로만 존재하는 환경에 의해 이 과정은 결정지어진다. 그러나 이 '구체화 역량'을 통해 기술적인 대상의 작동 조건인 기술 · 지리적 환경이 실현된다. 따라서 기술적인 대상은 기술적이고 지리적인 혼합된 환경의 존재 조건으로서 기술적인 대상 자체의 조건이다." 이러한 환경이 기술적인 대상 자체의 자율성을 띤다는 점을 아주 구체적 예들에서 이 보다 더 잘 나타낼 수는 없을 것이다.[1]

이 자율성의 가장 기초적 형태는 주위환경에 대한 기술의 형태이다. 셀리그먼Seligman이 지적하듯이, 기계는 어떤 독립성을 얻어 그 자체로 작동하는 듯이 보인다. 그는 즉시 다음 같이 일반화한다. 즉, 기술의 상호의존과 기술의 주위환경에 대해 물론 이야기할 수 있지만, 어쨌든 기술이 이제 기술의 환경을 지배한다는 것이다.[2]

---

[1] 『기술과 과학』 Technik und Wissenchaft (1968)에서 하버마스(Habermas)는 쉘스키(Schelsky)의 저작에서 이 자율성에 대한 비판을 행하지만, 그는 기술의 자율성이 실제로 무엇인지에 대해서는 아주 간략하고 단순한 견해만을 갖고 있다.

자율적 기술이란 기술이 결국 자체에만 의존하고 자체의 길을 제시하며 부차적 요인이 아닌 근본 요인임을 의미한다. 또한 기술이 스스로 끝맺고 스스로를 규정하는 경향이 있는 "조직체"로서 간주되어야 함을 의미한다. 즉, 기술은 자체의 힘으로 목적이 된다는 것이다. 자율성은 기술적인 발달의 조건 자체이다. 보드리야르[3])가 "기능적인 것은 목적에 적용된 것을 전혀 결정하지 않고, 질서와 체계에 적용된 것을 결정한다"라고 할 때, 이 자율성은 '기능성' fonctionnalité란 이름으로 그가 파악한 바에 정확히 일치한다. 기술적인 각 요소는 기술 체계에 우선 적용되는데, 이 요소가 진정한 기능성을 갖는 것은 기술 체계와 관련하여서 뿐 아니라, 인간의 필요나 혹은 사회 질서와 관련하여서이다. 보드리야르는 그것이 무엇이든 다른 대상이 되기 전에 기술이 기술적인 대상으로 병합하는 모든 것을 변화시키는 이 자율성에 대한 수많은 예를 든다. "요리 전체는 요리의 기능을 잃고, 기능적인 실험실이 된다… 이는 계산과 관계라는 부차적 기능을 위해 근본적 기능을 없애는 것이고, 일반 문화 수준을 위해 충동을 없애는 것이며, 노동이라는 보편적 몸짓에서 통제라는 보편적 몸짓으로 옮겨가는 것이다. 가장 간단한 기계 장치라도 상당히 많은 행동을 대체하고, 작업을 할 재료에서 독립되듯이 작업자에게서 독립된다." 이러한 기능을 하면서 기술은 어떠한 제어도, 외부에서 오는 어떠한 판단도 받아들이지 않는다. 기술은 내재적 필연성으로서 제시된다. 수많은 것 가운데 아주 전형적인 주장을 거론해 보자. 즉, 소련 행성 탐사 상설 위원회 의장인 세도르 L. Sedor 교수는 "나는 오늘날 역사적인 과정들을 멈추게 할 수 있는 힘은 없다고 여긴다."[4])라고 하면서, 난관이나 혹은 반대가 그 무엇이든 아무 것도 우주 탐사에 대한 추구를 멈추게 할 수 없을 것이라 밝혔다. 이 주목할 만한 주장은 기술 전체에 적용된다. 물론, 기술전문가들에 의해 구현된 기

---

2) 셀리그먼(Ben B. Seligman), 『가장 악명 높은 승리』 *A most notorious victory* (1966년).
3) 『대상들의 체계』 *Le Système des objets*.
4) 1963년 10월.

술 체계는 그 자체로 또 그 자체와 관련되어 고찰된 기술적인 법칙과 규칙 외에는 다른 법칙과 규칙을 받아들이지 않는다.5) 나는 다른 책에서 이 현상을 자세히 연구했다. 따라서 나는 이를 더 주장하지 않겠다.6)

그러나 자율성에 대한 인식을 향상시켜야 한다. 기술에 의해 변모되는 것은 무엇보다 먼저 개념이나 기대이다. 즉, 이 자율성의 중요한 측면은, 기술 자체가 그 형태나 양태가 아닌 그 특성에서 거의 변하지 않은 채 기술이 적용되는 대상들을 근본적인 방식으로 변화시킨다는 점에 있다. 간단한 예를 들어보자. 열린 정보와 닫힌 정보가 구분된다. 열린 정보는 미결 상태의 문제들과 관련 있고, 한정되지 않은 내용을 담고 있으며, 관심 있는 이들의 참여를 전제로 한다. 닫힌 정보는 한정된 대상과 관계되고, 코드화할 수 있으며 즉시 유포될 수 있으나, 물론 참여는 배제한다. 그런데, 닫힌 정보만이 기술적인 모든 수단의 혜택을 누릴 수 있으며 급속히 전달될 수 있다. 그래서 기술이 정보의 코드화와 전달 속에서 더 엄밀히 적용되자마자, 기술은 더 촉진되고 정부는 더 닫치는 경향이 있다. 다시 말해 정보는 사람들이 지닐 수 있는 이데올로기와 도덕적 욕구에도 불구하고 모든 이들의 참여를 배제하는 경향이 있다.

기술과 과학 사이의 관계

『기술 혹은 시대의 쟁점』에서 이미 다루었기 때문에, 기술과 과학 사이의

---

5) 이 지적은 이 논리전개의 후속부분 전체에서 유효한데, 내가 기술이 "인정하지 않는다"거나 "원한다"라고 언급할 때 나는 기술을 조금도 인격화하지 않는다는 것은 분명하다. 나는 허용된 수사적인 응축 표현을 단지 사용할 따름이다. 실제로, 이런 판단을 내리고 이러한 태도를 지닌 것은 온갖 서열의 기술자들이지만, 그들은 기술적인 이데올로기에 너무나 물들고 젖어 있는 나머지 또 너무나 체계에 포함된 나머지 그들의 판단 및 대단히 중요한 태도는 바로 기술적인 이념의 표현이다. 즉, 그 판단과 태도를 체계 자체에 연관시킬 수도 있다.
6) 나는 그 질문에 이미 할애했던 논리전개를 다시 하지 않을 것이다. 『기술 혹은 시대의 쟁점』 *La Technique ou l'enjeu du siècle*의 120-132쪽을 참조케 하는데, 여기서 제시되는 바는 보완 내용이다.

관계 문제 및 과학에 비교된 기술의 상대적인 자율성을 여기서 재론하지 않을 것이며, 최근 연구에서 나온 네 가지 지적을 단지 덧붙일 것이다. 다시금 이 연구를 가장 멀리 밀고 나갔던 이는 시몽동이다. 온갖 기초적인 연구가 없더라도, 시몽동은 상호 연결을 보여준 후 기술의 단순한 자율성이란 결론에 도달하는 것이 아니라, 기술이 오랜 기간 동안 계속 발전할 가능성이라는 결론에 도달한다. "과학들이 어떤 기간 동안 진보하지 않더라도 특수성을 향한 기술적인 대상의 진보는 계속 이루어질 수도 있다. 실제로, 이 진보의 원리는 대상의 작동에서, 또한 사용에 근거한 대상의 작동에 대한 반작용에서, 대상이 스스로 야기하고 스스로 결정짓는 방식이다. '하위 결합체들' sous-ensembles의 조직이라는 추상적 작업에서 나온 기술적인 대상은 몇몇 상호적인 인과관계로 된 연극이다." 이 글은 기술적인 대상의 자율성에 대한 요점을 정확히 제시하고, 이로부터 기술을 명확하게 규정한다. 같은 의미에서 이지만, 너무 지나친 의미에서 꾸아이레[7])는 기술이 과학에서 독립되어 있고 과학에 영향을 미치지 않는다고 판단하는데, 그렇게 주장하기란 불가능한 듯이 보인다.[8]) 『과학 혁명』 *The Scientific Revolution*의 저자 홀[9])에 뒤이어 본느Beaune는 과학과 기술이 평행하게 존재하고 독자적으로 발전하면서, 이 발전이 한데 모인 것은 역사적으로 우연한 일이었다고 판단한다. 마찬가지로 그는 과학적 기술로의 변천은 경험에 기초한 산재된 기술들의 통합에 있었다고 판단하는데, 이는 기술적인 작용에서 기술적인 현상으로 변천이라고 내가 지칭했던 것이다. 이 논제들은 내가 1950년에 집필했던 바를 재론할 따름이다. 결국 끌로제[10])에게

---

7) [역주] Alexandre Koyré(1892-1964). 러시아 출신의 프랑스 철학자이자 과학사학자. 인식론과 과학사에 대한 그의 연구 작업은 갈릴레오 및 17세기 우주론을 다룬다. 그는 17세기 현대 물리학의 태동에서 "과학 혁명"을 목격한다. 주요 저서로 『갈릴레오 연구』*Études galiléennes*, 『과학적 사고의 역사 연구』*Études d'histoire de la pensée scientifique* 등이 있다.
8) 『과학적 사고의 역사 연구』*Études d'histoire de la pensée scientifique*
9) [역주] Rupert Hall(1920-). 영국의 과학사학자이자 철학사학자. 주요 저서로 『과학과 역사, 과학과 기술과 의학 관계사론』*Science and Society. Historical Essays on the Relations of Science, Technology and Medicine*이 있다.

서 기술의 상호관련과 독자성에 관한 수많은 예를 발견할 것이다. 그러나 이 예들은 그리 의미 있는 것은 아니다!

두 번째 지적은 다음과 같다. 볼리J. Boli 11)는 과학과 기술 사이의 관계에 대해 주목할 만한 분석을 제시하는데, 이는 헴펠12)과 나젤13)과 포퍼14)에 뒤이어 내가 아는 가장 새로운 분석이다. 과학적 인식의 본질적인 두 특징은 한편으로 "오류에 대한 경험적 입증"이다. 경험적 데이터와 관련하여 그 주장이 아무런 가치도 없는 경험적 데이터를 발견하는 일이 원칙적으로 불가능하다면, 그 주장은 과학적 인식으로 받아들여질 수 없다. 다른 한편으로, 이는 과학적 객관성을 대체했던 개념인 '상호적 주관성' intersubjectivité이다. 주장은 주관적이지도 개인적이지도 않은 확인의 가능성이나 혹은 "날조"의 가능성에 대비한다는 조건에서만이 과학적이다. 그러나 어떤 인식과 형성을 지닌 각 주

---

10) [역주] François de Closets(1933-). 프랑스의 기자. 대중매체를 통한 논쟁을 통해 경제, 통신, 건강, 문화 같은 다양한 주제를 대중화한다. 주요 저서로 이 책에서 인용되는 『진보의 위험 속에서』*En danger de progrès*가 있다.
11) 앞에 나온 책. 『기술화』*Technization* (1973)
12) 『과학적 설명의 측면』*Aspects of Scientific Explanation* (1965년).
    [역주] Carl Gustav Hempel(1905-1997). 독일의 과학철학자. 20세기 논리경험주의의 주요 인물로서, 과학적 설명에서 '연역적·법률학적 모델' (modèle déductif-nomologique)의 유기적 결합으로 특히 잘 알려져 있는데, 이는 1950년대와 1960년대에 과학적 설명의 표준 모델로 간주된다.
13) 『과학의 구조』*The Structure of Science* (1965년).
    [역주] Ernest Nagel(1901-1985). 체코 출신의 미국 물리학 전문가이자 과학철학자. 그의 저서 『과학의 구조』는 과학에 적용된 분석철학의 영역을 실제로 연다. 그는 자신이 '분석적 등치관계' (équivalence analytique)라 부르는 것을 이용하여, 과학의 토대를 위해 필요한 '존재론적인 논리적 귀결' (implications ontologiques)을 제외하고는 과학에서 '존재론적인 논리적 귀결'을 배제할 것을 처음으로 제안한다. 칼 헴펠(Carl Hempel)과 더불어 논리실증주의의 주요 인물 중 한 사람이다.
14) 『과학 발견의 논리』*The Logic of scientific discovery* (1934년).
    [역주] Karl Popper(1902-1994). 오스트리아 출신의 영국 과학철학자. 자신의 저서 『과학 발견의 논리』에서 과학은 합리적인 가설의 제기와 이에 대한 반증 혹은 비판을 통해 시행착오적으로 성장한다는 '비판적 합리주의'의 인식론을 제창한다. 이후 이러한 기본 사상을 바탕으로 사회과학론, 역사론, 인간론 등을 전개하는데, '실수에서 배움'으로써 진리에 접근한다는 생각은 현대의 지적 세계에 광범한 영향을 미친다. 주요 저서로 사회철학과 관련된 『열린사회와 그 적들』*The Open society and its enemies*, 『역사주의의 빈곤』*The Poverty of historicism* 등이 있다.

체는 같은 경험을 다시 할 수 있고, 따라서 같은 결과에 도달할 수 있다. 결국, 과학적 주장이란 상호주관적 차원에서 잠재적으로 "날조할 수 있는" 주장이다. 과학과 기술 사이에 어떠한 밀접한 관계가 설정되는지 이 점에서 아주 분명히 파악되는데, 이는 사람들은 "인과관계"를 설정하면서 아주 오래 동안 찾았던 관계와는 아주 다른 관계이다. 우리는 기술의 궁극목적들을 연구하면서 과학·기술 문제의 이러한 측면을 다시 발견할 것이다. 그러나 과학과 기술 사이의 상호관계는 기술과 정치 사이의 관계와 따로 떼어질 수 없다. 과학이 국가에 봉사하는 것과 정치가 과학에 열광하는 것은 기술의 매개에 의해서이며 또 기술 때문이다.

세 번째 지적은 다음과 같다. 과학·기술 간 상호침투는 뽀미앙K. Pomian 15)에 의해 기막히게 설명된 근본적 결과, 곧 과학적인 순진성의 종말을 무엇보다 담고 있다. 모든 과학은 기술적인 결과들에 관련되어 있다. 뽀미앙의 사실에 관한 깊고 오랜 연구의 힘은 어떠한 정치적 관련도 거기에 없음을 보여주는 것이다. 그는 근본적 요소인 과학적 발견을 이러저러한 방식으로 남용하는 것은 정치가의 결정이 아님을 분명히 드러낸다. 결정적인 것은 모든 과학적 탐구를 기술과 관련시키는 것이다. 이는 인식론적 측면에 대한 기술적인 측면의 지배이다. 요인들은 서로 관련되어 작용한다. 군국화, 국가화, 기술화는 상호 관련이 있다. 마찬가지 방식으로, 뽀미앙 역시 과학이나 혹은 기술에 대한 선용과 악용은 없음을 보여준다. 이 둘은 분리할 수 없는데, 이 점이 그로 하여금 과학이 중립적이지도 않고 양면성을 지니지도 않는다고 언급하게 한다. "방법론이 좋지도 나쁘지도 않다고 생각하는 것은, 인간의 행복과 고통이란 상쇄되는 뒤바뀐 기호로 된 변수들이라고 암묵적으로 전제하는 것이다. 그런 건 아니다. 산술이 있다면 도덕적 산술에서 두 상반되는 값의 합은 영이

---

15) 『2000년의 공포들』Les Terreurs de l'An 2000에서 「과학의 거북함」Le Malaise de la Science (1976).

아니다." 사람들은 이러한 과학적 결정이 정치적 결과를 초래한다는 통상적 주장을 점차 뒤바꾸기에 이른다. "거대한 가속기를 건설하는 결정은 물리학자들이 감히 무시할 수 없는 정치적 관련을 포함한다." 뽀미앙은 다수의 예를 드는데, 이 예에서 자신들이 행하는 바에 대해 자각하는 과학자들은 더 나은 정치적 적용을 요구하는 것이 아니라 연구의 중단을 요구한다. 이와 같이, 이것은 1974년 버그16) 및 1975년 '아실로마르 회의' 주위에서 일하는 집단이다. 이와 반대로, 뽀미앙은 과학·기술 문제를 목표로 삼는 것이 아니라, 가장 평범한 의미에서 정치적 논쟁을 목표로 삼는 파스퇴르 연구소의 생물학 정보 집단 연구원들의 선언에 나타나는 정치적으로 방향 설정된 특성을 들추어낸다! 기술에 의해 점점 더 끌려가는 것이 정치이며, 오늘날 이런 의미나 혹은 저런 의미에서 기술적인 성장을 통솔할 수 없는 것이 정치이다.

결국, 우리는 과학과 기술 사이의 관계로 현재 이루어진 연구를 무난하게 변경하는 1975년에 제시된 새로운 분석을 고찰해야 한다.17) 공리公理에서 연역적 방법으로 전개되며 추상적인 기호들 위에서 이루어지는 수학과 도구적이고 물질적인 바탕 위에서 전개되는 물리학이나 혹은 자연 과학을 우선 구분해야 한다. 이것들은 기술적인 결합체ensemble에서 만이 발전할 수 있는데, 기술적인 결합체는 그 자체가 기술적인 도식들을 구체화한 한 것일 따름이다. 기술은 과학의 출발점과 종착점에 있지만, 더 나아가 기술은 과학의 중심 자체에 있는데, 과학은 기술 속에 투영되고 흡수되며 기술은 과학 이론 속에서 정립된다. 모든 과학은 실험적이 되었기에, 유일하게 기술적으로 현상들을 재생할 수 있게 하는 기술에 의존한다. 그런데, 이 기술은 과학 실험을 가능

---

16) [역주] Paul Berg(1926-). 미국의 생화학자. 1975년 유전자적으로 변형된 박테리아가 환경 속에 퍼지는 것을 막고자 유전자 조작에 대한 유예를 촉구하는 '아실로마르 회의'(Conférence d'Asilomar)를 조직한다.
17) 1975년 『삶을 살기와 살아남기』Vivre et Survivre에서 출간된 "과학과 기술에 대한 아홉 주제"Neuf thèses sur la Science et la Technique. 익명의 글이지만, 아마도 그로에텐두이크(Groetenduijk)의 글이다. 나는 앞서 처음 다섯 주제를 요약했다.

하게 하고자 자연을 추상적으로 재생한다. 자연이 이론적 모델에 억지로 일치되게 하려는 유혹과 자연을 기술 과학적인 인위로 국한시키려는 유혹이 거기서 나온다. "자연은 내가 실험실에서 만드는 것이다"라고 어떤 현대 물리학자는 언급한다. 그런데, 이 상황에서 과학은 자신이 관련되는 모든 것에 대해 폭력이 되고, 과학적 폭력을 나타내는 기술은 오로지 힘이 된다. 이와 같이 내가 생각하기에 과학과 기술 사이에 근본적인 새로운 상호관련이 우리에게 있다. 과학적 방법 자체는 '힘의 기술'이 되는 것을 기술의 소명이 되게끔 한다. 기술이 과학으로 하여금 마음대로 사용하게 하는 수단들에 의해, 기술은 일례로 자연 환경에 대한 폭력 과정으로 과학을 유도한다. "원칙적으로 무한하지만, 실제로 사용하기 불가능한 기술의 힘은 '힘의 기술' 속에서 현실화된다." 이 관계의 궁극적인 지점은 그러하다. 이것은 여기 요약된 글이 "기술적인 바로크"[18]라고 지칭하는 바이다.

국가와 정치에 대한 기술의 자율성

국가와 정치에 대한 자율성에 대해 언급한다고 해서, 이것이 기술에 관한 간섭이나 정치적 결정이 없다는 것을 뜻하지 않음은 분명하다. 물론, 나는 바로 그 "군산 복합체"의 존재를 부인하지는 않을 것이다. 국가가 개입하지 않을 수는 없다. 즉, 앞에서 우리는 국가가 기술에 밀접하게 뒤섞여 있다는 점과 국가가 기술들에 의해 개입 영역을 증대하기로 되어 있다는 점을 살펴보았다. 거기서부터, 모든 관념론자와 정치가와 지지자와 철학자는 단순한 시각이라고 결론을 내린다. 더욱이 상황이 그러해야 한다면, 이는 진정으로 기술

---

18) [역주] 바로크(Baroque) 양식은 일반적으로 지나친 움직임, 과잉 장식, 극적 효과, 긴장, 풍성함, 과장된 장엄함 등으로 특징지어진다. 과학에 의해 힘을 얻은 '힘의 기술'이 과학으로 하여금 자연 환경에 대한 폭력이 되게 하듯이, '기술적인 바로크'(Baroque technique)란 바로크 양식의 이러한 특징이 '힘의 기술'에 의해 야기되는 양상이나 현상으로 볼 수 있다.

에 의존하는 것이다. 이와 반대로, 국가 안에서 누가 개입하는지, 이 국가가 어떻게 개입하는지, 다시 말해 이상주의적 관점에서가 아닌 실재 속에서 누구에 의해 어떻게 결정이 내려지는지 자문해야 한다. 그래서 정치적 결정의 기원에 있는 것이 기술전문가임이 확인된다. 다음으로 국가의 결정이 무슨 방향으로 나아가는지 자문해야 한다. 주목할 만한 결합이 생겨나고 있음이 재빨리 식별된다. 국가는 기술에 의해 더 큰 힘의 수단들을 갖춘다. 그런데, 국가는 그 자체가 힘의 조직체이며, 따라서 국가는 증대의 방향으로만 나아갈 수 있을 따름이다. 국가는 기술들에 의해 힘의 증대라는 결정만을 내리도록 엄밀히 제약되는데, 그 힘은 자체의 힘과 사회corps social의 힘이다.19) 결국, 체계가 좀처럼 완성되지 않기 때문에, 정치인이 개입하고 기술 문제와 관련된 조치를 취하는데, 이는 기술적인 이유에서가 전혀 아니라 순전히 정치적 이유에서이다. 결과는 일반적으로 참담하다. 우리가 급속히 살펴 볼 네 가지 점은 그러하다.

전제前提와 민주적 이데올로기에서 출발하는 하버마스Habermas는 "기술과 민주주의를 어떻게 조화시킬까?"20)라는 질문을 막연히 제기한다. 그러나 그는 기술적인 실재에 대한 부정확한 견해를 갖고 있기 때문에, 또 순전히 관념적인 말을 늘어놓기 때문에, 실천으로 점철된 세상 한가운데서 기술을 회복하고 되찾는다는 것은 순전히 망상이다. 분명히 우리를 불안하게 하는 것은 "민주주의는 어떻게 되는가?"라는 이 첫 번째 질문이다.

이 질문에 할애된 수백 편의 글 가운데서 라떼스R. Lattès의 글21)이 대단한

---

19) 『기술과 사회』Techniques et Sociétés 1970년)에서 푸리아(Furia)는 같은 방향으로 나아간다. 정반대로, 『정치와 과학』Politik und Wissenschaft (1971년)에서 마츠(Matz)의 「기술 세계에서 과학의 자유」Die Freiheit der Wissenschaft in der Technischen Welt를 볼 것. 그러나 그는 기술화된 국가와 관련하여 차라리 과학자를 위해 필요한 자유를 연구한다.
[역주] Ulrich Matz(1937-2004). 독일의 정치학자이자 법철학자. 주요 연구 분야는 정치 철학과 정치 이론과 같은 법철학으로, 『정치와 과학』Politik und Wissenschaft의 공동편집자로 활동하고, 독일 정치학 협회를 설립한다.
20) 앞에 나온 책. 이데올로기로서 기술과 과학』Technik und Wissenschaft als Ideologie (1968)

의미를 지닌다고 할 수 있다. 왜냐하면 과학적인 것에서 출발하나, 그는 가장 비현실적 이상주의에 의해 받아들여진 일련의 관념들을 순진하게 표현하기 때문이다. 나는 나의 글 「선전과 민주주의」*Propagandes et Démocraties* 22)에서 비슷한 관점들에 대해 내가 가했던 비판을 재론하지 않을 것이다. 나는 두 가지 특징을 강조하는 걸로 그칠 것이다. 라떼스는 민주주의 연습을 위해 당연히 모든 시민이 정보를 잘 갖추어야 하며 사정을 잘 알고 판단해야 한다고 생각한다. 의회의 토론이 의미를 지니도록 의원들은 정보를 잘 갖추고 있어야 하며 잘 양성되어야 한다. 그래서 그는 에너지에 관한 토론에서 납득할 만하게 소신을 밝히고자 그 질문들의 답을 알아야 하는 에너지 문제에 관한 일곱 가지 "명백한" 질문들을 제기한다. 하지만, 그는 그렇게 중요한 이 질문이 십여 가지 중 하나임을 잠시 생각하지 않은 듯이 보인다. 이는 군사 정책의 위험이고, 다국적 사회이며, 인플레이션 및 인플레이션의 원인과 대책이고, 제3세계에 대한 원조의 가능성과 양상이다. 각 질문에 대해 시민은 완벽하고 진실하며 꼼꼼하고 충실한 자료를 갖고 있어야 할 것이다. 상황의 비합리성을 누가 모르겠는가! "돌아가는 형편을 알아 볼" 시간조차 없는데도 말이다! 다른 지적은 다음과 같다. 라떼스는 정확하게 정보를 갖춘 시민은 핵에너지 문제에 대한 마음 속 깊이 간직된 반응 및 갑작스러운 공포를 벗어나 결정할 수 있을 것이라고 생각하는 듯이 보인다… 하지만 내가 이 점을 설명하겠으나, 상황을 특징짓는 것은 가장 훌륭한 과학자와 기술전문가의 풀리지 않는 의견 충돌이다. 시민이 정보를 더 갖출수록, 어떤 편을 들거나 반대하는 일을 덜 할 것이다. 왜냐하면 평가가 완전히 모순되기 때문이다. 라떼스는 환상을 품고 있다. 이것은 분명히 더 위안을 준다! 따라서 시민이 결정을 내리기에는 근본적 불가능성이 존재한다! 그러나 정치인도 박탈되어 있기는 마찬가지다. 「정치적

---

21) "에너지와 민주주의" Energie et démocratie, 「르몽드」 (1975년 4월).
22) 「정치 과학 지誌」 *Revue de Science politique* (1963년).

착각』*L'Illusion politique* 참조, 23)

 이와 같이 "기술 국가"라는 문제에 대한 이해가 높아짐에도, 지식인들에게 자주 나타나는 다음 같은 견해를 강조해야 한다. "기술에서 나오는 문제와 어려움을 풀려면 국영화해야 한다. 결합체ensemble에 대한 관리를 권력의 수중에 다시 넘겨야 한다." 이는 기술의 온갖 위험과 잘못이 오로지 관리 지도의 부재에서 나온다는 것을 입증하려 애쓰는 끌로제의 함축적인 논제이다. 일반적 발전 정책을 고심하여 만들어야 하고, 계획을 수립하는 조직체들이 있어야 하며, 다시 조직해야 한다. 하지만, 정치권력이 이 점을 명백히 언급하지 않아도 이 모든 것은 정치권력이 해야 할 일일 따름이다. 마찬가지로 이는 갤브레이스의 논제임이 알려져 있다.

 하버마스Habermas 24)는 기술과 정치 사이의 관계를 피상적으로 분석한다. 그는 "기술적인 진보의 방향이 공공 투자에 달려 있다"는 식의 논증, 따라서 기술적인 진보의 방향이 정치에 달려 있다는 식의 논증에 만족한다. 그는 정치적 결정이 기술적인 절대적 필요성에 종속된다는 것을 보여주었던 갤브레이스의 연구나 특히 나의 연구들25) 같은 십여 편의 연구를 완전히 무시하는 듯이 보인다. 그는 "기술의 뒷감당을 하고 기술을 여론의 통제 아래에 두며 기술을 시민들의 합의 가운데로 복귀시키기를" 단순히 바랄 따름이다. 유감스럽게도 이는 조금 더 복잡한 전체이다! 마찬가지로 이는 그가 '기술 관료적인 도식'과 '결정주의적 도식' 26)을 대립시킬 때이다. 상호작용을 이해하려면

---

23) 핀지(Claudio Finzi), 『전문기술관료의 힘』*Il Potere tecnocratico* (1977년)
24) 앞에 나온 책. 『이데올로기로서 기술과 과학』*Technik und Wissenchaft als Ideologie* (1968)
25) [역주] 엘륄은 자신의 저서 『정치적 착각』*L'illusion politique* (대장간 역간, 2011)에서 기술이 자율적이 되었기 때문에 왜 국가나 일반적으로 정치가 기술에 대항하여 더는 아무 것도 할 수 없는지 자세히 설명한다.
26) [역주] '결정주의적 도식' (schéma décisionniste). 결정주의(décisionnisme)는 법률·정치적인 범주에서와 마찬가지로 인식론적 의미에서, 입증적 혹은 기본적인 일련의 모든 이성과 단절된 단순한 권위적 결정에 모든 규범체계의 근거를 두게 하는데 있다. 따라서 결정주의적인 태도는 이성의 힘에 대해 제기하는 질문, 곧 "규범과 가치를 설정하는 것이 이성인가?"라는 질문에서 파악되어야 한다고 주장되기도 한다. '결정주의적 도식' 은 이러한 결

스페즈Sfez 27)를 연구해야 할 것이다. "공리주의적 모델"에 대한 그의 설명은 경건한 서원이나 소원에 속한다. 그에게 바람직한 듯이 보이는 그대로인 정치의 과학화 과정은 "당연한 것"이 된다… 그러나 정치의 과학화의 실재는 실제로 다른 모델 위에서 이루어진다! 하버마스는 철학적인 문제를 정직하게 제기한다. 일단 어떤 결과들을 유발할 수 있는 어떤 지식 수준을 얻고 나면, 기술적인 조작에 열중한 인간들이 그 지식 수준을 마음대로 사용하는 데 누구든 만족하는지 아는 것이 진정한 문제이다. 그렇지 않으면 그들 사이에 소통하는 인간들이 그들의 언어 자체에서 그 지식 수준을 다시 소유하기를 누구든 바라는지 아는 것이 진정한 문제이다. 그러나 이는 모든 실재와 동떨어져서이다. 이 글을 읽는데 있어, "기술을 서로의 마음대로 사용하게 하는 **사람들**On은 누구인가? 사람들이 원한다는 조건에서 누가 이러한 지고한 '의지'를 행사하는가?"라는 질문이 제기되는 것으로 충분하다.

 그리고 리치타는 갤브레이스와 아주 유사하다! 그들에게는 국가가 과학을 장려할 때 일반적인 이익을 드러내는 국가의 진정한 기능으로 되돌아가는 듯이 보인다. "사유 재산에 본래 반대하며 끊임없이 자체의 경계를 표출시키는 생산력으로서 과학이 자체를 가장 활발히 내세우는 분야에 국가가 가장 역동적으로 개입하는 것은 대단한 의미를 지닌다…"라고 리치타는 기술한다. 미국이라는 국가는 기초 연구에 65퍼센트를, 프랑스라는 국가는 64퍼센트를 재정적으로 뒷받침한다… 왜냐하면 이윤이 더는 기술을 발전시킬 수 없기 때문이다. 그러나 이는 국가 자체가 '기술적인 동인動因'임을 잊어버리는 것인데, 이 기술적인 동인은 기술 체계에 통합되고 기술 체계의 요구에 의해 결정지어진 동시에, 기술적인 성장의 절대적 필요성과 관련하여 기술 체계의 구조들 속에서 변경된다. 이는 또한 뒤몽Dumont의 견해이기도 하다.28)

 정주의에 의거하는 도식을 가리킨다고 볼 수 있다.
27) 『결정에 대한 비판』 *Critique de la décision* (1974년).

그러나 물론 그는 이 점을 시인하지 않는다! 이는 단지 기술적인 진보 전체를 떠맡는 광범위한 국제적 조직체에 관한 일이다. 정치권력이 아니라면 도대체 누가 이 조직체를 만들어 내겠는가? 이는 예를 들어 자동차에 대한 자신의 저서에서 소비Sauvy의 잘 알려진 견해이기도 하다.29) 누가 자동차라는 괴물에 맞설 수 있는가? 주택에 대해서도 호의적이듯이 이는 국가일 따름이다. 그러나 분명히 소비는 이 점을 잘 아는데, 이는 현재의 국가도 아니고 우리가 작동하는 것을 보는 그대로의 국가도 아니다. 『차단된 사회』*La Société bloquée*의 저자 크로지에Crozier에게 마찬가지의 명백함이 반드시 필요하다. 기술 혁신을 통해 전 분야의 뒤집힘을 초래하는 상당한 어려움들이 사회corps social 안에 유발된다… 경제적 조직은 그 어려움들을 감당해 낼 수 없다. 국가는 진보의 결과를 제어할 수 있는 인간 집단 및 인간 조직의 능력을 증진시키고자 필요한 집단적 투자를 해야 한다. "국가와 공권력에서 결과를 책임지는 일은 당연히 중요하다. 그러나 국가와 공권력의 개입 및 불가피한 합리화를 늘리는 데는, 대부분 현대 국가의 규제적이고 분배적 개입 방식과 완전히 다른 새로운 행동 방식을 필요로 한다…" "변화냐 소멸이냐'Changer ou disparaiéitre 같은 훌륭한 초안이]30) 원재료에 대한 세금, 법과 같은 효력을 갖는 '사회적 선호도' 31)에 대한 재검토, 공기의 질과 물의 질과 토지 사용의 질을 위한 의무 규정 등 수없이 많은 문제를 당연히 예견할 때, 문제들을 해결하기 위한 정치권력에 대한 은밀한 탄원은 다시금 공공연하게 드러나지 않는 것으로 목격된다.32) 그것이 문제 밖이더라도, 즉 정치권력에 대한 탄원이 공공연히 드러나지 않더라

---

28) 『이상향 혹은 죽음』*L'Utopie ou la mort*(1975년).
29) 『부의 네 바퀴』*Les Quatre Roues de la Fortune*(1968년).
30) 『환경운동가들』*The Ecologists*(1972년).
31) [역주] '사회적 선호도' (taux de préférence social)가 정확히 무엇인지 알 수 없으나 어떤 정책과 관계된 것으로 보인다.
32) [역주] 여기서 엘륄은 대부분의 사람이나 그들이 언급하는 논평가들에게 세상의 문제들을 해결하고자 정치에 탄원하는 것은 당연하다는 사실 및 기술은 늘 정치보다 우세하고 따라서 정치는 무력하다는 점을 그들이 이해하지 못한다는 사실을 강조하고자 한다.

도, 도대체 누가 그 모든 일을 할 것인가? 당연히, 그것은 국가다. 게다가 불가피하면서도 기술의 성공 조건인 전문화를 어쨌든 기술이 만들어 내기에, 또 기술 체계가 포괄적 체계로서 작동하기에, 따라서 이 때문에 어떠한 기술전문가도 기술적인 현상을 파악할 수 없다. 그것을 위해 사회 조직체이자 기술적으로 전문화되지 않은 집단적 조직체, 다시 말해 국가가 필요하다. 그것은 여전히 우리가 민츠33)와 코헨34)의 책에서 다시 발견하는 바이다.35) 엄청난 자료와 더불어 이 저자들은 미국 사회 전체가 지배적인 200개의 회사에 종속되어 있음을 보여준다. 그들에게 유일한 해결 방도는 국가의 우위성인데, 국가만이 기술적인 남용에 맞서, 또 불평등과 착취 등과 같은 해악에 맞서 투쟁할 수 있게 한다. 그들은 경제적 시도의 엄청남이 기술적인 진보를 막는 원인이라고 주장하기 때문에, 기술에게 진정한 위치와 비약적 발전을 확보해 줄 수 있는 것은 여전히 국가이다. 그러나 그들은 엄청나게 큰 매머드 국가라는 문제는 제기하지 않는다. 물론 목록이 마무리 되어 있지는 않지만, 결국 유일한 국가에 의해 자연을 보호하기 위한 셍마르끄Saint-Marc의 열정을 거론할 필요가 있다. 자연을 국가화하고 사회화하는 것은 자연보호를 위한 유일한 수단이라는 것이다. 기술 자체가 통제되고 방향설정이 잘 되며 유용해 지는 것은 그러한 제어에 힘입어서 라는 것이다.

그러한 '권력 기관들 목록' 앞에서 사람들은 놀라고 경탄하지만, 이와 동시에 당황한다. 어쨌든 무엇에 대한 이야기를 하는가? 법과 정의의 구현인 신기하고 이상적인 조직체에 대한 이야기인데, 이 조직체는 말살이나 압제가 없는 유연한 평등이 지배하게 하고, 기회 균등을 위해 가장 약한 자들을 배려하며, 개인의 이익을 침해하지 않은 채 보편적 이익을 나타낸다. 또 이 조직체

---

33) [역주] Morton Mintz. 미국의 신문기자이자 저술가. 주요 저서로 코헨(Cohen)과 같이 저술한 『힘 주식회사』*Power Inc.*가 있다.
34) [역주] Jerry S. Cohen(1926-1996). 미국의 저술가.
35) 『아메리카 주식회사. 누가 미국을 소유하고 움직이는가』*America Inc.: Who Owns and Operates the United States* (1971년).

는 적절한 조화에 의해 모두의 자유를 촉진하고, 압력이나 이해 상충에 무감하며, 보호를 가장하여 간섭하지 않은 채 참고 기다린다. 또 이 조직체는 사회주의적이 됨으로써 모든 것을 해방시키고, 관료주의를 시행하지 않은 채 행정을 펼치며, 사회적 당사자들로 하여금 기술적인 진보의 결과를 자유롭게 제어하도록 법률을 강요하지 않은 채 규정과 합의에 따른 새로운 활동을 촉진한다. 이는 결국 신의 전지전능함을 조금도 남용하지 않은 채 전지전능함을 지닌 국가이다… 이와 같은 양 우리 앞에서 사람들은 꿈을 꾼다고 생각한다! 사람들은 이와 같은 국가를 어디서 본 적이 있는가? 사람들이 이와 같은 국가를 결코 본 적이 없다면, 이와 같은 국가가 이루어진다는 어떠한 보장과 기회가 우리에게 있는가? 이와 같은 국가를 보장할 사람들은 누구인가? 성인聖人과 순교자인가? 이 훌륭한 모든 저자들의 대단함과 걸출함이란 단지 그들이 그토록 많은 기능을 부여하는 이 신비한 국가에 대해 한마디도 언급하지 않는다는 점이다. 지금껏 국가는 그 형태가 무엇이든 간에 사회주의적이었거나, 그렇지 않으면 반대자들을 압제하고 억압하며 제거하는 조직체 및 자신의 이익에 따라 다스리는 정치적 계급으로 구성된 조직체였다… 누구의 이름으로 또 무엇의 이름으로 내일은 상황이 다를 것이라고 내게 설명하는가. 왜냐하면 프롤레타리아 독재도 바로 마찬가지이기 때문이다. 기술을 이끌고 문제를 해결할 신기한 국가는 인간들36)과 구조들로 구성되어 있다. 그런데 구조들은 점점 더 기술적이 된다.37) 사람들이 제안하는 바는 권력 전체를 행정으로 옮겨가게 하는 것인데, 이것은 불가피하지만, 대책이 전혀 아닌 행정력의 증가이다. 다시 말해 이것은 우발적 관리를 기술적인 조직으로 변경하는 것이다.

---

36) 왜 인간들은 힘의 정신에 의해 더는 지배되지 않을 수도 있는 걸까? [본문 내용을 역자가 각주로 설정]
37) 사람들이 가정하는 역할을 담당하는 국가의 능력에 대해서는 엘륄의 『기술 혹은 시대의 쟁점』의 '국가'에 대한 장과 『정치적 착각』(대장간역간, 2011)참조. 나는 여기서 이 논증을 재론하지 않을 것이다.

실제로, 내일의 국가가 사람들이 상상하는 역할을 수행하기 위한 어떠한 보장도 없다. 그 뿐 아니라, 기술적인 절대적 필요성에 의해 지배되는 국가나 다른 어떠한 국가도 백배나 더 압제적인 사회로 반드시 귀결할 것이라는 점을 입증할 수 있다. 아마도 국가는 기술적인 혼란 속에 질서를 부여할 수 있지만, 기술을 지배하거나 이끌 수는 없다. 국가는 우리가 아는 특성들을 두드러지게 할 수 있을 따름이다. 기술의 자율성을 고려하지 않은 채, 또 기술의 압력 아래에서 국가가 무엇이 되는지 고려하지 않은 채 국가의 도움을 청하는 것은, 전문가의 기술적인 반사행동을 따르는 것으로서, 내 분야에서는 잘 안 되지만, 인접 분야에서는 분명히 해결책이 있다는 식이다. 결국 흥미로운 것은 그들이 전문기술관료체제를 혐오하면서도 전문기술관료체제의 성취를 비는 그러한 태도의 지지자라는 점이다. 왜냐하면 기술을 지배할 수 있는 국가는 기술전문가들로 구성될 따름이기 때문이다! 그러나 우리는 전문기술관료체제에 대해 나중에 다시 다룰 것이다.

기술적인 큰 방향들이 고위 정책 결정의 대상임이 점점 더 인정되지만38), 과학자나 상급직 기술전문가의 입에 오르내릴 때 이 점은 정치인이 정치적 동기에서 결정해야 함을 의미하지 않는다. 그와 정반대로, 이 점은 이 선택들을 위해 정치인이 전문가의 의견을 따라야 한다는 것을 의미하며, 또 예를 들어 프랑스에서 '12인 위원회' 39)는 명백히 불충분하다는 것을 의미한다. 끊임없이 강조되는 바는 정치적 결정이 정치인의 궁극적인 의지에 맡겨질 수

---

38) 역으로 또한 그 문제를 재론하지 않고서, 그 속에서 국가가 불가피하게 통합되어 존재하는 기술 체계가 어떠한 권력도 결코 지니지 못했던 힘을 정치권력에 부여한다는 점을 어쨌든 거론해야 한다. 그러나 나는 이 힘이 행정적인 양상을 띤다는 점을 상기시킨다. 『정치적 착각』 (대장간 역간, 2011) 참조. 결국 완전히 기억되고 사용된 정보들의 총체에 대한 중앙 집중화된 처리에 힘입어 사적인 삶에 대한 전적 통제라는 상상할 수 없는 가능성과 더불어, 컴퓨터 덕분에 사회적인 모든 데이터의 통합이 가능해진다.
39) [역주] '12인 위원회' (Commission des Douze Sages). 프랑스에서 과학 연구의 발전을 위한 방법을 모색하고 과학 연구를 고취시키고자 드골(De Gaulle) 장군에 의해 만들어진 수학자, 물리학자, 화학자, 생물학자, 농학자, 역사학자 등 12인으로 구성된 위원회.

없다는 것이다.40) 소련에서는 점차 계획경제를 위해 "정치적 결정"이 모든 요소에 대한 기술적인 결정 후에, 또 기술적인 결정에 따라 내려질 수밖에 없었다. "과학적 예측이 계획에 앞서야 함이 분명하다."라고 소비에트식 계획 경제 전문가는 기술한다. 실제로, 과학 혹은 기술로서 과학적 예측에 의해 가능하고 유용하다고 설정되는 것만이 계획된다. 따라서 결정은 정치가에 의해서가 아니라 과학자와 기술전문가에 의해서 내려진다.41)

늘 그렇듯이 기술 분야에서 일본은 거의 순수한 모델을 제시한다.42) 놀랍도록 빠른 기술적인 성장은 미국을 마주한 채 본질적으로 정치적이고 국가주의적 동기에서 '과학 기술국'과 더불어 '국제통상 산업부' 같은 국가의 개입이 덧붙여진다. 그런데, 여기서 우리는 시간에서와 마찬가지로 주요 방향 설정에서 정치가 기술을 쫓아감을 우선 확인한다. '국제통상 산업부'가 어떤 기술적인 분야에서 미국 기업에 대한 재정적 독립을 돕기만 할 때, 국가주의적 감정에서가 아니라면 대단하게 변화된 것은 없다! 심지어 일본에서만 어떠한 정치적 개입이 거기서 그치란 법은 없다. 실제로는 기술이 통솔하는데도, 정치가는 자기가 일을 이끈다고 믿을 수밖에 없다. 그래서 엄청난 결정들이 목격되는데, 곧 정보처리기술과 핵에너지와 우주 공간 같은 "대형 프로그램"을 향한 지원이라는 방향설정, 따라서 기술 전체의 방향설정이 목격된

---

40) 물론, 우리는 여기서 정치적 용어의 모호성에서 비롯된 어려움과 마주해 있다. 그것이 사회적 동물로서 인간과 관련되는 모든 것이든, 국가나 정부요원의 특수 활동에 관련된 모든 것이든 간에 말이다. 예를 들어 마르쿠제(Marcuse)가 "자연의 변화가 인간의 변화를 초래하는 한에서, 또 인간에 의해 이루어진 창조가 사회적 결합체에서 생겨나는 한에서, '기술담론적인 선입견'(a priori technologique)은 정치적 선입견이다."라고 표명할 때, 그는 한 선입견에서 다른 선입견으로 끊임없이 넘어간다. 그는 결국 기술은 정치에 종속된다고 그 점을 전제로 표명하기까지 한다. 그것은 이러한 정의와 더불어 하나의 동어반복이다. 그러나 즉시 그는 대충 넘어간다. 따라서 이 때문에 정부 구조들은 변경되기 마련이다.
41) 베스토우제프 라다(Bestoujev-Lada), "소련에서 미래에 대한 연구"Les études sur l'avenir en URSS, 『분석과 예측』*Analyse et prévision*, 1968년.
[역주] Igor V. Bestoujev-Lada. 소련의 역사학자이자 미래학자.
42) 비쉬니(Vichney)의 "일본, 기술에서 과학으로"Le Japon : de la technique à la science (「르몽드」 1971년 6월)를 볼 것.
[역주] Nicola Vicheny(1925-1975). 프랑스의 신문기자.

다… 물론, 한편으로 '무공해 기술들' 과 다른 한편으로 하찮은 기술들을 개인적으로 유포하는 일은 국가의 관심을 끌지 않는다. 첨단 분야와 눈길을 끄는 분야에 쏠릴 필요가 있다. 그래서 이러한 개입으로 발전에서 심각한 불균형을 기대할 수 있다. 더구나 정치적 개입에 의해 일어난 잘못들이 또 다시 확인된다. 이와 같이 한 일본인 집단은 자본주의 기업과 동떨어져 순수한 일본 로켓과 일본 인공위성 개발에 성공했는데, '국제통상 산업부' 가 개입했고, 대기업을 포함하는 어떤 조직체에 우주 프로그램을 맡겼으며, 대기업을 매개로 미국의 영향력을 다시 끌어들였다. 하지만, 잠시 동안 이 분야들에서 아무 것도 할 수 없다는 결정을 내리게 되었다. 또 다시 국가의 개입은 일관성 없고 방해된다.

잘못을 만들어내는 것은 늘 다음 같은 둘 사이의 혼합과 혼동이다. 즉, 정치가가 이러저러한 기술을 선택하거나 혹은 금지하든지43), 여러 방향 중 가능한 방향일 따름인 것을 정치가가 정치적 결정에 의해 의무로 변경하든지이다. 아주 빈번히 정치가는 어떤 기술을 채택하고 나라에 이 기술을 강요한다. 그러나 정치는 자체의 선택에 의해 기술에다 우선적이며 필수적 특성을 부여하는데도, 이러한 기술이 결합체(ensemble)에 속해 있다는 사실에 의해 정치 규범은 현저하게 변화된다. 그런데, '실제적인 것' 에서 '법칙적인 것' 으로의 단순한 이행을 통해 기술의 위상이 변화하고44), 온갖 기술적인 큰 잘못은 핵 관련 산업의 선택 같은 정치적인 절대적 필요성에서 비롯된다.45) 그것은 열원

---

43) 흔히 그것은 명망 높은 학자나 혹은 압력집단에서 나온다. [본문 내용을 역자가 각주로 설정]
44) [역주] '실제적인 것' (le pratique)은 기술에 의해 영향 받는 정치가가 늘 생각하고 말하는 바를 가리키고, '법칙적인 것' (le légal)은 정치가가 매일 생각하는 바에 따라 채택하는 법칙들을 가리킨다. 또한 "기술의 위상이 변화한다는 것" 은 기술은 단지 기계들이 아니라, 무엇보다 법칙에 의해 표현되는 체계 전체임을 뜻한다.
45) [역주] 정치가는 자율적이 된 기술에 의해 조종당하고 자신도 모른 채 기술의 전파자가 되기 때문에, 기술이 단지 기계들이 아니라 체제나 혹은 체계라고 간주하는 엘륄의 견해가 여기서 잘 드러난다. 정치가는 국민에게 영향을 미치기 때문에, 사회 전체는 결국 기술적인 이데올로기에 지배당하고 만다.

熱源으로서 석탄 대신 석유를 선택하는 것이며, 전력 생산을 위해 댐 대신 석유를 선택하는 것이다.

정확한 논점에 기초하여, 지겔L. Siegel은 한 훌륭한 기고문에서46) 정치의 역할을 잘 보여준다. 전쟁용의 대부분 전자공학 방식은 오래전부터 알려졌지만, 이 전자공학 방식에 주도적 역할을 부여했던 것은 자동화의 수단을 동원하는 '닉슨 독트린' 47)이다. 정치적 선택은 모두가 동시에 사용될 수 없는 대량의 기술들 속에서 실제로 이루어진다.

그러나 맞은편에서 일리치Illich는 기술 체계와 마주한 정치의 쓸모없음을 완벽히 입증한다. "기존의 제도에 대한 통제를 확보하기 원하는 야당들은 이 제도의 모순을 가중시키는 동시에 새로운 유형의 적법성을 이 제도에 부여한다. 지배 집단을 갈아치우는 것은 혁명이 아니다. 자신들의 권력이 자리 잡힌 권력을 대신할 따름이라면, '블랙 파워' 48)나 여성의 권력이나 혹은 젊은 이의 권력 같은 권력은 노동자에게 무엇을 의미하는가? 기껏해야 이러한 권력은 하늘이 도운 권력 장악에 힘입어 영광스러운 경주를 계속해 나가게 된 성장을 더 잘 관리할 수 있는 권력이다! 마르크스주의나 혹은 파시즘을 가르치는 학교를 통해 탈락 계층의 피라미드가 다시 생겨난다. 노동자에게 길을

---

46) 『과학과 평화』Science et Paix (1973년)에서 "베트남에서 전자 전쟁터"Le champ de bataille électronique au Vietnam.
47) [역주] 닉슨 독트린. 미국 대통령 닉슨이 발표한 외교정책. 미국이 베트남 전쟁을 수행하는 과정에서 붕괴된 대외 정책에 대한 국내적 합의 기반을 다시 형성하도록 발표된 닉슨 독트린은 미국이 직면한 대내외적 환경에 대한 미국의 인식상의 중대한 변화를 반영하는 것으로, 여기서 인식의 변화란 냉전 전략을 수행함에서 미국의 능력을 종래에 비해 적절한 수준으로 낮춘 것을 의미한다. 이러한 미국의 인식 전환은 냉전 수행의 두 축인 유럽과 동아시아에 대해 미국이 이전과 같은 적극적 역할을 맡기 힘들다는 판단을 전제로 한다. 따라서 닉슨 행정부의 대 아시아 정책은 미국의 소극적 자세와 보조적 역할을 강조하는 방향으로 구체화된다.
48) [역주] '블랙 파워' (pouvoir noir / Black Power). 흑黑권력, 흑黑민중의 힘이라고도 하는 '블랙 파워'는 흑黑아프리카인 또는 아프리카인의 후계자들이 주축이 되는 민족 해방과 자결 쟁취 운동이다. 해방은 타 인종에게 의지할 때가 아니라 흑인 스스로 독자적 가치관을 형성해서 이루어나가는 것이라는 이데올로기를 공유하는 흑인들이 주로 사용하는 선전적 용어이다.

열어주는 비행기를 통해 상위 계층과의 사회적 위계가 다시 생겨난다…" 나는 이 견해에 전적으로 동의한다!

결국 마무리를 하도록, 우리는 『기술 혹은 시대의 쟁점』에서 이미 다루어진 문제를 자세한 방식으로 재론하지 않을 것이다. 국가가 순수하게 정치적 결정을 내릴 때 정치가 혼자서 결정한다는 점은 기술적인 계획에서 큰 실패를 초래한다. 나는 몇몇 추가적인 예를 들기만 하겠다.

한 예는 프랑스 '원자력 위원회' 사건에 대해 1969년 드러났던 바로서, 원자력 분야에서 기술적인 발전이 봉착했던 난관의 기원에 정치적인 절대적 필요성이 있었다는 것이다.

다른 한편으로, 그 예는 관료적 결정기관뿐 아니라 정치적 결정기관이 경제 성장뿐 아니라 기술적인 성장에 부당하게 개입하는 것을 명백히 비난하는 위대한 소련 경제학자 바르가Varga 사후인 1964년부터 1969년 사이에 발표된 저서이다. 우리는 정치권력의 성장에 의한 기술의 차단 가능성을 검토할 때, 다른 예들을 들 것이다. 마무리로, 우리는 '정치적인 것'의 종속과 '기술적인 것'의 자율성이 놀랍게 드러내는 사실을 인용할 것이다. 기술적인 요구는 정치적 이데올로기에 종속하는 것이 아니라 기술적인 수단에 의존한다. 예는 다음과 같다. 페루의 쿠아존Cuajone 광산에는 엄청난 구리 자원이 있다. 이 구리 자원에 대한 감정평가 모두가 믿기 어려울 정도로 광맥이 풍부함을 인정하는데 의견이 일치한다. 그러나 광맥에 도달하고 채굴하기가 매우 어렵다. 페루는 1968년 소련에 자문을 구했다. 소련 전문가들은 문제를 세심하게 살펴보고 나서 미국만이 광맥의 발굴을 잘 수행하기 위한 기술적인 수단을 지니고 있다고 언명하면서 매우 세밀한 보고서를 마무리 했으며, 이 전문가들은 공사를 미국인에게 맡길 것을 권유했다. 페루 정부는 '국제 석유 회사'의 국유화 이후 1970년 초 "쿠아존 협정"을 통과시키는데 큰 어려움에 처한다. 그러나 여기서 중요한 것은 기술화되지 않은 대부분의 국가가 그들의 자원을 개발되지 않은 채로 내버려두어야 하거나, 그렇지 않으면 이데올로기적 방향이 무엇이든 간에 고도로 기술화된 국가의 도움을 청해야 한다는 사실이다.

이데올로기적 제국주의란 어리석은 말이며, 진정한 우위성을 부여하는 기술적인 영향력만이 존재한다.

'경제적인 것'에 대한 기술의 자율성

많은 오해가 있었기 때문에, 아마 '경제적인 것'에 대한 자율성이란 개념을 자세히 설명하는 것이 이제 필요하다. 시몽동이 눈에 띄게 강조하듯이 기술적인 것과 경제적인 것을 분리할 수 없음은 분명하다. "따라서 원료의 양과 작업량과 에너지 소비량의 축소 같은 경제적 제약 및 본래 기술적인 요구는 한 곳으로 집중한다… 그러나 부차적인 것이 기술적인 진보에서 우세해질 수도 있는 듯이 보인다." 시몽동은 기술적인 진보가 가장 급속히 이루어지는 곳이 경제적 조건보다 기술적인 소선이 우세한 영역임을 실제로 보여준다. 그는 경제적 원인들은 "단순하지 않으며", 경제적 원인들은 경제적 원인들을 대체하거나 혹은 뒤집어놓는 동기와 선호로 된 확산된 조직망과 얽혀 있다고 언급한다. 어떤 면에서 이는 기술적인 현상의 "순수한" 특성인데, 이 특성을 통해 기술적인 현상의 자율성이 확보된다. 이 때문에 사회학자들에게 경제적인 것의 우위에서 기술적인 것의 우위나 기술적인 것의 자율성으로 나아가는 파악하기 힘든 점진적 변화가 있다. 이 점은 일반적으로 형식화되어 있지도 않고, 명확히 표명되어 있지도 않으며, 포괄적 실재로서 표현되어 있지도 않지만, 이것은 잠재된 채로 있는 사고이며 일종의 잠재된 명확함이다. 사건과 진보와 일반적 발전을 결정짓고 유발하는 것이 기술이며, 또 그 자체로 에너지를 취하는 엔진 역할을 하는 것이 기술임이 대부분 '자명하다'. 지적으로 개관해 보면, 기술은 중세의 교권49)이나 혹은 19세기의 개인 사상과 같은 역할을 한다. 명확하고 전체적인 분석은 이루어지지 않는다. 하지만, 사회라는 개념도 품을 수 없고 다른 식으로는 역사라는 개념도 품을 수 없다. 이 경향은 너무 강해서 이 경향을 부인하는 이들에게도 동일하게 다시 나타난다.50) 그렇지만, 몇 가지 자세한 설명을 해야 한다. 처음으로 내가 경제에 대한 기술의 자율성을 분석했을 때 어떤 이들은 절대적 자율성에 대한 주장을 거기서 발견했다. 비판이 가해졌던 것은 이 '절대성'이다. 하지만, 나는 이 용어로 기술과 신성神性 사이의 동등함을 나타내려던 것이 아님을 이미 강조했다. "자율성이 있으면 자율성은 절대적이든지, 절대적이 아니면 자율성은 없다"라고 언급하는 것은 무의미하다.

이러한 종류의 이론적 논증은 멀리 가지 못한다. 오늘날 최고 권한을 지닌 국가가 자신의 통치권으로 아무런 어떤 것이나 만들 수는 없으며, "국가들 간의 협력"을 따름으로써 통치권이 실제로 제한된다고 알려져 있다. 그렇지만, 주권을 가지는 것이나 혹은 식민지화 되는 것이나 침략자에 의해 강제된 정부가 되는 것은 같지가 않다. 따라서 나는 결코 기술이 아무 것에도 아무에게도 의존하지 않으며, 침해 받지 않는다고 언급한 적이 없다. 기술은 정치적 결정이나 경제적 위기의 여파를 겪는다. 예를 들어, 나는 기술의 발전 법칙이나 체계의 논리에 따르지 않은 채 정치권력에 의해 내려진 결정이 기술적인 진

---

49) [역주] 서방 기독교에서 권력은 교권(敎權:le spirituel)과 속권(俗權:le temporel)으로 나뉜다. 즉, 교회에는 종교라는 틀 속에서 공의회와 종교 재판에 의한 교리의 규정과 유지를 통한 구원과 관련되는 영혼에 행사되는 영적 권한, 곧 교권이 인정되고, 군주나 시민 권력에는 인간사와 사회 질서에 한정되고 몸과 재산에 행사되는 속권이 인정된다. 하지만, 교회는 그 사명을 완수하려고 재산에 대한 속권을 누리기도 하고, 특히 교황은 지상에서 그리스도의 대리자라는 명목으로 속권을 행사하기도 한다.
50) 이 점은 이 시대의 가장 엄밀하고 심오한 사상가 중 하나인 드 쥬브넬(B. De Jouvenel)에게 아주 이상하게 보이는데, 그는 결정하는 것은 바로 인간이며 포괄적인 결정이 이루어지는 것은 정치적 차원에서라고 끊임 없이 주장한다. 즉, 기술은 부차적이고 이후의 것일 따름이라고 주장한다. 그렇지만, 그의 놀라운 저서 『이상향』*Arcadie*은 기술의 자율성 및 기술의 "자기 충족"에 대한 가장 훌륭한 입증이다. 이 개념은 이 저서에서 계속 이어지고, 끊임없이 다시 나타난다. 따라서 사람들은 저자가 보완적이지만, 상이하고 간혹 상반된 "여러 차원에서" 이 저서를 집필하지 않았는지 의아해한다.

보를 가로막고 긍정적인 결과를 없앤다고 지적했다. 하지만, '정치적인 것'과 '기술적인 것' 사이의 갈등에서 불가피하게 패배하는 것은 '정치적인 것'이며, 이러한 기술적인 절대적 필요성을 거스르는 정치적 결정은 결국 정치 자체를 위해 무너진다고 지적했다. 마찬가지로, 기술이 경제에 의해 제시된 여러 가능성에서 발전한다는 것은 분명하다. 경제적 자원이 부족할 때 기술은 절정에 이를 수 없고, 자신의 가능성들이 제시하는 바를 실현할 수 없다. '기술적인 것'과 '경제적인 것' 사이의 관계는 복잡하다. 이 관계는 경제 성장의 결정 요인이지만, 마찬가지로 그 반대도 사실이다. 끌로제Closets는 경제에 대한 기술의 영향이 모호하다는 점과 경제적 발전이 비교적 가장 고조된 것이 기술연구가 가장 왕성한 곳이 아니란 점을 잘 보여주었다. 그렇지만, 기술은 첨단 분야에서 더 급속히 발전하고, 경제가 뒤따라가는 곳은 거기이다. 이 둘 사이의 관계는 아주 인상적이다. 미국에서 수출은 1967년에 평균 4퍼센트 증가했으나, 컴퓨터에서는 58퍼센트, 항공에서는 30퍼센트, 원격통신 설비에서는 30퍼센트 증가했다. 여기서 직접적인 관계가 설정되기는 하지만, 기술은 경제에 비해 결정적이다.

    게다가 관계는 시대에 따라 변한다. 우선, 기술적인 발명의 큰 움직임과 경제적 구조 혹은 사회적 구조 사이에 관계가 있다는 것은 확실하지 않은 듯이 보인다. 기술적인 발명은 문명의 예견되지 않은 여건들로서 나타나며, 경제적 측면에 연결되어 있지 않다. 마찬가지로, 오늘날 기술적인 발명은 한 나라에 연결되어 있지 않다. 기술적인 발명은 발명의 주창자에게서 떨어져 나가고, 과학적인 발명이나 혹은 기술적인 발명에 노력을 기울이지 않았던 나라들에도 득이 된다. 그러나 적용으로 넘어가고자 발명의 영역을 벗어날 때, 기술은 점점 더 막대한 자본의 사용을 전제로 한다.

    기술적인 성장의 가능성을 결정짓는 것이 산업적 발전이라고 할 수 있을까? 산업은 그 자체가 기술의 산물이라는 사실을 고려하면 말이다! 20세기 대부분의 기술연구는 산업적 비약을 유발하는 시장에 의해 결정지어지고 촉진되는 듯이 보인다. 그러나 도마(M. Daumas 51)는 이와 반대로 산업에 비해 기술의 자율성을 힘차게 주장하고 다음 같이 강조하는데, 이것은 늘 나의 관점이었다. "기술들의 진보는 역사적 맥락 속에 다시 위치할 때에만 이해될 수 있다는 점을 부인할 수는 없다. 하지만, 기술사技術史의 본래 목적은 바로 기술들의 진보의 특유한 논리를 명백히 밝히는데 있다고 생각할 수 있다. 실제로, 기술들의 진보는 사회·경제적 역사의 진보 논리와 분명히 구분되는 현상인 내적 논리와 더불어 이루어진다… 기술적인 진보의 이러한 내적 논리만이 '기술적인 기술사' histoire technique des techniques를 '사실만을 기록하는 역사'의 특성에서 벗어나게 할 수 있다."

그런데, 기술적인 발전이 더 광범위하고 복잡할수록, 발명은 이전의 적용 결과인 이미 얻어진 '기술담론적인 토대' base technologique에 의존하며, 점점 더 비용이 많이 드는 요소들을 사용한다. 그래서 기술적인 발명은 경제적 투자 가능성에도 결국 의존하게 된다. 따라서 서로간의 영향이 식별된다. 한편으로 현대의 경제 성장 전체는 모든 분야에서 기술적인 적용에 의존한다.52) 그러나 역으로, 앞선 기술연구의 가능성 및 기술들의 적용 가능성은 한편으로 경제적 하부구조에 의존하고 다른 한편으로 경제적 자원의 동원 가능성에 의존한다.53) 따라서 부정적인 면에서 경제는 힘이 없어서 기술적인 발전을

---

51) 『과학의 역사 및 과학 적용의 역사 지誌』 Revue d'Histoire des Sciences et de leur application, 1969년.
52) 물론 모든 사람은 연구가 경제적 발전의 열쇠이며 기술적인 연구에 의해 더 큰 경제적 급성장을 얻으려면 경제적 자원을 축적할만한 가치가 있다고 간주한다. 그러나 그 둘 사이의 관계는 점점 덜 명확해진다. "연구·개발"은 엄청난 불확실성의 원천이다. 경제협력개발기구의 전문가들은 다음 같은 결론에 이른다. 즉, "연구와 개발과 경제 성장 사이의 관계들은 역설적 상황에 놓인다. 이 관계들은 명확한 동시에 측정될 수 없다… 군사적 연구에 할애된 비용을 제외하더라도, 연구·개발 비용과 국민총생산(PNB) 사이에 상관관계를 나타내게 할 수는 없다." 그리고 끌로제(Closets)는 경제와 기술 사이의 관계를 규정하려고 이것과 관련된 훌륭한 표현을 갖고 있는데, 사람들은 "불확실성의 경제"에 대해서만 언급할 수 있을 따름이다. 연구·개발에 대해서는 1967년부터 1970년까지 『분석과 예측』 Analyse et prévision의 일련의 호 및 드 쥬브넬(Jouvenel)의 연구를 볼 것.

가로막든지 기술적인 적용을 방해하든지 한다. 기술적인 프로그램은 자본주의 국가에서 두 종류의 경제적인 절대적 필요성에 의해 결정지어지는데, 그중 첫 번째가 투자의 수익성이다. 또한 어디서도 발견되는 두 번째 경제적인 절대적 필요성은 투자에 필요한 자본을 조달하는 가능성이다. 그렇지만, 이 점은 실제로 점점 덜 정확해진다. 왜냐하면 기초 연구의 투자 수익성을 산정할 수 없다는 점이 더욱 이해되기 때문이다. 또한 기초적 연구가 본질적이며 소홀히 할 수 없다는 점이 점점 더 "납득되고", "기술연구 · 수익성"의 직접적 관계는 더는 사실이 아니다. 따라서 기술적인 적용은 경제적 형태와 수준에 따라 매우 불균등해질 것이다. 기술적인 진보의 강도에서 뿐 아니라 기술들의 이득에 신속히 접근하는 데 있어서도, 경제적 수준을 통해 불균등이 초래된다. 이 모든 점은 분명하다. 그러나 경제적 요인의 이러한 중요성이 언급되었으므로, 경제가 발전 수단과 '기술담론적인 진보' progrés technologique의 조건이 될 수 있거나 혹은 이와 반대로 장애가 될 수 있기에 경제가 '기술담론적인 진보'를 결코 결정하지도 유발하지도 지배하지도 못한다는 의미에서, 나는 기술의 자율성이란 개념을 주장할 것이다. 정치권력에서처럼 기술적인 절대적 필요성을 인정하지 않을 수도 있는 경제 체계는 비난받는다. 기술적인 현상에 강요되는 것은 경제 법칙이 아니다. 경제를 지시하고 경제의 방향을 설정하며 경제를 변경하는 것은 기술의 법칙이다.54) 경제는 필요한 동인動因이다. 경제는 결정 요인도 아니고 방향설정 원리도 아니다. 기술은 자기 자신의

---

53) 우리는 기술에 대한 제동으로서 경제의 문제를 나중에 살펴볼 것이다.
54) 리치타(Richta)는 베버(Weber) 학파에서 중요한 돌변을 강조한다. 실제로 처음에는 베버와 더불어, "상업적 논거에 따라서만 기술적으로 합리화할 수 있다고 주장되었으며", "기술적인 논거의 법칙은 경제적 논거의 법칙에 언제나 종속되어야 한다." 그런데, 1960년부터 예를 들어 파팔라카스(Papalakas) 같은 베버주의자들에게 이 경제적 합리성은 상대화되고 자본과 기술 사이의 관계는 뒤집어짐이 확인된다. "가혹한 기술적인 실재에 적응해야 하는 것은 경제적 논거이고, 원초적 영역이 되는 동시에 사회의 긴장의 주된 중심을 이와 같이 지배하는 것은 기술적인 합리성이다." 리치타, 『교차점에서의 문명』 La Civilisation au Carrefour, 80쪽.

결정을 따르며 자기 자신을 실현한다. 그렇게 하면서 물론 기술은 기술적이지 않은 다른 많은 요인을 이용한다. 기술은 이러한 요인들이 사라짐으로써 차단된 채로 있을 수 있지만, 기술의 작동 근거와 성장 근거는 어느 다른 곳에서도 나오지 않는다. 정치적 체계나 혹은 경제적 체계를 변경시키는 것은 오늘날 완전히 비효율적이고, 인간의 진정한 상황을 변화시키지 않는다. 왜냐하면 인간의 상황은 이제 환경과 기술적인 가능성에 의해 결정지어지기 때문이다. 또 기술 체계에 대한 정치적 혁명이나 혹은 경제적 혁명의 영향이 실제로는 아무 것도 아니기 때문이다. 기껏해야 이 혼란들은 어떤 기간 동안 기술적인 진보를 저지할 수 있다. 하지만, 혁명적 권력은 체계의 내재적 법칙에 아무런 변화도 주지 못한다.

이 자율성은 '자가 조직' auto-organisation에서 제도적인 모습을 띨 것이다. 다시 말해 그 자체가 기술연구, 적용의 방향설정, 예산의 배분 등을 조직화하는 것이 기술 세계인데, 기술 체계에 속하고 기술 체계를 구현하는 제도의 자율성이 기술 체계의 자율성에 일치해야 한다. 게다가, 이것은 궁극적으로 정당화시키는 유일한 자율성일 것이기 때문에, 우리 사회에서 받아들일 수 있는 유일한 자율성일 것이다. 기술을 향해 방향 설정된 기초 연구는 이 연구가 충분히 자율적이라는 조건에서만이 발전할 수 있다! 「르몽드」지 1964년 11월호에는 '프랑스 국립과학연구소'의 책임연구원 주커캔들M. Zuckerkandl[55])의 이 주제에 대한 훌륭한 연구가 있다.

이 자율성의 결과 중 하나는 기술이 활동 영역과 이데올로기적 방향설정을 재분류하는 주요 요인이 된다는 점이다. 1959년 나는 예를 들어 소련의 체제와 미국의 체제 사이에서와 같이 기술이 어떻게 정치 체제들을 근접시키고 이데올로기의 역할을 축소시키는지 연구했다. 마찬가지로, 기술은 공적

---

55) [역주] Emile Zuckerkandl(1922-). 오스트리아 출신으로서 미국과 프랑스에서 활동한 생물학자. '분자 진화' 이론의 선구자 중 하나로 알려져 있다.

활동과 사적 활동을 재분류하는 원인이 된다. 즉, 이 구분은 두 영역 사이에 있는 경제적 활동에서 희미해진다. 『새로운 산업 국가』*Le Nouvel Etat industriel*에서 갤브레이스에 의해, 또한 1969년에 출간된 『분석과 예측』*Analyse et prévision* 의 "거대기술담론의 장기적 결과들"*Effets à long terme de la grande Technologie*에서 바이덴바움M. L. Weidenbaum에 의해 이 모든 점은 다시 다루어졌고 자세히 입증되었다. 그러나 중요한 것은 이 결과들이 기술의 자율성에서 나온다는 점을 파악하는 것이다.

기술이 경제 구조를 지배하는 자율적 요인이자 자본주의 체제에서나 공산주의 체제에서 동일한 존재와 결과들을 포함하는 자율적 요인이 되었다는 점을 마르크스주의자들이 인정하기란 여전히 어렵다. 가장 자주 펼쳐지는 논증은, 분명히 기술이 단지 자본을 위한다는 것이고, 기술이 자본주의에 통합되어 있다는 이유에서 만이 기술에는 우리가 아는 결과들이 있다는 것이다. 또한 기술전문가는 다른 사람들처럼 봉급쟁이이며, 효율성이란 이데올로기는 기술적인 것이 아니라 이윤의 필요에 대한 반영이라는 것이다. 그리고 분업과 전문화는 기술의 산물이 아니라 노동자 계급에 대한 추가 착취 수단이라는 것이다. 이러한 해석에 대한 가장 완벽한 체계적 입증 노력은 꼬리아B. Coriat 56)에 의해 이루어졌다. 이 때문에 나는 같은 방향으로 나아가는 중요성이 떨어지는 저서들보다 보다는 차라리 그의 저서에 집중할 것이다. 우선, 이 두 가지 입증 논제는 결정권이 자본에 속한다는 사실과 관련된다. 즉, 기술들을 마음대로 사용하거나 혹은 그렇게 하지 않은 것은 자본이고, 자본주의적 기술들은 착취당하는 계급에 대한 지배 기술인만큼 생산 기술들이며, 자본은 기술들이 잉여 이윤을 얻게 할 때에만 기술들을 사용한다. 꼬리아가

---

56) 벵자멩 꼬리아(Benjamin Coriat), 『과학과 기술과 자본』*Science, technique et capital*, 1976년. 마찬가지로 로즈(S. Rose)의 『과학의 이데올로기와 과학 속에서 이념』*L'Idéologie de et dans la Science*(1977년)을 볼 것. 이 저서는 과학이 이념적임을 입증하려고 애쓰는 엄격한 마르크스주의적 교리의 작품인데, 아주 박식하면서도 아주 실망스럽다.
[역주] Benjamin Coriat. 프랑스의 경제학자. 파리 13대학 경제학 교수이다.

기술이 중립적이 아님을 인정한다면, 이는 기술이 단지 자본에 도움이 되는 방향에서 만이다. 자본주의적 생산 방식에는 자본의 가치 증식이라는 하나의 목적만이 있다. 다양한 기술들에 대한 통합이나 혹은 거부를 결정짓는 사회적 요인들을 밝힐 수 있는 것은, 다양한 유형의 발명이 자본의 '자가 가치 증식' auto-valorisation 과정에서 자본에 기여하는 바를 살펴봄으로써 이다. 잉여가치57)의 창출을 늘리는 기술들만이 사용될 따름이다. 마찬가지로, 기술적인 합리성이 작용할 수 있는 공간 자체를 결정짓는 것은 가치의 법칙이다. 물론, 꼬리아는 리치타가 가치의 법칙과 생산관계들을 빠뜨렸다고 비난하는데, 이 생산관계들 안에서 또 생산관계들 아래에서 기술은 이용된다. 그러나 꼬리아의 논증 토대 전체는 자본이 다음 같은 두 조건에서만 기계사용의 힘을 빈다는 마르크스의 논증에 근거를 둔다. 이 두 조건은 기계에 쌓인 '죽은 노동'58)을 활용함으로써 더 큰 분량의 초과노동을 얻을 때, 곧 노동자가 자본에 귀속되는 생산을 늘리면서 자기 자신의 생산에 할당하는 하루 일의 분량이 '죽은 노동'의 활용을 통해 줄어들 때이며, 또한 자본에 의한 노동 과정에 대한 더 나은 지배가 기술들을 통해 가능할 때이다. 이 저서에서 무수히 반복되는 주요 논증은 그러하다. 이에 대해 사람들은 다소 당혹해 한다. 왜냐하면 이 점은 기술적인 진보와 더불어 오늘날 노동자는 그만큼 더 지배당함을 의미할 수도 있기 때문이다. 노동자 계급이 1세기 전보다 오늘날 더 지배당한다는 것은 틀림없는가? 이 점은 잉여가치율이 상당히 늘어났음을 의미할 수도

---

57) [역주] 잉여가치. 마르크스 경제학의 주요 개념의 하나로서, 투하된 자본 가치에 대하여 자기증식을 이룩한 가치 부분, 곧 투하된 자본의 초과분을 가리킨다. 자본가는 노동자가 생산한 가치보다도 적게 노동자에게 임금을 지불하는데, 일반적으로 자본가가 지불하는 임금 수준은 노동자가 생존을 유지할 수 있을 정도이다. 마르크스 이론에 따르면 이러한 보상은 노동자의 총 노동 가치의 일부분일 뿐이며, 노동자가 겨우 생존을 유지할 정도에 해당한다. 이때 나머지 부분이 '잉여노동'이고, 이 잉여노동이 생산한 가치가 '잉여가치'이다. 마르크스는 자본가가 이윤을 남기고자 이 잉여가치를 전유함으로써 노동자를 착취한다고 주장한다.
58) [역주] '죽은 노동' (travail mort). 광산의 채굴에서 채광 이외에 필요한 준비 작업을 가리키는 표현으로서, 수익이 없는 준비 작업과 같은 노동을 말한다.

있는데, 마르크스주의자를 포함하여 모두가 마르크스가 예고했던 바에 따라 잉여가치율이 감소한다는데 동의한다. 또한 이 점은 적용된 기술들과 적용되지 않은 기술들이 지시된 유일한 기준에 따라 구분됨을 의미할 수도 있는데, 따라서 기술적인 발전으로 자본주의의 힘과 안전성이 증대되기 마련이다. 그런데, 반세기 전부터 고전적 자본주의는 모든 부분을 상실하고, 그 발전이 사회주의 방향으로 나아가는 기술들 자체 때문에 일정하게 약화된다. 결국, 인간의 노동만이 가치를 생산하기에 기술적인 진보는 인간의 노동 생산성이란 개념을 기준으로 하여서만 평가할 수 있다는 것인데, 이는 현대 기술들이 노동자의 노동을 없애고 생산과정에서 인간을 주변에 위치시키는 경향이 있다는 사실을 분명히 무시한다. 실제로, 꼬리아의 저서에서 인상적으로 보이는 것은 현재의 현상들을 검토하는데 있어 그의 독단과 무능력이다. 아무 것도 150년 전부터 변하지 않았고, 기술이 1848년이나 1975년이나 마찬가지이며, 자본주의가 발전하지 않았다는 확신에 모든 것이 근거를 둔다. 이것이 바로 원칙적 결말이라고 마르크스가 자본의 운용 조건들을 세웠던 대로, 기술은 자본의 운용 조건들은 변경시키지 않았다. "일련의 생산관계로서, 또 생산을 특징짓는 일련의 노동관계로서 분업이 기초하는 토대들을 자본가는 재생산해야 하고 재생산한다." 여기서 "해야 한다"라는 표현이 독특한데, 이 추론은 다음과 같다. 즉, 아직 공산주의 사회 속에 있지 않는 이상, 따라서 자본주의 사회 속에 있다는 것이다. 자본주의 사회는 변할 수 없고 늘 그대로이며, "자본주의는 단지 자본주의일 따름이다." 따라서 기술은 종속된 채로 있어야 하고 마르크스의 분석 틀 속으로 들어가야 한다는 것이다. 한편으로 생산력의 발전이 자본의 축적에 의해 이루어지는 자본주의가 있고, 다른 한편으로 집단적 생산 역량 및 대중 주도적 역량과 함께 하는 사회주의가 있다. 기술은 이 이분법 속에서는 특별한 아무 것도 아니다. 그래서 과학과 기술을 자본의 축적 과정에 연계된 과정으로서 간주하는 것이 불가피하다. 물론, 전제조건들을 입증된 것으로서 제시한다면 그렇게 간주하는 것이 불가피하다. 그런데, 그건 전혀 그렇지가 않다. 우리는 줄곧 전제들 앞에 있다. 마르크스가 틀리지 않았다고 전제한다면, 어떻게 현대 기술을 마르크스의 논증 속으로 들어가게 할 수 있을까? 꼬리아에게 제기되었던 진정한 문제는 그러하다. "과정이라는 표현은 실제 조건들 전체 속에서 고려된 발전이다"와 같이, 그가 마르크스의 표현을 인용할 때 이는 얼마나 아이러니인가. 꼬리아에게서, 우리는 하나는 독단적 비현실이고 다른 하나는 회고주의적 비현실인 이중적 비현실 속에 사는데도 말이다. 그는 "물론 기술은 남아 있지만, 기술 이전에 정치와 계급투쟁과 자본에 의한 기술의 점유가 있다."라고만 단지 받아들일 것이다. 따라서 그의 추론의 두 가지 불가능성은 다음과 같다. 즉, 그의 견해가 독단적인 견해라는 점과, 그의 글이 마르크스가 과오를 범하지 않고 모든 것을 언급한 것으로 간주하는 자들만을 설득시킬 수 있다는 점이다. 왜냐하면 꼬리아의 방법론이 마르크스주의 개념이나 혹은 인용을 취하는데 있기 때문이다. 또한 그의 방법론이 마치 문제된 것이 형이상학적 진리들인 양 이 개념이나 인용을 구체적인 것에 결코 적용하지 않은 채 모호한 방식으로 전개하는데 있기 때문이다. 구체적 상황이 변할 수 없었기에, 마르크스의 분석이 더는 들어맞지 않을 수도 있다. 근거는 그러하다. 그러나 어떠한 순간에도 우리는 실제 사실에 대한 명쾌한 설명도 논증도 발견하지 못한다. 문제되는 것은 단지 글에 대한 해설이다. 다른 결함은 끊임없이 나타나는 완벽한 비현실주의이다. 그가 19세기말 프랑스에서 화학적인 발전이 없었던 이유, 자본주의에 의해 결정된 과학적 전문화, 블랑아르장 철도59) 회사 설립 이후 자본에 의한 과학의 예속 등의 예를 제시할 때, 우리는 완전한 환상 속에 빠진다. 마찬가지로, 그는 기술이 소련에서나 서구 세계에서 같은 구조와 결과들이 있는 동일한

---

59) [역주] 블랑아르장(Blanc-Argent) 철도는 1889년부터 공사를 시작하여 점차적으로 구간별로 완성된 프랑스의 지역 철도망이다.

것이라는 손쉬운 비판에 대비해야 한다. 꼬리아의 대답은 새롭지 않다. 소련은 사회주의가 아닐 따름이다. 다행스럽게도 우리가 신뢰할 수 있는 중국이 있다. 중국은 기술 사회 단계에 도달하지 않았다는 바로 그 이유 때문에, "당신이 보듯 거기서의 기술은 여기서의 기술에 해당하는 바가 아니다"라고 언급할 수 있다. 단지 그것이 완전히 다른 식으로 이루어진 첨단 분야들을 제외하면, 중국의 기술 수준은 기술 이전의 단계에 있기 때문일 수도 있다는 생각에 그는 미치지 않는다! 그러나 소련이 사회주의가 아니라고 유유히 선언하는 것이 어쨌든 약간 터무니없음을 어떻게 모르겠는가. 현재 상황에 이르고자 1917년 혁명의 결과를 되돌렸던 것이, 기술의 영향이 아닐 수도 있고, 한 인간의 편집증적 망상이 아닐 수도 있는지 아는 질문은 피상적으로 다루어지지 않는다. 그러나 이 비현실주의의 가장 특징적인 것은 회고주의다. 꼬리아는 기술의 예와 모델과 극치로서 테일러 방식과 기계사용을 든다. 마치 꿈만 같다! 근본적인 것은 아무 것도 일어나지 않았으며, 테일러 이후 기술적인 구조의 변동은 없었다. 기술은 기계로 요약되고 귀착된다. 마르크스의 분석들이 마르크스와 동시대적이거나 혹은 후세에 거의 속하지 않는 사실들에 들어맞는다는 점이 이 상황들 속에서 분명 이해된다. 그러나 우리가 늘 거기에 이르러 있다고 자부하는 것은 잘못이다. 꼬리아에게 기술은, 좁은 의미에서 상품 생산을 위한 과학의 산업적 적용일 따름이다. 그는 상품 생산을 목적으로 삼지 않는 기술들은 사용되지 않는다고 유유히 선언한다! 마치 현재 상황이 거기 있는 듯이 그가 테일러 방식에 대해 가하는 비판들은 1930년대의 노동 상황에 일치한다. 달리 말해, 꼬리아의 "논증"은 마르크스 사상에 대한 글자 그대로의 표현에 전적으로 미리 집착하는 사람에게만, 또 기술과 관련된 현재 사실들을 완전히 무시하는 한에서만 받아들여질 수 있을 따름이다. 그는 완전히 희미해진 사실들 위에 설정된 문제 속에 갇힌 채로 있다.

가치와 윤리에 대한 기술의 자율성

우리는 가치와 윤리와 관련하여 이러한 자율성의 다른 측면을 한층 더 강조할 것이다.60) 자신의 자만, 특히 자신의 지식 속에 빠져 있는 인간은 자신의 사고가 기술을 제어하고 기술에다 이러저러한 가치와 의미를 강제로 부여할 수 있다고 믿는다. 그래서 사상체계들은 이러한 자만심의 절정에 있다. 기술의 중요성에 대한 가장 세련된 사상 체계들, 심지어 유물론적이기도 한 사상 체계들은 결국 인간의 우위성에 고착됨을 확인하는 것은 놀랍기 조차 하다.61) 그러나 이 대단한 주장은 순전히 관념적이다. 도덕과 가치와 관련하여 기술의 자율성은 어떻게 제시되는가? 다섯 가지 측면을 분석할 수 있는 듯이 보인다.

첫째, 기술은 도덕적 이상형에 따라 발전하지 않고, 가치를 실현하려고 애쓰지 않으며, 덕이나 혹은 선을 목표로 삼지 않는다. 우리는 '인과적 발전'을 다루는 장에서 이 점을 살펴볼 것이다.

두 번째, 기술은 어떠한 도덕적 판단도 허용하지 않는다. 기술전문가는 자신의 작업에서 도덕의 어떠한 개입도 허용하지 않는다. 이 작업은 자유로워야 하고, 연구자는 자신의 연구에 대해 선이나 혹은 악의 문제, 허용이나 혹은

---

60) 이 자율성의 아주 훌륭한 두 예는 하나는 바아니앙(Vahanian)에 의해 다른 하나는 오를란(H. Orlans)에 의해 다른 전제들에서 우리에게 제시된다. 『하나님의 죽음』에서 바아니앙은 '실행 방도'(How to do)가 어떻게 모든 기독교 사상에서 독립했는지, 또한 그와 반대로 '실행 방법'이 효율성에 종속된 기독교를 어떻게 침범했는지 보여준다. 『2000년을 향해』 *Toward the year 2000* (Daedaus, 1967년)에서 오를란은 "모든 '기술담론적인 발전'(développement technologique)이 물론 바람직하지는 않지만, 기술적으로 가능한 모든 것이 실현되는 것을 어떻게 방해할 수 있는지 실제로 알 수 없다"는 점을 보여준다.
[역주] Vahanian(1927-). 프랑스 출신의 개신교 신학자로서 '하나님의 죽음'의 신학의 주도자였으며, 그 신학에서 선구적인 업적으로 잘 알려져 있다. 주요 저서로 『하나님의 죽음, 후기 기독교 시대의 문화』*The Death of God: The Culture of Our Post-Christian Era*가 있다.
61) 기술이 자체의 힘을 갖고 인간의 계획을 무너뜨릴 수 있으며 자체의 이데올로기를 규정한다는 사실에서 이 환상들의 비극이 기인한다는 점을 보여주는 셀리그먼이 행한 이러한 종류의 환상들에 대한 탁월한 분석에 사람들은 의거할 수 있다. 또한 그가 꽤 길게 보여주듯이, 기술의 자율성은 인간의 자율성을 "가장 논란거리가 되게" 만든다.

금지의 문제를 절대 제기하지 말아야 함이 분명한 듯이 보인다. 이 연구는 그냥 단순히 존재할 따름이다. 그러나 적용에서 상황은 정확히 마찬가지가 아니다. 발견된 것은 너무도 단순히 적용된다. 기술전문가는 연구자와 마찬가지의 독자성을 가지고 자신의 기술을 적용한다. 그런데, 여기서 이것은 많은 지식인의 엄청난 비논리성이다. 그들은 명백한 듯이 보이는 첫 번째 사항에는 동의하지만, 두 번째 사항으로 넘어갈 때는 선과 악에 대한 판단이나 인간적인지 비인간적인지에 대한 판단을 다시 끌어들이기를 원한다. 즉, 기술전문가는 선을 위해 자신의 기술을 사용하기 마련이라는 것이다. 그런데, 이 점은 첫 번째 사항이 제기되었을 때 완전히 당치도 않다. 왜냐하면 적용은 바로 연구와 동시에 일어나기 때문이다. 기술적인 발명은 이미 어떤 행동의 결과이다. 사람들이 그 행동에 대해 가치 판단을 내리기 바라는 행동의 문제는 적용이 이루어질 때만 제기되지 않는다.62) 연구 태도를 결정짓는 것과 연구 태도가 자유롭기를 바라는 것과 적용 태도를 결정짓는 것은 동일한 행동이다. 즉, 실행하는 기술전문가는 연구하는 과학자만큼 자신이 자유로웠으면 한다. 도덕이 원리 속으로 내던져졌을 때 도덕을 결과에 개입시키는 것은 유치한 짓이다. 여기서 기술의 자율성은 "각자 자기 집으로"라는 구호로 표현되는 두 영역의 근본적 구분에 힘입어 주로 확립되었다. 도덕은 도덕적 문제들을 판단한다. 기술적인 문제들에 관해 말하자면, 기술은 도덕과 아무 관계없다. 기술적인 판단기준과 수단들만이 받아들여질 수 있다. 아주 흥미진진한 연구가 다음 같은 주제에서 어떤 미국 공학자에 의해 행해졌다.63) 즉, 문제들이 순전히 기술적인 한, 이 문제들은 늘 분명하고 확실한 해답을 발견한다는 주제이다. 이 문제들에 인간적 요인을 개입시킬 필요가 있자마자, 혹은 직접적인 기술적 처리가 없도록 이 문제들이 꽤 광범위해질 때, 이 문제들은 해결

---

62) 우리는 마지막 부분에서 힘과 가치들 사이의 갈등을 검토할 것이다.
63) 와인버그(A. M. Weinberg), "기술담론 혹은 사회공학"Technologie ou "engeneering" social, 『분석과 예측』*Analyse et prévsion* (1966년 10월).

될 수 없는 듯이 보인다. 이 어려움에 직면하여 사회공학64)이 발전한다. 사회공학은 선한 감정에 호소하고, 가장 나은 본능에 의존하는 인간의 개선 전체에 호소한다. 또한 사회공학은 인간의 개선이 심리학적 기술이나 혹은 사회심리학적 기술에 의해 이루어질지라도, 그 수단이 인간의 개선일 것이라고 믿는다. 그런데, 기술적이 아닌 너무 많은 요인이 고려되기 때문에, 몇몇 예에 따라 사회공학은 이 수단에서 실패와 불확실성이라는 결론을 끌어낸다. 유일한 해결책은 모든 문제를 특별히 기술적인 일련의 질문으로 변경시키는 것인데, 각 질문은 적합한 기술에서 답을 얻는다. 여기서 우리는 종류를 뒤섞지 않음으로써 결과를 얻는 것을 확신한다. 기술적인 자율성에 대한 이보다 더 좋은 주장은 없다! 도덕과 심리학과 인본주의, 이 모든 것은 포화상태이다. 명백한 판단은 그러하다.

이러한 주장은 인간만이 도덕적 평가에 순응할 수 있다는 철학적인 확실성에 의해 강화된다. "우리는 사물이 그 자체로 선하거나 혹은 악했던 원시 시대에 더는 있지 않다. 사물은 인간이 그 사물을 가지고 만들어내는 것일 따름이다. 모든 것은 인간으로 귀결된다. 기술은 그 자체로 아무 것도 아니다." 그러나 이런 식으로 지나치게 단순화함으로써, 그 지식인은 인간이 기술에 의존해 있는 것을 깨닫지 못한다. 아울러 그 지식인은 기술이 모든 도덕적 판단을 벗어난다는 점이 기술이 모든 것을 할 수도 있음을 의미한다는 것을 깨닫

---

64) [역주] 사회공학(enginnering social). 사회 행동에 대한 과학적 연구로 얻어진 기초적 식견이나 법칙을 응용하여 사회생활에서 당면하는 여러 가지 실천상의 특수 문제를 해결하고 또 그 때문에 필요한 기술적인 여러 문제에 관해 연구하는 학문이다. 예를 들면, 인간관계에 대한 연구로서 집단생활에서 여러 가지 대인 분쟁을 처리하거나, 작업 팀의 리더나 구성원의 조직을 바꾸어 생산성의 제고를 기도하거나 또는 리더십의 유형과 훈련법에 대하여 그 효율을 비교하는 등의 연구가 있다. 또한 사회공학은 사회학적 전문지식을 실제적 사회 분야에 응용하는 학문이나 혹은 그러한 작업을 가리킨다. 이를테면, '인구 주택 총 조사'나 노동통계 등에 관해서 정부기관에서 전문가로서 하는 일이 그것이다. 그리고 컴퓨터 보안에서 인간 상호 작용의 깊은 신뢰를 바탕으로 사람을 속여 정상 보안 절차를 깨트리기 위한 비非기술적인 침입 수단을 말한다. 예를 들어, 통신망 보안 정보에 접근 권한이 있는 담당자와 신뢰를 쌓고 전화나 이메일을 통해 그들의 약점과 도움을 이용하는 것이다.

지 못한다. 그런데, 인간은 기술이 인간으로 하여금 할 수 있게 하는 바를 행한다. 따라서 인간은 모든 것을 행하려고 시도했다. 도덕이 발명이나 혹은 기술적인 작업에 대해 판단을 내리지 않는다고 주장하는 것은, 그렇게 언급하려는 의도는 없으나 인간의 모든 실제 행동이 이제 윤리를 벗어난다고 말하는 것이 되고 만다. 이와 같이, 기술의 자율성을 통해 인간의 도덕화가 이루어진다. 이제부터 도덕은 자체의 영역 속에 틀어박힐 뿐 아니라, 아무 것도 아닌 것 속에 틀어박힌다. 가치들 전체와 더불어, 또 인본주의로 규정될 수 있는 것 전체와 더불어, 과학자나 기술전문가가 보기에 도덕은 기술적일 수밖에 없는 구체적 활동과 아무런 관계가 없고 삶의 진지한 태도에 대해 큰 관심이 없는 순전히 개인적 문제로서 나타난다. 다음은 이에 대한 작은 예이다. 1961년 3월 프랑스 교육부는 이공계 그랑제꼴65) 학생들과 그랑제꼴 준비반 학생들에게 철학과 문학 교육에 대한 설문을 조사했다. 결과는 대단한 의미가 있었다. 조사 대상 학생들은 거의 만장일치로 철학에 대한 모든 가치와 의미를 부인했다. 프랑스어 교육에 대해서는 다음 같이 구분되었는데, 한편으로 문학은 어떠한 관심도 불러일으키지 않았으나, 이와 반대로 언어 지식은 보고서를 작성하거나 행해진 실험을 설명하는 법을 배우는데 유용했다는 것이다… 이것은 좋은 예증이다. 기술전문가는 자신이 행하는 작업과 관련하여 철학이나 혹은 도덕에 있을 수 있는 의미를 파악하지 못한다. 물론, 기술전문가는 도덕 문제 전문가와 철학자가 작업에 대한 평가를 하고 판단할 수 있음을 인정한다. 그러나 이 점은 작업과 조금도 관련이 없다. 이것은 단순한 탁상공론이다. 기술 철학과 기술 사회학의 연구가 늘어나고 기술 신학도 나타나기 시작

---

65) [역주] 그랑제꼴(Grandes Ecoles). 엄격한 선발과정을 거친 소수 정예의 신입생을 선발하여 최고 수준의 교육을 통해 프랑스 사회 각 분야의 엘리트를 양성하는 프랑스 고등교육기관. 흔히 '대학 위의 대학'이라고 지칭되기도 한다. 대학입학 자격시험인 바깔로레아(baccalauréat)에서 매우 우수한 성적을 거둔 고등학생 가운데 그랑제꼴 입학을 희망하는 학생은 '그랑제꼴 준비반'이라는 별도의 2년 과정을 거치면서 시험을 통해 그랑제꼴 학생으로 선발된다.

하지만, 이것들은 철학자 및 인본주의자 모임 내부에서만 지지를 얻는다. 이것들은 일련의 그런 연구들을 완전히 무시하는 기술전문가 세계에서는 어떠한 종류의 돌파구도 없다. 사정이 그러하다면, 이는 전문화의 단순한 결과가 아니다. 즉, 이 기술전문가들은 자율적이 된 기술 세계에 산다는 것이다.[66]

　기술이 어떠한 윤리적 판단도 용납하지 않는다는 점을 통해 우리는 세 번째 측면에 이른다. 기술은 도덕적 이유로 멈추어지는 것을 허용하지 않는다. 기술적으로 필요하다고 판단한 작업에 선이나 혹은 악의 판단을 대립시키는 것이 불합리할 따름이라는 점은 자명하다. 기술전문가는 심한 환상인 듯이 보이는 것을 순진하게 고려하지 않으며, 게다가 우리는 도덕이 어느 정도까지 상대적인지 안다. "상황 도덕"을 발견하는 것으로 모든 것에 대처하기에는 너무 평범하다. 일시적이고 쉽게 변하는 선이자 늘 규정해야 하는 선의 이름으로, 어떻게 기술전문가에게 어떤 것을 금지하며 기술적인 진보를 멈출 수 있을까? 적어도 이 점은 지속적이고 확실하며 분명하다. 스스로를 판단하는 기술은 인간의 활동에 주된 족쇄가 되었던 신성하고 영적이며 종교적인 신심과 도덕에서 이제부터 해방되어 있다. 이와 같이, 기술은 실제로 기술이 얻었던 자유를 이론적이고 체계적인 방식으로 확고하게 한다. 기술은 선과 악의 밖에 위치해 있기 때문에, 그것이 무슨 제한이든 더는 두려워하지 않는다. 기술이 중립적 대상들에 속해 있으며 결국 도덕에 종속되지 않는다고 오랫동안 주장되어 왔다. 이것은 우리가 조금 전에 묘사했던 상황이며, 이와 같이 상황을 설정했던 이론가는 실제로 기술과 기술전문가의 독자성을 인정하게 할 따름이었다. 그러나 이 단계는 이미 지나쳤다. 기술의 힘과 자율성은 너무도 확실한 나머지, 이제 기술은 도덕에 대한 심판자로 변한다. 도덕적 명제는 기술 체계 속에 포함될 수 있을 때에 만이, 또 기술 체계와 일치할 때에 만

---

[66] 그렇지만, 1968년부터 이러한 사실 확인을 세심하게 표현해야 한다. 아직 기술전문가는 아닌 어떤 과학자들은 자신들의 과학적 작업의 정당성 및 그 작업의 궁극목적에 대한 도덕적 질문들을 제기하기 시작한다. 게다가 어떠한 결과도 없이 말이다.

이, 이 시대에서 유효한 것으로 간주될 따름이다.67)

 이 자율성의 네 번째 측면은 정당성과 관련된다. 현대인에게 과학적인 모든 것은 정당하며 그 여파로 기술적인 모든 것도 정당하다는 점은 자명하다. 오늘날 우리는 "기술이 하나의 사실이고, 기술을 그러한 것으로서 인정해야 하며, 그 반대로 나아갈 수 없다."라고 단지 말하지 않는다. 이는 판단 가능성을 유보하는 진지한 태도지만, 이러한 태도는 비관적이고 반反기술적이며 역행적인 것으로 간주된다. 따라서 이 분야에서 이루어지는 모든 것이 제 스스로 정당하다는 점을 인정하면서, 기술 체계 속으로 들어가야 한다. 어떠한 외부 기준도 없다. 이제 진리는 과학 속에 포함되어 있고 '조직적 행동' praxis의 진리는 단지 기술이기 때문에, 진리라는 질문이 제기될 필요 없다. 또한 선이라는 질문도 궁극목적이라는 질문도 제기될 필요 없다. 이 모든 것은 논의의 대상이 아니다. 기술적이기 때문에 정당하고, 모든 이의 제기는 의심스럽다. 기술은 심지어 정당화의 힘이 된다. 나중에 우리가 보여주듯이, 이제 과학 연구를 유효하게 하는 것은 기술이다. 그런데 이러한 행동과 시도를 판단하는 동시에 이 행동과 시도에 토대를 부여하는 상위 가치에 따라 지금껏 인간이 자신이 행하는 바를 판단하려고 늘 애썼기 때문에, 기술의 정당성을 인정하지 않는 우리의 견해와 태도는 아주 주목할 만하다. 그런데, 이 같은 견해와 태

---

67) 가치들에 관한 자율성에 대해서는 샤르보노(B. Charbonneau)의 『체계와 혼돈』*Le Système et le chaos*.에 나오는 특히 원자폭탄과 관련된 탁월한 페이지들을 읽어야 한다. "그 폭탄을 구현하는 것은 가장 흉악한 군주가 아니라 가장 발전한 사회이다. 1944년, 그 폭탄을 구현한 것은 소련이나 나치 독일이 아니라, 지구를 공포에서 해방시키려는 목적을 자신에게 부여한 대통령에 의해 영도되는 복음적이고 자유로운 국가이다. 생겨나기만 하면 돌이킬 수 없는 것을 누가 원했겠는가? 그것은 지식만을 원하는 학자들도 분명히 아니고, 힘만을 원하는 기술전문가들도 아니다. 정치가들로 말하자면, 그들은 평화와 정의를 바란다. 불행하게도 행동이 명령을 내린다. 그 폭탄을 제조했던 것은 루즈벨트(Roosevelt)가 아니라. 루즈벨트로 하여금 그것을 강요했던 것은 히틀러이고 그 다음으로는 스탈린이다. 그러나 공산주의자들은 그 폭탄이 자본주의의 산물이라고 당신에게 입증한다. 그 증거는 소련이 훨씬 더 강한 폭탄을 터뜨리게 한다는 것이다. 그 폭탄을 만든 장본인은 누구인가? 그것은 그 자체로 내팽겨진 진보와 과학과 기술이다. 소련은 지구의 두 번째 강대국이었기 때문에 그 폭탄을 터뜨리게 하는 두 번째 장본인이었다. 예수와 마찬가지로 마르크스는 그 사건과 아무런 관계가 없다…"

도는 기술을 위해 사라진다. 우리 사회의 인간은 체계68)에서 요구된 자율성을 분별하는 동시에, 체계를 그 자체로 정당한 것으로 받아들이면서 체계에 자율성을 부여한다. 기술이 자율성을 얻는 것은, 도덕·기술이라는 인격화된 두 신성神聖 사이에 갈등이 있고난 후가 분명히 아니다! 기술의 진정한 신도와 추종자가 되어 기술을 지고의 대상으로 여기는 것은 인간이다. 왜냐하면 그 자체로 정당성을 띠는 것이자 정당화되는데 아무 것도 필요로 하지 않는 것은 지고해야 하기 때문이다! 그러나 기술 체계는 광고라는 자기 자신의 기술적인 정당화의 힘을 발산하기 때문에, 이 확신은 경험에서 생겨나는 동시에 설득에서 생겨난다. 광고가 기술에 외부적으로 첨가되고 이윤 추구에 의한 기술의 지배에 따른다고 생각하는 것은 피상적 생각이다. 기술적인 성장에 반드시 필요하며 체계에 정당성을 부여하기로 되어 있는 기술이 광고이다. 실제로 정당성은 인간이 기술에게서 인정할 용의가 있는 탁월함에서 나올 뿐 아니라, 체계의 각 요소가 선하다는 인위적으로 획책된 설득에서 나온다. 이 때문에 광고는 공공의 관계와 인간관계를 자체에 덧붙여야 했다. "그 자체가 압도적인 다수로 인정되는 것은 대중 소비 사회"가 아니라, 이 정당화에 의해 기술적인 과정에 개인을 통합시키는 것이 기술 사회이다.

그러나 이루어져야 하고 게다가 정상적이기도 한 발전이 여전히 남아 있다. 즉, 도덕과 판단에서 독립되고 그 자체로 정당한 기술은 새로운 가치와 윤리를 만들어내는 힘이 된다. 인간은 도덕 없이 지낼 수 없다! 기술은 이전의 모든 가치 체계를 파괴했고, 외부에서 오는 판단을 인정하지 않는다. 따라서 기술은 가치 체계와 판단의 토대를 무너뜨렸다. 그러나 이와 같이 기술은 스스로를 정당화했기 때문에, 기술이 정당화하는 주체가 되는 것은 당연했다. 과학의 이름으로 행해졌던 것은 정당했으며, 마찬가지로 이제 기술의 이름으로 행해지는 것도 정당하다. 기술은 인간의 행동에 정당함을 부여하고, 따라

---

68) 체계는 자율적일 때에만 발전할 수 있다. [본문 내용을 역자가 각주로 설정]

서 인간은 기술에서 또 기술에 따라 윤리를 세우려는 경향이 있다.69) 이것은 이론적이고 체계적인 방식으로 이루어지지 않는다. 이 공들인 작업은 분명히 이후에만 일어날 것이다. 그러나 기술적인 윤리는 조금씩 구체적으로 만들어진다. 기술은 인간에게 정밀함과 정확함과 진지함과 현실주의 같은 덕목과 아울러 그 무엇보다 노동의 덕목 같은 몇몇 덕목을 요구하고, 겸손과 헌신과 협동 같은 삶의 어떤 태도를 요구한다. 기술은 무엇이 진지하고 무엇이 진지하지 않은지, 또 무엇이 효율적이고 무엇이 유용한지에 대한 아주 명확한 가치 판단을 내리게 한다. 이 윤리가 세워지는 것은 구체적 여건에서이다. 왜냐하면 우선 이 윤리는 기술 체계가 잘 작동하도록 요구된 행동에 대한 체험 윤리이기 때문이다. 따라서 이 윤리는 다른 도덕에 비해 진정으로 체험된다는 엄청난 우위를 갖고 있다. 더욱이 이 윤리는 분명하고 불가피한 제재 조치를 포함하는데, 왜냐하면 이 제재 조치를 드러내는 것이 기술 체계의 작동이기 때문이다. 따라서 이 도덕은 19세기의 지나치게 단순한 공리주의 훨씬 너머에 위치한 확실한 학설로 이루어지기 전에 자명한 것으로 인정받는다.70)

자율성에 의해 도덕적 가치가 된 기술

기술의 자율성에 대한 아주 훌륭한 예는 유명한 글로써 우리에게 제시되

---

69) 이 윤리에 내용에 대한 긴 논리전개에 대해서는 엘륄의 『원함과 행함』 *Le vouloir e le faire* (1963년) 1권 2장 참조.
70) 인간과 관련하여 멈포드(Mumford)는 가장 앞선 일련의 '기술적인 발명' (invention technologique)이 "인간의 중심된 역사적 책무와 인간적이 되는 책무"와 어떻게 또 어떤 점에서 아무런 관련이 없는지 자세하게 결정적으로 보여주었다. 달에 착륙하기, 기후 통제, 인공적 생존, 생존자의 창조와 같은 가장 최근의 기술적인 공적을 취하더라도, 아무 것도 "인간이 되는" 계획과 조금도 관계가 없다. 모든 것은 체계의 내적 논리에 종속한다.

었는데, 1967년 꼴레쥬 드 프랑스[71])에서 자끄 모노Jacques Monod의 시연 강의이다. 그는 우리 사회가 불안 속에 있다면, 또 현대인이 불안에 떨며 산다면, 이는 "과학에 대한 우리 동시대인의 경계심" 때문이며, 과학 문화에 대한 그들의 반감어린 태도 때문이라고 명확하고 솔직하게 설명했다. 이러한 설명은 과학·기술에 대한 가장 사소한 조심성도 경계심으로 해석하는 이 과학자의 심리를 놀랍게 드러내 보인 것으로서, 그는 과학을 위한 우리 동시대인 모두의 맹목적 신앙과 마법적 신뢰와 비합리적 책임회피를 알아차리지 못한다! 우리는 "과학·기술"에 의해 낙후된 것으로 낙인찍히고 이미 거의 사라진 제도와 도덕과 가치 체계와 더불어 시대에 뒤진 사회에 살기를 원한다. "과학·기술"이 이것들이 더는 아무 것도 아니고 의미도 토대도 없음을 입증할 때, 우리는 이것들이 유효하다고 간주하기를 원한다. 오래된 가치에 집착하는 것 및 과학 윤리와 기술 윤리 같은 새로운 가치를 인정하지 않는 것이 인간을 불행하게 만든다. 인식 윤리에 행동 윤리를 덧붙여야 하지만, 단순히 인식 윤리를 택한다면 모든 것은 해결된다. 즉, 인간 사이의 불화, 기술에 의해 만들어진 새로운 사회, 과학에 의해 인식된 새로운 세계는 잠잠해진다. "인식 윤리의 유일한 목적과 최고 가치와 지고선至高善이 인류의 행복임을 인정하더라도, 이는 인류의 일시적인 힘이나 혹은 인류의 안락이 아니며, 소크라테스의 '너 자신을 알라'는 것조차도 아니다. 이것은 객관적 인식 자체이다. 나는 그렇게 말해야 하고, 이러한 윤리를 체계화해야 하며, 이 윤리에서 사회적이고 정치적

---

71) [역주] 꼴레쥬 드 프랑스(Collège de France). 프랑스 국왕 프랑수아(François) 1세가 1530년 파리(Paris)에 설립한 '왕립 교수단'이라는 교육기관에서 비롯되었다. 국가에 영향 받지 않도록 행정상 자치·독립성을 보장받으며, 창립 때의 정신이 지금도 그대로 유지되고 있어 강의는 무료로 일반에 공개된다. 따라서 수강을 하기 위한 등록 절차도 없고, 시험도 없으며, 학위 수여도 하지 않는다. 자기가 연구 중인 테마에 관해 완전히 자유로운 상황에서 강의를 할 수 있는 꼴레쥬 드 프랑스의 교수진은 당대 최고의 학자들로 구성되어 있다. 교과목은 수학·물리학·자연과학 부문, 철학·사회학 부문, 역사학·언어학·고고학 부문 등 3개 부문으로 나뉘어 있다. 일반에 공개되는 강좌라고 하지만, 강의 내용이 고도의 전문성을 띤 것이어서 수강생 대부분은 진공 학생이나 연구자가 많다.

인 도덕적 결과를 이끌어내야 하고, 이 윤리를 퍼뜨리고 가르쳐야 한다고 생각한다. 왜냐하면 현대 세상을 만들어내는 이 윤리만이 현대 세상과 양립할 수 있기 때문이다…" 과학이 전통 사회를 이루던 모든 것을 청산했으며, 과학이 새로운 도덕을 만들어낸다는 점을 그보다 더 잘 언급할 수도 없을 것이다. 불행히도, 이 주장을 하는 학자는 세부사항을 잊고 있을 따름이다. 즉, 그가 언급하는 과학은 결코 순수하지 않고 그냥 적용된다. 이 학자가 하는 식으로 계속 나아가는 것은 심각한 오류이다. "윤리는 힘의 의지이지만, 정신세계에서만이 힘의 의지이기 때문에, 이것은 정복 윤리이고 몇 가지 점에서는 심지어 니체의 윤리이다. 또 이것은 폭력과 일시적 지배에 대한 경계심을 결국 알려줄 윤리이다…" 문제가 되는 것이 반드시 적용할 수밖에 없는 과학일 때, 또한 힘의 도구들을 제공할 뿐 아니라 이 도구들이 힘의 정신을 넘어서서 그 자체로 디오니소스의 망상이 되었던 결과를 낳은 것이 과학일 때, 이는 얼마나 큰 환상인가. 과학에는 인식이란 단 하나의 목적만 있다고 하는 것은 거짓말이기 때문에, 과학에 의해 자유라는 사회적 윤리의 존재를 믿는 것은 얼마나 의도적인 무분별인가. 가장 모호한 학자들의 사고에서 조차 이는 거짓이다. 즉, 과학에는 단 하나의 진정한 목적만 있는데, 이는 적용이다. 이것은 연구의 진정한 의미이자 기준인 실천으로의 이행이다. 결국 결정적 요인은 기술이며, 새로운 도덕은 기술적이다. 이 점은 모노의 미완의 연설과 직접 관련된다.

 위험과 해로움에 대한 거의 쓸모없는 언급을 특별하게 만드는 것은 기술의 자율성이다. 실제로 사람들이 명시하려고 애쓰게 될 문제들은 별개의 분야로 분류될 것이다. 한편으로 방사능의 결과에 대한 분석이지만, 다른 한편으로 어떠한 관계도 설정될 수 없는 기술 연구로서 예를 들어 전력 생산에 핵에너지를 적용시키는 기술 연구이다. 그런데 이 두 가지를 섞는 것은 몰상식하다고 판단될 것이다. 소비Sauvy가 오염의 거의 모든 문제가 핵에너지 개발에 의해 해결될 수 있다고 간주할 때, 그는 핵 오염 문제를 제기하지 않으려고 분명 조심한다.72) 역으로, 이 위험들을 인식하고 있을지라도, 핵에너지 기술 전문가들은 자신들의 연구를 그 자체의 방향으로 발전시킬 따름이다. 이와 같이 중대한 문제는 플루토늄 사용 문제다. 실제로, 기술의 절대적 필요성은 잠재적 활용도73) 실제 위험도 고려하지 않은 채 연구의 지속을 정당화하기에 충분하다. 이 방향에서 큰 무기는 각자로 하여금 자신의 행위에 대한 책임을 면하게 하는 "분리"인데, 각자는 기술에 가해진 판단에 따르는 것이 아니라 기술 체계 속에 포함된 발전의 절대적 필요성에 따른다. 기술을 가지고 '정당화 체계'를 만드는 것도 이것이다. 실제로 신성한 것에 대해 내가 자세히 연구했던 바와 마찬가지의 뒤바뀜이 여기서 생겨난다. 신성을 박탈하는 요인은 그 나름대로 신성한 것이 된다. 마찬가지로 기술이 자율적이 되었다는 사실을 통해 최상의 위치가 기술에 주어진다. 즉, 기술 위에서 기술을 판단할 수 있는 것은 아무 것도 없다. 결국, 기술은 최고 결정기관으로 변한다. 그래서 기술로 모든 것이 판단되어야 한다. 기술적인 성장을 위해 이루어지는 것은 이 점으로 정당화된다. "기술적인 진보는 멈추어지지 않는다"는 이 유명한 표현은 전혀 의미가 없다. "그것에 대해 아무 것도 할 수 없다" 하지만 "그것에 참여해야한다"는 것이다. 사회 통념에 대한 격렬한 비판자인 소비Sauvy가 '어쨌든 기술은 멈추어지지 않는다' 라는 고리타분한 표현으로 성장에 관한 자신의 책을 마무리하는 것은 주목할 만하다. 따라서 그는 우리가 기술의 주인이 아님을 인정할 뿐 아니라, 우리가 이 "발전"을 거부할 수 없음도 인정한다. 달리 말해, 기술은 도덕적 가치가 된다. 즉, 기술을 옹호하는 것은 선이고, 기술을 저지하는 것은 악이다. 예를 들어 신생아의 교육을 촉진하고 신생아의 동화 능력이나 쾌락 능력을 증대하고자 신생아의 뇌 속에 어떤 전도체를 출생시에 넣는 일 같이 로르빅이나 토플러에 의해 제시된 미래의 잔학함 뿐 아니

---

72) 『제로 성장?』*Croissance zèro?*
73) 군인과 정치가에게 과학자와 기술전문가에 의해 가해지는 비난은 순진하다.[본문 내용을 역자가 각주로 설정]

라, 예를 들어 적어도 1949년부터 미국에서 실시된 인간에 대한 임상 실험처럼 이제 이미 받아들여지고 "인간 관련 연구 헌장"74)에 의해 허용된 잔학함이 정상적인 것으로 결국 간주되고 만다. 당사자의 승낙이 있더라도 그 실험이 무엇이든 받아들이기를 거부하는 프랑스의 판례는 모든 기술전문가에 의해 심하게 비판당한다. 즉, 판례가 발전을 방해한다는 것이다… 의사들은 자신들이 실험해야 할 때 판단 권한을 요구한다. 기술적인 도덕을 찾으면서 푸라스띠에Fourastié는 그들이 옳다고 인정하는 듯이 보인다. "발견의 세대는 시도의 세대이기도 하다. 오늘날 의사가 의사인 동시에 실험자가 아니라는 것은 상상할 수 없다."75) 물론, 이 점을 "부차적인 것"으로 치부해야 한다. 다시 말해, 모든 사람은 집단 윤리의 토대를 발견하려고 움직였다. 사람들이 개인을 마음대로 부리는 권한을 차지하는 것은, 사회의 이익을 위해서이고 공동의 이익 속에서이며 집단적 연대에 따라서이다. 그러나 우리는 거리낌 없는 양심을 부여하기로 된 이데올로기적 상부구조와 마주해 있다. 실제로, 엄밀히 말해 기술적인 힘에 따라 이루어진 것을 정당화하는 기술의 자율성만이 작용한다. 거기에 덧붙여지는 도덕적 담화는 자신이 사전에 객관적으로 정당화되어 있음을 아는 자에 대한 또 다른 정당화이다. 이 돌변은 멜빈 크란츠버그76)의 논문에서 분명히 나타나는데, 이 논문에서 저자는 단지 가치들을 만들어내는 것이 기술이라는 그 이유로 우리로 하여금 기술을 판단하게 하는 것이 가치들이 아니라는 점을 확실히 보여준다. 그는 자유와 정의와 행복은 기술이 이미 실행했던 바에 대한 합리화임을 입증하는데 전념한다. 가치들

---

74) 세계 의료 협회, 헬린스키(Helinski) (1964년).
75) 실험에 대한 학회 (1971년 3월).
76) "기술과 인간의 가치"Technology and Human Values, 『버지니아 계간지』The Virginia Quartely Review (1964년).
[역주] Melvin Kranzberg(1917-1995). 미국의 기술사학자. '크란츠버그의 기술 법칙'으로 잘 알려져 있는데, 이 법칙은 "기술은 선하지도 나쁘지도 않으며, 중립적이지도 않다", "발명은 필요의 어머니다", "모든 역사는 의미 있지만, 기술의 역사가 가장 의미 있다", "기술은 바로 인간의 활동이고, 기술의 역사도 그러하다"는 등의 항목으로 이루어져 있다.

은 부차적이다. 가치들을 유발하는 것은 기술이지만, 이와 마찬가지로 가치들을 구식으로 만들 수 있는 것도 기술이다. 인간이 "자유"에 대해 생각했고 이야기했던 것은 기술이 농노제와 노예제도를 없앴기 때문이다. 그래서 잘 이해된 인문주의와 기술 사이에는 모순이 없다. 모든 것은 인간이 기술을 가지고 만드는 용도와 관련된다. "질문은 인간이 기술을 다스릴 것인지 아는 것이 아니라, 인간이 자기 자신을 다스릴 수 있는지 아는 것이다. 기술적인 절대적 필요성은 이러하고, 인본주의의 절대적 필요성도 그러하다." 이는 흔히 우리가 다시 마주치는 표현인데, 즉 기술은 인간의 능력을 드러낸다는 것이다. 컴퓨터는 "발가벗겨진 인간"이다. 달리 말해, 이 모든 주장과 이 모든 '거짓 명증성' pseudo-évidence에서 궁극적이고 가치인 것은 기술인데, 이에 따라 모든 것은 판단되어야 하고 평가되어야 하며 정돈되어야 한다. 결국, 이 모욕적 진실이 담대하게 표명되지도 못한 채 기술은 분명히 자율적이 된다.

한계가 없고 비중립적인 기술

자율성과 관계되는 이 설명들을 마무리하려면 두 지적을 덧붙이는 일이 남아 있다. 하나는 기술적인 관계, 곧 한계에 관한 것이고, 다른 것은 기술의 중립성에 관한 것이다.

물론, 우리가 자율성의 특성을 제시할 때 '결정 요인'에 관해 우리가 언급했던 바를 거론해야 한다. 기술은 어떠한 결정이나 압력에도 따르지 않기에 형이상학적이고 절대적 자율성은 문제되지 않는다. 실제로, 내적 관계가 늘 존재한다. 기술이 자기조절과 정상화를 부여받는다면, 또 기술적인 진보가 예를 들어 기업 집중의 주요 원인이라면, 역으로 기업들은 과학적이고 기술적인 창조의 '특화된 장소'를 이룬다고 본느Beaune 77)가 언급하는 것은 올바른 판단이다. 기술·국가 등 모든 관계는 상호적이다. 하지만, 외부 결정기관에 의한 조정에 따르기 전, 기술은 자체의 내재적인 절대적 필요성에 의하여 계속 발전한다. 다시 말해, 외부의 영향은 제동이나 혹은 방향설정으로서 혹은 빗나감으로서 혹은 동화나 적응으로서 오지만, 늘 부차적으로 작용하며 내재적 과정의 전개 이후에 온다. 이 자율성 때문에 기술은 이론과 실천 사이의 전통적 관계를 뒤엎는다. 기술 사회에서 이론과 실천 사이의 관계에 대한 마르크스주의적 해석의 오류는 샤르보노[78]에 의해 밝혀졌다. "이론이 과학의 전유물이 되는 바람에 실천이 국가의 실천이 된 세상에서, 이론에서 실천으로 어떻게 이행하는가." 라는 것이다.

기술은 그 자체로 한계를 없애는 것이다. 기술에 어떠한 불가능한 작업도 어떠한 금지된 작업도 없다. 이는 부수적이거나 혹은 우발적 특성이 아니라 기술의 본질 자체이다. 한계 너머에는 실행할 수 있는 가능성이 존재한다는 단지 그 이유에서, 한계는 기술적인 관점에서 현재 실현될 수 없는 것일 따름이다. 그러한 지점에서 멈출 어떠한 이유도 없다. 허용된 영역의 경계를 정하는 어떠한 경계석도 없다. 기술은 우주에서 로켓처럼 정확히 '질적 세계'에서 작용한다. 거기 까지는 나아갈 수 있다. 왜냐하면 화성이나 혹은 금성에 도달하게 하는 수단이 아직 없기 때문이다. 수단의 부족 외에는 다른 무엇이 우리가 그렇게 하는 것을 방해한단 말인가? 그러나 인간적 분야나 사회적 분야에서 사정은 그러한가? 이 활동 영역들에서 한계는 기술과 질적으로 다르며, 그래서 이 한계는 기술에 의해 그러한 것으로서 인정되거나 받아들여질 수 없다. 이와 같이, 두 종류의 한계가 있다. 하나는 수단의 부족에서 나오는 한계이고, 다른 하나는 질적으로 측정할 수 없는 한계, 곧 결국 한계로서 인정될 수 없는 한계이다. 이와 같이 기술은 위배되는 현상이 아니라, 기술 자체가 잠재적으로 무한하기 때문에 잠재적으로 무한한 세계에 위치하는 현상이다. 기

---

[77] 앞에 나온 책. 『기술담론』 *La Technologie* (1972)
[78] 앞에 나온 책. 『체계와 혼돈』 *Le Système et le chaos*

술은 자기 자신의 영역을 지닌 세계를 전제로 하며, 결국 어떠한 사전의 한계도 받아들일 수 없다. 과학 연구가 자유로워야 하고 독립적이어야 한다고 표명하는데 모두 동의한다. 기술도 마찬가지이다. 따라서 우리 현시대의 성도덕과 가족제도와 사회적 통제와 가치 서열의 폐지를 열렬히 지지하는 자들은, 그 한계가 무엇이든 한계를 절대 허용하지 않는 기술적인 자율성에 대한 대변자일 따름이다. 그들은 은연중에 나타나는 기술적인 정통 교리를 완벽히 준봉遵奉하는 자들이다. 그들은 자신들의 자유를 위해 투쟁한다고 믿지만, 실제로 그것은 기술의 자유인데, 그들은 기술에 대해 전혀 모르고 가장 나쁜 운명에 놓인 눈먼 노예 상태로 기술을 섬긴다.

우리의 마지막 지적은 기술의 중립성과 관련된다. 우리가 기술이 자율적이라고 언급할 때, 우리는 기술이 중립적임을 언급하려는 것이 아니라, 이와 반대로 기술이 그 자체에 자신의 법칙과 의미를 포함함을 언급하려 한다. 기술은 인간이 원하는 대로 사용할 수 있는 도구가 아니다. 기술은 자신의 영향력을 가지며 자신의 방향으로 나아간다. 리치타Richta는 기술의 "중립성"에 대한 모든 이론이 산업화에서 생겨났다고 아주 적절히 강조한다. 그는 "이전의 어떠한 시대에도 생산력이 개인으로서 개인의 상거래와 무관한 형태를 취하지 않았기" 때문에, 사정은 그러하다고 언급한다.[79] 그래서 내가 1950년 기술의 비非중립성을 주장했을 때, 두 측면에서 비판 받았다는 점을 강조하는 것이 흥미롭다. 먼저, 리치타가 제시하는 이데올로기에 따르는 것인데, 이 이데올로기에 의하면 인간은 이 도구를 선이나 혹은 악으로 사용하는 주관자로 남아 있다. 마르크스의 말은 이 논증이 어디서 생겨나는지 분명히 보여준다. 그러나 다른 한편으로 인간을 정치 투쟁에서 벗어나게 하는 것 및 모든 것을 기술로 집중시킴으로써 인간을 정치에 무관심하게 하는 것은 마르크스주의자들에 의해 비난받았다. 여기서도 이것은 기술이 결백하지 않다면 단지 그

---

[79] 마르크스, 『독일의 이데올로기』*L'Idéologie allemande*.

이유가 기술이 정치적으로 변해야 하는 나쁜 손아귀에 있는 것이라 믿으면서, 기술의 중립성이라는 이데올로기를 따르는 것이다. 그러나 이 점도 역시 반反마르크스주의적이다. 샤르보노80)는 어떻게 기술이 중립성이란 덮개 아래에서 자기 자신의 목적이 되는 경향이 있는지 가차 없이 드러낸다. "기술은 중립적이지 않다. 기술은 자동적으로 우리에게 강요될 때에만 중립적으로 보인다. 우리가 기술의 중립성으로 착각하는 바는 기술에 대한 우리의 중립성일 따름이다." 현재, 이 점과 관련하여 상황이 돌변했는데, 사람들은 기술이 중립적이지 않다는 점을 인정한다. 그러나 마르크스주의자들처럼 이 점을 이해할 때 오해가 생긴다. 마르크스주의자들에게 과학과 기술은 자본주의적 생산 관계를 나타내기 때문에, 과학과 기술은 중립적이지 않다. 과학은 지배 계급의 관념을 반영하는 객관적이지 않은 이데올로기이고, 기술은 이 계급의 지배 도구이다. 나는 이 모든 점이 근본적으로 들어맞지 않는다고 생각한다. 과학과 기술은 중국을 포함하여 사회주의 세계에서는 과학과 기술의 결과 및 구조와 더불어 동일한 채로 남아 있다. 낙원에 대한 그리스도인의 신심과 비교할 수 있는 과학과 기술의 징후 변화를 우리에게 납득 시키는 것은, 이상주의적 단순한 요술이다. 나에게 기술의 비중립성은 기술이 최고결정권자에 의해 아무런 방식이나 아무런 방향으로 사용될 수도 있는 무기력하고 영향력 없는 대상이 아님을 의미한다. 기술은 그 자체로 여러 결과를 지니고, 어떤 구조나 어떤 요구를 나타내며, 인간과 사회의 어떤 변화를 일으키는데, 이 변화는 원하든 원하지 않던 간에 강요된다. 기술은 스스로 어떤 방향으로 나아간다. 나는 이것이 절대 돌이킬 수 없다고 하지는 않는다. 이 구조를 변화시키거나 혹은 이 움직임을 다른 데로 방향을 돌리려면, 사람들이 움직일 수 있고 방향을 돌릴 수 있다고 여겼던 바를 맡으려는 무한한 노력이 필요하고, 기술적인 중립성에 대한 편안한 확신과 대립하는 기술 체계의 독자성

---

80) 『체계와 혼돈』 *Le système et le chaos*.

을 자각해야 한다.81)

---

81) 이 자율성에 직접 이의를 제기하는 어떤 연구들이 있다. 가장 진척된 연구는 벨라 골드(Bela Gold)의 연구인데, 『분석과 예측』 *Analyse et prévision* (1967년)에서 "기업과 혁신의 기원"'L'entreprise et la genèse de l'innovation'이다. 이 저자에게, '기술담론적인 발전'은 미리 존재하는 가치에 의해, 또 잠재적 능력을 연구에 바치기로 결심하는 인간들의 활발한 확신에 의해 이루어진다. 그러나 실제로, 자신의 의도에도 불구하고, 벨라 골드가 입증하는 바는 그와 반대로 기술적인 성장이 "책임 있는 결정의 지침 구실을 하는 원리의 변경을 초래했다"는 점이다. 실제로 "선택"은 기술적인 절대적 필요에 의해 주어진 과정에 완전히 뒤얽혀 있다. 벨라 골드가 아주 정확히 그 점을 주목하게 하듯이, 본질적인 연구 목적으로서 진보를 그 자체로 제시하지 않는다면, 또 혁신을 의식적으로 원하지 않는다면, "기술담론적인 진보가 불가피하다는 것과 진보가 소홀히 될 수 없다는 것이 일반 여론이 된다…" 그의 연구는 그의 관점을 입증하지 못하는 듯 보이지만, 그는 그 틀 속에서 기술적인 진보가 구체적으로 전개되는 틀을 아주 유용하게 밝힌다. 그리고 분명히 소홀히 하지 말아야 할 것은, 찬반양론 간에 작용하는 압력, 충족시켜야 할 필요, 연구의 난제, 소통에 대한 장애이다. 어쨌든, 그는 "유도" 정책과 혁신 정책과 기술적인 성장 정책을 전혀 합리적으로 선택하거나 결정할 수 없음을 입증한다.

나에게는 북친(Bookchin)의 짤막한 연구인 『해방시키는 기술담론을 향해』 *Vers une technologie libératrice* (1974년)를 염두에 두어야 할 대단한 무언가는 없을 것이다. 왜냐하면 그는 기술 체계에 대해 어떠한 진지한 분석도 하지 않고, 기술들의 가능성과 실제적인 활용을 끊임없이 혼동하기 때문이다. 그는 분산, 작은 생산 단위로의 축소, 인간화, 노동의 절약 등이 어떤 기술들을 통해 가능해 질 것임을 보여준다. 그것은 전적으로 명백하다. 그러나 이 점은 은연중에 나타나는 "만약 …하면"(si)이라는 가정이 동반된다. 만약 세상과 인간이 있는 그대로와 다르다면, 현대의 기술담론은 해방적일 것이다. 그러나 그는 체계로서 기술에는 이러저러한 기술의 잠재성과 상반되는 자체의 발전 법칙이 있음을 한 순간도 고려하지 않는다. 다른 한편으로 그는 이 힘의 기술들에 대한 인간의 지지가 우연한 것이 아니며, 기술로 하여금 인간을 소외시키게끔 만드는 것이 자본주의 체계가 아님을 한 순간도 고려하지 않는다. 역시 그는 실제적인 기술에서 해방시키는 기술로의 변천이 어떻게 일어날 수 있는지 단 한 순간도 고려하지 않는다. 유일한 표시는 무정부 사회로 변화하는 것과 관계된다. 그러나 유감스럽게도 사람들은 이상향으로 순간적으로 뛰어든다.

[역주] Murry Bookchin(1921-2006). 미국의 자유 사회주의적 작가이자 철학자이자 환경운동의 선구자. 주요 저서로 『자유의 생태학』 *The Ecology of Freedom: The Emergence and Dissolution of Hierarchy*이 있다.

제2장 : 통일성82)

기술 체계의 구체적 표현으로서 단일성

기술 체계는 무엇보다 하나의 체계이다. 다시 말해, 부분들이 밀접하게 서로 결합되어 있고 상호 의존하며 공통된 규칙성을 따르는 하나의 결합체 ensemble이다.

단일성이란 특성은 단지 이 체계의 구체적 표현이다. 기술들은 서로에 의해서만 존재하도록, 또 모든 면에서 의존하도록 서로 연결되어 있다. 우리는 앞 장에서 검토된 이 문제에 대해 재론하지 않을 것이다. 우리는 단지 이 단일성의 조건과 결과를 살펴볼 것이다. 게다가 단일성은 새로운 현상이 아니다. 단일성은 현대 기술이 출현하자마자 존재한다. 푸리아Furia는 산업혁명 초기가 되자마자 어떻게 모든 기술이 서로 연결되는지 자신의 탁월한 저서83)에서 잘 보여준다. 예를 들어, 직조 기계장치와 증기 기관에는 지속적으로 탈 없이 잘 작동하도록 정밀하게 제조된 금속 부품이 요구되었다. 기계·도구의 제작 및 개량의 중요성이 거기서 비롯된다. 그러나 1760년과 1830년 사이 산업을 변화시켰던 온갖 혁신이 산업 기계장치의 발달에 연결되어 있다고 주장하는 뒤마Dumas 84)가 제시하는 확실성과 예에도 불구하고, 여기서 나는 기계가 완성한 제품이 장인이 만든 제품보다 훨씬 더 정밀했다고 확신하지는 않

---

82) 나는 『기술 혹은 시대의 쟁점』에서 여기서 재론하지 않는 상당수의 요소들을 다루었다.
83) 『기술과 사회 - 관계와 발전』*Techniques et société - liaisons et évolutions*, 1970년.
84) 『기술의 역사』*Histoire des techniques*, 3권.

는다. 이와 같이 나츠Natts의 압축기 피스톤과 실린더 사이에 만족할 만한 방수성을 확보하고자, 윌킨슨Wilkinson의 보링기계 제품이 반드시 필요했다. 아마도 장인이 그렇게 할 수도 있었을 것이다. 그러나 장인의 작업 자체는 새로운 기술의 습득을 요했다.

"기술 진보를 통해 하나의 전체가 구성되는데, 이 전체의 여러 요소는 이것들을 서로 의존하게 만드는 긴장에 의해 서로 간에 연결되어 있다.85) 이 결과로 초래되는 것은 각각의 발견이 여러 영역에 적용되고, 각 물건이 다용도가 되었다는 점이다. 예를 들어, 컴퓨터는 경영, 교육, 의료, 실생활, 일과 등 모든 것에 적용될 수 있다.86) 그러나 레이저 광선의 경우에 있어서도 마찬가지이고87), 주거 환경을 위해 사용될 수 있을 뿐 아니라 농업, 운송, 원격통신 등에서도 사용될 수 있는 공기주입식 구조물의 경우 같은 완전히 다른 영역에서도 마찬가지이다.88) 그런데, 이것은 의식적 목표가 된다. 미국 항공우주국의 새로운 프로그램에서와 같이 다용도 기술이 점점 더 추구되지만, 이 점을 통해 결국 기술적인 영역 전체의 근본적 통일성이 생겨난다. 이러한 적용들의 분화는 동일한 모델에 따라 활동들 전체를 변화시키는 경향이 있다."

---

85) 도마(Daumas), 『기술들의 역사』*Histoire des techniques*, 3권.
86) 셀리그먼(Seligman)의 자세한 연구인 『미네르바의 프로그래밍』*The Progrmming of Minerva*을 볼 것.
87) 기술들의 상호작용 체계는 『2000년』*The Year 2000* (1969년)에서 위너(Wiener)와 칸(Kahn)에 의해 '공조 작용'(Synergisme)이라 불린다. 그러나 이 말은 다른 현상들을 지칭하는데 사용되기 때문에, 나는 여기서 이 말을 남겨두지 않는다. 그렇지만, 나는 가장 다양한 기술들의 수많은 상호작용에서, 또한 이 '공조 작용'을 이루는 기술 발전의 예측불가능 요인에 대한 분석에서, 이 저서를 참조하게 한다.
[역주] Hermann Kahn(1902-1983). 미국의 미래학자이자 전략이론가. 미국의 '두뇌 집단'(think tank)으로 간주되는 '란드 코퍼레이션'(RAND Corporation) 연구원을 지내고, '허드슨 연구소'(Hudson Institute)를 설립하며 주재한다. 그의 이론은 미국의 핵전략 발전에 기여하고, 주요 저서로『생각할 수 없는 것을 생각하기』*Thinking About the Unthinkable*가 있다.
88) 허블린(R. Hublin)의 놀라운 연구인 『분석과 예측』*Analyse et prévision* (1970년)의 "미래 예측 연구자"Futuribles에서 "공기주입식 구조물" Les structures gonflables 참조.

기술적인 파급효과에 대한 비판

우리는 기술적인 현상이 생겨나는 어디서든 기술적인 현상의 특성이 무엇인지 아주 쉽게 확인한다. 기술적인 성장이 영국 혹은 일본에서 생겨나든, 미국 혹은 소련에서 생겨나든, 기술적인 성장은 같은 원인을 제시하고 동일한 결과를 유발하며, 비슷한 삶의 틀을 인간에게 부여하고 인간으로 하여금 노동 형태를 받아들이게 하며, 사회적이고 정치적인 조직체의 동일한 변화를 전제로 하고 성장과 발전을 위해 동일한 조건을 요구한다… 역사적 기원, 지리적 상황과 가능성, 사회 체제 혹은 정치 체제가 어떠하든지 간에 그러하다. 구분되는 점과 미묘한 차이가 분명히 있지만, 이것들은 아주 광범위하게 부차적 특성을 띤다. 기술 체계 속에 빠진 이들의 요구는 관례에 따라 약간 변할 수 있지만, 이 요구는 결국 동일하다. 실제로, 우리는 어디서도 기술적인 현상의 공통된 특징과 마주하는데, 이 특징은 너무도 분명한 나머지 기술적인 것과 기술적이 아닌 것을 구분하기란 매우 쉽다. 기술에 대한 연구에서 겪을 수 있는 어려움은 활용 방법과 어휘와 사실들의 복잡성에서 비롯되는 것이지, 분명히 확인하기 간단한 그 자체로서 현상에서 비롯되지 않는다. 그런데, 로켓과 텔레비전 수상기 같이 다른 물건들 사이에 공통 요인이 있듯이, 사무실의 조직과 비행기 제작 방법 사이에도 비슷한 특성이 있다는 것이 점점 더 분명해진다. 작업과 대상과 기계와 방법의 급속한 증가에서 겉으로 보기에 엄청난 다양성이 있지만, 이 다양성 뒤에 어디서든 꽤 비슷한 뼈대가 식별되고, 끊임없이 상호 관련된 무한한 체계가 식별된다.

많은 저자는 "기술적인 파급 효과"에 대한 이야기를 했다. 다시 말해, 핵폭탄이나 혹은 우주 정복처럼 엄청나고 거대한 계획에 힘쓸 때 이러한 실행에 의해 작업 방식과 생산물과 기술적인 요소가 만들어지는데, 그 중 이러저러한 것들은 모든 사람과 관련되는 사물이나 혹은 형태에서 아주 일반적이고 일상적인 방식으로 이용될 것이다. 우주선 관련 연구가 금속 공학, 전자 공학,

정보 공학, 탄도 공학의 개선 및 "소형화"로 귀결되었음이 알려져 있다. 집적회로의 조정을 통해 다수의 산업 생산물에서 상당한 변화가 초래하였다. 이처럼, 그것은 라디오와 텔레비전의 상당한 개량이며, 이러한 개량은 소위 "제4기" 컴퓨터로 귀결된다. 마찬가지로, 이 연구들을 통해 재료의 "안전도" 기술이 상당히 발전했는데, 이는 항공 산업에 주목할 만한 변화를 야기했다.

"파급 효과"라는 개념은 당연히 부분적으로 끌로제(Closets 89)에 의해 격렬히 반박되었다. 이 분야들에서 연구에 들어간 엄청난 비용을 정당화하고자, 또 여기서 이루어진 기술적인 발견이 결국 많은 분야에서 쓸모 있으며 일반적 기술 발전을 보장한다는 점을 설명하고자, '파급 효과'라는 개념이 군부와 미국 항공우주국에 의해 유포되었다는 그의 주장은 아마도 틀림없다. 그런데 문제는 "입증되지 않은 가정"으로서, 이 가정에 따르면 로켓 제작으로 이러저러한 새로운 기술적인 공정을 자동으로 발견할 수 있다는 그의 주장은 내게는 덜 확실한 듯이 보인다. 끌로제는 기술적인 생산물과 기술적인 공정의 다기능을 파악하기를 거부한다. 로켓 제작을 위해 만들어진 완성품은 즉시 상업화할 수 있거나 혹은 일반화할 수 없지만, 이 생산물을 만들 수 있게 했던 토대들은 이전이 이루어진다면 분명히 일반화할 수 있음은 분명하다. 가장 중요한 파급 효과는 간접적일 수도 있다. 끌로제 자신이 언급하듯이, "파급 효과는 조직 방법 및 새로운 기술들을 사용하는 기법과 관련된다…" 또한 그는 퍼트90) 방식의 잘 알려진 예를 제시한다. 폴라리스Polaris 미사일 제조를

---

89) 앞에 나온 책. 『진보의 위험 속에서』*En danger de progrès* 5장.
 [역주] 여기서 엘륄은 끌로제의 저서 『진보의 위험 속에서』*En danger de progrès*의 5장 "파급 효과의 신화와 실재"Mythes et réalités de retombées를 암시한다.
90) [역주] 퍼트(PERT). Program Evaluation and Review Technique의 각 단어 첫 글자를 조합하여 만든 용어로서 계획의 평가검토기법을 가리킨다. 일정 기간에 어떤 목표를 달성해야 하는 계획에는 빌딩이나 공장의 건설, 특정 제품의 개발, 우주 개발 등이 있다. 이런 과정에서 많은 활동을 조정하면서 보다 빠르고 경비를 덜 들이면서도 소정의 정밀도로 목표를 달성해야 한다. 능률을 올리고 비용을 절감하려면 복잡한 공사 또는 생산계획을 하나하나의 공정마다 풀어헤쳐 작업 수준이나 진행 상황의 낭비를 점검하는 체계가 필요하다. 이런 관련도식을 만들어 시간과 원가 양면에서 공정을 관리하는 수법이 퍼트이다. 퍼트는 1958년

위해 수립된 퍼트 방식은 가장 다양한 분야에서 복잡한 작업의 조직 모델로서 적용되었다. 그런데 이것은 조직 기술로 이루어지고, 그 무엇이건 결합체 ensemble의 단일성을 더 잘 드러낸다.

그러나 발전이 이같이 이루어지고 이 "파급 효과"가 존재하려면, 광범한 확산이 있어야 한다. 이 분야에서 미국인의 솔직함을 인정해야 한다. 미국인만이 유일하게 "기술 체계" 및 기술 체계의 법칙을 진정으로 이해했다. 한편으로 다른 사람들도 다소 빨리 이 기술적인 발명을 해낼 것임을 알면서, 다른 한편으로 이것이 급속한 기술적인 성장을 위한 조건임을 알면서, 미국인은 자신들의 기술적인 발명을 아주 빨리 공표한다. 이와 반대로, 예를 들어 프랑스에서는 기술적인 단절의 이유 중 하나가 팀의 해산, 협력 프로그램의 부족, 실험실 상호 간의 비밀에서 기인한다. 기술들은 모두 서로에 대한 영향력이 있고, 서로 침투하고 결합하며, 서로를 결정짓는다. 빠른 수송수단이 존재하지 않았다면, 도시화도 산업 성장도 대중 소비도 가능하지 않았을 것이다.91) 그런데, 이 분야들 중 각각은 물자와 조직과 심리학 같은 온갖 분야에서 십여 개의 새로운 기술들의 출현을 유발하고 요구하는데, 이 기술들은 이 영역에서 새로운 기술 연구를 전제하는 수송수단의 활용과 수송수단의 성장에 반

미국 해군 군수국에서 폴라리스 잠수함용 미사일의 개발 진척 상황을 측정·관리하고자 처음으로 적용하여 실용적 가치를 인정받았다. 그 뒤 민간에서도 도입해 빌딩과 공장의 건설, 토목공사, 제품 개발 등에 활용하게 되었다.

91) 『공생』 *La Convivialité* (1973년)에서 일리치(Illich)는 그가 교육과 기술적인 성장 사이의 상관관계나 혹은 기술적인 성장과 "보건 위생"의 대대적 조직 사이에 상관관계를 보여줄 때, 기술들의 이러한 연결을 완벽히 파악했다. 그리고 이 영역에서조차 "역설적으로 주민 1인당 진료가 비싸짐으로써 더더구나 위생 예방 비용은 이미 더 올라가 있다. 예외적 진료를 받을 권리가 있으려면 예방과 치료를 의식해야 한다…" 더 깊게는, "미국인들은 200억 달러의 베트남 전쟁 예산을 가난을 극복하는 데나 혹은 국제 협력 강화에 할당하기를 원하는데, 그것은 현재의 자원을 늘릴 수도 있을 것이다. 제도적인 동일한 구조가 가난에 대항하는 평화로운 전쟁이나 분열에 대항하는 유혈 전쟁의 기반이 됨을 어느 누구도 이해하지 못한다. 모두가 자기들이 없애고 싶어 하는 군비 확대를 한 단계 더 올린다." 마찬가지로, 같은 저서에서, 일리치는 "녹색 기적을 행하는 자들이 이중의 비료, 곧 화학자의 비료와 교육자의 비료를 마음대로 사용하는 소수에 의해서만 사용될 수 있을 따름인 높은 생산성의 종자들에서 나온다는" 점을 아주 적절히 주목하게 한다.

영된다.92) 기술들은 평행 발전하는 식으로 존재하지 않으며, 기원이 다르고 상이할 수도 있는 환경에서 "각자 뿔뿔이 흩어져" 제시되지 않는다. 실제로, 각 기술의 실현 가능성은 간혹 아주 멀리 떨어져 있고 처음 보아서는 관계없는 다른 기술들의 몇 가지 실현을 요구한다. 역으로, 각 기술의 발전은 스스로가 만들어지고자, 다양하거나 혹은 복잡한 기술들의 발전을 유발하고 요구한다. 기술들의 연결을 통해 초래될 수 있는 바가 무엇인지 살피려고, 얼핏 보아 서로 아무 관계도 없는 기술들을 고의로 연결시키려고 애쓴다는 점이 오늘날 그렇게도 잘 알려져 있다. 기계적 기술, 전자기 기술, 생물학적 기술, 심리학적 기술을 연결시키는 것은 일상적이 되었다….93)

기술들 사이의 관계 체계로서 기술 체계

뛰어난 많은 기술 사회학자에게 가장 중요한 것은 창의력이 아니라, 다양한 기술을 연결시키는 능력임을 지적하는 것이 필요하다. 창의력의 원형은 거의 언제나 불완전하다. 다른 기술에서 나온 요소들의 구조 속으로 통합함으로써 엄청나게 개량된 일련의 모델이자, 이 때문에 훨씬 더 주목할 만한 완성이나 효율성을 드러낼 수 있는 일련의 모델을 만들어내는 능력에서 미국의 우위가 나오는 것으로 분석된다.94) 달리 말해, 기술적인 진보의 큰 문제

---

92) 예를 들어, 인공위성의 제작에서 동일한 순간 위성이 노출되는 온도의 극단적 차이를 고려해야 했다. 즉, 태양에 노출되는 면은 아주 높은 온도에 견뎌야 하고, 응달의 면은 아주 낮은 온도를 견뎌야 한다. 비행 조건들이 재현된 방안에서 실험을 해야 했다. 모의 실험장치가 만들어졌는데, 그 장치의 방사되는 빛은 태양 빛의 효과를 정확히 재생하는 것으로서 "태양이 다시 만들어졌던" 것이다. 그런데, 그것은 전구의 질소에 견딜 수 있는 반사장치의 제작 같은 어떤 자동차 기술들이나 광도의 일정한 분포를 위한 벌집 모양의 축전지 같은 영화 기술들을 적용함으로써 가능했다. 마찬가지로, 칸은 레이저와 홀로그래피와 컴퓨터의 '공조 작용'(synergisme)의 효과들을 보여준다.
93) 생물학적 목적으로 피의 혈홍소에 대한 연구를 통해, 어떠한 유해 가스도 내뿜지 않고서 냉각 연소에 의해 전류를 만들어내는 연료 전자 전지의 용제를 발견할 수 있었다. 그런데, 지금껏 원가는 몹시 올랐다. 혈홍소의 활동에 대한 연구에 의해 약간 오른 비용의 제품에서 혈홍소의 메커니즘이 재생될 수 있었는데, 그것을 통해 대기권을 오염시키지 않을 수

는 기술적인 상호관련과 기술적인 정보의 문제이다.

게다가, 이 상호관련은 기술적인 영향력이 필요하지 않은 듯이 보이는 곳에 기술적인 영향력을 받아들이도록 만든다. 왜냐하면 기술화되기 때문에, 따라서 교육도 적용되어야 한다. 대학은 사회에서 기술들을 더 잘 사용할 수 있는 인력을 공급하고자 더 기술적이 되어야 한다. 국립행정학교ENA 95)는 인본주의적인 양성 경향을 포기해야 하는데, 즉 국립행정학교 학생은 행정 안팎에서 온갖 종류의 새로운 모든 기술을 사용하도록 양성되어야 한다. 국립행정학교의 1969년 개혁의 목적은 바로 이러하다. 그러나 역으로, 이와 같이 양성된 인력은 분명히 기술들의 적용을 촉진할 것이고 이 종류의 다양한 수단의 사용을 강화할 것이다. 모든 것은 상호적인 결과에 의해 기능을 수행한다. 따라서 분석하고 이해하려고, 그 자체로 취해진 기술 및 기술의 발전과 방법과 결과를 검토하는 것은 불가능하게 되었다. 왜냐하면 진정한 문제, 부풀려 말해 우리 사회의 진정한 실재는 다양한 기술들 사이의 관계 체계 및 기술들 서로 간에 미치는 영향들이기 때문이다. 그런데 이 영향들은 너무 복잡하게 분화되어 확장되는 나머지 결국 일반화된 결과들이 얻어진다. 따라서 연구하기 적합한 것은 기술들 사이의 관계 체계이다.

그런데, 이것은 사회학적 대상이다. 왜냐하면 다양하고 수많은 기술 사이에 일어났던 통합을 통해 사회corps social의 변화와 인간 삶의 변화가 초래되었기 때문이다. 여기서 우리는 기술의 단일성과 관련되고 체계의 존재와 관련되는 다른 확실성에 도달한다. 모든 사람은 이 변화들에 대한 이야기를 한다.

있는 새로운 에너지원의 제작과 유포가 가능하다.

94) 프리먼(Freeman).

95) [역주] 국립행정학교(Ecole Nationale d'Administration). 1945년 고급공무원의 양성을 위해 설립된 프랑스의 그랑제꼴(grandes écoles) 중 하나이다. 3년제로서 정치·경제·사회 각 분야의 일반 교양, 전문 과정, 현지 연수 코스로 교과 과정이 이루어진다. 수험 자격은 26세 미만의 고등교육 졸업자격자와 26~30세의 5년간 공무원 경험자에 한하며, 유력한 관계官界 엘리트 양성기관이다.

가족, 공장, 사무실, 협회, 정치 형태는 1세기 전부터 엄청난 변화를 겪었으며, 여가, 여행, 작업 속도, 생활수준 등도 마찬가지였음이 알려져 있다. 어디서나 입증된 수많은 예를 열거하는 것은 무의미하다. 심지어, 사람들은 그렇게 되기를 기대한다. 인간이 사회나 혹은 개인을 위해 실용적인 대단한 결과들을 포함하지 않은 듯이 보이는 기술적인 시도와 마주칠 때, 인간은 즉시 "무슨 소용인가?"라는 질문을 제기한다. 이와 같이, "우주 정복"에 대해 "그것이 무슨 쓸모가 있는가?"라고 하는 것은, 공리주의적인 끔찍한 정신 상태를 나타내는 것이 아니라, 기술이 삶의 모든 형태를 변화시킬 수 있다는 확실성을 표현하는 것이다. 기술은 새로운 행동, 신심, 이데올로기, 정치 운동을 만들어냈다. 기술은 삶의 요인과 생활수준과 생활 방식을 결정짓는다. 이 모든 것을 어느 누구나 알고 언급한다. 그런데, 이것이 한편으로 비행기가 있고 다른 한편으로 텔레비전 수상기가 있기 때문이라고 사람들은 생각하는가? 게다가, 그런 결과들이 일어날 수도 있는 것이 조직 방법 때문이며, 더 나아가 심리적 조작 때문이라고 사람들은 생각하는가? 인간의 삶과 사회적인 삶의 모든 측면이 근본적으로 변했다면, 이는 인간이 존재하는 환경과 인간의 기준 체계와 일련의 인간 활동 방식이 근본적으로 또 포괄적으로 변했기 때문이다.96) 그러나 이런 상황은 그러한 도구나 혹은 방법의 출현 결과로 생겨나지 않는다. 이와 반대로, 이것은 새로운 환경, 새로운 기준 체계, 행동 방식의 포괄적인 새로운 복합체여야 한다. 실제로 그것이 바로 기술 체계이다. 기술의 결과들의 일반성을 인정하고 구분함으로써, 우리는 체계의 일반성으로 거슬러 올라 갈 수밖에 없다. 우리 사회의 통일성의 틀을 짜는 것은 이제 체계이다. 사회가 문명을 만들어내기에, 또 사회는 기술이 위치할 수 있었던 환경이기에, 기술이

---

96) 이 영역에서 기술적인 현상의 단일성에 대한 아주 좋은 예는 "사회적 통제"에 관한 『2000년』이라는 칸(Kahn)과 위너(Wiener)의 저서에서 제시된다. 그들은 이 영역에서 각각의 기술이 다른 기술들에 대해 어떻게 반응하고, 기술들의 작용의 상호성에 의해 어떻게 사회(corps social)를 전체적으로 변화시키는지 훌륭하게 보여준다.

예전처럼 사회의 다른 요인들 중 하나가 더는 아니다. 이와 반대로, 기술은 '결정 사실'이 되었을 뿐 아니라, 우리 사회가 그 안에서 발전하는 "감싸는 요소"가 되었다. 우리에게 '기술적인 것'으로 나타나는 것과 다른 것으로 나타나는 것 사이에 마찬가지로 존재하는 관계를 인식해야 한다. 일례로 중세에서 모든 것이 기독교 체계 안에 위치했던 것과 꼭 마찬가지로, 가장 독립적이고 가장 덜 기술적인 활동조차 사람들이 원하든 원하지 않던 간에 기술 체계 속에 위치한다.97)

한편으로, 모든 것은 기술 용어로 해석되고 이해되며 받아들여지고, 다른 한편으로 모든 것은 결국 기술들이 단지 존재함으로써 변경된 채로 있다. "교회의 위기"를 든다면, 아조르나멘토98)나 영적이고 전례적인 변화 등은 이러저러한 기술의 직접적 영향에 의해 생겨나는 것이 아니라, 이제부터 종교적이고 교회적인 삶이 기술 세계 안에 위치하기 때문에 생겨난다. 여기서 극단적 문제점은 연관된 신학적인 변화에 대한 체계적인 연구이며 기술을 직접

---

97) 하버마스(Habermas)가 마르쿠제(Marcuse)에 대한 비판에서 기술의 일방적 특성을 보여줄 때, 또한 새로운 과학과 새로운 기술에서 양자택일이 없다고 강조할 때, 나는 그의 의견에 전적으로 동의한다. 그가 기술의 영역에 속하는 노동과 경험의 실천에 의거하는 상호작용 사이에 세우는 대립은 분명히 타당하지만, 그는 현재의 전적인 변화를 확인하지 않고서 지속적인 철학적 개념들에 완전히 사로잡혀 있다. 그렇지만, 그는 기술 문명이 노동과 상호작용의 이원성을 없애버린다는 점을 인정한다… "마치 우리 역사에 대한 실제적 지배가 객관화된 과정을 마음대로 사용하는 기술적인 작용으로 국한되어 지듯이 말이다." 그러나 마치 철학적 문제들이 그에게 확인할 수 있는 현실을 완전히 희미하게 하듯이, 정치·철학적인 논고로 되돌아가려고 그는 실재에 대한 염려, 곧 순간적인 섬광을 즉시 포기한다. 그렇지만, 목적에 비해 합리적 활동인 노동과 상징들에 의해 매개된 관계인 상호작용 사이의 대립은 기술에 대한 비판을 하는데 유용하고 적용범위가 넓을 수 있는데, 그것은 내가 『기술 혹은 시대의 쟁점』에서 이미 정확히 행했던 바이다.
98) [역주] 아조르나멘토(Aggiornamento)는 '밝히다, 공표하다'를 뜻하는 이탈리아어로서, 1962년 교황 요한 23세에 의해 소집된 로마 가톨릭교회의 만국공의회萬國公議會에서 목표로 제시된 것이다. 그것은 단순히 '현대화 혹은 적응'이라는 뜻을 넘어서서 고정불변인 것으로 여겨졌던 교리 해석과 표현, 전례, 규율, 사목 등에 대한 쇄신까지도 포함하는 것이었다. 더 일반적이고 넓은 의미에서 아조르나멘토는 근대 사회와 함께 더 진전된 국면에 있기를 지향하고 근대 사회의 최근의 진보를 고려하는 것을 지향함으로써, 현대 사회의 주어진 여건과 삶의 상황을 최소한 부분적으로 수용하는 것을 전제한다. 따라서 '쇄신 교회'는 그런 성향을 지닌 교회를 가리킨다고 볼 수 있다.

적으로 적용하려는 노력인데, 예를 들어 정보처리기술과 언어학과 집단 동태분석 등이다. 이 시도들이 설명되는 것은 이 시도들을 만들어낸 장본인들의 창의적 재능에 의해서가 아니라, 이 장본인들이 너무 기술 체계 속에 빠진 나머지 어떻게 비非기술적인 활동이 여전히 받아들여질 수 있는지 모르기 때문임이 자명하다. 이 단일성이 시대 속에서 작용한다는 점을 결국 거론해야 한다. 기술적인 시도들은 오랜 기간의 모험이다. 기술은 도약이나 변동에 의해 발전하지 않는다. 기술은 영속한다. 기술적인 방향설정이 이루어졌을 때, 기술은 자본과 인력과 조직과 다른 기술과 계획을 실행하는 것을 전제로 하기에, 멈추는 것이나 다른 경로를 취하는 것이나 뒤로 돌아가는 것은 실제로 불가능하다. 우리가 보듯이, 결과는 누적되는 것이고 방향 설정은 절대로 필요한 것이다. 우리의 삶이나 혹은 우리 환경의 질에 영향을 미치는 장치에는 장기적인 결과나 혹은 최장기적인 결과가 있다. 우리는 아주 오래 전에 내려졌던 결정들이자, 이 결정들에 대해 우리가 아무 것도 할 수 없는 결정들의 결과를 어쩔 수 없이 따른다. 나는 『정치적 착각』에서 이 점을 자세히 보여주려고 애썼으며, 꼴므99)는 정치경제학에서 이 점을 입증한다. 기술들의 전연성 展延性같은 어떤 이상향이건 상상하는 것이 늘 가능하기 때문에, 관념적으로가 아니라 구체적으로 체계의 이러한 단일성은 체계를 엄밀하고 일관성 있게 만든다. 따라서 이제 기술적인 방향설정을 택하면서 이 "참여들"을 예견해야 하고 다가 올 세대의 행복을 예상해야 하겠지만, 이 점은 우리 계획과 전혀 관련되지 않는다.

---

99) [역주] Serge-Christophe Kolm(1932-). 프랑스의 경제학자. '공공 경제' 라는 표현을 만들고, 경제 이론의 영역에 '사회 정의' 라는 개념을 처음으로 도입한다. 그의 연구 작업의 일부분은 경제적 모델의 철학적 토대에 대한 분석과 관련된다. 주요 저서로 『경제의 철학』 *Philosophie de l'économie*, 『정의와 평등』 *Justice et équité* 등이 있다.

기술의 단일성이란 현상과 컴퓨터

기술의 단일성이란 현상은 컴퓨터와 더불어 아주 특별하게 긍정적이고 부정적인 방식으로 나타난다. 대체로, 컴퓨터는 상상할 수 없는 힘을 보유하고 있으나 그 힘 전부가 사용되지 않는다고 할 수 있다. 다른 기술들의 발전이 부진하여 사방에서 컴퓨터의 정상적 기능이 제한된다. 예를 들어 푸리아Furia 100)는 '제3세대 컴퓨터' 101)가 있더라도, '제3세대 응용프로그램'이 없음을 인정한다. 컴퓨터의 반 이상이 이 결함 때문에 성과를 내지 못하고, 컴퓨터는 이전 단계에 짜인 프로그램들과 함께 사용되며, 시대에 뒤진 전자계산기용으로 연구 개발된 응용프로그램은 지적인 기술의 부족으로 엉뚱한 곳에서 쓰인다. 소프트웨어는 하드웨어에 비해 갈수록 더 뒤처지는 듯이 보인다. 따라서 인간은 기술적인 적용을 추구할 수밖에 없고 기계 장치를 발명해낼 수밖에 없는 자신의 모습을 본다. 그런데 이 기계 장치 안에서, 프로그램에 의해 지금껏 실현된 기능들이지만, 인간에 의해 더는 실행될 수 없는 기능들이 컴퓨터의 논리체계나 구조 자체로 통합될 것이다. 너무 값비싸고 어렵게 나타난 소프트웨어의 일부는 컴퓨터의 개량으로 대체될 수밖에 없다. 컴퓨터 같은 도구가 제 자리를 잡으려면, 컴퓨터는 매우 앞선 '기술 환경' milieu technologique 속에 빠져야 한다. 왜냐하면 컴퓨터는 체계의 모든 부분을 연결시키지만, 컴퓨터는 컴퓨터 같은 새로 나온 도구에 따라 모든 기술을 나타나게 하는 "앞선 기능"avancée을 모든 기술에서 요구하기 때문이다.102) 그리하여 통

---

100) 앞에 나온 책. 『기술과 사회 - 관계와 발전』Techniques et sociétés - liaisons et évolutions (1970년)
101) [역주] 제3세대 컴퓨터. 상업용 컴퓨터가 사용되기 시작한 이래로 지금까지 하드웨어(hardware) 면에서 본 컴퓨터의 발달 과정을 몇 개의 세대로 나누어 보면, 제1세대는 진공관을 주요 소자素子로 하는 컴퓨터로 1950년부터 1956~7년까지, 제2세대는 트랜지스터와 다이오드 등의 반도체 소자를 사용한 컴퓨터로 1957년경부터 1964년경까지, 제3세대는 집적회로(IC)를 사용한 컴퓨터로 1965년경부터 1970년대 중반까지, 제4세대 컴퓨터는 75년부터 최근까지로 고밀도집적회로(LSI 및 VLSI)를 사용하고 있다. 제5세대는 인공지능형으로서 현재 계속 연구 중이다.
102) [역주] "진보는 멈춰지지 않는다."는 프랑스에서 잘 알려진 표현이 있는데, 엘륄은 왜 그러한지를 설명하기 때문에 이 표현은 중요하다. 기술 체계에 속하는 어떠한 도구라도 일

신 수단의 장애로 흔히 컴퓨터의 정상 기능이 제한된다.103) 즉, 통신 유형이 달라서 효과가 없는 완벽한 정보처리기술 업무가 있을 수 있다. 컴퓨터가 할 수 있는 모든 것을 컴퓨터가 제시하지 못한다면, 이는 예를 들어 전화나 텔렉스의 지연 때문이다. "이러한 도구들이 없다면 정보처리기술을 위한 정보처리기술은 모든 관심에서 멀어진다."는 것이다. 그러나 하나의 요구로서 제시되는 이것이 즉시 실현될 리는 없다. 거기에는 새로운 기술적인 변화가 필요할 것이다. 그렇지만, "컴퓨터 주변기기"에서 이 현상은 이미 목격되었다. 컴퓨터로 가능한 일이 수년 동안 '천공 카드' 104)나 혹은 '컴퓨터에 의한 표 만들기' 같은 종이를 다루고자 본래 고안된 컴퓨터 주변기기에 의해, 그 다음으로 컴퓨터 자기 테이프 장치에 의해 제한되었다. 그러나 이 모든 것과 '탈부착 가능한 그룹으로 된 자기 디스크' 조차 컴퓨터 자체보다 아주 열등한 채로 있다. 몇 년 전부터 이전 세대의 트랜지스터와 전자 관 대신 통합 전자 회로를 사용하는 '제3세대 컴퓨터'에 도달해 있다 하더라도, 또 '제4세대 컴퓨터'에 도달해 있더라도, 컴퓨터 주변기기와 관련하여서는 '제2세대 컴퓨터'에도 아직 와 있지 않다고 1972년에 여전히 추산되었다. 데이터 입력은 결과의 송출만큼 지체된다. 데이터 입력은 프랑스에서 여전히 57퍼센트가 종이 위에서 이루어진다. 그러나 이것은 단지 기술 혁신의 문제가 아니다. 이것은 몇 년 전 텔레비전에서처럼 표준화의 문제로서 기술적인 단일성의 또 다른 절대적 필요성

단 개량이 되자마자 수많은 다른 도구들 전체도 새것으로 바뀌어야 한다. 가장 중요한 예는 디지털이 아날로그를 대체했을 때이다. 즉, 하이파이(HI-FI) 음악 전체나 사진기는 대체될 수밖에 없었다. 어떤 장치가 고장 날 때 더는 과거처럼 수리되지 않고, 그 장치는 그 순간의 필요에 더 부합하는 다른 장치로 대체된다. 따라서 진보는 불가피하게 낭비의 근원이 되는데, 이 점은 엘륄이 1988년 『기술담론의 허세』Le Bluff technologique에서 분석하는 것이다.

103) 엘고지(Elgozy).
104) [역주] '천공 카드' 혹은 '펀치 카드'. 정보처리용 데이터를 나타내는 구멍이 뚫린 두꺼운 종이. 데이터를 표현하고자 규칙에 따라 직사각형 모양의 구멍을 뚫어 사용하는 종이 카드로서 초기의 저장매체이다. 천공 위치에 구멍을 뚫거나 뚫지 않음으로서 하나의 비트를 나타낼 수 있다. 초기의 디지털 컴퓨터는 천공 카드를 키펀치 기기에 대한 오프라인 자료 기입을 취하는 컴퓨터 프로그램과 데이터를 위한 주된 매개체로 사용한다.

이다. "컴퓨터와 컴퓨터 주변기기" 인터페이스105)의 표준화가 아직 되어 있지 않다. 왜냐하면 각 컴퓨터 제조사의 표준에 적응해야 하기 때문이다. 그런데, 이 점을 통해 컴퓨터 주변기기의 가망성 있는 발전이 분명히 차단된다. 컴퓨터 주변기기는 컴퓨터의 표준화를 분명히 전제로 하는 컴퓨터 주변기기의 표준화가 있을 때에만이 발전할 수 있다! 따라서 라떼스R.Lattès106)가 완벽히 설명했듯이, 이 점을 통해 다소 빠르게 새로운 '중앙 집중'이 일어난다. 정보처리기술의 발전은 기계 제작에서 "명령의 통일성"을 전제로 하는 동시에, 국경 없는 원격정보처리기술을 전제로 한다. 따라서 정보처리기술의 발전은 경제 구조나 혹은 정치 구조의 본질적인 기술들을 다시 문제 삼는 것을 전제로 한다. 기술들의 단일성은 너무 엄밀해지는 경향이 있는 나머지, 혼란을 곧 야기하지 않고서는, 또 다른 모든 요인의 기술적인 진보를 즉시 요구하지 않고서는 체계의 어떠한 지점에 중요한 혁신을 더는 도입할 수 없다.

기술 체계의 단일성을 통해 초래된 결과

기술 체계의 단일성을 통해 많은 결과가 초래된다. 우리가 그리 강조하지 않을 첫 번째 결과는 이차적인 기술 영역의 필요성이다. 즉, 과학적 진보에 대한 과학적인 조직화가 필요하듯이, 체계의 단일성을 조직화하게 될 '기술적인 하부구조들'이 증가된다.

이 점은 잘 알려져 있으며, 체계의 단일성을 통해 기술들 사이의 상호관계

---

105) [역주] 인터페이스(interface). 둘 이상의 상이한 구성요소를 결합하거나 경계에서 공용되는 부분을 가리키는 용어로서, 좁은 의미로는 컴퓨터와 컴퓨터 주변기기를 결합시키는 장치 또는 수단을 말한다. 넓은 의미로는 하나의 시스템을 구성하는 하드웨어와 소프트웨어 또는 2개의 시스템이 상호 작용하도록 접속되는 경계 및 이 경계에서 상호 접속하기 위한 하드웨어, 소프트웨어, 조건, 규약 등을 포괄적으로 가리킨다. 업체별, 국가별로 개발한 다른 시스템 간의 통신이 가능하려면 인터페이스를 표준화 할 필요가 있는데, 국제적으로는 국제전기통신연합(ITU)이나 국제표준화기구(ISO) 등에서 표준화를 진행한다.
106) "1980년의 정보처리기술 사회" Les sociétés informatiques de 1980, 「르몽드」 (1971년 3월).

가 필요해진다는 점을 거론하자. 이 기술들은 너무 결정적인 듯이 보인 나머지, 어떤 이들은 자유 경제에서 다음 같은 "새로운 조직체들"을 만들어내려고 생각하기 조차한다. 이 새로운 조직체들은 다양한 기술 영역에서 충분한 역량을 얻는 것을 과업으로 삼을 수도 있는데, 이 과업은 서로에게 전문 지식이 효과적으로 전해지는 것을 조장하기 위한 기업들 사이에 일종의 외교적 성격을 띤 과업이기도 하다. 이와 같이, 이상하게도 기술적인 협력의 필요성을 위해 경쟁을 포기하기에 이르는데, 기술적인 협력은 모든 것을 지배한다.107)

이러한 단일성의 다음 같은 결과들은 다른 종류이다. 즉, 이 결과들은 좋은 기술과 나쁜 기술을 구분할 수 없다는 것이고, 기술들의 형태와 내용 사이의 관계이며, 기술과 기술의 용도 사이의 일치이고, 각 기술의 다목적성이며, 정치 체제나 혹은 사회 체제에 대한 기술 체계의 독자성이고, 기술을 제한된 용도로 한정시킬 수 없다는 것이며, 기술이 공공의 용도로 옮겨가는 것을 막을 수 없다는 것이다.108) 우리는 이 점에 대해 길게 늘어놓지 않을 것이다. 우리는 체계의 급속한 발전을 가능하게 하는 동시에 체계의 균형을 가능하게 하는 체계의 단일성이, 어떤 때에는 체계의 취약함의 원인이 될 수 있음을 단지 거론할 것이다. 즉, 한 지점이 침해당하면 모든 것이 마비될 위험이 있다는 것이다. 그 속에서 모든 기술이 관계 맺고 조정되는 기술 체계는, 결국 모든 것이 의존하는 전선망에 비교될 수밖에 없다. 손상된 가공선109)은 전선망 전체의 기술적인 상호의존관계에 의해 인간적이고 경제적인 중대한 결과를 초래한다. 이는 노동자의 집단 통근이 중단되는 것이고, 관련된 공장에서 작업이 멈추는 것이며, 원료의 도착이 지연되는 것이고, 예를 들어 파리에서 북Nord 역

---

107) 벨라 골드(Bela Gold), 『기업과 혁신의 기원』*L'Entreprise et la genèse de l'innovation* (1967년).
108) 그것은 내가 『기술 혹은 시대의 쟁점』*La Technique ou l'enjeu du siècle* 의 90-102쪽에서 많은 예와 더불어 자세한 방식으로 검토했던 결과들이다.
109) [역주] 가공선架空線(caténaire). 전력을 보내거나 통신을 할 수 있도록 공중에 가로질러 설치한 선.

에 도착하는 26만 명의 교외 거주민과 셍라자르Saint-Lazare 역에 도착하는 30만 명의 교외 거주민에 영향을 미치는 작업 시간의 상실이다… 가장 하찮은 고장이 집단에게 많은 대가를 치르게 한다. 체계가 하나일수록 체계는 더 취약하다.

이제 다른 종류의 결과들을 검토해 보자. 이러한 불편에 대한 해답과 기술에 의해 초래된 어려움에 대한 해결책과 이러한 문제에 대한 해결책을 찾을 때, 이 현상에 이러한 단일성이 주어지는 한, 이 현상의 맥락에서 분리되고 동떨어진 기술적인 현상을 고찰하지 말아야 하며 이와 반대로 체계를 검토해야 한다. 왜냐하면 사람들이 비합리적인 듯이 보일 수도 있는 이러한 요소의 원인을 이해하고, 제기된 질문의 복잡성을 헤아려 보는 것은, 일반적으로 포괄적인 관점에서 이기 때문이다. 그런데 습관적으로, 사람들은 겉으로는 만족할 만한 해답을 발견하게 하는 이러한 분리된 요소를 검토하지만, 왜 이 해답이 적용될 수 없는지 분개하며 의아해 한다. 그래서 사람들은 신화적인 이유를 찾고 정치 체제와 경제 구조와 비논리적인 이데올로기의 영향을 찾으나, 사람들이 그 속에 편입될 수밖에 없는 포괄적인 기술적인 맥락 때문에 제시된 해결책은 단지 적용될 수 없다.

몇 가지 예를 들어보자. 정확하고 "객관적이며" 일반적이고 직접적인 정보를 대중에게 전하는 것은 오늘날 기술적으로 쉽다. 심지어 정직성, 곧 정치적 이익이나 혹은 경제적 이익에 대한 불개입이라는 어려운 문제는 기술적으로 해결할 수 있다. 따라서 모든 것은 잘 되어 나간다. 그러나 실제로 아무 것도 잘 되어 나갈수 없다.

왜냐하면 사람들이 기술 환경에서 정보의 수용자와 이용자, 곧 정보를 제공받는 인간의 실제 상황에 관심 두지 않기 때문이다. 기술 환경이 인간에게 만들어주는 삶의 방식은 인간이 정확히 정보를 제공받지 못하게끔 하고, 지적인 연수와 시간과 의미가 인간에게서 사라지게끔 한다. 이것은 인간의 악에서 나오지 않는다. 인간을 그렇게 만드는 것은 인간의 기술적인 상황이다. 게다가 "좋은 정보"라는 문제는 이제 기술적인 정보들의 수준에서 검토되는데, 겉으로 보기에 기술적인 정보들만이 실제로 처리될 수 있다. 왜냐하면 "데이터"와 관계되는 기술적인 유형의 정보와 평범한 시민의 일반 정보를 분명히 구분해야 하기 때문이다. 기술적인 유형의 정보는 확산되고 압도적이지만, 사람들은 컴퓨터에 힘입어 이 정보를 제어할 수 있을 것이라 여겼다.110) 모든 정보는 컴퓨터 안에 넣어져야 할 따름이고, 정보처리기술에 의해 사람들은 가장 중요한 것을 얻게 될 것이다. 이와 반대로, "일반" 정보는 각 시민에 의해 얻어지고 인식될 수밖에 없는데, 그렇지 않으면 이 정보는 각 시민이 자신의 판단을 형성하는 데 쓸모없음이 분명하다. 그러나 기술적인 정보에서도, 마찬가지로 인간의 직접적 인식이 반드시 필요하다고 설명되었다.111) "이 정보의 배포와 이용으로 민감한 문제가 제기되는 만큼, 더더구나 조직은 커지고 조직 구조의 방향은 혼란스러워진다. 기술적인 정보 순환 체계와 관련 있는 결정은 이 상황에서 증대된 결과를 취한다. 지도자와 집행자와 조직자는 이 체계의 조정에 의해 마찬가지로 관련된다." 그리하여 기술들의 단일성에 대한 흥미로운 예가 있다. 정보가 거쳐 가고 정확히 사용되려면 이러한 집단이나 혹은 개인이 연수를 받아들이고 이용할 수 있도록 사회심리적 유형의 개입이 필요하다. 그래서 정보 기술들 전체에서 긍정적 결과를 얻으려면, 공학과 정보처리기술과 심리학 등의 협력이 있어야 한다. 따라서 한편으로 어떤 기술들에서 나오는 차단과 "반대 효과들"이 있으며, 다른 한편으로

---

110) 정보를 제공받지 않은 이들에게도 계속 그렇다고 여겨진다. [본문 내용을 역자가 각주로 설정]
111) 바르비숑(Guy Barbichon)과 아케르만(A. Ackermann), 『분석과 예측』 *Analyse et prévision* (1968년)에서 "조직에서 기술적인 정보의 유포"La diffusion de l'information technique dans les organisations, 중요한 도서목록.
 [역주] Werner Ackermann(1930-2005). 독일 출신의 프랑스 사회학자. 그의 주된 연구 주제는 정의 및 경찰과 관련된 것이며, 주요 저서로 『경찰과 정의와 감옥, 세 가지 경우에 대한 연구』 *Police, justice, prisons : trois études de cas*가 있다.

점점 더 필요해진 협력이 있다.

마찬가지로 개인의 연수를 보장하는 동시에 지식의 발전을 보장하는 가장 좋은 교육적인 기술이 발견될 수 있다. 기술적으로 이것은 이미 알려져 있다. 그러나 이러한 연구는 인구 증가도, "중간 시기"112)의 가중도, 주어진 사회corps social에서 직업적인 균형도 고려하지 않는다. 그런데, 이것은 기술에서 역시 나오는 문제들이다.

농업적인 관점에서, 프랑스에서 최적 상태는 농업 인구를 전체 인구의 15퍼센트로 줄이는 것일 수도 있다. 이것은 기계화와 화학제품에 의해 가능해진 경제적인 기술에 대한 입증이다. 그러나 농촌 인구의 감소가 여전히 더 심해진다면 도시의 성장이라는 아주 어려운 문제에 부딪치고, 새로운 환경에 적응이라는 심리적 비극에 부딪치며, 고용이라는 경제적 문제에 부딪친다. 이 모든 것은 뿌리 뽑힌 인간에 대한 기술 환경의 영향에 달려 있거나 혹은 농촌 지역에 인접한 지역에서 기술적인 가능성들에 달려 있다. 이 예들을 더 열거할 수도 있을 것이다. 이 예들은 우리 사회에서 한 문제를 따로 떼어 해결하기를 기대할 수 없음을 보여준다. 왜냐하면 우리 사회는 그 구조가 기술 체계인 분리할 수 없는 결합체ensemble로서 나타나기 때문이다. 해답은 사회 자체처럼 포괄적이기 마련이다. 그렇지 않으면 다음 같은 두 상황 중 하나에 이른다. 즉, 각자는 자신의 영역에서 자신의 특수성에 맞는 해답을 주기를 원하지만, 해결책이 자신이 아는 문제에 잘 들어맞더라도 이 해결책은 사회의 나머지 부분에 대해 어긋나 있으며 간혹 적용될 수 없다. 어쨌든 각 기술적인 상황이 구조라는 결합체에 달려 있기 때문에 이 해결책은 적합하지 않다. 각 기술전문가의 영역은 인접 영역의 기술들에 의해 실제로 결정지어진다. 기술전문가는 결코 전적으로 전문화된 작업을 한다고 주장할 수 없다. 게다가, 이 점은

---

112) 젊은 성인成人을 실제 삶에서 떼어 놓는 지적 학습이 계속 더 지속되는 젊은 성인의 상황. [본문 내용을 역자가 각주로 설정]

완전히 알려져 있고 인정된다. 오늘날 혼자 하는 작업이 더는 있을 리 없고 팀으로 하는 작업만이 있다는 주장을 어디서든 접하는데, 이는 사회의 통념이다. 그러나 일반적으로 제한된 분야에 자신의 진정한 역량을 기울인다는 점에서, 멀리서는 누구든 자신의 진정한 역량을 헤아리지 못했다. 이와 같이, 수백 명의 다양한 전문가가 우주선을 조정하고자 협력하여 일하고 있음이 알려져 있다. 하지만, 비물질적 기술들에 같은 개념을 적용해야 한다. 우주인의 '생리심리학적 준비'를 위해 약 30명의 전문가의 공조가 필요함을 깨달았지만, 더 낮은 수준에서 이제 "의료팀"에 대한 이야기는 하지 않는다. 즉, 환자에게 명확한 병이 있을지라도 환자는 한 명의 의사에 의해 더는 치료받을 리 없다. 팀이 필요한 것이다. 그런데, 이 점은 사회학적 기술들이나 혹은 정치적 기술들에 마찬가지로 적용되어야 한다. 이 뿐 아니라, 다른 종류의 기술들을 마침내 통괄해야 한다. 그런데, 여기서 우리는 주된 어려움과 마주친다. 문제를 더 잘 알수록 문제의 여건들을 더 분석하고 각 현상의 복잡성을 더 깨닫는다는 것이다. 특히 경계 지역이 있고, 각 현상은 일종의 "아우라"[113]로 둘러싸여 있으며 중심에서 다소 멀리 떨어져 있는데, 이 지역에 기술적으로 개입해야 하는가? 사용해야 할 기술들의 숫자는 증가하고, 협력은 점점 더 어려워진다. 이러한 보완적인 기술의 용도가 유용한지 혹은 이 보완적인 기술에 바랐던 결과와 반대되는 결과가 있을지 결국 더는 정확히 알지 못하게 된다. 그러나 기술전문가들의 잘 알려진 상황이 실제로 그러하다면, 이 점은 기술 체계의 포괄성과 단일성에 대한 예증이고 증거이다. 이 점에 대해 고려하지 않는 것은 막다른 곳에 이를 위험을 무릅쓰는 것인데, 이는 강조해야 할 두 번째 상황이다. 자신의 특별한 영역에서 기술전문가는 어떤 문제에 만족할 만한 해결책을 결국 제시하지 못한다. 그래서 그는 문제를 있는 그대로 다른 기술적인 전문분야로 돌려보낼 생각을 한다. 그러나 이 마지막 전문가는 자신이 이 문

---

[113] [역주] 아우라(aura). 초능력자에게 보인다는 인체의 후광.

제와 직접 관계가 없기 때문에, 문제를 진지하게 받아들일 수 없거나 혹은 문제를 해결하기 위한 어떠한 수단도 그에게 역시 없을 수 있다. 한 가지 예를 들어보자. 작업 심리생리학 기술전문가이자 인간공학 기술전문가이자 작업 조직 기술전문가는 현재 상황에서 공장노동자의 스트레스, 우울증, 불안, "소외", "사물화"114)에 대한 어떤 가능한 해결책도 없다고 결론지을 수 있다. 그러나 그는 "이 모든 것이 해결될 수 있는 것은 여가 덕분이며, 이것에 관심을 쏟아야 하는 것은 여가 기술전문가이다."라고 하면서, 문제를 벗어날 수 있다. 그런데, 이 "여가 기술전문가" 쪽에서는 여가가 그 자체로 어떠한 효능도 없으며, 모든 것은 이 여가를 이용할 사람의 인격에 달려 있다고 간주하기에 이른다. 여가를 취하는 사람이 자신의 삶을 관리할 수 없다면, 여가는 완전히 파괴적이다. 작업에 의미나 효능이 없다면, 여가에는 아무런 의미도 효능도 없다. 이 사소하면서도 대단한 예는 어떠한 기술전문가도 문제를 인접한 전문가에게 돌려보내면서 문제에서 어느 정도로 벗어날 수 없는지 보여준다. 다양한 기술들이 별개의 순서로는 기능을 수행하지 않기 때문에, 또 이 기술들이 '응집력 있는 결합체' ensemble cohérent로 통합되기 때문에, 연구와 적용의 공조만이 어떤 결과에 이를 수 있다.

그러나 정말 근본적인 역의 논리는 체계 전체를 겨냥하지 않고서 어떤 기술을 다시 문제 삼을 수 없다는 것이다. 전체tout의 구조를 없애는 것을 지향하지 않는다면, 이러한 측면이나 방식을 변화시키는 것은 아무 쓸모없다! 예를 들어, 『노동 상황』Les Conditions de travail이라는 책115)은 '테일러 방식'과 산업 노동에 대한 비판이라는 아주 전통적이 된 질문을 되풀이한다. 이 책은 현대 기술들의 흡수하고 순응하게 하는 특성을 완벽히 밝혀주며, 수단으로서 기술들을 문제 삼는 것이 어떻게 체계 전체와 제시되는 목표를 문제 삼게 하는지

---

114) 모호하지만, 편리한 용어들을 사용한 것이다! [본문 내용을 역자가 각주로 설정]
115) 뒤랑(C. Durand)과 다른 저자들, 쇠이으(Seuil) 출판사 (1974년).

완벽히 밝혀준다. 특히, 위스너116)는 생산성이란 목표가 위태롭지 않더라도, 기술적인 과정이 노동을 진정으로 개선하지 못함을 입증한다. 기필코 생산성을 증대시키겠다고 더는 원하지 않는 조건에서 만이, 노동 상황을 진정으로 개선할 수 있다. 마찬가지로, 몽몰랭Montmollin은 '테일러 방식'의 예와 더불어 기술 체계의 흡수력을 보여준다. 어떠한 실제적인 문제 삼기란 없다. 상위 수준으로 옮겨진 원리들이자, 더 공들여 만들어진 맥락 속에 삽입된 덜 "비인간적인" 원리들이117) 유지된다. 결국, 이 방향설정에서 시몽동은 왜 "환경"과 관계되는 물질적인 기술들과 두 번째 단계에서 분리된 기술들로서 나타났던 인간의 기술들 사이에 통일성이 있고 또 있을 수밖에 없는지, 자신의 통상적인 심오함과 더불어 보여주었다. 이 관계는 인간과 인간의 환경 사이에서 비롯될 뿐 아니라 이 결합체ensemble의 발생 특성에서 비롯된다. 시몽동118)이 기술적인 현상의 본질 자체에서 비롯되는 우연하지 않은 이 통일성을 입증하는 것은, 자신의 '발생론적인 이론'에 힘입어서이다. 이와 같이, 우리는 극도로 불안한 일종의 전체Tout나 혹은 무Rien에 연루되어 있다.

---

116) [역주] Alain Wisner (1923-2004). 프랑스의 의사. 몽몰랭(Montmollin)과 더불어 프랑스에서 '인간 공학'의 창시자 중 한 사람이다. 저서로는 『공장이 이동할 때』*Quand voyagent les usines*가 있다.
117) 이 원리들은 내가 1950년에 집필한 책에서 보여주었듯이 기술의 원리들이다. [본문 내용을 역자가 각주로 설정]
118) 『기술적인 대상들의 존재방식에 대해』*Du mode d'existence des objets techniques* 3부 3장 참조.

제3장 : 보편성119)

기술적인 보편성의 첫 번째 측면
– 환경과 인간 활동 영역과 관계되는 보편성

보편성, 다시 말해 우리가 이제 어디서도 기술과 마주친다는 사실과 기술 체계가 모든 분야에 확장된다는 사실은 두 관점에서 고찰해야 한다. 우선, 환경과 인간 활동 영역과 관계되는 보편성이 있고120), 다음으로 지리적 보편성이 있는데, 기술 체계는 모든 나라로 확장된다.

따라서 보편주의는 우선 "지구 전체가 광대한 거대도시가 되는 경향이 있다는 사실인데, 이 거대도시에서는 물리칠 수 없는 추진력에 저항하는 자연의 단편들이 잔류 현상이 될 따름이다. 이 논리적이고 가혹한 상태는 자동화된 기계에 의해 만들어진 인위적 환경이다."121) 그러나 이 보편주의의 증상은 사물들의 세계에 대한 재량권의 변화이다. 사람들은 필요악으로서 받아

---

119) 『기술 혹은 시대의 쟁점』 *La Technique ou l'enjeu du siècle*의 107-120쪽 참조. 나는 기술의 지리적 팽창 이유, 비非기술적인 문명에 대한 이러한 팽창의 결과, 전통 사회에 대한 일련의 기술들의 단순한 부가의 불가능성을 그 장에서 다루었다. 나는 이 다양한 요소들을 여기서 재론하지 않겠다. 나는 이것과 관련된 나의 결론들을 한마디로 환기시키는 것으로 그치겠다.
시몽동(Simondon)이 아주 힘차게 강조하듯이, 기술 체계의 다양한 특성들은 서로 연결되어 있다. 즉, 보편성은 단일성과 자율성에 연결되어 있다. 합리성을 분명 고려한다면 보편성은 단일성과 자율성에서 나오기조차 한다. "기술 세계가 자체의 단일성을 실현할 때, 기술 세계는 자체의 독자성을 발견한다."
120) 기술적인 힘에 의한 "일상성"의 침범과 종속에 대해 르페브르(Lefebvre)가 행한 입증을 여기서 재론하는 것은 무의미하다. "아무 것도 조직된 일상성의 체제에서 벗어나지 말고 벗어나지 말아야 한다." 현상의 보편성의 이미지를 거기서 보려면 『현대 세상에서 일상적인 삶』 *La vie quotidienne dans le monde moderne* (1968년)이라는 책을 읽어야 한다.
121) 몰레스(A. Molès).

들여지며 생산을 위해 단지 받아들일 수 있는 기계와 인간적이고 이로우며 인간에게 일치하는 자연을 더는 대립시키지 않는다. 이제 물질적 혜택을 통해서 뿐만 아니라, 기계의 '미적 소비'를 통해서도, 긍정적이고 흔쾌한 받아들임이 있다. 즉, 공장과 새로운 재료와 광고와 전자공학의 미적 가치를 통해, 생산 수단과 우리의 감각 사이에 일치가 생겨난다. 그래서 자발적일 뿐만 아니라 의도적이고 의식적인 사물들의 세계가 만들어진다. 기술 세계의 상징과 이미지에 의해, 정신적인 점유가 자연계에 대한 예전의 '수공적手工的인 점유'를 대체한다. 응용미술은 이 보편화의 증거물인 동시에 우리의 적응 수단이기도 하다. 응용미술 덕분에 온갖 사물은 더 나은 감각화(化122)의 방향으로 끊임없이 새로운 모습을 띠고 인간적 환경 전체에까지 확장된다.123) 응용미술에 의해 기술은 자신의 기능적 정당화에 더는 만족하지 않으며, 겉보기에 무보상적인 미학의 세계에도 관여한다. 이 때문에 새로운 세계의 창조가 아니라 심미주의자에게는 기술의 반영인 '아르 시네띠끄' 124)에 대한 무보상적인 첨단 연구보다. "디자인"은 보편주의를 훨씬 더 잘 나타내는 듯이 보인다.125) 그러나 기술들의 대상이 되는 경향이 있는 것은, 우리 인간의 환경

---

122) [역주] 감각화(sensibilisation)는 언어를 통해서라기보다 시각과 청각 같은 미적 감각에 호소하는 일이다. 광고판과 로고와 교통표지판과 마찬가지로 디자인과 패션 같은 그 모든 것은 이론적인 방식으로는 아니지만, 기술적인 이데올로기를 의식 속에 주입시키는 수단이다. 그것이 엘륄이 여기서 표현하는 요점이다. 과거에는 이데올로기 선전이 히틀러의 『나의 투쟁』*Mein Kampf*와 마오의 '붉은 소책자' 같은 서적이나 벽보로 표현되었으나, 오늘날 기술적 이데올로기는 언어를 단절시키는 온갖 종류의 대상들에 의해 전달된다. 그 때문에 엘륄은 1980년 『굴욕당한 말』*La Parole humiliée* (대장간 역간, 2013)을 집필했다.

123) [역주] 대부분 실용성 없는 기발한 제품인 이 모든 사물이 새로운 모습을 띠면서 나타나는 첫 번째 결과는 대부분 재활용되지 않는 원료의 낭비이고, 두 번째 결과는 오염의 엄청난 증가이다. 1988년, 자신의 저서 『기술담론의 허세』*Le Bluff technologique*에서 엘륄은 한 단락 전체를 '낭비' (gaspillage)에 할애하는데, 그는 기술 체계의 필연적인 결과로서 '낭비'를 묘사한다.

124) [역주] '아르 시네띠끄' (art cinétique). 동적인 미학에 기초한 예술적 흐름으로서 움직이는 요소들을 수단으로 이용하는 조각에서 주로 나타나며 보는 각도에 따라 변화하는 회화예술이다. '아르 시네띠끄'는 시각적인 환상과 망막의 떨림에 근거하며, 심하게 대비되고 착색된 두 면에 우리 눈이 동시에 시선을 적응시키지 못하는 것에 기반을 둔다.

125) 『낭시의 유로디자인의 날』*Journées d'Eurodesign de Nancy* (1969년).

전체일 뿐 아니라, 인간의 모든 활동이다. 인간의 각 활동은 기술적인 방식으로 방향설정 되었고, 기술에서 비롯한 도구나 혹은 "실행 방식"이 부여되었다. 기술을 벗어나 있는 어떠한 영역도 실제로 없다.126) 가장 하찮은 업무부터 가장 고급 업무까지 모든 것은 기술적인 과정에 의해 완전히 뒤덮인다. 저작詛嚼127) 기술로서 소위 속독이라는 독서 기술이 존재하고, 각 운동은 점점 더 기술적이 되며, 문화적 촉진 기술과 모임 지도 기술이 있는데, 이러한 열거를 무한히 할 수도 있을 것이다. 왜냐하면 이것이 각 활동에서 어떤 작동을 전제로 하는 기계들이 늘어나지만, 활동 자체는 기술화된다는 잘 알려진 사실만이 아니기 때문이다. 기계장치와 기계장치를 사용하는 방법과 기계장치와는 무관한 활동인 동작의 기술화 사이에 결합이 있다. 한편으로 가사 "용구"가 있고, 다른 한편으로 이러저러한 결과를 얻고자 이러저러한 상황에서 가능한 가장 좋은 행동방식이 있다. 개인 차원에서 기술적인 보편주의를 만드는 동시에, 기계뿐 아니라 의약품 같이 일반화를 통해 특수한 움직임이 생겨나는 기술적인 생산물의 소비라는 보편주의를 만드는 것은 두 과정의 상호 침투이다. 이 특수한 움직임은 자동차나 텔레비전 수상기에 의해 결정지어질 뿐 아니라, 이와 동시에 '이완 기술'이나 혹은 '집단 동태분석 기술'에 의해 결정지어진다.

시몽동은 교육128)이 그 자체가 기술화되면서 어떻게 기술의 비약적 발전과 맞아 떨어지는지 완벽히 보여주는데, 그에 따르면 교육의 모델은 백과전서129)가 맡은 교육이다. 그래서 교육은 교육이 대상으로 삼는 대중에 의한,

---

126) [역주] 오늘날 기술이 인간의 환경 전체를 이루기 때문에 인간의 용구나 활동 전부 및 활동을 행하는 방식까지 기술에 의해 이루어지고 결정지어진다. 따라서 엘륄은 자신의 저서 전체를 통해 인간의 환경 전체가 기술적인 성격을 띠기 때문에 인간의 각 활동이 기술적인 성격을 띤다고 설명한다.
127) [역주] 저작詛嚼(mastication). 이로 씹고 으깨는 행위.
128) 시몽동(Simondon)에 따르면 그 모델은 백과전서(Encyclopédie)에 의해 맡겨진 교육이다. [본문 내용을 역자가 각주로 설정]
129) [역주] 백과전서(Encyclopédie). 18세기 프랑스 계몽주의 사상가들이 편찬한 백과사전으로

또 교육이 제시하는 정보에 의한 "보편적인 배가倍加"이다. "이것은 모두를 대상으로 마련된 지식이다. 이것은 순환 도식에 따라 가능한 가장 높은 보편성을 띤 정신 속에 주어진 지식이인데, 이 순환 도식은 자체의 특수성이라는 비밀 속에서 그 자체로 닫쳐 있는 기술적인 작용을 전제로 하는 것이 아니라, 다른 기술적인 작용에 연계되어 있고 약간의 원리에 기초한 기술적인 작용을 전제로 한다. 백과전서와 더불어 처음으로 기술 세계가 구성되는 것이 목격된다. 이 기술 세계의 내적인 반향을 전제로 하는 객관적이며 일관성 있는 보편성은, 그 작품이 모두에게 공개되고 보편성을 이루기를 요구한다…" 그리고 그는 "백과전서는 처음으로 기술들의 상관성을 발견하는 기술들의 일종의 연맹 축제이다."라고 탁월하게 결론짓는다.

이 보편주의는 필요에 대한 식별이라는 사실에 의해 분명히 드러난다. 어떤 기술적인 수준에 도달함에 따라, 동일한 필요가 나라나 혹은 사회계층에 대한 구분을 넘어서서 저절로 나타나는 듯이 보인다. 레이몽 아롱R. Aron은 "어느 나라에서나 어떤 소득 수준에 도달한 어는 사회 집단이든 그 집단의 경향은, 이러한 소득 상승에서 그 집단을 앞질렀던 집단이 구매한 것과 같은 재화를 원한다는 것이다"130)라고 아주 정확히 지적한다. 마찬가지로, 나는 뚜렌느Touraine가 사회 계급이 '문화적 행동'에 대한 설명 요인이 더는 아님을 보여줄 때 완전히 옳다고 생각한다. "영화 관람객이나 혹은 자동차 운전자는 어떠한 사회 집단에도 더는 속하지 않는다. 그는 자기가 실행해야 하는 노동계

서, 개방적 태도로 과학과 사상의 진흥을 부르짖은 프랑스 계몽주의 사상가들의 문예 위업 가운데 하나이다. 프랑스 혁명 발단에 사상적 기초를 제공하면서 결국 프랑스 혁명의 사상적 배경이 된 백과전서는 프랑스 혁명이 일어나기 전 수십 년 동안 프랑스의 정치, 사회, 문화, 학문에 걸쳐 커다란 영향을 미친다. 과학적 결정주의를 강조하며 당시의 입법, 사법, 종교 기관의 폐해를 비판한 백과전서는 특히 진보적 사상에 대해 매우 관용적인 자유주의 관점으로 유명하며, 과학과 기술을 혁신적으로 다룬 것으로도 정평이 나 있다. 또한 근대적 지식과 사고방법으로 당시 사람들을 계몽하고 권위에 대해 비판적 태도를 취하기 때문에, 프랑스 혁명 이전 구질서의 권위를 무너뜨리는데 결정적인 추진력을 제공한다.
130) 『진보에 대한 환멸』 *Les Désillusions du progrès*.

급에서 대중으로의 끊임없는 이행 및 노동계급에서 의복과 구경거리와 운동이 미분화된 상태로의 끊임없는 이행을 허용한다." 기술들은 계급에 속하지 않지만, 결정적 방식으로 사회적 행동을 변화시키고, '상충하는 이데올로기들'을 가장하여 이 행동들을 식별하는 경향이 있다. 이런 종류의 지적들에서 기술적인 현상이 삶의 유형 총체를 형성한다는 점을 거론해야 하는데, 이렇게 언급하는 것은 진부하다. 그러나 이 점이 전제하는 것은 기술의 보편주의다. 주방 설비만을 생각해도 그러하다. 분명히 주방 설비는 실리적이지만, 주방 설비는 어떤 존재 유형을 유발한다는 것도 알려져 있는데, 이 존재 유형은 "축적과 고독"으로 규정되었다.131) 그것이 여성이 구매할 물건이든 혹은 여성이 구매할 반도가 없는 여전히 더 '위압적인 물건'이든, 여성은 물건의 중압감에 굴복한다. 그러나 이 뿐 아니라, 여성은 예전에는 집단 노동과 관계를 전제로 했던 예전의 가사 노동 전체를 홀로 행한다. 이것은 소위 지겨운 가사일에서 해방이라는 '뒤엎기'이지만, 이 '뒤엎기'는 삶에 대한 새로운 개념과 책임을 유발한다.

조르쥬 돌리베이라 수자 Jorge d'Oliveira E. Sousa의 중요한 글, 「전쟁의 변신」 *Les Métamorphoses de la guerre* 132)은 각 기술 혁신이 규범 체계에 영향을 미치는 동시에133), 국제적인 정치 체계에도 영향을 미치는 점을 놀랍게 보여준다. 그러나 규범과 체계도 나름대로 기술 혁신을 자기 것으로 삼아, 기술 혁신의 이용을 통제하고, 기술 혁신에 한계를 부여하며, 기술 혁신에 존재 양태를 강요한다. 서로 영향을 미치는 세 가지 변수가 나타난다. '기술담론적인 진보' progrès technologique로 기술적인 변수에 우위가 주어졌고, '기술담론적인 담화' discours technologique는 윤리적이고 법적인 담화와 대립된다. 그는 군대의 '기술담론적

---

131) "미래는 모든 것을 행하는 기계의 차지인가 혹은 1회용품의 차지인가" L'avenir est-il à la machine à tout faire ou au prêt à jeter, 「르몽드」 (1969년 11월).
132) 「과학과 평화」 *Science et paix* (1973년).
133) 금지를 없애고 낡아빠진 윤리 법전을 불태우며 실증 규범에 균열이 생기게 한다. [본문 내용을 역자가 각주로 설정]

인 힘' puissance technologique을 통해 일종의 전 세계적인 봉건제가 만들어지는 것을 완벽히 보여준다. 그러나 "강대국"과 "약소국" 사이에 절대적인 격차를 생겨나게 하는 것은 원자력이 아니라, 소형화를 지향하는 기술의 경향인 '기술 담론적인 세련됨'이다. 왜냐하면 핵무기는 지역 분쟁에서는 결코 사용되지 않기 때문이며, 이와 반대로 전자 군사장비는 "전투원과 전투 수단 사이에 불균형을 극심하게 초래하기" 때문이다. "전자전電子戰"은 전쟁에 대한 윤리적 담론을 촉발시키고134), 새로운 무기는 고엽제에 의해 파괴된 자연환경을 전자적인 "자연" 환경으로 대체한다… "법적이고 도덕적이며 전통적인 협약은 지나간 세상, 곧 재래식 전쟁의 세상에 속한다. 폭력과 기술의 새로운 형태는 자체의 권리와 도덕에 대한 적절한 담화를 아직 찾지 못했다. 이 실마리는 어느 정도까지 기술이 자율적이고 결정적이 되었는지 보여준다.

활동이나 혹은 행동을 마음대로 변화시키는 화학적 요인의 사용에 대해 덧붙여 말해야 한다. 애정 관계를 변화시키는 "피임약", 개인과 개인의 환경 사이에 중계를 확실히 해주는 신경안정제135), 신비적인 경험과 마주치고 종교적 삶을 이끌어가기 위한 다양한 마약을 생각해보자. 분명히 인간은 콜라 같은 피로회복제와 인위적인 낙원을 늘 추구했다. 그러나 다른 곳에서처럼 여기서도, 차이는 이 수단들을 현대적 의미에서 기술적인 방식으로 변화시키는데 기인하고, 이 수단들을 일반적인 기술 체계 속에 끼워 넣는데 기인한다. 대마초를 피우는 아랍인의 행위는 히피의 행위와 같지 않다. 왜냐하면 아랍인은 전前 기술단계에 위치해 있고 몇몇 생리적인 "금단증상"의 의미와 관행을 받아들이기 때문이며, 히피는 기술적인 발달의 정점에 위치해 있고 명백한 도피에 의해 기술 체계 속으로 편입을 마무리하기 위한 수단이 되기 때

---

134) 예견된 전망은 더는 죽음에 대한 전망이 아니라 고통에 대한 전망이다.[본문 내용을 역자가 각주로 설정]
135) 신경 안정제는 인간으로 하여금 상황을 확실하게 하고 제어하는 책임 및 경험들을 통합하는 책임을 면하게 하는데, 왜냐하면 바로 이러한 역량의 부족으로 말미암아 신경안정제가 필요해 지기 때문이다.[본문 내용을 역자가 각주로 설정]

문이다. 분명히, "피임약이나 혹은 마약은 인간의 채무 변제 방식이다. 즉, 그 소녀는 이제 해방되어 있다.136) 이 수단들의 사용은 의도적이다. 즉, 이것은 마음대로 쓰이는 도구이다."라고 언급될 것이다. 이러한 고찰들은 완전히 무사하고 자율적인 인간을 늘 전제로 한다. 그런데, 우리는 인간이 우선 기술 체계 속에 통합되어 있고 변화되어 있음을 보여주었다. 인간은 자신이 끊임없이 사용하는 총체적 기술들에 대한 보완, 표현, 표시, 첨가로서 이 생산물들을 사용한다. 이 생산물들은 동일한 방향으로 인간을 결정짓는데 기여한다. 그러나 또 다시, 그것이 선이든지 악이든지 도덕적인 판단을 내리지 말고, 인간이 이와 같이 해방되어 있든지 예속되어 있든지 자유에 대한 판단을 내리지 말자. 여기서 이것은 나의 연구 대상이 아니다. 나는 기술 체계가 흡수하고 변화시키는 인간 삶의 모든 측면에 기술 체계가 확장되는 것을 보여주려 애쓸 따름이다. 기술은 가장 다양한 분야에 적용되기로 되어 있다. 기술이 침투할 수 없는 영역은 없다. 오랫동안 농사일은 아마도 약간은 기술화될 수 있다고 여겨졌지만, 마찬가지였다. 현재, 농부의 일은 기술과 생물학과 화학으로 뒤덮여 있는데, 이는 축전지로 돼지와 소를 사육하는 기술, 기계적으로 과일을 수확하기 위한 기술, 밭을 기경하고 작은 숲을 개간하기 위한 기술이다. 이제 컴퓨터조차도 "밭에" 적용될 수 있다. 더 멀리 떨어진 두 영역을 어렵사리 찾을 수도 있지만, 여전히 이것은 컴퓨터에 의해 확실해진 기초적인 업무이다.

---

136) 여기서는 기술 사회에서 자유에 대한 분석을 할 계제가 아니다. 하지만, 『진보에 대한 환멸』Les Désllusions du progrès에서 레이몽 아롱(R. Aron)은 늘어나는 규율, 부담스러운 여론의 영향, 조작을 보여주는 동시에, 자유의 철학, 수많은 행동에서 예전에는 상상할 수 없는, 개인에게 부여된 늘어나는 선택의 가능성을 보여준다. 이 자유에 대해서는 할 말이 많을 수도 있다. 피임약을 통해 결과나 대가를 두려워하지 않고서 "아무 짓이나" 할 수 있는데, 그것이 자유인가? 피임약을 통해 자기 육체를 더 마음대로 할 수 있는데, 그것은 스스로의 결정이기는 하나 책임을 없애는 것이 선인가? 왜냐하면 어떠한 두려움도 없이 선택할 수 있는 것 및 자기 취향과 욕구에 따라 결정하는 것이 바로 책임감이 있는 것이라고 영적으로 해석하지도 말하지도 말아야 하기 때문이다. 결국, 거기에는 헤겔이 자유는 타인과의 부정적인 관계라고 언급했던 의미에서 자유가 존재할 따름이다. 피임약을 통해 여성의 자주성이 늘어나기는 하나, 예전에 남성이 그랬듯이 자기 행위에 대해 책임지지 못하는 가능성은 자유와 아무런 관계가 없는 듯이 보인다.

예를 들어, 이것은 일련의 경작에 대한 회계방식이며137), 즉시 농업 경영 업무가 거기에 덧붙여질 것이다. 여기서 흥미로운 점은 소규모 경작자들이 문제된다는 것이다.138) 그들은 이러한 체계를 이용하려고 단결할 수밖에 없고, 어떤 기술적인 연수를 받을 수밖에 없는데, 그들은 이 연수에서 엄청난 시간을 절약한다.

오니무스Onimus는 『질식과 비명 소리』L'Asphyxie et le cri에서 사랑과 종교 같은 가장 관계가 먼 영역에 기술들이 침범하는 것을 훌륭히 보여준다. "사랑은 쾌락으로 귀결되며, 쾌락을 만들어내는 기술들로 귀결된다. 도식과 일과표와 더불어 육체관계를 맺는 비법이 공표되고 전수되는데, 성性은 기계적 방식들의 하찮은 배합으로 국한된다." 기술을 피했던 죽음과 더불어 큰 영역들 중 하나가 이제 기술의 침범을 당한다. 이는 놀랍지 않으나, 다음 같은 두 가지 본질적인 지적이 생겨난다. 첫 번째 지적은 늘 그렇듯이 기술의 축소하고 분리하는 특성이다. 사랑은 모든 감정과 참여가 배제된다는 조건에서, 또 재능과 격정과 열정인 모든 것이 배제된다는 조건에서, 또 사랑의 즐거움마저 배제된다는 조건에서, 기술적이 될 수 있으며 행위로 귀결된다. 이와 같이 존재의 포괄성은 국한되고 분리되며, 사랑은 실제로 기술화될 수 있다. 삶139)에서 분리된 성 행위는 메커니즘이다. 그러나 피임약부터 카마수트라140)까지 기술들을 제시하고 퍼뜨리는 일 자체를 통해, 반드시 이 기술들에서 어떤 기술이 만들어진다. 또한 이 기술들에서 어떤 기술이 만들어짐으로써, 불가피하게 이러한 축소와 분리가 이루어진다. 이는 언제나 매번 일어나는 기술의 적용

---

137) 프랑스 서남부에 위치한 도都(département) 샤랑뜨 마리띰므(Charente-Maritime)에서의 전산화된 체계. [본문 내용을 역자가 각주로 설정]
138) 샤랑뜨 마리띰므에는 25,000명의 소규모 경작자들이 있는데, 거기에서는 평균 25헥타르의 농지를 가지고 실험을 시작하였다. [본문 내용을 역자가 각주로 설정]
139) 주역主役의 삶과 주역의 삶에서 생겨날 수 있는 삶. [본문 내용을 역자가 각주로 설정]
140) [역주] 카마수트라(Kamasutra). 4세기 말 인도에서 집필된 것으로 알려진 현존하는 인도의 가장 오래된 성애性愛에 관한 문헌.

결과이다

두 번째 지적은 이 기술화의 열렬한 주역들은 좌파 정치인, 혁명가, 진보주의자, 자유에 열광하는 자라는 것이다. 이 자유에 대한 선동가들은 사랑의 자유를 강요하려고, 과거의 도덕적 몽매주의에 맞서 용감하게 싸운다. 그러나 매번 그렇듯이, 그들은 자기 자신들의 함정에 빠져 단지 기술 세계가 발전하게 하는데, 그들은 자유에 대해 공상에 사로잡힌 자들이다. 하지만, 이 때문에 그들은 사랑을 그 반대되는 것으로 변모시키는 동시에, 사랑과 사랑에 수반되기 마련인 즐거움을 동시에 메마르게 하는 기술화의 실제 하인이 된다.

오니무스는 또 종교적 영역에서 기술의 침범을 보여준다. 참선과 요가로 향해진 최근의 "종교적 혁신"은 종교적 기술들의 발견에 기인하는데, 이는 어떤 종교가 다른 종교보다 기술화에 더 적합했기 때문이다. 그래서 추구되는 바는 세계관도 아니고, 삶의 이유도 아니며, 의미나 혹은 진리가 아니라, 명상 기술과 비움의 기술과 내적 공간 확장 기술이다. "기술 문명의 정신적인 공간에 가장 고매한 사상이 받아들여져 손상된다." 마약을 이용한 황홀경과 영적 공간 확장 같은 명백하게 동일한 결과를 얻기 위한 최소한의 노력141)을 요하는 외적 방식을 발견하는 것이 늘 중요하다. "참선은 완전히 효율적이다. 참선은 담화의 구조를 표출시키게 하는 수단을 알고, 비합리라는 놀랍고 결정적인 가정에 의해 의식을 해방시키는 수단을 안다." 이 방식은 핵심이 되고, 이 점은 모든 영역으로 기술들의 확장 필요성을 나타낸다. 종교적인 세계는 차차 지배된다. 분명히 오래전부터 종교적인 세계는 지배되었으며, 마법적인 진행과정, 종교의식, 전례의식, 음악, 향 피우기는 기술이었다고 할 수 있다. 그러나 이 기술들과 오늘날 우리가 보는 것 사이에는, 기술적인 작용에서 기술적인 현상까지의 간격 전체가 있다. 우리는 효율성에서, 신속함에서, 수고의 감축에서 이득을 얻었다. 새로운 기술적인 현상에는 바로 이러한 것만 있

---

141) 이것은 두드러진 기술적인 특성이다. [본문 내용을 역자가 각주로 설정]

지, "자연적인" 종교적 뼈대 같은 것은 아무 것도 없기 때문에, 우리는 순수성에서도 이득을 얻었다. 환약이 똑같은 결과를 우리에게 준다면, 이냐시오 데 로욜라142)의 영적 훈련의 긴 고행은 왜 필요한가? 이는 여전히 기술의 정확한 흔적이다. 진정한 수도사는 으뜸가는 것이 고행이라고 그 반대로 말할 수도 있는데도, 으뜸가는 것은 효율성이다. 현대의 다양한 종교 운동 가운데서 우리는 기술의 동일한 영향을 목격한다. 기술들과 결과 사이에 끊임없이 비교가 이루어진다. 이것이 바로 기술적인 과정의 특성 중 하나이다. 신봉자들은 경험을 이야기하고 결과를 비교한다. "용기容器가 내용을 대체하는 상황이고, 방법은 의미를 몰아내며, 규격화된 비결 전체가 종교적인 것을 대체하는 중이다…" 효율적이 되고자 하는 모든 활동은 반드시 오늘날 기술에 종속됨을 언제나 떠올려야 한다. 이와 같이, 비행기나 혹은 전차와 비슷하게 여겨진 기술에 맞선 인간을 나타내는 것으로서 게릴라는 칭송될 수 있다. 게릴라는 산업 사회에 의해 자신에게 제공되는 무기와 통신수단 같은 물건도 사용할 뿐 아니라, 승리하기 원한다면 그는 무엇보다 자신이 조직143)과 선전과 첩보의 기술전문가가 될 수밖에 없다. 그런데 이 기술들은 비행기 운항 기술보다 덜 기술적이지 않고, 이와 반대로 흔히 비행기 운항 기술보다 더 기술적이다! 게릴라의 승리는 늘 기술의 승리이며, 그의 나라를 기술적인 경로로 들어서게 한다.

이 보편화되고 불가피한 기술들은 집단과 결합체와 조직의 활동만큼 개인적인 활동에도 관계된다. 사무실은 점점 더 많고 복잡한 기계가 갖추어지

---

142) [역주] Ignatius de Loyola(1491-1556). 스페인의 수도사. 로마 가톨릭의 수도공동체인 예수회를 창립하여, 종교개혁으로 동요하고 있던 가톨릭에 새로운 숨결을 불어넣는다.
143) [역주] 국가 행정이나 대기업 행정에 맞서 싸우는 사람은 자신이 비판하는 행정에 병행하는 행정이나 대립하는 행정을 조직할 수밖에 없는데, 여기서 조직이란 그러한 '병행 행정'(administration parallèle)이나 '대립 행정'(administration en opposition) 같은 것을 가리킨다. 엘륄은 여기서 아주 중요한 점을 강조하고자 한다. 즉, 기술 체계와 동일한 무기를 사용함으로써만이, 또 기술 체계와 똑같은 엄밀한 방식으로 조직됨으로써만이, 기술 체계를 비판할 수 있고 기술 체계에 대립할 수 있다는 것이다.

고 점점 더 엄밀한 원칙에 의해 조직되며 점점 더 정확한 과정에 의해 기능을 수행한다.144) 이를 통해 거기에 있는 개인들의 긴장이 더 커지고, 개인들에 대한 혹사가 늘어나며, 개인들의 독립성이 더 줄어든다고 생각하지는 말아야 할 것이다. 이와 반대로, 설비나 조직 기술과 개인의 작업 기술 사이에 결합이 이루어질 때, 사무원은 실제로는 더 빠르더라도 덜 불안한 리듬에 종속되고, 분명히 더 큰 자율성을 누리는 더 폭넓은 상황 속에 존재한다. 가장 높은 차원에서, 우리는 경제적이고 행정적이며 과학적인 조직 분야와 연구 분야에서 동일한 현상을 발견한다. 왜냐하면 오늘날 과학이 계속 발전하려면, 기계나 조직에서 또 연구자들의 체계적 양성에서 상당한 기술적 하부구조가 과학에 필요하기 때문이다…

이제 지적이고 예술적인 활동은 동일한 이중적 측면과 더불어 기술에 직접 종속되어 있다. 한편으로 컴퓨터와 프린터 등 장비가 설치되고, 다른 한편으로 기술 환경에 의해 더 밀접하게 고취된 음악적이고 회화적인 기술들이 생겨난다. 결국, 우리는 누보로망145)이라는 기술을 경험한다. 해석학의 새로운 방법과 더불어 우리는 지식인에게 가장 추상적이고 가장 불안한 영역에 다가가는데, 이 영역에서는 기술이 발전할 수 있다. 여기서 분명히, 정치적 기술들에서처럼 이것은 여전히 암중모색이다. 하지만, 이 현상의 확장과 발전의 급속함 때문에, 앞으로 몇 년 후에는 이 방법들이 발전하고 더 깊이 연구되기를 기대해야 한다. 이와 같이, 활동 영역 전체와 인간 삶의 영역 전체는 기술

---

144) 물론, 행정은 기술들의 영향 아래에서 조금씩 변해가는 경향이 있음이 알려져 있다. 가장 좋은 예는 『미래 전망 행정』*Administration prospective*의 저자 스페즈(Sfez)가 우리에게 제시한다. 그는 기술적인 경영방법을 고려하지 않는 것이 이제 얼마나 불가능한지, 특히 우리가 사는 세상이 미래 연구를 얼마나 전제로 하는지 보여주는데, 미래 연구는 행정의 개념 자체를 변화시킨다. 특히 미래를 전망하는 기관들과의 관계에서 미래를 전망하지 않는 행정에 대한 그의 연구는 탁월하게 구체적으로 무언가를 암시한다.

145) [역주] 누보로망(nouveau roman). 전통 소설의 주요 특성들을 문제 삼는 1950년대의 프랑스 문예 운동. 특정한 줄거리나 뚜렷한 인물이 없고 윤리나 사상의 통일도 없으며 자유로운 시점에서 세계를 묘사한다. 로브그리예(Robbe-Grillet), 뷔또르(Butor), 베께뜨(Bequette) 등이 대표적 작가이다.

들의 대상이다. 기술들의 적용 분야에 따라 기술들은 다음 같이 나누어질 수 있다. 즉, 컴퓨터처럼 엄밀하게 말하자면 기계적이지 않은 것을 포괄하는 아주 광범위한 용어로서 기계적인 기술들, 연구나 '의료 처치' 같은 경제적인 기술들, 국가와 행정을 포함하여 모든 유형의 사회 조직체와 관계되는 조직 기술들, 제도화되지 않은 개인이나 혹은 집단과 관련되는 광고, 선전, 집단 동태분석, 심리분석 등과 같은 "인간적인" 기술들이다. 실제로 서구 세계에서는 어떤 종류의 활동일지라도 비非기술적일 수는 없다고 나는 생각한다. 체계는 정말 보편적이다.146)

하지만, 어떠한 반발도 없는가? 일반적으로 받아들여진 다음 같은 견해가 있다. 즉, 현대인은 기계나 혹은 기술적인 대상들을 사용하면서 실제로 상징을 조작하고, 인간을 소비로 이끄는 것이 이러한 상징이며, 이 세계에서 중요한 것은 대상 자체보다는 차라리 상징이라는 견해이다. 사람들은 잘 알려진 전통적인 세계로 기술적인 현상을 통합하면서, 그런 식으로 안심하려고 애

---

146) 1975년 2월 12일 '프랑스 뀔뛰르'(France Culture) 라디오 방송에서 '프랑스 공업 표준화 협회'(Association française de Normalisation) 대표의 방송은 기술의 보편화에 대한 특별한 시각을 드러낸다. 그 대표는 기술들의 탁월함에 대한 완전히 거리낌 없는 양심과 전적인 순진함을 가지고 그로부터 일련의 증거가 되는 바를 표현했다. 표준화는 자체로 보편적 기술이다. 표준화는 산업 생산에 우선 적용되었는데, 산업 생산은 전쟁을 위한 생산의 효율성을 보장하고자 1918년에는 전적으로 단순했다. 그러나 표준화에는 보편적 특성이 있다. 즉, "모든 것을 보편화하려면 모든 것을 표준화해야 한다." 이것은 기술이 실제로 무엇인지에 대한 극도로 심오하고 대단한 의미를 지닌 표현이다. 원초적이고 불완전한 표준화이지만, 첫 표준화로서 언어는 간주되기에, 언어가 표준화되어야 하는 것은 자명하다. 지적인 능력과 교류 및 사회적인 탐구와 활동과 마찬가지로 모든 기술은 물론 표준화되어야 한다. 각각에서 표준화는 표준화해야 할 대상에 대한 두 가지 분석 측면, 곧 '일자리에 대한 적성'(aptitude à l'emploi)과 호환성을 포함한다. 이 이중적인 표준화에서 제품의 총체 혹은 서비스의 총체가 규정되고, 이 순간 제품이나 혹은 서비스는 "표준적"이 된다. 표준화된 언어는 통상적인 용법들을 뛰어넘는다. 표준화된 언어는 모든 사람에게 적용되고 서비스를 탁월하게 만든다. 기술 자체를 정당화하지만, 드물게도 분명히 시인된 모든 것에 의해 표준화는 이 담론에서 정당화된다. 표준화를 통해 정확성, 단순성, 효율성, 보편성이 생겨나고, 무질서는 제한된다. 이 대표가 교묘하게 강조하듯이, 표준화는 절대적 명령에 의해 결코 강요되지 않는다. 표준화는 자체의 명백함에 의해 저절로 강요된다. 왜냐하면 잘 적용되기 위해서 표준화는 바로 인간들 자체가 표준화되지 않은 한에서만 얻어진 만장일치를 요구하기 때문이다!

쓴다. 실제로 사정은 전혀 그렇지 않다. 왜냐하면 상징화된 대상이나 혹은 상징과 연관되려는 대상이 예전처럼 인간에게 생소하거나 "자연적인" 세계147)에 속하는 대상이 더는 아니라는 단순한 이유에서, 기술 체계 속에서 상징이 의미와 가치를 바꾸었기 때문이다. 기술 세계의 대상은 이제 자신 특유의 효율성과 힘을 부여받고 인간이 이룬 결과들을 얻을 수 있지만, 그래도 생소하다. 따라서 상징은 그 대상에 대해 예전과 같은 역할을 하지 않는다. 따라서 우리가 앞에서 언급했던 바를 보완해야 한다.148) 한편으로 인간이 타고난 상징화의 힘은 배제되고, 다른 한편으로 모든 소비가 상징적이 된다. 기술 체계는 그 자체가 기술 체계로 구성되는 실제 세계이다. 자연과 관련하여 상징 세계는 이 자연계에 비해 인간에 의해 완전히 만들어진 극도로 구조화된 가상 세계였다. 이 가상 세계에 힘입어 인간은 이러한 실재와 거리를 두며 구별될 수 있었던 동시에, 분화되지 않은 세상에 의미를 부여하는 '상징적인 것'을 매개로 하여 현실을 제어할 수 있었다. 기술 체계에서는 이러한 방향에서 상징화할 수 있는 어떠한 가능성도 더는 없다. 그 이유는 우선, 신비감이나 기묘한 감정을 겪지 않는 인간에 의해 현실이 만들어지기 때문이다. 인간은 자신이 주인이라고 늘 직접 주장한다. 그 다음으로, 상징화가 거리 유지의 과정이라면, 이와 반대로 기술적인 과정 전체는 인간의 통합 메커니즘이기 때문이다. 마지막으로, 이제 인간이 더는 자연을 상징화하는 것이 아니라, 기술이 기술 자체를 상징화하기 때문이다. 즉, 상징화의 메커니즘이 기술이고, 이 상징화의 수단은 '멀티미디어 메모리 카드'이다. 소비해야 할 대상은 주어진 상징이다. 상징화는 기술 체계 속에 통합된다. 어떠한 거리 유지도 더는 없으며, 인간의 특수성과 독창성이라는 훌륭한 수단이었던 이러한 수단에 의해 체계를 제어할 어떠한 가능성도 더는 없다. 특히, 상징은 의미 보완으로서 혹

---

147) 자연적인 "세계"에서는 모든 것이 상징화될 수밖에 없었다. [본문 내용을 역자가 각주로 설정]
148) 51쪽 참조.

은 새로운 영역에 도달하는 것으로서 나타나지 않는다. 의미는 이미 기술 체계에 의해 확고하게 되고, 모든 영역은 닫혀있다. 마찬가지로, 상징은 인간을 벗어나는 것에 어떤 '의미 질서' ordre signifiant를 강요하는 인간의 수단이 아니다.149) 여기서 상징을 유발하는 것은 이미 인간의 수단이다. 결국, 상징화 기능은 인간 특유의 능력에 대한 입증이 더는 아니다. 이제 상징화 기능은 인간에 의해 이미 만들어진 다른 질서와 기능에 종속된다. 상징화 기능이 이러한 관점에서 작용한다면, 이는 기술이 이제부터 인간의 진정한 환경임을 입증하는 것일 뿐 아니라150), 인간이 여전히 할 수 있는 상징화를 기술이 유발하고 실제로 떠맡기 때문에 기술의 전적인 확장을 입증하는 것이다. 히피의 반발은 이러한 자유를 보전하기 위한 절망적이고 무의식적이며 시대에 뒤떨어진 투쟁이다.

하버마스는 우리가 초자아의 구조 상실을 목격한다는 점을 보여주면서, 이 분석을 놀랍게 확증한다. "적응 행동의 더 큰 확대는 상호작용 영역의 이면이나 혹은 반대편일 따름인데, 이 상호작용은 어떤 목적과 관련된 합리적 활동 구조의 영향 아래서 해체되면서 언어에 의해 매개된다. 여기서 상징적인 것은 기술에 의해 제거된다. 어떤 목적과 관련된 합리적 활동과 인간 의식 속에서 상호작용 사이에 차이가 사라지는 것은, 주관적 차원에서 이 점에 일치한다. 이 차이가 은폐된다는 사실을 통해 기술 관료적 의식의 이데올로기적 힘이 바로 드러난다."151)

---

149) [역주] 여기서 엘륄은 상징이 예전 사회에서 "열려" 있었음을 말하고자 한다. 즉, 상징에는 여러 의미가 있고, 지속적 의미가 있었다는 것이다. 예를 들어, 이집트인에게 태양은 신과 왕의 상징이었던 동시에 활력과 삶 전체의 상징이었다. 이와 반대로, 기술 사회에서 상징에는 단 하나의 의미가 있고, "닫친" 의미가 있다는 것이다. 특히 기술 체계에서 상징은 아마도 법규나 협약과 비슷하고, 어떠한 모호함에도 노출되지 않는다. 예를 들어, 거리에서 빨간 불은 멈춰야 할 의무를 가리키고 단지 이 점만을 가리킬 따름이다. 또 파란 불은 통행할 수 있는 권리를 가리키고 단지 이 점만을 가리킬 따름이다.
150) 그렇지 않다면 인간은 그러한 관점에서 상징들을 다룰 필요성을 느끼지 않을 것이다! [본문 내용을 역자가 각주로 설정]

기술적인 보편성의 두 번째 측면 – 지리적 보편성

기술적인 보편성의 두 번째 측면은 지리적이다. 즉, 기술 체계는 인종과 경제와 정치체제의 차이가 무엇이든 전 세계에서 발전한다…152) 그런데, 이 점은 20년 전에는 더 일반적으로 받아들여졌으나, 여전히 계속해서 받아들여지지는 않는다. 기계가 옮겨지는 곳 어디든지 기계는 언제나 기계 그 자체이며, 기계를 사용하는데 아랍 방식이나 혹은 중국 방식, 자본주의 방식이나 혹은 사회주의 방식이 없음을 확인하기는 쉽다… 하지만, 우리는 기계가 단지 기술 체계의 요소일 따름이며, 기술 체계는 기계의 특성과 비슷한 특성을 드러낸다는 점을 확인했다. 세계 모든 나라에 옮겨지는 것은 기계가 아니라, 기계가 사용되도록 필요한 것인 동시에 기계의 축적 결과인 기술 세계 전체이다. 이는 삶의 방식이고, 일련의 상징이며, 이데올로기이다. 우리는 어떤 아프리카 국가에 전달되어 창고에 사용되지 않은 채로 있다가 쓸모없이 사라지

---

151) 앞에 나온 책, 『이데올로기로서 기술과 과학』 *Technik und Wissenschaft als Ideologie* (1968) 49쪽.
152) 나는 18세기의 기술적인 변화에 대해 『기술 혹은 시대의 쟁점』에서 제시했던 지적들을 여기서 재론하지 않을 것이고, 지리적인 보편성의 특성들도 재론하지 않을 것이다. 나는 이 점과 관련하여 『비선도非先導 국가들의 기술 습득』 *L'Acquisition des techniques par les pays non initiateurs* (프랑스 국립 과학 연구소 CNRS, 1973년)이라는 중요한 책을 다만 알려 줄 것이다. 이 책에서는 일군의 역사학자와 사회학자들이 일련의 정해진 사례에서 기술의 발전 조건들 및 확산 메커니즘을 연구한다. 이 예들은 일본을 제외한 유럽에서 또한 19세기에서 대개 취해지지만, 그 예들의 단편적 결론들은 타당한 채로 있으나 남용 없이 일반화될 수 있다. 주요 결론들은 "일반적인 방향설정과 프랑스에서 영국 기술들의 습득"Orientation générale, et acquisition des techniques britanniques en France이라는 도마(M. Daumas)의 결론, "유럽에서 증기기관차의 확산"La diffusion asyndrômique de la traction à la vapeur en Europe라는 퍼스(Purs)의 결론, 일본의 발롱(Ballon)과 기무라(Kimura)의 결론, 「기술과 경제적 조건」Technique et conditions économiques이라는 배로(Bairo)의 결론, "기술 혁신과 사회 조건"Innovation technique et conditions sociales이라는 부캐넌(Buchanan)의 결론이다.
[역주] James M. Buchanan(1919-). 미국의 경제학자. 공적인 개입의 역기능을 비판하고 국가를 구성하는 요인들에서 국가를 설명하는 '공공 선택 이론' (Public Choice theory)으로 잘 알려져 있다. 그의 연구 작업을 통해 정치가의 사리사욕과 비경제적인 힘이 정부 경제정책에 어떻게 영향을 미치는가에 대한 연구가 시작된다. 주요 저서로 『가격과 선택, 경제 이론 연구』 *Cost and Choice: An Inquiry in Economic Theory*.

는 기계를 잘 안다. 여기서, 무엇보다 이것은 역량의 문제가 아니라, 삶의 방식이나 사회 조직이 일치되지 않는다는 것이다. 그래서 다음 같은 딜레마를 피할 수 없다. 즉, "기계가 사용되어져서 기계가 어떤 유형의 가족 관계와 경제 조직, 어떤 심리학, 생산성과 효율성 이데올로기 등을 전제로 하든가, 그렇지 않으면 기계는 사용되지 않을 것이다."라는 딜레마이다. 기술 체계의 모든 요소는 서로 결정지어지고, 기계는 이 요소들 중 하나이다. 우리는 퍼즐의 조각들이 우리 마음대로 배열될 수도 있는 일종의 퍼즐 앞에 있다고 여기지 말아야 한다. 실제로 각 조각은 자기 자리가 있으며, 조각이 그 자리에 놓이지 않는 한 결합체ensemble는 작동하지 않는다. 이 점은 세부적인 면에서 이 형태가 변할 수 없음을 의미하지 않는다. 물론이다! 정치 조직은 다소 독재적일 수 있고 다소 민주적일 수 있지만, 이것은 좁은 한계 내에서 이다. 다시 말해, 정치 체제는 어쨌든 관료적일 수밖에 없으며 전문가들 위에 기반을 두기 마련이다. 정치 체제를 통해 일련의 기술적인 수단을 가장 적절하게 사용할 수 있어야 한다. 그래서 부적격인 체제들이 제외될 것이고, 가장 잘 적용된 체제들을 위한 선별이 이루어질 것이다. 따라서 체제들 사이에 불일치가 천천히 감소하고, 기술의 사용을 거부하는 체제들은 단순히 제외될 수도 있을 것이다. 다른 체제들은 심리학이나 역사학에 따라 필요한 차이점과 더불어 형식적이고 구성적인 관점에서가 아니라, 구조적 관점에서 인접한 유형으로 귀결된다. 일본은 메이지 유신維新부터 보편화의 훌륭한 예가 된다.153) 일본은 순수한 상태에서 서구 기술들의 도입의 이상적 모델이다. 현재 일본은 기술적으로 미국을 추종하고 있다. 다시 말해, 미국의 모든 기술적인 발전은 채택되고 나서 일본에 의해 적용되는데, 이 점을 통해 어떠한 결과가 생겨나는지 알려져 있다. 한편으로, 이것은 앞으로 나아가는 놀라운 경제적 도약이다. 다른 한편으

---

153) 비쉬니(Vichney)의 훌륭한 연구인 "일본, 기술에서 과학으로"Le Japon : de la technique à la science「르몽드」(1972년 6월) 참조.

로, 이것은 지불해야 할 무거운 대가이다. 드문 예를 제외하고 일본 기업은 미국 기업에 종속되어 있고, 이 점을 통해 정치적 예속이 유발된다. 그렇지만, 어떤 발전 단계에 이르면, 기술은 단순한 모방 과정에 따라 계속 증대할 수 없다. 국가주의적 동기와는 별개로, 이것은 바로 우리가 현재 목격하는 바이다. 즉, 이것은 자율적인 증대 과정을 만들어내는 경향이다. 하지만, 경제적이고 정치적인 관점에서 미국의 우위를 문제 삼는다면, 역시 그래도 이것은 기술적인 보편성을 용인하는 경향이다.

경제생활과 경제 조직에서도 정확히 마찬가지이다. 이제 사회주의와 자본주의를 대립시키는 것은 완전히 시대에 뒤져 있으며, 이것은 이데올로기나 선전의 문제일 따름이다. 기술 체계 전체나 다른 형태들을 최대한 흡수하고 사용할 수 있는 경제 형태들이 있다. 이 다른 형태들은 포기되는데, 이 형태들은 보조를 맞추거나 혹은 사라질 수밖에 없다.154) 샤르보노155)는 차갑게 비꼬면서 기술의 도움에 의한 자본주의 국가와 사회주의 국가 사이의 통합

---

154) 기술 체계가 공산주의 체제와 자본주의 체제에서 결국 동일하다는 이 견해는 마르크스주의자들에게 침투하기 시작한다. 대단한 의미를 지닌 이 글을 예로 들어보자. "혁명적인 에너지에서 사회주의는 산업화를 촉진시킬 수 있고, 대중의 빈곤화와 농촌주민의 추방과 예비 산업 역군의 양성 등과 같은 산업 혁명에 전통적으로 수반되었던 현상들을 어느 정도 완화시키고 저해할 수 있음이 경험을 통해 드러났다. 그렇지만, 사회주의 자체는 산업화의 깊고 심각한 어떤 결과들을 제거할 수 없었다. 노동을 잘게 쪼개고 '운영 활동'(activité de direction)과 '집행 활동'(activité d'exécution)을 분리하는 산업화의 내재적 경향, 어떤 사회적인 식별들을 유지하려는 필요성, 노동력의 단순한 재생산이라는 한계 속에서 대중의 소비 증대에 대한 제한, 자연 환경을 파괴하는 성향 등을 사회주의는 막을 수 없었다. 이 성향들은 산업 문명의 본성 자체이며, 그 때문에 새로운 삶과 인간의 새로운 관계들이 산업 문명 위에 지속적으로 근거를 둘 수 없다. 결국, 산업화는 사회주의 사회의 목적이 아니라 선결되어야 할 조건이며 출발점이다." 『분석과 예측』*Analyse et prévsion* (1968년)에서 "기술 혁명에서 인간과 사회"*L'homme et la société dans la révolution technique*.
그리고 라도반 리치타(Radovan Richta)는 자신의 탁월한 저서 『교차점에서의 문명』*La Civilisation au carrefour* (1969년)에서 이 점을 자세히 설명했는데, 거기서 그는 사회주의가 기술의 결과들을 피하지 못하고 사회주의와 더불어 소외의 형태가 변했지만, 소외가 '산업 문명체'에서 없어지지 않았음을 보여준다. 또한 그는 그 점이 마르크스 자체에 근거하고 있음을 보여준다. 마르크스는 혁명 과업을 자본주의적 생산 관계를 없애는데 결코 한정했던 것이 아니라 그의 비판은 산업 문명을 대상으로 했는데, 자본주의는 단지 산업 문명의 창시자이자 선도자일 따름이다. 사회주의에 대한 중요한 결과로서 리치타는 기술에 의한 집약적 성장을 통해 '자본 집약 지수'(coefficent du capital)가 낮아지고 그것은 자본주

을 다음 같은 표현으로 요약한다. "자본주의라는 정正명제와 사회주의라는 반反명제 다음에 플라스틱 사회라는 합合명제가 생겨난다." 미체르리히Mitcherlich 156)는 정치 체제나 경제 체제가 어떠하든지 간에 기술적인 현상을 통해 동일한 결과가 생겨남을 다른 많은 이들과 더불어 보여준다. 예를 들어, 도시 계획에 대해서와 도시 계획적인 전문기술관료체제에 대해서이다. "공산주의 국가에서 사유 재산에 가해진 제한을 통해 독창적 방식의 출현이 조장되지 않았고 특히 고립의 목적이 분명히 나타나지 않았는데, 음산한 도시들을 건설하는 일이 계속 되었다…" 푸리아Furia 157)는 기술화로 말미암은 예를 들어 러시아식 사회주의나 중국식 사회주의 사이의 공조를 보여준다. 중국인은 기술 교육과 관계되는 크루크체프Khrouchtchev가 권장하는 방편들을 택했다. 우선 러시아인에 의해 이루어진 기술화를 통해 중국인은 자신의 적이 밟는 경로와 아주 비슷한 경로를 따라간다. 푸리아는 중국인이 다음 같은 점에 의견이 일치한다고 강조한다. 즉, 기술이 사회적 진보에서 주요 역할을 한다고 간주한다는 점에, 자본주의가 기술화에 제동을 건다고 비난하는 점에, 기술이 사회화의 토대라고 평가하는 점에, 이 때문에 기술 교육에 가장 큰 우위를 부여하는 점에, 관리자로 하여금 '기술담론적인 정신'(esprit technologique)이 젊은이와 노동자에게 확산되게 하는 점에 의견이 일치한다. 이 유사점들은 이 두 체제 사이에 눈길을 끄는 명백하고 구체화된 대립보다 훨씬 더 본질적으로 보인다. 중국인은 '노동의 과학적 조직' OST 158) 방식이라는 생산 의욕과 '기술담론 팀' équipe technologique의 구성에서 러시아인을 모방한다. 중국인은

의 체제에서 생산의 발달과 소비의 증가 사이에 모순의 소멸을 예상할 수 있게 한다는 점을 보여준다.
155) 앞에 나온 책. 『체계와 혼돈』 *Le Système et le chaos*
156) 『정신분석과 도시계획』 *Psychanalyse et urbanisme* (1970년)을 볼 것.
157) 『기술과 사회』 *Techniques et sociétés* 를 볼 것.
158) [역주] OST는 Organisation Scientifique du Travail(노동의 과학적 조직)의 약자로서, 19세기 제2차 산업혁명의 토대가 된다. 생산 작업장의 관리와 조직 방법으로서 그 원리들은 미국 기술자 테일러(Taylor)에 의해 발전되었으며 산업적으로 적용되었다.

다른 민족처럼 기술화라는 정확히 동일한 경로로 뛰어든다. 나는 1952년에 이 점을 글로 썼으며, 모든 것은 이 점을 확증한다. 어떠한 독창성도 없다. 마오쩌둥이 기술 혁명은 문화 혁명을 동반해야 한다고 생각하는 것은 조금도 새로운 것이 아니다. 이는 피아틸레트카159)와 더불어 1927년에 러시아인의 견해였다. 마오쩌둥이 지배 요인은 인간이라고 선언한다면, 스탈린이 『가장 귀중한 자본, 인간』*L'Homme, le capital le plus précieux*이란 제목이 붙여진 책을 집필했음을 잊지 말아야 한다. 자칭 중국 공산주의의 독창성에 대해 말하자면, 중국인이 지적 노동과 농촌 노동과 산업 노동을 결합시키기 때문에, 또 단순 작업과 기발함의 도움을 청하기 때문에, 이는 그들이 다른 경로에 관여되어 있음을 입증하는 것이다. 경탄하는 이 모든 증인은 사람들이 새로운 경로에 있지 않고 예전 단계에 있음을 단지 알지 못한다. 이것이 전부다. 단순 작업은 발전된 기술들의 단계를 어디서든 능가했으며, 시골에 세워진 공장은 16세기 영국이나 프랑스의 산업 단계의 특성을 띠었다. 노동자의 솔선행위에 호소하는 것은 유산계급의 시작 단계이다… 나는 중국에 관한 온갖 책이나 이야기에서 기술화와 관련된 새로운 것을 엄밀히 말해 아무 것도 발견하지 못했다. 조정 작업이 마찬가지인데도, 또 중국인 스스로 독창적이라 여기면서 현재의 형태가 아닐망정 기술적인 성장 조건을 정확히 재현하려고 악착같이 애쓰는 데도, 또 적어도 문화적 이데올로기에 자체의 법칙을 강요할 메커니즘 전체를 정확히 제자리에 다시 두려고 악착같이 애쓰는 데도, 현상의 여명기에 단지 자리 잡고 있다는 점을 통해, 현상의 연장에 대한 환상을 여전히 가질 수 있고 다른 해결책을 상상할 수 있다. 왜냐하면 다른 선택이 없기 때문이다. 중국인은 이 명백한 노선에서 중단을 원하고, 시골 제철소와 수공업 공장을 계속 늘려갈 것이다. 그래서 중국인은 아주 빨리 최고치에 이를 것이다. 그렇지 않으면 이 "독창적인 중국식 경로"는 하나의 단계일 따름으로서, 이 단계 동안 중

---

159) [역주] 피아틸레트카(Piatiletka). 소련에서 5개년 경제계획을 가리키는 용이다.

국인은 기술화에 익숙해지고 장래의 도약을 위해 필요한 몇몇 토대가 준비되는데, 이 때 중국은 다른 기술 사회와 정확히 비교할 수 있는 기술 사회가 될 것이다. 왜냐하면 끊임없이 되풀이해 말하면 기술 체계는 언제나 동일한 조건과 일련의 결과를 그 자체에 지니기 때문이다. 그러나 우리가 두 가지 가정을 제시할 때 착각하지 말아야 한다. 두 번째 가정을 위한 선택은 이미 이루어져 있다. 「새로운 중국」*Chine Nouvelle* 이나 「베이징 평론」*Pékin Review*에 실린 저우언라이周恩來의 수많은 선언을 통해 현재의 큰 근심거리가 미국의 도움을 받아들이고 "물질적인 자극"을 다시 생겨나게 하며 문화혁명 동안 배척당했던 기술전문가나 일반전문가를 다시 복귀시키면서 어떠한 대가를 치르더라도 이루어지는 기술화임이 입증된다. 서구 세계에 비해 중국의 기술적인 낙후에 대한 염려가 모든 것을 지배한다. 기술적인 경쟁의 길로 들어설 때, 어쩔 수 없이 체계 전체가 채택된다. 낙후 문제는 우선 "봉쇄" 및 제국주의 침략과 관련하여 1971년에서 1972년 사이에 제기된다. 중국이 제국주의 정치에 맞서려면 기술적으로 발전해야 한다. 그러나 이것이 바로 중공업화와 기술화를 위해 스탈린이 사용했던 동일한 입증이었음을 잊지 말아야 한다. 사람들이 이러한 경로로 들어설 때 이 결과들은 불가피하다. 더구나 기술화가 모든 분야를 포함할수록 그러하다. 특히 중국은 전자, 자동화, 정보처리기술의 방향으로 특별한 노력을 기울일 수밖에 없다. 그런데 이 단계는 이미 지나쳤다. "공산주의가 더 호감이 가게 만들려고"160), 또 기술적인 대상들을 특히 소비하는 목적을 지닌 기술의 적용에 연결되어 있으면서 소비에도 연결된 매력이 공산주의에 있게 하려고, 마오쩌둥 자신은 집약적인 기술화의 필요성을

---

160) 린뱌오는 자신의 고행적인 분파주의 때문에 숙청된 듯이 보일 수도 있다. [본문 내용을 역자가 각주로 설정]

[역주] 린뱌오(林彪, 1907-1971). 홍군(紅軍)의 야전사령관으로서 22년에 걸친 공산당의 정권탈취 투쟁에 기여하고, 그 뒤 중국공산당 정부의 요직을 맡는다. 1971년 마오쩌둥을 제거하고 정권을 장악하려는 음모를 꾸미다가 발각되어 몽골로 도피중 비행기 추락 사고로 사망한다.

천명했다.161) 이러한 것을 전제로 하여 중국 방식의 특이성과 사회주의에 대한 모든 담화는 진정으로 담화가 된다. 경제주의와 도덕적인 자극을 둘러싼 중국에서 논쟁은 전적으로 특징적이었다. 그러나 덩샤오핑鄧小平의 복귀는 이제 인간에 대한 기술의 승리, "철의 정치"의 승리, 모든 대가를 치른 현대화의 승리, 핵의 승리, 생산성의 승리에 대한 징조이자 보장이다. 결국, 혁명은 반드시 기술에 동조한다.

제3세계의 비극은 바로 기술들을 사용할 수 없다는 것인데, 이것은 현실적이기는 하지만, 본질적이지는 않다. 부유한 국가는 점점 더 부유하게 되고 가난한 국가는 점점 더 가난하게 되는데 대해 분노하는 것은, 완전히 도덕적이지만, 지적으로는 우스꽝스럽다. 문제를 이와 같이 제기하는 것은 아주 이상적이고 고결하지만, 이것은 출발부터 어쩔 수 없이 그 점에 대해 아무 것도 이해하지 못한다는 것이다. 문제는 전혀 "자본주의적인" 것이 아니라 기술적이다. "기술 격차"는 제3세계가 여전히 기술 체계에 완전히 통합되어 있지 않기 때문에 확대된다. 제3세계가 기술 체계에 통합되어 있지 않는 한, 제3세계는 점점 더 기술력에 의해 압도됨으로써 가난해질 따름이다. 제3세계는 기술화된 국가에서 일어날 수도 있는 소요와 정치 독재와 혁명에 의해 자신의 처지를 개선할 어떠한 기회도 없다. 혁명이 성공한다면 혁명은 서구의 기술력을 더 잘 파괴할 수도 있다. 그런데, 이 점은 제3세계 국가의 상황을 조금도 개선하지 않을 수도 있다. 이와 반대로, 제3세계 국가는 "서구" 국가의 도움도 없이, 상품을 수출할 가능성도 없이 좀 더 아래로 떨어질 수도 있다. 제3세계를 위한 유일하게 가능한 경로는 기술화이며162), 기술을 최적으로 사용할 수 있는 정치·경제 체제의 생성이다. 이 기술은 노동 심리학 기술이고, 생산성 심리학 기술이며, "대중화된 개인주의적" 사회 조직 기술이다. 다시 말해, 이는

---

161) 「르몽드」, (1973년 6월).
162) 나는 '산업화'라 하지 않겠다! [본문 내용을 역자가 각주로 설정]

체계로서 기술 체계가 기술 체계 전체에서 발전하는 조건들이다. 그러나 "사회주의"나 "민족주의"나 "민주주의"에 대해 이야기되는 한, 이 이데올로기적 발산은 기술화의 모든 가능성을 차단할 것이고, 다른 점에서도 마찬가지로 노동자의 노조 조직에 대한 연구나 혹은 기계들의 대량 확산이나 급속한 산업화 시도를 무엇보다 차단할 것이다. 게다가, 유일하게 가능한 경로가 기술화라고 내가 언급할 때, 단지 이것이 기술 체계와 보편주의에 의해 강요된 경로라는 것이지, 도덕적으로 이데올로기적으로 인간적으로 바람직하거나 좋은 경로라는 것은 아니다.163) 제3세계 민족이 살아남기 원한다면 이 경로는 불가피할 따름이다. 그렇지 않고서는 그들은 더 불행해질 수밖에 없고, 지리멸렬한 운동과 반란과 내적 분열에 의해 동요될 수밖에 없다. 유감스럽게도 우리는 제3세계 어디서든 중국인과 러시아인 혹은 미국중앙정보부에 의해 유발된 지역 분쟁보다, 기술화가 되지 않아서 증대하는 빈곤에 대한 비극적인 반발에 의해 유발된 지역 분쟁을 더 많이 목격한다… 기술화된 역량이 아무리 선의로 가득하더라도, 그들은 기술화된 역량에 늘 더 의존한다.

골드스미드Goldsmith는 기계와 화학비료와 살충제를 전제로 하는 집약적 농업을 위해, 우리가 어떻게 제3세계 민족들에게 자연 주기를 중시하는 아주 건실한 그들의 농업 방식을 포기하도록 점차 강요하는지 잘 보여준다. 이 점을 통해 그 민족들은 기술적인 민족에게 더 심하게 예속되고, 무한한 기술화라는 끔찍한 순환에 빠져든다. 그러나 이 점을 통해 농업 생산물의 소비와 관련하여 상황이 즉시 개선될 수 있다. 기술화는 명백히 당장 필요하다는 명분으로 늘 이루어진다.164)

아프리카 가나 대학에서 개최된 제3세계 기술 관련 회의의 뛰어난 보고서

---

163) 심리학적인 분야와 가족 분야에서 기술화의 결과들은 스위스 정신의학자 메다르드 부스(Medard Buss)에 의해 『인도에서의 정신의학자』*Un psychiatre en Inde* (1971년)에서 특히 잘 연구되었는데, 이 책은 우리가 그 문제에 대해 1950년에 저술했던 바에 대한 확증이자 더 철저한 연구이다.

165)는 기술화의 요구와 결과들에 대한 완벽한 개관을 제시한다. 기술화의 분명한 목표는 "신식민주의적 착취의 종식, 아프리카인의 존엄성, 사회 정의, 경제 발전"이다. 우선, 논쟁은 "중간 단계 기술"166)이나 '적용 기술'의 옹호자와 '토착 기술담론'의 옹호자 사이에서 시작된다. "중간 단계 기술"이나 '적용 기술'의 옹호자는 자신들의 미래에 관심 있는 자들에 의한 강력한 힘의 확립과 통제의 확립을 허용하지 않기 때문에 배격된다. 지역 상황에 따라 적용될 적합한 기술도 누가 이러한 적용을 할지 사람들이 모르기 때문에 배격되고, 사람들은 이러한 적용을 하는 것이 백인 기술전문가가 아닌지 또다시 두려워한다. '토착 기술담론'에 대한 열광이 생겨난다. 하지만, '토착 기술담론'이라 불리는 것이, 단지 서구에서 이루어지는 방향에 정확히 위치하는 기술적인 생산물에 대한 아프리카인의 상세한 설명임을 확인하는 것은 아주 신기하다. 순수한 토착 기술이 처음으로 대단하게 실현된 것은, 나이지리아의 흑인 기술전문가에 의한 일종의 새로운 로켓포 제작인데, 이것은 대단히 자랑스럽게 여겨진다.

물론, 이것은 남아프리카 공화국에 맞서 전쟁을 수행하려면 반드시 필요하다. 하지만, 이 점은 어느 정도로 기술들 속에 동일성이 있는지, 또 어느 정도로 기술들의 발전 과정이 있는지 단지 보여줄 따름이다. 분명한 점은, 서구의 기술들과 동일한 기술들의 발전은, 기술전문가를 양성하도록 모든 자원

---

164) 불임수술과 피임기구와 심지어 피임약 같은 산아제한 기술들의 제3세계로 이전을 통해 성적인 관계에서 뿐 아니라 신심과 사회구조 등에서 근본적 변혁이 생겨난다. 소비(Sauvy)가 말하듯이, 그것은 진정한 '문명 이식'과 관계된 것이다. 그러나 사람들은 그 결과들을 가늠했던 것과는 거리가 멀다. 성본능과 생식 능력이라는 사회심리학적인 '요인들' 및 그 요인들의 균형은 거의 전적으로 알려져 있지 않고, 무슨 비극과 무슨 격변이 유발될지 정확히 알려져 있지 않다. 그런데, 결과들을 예측할 수도 없고 새로운 불행에 대비하는 조치를 취할 수도 없는 상태에 있기에, 다급함에 쫓겨 급속한 방식으로 적용의 단계로 건너간다.
165) 『에큐메니컬 평론』 Oecumenical Review (1972년 3월)에서 "과학에 대한 서부 아프리카 회의, 기술과 인간의 미래와 사회"West African conference on Science, Technology and the Future of Man and Society.
166) '경장비 기술' (technique légère), 특히 농촌 기술 등이다. [본문 내용을 역자가 각주로 설정]

을 사용해야 하는 국가의 추진력으로 이루어질 수밖에 없다는 것이다. 그러나 다른 관점에서 이 회의의 "전문가들"은 기술화를 통해 종교적으로 붕괴되고, 종교의식이 없어지며, 신화적인 사고가 합리적인 사고로 변한다는 점을 완전히 인정했는데, 이 점을 통해 심리적이고 사회적인 공백이 생겨난다. 특히, 기술을 차지한 소수가 나머지 국민을 절대적으로 지배하는 경향이 있다. 사르풍P.Sarpung의 보고서는 기술화 때문에 생겨난 사회적 해체에 대해 극도로 비관적이다. 그는 사회적이고 종교적인 붕괴에 직면하여 그 방어책으로서 마법의 가장 원시적인 실천으로 돌아가는 현상을 확인한다. 우리는 마법과 기술이 양립한다는 것을 이미 안다. 아프리카인은 우리 서구인보다 더 빨리 순환주기를 거친다! 기술적인 절대적 필요성은 불가피해진다. 알루코A. Aluko의 보고서는 기술적인 발전이 아프리카에 가능하도록 필요한 사회적 변동을 분석하고, 특히 민족주의적이고 합리적이며 사회주의적인 "자립"이란 이데올로기가 생겨남을 분석한다. 그러나 그는 한 순간도 이 "자립" 이데올로기가 실제로 서구 이데올로기를 단순하게 채택하는 것임을 의심하는 듯이 보이지 않는다! 그는 서구의 기술적인 이데올로기의 "가치들"을 정확히 제시한다. 아프리카의 독립성 및 자율성과 기술의 아프리카화를 주장하려면 기술적인 대상들과 기술적인 방식들을 채택해야 할 뿐 아니라, 가치들과 이데올로기적 맥락을 채택해야 한다. 회의의 마지막 권고를 통해 아프리카 기술의 도약이 가능하도록 뒤엎어져야 하는 것이, 바로 사회적이고 이데올로기적 맥락 전체임이 여전히 입증된다. 기술화로 생겨난 가치들의 혼란이 아니라면, 치러야 할 가장 큰 대가를 아프리카인이 받아들이는 것이 아니라면, 아프리카가 주도적이 되고 독립에 이르는 것이 기술에 의해서일 것이라는 환상이 아니라면, 이 모든 것을 통해서는 새로운 대단한 것이 제시되지 않는다.

제3세계 민족에게 기술화 열정과 진보 이데올로기에 관해, 브레진스키Brzezinski는 수많은 놀라운 예를 제시한다. 이 예들은 제3세계 대학생이 다른 어느 곳보다 미국으로 가서 거기서 기술연구를 계속한다는 사실과 관계되거나 167), 혹은 녹색 혁명 같은 서구의 기술적인 발명에 의존하는 기술화된 농업이 어디서든 정착되는 경향이 있다는 사실과 관계되거나, 혹은 개발도상국의 민족에게 통신, 직업훈련, 기술교육의 증가와 '상응하는 기계장치' 168)의 증가가 일치되어 기술들이 더 빨리 채택되도록169), 우선 문맹퇴치에서 시작한다는 사실과 관계된다.170) 그는 제3세계 모든 국가에서 의미심장한 수치를 제시한다. 그가 문학 교육이나 혹은 사법 교육의 부적합성을 강조하고, 기술들과 더불어 서구 문화 모델을 택하는 경향이 이 국가들의 대학생에게 있음을 강조하는 것은 당연하다. 실제로 기술이 총체적인 것이 되었기 때문에, 이런 교육에 의해 형성되고 기술화에 의해 전달되는 바는 총체적인 것이다. 그리고 브레진스키는 거의 이 모든 민족에게 공통된 특징을 끄집어낸다. 특히, 이것은 트랜지스터라디오에 의한 가장 전통적인 농촌 대중의 간접적인 기술화이다. 실제로, 가장 중요한 것은 이 모든 민족의 기술에 대한 진정한 열정과 강박관념에 달려 있다. 특히, 모든 지도자와 엘리트는 문명과 발전의 유일한 경로이자 "역사 속으로 들어서기"를 위한 유일한 경로, 곧 기술의 경로만을 생각할 따름이다. 그들이 위험한 경로에 발을 들여놓고 있다는 점과, 기술화가 아마도 막다른 골목이라는 점과, 그들이 자신들의 특수한 발전 경로를 찾아야 한다는 점을 그들에게 이해시키려 드는 것은, 이러한 담화가 식민주의적이고 반진보주의적이라고 간주하는 그들 쪽의 판단에 즉시 동조하는 것이다….171)

기술적인 열정으로 말미암아 제3세계 민족은 공해, 기술의 위험, 환경의

---

167) 53쪽을 볼 것.
168) 라디오와 텔레비전 등.[본문 내용을 역자가 각주로 설정]
169) 즉 기술화로 예정된 주관적이고 문화적인 혁명이 가능하도록.[본문 내용을 역자가 각주로 설정]
170) 63쪽과 이하를 볼 것.

불균형 등에 대해 현재 언급될 수 있는 모든 것을 인정하지 않는다. 그들에게는 이 모든 것이 그들의 기술적인 도약을 가로막는 담화인 듯이 보인다. 그들은 이 문제들의 보편성에 대해 전혀 인식하지 않고, 기술적인 도약을 이용하려는 그들의 특유한 의지만을 고려할 따름이다.

이와 같이, 국토 면적과 숲과 광물 보유를 자랑스럽게 생각하는 브라질은 스스럼없이 온갖 산업이 브라질에 자리 잡도록 유도한다. 반헤케(C. Vanhecke 172)가 정확히 언급했듯이, 브라질은 "와서 이 나라를 오염시키시오"라고 선언하는데, 이 점은 매우 특징적이다.

"여기서 기술은 문명의 성과를 독점하지는 않지만, 사람들은 기술로 하여금 맹목적인 방식으로 모든 실재를 받아들이게끔 한다. 여기서 모든 것은 타르 길이와 콘크리트 무게로 측정된다. 지식인은 이 광기에 참여한다." 토고의 해외 협력 파견원이 나에게 편지로 썼던 이러한 확인사실은 일반화될 수 있다. 코트디부아르에서 시모노Simonnot 173)는 기술에 의한 통합을 확인한다. 골진 함석지붕이 초가지붕을 대체했다. 새로운 마을들은 정말 형편없고 추하지만, "이 마을들은 마을 주민 자신들의 욕구에 일치한다. 함석지붕은 더 견고하고 유지·보수가 필요하지 않다". 마을 주민들은 아직 불편함을 겪지 않았다. 왜냐하면 문제가 되는 것이 미학이 물론 아니기 때문이다! 하지만, 댐이 만들어지고 생산이 이루어지며 공사가 시행된다. 그래서 착취에 의해서가 아

---

171) 『서양의 위기와 동양』*L'Orient et la crise de l'Occident* (1977년)에서 유네스코의 문정관 에산 나라기(Ehsan Naraghi)의 낙관주의는 분명히 공유될 수 없다. 이 저자는 아시아와 아프리카의 민족들이 기술들에 대한 선택과 기술들의 특별한 적용과 특유한 문화의 유지에서 여전히 큰 자유를 누린다고 생각한다. 그러나 이 모든 것은 국제회의들의 원리 선언 및 철학적 고찰에 기초하며, 기술의 실재에 대해 엄청난 순진함을 드러낸다. 그는 양에 대해 동양적인 질을 확언해야 한다는 '되풀이되는 주제'(leitmotiv)로 되돌아간다. 그것은 이미 1920년부터 수많은 서구 지식인의 방향 설정이었다.

[역주] Ehsan Naraghi(1926-). 이란의 사회학자이자 작가. 저서로 이슬람 혁명기간에 투옥된 경험을 바탕으로 한 『궁전에서 감옥으로, 이란 혁명의 내면』*From Palace to prison: Inside the Iranian Revolution*이 있다.

172) 「르몽드」를 볼 것 (1973년 8월).

173) "코트디부아르의 예와 자취" *L'exemple et les vestiges de la Côte-d'Ivoire*, 「르몽드」 (1973년).

니라, 전통적인 사회 조직의 붕괴에 의해 무산계급이 즉시 생겨난다.

어디서도 실제로 교육은 기술화를 향해 방향이 설정된다. 일리치I. Illich의 판단은 여러 서구 지식인에 의해 실제로 받아들여지지만, 체제의 논리에 따르는 제3세계에서 완전히 무시된다. 문맹 퇴치가 선이라는 점과, 교육은 서구 모델에 따라 전개되어야 한다는 점은 "자명하다". 그런데, 예를 들어 무슬림 국가에서 어떠한 교육도 없었다고 주장하는 것은 완전히 거짓이며 어리석다. 그러나 이 새로운 교육을 유일하게 정당화하는 차이점은, 기술에 도달할 필요성이다. 거기서부터 토착 문화에 대한 거부 경향이 나온다. 이는 드죄J. Dejeux에 의해 설명된 문제와 같은 문제이다. "우리가 아랍화한다면, 우리는 과학적이고 기술적인 진보를 열망할 수 있을까? 이는 꽁뜨conte 작가와 시인의 세계에 대한 거부이며, 효율성과 동떨어진 문화에 대한 파괴이다. 새로운 아랍화의 주제들은 그러하다!" 총합도 새로운 문화의 창조도 문제가 아니다. 일본에서처럼 개인적인 삶에서 존속하는 민속과 기술담론이 나란히 놓일 수 있을 텐데, 기술담론은 상징적인 특수성을 희생하면서 보편성에 도달하게 한다. 제3세계 모든 민족에게 기술에 대한 이러한 열정은 지배적인 정치 형태의 이데올로기 너머에, 예를 들어 서구에 대한 거부 너머에 있다. 서구에 대항하는 투쟁에서도 이 기술화가 발견된다. 이것은 하나의 정신 상태이고, 활동을 체계화하고 문제를 자리 잡게 하는 방식이다.

기술의 보편성과 기술 체계의 일관성

고락을 함께 하려고 오늘날 세계 모든 나라의 상호의존에 대해 많이 이야기한다. 그러나 이 "기계적이고 불가피한 결속"이 기술에서 나온다는 점과 이 상호의존을 생겨나게 하는 것이 기술의 보편성과 기술 체계의 일관성임을 잊지 말아야 하는데, 이 상호의존에 따라 각 사건은 어디서든 반향을 일으킨다. 이것은 예를 들어 "위기"라는 문제를 완전히 변화시킨다. 예전에는, "세상의 체계"가 너무도 적은 "응집력"을 보였기에 지역적 해결책이 가능했다. 이제는 그것이 더는 가능하지 않다. 발전이 더 느렸기 때문에, 대책을 찾을 시간이 있었다. 오늘날 기술들의 결합이 워낙 빨라서 위기의 조건들은 해답을 찾을 가능성이 있기도 전에 변한다. "석유 위기" 및 제3세계의 석유 위기의 끔찍한 결과에서 이 점이 확인되었다. 제3세계는 1974년 석유 가격 인상 때문에 자체의 산업 생산과 식량 생산이 전체적으로 약 20퍼센트 감소하는 것을 겪었다… 내가 이 보편화를 기술 체계의 포괄성으로 귀결시킬 때, 나는 페스텔174) 및 메자로빅175)과 견해를 달리한다. 그들에게 기술은 결합체ensemble의 요인 중 하나이지, 결정 요인도 아니고 그 자체로 체계를 구성하지도 않는다. 내가 보는 견지로는, 그들이 "반反직관적인" 행동이라 부르는 것에 따라, 이 점은 그들의 예측을 왜곡시키고 미래를 위한 전략의 방향을 왜곡시킨다. 이것이 정확하기는 하지만, 이 행동의 이유는 지금까지 행동 구성 요인의 실재 자체인 기술에서 기인한다. 어쨌든 모든 분야에서 유일한 해결책은 문제에 대한 포괄적인 접근이고, 모든 지역을 위한 기술적이고 경제적인 균형 잡힌 발전의 추구이며, 보완성과 더불어 세계적 규모의 경제적 다양화이고, 효과적인 인구 정책이다. 그리고 이 모든 요인을 마침내 결합시켜야 할 것이다. 따라서 이것은 오늘날 보다 훨씬 더 발전된 기술을 사용하는 스스로 완전한 체계와

---

174) [역주] Eduard Pestel(1914-1988). 독일의 경제학자이자 정치가. 로마클럽의 창설자 중 한 명이다.

175) [역주] Mihajlo D. Mejarovic(1928-). 유고슬라비아의 과학자. '체계 이론' 분야에서 선구자로서 '로마클럽'의 회원을 지내기도 한다. 로마클럽 제출 보고서인 "전환점에서 인류"Mankind at the Turning Point를 페스텔(Pestel)과 함께 집필했고, 주요 저서로『일반체계 이론, 수학적 기초』General Systems Theory: Mathematical Foundations 가 있다.

[역주] 로마클럽(The Club of Rome). 1968년 서유럽의 정계, 재계, 학계의 지도급 인사가 이탈리아 로마에서 결성한 국제적 미래 연구기관. 과학자, 경제학자, 기업가, 고위 국제공무원 및 전·현직 국가수반 등으로 이루어진 비영리·비정부 연구단체이다. 정치, 사상, 기업의 이해관계를 벗어나 전 세계적인 변화의 촉매 역할을 하려는 것이 이 클럽의 목적이며, 인류가 마주한 정치, 사회, 경제, 기술, 환경, 심리학, 문화 등에 관련된 아주 중요한 '세계 문제'의 해결에 기여한다.

위압적인 세계 기구를 전제로 한다.

그렇지만 기술 체계의 보편성, 기술 체계가 도입되는 곳에서 기술 체계의 정체성, 기술 체계의 존재 조건의 재현이라는 사실은 기술 체계가 세계를 통합함을 의미하지 않는다. 우리는 기술 체계가 사회를 '거대 기계'로 변화시키지 않음을 앞에서 살펴보았다. 여기서도 이것은 같은 문제이다. 우선, 이것은 분석 차원의 문제이다. 기술이 어디서나 동일하고 비슷한 결과를 어디서든 생겨나게 하며 식별 가능한 구조를 만들더라도, 이는 정치적 차원에서 통합이 있음을 의미하지 않는다. 마찬가지로, 민족주의도 어디서든 비교될 수 있는 이데올로기이지만, 민족주의 성향을 지닌 민족들 사이에서 적대감을 불러일으킨다. 분명히 현대 사회의 보편성이란 없다. 아롱176)이 보여 주었듯이, 기술의 이데올로기적 보편성이 과학의 진리와 개인적 평등이라는 두 가지 가정으로 표현된다면, 이 점은 사회의 갈등도 민족적 갈등도 전혀 없애지 못한다. 그러나 아롱이 다음 같이 기술할 때, 잘못된 질문을 제기하는 듯이 보인다. 즉, "과학의 보편적 진리에서, 또 기술의 보편적 효율성에서 산업 문명의 보편적 소명으로 넘어가는 것은 당연한가?… 평등, 인격, 자유라는 개념들은 막연하다… 이 개념들은 서구에서 벗어나 있는 정신들에 강요되는가? 이 개념들은 모든 산업 사회 및 소비에트 사회나 혹은 서구 사회에 공통된 계획을 규정하는데 충분한가… 모든 사회는 고유한 응집 원리를 필요로 하지 않는가?" 실제로는 아무런 모순이 없다. 기술의 보편화는 어디서든 동일한 이데올로기적이고 사회적인 재편을 전제로 한다. 하지만, 이 점으로 말미암아 한편으로 지역적 특성이 사라지는 것도 아니고, 다양한 기술 사회들이 서로 갈등에 빠질 가능성이 사라지는 것도 아니다. 다른 한편으로, 보편화는 세계적인 정부로 융합되거나 세계적인 정부에 종속됨을 의미하지 않는다. 물론, 가족의 응집력을 확실하게 하기에는 불충분한 **민족성**National의 응집 원리가 있

---

176) 『진보에 대한 환멸』*Les Déillusions du progrès*을 볼 것.

듯이, 사회적인 모든 측면에서 특별한 응집 원리가 존재한다. 그러나 훨씬 더 복잡한 문제가 있다. 실제로 보편화의 과정에서, "포괄적인 공동체의 출현을 나타내는" 기술을 통해, 단절이 일어나는 동시에 분열이 더 심해진다. 기술을 통해 인류는 세분되고, 인류는 그 토대 위에 보편적인 '삶의 방식' modus vivendi 이 세워졌던 전통적 관습에서 분리된다. 기술을 통해 인간 상황의 폭이 넓어지고, 물질적인 상황과 인간을 분리하는 단절이 깊어진다. 기술이 사회의 토대와 가능성과 요구로서 세워지는 어디서든지, 서로 간의 두려움과 불신을 유발하는 파괴 수단이 기술을 통해 만들어진다. 기술을 통해 어느 때보다 더 가혹하게 부자와 가난한 자를 분리하는 생산 수단이 만들어지며, 긴장과 갈등이 더 심해지는 듯이 보인다. "수송 수단과 통신 수단을 통해 인류의 다양한 분파들이 가까워지는데 반해, 파괴 수단을 통해 이 분파들은 분리된다." "발전의 불균형이 우리 시대보다 더 컸던 적은 없었으며, 더 정확히 말해, 발전의 불균형이란 개념 자체는 산업 문명을 벗어나서는 의미가 없다."177) 이와 같이, 확실히 기술들은 인간 사이의 접근에 소용되고, 기술들을 통해 인간의 대립과 단절이 생겨난다. 그러나 이 점은 틀림없으되, 이 점은 분리된 기술들에 대한 검토에서 또다시 비롯된다. 기술 체계는 보편적이며, 어디서든 다소 완전하게 체계로서 이미 확립되었다. 그러나 기술 체계를 통해 민족들 사이에 평화 회복이나 혹은 화합이 보장되지는 않는다. 우리가 알고 있긴 하나 이 보편화에 맞서 아무 것도 할 수 없는 단절이, 실제로 기술 체계를 통해 생겨난다. 이와는 정반대로, 이러한 분열이 실제로 일어난다면, 이는 기술 체계의 보편화 때문이다. 기술이 기술력의 유일한 보유자인 소수 민족들의 소유이자 전유물이었던 한, 세상은 그 민족들의 지도 아래 통합될 수 있었다. 하지만, 보편화될 수 있는 것은 기술의 "본성" 속에서이며, 기술의 본성은 비밀스럽게 유지될 수 없다. 기술은 객관화될 수 있으며, 다른 한편으로 가능성의 극단까지

---

177) 위의 책.

나아가기 마련이다. 따라서 기술은 민족들 전체를 포함해야 한다. 그 민족들은 종속된 채로 남아 있을 수 없다. 그 민족들은 기술에 도달하는 순간부터, 또 사정이 달라질 수 없는 순간부터 정치적 자율성을 요구한다. 이 뿐 아니라, 기술은 그 자체의 영역에서 그 민족들이 다른 민족과 경쟁할 수밖에 없게 만든다. 예전에 식민 지배를 받은 민족들은 서구가 처음으로 기술화되었기 때문에 우선 서구에 의해 표현되었을 뿐 아니라, 기술에서 유래하는 사회의 표상이나 혹은 역사의 표상을 취한다. 이와 같이, 전통적 모든 신념과 대립되는 성장 이데올로기가 전 세계에 절대로 필요해진다. 제3세계는 단지 기술적이고 서구적인 이 유일한 가치를 위해 자신의 옛 사상체계 전체를 내버린다. 그러나 이 점을 통해 경쟁과 갈등이 분명히 초래된다.178) 실제로, 기술 체계의 보편성을 통해 인간 세상의 통합이 이루어지는 것이 아니라, 오랫동안 인간 세상의 단절이 생겨난다. 이 점은 체계의 특성 자체에 속한다. 체계는 경쟁이 일어나게 하는데, 이는 기술적인 분야의 다양한 발전 속도의 결과일 따름일 수도 있다. 그래서 새로운 분열이 예전의 분열을 대체한다. 사회학자에 의해 어디서든 연구된 대로, 예전의 도식에 따라 혹은 예전의 동기 때문에 이루어진 사회와 인간 세상의 분할은 기술을 통해 낡은 것이 된다. 그 대신, 기술을 통해 새로운 분화가 이루어지거나 그렇지 않으면 이제 동일한 분화가 이루어지는데, 기술에 의해 예를 들어 엘리트 같은 새로운 정당성과 토대가 이러한 분화에 주어진다. 기술을 통해 평등과 민주화가 발전된다고 하는 것은 맞지만, 이와 동시에 기술을 통해 기술 엘리트라는 현상이 생겨난다. 따라서 "통합된" 세상에서 기술을 통해 단절이 이제 일어난다면, 이는 우연이 아니다. "세계화"도, 민족들의 접근도, 세계적인 결속도 믿을 수 없다. 이것은 사물들에 대한 매우 피상적 시각에 기초한 이상주의에 속한다. 마찬가지로, 신세계의 발

---

178) 같은 특성을 나타내는 민족주의 이데올로기를 떠올리자. [본문 내용을 역자가 각주로 설정]

견이 기독교로의 개종에 의한 불쌍한 이방인의 구원이라는 의미가 있다고 여겨질 수 있었는데, 이는 통신 수단 덕분에 통합된 세상을 향해 나아간다고 오늘날 믿게끔 하는 것과 같은 종류의 환상이다. 기술 체계의 보편화를 통해 다양한 사회의 토대와 구조가 동일해지고, 인간 집단 사이에 물질적인 상호 접근이 이루어지지만, 틀림없이 인간 집단은 힘의 대립상태에 놓인다. 왜냐하면 기술이 힘의 도구일 뿐임을 늘 떠올려야 하기 때문이다.

불가피하게 우리는 기술 체계의 확장에 의해 경제적이거나 정치적인 문화와 형태를 점진적으로 동일시하기에 이른다. 저개발 국가의 권리 요구라는 측면에서 파악된 발전 문제 자체는, 단일성과 보편성이란 기술 체계의 특성과 더불어 기술 체계의 존재에서 나온다는 점을 잊지 말아야 한다. 실제로 문명의 다양성이 가능하다면, 우리는 전통적인 역사 상황에 여전히 있을 것이다. 각 사회는 자체의 기술들과 문명을 갖고 있었고 다른 사회와 달랐기 때문에 비교될 수 없었다. 기원1세기 중국 제국의 민족들과 로마 제국의 민족들 사이에 불균등은 진정으로 없었다. 그들은 서로를 몰랐기 때문에, 피상적인 견해로 그렇게 생각할 수도 있으나 그들 사이에 불균등이란 없었다. 우선 그들이 서로 비교하기에는 너무 달랐기 때문이다. 어떤 유형의 보편성, 곧 기술이 존재하는 순간부터, 또 모든 사람이 이 구조에 동조하고 이 구조의 이데올로기를 택하는 순간부터, 비교가 불가피해지고 불균등이 눈앞에 확연히 나타난다. 아롱R.Aron이 "발전의 불균등이란 개념 자체는 산업 문명을 벗어나서는 의미를 드러내지 않는다."고 언급하는 것은 전적으로 타당하다. 발전의 "문제"는 이상적인 행복과 일반화된 기술화에서 "문제"가 되었다. 그러나 바로 그 때문에, 이러한 보편화를 통해 다른 성장 수준을 지닌 나라들 사이에 갈등이 초래된다. "발전의 불균등을 통해 전 세계적 규모로 인류의 정치적 통합은 근본적으로 배제된다. 통계 조사에서 나타난 가장 놀라운 결과는 이러한 격차의 지속이 아니라, 어느 나라에서나 어떤 소득 수준에 도달한 어느 사회 집단이든 그 집단의 경향은, 이러한 소득 상승에서 그 집단을 앞질렀던 집단이 구매한 것과 같은 재화를 원한다는 사실이다." 그런데, 부가 복잡하고 다양한 필요에 적용될 수도 있기 때문에 이것은 부에서 기인하는 현상이 아니지만, 이렇게 소비가 동일해지는 현상은 기술화에서 비롯된다. 인간들은 단지 기술화된 소비를 향한 자신들의 보편적인 기술적 신념 때문에 강박관념에 사로잡혀 있다.

그러나 문화들이 동일해지는 현상은 절대적이지도 않고 경직되어 있지도 않으며, 눈길을 끌고 볼만한 다양성을 완전히 전제로 한다. 지역 수공업과 민속의상과 민속노래와 결혼의식이 여전히 더 많아질 것이고, 축제는 놀랍도록 토착적일 것이며, 종교는 융성할 것이다…

우리가 기술 사회의 보편성에 대해 이야기할 때, 이 점이 모든 나라와 모든 사회 계층에서 동일성이 있음을 의미하지 않는 것은 자명하다. 기술이 전문화되는 것도 분명하고, 기술이 통합하는 바가 행동방식과 존재방식인 것은 분명히지만, 더운 나라가 추운 나라와는 다른 삶의 양식을 강요하는 것은 분명하며, 민족주의가 기술 사회의 근본적 단일성에도 불구하고 지속한다는 것도 분명하다. 기술 세계는 이데올로기의 동일성이란 직선 대로를 만들어 내지는 않는다! 가장 크고 명백한 다양성은 이 다양성이 근본적인 사실을 유발하지 않는다면 지배할 수 있다! 왜냐하면 문화 형태의 명백한 다원주의 아래에서 보편적이고 공통적이며 어디서든 동일한 체계가 명확해지기 때문이다.

기술적인 보편주의의 토대와 기술적인 보편주의에 의한 뒤바뀜

우리는 적용기술들과 소위 중국식 매개기술들을 향한 방향설정과 더불어, 기술에 대한 고찰에서 새로운 발전을 목격한다.[179] 이 적용기술들은 성장하는 나라에 정확히 적용된 기술들이다. 이 적용기술들은 효율성이나 이윤성profitabilité에 의해 더는 특징지어지지 않는다고 말해진다. 하지만, 오스틴 로빈슨[180]같은 이들에게는 문제의 그 기술이 대상 국가를 위해서나 그 국가의 표준과 관련하여 경제적 효율성[181]을 지녀야 함에도, 또 예를 들어 메르시에Mercier같은 이들에게는 최대 생산량에 대한 걱정을 떨쳐버리면 기술은 바로 경제적일 수밖에 없음에도[182], 효율성이 더는 고려되지 않기 때문에 실제로 이 논점은 잘못되어 있다. 그래서 다음 같은 네 가지 관점에서 기술담론을 평가해야 한다는 점이 받아들여진다. 즉, 목적이라는 관점, 가용 자원이라는 관점, 인구의 본질이라는 관점, 앞선 결과라는 관점이다. 그러나 경제 성장을 촉진하기로 된 일련의 기술들이 어쨌든 문제일 따름이라는 점과, 평가기준이 기술들에서 기대되는 모든 것과 완벽히 일치한다는 점을 즉시 주목하자. 달리 말해, 우리는 기술들의 상황에 대한 적응 앞에서 "적용기술"이라는 개념과 더불어 있는데, 이는 기술적인 현상에서 완전히 "정상적인" 것이다. 경제적 유형의 결과와 업무로 제한되는 것을 통해, 이러한 연구에 대한 관심이 상당히 위축된다. 기술 체계가 성장하는 국가에 어떻게 이식될 수 있는지 아

---

179) 예를 들어 '세계 경제학 협회'(Association internationale de Sciences économiques)의 「학회 보고서」 Les actes du Congrès(1976년)를 참조할 것.
180) [역주] Austin Robinson(1897-1993). 영국의 경제학자. 제2차 세계대전 동안과 이후 영국에서 정치경제학 개념 형성에 중요한 역할을 한다. 주요 저서로 『경쟁 산업의 구조』 The Structure of Competitive Industry, 『독점』 Monopoly이 있다.
181) 경제적 효율성 없이 기술을 사용하는 것은 무슨 소용이 있는가? [본문 내용을 역자가 각주로 설정]
182) 그러나 아주 오래 전부터 경제적 효율성을 기술적인 효율성의 척도로 삼지 않는다. [본문 내용을 역자가 각주로 설정]

는 것이 매번 중요할 따름이다. 그래서 단지 할 수 있는 바는, 예를 들어 타이완의 방식이나 혹은 필리핀의 방식처럼 더 이익이 되는 것과 가장 적은 혼란과 동요를 가져오는 것을 평가하는 일이다. 논의된 중심 문제는 기술과 관련하여 제3세계에 실제로 제시된 선택사항의 본질과 규모가 무엇인지 아는 것이다. 어떤 이들에게는 이러한 유형의 "발전"과 경제적 방향설정의 선택사항에서 생겨나는 선택들이 있는데, 그 때문에 이것은 정치적 선택에 속한다. 그러나 다음 같은 두 가지 사항을 확인할 수밖에 없다. 즉, "기술담론적인 꾸러미" paquet technologique라는 개념, 다시 말해 기술은 홀로 이식될 수 있는 것이 아니라 '기술적인 결합체' ensemble technique를 전제로 한다는 극도로 단순한 견해가 꽤 막연하게 받아들여진다. 이 개념이나 혹은 견해는 기술 체계가 무엇인지에 대한 이해 부족으로 엄밀함은 전혀 없지만, 정말로 선택이 많지 않음을 이해하게 한다. 다른 확실성은 기술적인 선택이 제3세계 국가에서 천연자원에 의해 밀접하게 결정된다는 점이다. 고도로 기술화된 나라에서 만이 이러한 종속이 사라졌을 따름이다. 다른 나라들은 유일한 기술적인 방식에 따라 채굴될 그들의 자원에 여전히 매여 있는데, 이 기술적인 방식에 대해서는 선택의 여지가 없다. 라드 세렉트 M. Rad-Serecht가 뛰어나게 언급했듯이, 기술은 결정해야 할 변수가 더는 아니라, 가능한 최소한의 손실과 더불어 경제적이고 사회적인 다른 변수들을 거기에 적용시켜야 하는 여건이다. 그러나 "적용기술들"에 대한 현재의 연구란 단지 경제적 기준을 결정적인 것으로 유지하는 것이고, 자원 생산 기술들을 기술 체계라는 결합체 ensemble에서 분리하는 것이다. 이 때문에, 이 점에 대한 분석 전체는 잘못되어 있다.

 이 모든 것이나 다른 많은 다양화 요인이 기술 체계의 확장에 당연히 필요한 것은, 기술 체계에 있을 수 있는 음울하고 절망적이며 의미 없는 것에 맞서 싸우기 위함이다. 따라서 모든 측면에서 문화들의 동일성은 없을 것이다. 하지만, 각 문화의 근본 구조가 이미 되었던 것이자 더 나아가 각 문화의 근본 구조가 될 수밖에 없는 것에 따라서, 각 문화의 모형이 만들어질 것이다. 이 기술적인 보편성은 늘 어디서든 분명히 존재하지는 않는다. 그러나 이미 이데올로기적 방향전환이 어디서든 이루어진다. 이는 어디서도 기계들이 나타난다는 사실일 뿐 아니라, 특히 나라의 발전 단계가 어떠하든 간에 이제 유일한 관심 사항과 유일한 이데올로기적 설정 사항과 유일한 희망 사항과 미래에 대한 유일한 비전이 기술이라는 사실이다. 모든 나라에서 사람들은 기술의 단계로 문화의 단계를 판단하는 것을 터득한다. 우리는 앞에서 이미 자신들의 지난 문명에 대한 기술적이고 과학적인 유효성을 입증하려는 아프리카 지식인들의 욕구를 분석했다. '흑인적 특성'이란 토속적 개념에 대한 그들의 의구심은 알려져 있다. 아프리카를 비효율적인 과거로 "고착시키는" 것은 큰 잘못일 수도 있다. 흑인 예술과 춤과 관습을 칭송하는 것은 받아들일 수 없는 듯하다. 이것은 아프리카 민족들을 서구인 앞에서 그들의 열등함 속에 계속 남겨둘 따름이다. '흑인적 특성'에 맞서 정치적 행동과 사회주의가 필요하고, 특히 기술들에 대한 이해가 필요하다. 이것이 기술 체계의 채택과 필요한 적응이 실제로 의미하는 바이다… 점점 더, 세계 모든 나라에서 제시된 이상은 기술화라는 이상이다. 사람들이 "문명이 세계화된다."거나 혹은 "아프리카와 아시아의 민족들이 역사에 관여한다."라고 언급할 때, 이는 바로 기술 체계가 보편적이라고 언급하려는 것이며, 또 기술적인 발전의 어떤 수준에서만이 사람들이 비로소 역사에 속하기 시작한다고 언급하려는 것이다. 아프리카나 혹은 아시아의 모든 지도자에게 본래 목표는 결국 언제나 자신들의 국가에서 기술적인 수단을 발전시키는 것이다. 물론, 그들은 이것이 무엇을 전제로 하는지 명확히 파악하지 못하고, "어떻게" 해야 할지도 잘 모르며, 특히 기술 체계를 어떤 식으로 처리할 지도 잘 모른다. 하지만, 목표는 늘 동일하고, 문제는 기술화의 경로로 나아가는 것이며, 기술에 힘입어 발전하는 것이다! 물론, 이 점은 제3세계의 빈곤 때문에 인간적이고 심리적인 관점에서 완전히 정당화된다. 서구에 물질적 행복을 보장했던 것은 서구의 기술력이다. 따라서 빈곤을 벗어나려면 제3세계의 각 나라에서 비슷한 기술력을 발전시켜야 한다. 이는 명백하다. 그렇지만, 이 방향으로 1945년과 1960년 사이에 행해진 대단한 노력 이후에, 기술화가 기술적인 수단의 주입에 의해 외부에서 이루어질 수 없음을 사람들은 깨닫는다. 왜냐하면 이것은 문제된 그 사회의 전적인 변화를 전제로 하기 때문이다. 그래서 기대된 결과가 기술적인 수단의 적용을 통해 나오지 않았다. 민족들과 지도자들은 큰 실망에 사로잡혔다. 지도자들은 기술들의 영역에서 이 실패가 어디서 나오는지 의아하게 생각하는 대신, 서구 관념론자와 선전자에 의해 선동되어 정치적인 허구를 만들어내는 쪽을 택했는데, 이것은 상황을 악화시킬 따름이었다. 이 허황된 해석을 통해 성장은 분명히 지체되겠지만, 이 오류가 오래 지속될 수는 없다. 사실상, 기술화에 호의적인 방향전환이 이미 이루어졌고, 인도를 제외한 모든 민족은 이러한 수단의 유일한 가치를 근본적으로 확신한다. 이와 같이, 이제 기술적인 보편주의의 주된 원인은 서구 국가에서 전 세계로 퍼졌던 이러한 확신이다.[183] 이처럼 보편주의는 보완적인 두 가지 여건에 기초를 둔다.

기술 체계의 객관적 특성은 기술이 필연적으로 진행적이라는 점이다.[184] 기술은 "본래" 정체적일 수도 없고, 나아가기를 멈출 수도 없다. 우리는 "진보"라는 '선형線形 팽창'[185]을 늘 생각하는데, 더 완벽한 기술이 다른 기술의

---

[183] 나는 『기술 혹은 시대의 쟁점』 *La Technique ou l'enjeu du siècle*에서 이전의 원인들이자 계속해서 작용하는 원인들을 분석했다. 즉, 상업적 보편성, 식민지의 전쟁 및 식민 지배를 받는 민족들이 끌어 들여졌던 서구의 전쟁, 하부구조들의 일치와 중계기의 세계화를 전제로 하는 통신수단들의 급속함과 강도, 모든 국가에서 훈련과 교육의 일치 같은 원인들이다.
[184] 앞에 나온 책, 『체계와 혼돈』 *Le Système et le chaos*에서 샤르보노(B. Charbonneau)는 어떻게 기술이 중도에 멈출 수 없는지 보여준다. "인간 자유의 개입에 의해 단절된 자연의 총체성을 인위적으로 재구성해야 할 것이다. 인간의 힘이 '범汎세계'(échelle de la Terre)를 침해할 때, 어떻게 하더라도 학문은 하나의 세계를 구성하는 많은 원인과 결과를 간파해야 한다. 또한 기술과 국가는 창조를 보장할 수도 있는 힘의 규모 및 힘과 더불어 자체의 결론을 뒷받침해야 한다."
[185] [역주] '선형 팽창'은 '선처럼 이어지는 단조롭고 단순한 팽창'이라는 의미로 볼 수 있다.

뒤를 잇는다는 것이다. 그러나 이러한 진행성은 공간 속에서 팽창이기도 하다. 즉, 기술은 어디서든 적용될 때에만이 충분한 폭넓은 규모를 취할 수 있을 따름이다. 기술은 손대지 않은 영역을 내버려 둘리 없다. 왜냐하면 기술은 늘 더 많은 에너지와 자원과 원료를 동원해야 하기 때문이다. 지리적으로 제한된 장소에 기술들의 적용을 한정시킬 수 있다는 점은 받아들일 수 없다. 이 기술적인 진행성의 두 측면이 서로를 결정지을수록 더더구나 그러하다. 더 완벽해진 각 기술은 이와 동시에 보편화하는 특성이 있는데, 기술이 어디서든 같은 역량을 요구하기 때문에 그러하며, 또 기술이 자체의 힘에 의해186) 적용 영역을 확장하는 경향이 있는 한에서 그러하다. 비행기가 더 빨리 더 멀리 날기 때문이라는 비행기의 단순한 기술적인 발전을 통해, 사무실 및 비행장과 더불어 세계적 항공망이 불가피하게 개설됐음에도, 1915년의 항공기술은 통신을 세계적으로 확대하지 못했다는 점은 자명하다. 각 기술의 발전에 의한 지리적인 보편화가 있다. 다른 식으로는 이루어질 리가 없다.187) 이것은 자본주의나 이윤의 문제도, 정치의 문제도, 사회주의 선전의 문제도 아니다.

기술적인 보편주의의 다른 토대에 대해 말하자면, 이것은 심리적이고 이데올로기적 변화이면서 인간적인 요인이다. 왜냐하면 인간은 자신의 삶을 미래에 걸고 자신의 희망을 기술적인 진보에 두며 이로부터 자신의 모든 문제에 대한 답을 찾으려고, 자신의 신화와 미덕의 추구와 과거에 뿌리내림을 포기했기 때문이다. 이 두 가지 사실은 이제 확실하다. 따라서 세계의 대부분 지역에서 매우 가시적이고 만족할 만한 기술적인 성장이 이제 없을지라도,

---

186) 왜냐하면 '더 완벽한' 이란 기술에서 '더 효율적인', '더 강력한' 을 의미하기 때문이다! [본문 내용을 역자가 각주로 설정]
187) 공간의 문제 및 기술에 의한 공간의 파괴 문제는 멈포드(Mumford) 이후 샤르보노가 탁월하게 설명한다. 우리는 기술 덕분에 또 대양을 넘어 민족들의 통합 덕분에 공간에 대한 승리에 자만했다! 실제로, 우리는 "공간의 기근" 시대와 "규모와 장소"의 시대로 진입한다. 또한 샤르보노가 보여주듯이 우리에게 공간이 부족해지기 시작한다는 이유에서 만이 우리는 우리의 승리를 자각한다.

기술적인 보편주의에 대한 이야기를 할 수 있다. 그러나 이 현상은 거의 돌이킬 수 없이 확고하며, 기술 체계는 발전할 따름이다. 왜냐하면 개인을 겨냥하는 기술은 개인 안에 행동이 생겨나게 하고 습관을 만들어 내기 때문이다. 그런데, 이 행동과 습관은 일련의 다른 가치들 속에 통합될 수도 없고, 분명한 물질적인 뒷받침에 의해 지탱되기 때문에 억제될 수도 없으며, 미움을 받는 동시에 원해지기도 하는 모델에 부합한다. 다른 한편으로, 사회corps social를 겨냥하는 기술적인 요인은 워낙 발전하여 사회를 완전히 변모시킨다. 기술이 아무리 적게 사회에 침투했더라도 돌이킬 수 없는 과정이 개입되어 있으며, 이 과정은 사회 전체의 기술화에 의해서만이 마무리된다고 할 수 있다.

이와 같이, 기술적인 보편주의를 통해 관계의 삼중적 뒤바뀜이 생겨남을 자각할 수 있다.

기술은 기술이 그 일부분이었던 문명 속에 전통적으로 포함되어 있었다. 이제 모든 것이 의존하는 것은 기술이고, 기술은 다른 모든 요인을 제시하며, 모든 것이 그 안에 위치하는 포괄적인 요소는 기술이다.188)

기술은 외부의 궁극목적에 따르는 수단이었으나, 이제 기술은 자체의 합리성에 따라 발전하는 자체의 궁극목적이 되었다. 즉, 기술적인 보편주의는 자체의 "자기성自己性"189)을 확실하게 한다.

기술은 서구에서 일련의 사회적, 지적, 경제적, 역사적 요인들의 다행스럽고 놀라운 결합에 힘입어 발전했다. 이제 기술은 자체의 필요성에 따라 발전

---

188) 기술에 의한 문명의 "병합"(engloblement)은 『현대 세상에서의 일상생활』*La vie quotidienne au monde moderne* (1968년)에서 르페브르(Lefebvre)가 다음 같이 기술할 때 그에 의해 훌륭히 밝혀진다. "관리되고 자체의 능력을 확신하며 자체의 승리를 자랑스럽게 여기는 소비 관료주의 사회는 자체의 목적에 가까워진다. 일상적인 일을 통해 사회에 대한 사이버네틱스(인공두뇌학)의 적용이라는 자체의 궁극목적은 드러나 보인다. 비극은 더는 없고, 단지 사물과 확신과 '가치' 와 역할과 만족과 '직업' 과 일자리와 기능이 있다… 새로운 것은 이 목적에 적용된 도시의 틀 속에서 프로그램화된 일상성이다. 사회에 대한 사이버네틱스의 적용은 영토 개발, 광범하고 유용한 장치의 창설, 적당한 모델에 따라 삶의 인위적인 재구성 같은 경로에 의해 생겨날 위험성이 있다.

189) [역주] 자기성自己性(ipséité). 타인과 자신을 구별해주는 자체만의 성질.

하려고 인위적이고 체계적인 방식으로 기술에 필요한 요인들 자체를 어디서든 다시 만들어낸다. 이 요인들은 기술 확장의 조건이다. 즉, 이 요인들은 예전에는 우발적이고 자연적이었으나, 오늘날은 의도적이고 인위적이다. 우리는 이 마지막 두 측면을 나중에 자세히 언급해야 할 것이다.

이와 같이, 기술은 이제 그 민족들의 의도에 따라 그들의 유일한 미래를 결정한다. 다른 기술이 없기 때문에, 기술은 다시 말해 서구이다. 기술에는 모두를 위한 존재방식과 사고방식과 삶의 방식이 있다. 기술은 포괄적인 문화이며 총합이다. 그런데, 최근 20년 만에 서구 역사학자와 사회학자와 민족학자의 큰 발견은 모든 문화의 특수성과 존엄성에 대한 발견이었다. 19세기의 나외에는 아무 것도 없다고 주장하는 서구의 오만과 권세 이후에, 이제 우리는 다양한 문명의 신기함 앞에서 감탄하며 자세를 낮춘다. 보편적인 역사란 없으며, 각각 독창적인 역사들이 있다. 원시 민족과 진보한 민족이란 없으며, 모두가 잘 배열되고 적용된 다양한 구조들이 있다. 미리 판단을 내리지 않고서, "이 구조들 자체의 참조 체계 및 명시 체계와 더불어 이 구조들을 그 자체로 묘사하는 것이 중요하다". "사회 규약의 변경에 의해 한 체계에서 다른 체계로 넘어가는 것이 어떤 상황에서 역사적으로 가능하다. 보편적인 역사의 존재를 믿는 것과 우리의 현재일 따름일 수도 있는 미래에 따라 원시인을 해석하는 것은, 레비스트로스[190]처럼 우리 자신을 특징짓는 사고 체계를 다른 사회에 투영하는 것이며, 우리 자신의 신화에 따라 모든 것을 해석하는 것이다".[191] 분명히 그러하지만, 우리는 기술이 식민지 군대보다 훨씬 더 확실히

---

190) Claude Lévi-Strauss(1908-). 벨기에 출신의 프랑스 인류학자이자 철학자. 문화 체계를 이루는 요소들의 구조적 관계라는 관점에서 문화 체계를 분석하는 구조주의의 창시자 중 하나이다. 주요 저서로 『슬픈 열대』*Tristes Tropiques*, 『구조인류학』*Anthropologie structurale* 등이 있다.
191) 뷔르니에(M. A. Burnier)
　　[역주] Michel-Antoine Burnier(1942-). 프랑스의 기자. 주요 저서로 『힘들이지 않는 저널리즘』*Journalisme sans peine*이 있다.

그 민족들을 침범하고 그 문화들을 동화시키는 순간 이 점을 발견했다. 기술이 그 문화들을 파괴하는 것은, 그 문화들의 가치를 발견하는 바로 그 순간이다. 오늘날 기술을 통해, 서구 문화의 우월성과 진실에 대한 예전의 담화가 확인된다. 기술이 우리의 현재이듯이, 사회의 미래도 기술이며, 그 속에 어떠한 신화도 없다. 그렇지 않다면 바로 이것은 그 문화들 앞에 다른 미래가 있다고 믿는 신화이다. 우리는 감동적인 추억만을 그들에게 이미 전할 수 있을 따름이다.

기술적인 보편화와 기술담론의 이전

그렇지만, 이러한 기술적인 보편화가 갑작스런 방식으로 생겨난다고 상상하지 말아야 한다. 인간적 요인이 기술적인 성장에 반드시 필요하다는 점이 확인되었고, 또한 기술이 혼란을 초래한다는 점도 확인되었다. 그래서 우리는 기술적인 팽창에 기여하면서 체계로서 기술의 발전에 기여하는 새로운 기술에 다가가야 한다. 이것은 "기술담론의 이전移轉"[192]이라 불리는 것과 관계된다. 지금까지 기술들의 기여는 자본주의적 이익이나 혹은 지역 환경에 따라 약간은 우연히 아무렇게나 이루어졌으나, 이제 사람들은 그것이 가능하지 않으며 '방법론적 이전'을 행해야 함을 깨달았다. 아무런 기술을 아무나 사용하게 할 수도 없고, 인간들이 비非기술 환경에서 다른 환경으로 갑자기 건너가게 할 수도 없다. 단순한 계약에 의해 물질적인 재화가 이전되는 것만큼 혹은 단순한 접촉에 의해 전염병이 퍼지는 것만큼 쉽게 기술이 이전되지 않음을 사람들은 깨달았다. 기술들의 이전 방법이 필요하다. 기구engin를 사용하기를 "터득하는" 것으로 충분하지 않기 때문에, 복합적인 결합체ensem-

---

[192] 실베르 쇠라(Silvère Seurat)의 『기술담론 이전移轉의 실재』 Réaité de transfert de technologie (1976년) 참조.

ble가 필요하다. 이것은 삶의 개념 전체를 이전하는 것이다. 그러나 그 이전은 정밀 기술들로 귀결되었다. 즉, "기술담론의 이전"이란 그러하다. 미리 두 가지 지적을 해야 한다. 첫째, 이 전문가들이 무엇에 대해 이야기하는지 안다는 점을 우리가 기꺼이 확인한다는 것이다. 즉, 이것이 기술담론의 이전과 관계될 때, 이 점은 기술들의 이전을 의미하지 않는다.193) 이 전문가들은 그토록 평범한 혼동을 하지는 않는다! 이것은 기술에 관한 담화인 기술담론과 관계된다. 다시 말해, 기술들을 사용하게 하고 인간을 기술들에 적응시키는 지적이고 문화적이고 심리적인 장치 전체와 관련된다. 두 번째 지적은 목적이 기술의 유포와 기술의 일반화로 명백히 남아 있다는 것이다. 이 새로운 진보에서 의심할 여지가 없는 것은 기술 확장의 필요성이다. 유일한 문제는 기술 확장이 혼란을 만들어내지 않게끔 하는 것이다. 그래서 유일한 질문은 "그것을 어떻게 실행할 것인가?"인데, 이는 단지 새로운 기술과 관계됨을 의미한다. 여느 때처럼, 기술은 단순하고 세심한 것으로 조심스럽게 드러날 것이다. 이와 같이, 너무 자주 행해졌던 것, 곧 유기적이라 불릴 수도 있는 '이전'으로 그 '이전'을 대체하기 위한 "똑같은 복제에 의한 이전"이자 "접목에 의한 이전"은 단호히 거부될 것이다. 다시 말해, 미국의 산업 모델을 재생하는 것이나 이 산업 모델을 그대로 아프리카에 옮기는 것은 쓸데없음을 사람들은 깨닫는다. 기술은 기술을 받아들일 수 있는 인간 집단이 있을 때에만 존재할 수 있다. 따라서 기술담론의 이전은 한 인간 집단의 기술들을 다른 인간 집단으로 이전하는 방법이 아니라, 어떤 기술적인 목표 때문에 한 인간 집단이 새로운 기계들과 구조 및 공장 혹은 조직을 최대한 받아들이고 사용할 수 있도록, 인간 집단의 모델을 만들어내는 기술이다. 물론, 이 점은 역으로 어떤 기술들을 이 집단에 적용시키고자, 어떤 기술들의 모델을 다시 만들어내는 것을 전제로 한

---

193) [역주] 엘륄은 기술(technique)과 기술담론(technologie) 사이에 극도로 유포된 어휘의 혼동을 여기서 강조한다. 생애 말년까지 엘륄은 이 두 용어를 구분하는데 전념하는데, 특히 자신의 저서 『기술담론의 허세』*Le Bluff technologique*에서 그렇게 한다.

다. "일반적으로 조직체의 일부분인 인간 집단이 결정된 기술과 연결된 하나의 기능이나 혹은 여러 기능을 만족할 만한 상황에서 실제로 떠맡을 수 있게 될 때, 기술담론의 이전이 있다고 할 것이다." 사람들은 사회적 맥락과 심리적 측면을 고려할 것이고, 적용시켜야 할 기술을 어떤 문화적 맥락 속에 개입시키려 들 것이다. 그러나 어쨌든 이 집단과 이 인간들이 새로운 기계장치를 사용할 수 있게 만드는 것이 중요하며, 최소한의 고통과 최대한의 효율성으로 이 기계장치에 적응하는 것이 중요하다. 물론, 그 자체로 절대적인 '이전'은 없다고 매번 기술 속에서 강조되듯이, 모든 '이전'은 각 집단의 역량에 따라 상대적이다. 어떤 집단이 어떤 공장을 가동시킬 수 없었으나, 이제 가동시킬 수 있게 된다. 다시 말해, 이 공장을 가동시키면서 이 집단은 설비의 '손실 한계'와 부품 쓰레기의 '손실 한계'가 줄어드는 사이에 어떤 생산을 달성한다. 이전기술들은 다양한 상황에 적용된다. 즉, 공장에서 초보자에게로 '이전' 및 동일한 기업에서 새로운 기술이 나타날 때 '이전'이다.194) 또 예를 들어 수백 개의 미국 공장에 이전된 미국 항공우주국의 기술들처럼, 같은 나라에서 한 조직체에서 다른 조직체로 기술의 이행이 있을 때 '이전'이다. 마지막으로, 우리가 늘 생각하는 '이전'으로서 어떤 "선진국" 기술들의 저개발국가로 '이전'이다. 그러나 예를 들어 저개발 상태인 미국 산업을 향한 유럽 원자핵 과학의 초기 '이전'처럼, 또한 소련과 미국을 향한 독일 우주 과학 기술의 '이전'처럼, 여기서 발전에 대한 평가는 바로 기술적이라는 점을 주목하자. 따라서 그 집단을 기술적인 제어로 이끄는 일이 중요하다. 그러나 이것이 다른 아무 것이 아니라 어떤 기술을 가장 효율적으로 사용하는 역량을 의미하는 것임을 이해하자! 사람들은 이 제어가 조직의 높은 수준에 언제나 토대를 둔다는 점을 깨닫는다. 따라서 이것은 구조적 변화이다. 그러나 역시 이 점은

---

194) 분명히 그 전형은 행정부에서 컴퓨터의 출현이다. 집단의 구조뿐 아니라 각자의 심리 및 인식을 완전히 바꾸어야 한다. 이전은 타성惰性에서의 단절을 전제로 한다. [본문 내용을 역자가 각주로 설정]

문화적인 변화를 전제로 한다. 즉, 기술의 이전은 사회적 행동의 변화와 사건들을 이해하고 파악하는 방식의 변화를 전제로 한다. 이러한 '이전'은 수용자와 방출자의 공통된 노력이 있다는 조건에서만 가능하다. 수용자는 가장 중요하기조차 하다. 그러나 방출자는 주민들이 필요로 하지 않는 공장이든, 그 공장의 기술들이 토착민에 의해 동화되지 않는 공장이든, 이런 공장의 가설을 피하고자, 문화적이고 심리적인 장애에 대해 분명히 알아야 한다. 그래서 기술담론적인 세밀한 이전 기술이 심사숙고하여 구상되는데, 이 기술은 한편으로 기술적인 물자를 이전하는 공학을 보완하고, 다른 한편으로 인간에게 노동을 적용하는 인간공학을 보완한다. '기술담론의 이전'은 수용자의 상황, 사용가능한 인적 자원, 자리 잡힌 교육 체계, 이미 존재하는 산업구조에 대한 연구로 불가피하게 시작된다… '이전'은 무엇보다 소통의 문제이다. 예를 들어, 방출 체계와 수용 체계 사이의 문화적 차이가 너무 높으면, 적용할 기술을 아는 동시에 기술을 적용해야 하는 이들의 실제 상황을 알고 이들에게 이해시킬 줄 아는 "통역인"을 세워야 할 것이다. 따라서 적용의 자동성은 집단과 관련된 대략의 최대치에 따라 다양한 기술들 사이에 선택 작업을 하는 인간 집단을 통해 나타난다. 그러나 이 선택은 기술적인 유일한 기준을 따르기 때문에 바로 "자동적"이다.

"거시개념은 방식의 선택, 생산 도식, 대형 기계의 특성을 대상으로 한다." 기술은 다양한 구조를 택할 수 없을 정도로 결코 그렇게 강제적이지 않다. 아주 흔히, 다양한 해결책이 받아들여질 수 있다. 하지만, 자동성은 반드시 필요한 자동성이 가장 "기술적"이라는 점에 달려 있다. 다시 말해, 자동성은 반드시 필요한 자동성이 이러한 환경과 풍토와 집단과 관련하여 가장 효율적이라는 점에 달려 있다. "관련된 집단의 현존하는 문화와 가능한 발전에 적용된 구조의 선택이, 이전을 단순화하는 요인이다." 따라서 기술담론의 이전 원리 자체에서 기술담론의 이전이라는 작용은 교육적이고 심리적이며 정보를 제공하고 계획적일 텐데, 이 작용은 이전 과학 기술의 대상 자체인 정확한 방법과 더불어 엄밀히 계산된 그 작용 영역들 각각에서 이루어진다. 물론, 이 점을 통해 '기술담론적인 이전' transfert technologique이 "인간의 속성"임을 장황하게 거론할 수밖에 없다. 왜냐하면 "인간의 산업적인 미래를 향한 인간의 느리고 보편적인 상승은, 기술담론의 이전에 의해 허용된 수직적이고 교차적인 이중적 비옥화에 의해서만 가능했기 때문이다. '수직적'이라 함은 같은 장소에서 한 세대에서 다른 세대로 옮겨가는 것이고, '교차적'이라 함은 한 장소에서 다른 장소로, 한 민족에서 다른 민족으로 옮겨가는 것이다."

제4장 : 전체화

　기술적인 현상은 과학 자체처럼 전문화하는 동시에 전체화하는 식으로 나타난다. 기술적인 현상은 '포괄적인 결합체' ensemble global인데, 전문화된 기술로서 분명히 연구될 수 있으나 기술에 대한 시각을 우리에게 전혀 제시하지 않는 각 부분보다는, 부분들 사이의 관계 체계나 연결 체계가 이 결합체 속에서 중요하다. 게다가, 이것은 과학적 관점에서 기술적인 현상이 포괄적으로만 연구될 수 있음을 의미한다. 즉, 이러한 측면들과 결과에 대한 어떤 특별한 연구도 결실을 맺을 수 없다. 과학적 관점을 통해서는 기술적인 현상이 설명되지 않는다. 그 뿐 아니라, 이러한 문제가 '기술적인 결합체' ensemble technique 속에 포함되어 있고 '기술적인 결합체' 에서 이 문제가 진정으로 나타나기 때문에, 이 특별한 점에 대한 연구는 그 자체로 부정확하다. 실제로는 '기술적인 결합체' 에 의해 심하게 변형되고 조작된 인간임에도, 공정하고 절대적 인간, 곧 플라톤의 대화에 나오는 인간이 각 문제의 전제가 된다. 이는 우리가 나중에 발견하게 될 문제로서, 기술적인 전문화는 '전체화' totalisation를 전제로 한다. 발전 과정이 단편적인 모든 기술들의 연결을 전제하지 않는다면, 활동적인 각 결합체가 일련의 단순한 작용으로 국한되는 것을 통해, 또한 멈출 어떠한 이유도 없이 기술 적용이 무한히 증가하는 것을 통해, 분산과 엄청난 비일관성이 초래될 것이다. 그런데, 이 연결을 통해 기술적인 작용들의 전체화가 초래되지만, 삶과 행동의 모든 측면에 관계하는 기술들과 관련된 전체화를 통해 완전함을 지향하는 결합체가 생겨난다. 결코 사라지지 않은 채 누적되고 늘 유지되는 기술적인 작용들이 합쳐지는 경향으로 말미암아 이 점은 확고해진다. 어떤 기술이 사라질 때195), 같은 종류이지만 더 뛰어난 다른 기술에 의해 이 기술은 대체된다. 아무 것도 기술 속에서는 사라지지 않는다. 이와 같이, 전체화는 단지 전문화의 다른 면이다. 게다가 전체화에 대한 가장 강렬한 이미지를 부여하는 것은, 10년이나 20년 후 기술 체계는 "완전해"지며196) 모든 것은 인간의 간섭 없이 작동될 것이라는 늘 되풀이되는 주장이다. 브레진스키Brzezinski조차 이 마력에 가끔 굴복한다. 그는 인공위성이 곧 송수신 기지의 매개 없이 영상을 직접 전달하기에 충분한 힘을 마음대로 사용할 것이라고 예를 들어 언급한다. 이는 전체화의 방향에서 중요한 발걸음일 수도 있다. 전체화에 대한 이미지가 어느 정도로 인간에게 강요되는지 이 "예측들"에 의해 파악된다. 이 전체화는 인간의 깊은 기술적인 욕구에 부합한다는 점을 파악해야 한다. 인간에게 제기되었던 수많은 문제가 기술을 통해 점차 해결되었다. 처음으로 인간이 달 위를 걸었을 때, 이것은 "인류의 오랜 꿈이 성취된다."는 주제로 신문과 텔레비전에서 열광적인 기쁨의 폭발이었다. 물론, 로켓 다음에 인공위성, 인공위성 다음에 우주복을 공들여 제작하는 것은 달에 간다는 시적인 꿈과 아무런 관계도 없었다. 그러나 인간은 기술적인 업적을 기도 응답처럼 받아들인다. 그런데, 인간에게는 달나라에서 걸으려는 욕구보다 훨씬 더 근본적인 욕구가 있다. 이는 단일성의 욕구로서, 모든 것을 하나로 귀결시키는 것이고, 예외와 변이를 없애는 것이며, 철학자의 큰 관심사인 조화로운 체계로 모든 것을 한데 모으는 것이다. 다시금, 인간이 지적으로 윤곽을 잡았던 바를 완성시키는 것이 바로 기술이다. 단일성은 더는 형이상적인 구성이 아니라, 이제 기술 체계 속에서 제시되고 확실해진다. 단일성은 이러한 전체화 속에 자리 잡는다. 그러나 인간은 단일성을 향한 자신의 열망

---

195) 물론, 기술의 비약적 발전 이후부터! [본문 내용을 역자가 각주로 설정]
196) 로르빅(Rorvik)의 앞에 나온 책 『인간이 기계가 될 때』 *Quand l'homme devient machine* (1973) 참조.

과 단일한 체계로서 기술의 구성 사이의 관계를 아직 자각하지 못했다. 이 체계가 그러한 것으로서 존재함을 여전히 모르고 파악하지 못한다는 것이다. 달리 말해, 인간이 이 지점으로 기술을 조금씩 이끌어 오는 것은 의도적이지 않다. 인간에게는 이 방향에서 어떠한 계획도 없다. 체계를 공들여 만들어내는 일, 다시 말해 "전문화ㆍ전체화"는 "그 자체로" 내재적인 과정이다. 이 현상이 형성되는 것은 일련의 기술적인 활동에 의해서이다. 이 현상이 관찰되는 것은 이 현상이 일어난 이후이다.

그러나 우리는 이중적인 문제와 마주한다. 한편으로, '대자'197)로의 이행이고, 그 다음으로 '반성적反省的 대자'로의 이행이다. 체계가 구성되고 존재하는 그대로 체계를 묘사할 때, 나는 지금까지 인간의 시각을 벗어났던 실재를 알게 하려고 애쓴다. 나는 생겨나는 것을 설명하려고 애쓰며, 따라서 객관적인 현상과 아울러 이 현상에 대한 우리의 참여를 자각하게 하려고 애쓴다. 그러나 나는 독자로 하여금 자신의 단순한 인식 수준에 머물러 있게 한다. 다시 말해, 나는 전체화를 만들어 내는데 관여하지 않는다는 것이다. 일어나는 일을 잘 아는 인간은 이러저러한 방향으로 반응할 수 있으며, 아마도 인간은 이제 아는 사실을 제어하려고 애쓸 수도 있다. 이와 반대로, 이상에서 출발하는 전혀 다른 추구가 있을 수 있고, 우리가 앞에서 이야기했던 단일성에 대한 강박관념이 있을 수 있다. 전체화하는 체계는 그 자체로 형성되고 이 체계는 그러한 것으로서 간주될 수 있을 뿐 아니라, 이제 인간의 가장 깊은 열망이 결국 성취된다고 여겨질 수도 있다. 떼이야르 드 샤르뎅198)과 더불어 꽤 단순

---

197) [역주] 대자(對自:pour soi). 철학적 용어로서 그 자체가 독립적으로 존재하는 단순한 직접 그대로의 상태를 가리키는 즉자(卽自:en soi)와 대조되는 개념이다. 사물의 직접태이자 자기 자신에의 반성적 관계가 결여되었다는 뜻에서 무자각태(無自覺態)도 되는 '즉자'는, 자기 자신과 관계함으로써 자기를 회복하는 단계인 '대자'로 발전한다. 따라서 '대자'는 헤겔(Hegel)의 변증법에서 '즉자'의 직접 상태에서 발전한 제2의 단계를 가리키며, 의식적 존재자가 자기 안에 대상적 존재를 간직하여 그것에 관계함을 이른다. 또한 사르트르(Sartre)의 존재론에서는 자기의식을 가진 인간의 존재를 가리킨다.

한 수준에서 이러한 종류의 시도가 있었다. 그러나 이 시도는 모렝(E. Morin 199)의 강력한 총론과 더불어 막 다시 시작되었다. 이 책은 집필되었던 가장 위험한 책 중 하나인 듯이 보인다. 왜냐하면 여기서 우리는 인문과학의 모든 결과를 의도적으로 압류하는 행위와 마주하는데, 이는 '종합적인 결합체' ensemble synthétique, 곧 통일성으로 이 결과들을 이끌어 가기 위함이다. 달리 말해, 그는 기술적인 사실로 전체화 이론을 만든다. 모렝은 이 전체화와 관련된 이론을 만드는 것이 아니라, 전체화가 기술에 의해 사실들의 측면에서 실행되었듯이, 그는 이론의 영역에서 전체화를 실행한다. 모렝의 전체화는 같은 기원, 곧 과학에서 나오기 때문에, 앞선 것에 대한 정확한 대응이며 보완이다. 따라서 모렝의 전체화는 존재하는 바를 아주 단순히 설명하는 것이 전혀 아니라, 이 '비자발적인 실천' praxis involontaire을 이론적으로 보완하여 정확히 가다듬는 것이므로, 우리는 여기서 체계의 폐쇄를 발견한다. 이론에 결함이 있어 이론이 결합체(ensemble)를 뒤따르지 못했든지, 혹은 이론이 이 전체화에 득이 되도록 작용하기를 거부하기 때문에 상반되었든지, 그 자체로 계속되었던 전체화는 마무리될 수 없었고 마감될 수 없었다. 다른 이론적 측면에서 언제나 균열과 인간을 위한 해결책이 있었다. 모렝의 작업은 체계를 폐쇄하고자, 또 인간을 함정에 빠뜨려 박탈하는 것을 끝내고자 좇아가야 할 길을 보여준다. 나는 이것이 그의 개인적인 의도가 아님을 잘 안다. 마찬가지로, 원자폭탄이 아인슈

---

198) [역주] Teilhard de Chardin(1881-1955). 프랑스의 신학자, 고(古)생물학자, 철학자. 가톨릭 신앙과 과학 사이에 대립이 없다고 보면서 기독교와 과학을 혼합한 것으로 잘 알려져 있다. 그의 저서 『인간 현상』 Le Phénomène humain에서는 진화론적이고 영적인 관점에서 그 시대의 인식 상태에 따라 역사와 우주가 종합되는 것이 묘사되는데, 인간은 마지막 정신적 통일체를 향해 정신적·사회적으로 진화한다는 것이다. 그의 이론은 로마 가톨릭 교회와 그가 속한 예수회 안에서 제한과 반대를 받는다.

199) 『잃어버린 패러다임, 인간성』 Le Paradigme perdu : La Nature humaine (1973년).
[역주] Edgar Morin(1921-). 프랑스의 사회학자이자 철학자. 그의 연구 작업은 지중해 연안 국가와 남아메리카 및 동북아시아 국가에서 현대적 고찰 방식에 큰 영향을 미친다. 일신론(monothéisme)을 인류의 재앙으로 간주하는 그에 따르면 불교가 신이 없는 종교일 수도 있기 때문에, 그는 종교 중에서 불교를 높이 평가한다. 주요 저서로 『문명 정치학을 위해』 Pour une politique de civilisation가 있다.

타인의 것이 아니었음을 잘 안다. 그러나 모렝은 전체화하는 기술 체계가 무엇인지 정확히 파악하지 못했기 때문에, 자신이 거부하는 역할을 자신으로 하여금 어쩔 수 없이 하게 만드는 설명의 열정과 통일성의 열정에 이끌렸다. 또한 모렝은 이 이론이 삽입될 체계의 실재를 단지 자각하지 못했기 때문에, 그는 이 이론의 결과가 무엇인지 알 리 없다. 전체화를 촉진할 수 있는 "성대한 보완물"complément solennel은 이 체계를 통해 그에게 제시된다. 모렝이 전체화와 폐쇄를 명백히 거부함에도, 그의 이론은 심오한 설명을 위해 인문과학의 온갖 여건을 이용하며 연결하는데 그치는 이론으로 남아 있지 않기 때문에, 그의 이론은 폐쇄와 전체화이다. 그의 이론은 자연적인 총체를 대체하며 인간의 발전 필요성에 인간을 내맡기는 기술적인 총체 속에 자리 잡는 이론이다. 모렝은 전체적인 설명 제시를 원하는데, 이는 오늘날 과학을 통해 이 설명이 가능해지는 한에서이며, 바로 그 안에 기술 체계의 '치명적인 보완물' complément mortel이 들어 있다.200) 따라서, 맥루한의 견해에 따르거나 그의 이론을 극단적으로 밀고 나가면 '포괄적 사회'는 '원초적 사회'가 되려는 경향이 있다는 사실, 곧 기술적인 질서가 우세할수록 더 사회적 질서가 필요하며 가장 사소한 무질서도 용인될 수 없다는 사실이 존재한다. 이 뿐 아니라, 훨씬 더 나아가 모렝이 열망하는 인간의 지식science이자, 불가피한 기술적인 전체화의 관점 속에 있는 인간의 지식을 통해, 분리된 요인들이 모아지고 인간 자

---

200) [역주] 여기서 실제로 엘륄은 모렝(E. Morin)의 저서를 특별히 비판하는 것이 아니라, 현대인에게 널리 퍼져 있는 태도를 비판하는데, 모렝의 저서가 하나의 예증이라는 것이다. 현대인은 기술이 전체화하는 현상임을 이해하지 못하기 때문에, 전체성 속에 있는 세상에 어떤 지적인 설명을 제시하는데 집착하는 경향이 있다. 다시 말해, 현대인은 전체적인 체계의 지배를 받음을 이해하지 못하기 때문에, 하지만 그럼에도 이 점을 짐작하고 자신의 연약함을 느끼기 때문에, 이 연약함을 그러한 경향으로 보상한다는 것이다. 그래서 기술은 그 자체가 전체화하는 특성이 있다는 사실에 대한 보상적 태도로서 현대인의 이러한 경향을 이해해야 한다. 그런데, 엘륄이 세상에 어떤 설명을 제시하려는 유혹에 굴복하지 않은 것은, 그가 기술의 전체화하는 특성을 파악했기 때문이다. 또한 엘륄이 기술의 전체화하는 특성을 이해하고 분석하며 기술 및 기술이 마련해주는 힘에 동요되지 않고 기술을 신성화하지 않는 것은, 그의 유일한 주님이 예수이기 때문이고, 그가 믿는 유일한 메시지가 예수가 가르친 비무력(非武力:non-puissance), 곧 사랑의 메시지이기 때문이다.

신에 대한 기술적인 일련의 모든 가능성이 집결된다는 사실이 존재한다. 왜냐하면 설명은 행동을 앞서기 때문이다. 이것은 기술 혁신이 불가피하다는 점이 확실히 알려지는 순간부터이다. 이러한 이론적인 출현은 모렝의 의도와 가장 상반되는 방식으로 나타날 위험성이 있다. 실제로, 인간에 대한 모렝의 지식은 개념적인 측면에서 전체화한다는 바로 그 때문에 지속될 수 없다. 이 지식은 체계가 닫히는 것을 도와줄 뿐만 아니라, 더구나 다른 어느 곳도 아닌 기술 사회 안에 자리 잡는다. 또한 모렝이 자신의 『인간 정치학 서론』 Introduction à une politique de l'homme에서 기술했던 바와 반대되는 것만이 이 지식을 통해 생겨날 따름이다. 인간에 대한 그의 전체적인 지식이 페리클레스 시대 201)의 아테네에 나타난다면, 이 지식은 정당한 정치를 공들여 만드는 데 놀라운 발전이 될 것이다. 그러나 이 지식은 기술 사회 속에서, 곧 체계의 전체화 과정 및 기술들의 생산·소비 기능으로 사회를 동화시키는 과정 속에서 나타난다. 달리 말해, 이 사회에서 이러한 지식을 표현하는 것은 전체주의적인 사회·정치적 조직을 공들여 만드는 일이다. 마르크스에게 생겨나는 동일한 변신이 모렝에게 생겨날 위험성이 있다. 즉, 인간으로 하여금 자신의 역사를 장악할 수 있게끔 인간 해방을 위해 만들어진 그의 이론은, 산업화 및 국가의 구조화와 더불어 처음부터 기술 체계를 공들여 만드는 데로 전락하고, 이 때문에 그의 이론은 뒤바뀌었다. 그의 이론을 통해 위압적인 체계가 생겨났는데, 이 체계는 오류나 이설이 전혀 아니라, 기술 체계와 전체적인 이론 사이의 단순하고 불가피한 결합이다. 전체적인 이론은 기술적인 전체화를 위해 불가피하게 다가오거나, 그렇지 않으면 이상주의의 후광 속에서 떠돌 수밖에 없다. 전체적인 체계에는 전체적인 이론이 부합한다. 생겨났던 일은 바로 그것이다. 그러나 이것은 전체적인 독재로 표현된다. 전체적일 뿐 아니라 닫혀

---

201) [역주] 고대 그리스의 아테네 최대 정치가인 페리클레스(BC 495~429)가 지배한 시대. 파르테논 신전을 세우는 등 그리스 문화의 전성기를 이룬다. 또한 서구인들은 이 시대의 아테네를 인본주의가 태동한 곳으로 여긴다.

있는 이론, 다시 말해 지적으로 파악되고 설명되는 이론일 뿐 아니라 파악할 수 있고 설명할 수 있는 모든 것을 설명하려 드는 이론을 피조물이 제시할 때, 또 그 이론이 현실의 반영일 뿐 아니라 이 현실의 해결책일 때, 사정은 그러하다. 그래서 이러저러한 방식으로 기술 독재 속에서 나타날 사회·정치적 체계화202)만이 그의 이론을 통해 생겨날 따름이다. 나는 전문기술관료체제도 히틀러 방식이나 혹은 스탈린 방식의 정치적 독재도 언급하고 싶지 않다. 매 시대에는 특별한 형태가 있다.

컴퓨터 시대나 첫 발을 내딛는 인간의 학문이 종합되는 시대에, 파시즘이 더는 문제될 리 없다. 1970년 그리스에서나 혹은 1975년 브라질에서, 신기하게도 파시즘은 시대에 뒤떨어진 듯이 보인다. 그러나 추상적이고 은혜를 베푸는 기술 독재는 앞선 독재보다 훨씬 더 전체주의적일 것이다. 기술 독재를 공들여 만들어 내는 데는, 이론과 실천의 결합을 실행할 수 있는 인간 집단으로 충분하다. 이 결합은 그 자체로서 체계의 전체화와 전체화하는 인간의 학문 수립 사이의 결합이기도 하다. 모렝의 저서에 이어, 사람들은 아마 이제 인간 학문의 원년에 도달했다고 무척이나 주장했지만, 이 꾸며낸 놀라운 이야기를 통해 기술적인 총체의 승리가 부각될 위험성이 아주 많다. 인간의 '전체적인 학문' Science totale이 인간의 종말이라고 내가 단언할 수 있는 것은, 반反학문적 편견에 사로잡힌 역행에 의한 것도 아니고 사리에 어긋나는 반발에 의한 것도 아니라, 기술 체계에 대한 사회학적 분석 결과로서, 또 20세기의 역사적 경험의 결과로서 이렇게 단언하는 것이다. 기술의 전체화가 사회corps social를 구성하는 모든 요소를 실제로 포함한다는 점과 점진적으로 인간 삶의 모든

---

202) 부수적으로는 그 때문에 나는 이론의 형태로 또 체계적인 방식으로 내 생각을 제시하기를 거부한다. 나는 닫히지 않은 열려진 변증법적 결합체(ensemble)를 만드나, 결합체의 해결책과 문제에 대한 해답과 미래를 위한 이론적 결말을 제시하기를 조심한다. 내가 그렇게 한다면, 나 역시 기술적인 전체화에 기여할 것이다. 그러나 그렇게 하지 않음을 통해 독자에게 불만이 생겨나고, 따라서 내가 기술을 멀리하고 기술에 적대적이라는 인상이 주어진다.

표현이 기술적이 된다는 점을 잊지 말아야 한다. 이 점은 기술에는 사회와 인간 존재에 대한 이중적인 결과가 있음을 의미한다. 한편으로, 기술은 기술화될 수 없는 것을 붕괴시키고 점차 제거하는 경향이 있다. 이는 예를 들어 축제와 사랑과 고통과 기쁨의 영역에서 아주 심하게 느껴지는 것이다. 또한 기술은 기술적인 전체화에서 이러한 존재의 전체tout로서 이러한 사회의 전체를 재구성하는 경향이 있다. 기술에 대한 인간의 예속이 이루어지는 것이 아니라, 훨씬 더 깊이 있는 새로운 총체totalité가 이루어진다. 이는 인간에게 그토록 큰 불편함과 그토록 심한 좌절감을 유발하는 과정이다. 삶 자체의 모든 요소는 기술이 환경이 되었던 한에서 기술에 연결되어 있고, 기술의 전체화를 통해 인간적이고 사회적이며 경제적이고 정치적인 모든 요인에 대한 새로운 유형의 진정한 통합이 이루어진다. 이와 같이, 분명히 기술적인 대상이나 로봇이 되어버리지 않은 사회와 인간은 전체화하는 기술의 단일성을 이제부터 받아들인다. 그러나 기술은 의미를 부여할 수 없는데, 그것이 기술의 큰 결함이다. 재구성된 총체에는 아무런 의미가 없다.

제3부. 기술적인 진보의 특징

제1장: 자기증식

제2장: 자동성

제3장: 인과적 발전과 궁극목적의 부재

    1. 궁극목적finalité

    2. 목적objectif

    3. 목표but

제4장: 가속화의 문제

경제적으로만 적용함으로써 기술적인 진보1)에 대한 정의를 내릴 수 없음은 분명하다. "우리는 과학과 기술을 경제적 과정에 적용함으로써 생겨나는 모든 혁신을 기술적인 진보를 통해 이해하는데, 이 혁신들의 대상은 새로운 생산물이나 서비스를 만드는 것이거나 혹은 이미 존재하는 생산물이나 서비스를 완성시키는 것이거나 혹은 비용을 제한하고자 경제적 작용의 효율성을 증대시키는 것이다." 본느에 의해 분명히 받아들여진 이 정의는2) 너무도 단편적이고 기술 적용의 무한한 영역을 거의 고려하지 않기에, 사람들은 이 정의에 실제로 집착할 리 없다. 다른 곳에서보다 경제적 분야에서 기술적인 진보를 숫자로 나타내는 것은 분명히 더 쉽지만, 이는 늘 같은 문제이다. "과학적" 정확성에 도달하고자 사람들은 우선 연구하는 대상을 근본적으로 변질시키는 것부터 시작한다. 경제적 수치화를 통해 어떤 발전과 어떤 기술들이 설명되지만, 이는 숫자로 나타낼 수 있는 것을 기술적인 보편성 속에서 임의로 잘라냄으로써 이다! 이것은 매우 나쁜 과학적 방법이다. 내가 여기서 기술적인 진보에 대한 이야기를 할 때, 나는 현상 전체에 의거하며, 따라서 생산성이란 문제만 다루지는 않는다. 헤트만F. Hetman은 "기술적인 진보, 헤아릴 수 없는 환상인가?"*Le progrès technique, une illusion comptable?*, 3) 라는 글을 통해, 경제적 생산에서 기술적인 진보에 대한 뛰어난 연구를 했다. 그는 이 분야에서 기술적인 진보가 생산성 분석에서 곧바로 나오고, 게다가 기술적인 진보

---

1) 진보로서 기술에 대한 고찰에 대해서는 총서"기술 시대에서 기술"Technik im Technischen Zeitalter에서 한스 프라이어(Hans Freyer)의 『진보의 심각성』*Der Ernst des Fortschritt*.
　[역주] Hans Freyer(1887-1969). 독일의 사회학자이자 역사학자이자 철학자. 그의 저서 『현실 과학으로서 사회학, 사회학 체계의 논리적 근거』*Soziologie als Wirklichkeitswissenschaft. Logische Grundlegung des Systems der Soziologie*를 통해, 사회학은 관조적인 로고스 과학에서 탈피하여 상황에 대하여 의욕적이며 지속적인 특성을 지닌 에토스 과학이어야 한다고 주장하면서, 형식 사회학을 통렬히 비판했다.
2) 현재의 기술이 자동제어 등과 같은 공표된 속성에 따라 표현되는 것은 경제적 영역에서 이다. 순수과학이 찌꺼기와 경제적 파급효과로서 간주하는 바는 이제 본질적인 것이 된다.
　[본문 내용을 역자가 각주로 설정]
3)『분석과 예측』*Analyse et Prévision* (1970년).

에 대한 정의가 아주 불분명하며, 결국 생산과정에서 기술적인 진보의 중요성에 대한 평가가 매우 가변적임을 보여준다. 그는 이 기술적인 진보의 개념과 영향과 실재를 명확히 설명하는데 전념하지 않았던 경제학자들의 모든 작업을 탁월하게 검토한다. 그런데, 가장 큰 불확실성이 지배한다. 이 기술적인 진보는 어떤 이들에게는 잔류물로서 식별되고4), 다른 어떤 이들에게는 지식의 발전과 확산 및 합리화 등과 같은 완전히 명백한 여건의 구성요소 속에서 식별된다. 어떤 이들에게는 기술적인 진보가 90퍼센트의 비율로 단위작업 당 생산 증가의 결정 요인이며, 따라서 이를 통해 자본의 중요성이 축소된다. 또한 다른 어떤 이들에게는 기술적인 진보에 약 3퍼센트 정도의 무시해도 좋은 영향력이 있다. 헤트만은 따라서 무엇에 대한 이야기인지 아는 것은 매우 어려우며, 이 영역에서 통계적인 연구를 하는 것은 거의 불가능하다고 결론짓는다. 그는 기술적인 진보에 관하여 다음 같은 것이 있다고 언급하면서 이 상황의 원인을 요약한다.

- 통계 요소의 근본적인 부적합성.
- 기술에 대한 정의가 없음으로써 해명되는 방법적인 혼란.
- 어떤 견해를 신봉하는 데에는 다음 같은 개념들이 수반된다. 즉, 그 시대의 문제가 혁신 사회의 문제에 들어맞지 않는 시대에 생겨난 이론에서 나온 개념들이다. 달리 말해, 기술적인 진보 맞은편에서 사람들은 사회 계급에 의해 제기된 문제와 같은 종류의 지적인 문제 앞에 있다. 통계학적 방법이나 혹은 기존의 모든 사회학적 방법의 엄밀한 적용으로 이 개념들을 포착하는 것은 불가능하다. 그렇지만, 진상은 거기에 있다…. 그래도 지구는 돈다!

---

4) 다른 모든 생산성 요인이 규정되었을 때 이다. [본문 내용을 역자가 각주로 설정]

제1장 : 자기증식

자기증식과 관련된 혁신과 연구 개발

내가 '자기증식'을 통해 말하고자 하는 바는, 마치 기술 체계가 내적이고 내재적 힘에 의해, 또 인간의 결정적인 개입 없이 성장하듯이 모든 것이 일어난다는 사실이다. 물론, 나는 인간이 개입하지도 않으며 어떠한 역할도 하지 않는다고 이를 통해 언급하고 싶지 않다. 인간이 그것을 생각하든 안하던 간에, 또 그것을 원하든 원하지 않던 간에 인간의 모든 활동이, 심지어 어떠한 방향도 의도적으로 설정되지 않은 활동이 기술적인 성장에 기여하게끔 하는 환경과 과정 속에 사로잡혀 있다. 자기증식은 기술이 20세기 인간 전체를 집중시키는 중심점을 나타냄을 의미하며, 또 인간이 원하고 시도하며 꿈꿀 수 있는 모든 것을 섭취함을 의미한다. 기술은 인간의 행동을 기술적인 요인으로 변화시킨다. 이는 '자기 생성'과 관계된 것이 아니라, 체계 속으로 편입과 관계되며, 자신에게 이롭도록 하는 가장 다양하고 겉으로 보기에 가장 낯선 요인과 관계된다. 그래서 자기증식은 다음 같은 두 현상을 포함한다. 한편으로, 기술로 하여금 성장하도록 부추기고 부득이하게 끊임없이 발전하게끔 하는 일종의 내적인 힘에 의해, 인간의 결정적인 개입 없이도 기술이 변화하고 진보할 정도의 발전 지점에 기술은 도달했다. 다른 한편으로, 우리 시대의 모든 인간은 너무도 기술에 열광하고 기술에 의해 형성된 나머지, 또 기술의 우위를 확신하고 기술 환경에 빠진 나머지, 인간은 모두 예외 없이 기술적인 진보를 향해 있으며, 아무 직업에서나 각자 자신이 지닌 도구를 더 잘 사용하려고 애쓰거나 혹은 방법과 장치를 완성시키려고 애쓰기에 인간은 모두 이 일에 힘을 쓴다… 이와 같이, 기술은 모두의 노력에 의해 발전한다.5) 실제로 이 두 가지 사항은 마찬가지이다. 물론 인간의 행동에 의해서만 발전하는 기술 체계 속으로 인간이 먼저 동화되었으나, 인간의 행동은 너무도 정확히 유발되고 결정되며 한정되고 예정되며 촉발되는 나머지, 아무도 기술 체계를 피할 수 없으며, 각자의 활동 전체는 결국 기술 체계에 통합된다. 모두와 개인은 일체가 된다. '모두'가 이 방향으로 활동하기 때문에, 중요한 것은 각자의 사소한 일이 아니라, 기술적인 증식일 따름인 익명의 생산물이다. 기술이 각자로 하여금 자신의 방향으로 행동하도록 정확히 부추기기 때문에 자기증식이 있다. 결과는 아무도 의식적으로 확실히 원하지 않았던 총합에서 나온다. 이 둘 사이에 인간은 필수적 요인으로서 나타나지만, 긴밀히 필연적으로 초래된 요인으로서 나타난다.

자기증식이라 규정한 과정에 따라 기술이 발전한다고 20년 전 내가 표명했던 견해는6), "신화적인 과장"과 "근거 없는 계교"로서 그 시대에 간주되었지만, 이후로 이 견해는 점점 더 자주 재검토되고 받아들여지며 입증되었다. 나는 몇몇 예를 들겠다. 우선, 다이볼드7)이다. "기술적인 발견은 자체의 발전기와 같다. 우리는 기술적인 진보에서 앞으로의 과학적 발견을 기대하지 말아야 한다. 새로운 발견과 새로운 영역에서 확장을 유발하는 것은 기술 자체이다." 만하임8)은 기술이 스스로 계획을 유발한다는 점과, 계획은 우리 삶의

---

5) 제3세계의 통합되지 않은 인구와 또한 기술 사회에서 아주 적은 수의 기술에 대한 반대자들을 제외하고.
6) [역주] 이 책이 출간된 것은 1977년이므로 거의 20년 전쯤인 1955년에 출간된 『기술 혹은 시대의 쟁점』*La Technique ou enjeu du siècle*에서 엘륄이 주장한 내용으로 볼 수 있다.
7) [역주] John T. Diebold(1926-2005). 미국의 작가이자 기업 컨설턴트. 자동화와 정보 및 컴퓨터와 관련된 책을 저술한다. 주요 저서로 『자동화, 자동 공장의 출현』*Automation : The advent of the Automatic Factory*이 있다.
8) 『재건의 시대에서 인간과 사회』*Man and Society in an age of Reconstruction*에서.
　[역주] Karl Mannheim(1883-1947). 헝가리 출신의 독일 사회학자. 지식 사회학이라는 새로운 사회학 분야를 개척하고, 시대에 대한 진단 학문으로서 사회학의 의의를 역설한다. 또 사

점점 더 넓은 영역을 포함하며 기술적인 진보를 요구하고 생겨나게 한다는 점을 보여준다. "우리는 계획 없이는 문화적인 영역에서조차 더는 발전할 수 없을 것이다. 우리가 '계획화된 사회'를 선호하는지 그렇지 않은지 아는 질문은 제기될 필요가 없으며, 우리는 '계획화된 사회'를 피할 수 없다." 시몽동Simondon의 견해는 다음과 같다. "따라서 기술적인 대상의 발전에서 발전을 특징짓는 것은, 본질적으로 '기능적인 공조 작용'의 발견이다. 그래서 이 발견은 단숨에 이루어지는지, 혹은 지속적인 방식으로 이루어지는지 자문해야겠다. 작동에 개입하는 구조들의 재조직으로서 이 발견은 갑작스러운 방식으로 일어나지만, 연속된 몇 단계를 포함할 수 있다…" 또다시, 시몽동의 심오한 분석을 통해, 기술적인 대상에 대해 그가 기술하는 바는 일반적으로 기술에 대해서도 바로 언급될 수 있다. 마찬가지로, 『이상향』*Arcadie*에서 드 쥬브넬De Jouvenel은 자기증식에 대한 이야기를 하지 않고서 이 특징을 표현한다. "우리 문명과 다른 문명 사이에는 이러한 효율성이 계속 발전한다는 점에서 본래 차이가 없다. 우리 문명에는 방법에 대한 지속적인 혁신이 있다." 가보르9)의 견해는 다음과 같다. "기술을 발전하게 하는 것은 자체의 기존 속도이다. 두 가지 이유에서 그러하다. 첫째 이유는 전통 산업을 유지시켜야 한다는 것이다. 둘째 이유는 '이루어질 수 있는 것은 이루어질 것이다'라는 기술 문명의 근본적 법칙일 따름이다. 이와 같이 발전은 새로운 기술들을 적용시키고, 새로운 산업이 바람직한지 그렇지 않은지 알려고 애쓰지도 않은 채 새로운 산업을 만들어낸다…"

회 심리학의 도입, 근대 합리적 사회의 대중사회화 현상, 자유를 위한 계획 등을 주장하여 미래 사회의 계획화에 역점을 둔다. 주요 저서로 『이데올로기와 유토피아』*Ideologie und Utopie*, 『우리 시대에 대한 진단, 한 사회학자의 전시(戰時) 에세이』*Diagnosis of our Time. Wartime Essays of a Sociologist* 등이 있다.

9) 『미래에서 살아남기』*Survivre au futur*를 볼 것.

[역주] Dennis Gabor(1900-1979). 헝가리 출신의 영국 물리학자. 빛의 간섭을 이용한 사진법인 홀로그래피(holography)를 발견하고 이에 대해 이론적으로 연구한다. 주요 저서로 『미래 만들기』*Inventing the Future*, 『성숙한 사회』*The Mature Society* 등이 있다.

리치타Richta 역시 그가 '자기 발전'이라 부르는 기술의 자기증식 원리를 우연히 인정하는데, 그는 자동화 원리에 이 원리를 결부시킨다. 생산과정이 독립적인 순환으로 세분되어 있는 곳에는, 체계들의 부분적 자동화만이 존재할 따름이다. 끊임없는 대량생산 과정이 있는 곳에는 완전한 자동화가 존재한다. 따라서 자기증식은 자동화의 가능성과 더불어 촉진된다. 게다가 리치타가 입증하듯이, 과학적 지식의 비축을 통해 더 효율적인 기술적인 해결책이 끊임없이 적용될 수 있기에, 이 자기증식은 무엇보다 연구 역량이 있는지에 달려있다… 따라서 학문과 연구의 발전은 직접적인 생산의 확대보다 사회적 생산력의 생성과 재생에서 훨씬 더 중요하다. 이 점은 체계의 분석에 미친 리치타의 결정적 공헌이다.

자기증식의 특성을 명확히 밝히면서, 나는 바로 이 "결정 과정"의 존재를 부인하지 않는다. 드 쥬브넬은 각각의 기술적인 발전의 시초에 반드시 있을 수도 있는 결정에 대해 늘 강조한다.10) 그러한 것으로서 결정은 사회적 행위이다. 이 점은 정확하다. 그러나 거기에는 두 가지 분석 요소가 빠져 있다. 우선, 결정을 내리는 자가 기술에 의해 미리 결정지어진 기술화된 인간이라는 점이다. 그 다음으로, 선택은 기술적인 영역에 의해 단지 정해진다는 점이다. 결정은 이러한 혁신의 적용 타당성을 대상으로 할 따름인데, 이 혁신은 자체의 '기술담론적인 가치'valeur technologique와 효율과 수익성에 따라 강요되거나 혹은 강요되지 않는다. 결정 과정은 자기증식 현상 속에 실제로 통합된다.

숀Schon 11)은 발명과 혁신과 확산 같은 기술적인 성장 과정의 다른 단계에 대한 유용한 분석을 한다. 그러나 그는 자기증식의 매우 중요한 측면을 강조한다. 즉, 혁신과 발명이 시간상으로 앞서거나 혹은 뒤이어지는 행위의 연속이 아니라, 연속된 유일한 과정의 측면들로서 포함되어야 한다는 것이다.

---

10) "미국에서 사회 과학의 상황"Situation des Sciences sociales aux Etats-Unis, 『분석과 예측』 Analyse et prèvision (1968년).
11) 『기술과 변화』Technology and change를 볼 것.

"시작도 없고 명확한 끝도 없는 아무런 새로운 기술담론이 존속하는 내내", 끊임없이 퍼져나가고 발전하는 과정이자 그 속에서 "필요와 기술이 상호간에 결정지어지는" 과정을 위해, 그는 지적인 과정이자 목표를 향해 정돈된 과정인 의도적인 "발명에 대한 합리적 시각"을 당연히 뒤집어엎고 논박한다. 이 분석은 눈에 띄게 정확한 듯이 보이고, 기술적인 발명의 목적론적이고 합리적인 특성에 대한 지나치게 단순한 도식들과 아주 다른 듯이 보인다. 게다가 아주 일반적으로, 이 저자들은 "발견"12)과 "발명"과 "혁신"을 구분한다. 어떤 이들에게는 과학 발명과 기술 혁신이 있다. "라디오의 발명"이란 없다. 즉, 과학 발명의 적용에 의한 혁신과 이전에 존재하는 기술적인 요소의 결합만 있을 따름이다.

각각의 기술적인 진보는 한곳으로 집중하는 일련의 발명에서 나오는 혁신이다.13) 그러나 사람들은 여러 유형의 혁신을 구분하려 들며, 뤼소Russo와 같이 혁신이 생겨나는 수준들도 구분한다. 이 수준들은 기초 기술들, 기술적인 통일성, 가장 단순한 것에서 가장 복잡한 것으로 나아가는 산업적인 통일성, 혁신의 단계들이다. 이 혁신의 단계들은 본질적인 개념, 새로운 방식, 예전 방식의 결합, 확산을 개입시킴으로써 명확히 드러난 개량의 구성요소이다. 그래서 도마Daumas와 같이 다음 같은 도식을 설정할 수 있다.

a) 본질적인 개념 (개념의 기원, 개념 실현의 조건, 기술적인 통일성으로 통합)

b) 시도와 조정

c) 혁신 (본성 및 해결해야 할 문제와 관련된 중요성) - 적용의 기술적인 혹

---

12) 점점 더 포기되는 것이다. [본문 내용을 역자가 각주로 설정]
13) 그렇지만, 어떤 저자들은 정확한 의미에서 혁신, 다시 말해 예기치 않은 새로운 요소의 출현이 정말로 더는 없다고 판단한다. 또한 그들은 명확한 개체로서 혁신이 사라지는 경향이 있듯이 기술적인 진보 전체는 경제적 요인들 및 결과를 부여하는 과학적 요인들 사이의 결합에 있다고 판단한다.

은 경제적인 방식·동기부여·어려움이 확산되는 상황

d) 발전(개량, 적용, 경제적 결과)

혁신이라는 일반적 용어가 포함하는 바를 의식할 수 있는 것은 실제로 이러한 종류의 분석에서이다.

결국, 기술 혁신은 그 자체로 존재하지 않는다고 간주해야 한다. 하지만, 필요가 불가피하게 선행된다는 점이 점점 더 인정되지 않음에도, 기술 혁신은 몇몇 필요14)에 부합한다고 간주해야 한다. 또한 기술 혁신은 온갖 종류의 여러 긴장이지만, 늘 시간과 관련되는 여러 긴장의 작용 안에서 생겨난다고 간주해야 하는데, 이 혁신을 촉진하거나 혹은 불리하게 하는 어떤 사회·경제적 환경과 관련하여, 또 수용력 있거나 혹은 금지하는 포괄적인 기술적 맥락에서 이 혁신은 생겨난다. 기술적인 발전을 구체적으로 이해하게 하는 것은 이 모든 요인의 연결이다.

이와 같이, 기술적인 생산물을 고려할 때, 이것이 예전 요소들의 결합과 단지 관계되는 것인지 늘 확인할 수 있다. 텔레비전의 발명도, 라디오의 발명도, 자동차의 발명도 없다. 우선 부품이 시장에 나타났고 존재했다. 완성된 생산물이 가능했던 것은 부품에서이다. 가끔 "기술적인 변화"에 대해서만 이야기하려고 '혁신'이란 단어를 버리기까지 할 것이다. 그러나 이 점은 아주 모호한 듯이 보인다. 이와 반대로, 여러 유형의 혁신, 곧 보상적인 혁신, 주변적인 혁신, 구조적인 혁신, 포괄적인 유형의 혁신을 질르15)와 더불어 분명히

---

14) 필요들은 기술적인 대상에 달려 있는데 그 반대도 마찬가지이다. [본문 내용을 역자가 각주로 설정]

15) 도마(Daumas)에 의해 인용된 기술적인 진보에 대한 주석.
  [역주] Bertrand Gille(1920-1980). 프랑스의 고古문서학자이자 역사학자. 주요 저서로 『기술들의 역사』Histoire des techniques가 있다. 이 저서에서 그는 고립된 기술은 존재하지 않으며 기술은 풍부한 기술들의 도움을 받아야 한다는 사실에서 출발하여, 주어진 시대에 다른 기술담론들 사이에서 만들어지고 기술 발전의 다소 지속적인 단계를 형성하는 일련의 일관성으로 그가 규정하는 "기술 체계들"(systèmes techniques)의 연속을 통해 역사를 바라보기를 제안한다.

구분해야 한다.16) 그러나 이 혁신이 언제, 어디서, 왜 일어나는지 아는 문제가 남아 있다. 관례적인 마르크스주의적 대답은 혁신이 임금 인상에 대처하려고 일어난다는 것이다. 고용주는 너무 임금이 높은 인력을 기계로 대체하는 데 관심 있고, 새로운 기술들의 도입은 임금 인상에 기인하는데 임금 인상의 결과는 이윤의 하락이다. 그래서 사용자는 직접적인 노동을 줄이는 방법의 도입, 곧 생산의 자동화에 의해 임금 총액을 낮추려고 애써야 한다. 하지만, 본느Beaune 17)가 정확하게 지적하듯이, 기술담론적인 요소의 가치를 평가하지 않고서 영국이나 혹은 미국의 어떤 조합운동이 하듯이, 임금 인상에만 관심을 쏟는 것은 본의 아니게 자본주의에 득이 되도록 행동하는 것이다". 이윤은 혁신에 의해서만 창출될 수 없다. 그렇지만, 이 단순한 설명이 모든 것에 부합한다는 점을 인정할 수밖에 없다. 왜냐하면 결국 꼭 필요한 분야에 사용가능한 "노동절약적 혁신"이 있기 때문이다. 반대되는 것을 입증하기란 너무 쉽다!18) 실제로, 혁신 현상을 구체적으로 살펴볼 때에 조차 불가결하고 일반화할 수 있는 어떠한 상호관계도 없지만, 단지 우발적인 상호관계는 있음을 깨닫는다.

『차단된 사회』*La société bloquée*에서 크로지에Crozier는 대형 조직은 혁신에 유리한 환경이라고 주장한다. 그는 혁신이 엄밀한 경제적 합리성에 의해 결정지어진 개인적 현상이 아니라 집단적인 체계로서 이 체계의 성공은 인간적인 요인에 달려 있으며, 이 영역에서 대형 조직은 대다수의 소규모 생산자보다 우위에 있다고 언급한다. 또한 그는 자기증식이란 개념에 정확히 일치하

---

16) 이 모든 질문에 대해서는 도마(M. Daumas)의 탁월한 연구인 『기술들의 역사를 위한 자료』 *Documents pour l'Histoire des techniques* 7권에서 "기술들의 역사"/*Histoire des techniques*를 볼 것. 이와 반대로, 『혁신』*l'Innovation* (1971년)이라는 자신의 책에서 떼시에 뒤 크로(Teissier du Cros)의 일반적이고 "철학적" 고찰들은 문제점을 파악하는 데 도움 되지 않는다.
17) 앞에 나온 책. 『기술담론』*La Technologie* (1972)
18) 앞에 나온 책, 『기술담론』*La Technologie* (1972)에서 본느(Beaune)에 의해 인용된 르바두(B. Levadoux)의 『새로운 기술들과 노동 수단의 제거』*Les Nouvelles Techniques et l'élimination des instruments de travail*.

는 것인 혁신의 시초와 말미에서의 이 집단적 측면을 길게 강조한다. 특히, 혁신이 어떤 개인적인 자유에 달려 있다면, 혁신은 소규모 기업에서보다 대형 조직에서 아마도 더 잘 보장된다. 마찬가지로, 대형 조직은 혁신에 도움이 되도록 더 많은 인간의 잠재적 능력을 이끌어 낼 수 있다. 특히, 인간의 잠재적 능력은 가능한 결과들을 앞지를 수 있다. 즉, "인간의 잠재적 능력이 혁신에서 기대될 수 있는 불리한 결과를 더 잘 제어할 수 있는 한에서 혁신 역량은 증가한다." 이와 같이, 사회적이고 경제적인 통일성의 규모가 커짐으로써 혁신에 유리한 환경이 조성된다. 점점 더 많아지는 협력자의 조직은 혁신의 조건이다. 1950년에 우리가 글로 썼던 바, 곧 자기증식은 기술적인 작업에 모두가 참여하는 것이라는 점은 확실해진다. "기술전문가들의 활동과 효율성은 그들의 숫자와 더불어 끊임없이 증가한다. 눈길을 끄는 실현이 이루어진 이유는 아마도 이 실현의 주역들이 수치상으로 증가한 데 있다. 따로따로 취급된 각 기술전문가는 그보다 앞서 존재했던 기술전문가보다 더 많은 재능을 갖고 있지는 않다. 동시에 같은 문제를 연구하는 백 명의 사람은 백배나 더 오랜 시간 동안 같은 일에 혼자서 몰두하는 사람보다 더 중요한 결과를 얻는다. 게다가, 기술들의 발전은 발전 자체에 대한 자극이었다… 발전은 발전의 가속화에 유리한 더 완벽한 수단을 끊임없이 만들어냈다…"19)

이와 같이, 대기업만이 기술전문가 팀의 연구를 통괄하면서 이러한 증가의 조건을 충족시킬 수 있다. 그러므로 푸리아(Furia)가 탁월하게 지적하듯이, "연구는 생산보다 훨씬 더 집중되어 있다". 그런데, 젊은이들이 이 과정에 들어오게 하고자, 훈련조차 되지 않은 젊은이들을 향한 기업의 호소가 늘어난

---

19) 도마(Daumas), 『기술들의 역사』*Histoire de Techniques* (1962년) 1권. 슈마허(E. F. Schumacher), 『작은 것이 아름답다』*Small is beautiful* (1973년).
[역주] Ernest Friedrich Schumacher(1911-1977). 독일 출신의 영국 경제학자. 그는 가난한 나라가 발전된 기술을 적용하면 생산성은 올라가지만, 고용은 증가하지 않는다는 결론에 도달하여, 발전도상국에는 선진 기술이 아닌 '중간 기술'을 적용하는 것이 필요하다고 주장하면서, '중간 기술' 이라는 개념을 보급시키는 데 큰 공헌을 한다.

다. 따라서 적어도 잠재적인 차원에서 이 연구에 모두를 통합시키려는 경향이 있다. 아주 작은 기업의 증가는 자기증식에 유리하지 않다는 점은 분명하다. 자기증식은 기술적인 각 하위체계의 어떤 뒤얽힘을 전제로 한다. 기술이 성장 리듬을 타는 것은, 투자와 잃어버린 경험과 어떤 기간 동안 수익성 없는 자본 등을 가능하게 하는 측면에서이다. 이 때문에 기업 집중이 기술의 결과라고 하는 것은 착각이다. 하지만, 기술은 문제시 될 수도 있다. 즉, 기술 덕분에 분산시킬 수도 있다는 것이다. 실제로, 집중은 기술 발전의 결과나 자기증식 현상의 출현 결과가 아니라 조건이다. 이와 같이 프랑스의 화학은 분산되었던 한에서 침체했다. 이 합의들에 의해 론뿔랑[20]이 프로질[21]을 흡수했고 뻬쉬니셍고벵[22]을 통제했던 합의들을 통해 경제적 균형이 이루어졌을 뿐 아니라 기술적인 발전의 가능성이 생겨났다. 이는 자본주의적 경쟁의 문제가 아니라, 활동의 다양한 가능성을 제시하고자 통합될 수밖에 없는 하위체계 차원의 문제이다.

결국, 혁신의 근본적인 측면을 이루는 듯이 보이는 것, 곧 내가 시도주의[23]라 부르는 것은 자본주의적이든 사회주의적이든 대기업의 틀 속에서 가능할 것이다. 기술 혁신이 단지 수학적 계산의 결과로는 드물게 생겨나는 것이라면, 기술 혁신은 "시도와 오류"의 차원에서 계속 이루어진다. 이 점은 '사람들은 시도한다.'는 기술적인 정신 상태를 아주 특별한 방식으로 나타내는 듯이 보인다. 모든 것이나 아무런 것이나, 사람들은 그것이 제시하는 바를 본다. 그렇게 하는 것은 호기심에서가 아니라, "그것은 왜 안 되는가…"라는 확고한 태도와 확신이 없어서 이다. 그런데, 이것은 우리 사회의 일반적 특성이다. 혁신이 있으려면 종교적이고 도덕적이며 집단적인 확신이 사라져

---

20) [역주] 론뿔랑(Rhône-Poulenc). 프랑스의 화학・제약 그룹.
21) [역주] 프로질(Progil). 프랑스의 기업.
22) [역주] 뻬쉬니셍고벵(Péchiney-Saint-Gobain). 프랑스의 기업.
23) [역주] 시도주의(essayisme). 새로운 어떤 것을 늘 시도하는 행위를 경멸스럽게 일컫는 표현.

야 한다. 각자는 자신의 경험과 더불어 방치되고, 수많은 오류 가운데서 지속적인 혁신이 일어난다. 그러나 기술 혁신과 더불어 우리는 이 시도주의의 긍정적인 면을 본다. 더 나아가 우리는 기술 사회 속에 빠진 인간을 위해 이 점이 의미하는 바를 파악해야 할 것이다.

이와 반대로, 혁신은 드 쥬브넬의 이상한 검증에 의해 제한된 것으로 나타난다. "가장 덜 발전한 기법들은 대다수의 실제적인 운명을 개선할 수도 있었던 기법들이었다." 떼시에 뒤 크로Teissier du Cros에 따르면, "어떤 산업이 근본적 필요에 부응할수록 이 산업은 덜 혁신을 일으킨다." 달리 말해 기술적인 성장, 곧 혁신은 필요 이상의 영역, 불필요한 영역, 무상無償의 영역, 부차적인 영역에서 우선 일어난다. 이 점은 일반화될 수 있는 듯이 보인다. 자발성의 시대에 혁신은 본질적인 필요에 부합하지 않은 것을 파고들었다.

따라서 인간의 진정한 관심에 따라 이루어지는 혁신이란 없다. 사람들이 인간을 먹여 살리려고 보다는 달에 가고자 더 혁신을 일으키듯이, 오늘날 우리가 분명히 확인하는 바는 기술적인 진보의 특성이 늘 그러했다는 것이다. 인간은 혁신이 진정으로 필요했던 곳에서는 혁신을 행하려 하지 않았다. 기술 체계가 발전하는 근거를 그 자체로 지닌 곳에서 혁신은 이루어졌다. 이제 계획과 더불어 사람들이 혁신을 이끈다고 자부하는 것은 사실이다. 하지만, 사람들이 질 좋은 음식을 만들기보다 고속도로를 건설하기로 늘 어디서든 결정하듯, 실제로 모든 계획은 실제 필요를 전혀 고려하지 않는 기술 체계 성장의 절대적 필요성에 따라 미리 집중된다. 이와 반대로, 혁신은 최근 몇 년간의 자세한 분석 덕분에 자기증식 과정 속에 포함되어 있다. 이러한 새로운 영역에서 성장을 유발하는 것은 신기하고 놀라운 혁신이 아니라, 혁신을 규정

---

24) [역주] 자기성(ipséité). 타인과 자신을 구별해주는 자체만의 성질을 가리키는 표현이다.
25) [역주] 엘륄이 성장 자체에 대해 말할 때, 자신의 저서 『부르주아의 변신』*Métamorphose du Bourgeois*에서 경제 성장의 내력을 묘사하듯이, 경제 성장 및 경제 성장의 기반이 되는 생산제일주의 이데올로기를 언급한다고 생각할 수 있다.

하는 이러한 성장의 자기성(自己性) 24)이다.25) 혁신은 메커니즘에 포함되어 있으며, 메커니즘의 필요에 따라 이루어진다. 훌륭한 예가 렝방띠끄26)에 대한 카우프만Arnold Kaufmann의 저서에 의해 제시된다.27) 이것은 "창의적인 방법"의 조정과 관계되는데, 창의적인 방법의 발전은 사회의 필요에 부합한다. 매 순간 기업은 혁신해야 하고, 회사 간부나 기술자 각자는 '발견자'가 되어야 한다. 발견 메커니즘은 분석되고 이해될 수 있으며, 따라서 재현되고 사용될 수 있다. 이 연구에서 저자들은 "비전문가"의 도움 청하기, 비소시아시옹 bisociation 28) 과정, "분쇄", 단어 유희, 개념 중복, 유추 등을 포함하여, 어떻게 "직관"의 범위와 성질을 명확하게 하며 직관을 유발시킬 수 있는지 이완되고 유희적인 분위기로 보여준다. 또한 몰레스Moles의 '발견 행렬' 29) 및 츠비키Zwicky 30)의 형태학적 연구 등과 같은 가장 복잡한 결합 방법이 거기서 분석된다. 창조 능력이 기술 체계로 통합된다는 점이 이 모든 것을 통해 완전히 입증된다. 창의력은 자신의 천재성에 빠져 자신의 특별한 방향에서 자신을 열중하게 하는 새로운 것을 발견하는 인간의 일이 더는 아니다. 창의력은 일련의 방식과 조작의 결과이며, 어쩔 수 없이 극도로 낮은 수준에서 전문가를 대상으로 하든 비전문가를 대상으로 하든 일종의 집단적인 동기부여에 의해 생겨난다. 다시 말해, 이는 예전의 성장 논리에 포함되는 산물과 늘 관계되는 것인데, 이 산물은 이 성장 논리를 피할 수 없다. 그래서 혁신은 완전히 예

---

26) [역주] 렝방띠끄(l'Inventique). 카우프만과 퓌스띠에와 드르베에 의해 그들의 책 제목으로 만들어진 신조어로서 약간은 '창의성'을 의미한다. 하지만, 이 책이 성공을 거두지 못했기 때문에, 실제로 이 말은 거의 쓰이지 않고 있다.
27) 카우프만(Kaufmann), 퓌스펭(Fusten), 드르베(Drevet), 『렝방띠끄』L'Inventique (1970년).
28) 결합할 수 있는 두 개념이나 혹은 두 기술의 접근.[본문 내용을 역자가 각주로 설정]
29) [역주] 행렬. '매트릭스'라고도 하는데 행렬의 가로 줄을 행, 세로 줄을 열이라 한다. 행렬은 결합법칙 및 배분법칙이 성립하며, 덧셈, 뺄셈, 곱셈의 연산이 성립한다. 행렬은 이론적으로 매우 명쾌하며 기호적으로도 간결하기 때문에, 그 응용이 상당히 넓으며, 수학이나 물리학, 특히 양자역학에서는 꼭 필요한 존재이다.
30) [역주] Fritz Zwicky(1898-1974). 미국의 천체물리학자. 그는 '초신성(超新星)'이라는 용어를 도입하여, 이 초신성을 통해 그가 그 존재를 예견한 '중성자별'이 만들어지며, 태양계 외부에서 오는 에너지 미립자가 방출된다는 가설을 세운다.

속된다. 개인의 의기양양한 행위인 혁신과 체계의 맹목적 자기 증식 사이에는 전혀 아무런 갈등이 없는데, 체계의 자기 증식은 이 혁신을 완전히 동화시켰고 통제했으며 통합했다. 혁신이 있다는 조건에서 만이 증대가 일어난다. 하지만, 기술적인 영역에 대한 기술들의 적용 결과로 점점 더 생겨나는 혁신은, 체계의 자기 증식 필요성에 정확히 일치한다.

분명히, 이러한 자기증식은 이러한 성장에 대한 매우 의식적이고 의도적인 연구 고찰이 없음을 뜻하지 않는다. "후기 아폴로 계획, 미래를 향한 방향"Post Appolo Program : directions for the futur 이라는 뛰어난 보고서는 이 점에서 아주 특별하다. 이는 1970년 2월 정치적인 "제동" 이후 미국 항공우주국 작업의 연속을 위한 연구 계획과 관계된다. 이 보고서는 이 작업의 추진과 속행을 위한 기본 선택사항들을 선별한다. 이 보고서가 기술 세계의 많은 분야에서 이 기본 선택사항들을 갖추듯이, 따라서 이는 아주 명확한 노력과 관계된다. 그렇지만, 여기서조차, 이 계획이 성장을 전제로 하는 기술 체계 내부에 위치하기 때문에 자기증식에 대한 이야기를 할 수 있다. 이 보고서에서 지속과 발전이라는 확실성 외에 모든 것은 문제시 되고 재고된다. 이 보고서를 작성한 이들은 이 발전을 속행할 필요성에 의해 이끌렸으며, 따라서 이들은 이 발전을 명백하게 만드는 동시에 필요하게 만드는 자기증식에 기여했다. 실행되어야 했던 것은 단지 가장 적절한 방법의 추구였으며, 다목적 전달수단의 선택이었다. 이는 체계의 자기증식에 따라서만 제기되는 온갖 질문이다.

그래서 마스네Massenet는 "자기 조절된" 이 기술적인 자기증식을 완벽히 표현한다. "우리가 '기술담론적인 변화' 자체를 위한 기술담론적인 변화를 원하는가? 집단적인 무의식을 방편으로 내세우지 않는다면, 그렇지 않음이 분명하다. 그러나 우리는 기술담론적인 변화의 결과들을 원하고, 양적인 발전에 대한 사회적 대책의 효율성을 따져보며, 아마 훗날에는 우리 삶의 수준의 질적인 발전을 따져볼 것이다. 이와 같이, 소수 연구자들 가운데 의식적으로 떠맡겨진 기술적인 진보는 체험된 진보의 불가피한 수단으로서만 은연중에 집단적으로 원해질 따름이다. **전문성**Technicité은 더는 뜻밖의 일이 아니지만, 불가피한 것이다."31)라고 그는 뛰어나게 기술한다.

하지만, 반드시 필요하진 않으나 자기증식의 조건 중 하나는 국가의 개입이다. 국가의 개입은 사회주의 경제에서는 분명하고, 자본주의 경제에서는 덜 확실하다. 그렇지만, 어떤 충동과 결집은 무시할 수 없는 요인이다. 이 점을 통해 '의지주의적 결정 요소'가 기술적인 성장 속으로 다시 들어간다는 점을 전혀 믿지 않더라도 말이다. 물론, "연구 · 개발"은 의도적 견해 표명이며 정치적 결정이다. 사람들은 이 점에서 인간의 대체물인 국가가 통솔한다고 믿었다. 그러나 실제로 국가는 기술에 의해 미리 결정지어지고, "연구 · 개발"과 관계되는 결정은 기술적인 필요성에 의해 단지 유발된다. 기술적인 성장은 사회corps social가 "연구 · 개발" 조직체를 갖추지 않고서는 더는 버틸 수 없는 지경에까지 이른다. 이와 같이, 국가의 개입은 사전 조건으로서가 아니라 기술적인 교육으로서 자기증식 현상 내부에 위치한다. 그러나 국가의 개입은 이 자기증식의 지속 조건이 된다.

이 점을 통해 "연구 · 개발"의 근본 문제가 제기된다. "연구 · 개발"은 기초 연구부터 모든 분야에서 방법과 방식과 새로운 모델의 조정으로까지 나아가는 일련의 활동이다. 고전적인 "연구 · 개발"에 "실험 공학"이라는 표현이 더해진다. 이는 넓은 의미에서 "기술자들"에 의한 시도와 생산물의 정제이다. 이 "연구 · 개발"은 과학적 정치라는 결합체ensemble 속에 포함되는데, 이것은 목표의 설정, 예산의 할당과 배분, 프로그램과 연구자에 대한 관리, 경제적이고 사회적인 다른 분야와 상호작용, 마지막으로 결과에 대한 평가를 전제로 한다. 경제협력개발기구OCDE 32)의 보고서에서 그 점이 강조되었듯

---

31) "기술 변화론"Du changement technique, 『분석과 예측』Analyse et prévision (1971년), 9장 345쪽.
32) [역주] 경제협력개발기구는 영어로 OECD(Organization for Economic Co-operation and Development) 이나, 프랑스어로는 OCDE(Organisation de Coopération et de Développement

이, 어떤 점에서 과학이 정치의 형태를 띠는지 또 어떻게 기술적인 발견이 과학적인 결정에 영향을 미치는지 검토된다. 왜냐하면 "연구·개발"은 정치와 밀접한 관계에 있고 우선 국가가 제시한 목표에 부응하기로 되어있으나, 실제로 정치적 조직체는 "연구·개발"에 대해 거의 힘도 없고 통제력도 없기 때문이다. "연구·개발"은 전쟁 때문에 미국에서 대단히 발전하였는데, 이것은 군사적 목적의 프로그램, 정부에서 재정지원을 받으나 방향설정에서 자유로운 대학의 연구, 대부분 기업에서 재정지원을 받는 산업적인 연구 같이 세 분야로 구분되기에 이르렀다. "연구·개발"은 1948년부터 1967년까지 예산의 엄청난 증가라는 혜택을 누렸으며33), 1966년경에 위기가 찾아왔다. 우선 경기 침체였고, 그 다음으로 절대적 수치에서 자금의 부족이었으며, 과학적 정치와 "기술군산복합체"의 목표에 대한 재검토였다.

연구·개발은 제2차 세계대전 이후 미국에서 또한 10년 후 유럽에서 대규모 사업이었다. 이는 과학 연구에 힘과 자본과 지능을 집중시키는 것이었지만, 실제로 자본주의에서는 그 궁극목적인 경제 발전과 더불어 기술 연구에 힘과 자본과 지능을 집중시키는 것이었다. 1946년에 "연구·개발" 비용이 미국에서 3억 달러였으며, 정점에 이른 1971년에는 비용이 250억 달러였다. 이는 국민총생산의 3.5퍼센트에 해당했는데, 프랑스에서는 국민총생산의 1.68 퍼센트였다. 논란의 여지없는 기술적인 성장을 통해 반드시 경제 성장이 일어나지 않는다는 점을 사람들이 깨달은 순간부터 미국에서는 제동이 걸리는 경향이 있었다. 수치는 아주 명확하다. 영국은 국민총생산의 2.5퍼센트를 연구·개발에 지출하는데, 1인당 수입은 1960년과 1970년 사이에 일 년에 2.2 퍼센트만 올랐을 따름이다. 세계적으로 성장의 선두에 있는 일본은 국민총생산의 1.5퍼센트를 연구·개발에 할애한다. 경기 침체가 일어나는 한, 미국

―――――――――
Economiques)이다.
33) 1948년 미연방 예산의 2.4퍼센트, 1957년 5.8퍼센트, 1962년 10퍼센트, 1965년 12.6퍼센트였다.[본문 내용을 역자가 각주로 설정]

에서 연구에 할애된 엄청난 금액의 경제적 생산 효율은 빈약하다. 그러나 연구가 "질적인 것"을 향해, 또 공해 문제의 해결을 향해 더 방향이 설정된다. 따라서 경제적 결과에 대해서는 망설임이 있더라도, 기술적인 결과에서는 망설임이 있을 리 없다. 그러나 이 점은 연구·개발이 산업적인 정치에 완전히 연결되는 프랑스 같은 나라의 관심을 끌지 않는다. 과학과 지식은 도구적인 재화와 수단으로 점점 더 간주된다.34) 분명히, 기초 연구가 늘 존재하지만, 이론적으로 또 지적으로 상황이 그렇게 되어야 함에도 기초 연구는 주관심사가 아니다. 실제로 관심을 끄는 것은, 한편으로 응용 연구이고 다른 한편으로 개발이다. 연구·개발에서 기초 연구와 응용 연구와 개발 이 셋을 체계적으로 혼합시켰던 것은 응용 연구와 개발이다. 이는 이렇게 혼합된 결합체 ensemble가 현재 겪는 위기를 설명하는 것이기도 하다. 경제적 효율에 대한 재검토가 이루어질 뿐 아니라, '내가 무엇을 하는가? 그것은 무엇에 소용이 될까?' 라는 질문을 제기하는 연구자처럼 의미에 대한 재검토가 이루어진다. 따라서 인간은 상황의 지배자로 남아 있고 연구에 착수하는 일을 결정하며 신망을 얻는 듯이 보인다. 그런데 내가 거론했던 문제와 같은 문제가 제기될 때 모든 것은 멈춘다. 따라서 기술의 자기증식이란 없다! 그런데, 정확히 말해서 그건 전혀 그렇지가 않다. 나는 미국에서 기술이 전혀 멈추지 않고서 공해 제거 수단과 환경 복원 수단을 향해 방향설정이 된다는 점을 앞에서 지적했다. 여기서 어려운 점은 이러한 기술적인 재방향설정이 전제로 하는 사회적 변화이다. 그러나 2-3년간의 망설임 후에도 기술적인 성장은 전혀 재검토되지 않는다. 이와 반대로, 나는 "연구·개발"의 방향을 다시 설정했던 것이, 또 사회·경제적인 적용을 요구하는 것이 자기증식에서 나오는 기술적인 진보의 절대적 필요성이라고 심지어 언급할 수도 있다. 기술적인 성장은 결

---

34) 『세다이스』Sedeis 와 『이상향』Arcadie에서 "연구·개발"R. et D.에 대한 드 쥬브넬(De Jouvenel)의 연구를 참조할 것.

정지어지기는 커녕, 오히려 결정적이고 불가피한 절대적 필요성이다. 이 점은 프랑스에서 1973년 7월 산업과학개발부 장관에 의해 다시 취해진 브로[J. P. Béraud, 35)의 흥미로운 선언에서 확인된다. 즉, 연구는 어떤 전문적인 사람들의 전유물이 아니라, "각자가 거기에 빠져들 수밖에 없는 지속적인 필요성이다… 이것은 외부 세상으로, 또 개인적이거나 혹은 집단적인 우리의 일상적인 필요로 열려진 활동이다… 심지어 심리적으로나 사회적으로 연구자들을 우리 사회에 개입시켜야 한다."36)

실제로, 제도와 금융기관과 "연구·개발" 조직 모두는 기술적인 진보를 결정짓는 자율적인 요인이 아니다. 이 모두는 기술 체계가 자체의 자기증식 법칙에 따르고자 자체에 부여하는 도구이다. 기술 체계는 "연구·개발"에 의해 매개된다. 거기에 있는 인간들은 이 자기증식의 동인動因이다. 이러한 방식에는 신인동형론이 없다는 말을 되풀이하기로 하자. 즉, 절대적 필요성에 따라 "연구·개발"을 행하려는 분명하고 단호한 의도를 갖고 있을 수도 있는 일종의 전능한 신과 같은 존재가 있다는 말이 아니다. 이와 같은 것은 아무 것도 없다. 그러나 자유 경제 시장에 대한 비유를 할 수 있다. 아무도 시장을 만들어내기를 원하지 않는다. 시장은 겉으로 일관성 없는 다양한 공급과 수요의 결합에서 기인하고, 또한 독립된 기업의 특화된 전략과 자발적인 필요성의 결합에서 기인한다. 그렇지만, 이 잡다한 결합체ensemble는 자체의 법칙을 따르는 실재를 형성한다. 그래서 현존하는 시장에 여러 매개 조직체와 조절 조직체가 부여되기 시작할 것이다. "연구·개발"이 위치하는 것은 바로 이 차원에서 이다. 실제로 연구·개발은 기술의 자기증식 현상에서 나오는 촉진이나 혹은 제동을 겪는다. 르프렝스 렝귀에[Leprince-Ringuet 37)처럼 사람

---

35) 연구 진흥청장 (Directeur de l'Agence nationale de Valorisation de la Recherche), 「르몽드」 (1972년 2월).
36) 따라서 그것들이 무력화시키는 질문들을 더는 제기하지 않도록 그것들을 적용시켜야 한다! 바로 그것은 자기증식에서 나오는 서비스의 절대적 필요성이다.
37) "꼴레쥬 드 프랑스에서 마지막 강의" Leçon terminale au Collège de France (1972년 5월).

들은 우주 공간과 핵연구를 위한 예산 감축 앞에서 불안에 사로잡힐 수 있었다. 그는 "그러면 응용 연구의 주된 목표들은 훗날에 무엇이 될까? 해방되어 있는 현재의 엄청난 '기술담론적인 잠재력'을 어떻게 사용해야 하는가?"라고 묻는다. 어떠한 두려움도 없다. 기술적인 성장이 한 영역에서 제동 걸릴 때, 자기증식 과정을 통해 적용 영역의 변화가 일어난다. 안정이나 혹은 위기로서 간주될 수 있는 유예가 어쩔 수 없이 생겨나지만, 실제로 이것은 자기증식이 가능한 곳에서 자기증식의 회복이다.

이와 같이, 모든 것은 포괄적인 사회에서 기술적인 현상의 상황에서 나온 결과이다. 마리 모스코비치(Marie Moscovici 38)는 자기증식에 관한 매우 훌륭한 연구를 우리에게 제시한다. 이 저자는 사회corps social 전체에 의해 미리 주어진 정당화를 지닌 일종의 공통된 프로그램이자 포괄적인 이데올로기가 되는 연구의 사회화 현상을 특히 거기서 분석한다. 따라서 우리는 여기서 '자율성·정당화'와 자기증식 사이의 일치를 발견한다. 체계의 각 특성은 다른 특성들과 관련하여 고려되어야 한다는 점을 분명히 자각해야 한다. 이 관점에서 연구는 사회 전체의 일종의 자발적인 활동이 된다. 물론, 존재하는 연구소는 그 목적이 발명을 해내는 것인 특별 조직이다. 그러나 이러한 연구소는 전제 조건인 자기증식이라는 토대 위에서만 그러한 것으로서 존재할 수 있다. 발명은 이제 관리되고, 학자와 연구 기술전문가는 그들이 더 통합되어 있으므로 더더구나 완수하는 사회적 역할을 우선 지니고 있으며, 사람들은 '우발적인 창조력'에서 '유발된 창조력'으로 넘어간다.

자기증식은 의식 속에서 기술에 대한 선험적인 정당화에 기초를 둔다. 이는 우리가 나중에 다시 다룰 문제이다. "현대 과학을 내세우면서 나타나는 동시에 지배에 대한 전통적인 정당화를 대체하고, 이데올로기에 대한 비판

---

38) "산업에서 과학적 연구"La recherche scientifique dans l'Industrie, 『분석과 예측』*Analyse et prévision* (1966년).

으로서 스스로를 정당화하는" 이데올로기들이 이 점에 일치한다고 하버마스가 강조하는 것은 당연하다. 그러나 기술이 이데올로기의 영역을 침범했다는 것은, 기술이 이데올로기의 영역에 한정될 수 있음을 의미하지 않는다!

물론, 기술적인 영역의 이러한 측면에서 어휘의 '강박적이고 집중시키는 힘'을 역시 고려해야 한다. 단어들은 사회의 일반적 맥락에 따라 감정적인 하중이 실려 있다. 이와 같이, 5세기 혹은 8세기에 행동과 고찰을 유발한 것은 신학적인 단어들이었다. 우리 사회에서 이것은 차라리 정치적인 어휘이지만, 진지한 행동은 기술 세계의 '지침 단어'에 의해 생겨난다. 계획경제, 생산성, 장기경제전망, 정보처리기술, 경영이란 용어가 등장하고, 즉시 지적인 힘은 '구체화 지점' point de cristalisation 을 따라 방향 설정된다. 개인들로 하여금 장기경제전망을 하고 정보처리기술 직업에 대비하거나 혹은 경영 원리에 따라 조직하도록 부추길 필요는 없다. 연구와 적용은 저절로 이루어진다. 많은 사람들이 거기에 사로잡혀 있는 한, 발전은 사람들이 그것을 원하지도, 모색하지도, 알지도 않은 채 일어난다. 이 용어들은 기술적인 관심사와 더불어 경제적 관심을 결집시키기 때문에 무대 전면으로 나온다. 이 단어에 이끌린 이가 기술 사회의 일반적인 분위기에 젖어들고 자기를 발전시킬 수 있는 모든 것에 민감해져 있는 한, 이는 유행의 문제가 아니라 주의의 집중이다.

자기증식에 대한 여러 가지 시각

따라서 우리는 기술의 내재적 특성에 기인하는 자기증식이, 어떤 가능성의 조건을 전제로 한다는 점을 방금 살펴보았다. 기술적인 발전 초기에 이데올로기적이고 경제적이며 과학적이고 사회적인 적절하고 결합된 일련의 조건이 필요했기 때문에, 우리는 바로 그렇게 생각해야 한다. 예를 들어, 볼리 Boli 는 사용된 수단들을 신성하게 여기지 않는 것이 기술이 발전하도록 필요한 선결 조건임을 보여주는데, 신성한 것에 대한 수단의 일치라는 질문이 아니라 수단의 효율이라는 질문이 제기될 수 있다는 조건에서 만이 이것이 가능할 따름이다. 마찬가지로, 한 문화의 어떤 측면과 관계된 여러 기술의 좋은 성과와 성공을 통해, 이 사회 집단의 인간들이 이 문화의 다른 측면에 기술을 적용하려는 성향이 늘어난다. 새로운 기술들을 수용하고자 필요한 사전의 지지가 있다.39) 게다가 일종의 "시험대"가 존재하도록, 기술의 적용을 시도로서 가능하게 만드는 것은 이 점이다. 정상적으로 기술은 대중에게 넘겨지기 전에, 또 자본주의 체제라면 상업화되기 전에, 실험실에서 오랫동안 줄곧 시도된다. 그러나 관계된 것이 포괄적인 기술이나 '기술적인 결합체' ensemble technique라면, 이 조건을 충족시키기가 매우 어렵다. 왜냐하면 이것이 수많은 사람이나 혹은 사회를 위태롭게 하기 때문이다. 그렇지만, 실험이 가능할 때에만 실제로 자기증식이 있음을 사람들은 알아차린다. 이 때문에, 예를 들어 전쟁은 이 틀에서 유용하다. 즉, 모든 실험이 가능한 것은 이 순간이다. 그러나 스페인 전쟁이나 혹은 베트남 전쟁이 단순한 "미래 전쟁의 시험대"라고 생각하는 것은 잘못이다. 직접적으로 군사적인 기술들이 분명히 있지만, 이 기술들은 상대적으로 부차적이다. 이와 반대로, 중요하면서도 전쟁에 일시적으로 적용되는 것은 다른 모든 기술들이다. 왜냐하면 전쟁은 이러저러한 기술의 끔찍한 결과나 혹은 과도하게 비용이 드는 결과에 대해 걱정하지 않게 할 수 있기 때문이다. 전쟁은 온갖 대담함과 모든 기술 뿐 아니라 다른 것으로 대체할 수 없는 '생체 작업'도 허용하기 때문에, 자기증식을 가능하게 하는 불가결한 실험의 장이다….40) 이 자율적인 발전을 위해 반드시 필요한 다른 요인들을 고려해야 한다. 즉, '기술담론적인 교육' enseignement technologique

---

39) 『기술적인 변화』*Technological Change*에서 (1952년 Spicer Human problems 판).
40) 베르귀에즈(D. Verguèse)에게서 베트남 전쟁에서 첨단기술의 좋은 예들. "미래 전쟁의 시험대" Le banc d'essai des guerres futures, 「르몽드」(1972년 10월).
 [역주] Dominique Verguèse. 「르몽드」 기자. 과학 신문기자 협회 회장을 지낸다.

의 존재이다. 이러한 방식으로 성장하는 내재적 경향이 기술에 있다면, 이는 인간들이 "당연히" 관여하는 것을 전제로 한다. 우리는 어떻게 각 인간이 기술에 통합되는지 나중에 살펴보겠지만, 이 진보를 확실하게 하려면 기술전문가들이 필요하다. 직업은 점점 더 기술적이 되고, 직업을 얻으려면 기술을 알아야 한다. 하지만, 인간이 절실히 느끼는 이 점을 통해, 다음 같은 것이 상호적인 결과로서 초래된다. 즉, 인간들이 기술에 관한 교육을 받을수록 인간들은 기술의 비약적인 발전에 더 관여하게 된다는 것이다. 기술 교육은 직업 교육일 뿐 아니라, 지식을 전달함으로써가 아니라 관심 영역을 한정시키고 무조건 가담하게 함으로써 부지중에 기술적인 성장에 관여시키는 교육이다. 모두가 관여함으로써 이 상황에서 자기증식 현상이 생겨난다. 각각의 기술적인 발명 덕분에 다른 분야에서 다른 발명이 유발된다. 멈춤이란 없다. 동일한 문명 안에서 기술적인 진보는 결코 문제시 되지 않는다.41) 발전은 번호 매기기와 같다. 어떤 수치에서, 곧 어떤 기술적인 수준에서 멈출 어떠한 이유도 없으며, 숫자를 추가할 가능성이 언제나 존재한다. 기술 자체의 적용에서 나오는 완벽함을 끊임없이 더할 수 있다. 물론, 나는 어떤 기간 동안 분명히 멈출 수 있는 특이한 기술에 대해서가 아니라, 기술 체계라는 결합체ensemble에 대해 그렇게 이해한다. 기술들은 서로를 유발한다.

 그러나 이 점은 상이한 측면으로 나타날 수 있고, 긍정적이거나 부정적인 측면으로 나타날 수 있다. 한편으로, 각 기술은 자체의 실행과 효율성을 '대결합체' grand ensemble에 제시하고, 체계의 단일성에 의해 모든 기술의 발전에 기여한다. 이 점은 정말 명백하다. 그러나 다른 측면에서 어떤 기술은 이미 알려진 어떤 문제가 해결되고 새로운 재료와 도구가 생겨날 때에 만이 발전할

---

41) 기술적인 진보는 불가항력적이다. 기술적인 진보는 취소될 수 없고, 물러서지 않고 경쟁심에 의해 나아간다. 나는 이 점에 대해 재론하지 않을 것이다. 『기술 혹은 시대의 쟁점』*La Technique ou l'enjeu du siècle*에서 이 점에 대한 단락을 볼 것. 예를 들어 프리드만(G. Friedmann)의 『힘과 지혜』*La Puissance et la Sagesse*(1970년)에서 1장도 볼 것.

수 있기 때문에, 다른 기술들의 도움을 청한다. 기술들 서로 간에 간청하는 일이 벌어진다. 그래서 기술은 긍정적인 문제를 제기하고 이 문제에 답한다. 물론, 내가 기술이 "도움을 청하며" "답한다"고 언급할 때, 이것은 순진하게 보일 수 있으나 순진하지 않은 인간우주론42)이다. 왜냐하면 문제를 제기하는 것이 기술전문가들이고 질문에 답하는 것이 다른 이들이라면, 기술전문가들은 그들의 역할과 역량에 의해 단지 결정지어져 있는 나머지, 실제로 그들은 단순한 메가폰이기 때문이다.

우리는 기술이 자체를 위해 만들어내는 필요에 의한 자기증식 속에, 예를 들어 새로운 재료에 대한 놀라운 연구를 위치시켜야 한다. 발전하는 각 기술은 자연 상태로 전혀 존재하지 않았던 재료를 이용함으로써만이 발전할 수 있다. 이러한 기술이 그 재료를 사용해야 함으로써 결정지어진 이러저러한 특성을 나타내는 재료가 고안되어야 한다. 재료의 이미지와 윤곽은 미리 주어져야 한다. 실제로 매우 많은 기술들의 둔화는 적당한 재료가 없는데서 기인하기에, 따라서 이제 새로운 재료에 대한 연구가 최우선이고 일차적인 관심사이며 가장 빨리 확장된다.43) 기술이 자체의 필요를 스스로 규정하며 자체의 충족을 기술 스스로에게 가져오기 때문에, 자기증식이 존재한다. 그러나 기술에 의해 제기된 문제들은 단지 "긍정적이" 아닐 수도 있으며, 반드시 필요한 질문들도 있다. 필요한 보상에 대해 여기서 여전히 언급될 수 없는 채로, 새로운 발명이 이루어지는 것은 발전을 위해서가 아니라, 기술 자체에 의해 유발된 예기치 않은 어려운 상황에 대처하기 위함이다.

자기증식은 기술 자체에 의해 유발된 '노동력 절감'이라는 현상에 의해 생겨날 수도 있다. 예를 들어, 자동화는 노동자가 어떤 직업에서 다른 직업으

---

42) [역주] 인간우주론(anthropologisme). 철학에서 인간을 우주의 중요 부분으로 간주하는 이론.
43) 조지 보임(George A. W. Boehm), "존재하지 않는 재료"Des matériaux qui n'exitent pas, 『분석과 예측』*Analyse et prévision* (1968년). 데니스 가보르(Dennis Gabor) "기술담론적인 예측과 사회적 책임"Prévision technologique et responsabilité sociale, 『분석과 예측』*Analyse et prévsion* (1968년).

로 옮겨가는 것을 전제로 한다. 그러나 수요를 조정하면서 사람들이 일자리를 원하는 곳에 이제 일자리의 수준이 유지될 수 있다는 것은 대단한 발견이었다. "자동차 생산에서 충분한 일거리가 없다면, 우리는 달나라에 감으로써 이를 타개할 수 있다."라고 케이피츠Nathan Keyfitz는 언급한다. 다음 같은 점은 아주 주목할 만하다. 즉, 인력을 해고할 때마다 실업을 피하도록, 발전이 극도로 이루어져 인력이 쓸모없게 되기 전 한동안 이 인력을 흡수할 다른 영역에서 기술적인 성장이 절박히 요청된다는 것이다.

하지만, 그 이상이다. 이것은 마지막 표현으로서, 기술만이 보상할 수 있는 장해를 기술이 유발하는 한 자기증식은 존재한다. 우리는 기술이 해결할 수 있는 문제들과 이 문제들로 말미암아 기술이 무능한 것으로 드러나는 문제들이 종류가 다르다는 점을 이미 발견했다.

자기증식이라는 대규모 생산 메커니즘은 실제로 문제와 위험과 어려움의 출현이다. 실제로 이것들은 아주 단순한 방식으로 제시될 수 있다. 모든 기술적인 개입은 단지 우리를 작업의 차원에 위치시키면서 어려움과 문제를 유발한다. 그래서 사람들은 기술적인 해답만이 유용하거나 혹은 효율적임을 재빨리 깨닫는다. 이와 같이, 기술은 자체의 실패에 의해 그 자체가 커 나간다. 드 쥬브넬은 "따라서 우리의 진보는 문제 해결과 문제 생성의 복합체이다."라고 언급한다. 이처럼 표현하는 것은 진부한 생각이다. 하지만, 기술 체계의 통합으로 말미암아 각각의 실패는 모든 것을 위태롭게 하는 위험을 무릅쓴다고 하는 것이 참신한 표현이다. 자신에게 문제를 제기하는 것은 인간이 아니다. 문제가 기술 자체에 의해 인간에게 가혹하게 제기되고, 인간은 문제의 해결을 그 다음날로 넘기는데 자유롭지 않다. 즉, 이것은 매번 "죽느냐 사느냐"라는 질문이다.

문제에 대한 선택이 없다는 것은 정확히 말해 자기증식이다. 어떤 기술이 기능을 수행할 때, 기술은 혼란케 한다. 즉, 대처해야 한다는 것이다. "-해야 한다"를 통해 자기증식이 결정지어질 것이다. 늘 더 많은 기술들의 존재 이유는 단지 어려움에 대처하는 것이다. "못쓰게 된 포장용품 때문에 쓰레기 소각 공장이 건설될 수밖에 없다. 파리 중심가의 포화상태를 통해 위성도시 사르셀(Sarcelles)이나 고속도로 건설이라는 결과가 초래된다. 보편화된 오염 때문에 일본인은 산소를 구매할 수밖에 없으며, 모든 도시민은 생수를 마실 수밖에 없다."44) 아무도 이런 것을 원하지 않지만, 실정은 이와 같다! 기술 그 자체가 생성되는 것은 단지 위험이나 혹은 오염에 의해서가 아니다. 기술은 가끔 그 자체에 질문을 제기한다. 좋은 예가 『에니그마』*Enigma* 45)에 의해 우리에게 제시된다. 즉, 군용 문서의 암호화를 위한 기계가 생겨나는 것과 이 기계 자체를 이해함으로써 암호 해독 기술을 점진적으로 개발하는 것이다. 하여튼 이것은 늘 "갑옷과 창"을 두고 벌어지는 논쟁이다. 우리는 이 불명확한 경쟁에서 자기증식 과정을 본다. 왜냐하면 갑옷에 의해 나타난 각 장애물은 더 강력한 창을 발견하기 위한 확실하고 명확한 도발이며, 반대도 마찬가지이기 때문이다. 거기에는 어떠한 인간적인 "관여"도 없다. 심사숙고는 기술의 압도적인 명백함에 의해 사라진다. 이 과정을 다시 문제 삼으려면 영적이고 집단적인 독립성의 정점에 도달해야 할 것이다. 이것이 일어날 법하지 않고 어려울수록 더더구나 기술을 통해 불가피한 상황이 생겨나는데, 이 상황에서는 계속 앞으로 나아가는 것 외에 다른 어떠한 해결책도 없다. 살충제가 사용되는 순간부터, 적응된 곤충이 번식하기 때문에 뒤로 돌이킬 수 없다. 화학 비료가 사용되는 순간부터, 녹색 혁명을 가능하게 했던 "기적의" 쌀이나 혹은 밀의 종류를 선택할 수 있으나, 이러한 쌀이나 밀을 경작하는 데는 화학 비료의 사용이 요구된다.

---

44) 로드(M. Rodes), 『부꼬 평론』*Cahiers du Boucau*.
45) 베르트랑(G. Bertrand), 『에니그마』*Enigma* (1973년).
  [역주] Gustave Bertrand(1896-1976). 제2차 세계대전 당시 프랑스의 군사정보국 장교로서, 첩보 수집과 암호 해독을 담당하는 조직의 지휘관을 지낸다.

이와 같이, 끌로제는 "도시화만이 도시를 구할 것이고, 연료전지46)만이 대기를 맑게 할 것이며, 피임만이 인구 급증을 종식시킬 것이고, 화학 비료만이 굶주림을 물리칠 것이며, 정보처리기술만이 지속 교육의 문제를 해결할 것이다…"라고 언급한다. 물론 그러하다. 달리 말해, 기술은 문제를 제기하고, 어려움을 초래한다. 그리고 문제와 어려움을 해결하도록 늘 더 많은 기술이 필요하다. 자기생성autoengendrement이 분명히 존재한다는 것이다.

이 점은 폐기물 문제에서 아주 특징적이다. 그래서 폐기물을 배출하고 이 불편을 보상하는 것을 목적으로 하는 기술들을 반드시 늘려야 한다. 자동차를 만드는 것으로는 충분하지 않다. 부피를 최대한 줄이고 곧이어 재료를 재활용 할 수 있도록 압축하면서 자동차를 부수어야 한다. 이를 위해 일 년에 칠만 오천 톤을 처리할 수 있는 파리Paris남쪽에 위치한 아띠스몽Athis-Mons의 공장과 같은 공장들을 건설해야 한다. 하지만, 이 모든 것은 여전히 불충분하다. 낡은 자동차를 없애는 작업을 통괄해야 한다. 이러한 일이 불충분한 개인적인 결정권에 더는 맡겨질 리 없다. 협의된 정책을 수립해야 하고, 기술적인 폐기물을 배출하는 기술들의 편성과 체계화라는 관리 방식이나 부차적인 기술 수준을 만들어내야 한다. 하지만, 자동차는 수많은 사례 중 하나이다. 폐기물 아래에서 죽기를 원하지 않는다면47), 스웨덴에서 사용된 배관망에 의한

---

46) [역주] '연료전지'는 수소를 공기 중 산소와 화학반응시켜 전기를 생성하는 미래 동력원이다. 물을 전기분해하면 수소와 산소로 분해된다. 반대로 수소와 산소를 결합시켜 물을 만들면 이때 발생하는 에너지를 전기 형태로 바꿀 수 있는데, 연료전지는 이 원리를 이용한 것이다. 연료전지는 전해물질 주위에 서로 맞붙어있는 두 개의 전극봉으로 구성되며, 공기 중의 산소가 한 전극을 지나고 수소가 다른 전극을 지날 때 전기 화학반응을 통해 전기와 물과 열을 생성하는 원리다. 화학적 반응에 의해 전기를 발생시킨다는 점에서 배터리와 비슷하지만, 연료전지는 반응 물질인 수소와 산소를 외부에서 공급 받으므로 배터리와는 달리 충전이 필요 없고, 연료가 공급되는 한 전기를 발생시킨다. 또 연료의 연소반응 없이 에너지를 발생시키기 때문에, 기존의 내연기관과 달리 유독공해물질의 배출이 없고, 이산화탄소의 배출량도 획기적으로 줄일 수 있으며 소음이 거의 없다고 알려져 있다.

47) 도시화된 세상에서 쓰레기에 대한 샤르보노(B. Charbonneau)의 훌륭한 묘사인 『바빌론의 정원』Le Jardin de Babylone을 볼 것. 예를 들어 기술적인 연구들에서는 나이버거(M. Neiburger), "대기오염에 대한 투쟁"La lutte contre la pollution de l'air, 『분석과 예측』Analyse et prévision (1967년). 루소(H. Rousseau), "도시의 쓰레기"Les détritus urbains, 『분석과 예측』

흡입 체계, 소각, 밀봉 수거, 분쇄 등 증대하는 기술적인 업무의 일부분을 이 문제에 할애해야 한다. 예전의 수거 방식과 하역 방식이 계속 사용될 리 없기 때문에, 기술의 자기증식이 분명히 존재한다. 폐기물의 가장 큰 증가는 완벽한 포장용품에 기인하기 때문에, 문제를 유발하는 것은 기술이다… 그러나 대처해야 하는 외력外力으로 말미암아, 또 해결해야 하는 어려움으로 말미암아 기술이 자체에 부여하는 이러한 추진력을 넘어서서, 많은 다른 요인이 동일한 방향으로 작용한다.

어떤 요인들에 관여하는 인간 집단 때문에 어떤 요인들이 존재한다. 빈번히 반복되는 아주 단순하고 구체적인 예는 다음과 같다. 즉, 어떤 과업이 경제적이고 사회적인 관점에서 필요한 듯이 보이고, 이 과업에 대처하고자 기술들이 개발된다. 그리고 기술들을 적용하려고 불가피하게 전문가 집단이 구성된다. 그런데, 어떤 순간 목표가 달성된다. 그러나 이 전문가 집단은 존속하고, 이 집단을 해산시킬 수는 없을 것이다. 새로운 설비 저장소가 설치되고, 이 저장소를 사용하지 않을 수는 없을 것이다. 그래서 사람들은 쓸모없는 분야의 기술들과 작업을 쓸데없는 확장에 적용시키면서 일을 한다. 예를 들어, 유용한 도로의 건설은 관리의 확립과 노동자의 참여와 항상 더 개량된 물자의 사용을 전제로 한다. 도로망이 충분할 때에도, 설치된 기술적인 기계를 멈출 수 없기 때문에 계속 도로가 건설된다. 그러나 동일한 결과를 만들어내려고 결집하는 여론과 정치적 삶 속에 아주 일반적인 요소들이 개입한다. 기술적인 진보의 명백한 필요성에 기초하는 자기증식의 좋은 예는 끌로제에 의해 다음 같이 제시된다. 즉, "어떤 연구 방식이 시작되자마자 십여 개의 팀이 거기로 몰려든다."는 것이다. 그는 나라들 사이에서든 기업들 사이에서든 어

Analyse et prévision (1966년).
[역주] Morris Neiburger(1911-1986). 미국의 기상학자이자 대기 오염 컨설턴트. 1940년대에 도시 환경 재앙의 시작이 되는 스모그를 줄이기 위한 방법으로서 뒷마당에서 쓰레기 소각에 반대하는 주장을 처음으로 편다.

떻게 경쟁이 존재하는지 보여주고, 또한 아무도 그러한 것으로서 원하지 않는 기술적인 성장이 어떻게 경쟁을 통해 반드시 초래되는지 보여준다. 이 기술적인 성장은 개인과 집단에서 우위성의 명백하고 유일한 방식이다.

이 논점을 마무리하고자, 자기증식에 관한 이러한 시각들을 완전히 확증하는 벨라 골드Bela Gold 48)의 뛰어난 연구를 참조할 수도 있다. 그는 기술적인 성장의 방향으로 작용하는 모든 요인에 대해 아주 정교한 분석을 한다. 또한 그는 사람들이 '기술담론적인 진보' 체계를 명확한 결정으로 귀결시키려고 애쓰는 한 '기술담론적인 진보' 체계를 이해하지 못함을 보여주면서, 일종의 회의주의로 늘 되돌아간다. 이 뿐 아니라, 그에게 대규모 진보는 덧붙여져야 하는 익명의 점진적인 작은 개선들의 축적 결과일 따름이다!

자기증식의 결과

이를 통해 우리는 이 자기증식의 결과와 마주한다. 그러나 현상의 상호성이 존재한다. 자기증식은 결합체ensemble를 완성시키는 수천 가지 작은 발견의 조합에 의해 모든 것이 기능을 수행한다는 점에서 나오며, 자기증식의 결과도 그러하다. 체계의 이러한 실재가 존재하기 때문에, 이에 상응하여 발전도 이루어진다. 그런데 이 점은 상당한 영향을 미친다. 작업 전체의 두드러진 기술적인 특성은, 아무라도 이 작업을 진척시킬 수 있다는 결과에 이른다. 왜냐하면 기술은 눈길을 끄는 뛰어난 대단한 발명에 의해서 보다, 각자가 "자신의" 기술적인 분야를 잘 안다는 조건에서 내세울 수 있는 수천 가지 자잘한 개량에 의해 훨씬 더 발전하기 때문이다. 더는 기술을 발전시키려고 지성과 교양이 있을 필요가 없다. 평범한 대학생이건 혹은 부지런한 전문가이건

---

48) 『분석과 예측』*Analyse et prévision* (1973년)에서 "기업과 혁신의 기원"*L'entreprise et la genèse de l'innovation*.

간에 언제나 어떤 진보에 이른다. 기껏해야 이 진보는 각 질문을 위한 수천 명의 연구원에 의해 이루어진다. 그러나 이 연구원들의 자질은 결국 별로 중요하지 않다. 중요한 점은 연구원들이 가능한 모든 가정과 조합을 남김없이 파헤치도록 어떤 문제에 대한 실험을 무한히 계속하는 것이다. 연구원들이 필요한 물자를 가지고 있고 전체적인 구조에 사로잡혀 있으며 엄밀하고 완전한 연구 체계를 따르기만 하면, 그들은 반드시 어떤 결과에 이른다. 이러한 조건에서는 아무라도 안성맞춤일 것이다. 세상 어디서든 이루어진 수천 가지 자잘한 발견이 기술적인 진보를 일으키려고 결국 더해지는데, 기술적인 진보에 대해 각자는 기술적인 진보가 놀랍다고 판단할 것이다. 그러나 이는 기술전문가들의 완전히 호환 가능한 특성을 설명하는 것이기도 하다. 수단이 그들에게 주어지기만 하면 그들은 아무데서든 나아갈 수 있다.

　기술적인 과정이 자체의 구조에 의존하는 한, 거기에서 인간의 역할은 덜 절대적이다. 자신의 전문분야에서 훨씬 더 유능한 동시에 고찰에는 훨씬 더 소질 없는 인간이 필요하다. "요인들이 존재할수록 요인들을 결합시키기가 더 쉽고, 각각의 진보도 더 확실히 긴급하며, 진보 자체도 더 명백하고, 인간의 자율성은 덜 나타날 수 있다. 실제로 언제나 인간이 필요하다. 그러나 아무라도 이 작용에 길들여지기만 하면, 결국 안성맞춤이 될 것이다. 이제부터, 자신이 지닌 우위와 특별함 속에 있는 인간이 활동할 수 있는 것이 아니라, 가장 평범하고 가장 열등한 자신의 실재 속에 있는 인간이 활동할 수 있다. 왜냐하면 변화하고자 기술이 요구하는 자질은 특별한 지성이 아니라, 기술적인 종류의 후천적인 자질이기 때문이다." 기술을 체계로 구성하는 것을 향한, 또 자기증식이란 특성을 점진적으로 형성하는 것을 향한 기술의 결정적인 변화에 인간은 개입하지 않는다. 인간은 기술 체계를 만들려고 애쓰지 않고, 기술의 자율성을 지향하지 않는다. 일종의 새로운 자발성이 형성되는 것이 여기이다. 기술에 예속되지 않은 특별한 움직임을 찾아야 하는 것은, "로봇의 반란"이나 혹은 "기계의 창조적 자율성"에서가 아니라 바로 여기이다. 어떤 면에서 우리의 결정에 예속되지 않은 기술의 본체corps, 곧 기술의 특별한 실체와 기술의 존속 기간과 더불어 기술의 실재에 대해 이야기할 수 있는 것은 이 방향에서 이다. 왜냐하면 우리의 결정들이 정치적이어서 기술적인 사실과 연관이 없기 때문이든지, 혹은 우리의 결정들이 '미세 기술적' micro-technique이어서 성장의 일반적인 움직임 속에 포함되기 때문이든지 이다. 기술전문가의 전문화는 이와 같이 자기증식의 본질적 요인이다. 그러나 늘 여기서처럼 이것은 요인인 동시에 결과이다.

각 기술전문가는 자신의 특별한 분야에서 활동하고, 몸짓과 작은 도구와 기계 부품이 발전하게 한다. 다루어진 모든 질문은 아무리 미묘하더라도 늘 특유하다.

각 기술 전문가는 아주 명확하고 구체적인 문제에 대한 해결책을 모색하는데 열중하거나, 혹은 아주 제한된 분야에서 효율성을 키우는데 열중한다. 아무도 총괄적인 견해를 갖고 있지 않고, 아무도 기술 체계를 진정으로 이끌어 갈 수 없으며, 과학기술적인 발전은 간접적인 결과에 의해 이루어진다. 게다가 발명하고 혁신하려는 의지가 있기 보다는, 그 속에 각 기술전문가가 사로잡힌 일반적인 움직임을 더 추구한다. 이러한 문명은 일반적으로 방향 설정이 되고, 전문적인 기능이 운용되며, 사용하지 않을 수 없는 물질적 혹은 정신적인 새로운 설비에 의해 가능성들이 제시된다. 그래서 다른 기술적인 진보에 한없이 더해지는 이러한 기술적인 진보가 반드시 분명히 도래한다. 이 현상은 어디서든 비슷하다. 기술전문가들은 어디서든 동일한 기기機器를 가지고서 일하고 동일한 문제에 부딪치며 동일한 충동을 따르기에, 이 기술적인 진보는 거의 모든 곳에서 동시에 이루어지는 경향이 있다. 물론, 여기서 나는 충분한 기술적인 시설이 있고, 어떤 경제적인 수준에 이르렀으며, 기술적인 열정에 사로잡힌 나라만을 대상으로 한다. 이러한 것을 전제로 하여 "발견"과 혁신은 다른 발견과 혁신과 관련하여 단지 몇 개월 간격을 두고 여러 지점에서 생겨날 수 있다.

그렇기 때문에 이 나라에서 저 나라로 도난당하는 과학적인 "기밀"49)을 찾아주는 업무와 더불어 스파이 사업을 과신하지 말아야 한다. 이것은 별로 대단한 것이 아니다. 실제로 각 "선진국"은 다른 선진국이 했던 일을 자기 혼자서 할 수 있다. 19세기에 이미 알려진 점은, 기술적인 "대 발명"을 많은 나라가 자기 것이라 주장할 수 있었다는 것이다. 각 나라에는 영화, 전화, 라디오, 자동차의 발명에 대한 공공연한 진실이 있다. 발명이 동일한 수단으로 이루어지고 동일한 필요에 부응하기 때문에, 오늘날 기술의 진전cheminement이 동일하다는 점은 어디서든 동일한 발명으로 귀결된다. 어떠한 국가도 어떠한 분야에서 결정적으로 앞설 수 없다. 모든 것은 재빨리 같은 지점에 놓인다. 이 점은 우주비행 연구에서 나타났다. 미국과 소련은 앞서거니 뒤서거니 하다가 금방 따라잡힌다…

그러나 실현으로 넘어가기는 더 어려울 수 있다. 여기서 부족한 것은 수단들이다. 왜냐하면 발견이나 혹은 발명 이후에 실현은 언제나 가능하지는 않은 엄청난 투자를 전제로 하기 때문이다. 그렇지만 실제로, 다른 나라들은 "늦게 출발했기에", 컴퓨터 체계에 힘입어 미국의 결정적인 '기술담론적인 우위' avance technologique란 문제가 제기된다.

이 점을 통해 정치적인 우위가 생겨난다. 그러나 실제로 '기술담론적인 측면' plan technologique에서 미국은 다른 나라들을 발전 상황 속에 위치시킬 수밖에 없는데, 그렇게 하지 않으면 이 나라들 자체의 발전이 결국 아무런 쓸모가 없을 수도 있다. 즉, 자기증식을 통해 기술적인 발전의 중심들이 결속된다는 것이다.

마침내 우리는 마지막 결과를 지적할 수 있다. 기술적인 성장의 추진은 기

---

49) 대개 이것은 기술적인 기밀이다. [본문 내용을 역자가 각주로 설정]

업들이 집중되는 방향으로 작용한다는 것이다. 우리는 어떤 규모를 지닌 기업들만 연구 작업을 수행할 수 있음을 앞에서 살펴보았다.

그런데, 연구 작업은 근본적인 것으로 간주되는 동시에 기업을 위해 실제로 필요한 것으로 간주된다. 따라서 "대기업은 '임계 질량'을 달성할 수 있어야 하는데50), '임계 질량'을 전제로 하여 대기업의 연구비용은 효율적이 된다…"51)

기술의 성장 유형은 기술 자체의 실현 가능성이 기술에 부여되는 것을 요구한다. 이 점과 관련하여, 필립스Philips 회사의 연구 전시회52)는 완전히 특색을 드러낸다. 이 전시회를 통해 광범하지만, 눈길을 끌지 않는 분야에서 자기증식이 주로 작용한다는 점이 드러나며, 이 자기증식은 세분된 온갖 연구의 소통을 촉진함으로써 주로 일어난다는 점이 드러난다. 필립스는 많은 나라에 자리 잡은 많은 회사 및 유럽 전체에 산재된 연구소를 포함한다. 그래서 아인트호벤Eindhoven 연구소를 매개로 서로 간에 끊임없는 소통이 존재하지만, 이것은 필립스와는 무관한 연구소들로 확장되었다. 자기증식을 촉진시키기 시작하는 것은 상호소통이다. 여기서 우리는 상호성의 새로운 예를 발견한다. 즉, 기술의 이러한 특성의 결과는 기술의 실재의 조건이기도 하다는 것이다.

---

50) [역주] 무거운 원자핵을 중성자와 충돌시켜 분열시킨 뒤, 이로 말미암아 다시 생성된 중성자로 핵분열 연쇄반응을 유지하려면 생성된 중성자가 달아나지 않고 다시 원자핵과 충돌하여야 한다. 그러려면 핵분열성 물질이 어느 정도 이상의 질량을 갖고 있어야 한다. 다시 말해, 핵분열이 일어나려면 일정한 양 이상의 핵물질이 소요될 뿐만 아니라, 이 핵물질이 적당한 크기를 갖추어야 하기 때문에, '임계 질량'(masse critique)이란 핵분열 상태를 지속할 수 있는 최소한의 핵 연료량을 일컫는다. 그러므로 여기서 "대기업은 임계 질량을 달성할 수 있어야 한다."는 말은, 대기업이 자체를 지속하는데 실제로 필요한 최소한의 연구 작업을 수행해야 함을 비유적으로 나타낸 표현으로 볼 수 있다.
51) 위깜(S. Wickham)의 훌륭한 논증인 『집중과 분야들』*Concentration et dimensions*(1966년)을 볼 것.
    [역주] Sylvain Wickham. 프랑스의 경제학자이자 미래학자.
52) 1969년 10월 아인트호벤에서.
    [역주] 아인트호벤(Eindhoven). 네덜란드 남부에 위치한 도시.

그러나 우리가 묘사하는 자연발생적 발전의 메커니즘은 꽤 빨리 기능을 수행하지 않을 수 있다. 현재의 경향은 발명과 기술적인 적용 사이에 존속하는 지연을 줄이는 것이다. 기술 체계에서 본질적이 될 새로운 조직체와 부품이 만들어지는 것은 이 목적에서 이다. 기초 연구를 하는 연구원과 기술자나 기술전문가 사이의 관계는 미국에서는 꽤 탄탄하고 직접적이다. 마찬가지로 미국에서는 경제적이고 심리적인 분위기에 의해 접촉이 확실해지고, 혁신이 확산되는데 장애물이 거의 없다. 어디서든 상황이 마찬가지는 아니다. 이와 같이 프랑스에서는 가끔 제도적 단절이나 혹은 심리적 단절이 기술자와 연구원 사이에 존재한다. 1964년에 만들어진 개인기관인 '유럽 경제개발' European Economic Development이나 혹은 1968년에 만들어진 국가기관인 '연구 진흥청' Agence nationale pour valorisation de la recherche이 등장하는 것은 이 상황에서이다. 이 기관들은 새로운 아이디어의 보유자들을 찾아내고 그들로 하여금 새로운 아이디어에서 산업적인 적용을 이끌어 내도록 돕는 것을 목적으로 한다. 또 아이디어와 발명이 등장하는 대학과 실험실이 세밀하게 살펴지기도 한다. 어떤 때에는 그 아이디어가 이미 "개발되어" 있는지 문의되기도 하고, 다른 때에는 그 아이디어의 수익성과 기술적인 혹은 산업적인 장래성이 평가되면서, 생겨나기 시작하는 아이디어가 독점되기도 한다. 그 다음에는 채택된 발견이 선별되고, 적용 수단이 주어진다. 분명히 늘어날 이러한 기관들은 우리가 자기증식이라 일컫은 바와 어긋나는 것이 아니라, 자기증식의 한 측면이다. 한편으로 이 기관들은 이러한 성장 과정을 촉진하려고 거기에 존재하며, 다른 한편으로 다음 같은 점을 입증한다. 즉, 이러한 성장의 결정적인 필요성에 관여된 기술 체계를 통해, 기술 체계를 확고히 하려고 필요한 제도들이 생겨난다는 점이다. 실제로 이것은 자기증식의 새로운 요소이다. 아마도 국가의 개입이 필요한 것은 분명히 이 분야에서이다. 자유로운 체제와 국가화 된 체제에는 둘 다 자체의 장점이 있음을 보여주는 프리호다Prehoda 53)

는 사실상 다음 같이 언급하기에 이른다. 즉, 자유로운 체제에서는 발명 정신이 더 활발하지만, 혁신과 확산, 따라서 적용으로의 이행은 더 무모한데, 예를 들어 소련에서는 상황이 반대라는 것이다. 그러나 목표는 연구 과정과 확산 과정을 마침내 이해하는 것이다. 이 순간, 기술과 경제의 의도적인 결합으로 받아들여지는 진정한 '기술담론적인 프로그래밍'이 이루어질 수 있다. 이러한 프로그래밍이 이루어질 수 있을 때, 자기증식의 국면이 마무리된다는 점이 언급될 수 있다는 생각도 가능하다. 그렇지만, 나는 그렇게 생각하지 않는다. 왜냐하면 정돈되어야 할 것은 수단들 전체와 단계들의 과정이기 때문이다.

그러나 한편으로 모든 힘의 집중과 다른 한편으로 체계의 추진 에너지는 이 프로그래밍을 벗어나 있을 것이다. 그렇지만, 프레호다가 보여주듯이, 그 자체가 기술인 이러한 프로그래밍은 공산주의 사회에 의해서만큼 자본주의 사회에 의해 사용될 수 있고, 전체주의 국가에 의해서만큼 민주주의 국가에 의해 사용될 수 있다.

"이와 같이, 기술은 닫쳐진 세계로서 점진적으로 조직된다."54) 기술은 대중이 모르는 것을 사용한다. 인간은 기술적인 도구들을 사용하고자, 또 이 도구들의 작동에 관여하고자 더는 문명에 대해 알 필요가 없다. 어떠한 기술전문가도 더는 결합체ensemble를 지배하지 않는다. 인간의 단편적인 개념들 사이에 관계를 만들고 이 개념들의 비일관성 사이에 관계를 만드는 것, 다시 말해 통괄하며 합리적으로 처리하는 것이 더는 인간이 아니라 기술의 내적 법칙이다. 즉, 여러 수단을 장악하는 것도 더는 인간의 손이 아니고, 원인들을 종합하는 것도 더는 인간의 뇌가 아니다. 기술의 내재적 단일성을 통해서만 수단과 인간 활동 사이의 결합이 확고해진다. 이러한 지배력은 기술에 속해

---

53) 로버트 프리호다(Robert W. Prehoda), 『미래와 기술적인 예측』The Future and Technological Forecasting (1966년).
54) 『기술 혹은 시대의 쟁점』La Technique ou l'enjeu du siècle 87-88쪽 인용.

있는데, 이것은 인간의 가장 대단한 지능보다 더 통찰력 있는 맹목적인 힘이다.

이 자기증식을 통해 이상한 메마름의 측면이 기술에 주어진다. 기술은 그 자체와 늘 유사하며 다른 아무 것과도 유사하지 않다. 기술이 적용되는 분야가 무엇이든 간에, 또 그것이 인간이든 하나님이든 간에, 기술은 기술이며, 그 자체가 기술의 존재이자 본질인 기술의 전개 방식에서 기술은 변모당하지 않는다. 왜냐하면 기술은 형태와 존재가 같아지는 유일한 장소이기 때문이다. 기술은 형태일 따름이지만, 모든 것이 거기서 정형에 맞추어 만들어진다. 따라서 기술은 그 특성으로 별개의 존재를 만드는 고유한 특성을 띤다. 아주 명확한 경계가 기술을 둘러싼다. 기술적인 것이 있고, 기술적이지 않은 나머지 모든 것이 있다… 이 형태에 관여하는 사람은 이 특성들을 택할 수밖에 없다. 기술은 그 자체가 전염에 무감한데도, 기술과 접촉하는 것을 변모시킨다. 기술에 견줄 수 있는 아무 것도 자연에 없고, 사회생활이나 혹은 인간생활에도 없다… 잡종이기는 하나 생성력이 없는 것이 아니며, 이와 반대로 자체로 생성될 수 있어서, 기술은 자체의 한계를 설정하고 자체의 이미지를 만들어낸다.

자연이나 혹은 상황이 기술에 요구하는 적응이 무엇이든 간에, 기술은 자체의 특성과 궤적에서 정확히 마찬가지인 채로 남아 있다. 이와 반대로, 어려운 점은 기술로 하여금 다른 것이 되도록 강요하는 것이 아니라, 더 한층 그 자체가 되도록 강요하는 것인 듯하다. 기술이 동화시키는 모든 것을 통해 기술의 특징은 돋보인다. 기술이 미묘하고 우아한 존재로 변하는 것을 볼 희망은 없다.

제2장 : 자동성

인간의 개입이 허용되지 않는 기술 체계의 자동성

시몽동의 적절한 분석 결과로 다음 같은 점이 입증된다. 즉, 기계들의 자동성이 기계들의 완성 지점이 아니라, 이와 반대로 전문성technicité의 꽤 낮은 단계라는 점이다. 또한 기계들의 진정한 완성은, 어떤 기계의 작동이 '불확실한 여지'를 안고 있다는 사실55)에 일치한다는 점이다. 우리는 시몽동의 이 적절한 분석에 이어 기술적인 진보의 자동성이란 개념을 명확히 해야 한다. 기술적인 진보가 진척되지 않는다는 점을 우리는 반복해서 살펴보았다. 하지만 이와 반대로, 기술화되는 새로운 분야를 흡수함으로써 기술적인 진보가 진척된다. 그래서 기계와 기술 체계 사이에는 이러한 논점에 관한 비교가 이루어지지 않는다. 기술 체계의 자동성은 예를 들어 기계의 자동화에 일치하지 않는다. 그러기 때문에 우리는 기술 체계가 기계들의 단순한 합도 아니고 거대기계도 아님을 이미 살펴보았다. 기술 체계의 자동성은 앞서 존재한 기술들에 의해 유발되는 선택에 따라, 또 아주 어렵게만 통제될 따름인 선택에 따라 기술들을 적용하는 것이다. 그래서 이러한 자동성은 엄청나게 불확실한 부분을 포함한다.56) 새로운 각 상황에서, 또 새로운 각 분야에서, 이

---

55) [역주] 어떤 기계의 작동이 '불확실한 여지'를 안고 있다는 사실이란, 어떤 기계가 A부터 Z까지 예견된 프로그램에 따라 엄밀하게 자동적이고 되풀이되는 방식으로 과업을 실행하지 않을 뿐더러 예기치 않은 부분이 있다는 사실을 말한다.
56) [역주] 여기서 엘륄은 기계의 점점 더 자동화된 특성으로 말미암아 기술 체계는 점점 더 통제할 수 없게 된다는 점을 잘 보여주고 싶어 한다. 왜냐하면 컴퓨터 바이러스와 같이 기계에 역기능이 있을 때 체계 전체가 무너지기 때문이다. 예를 들어, 2008년 미국 리만 브라더

러저러한 새로운 기술이나 혹은 예전의 기술이 결과에 적용되도록 기술들은 서로 결합하는데, 인간의 모든 결정과는 무관한 방식으로 이렇게 된다. 그러나 처음에는 미리 확정된 것이 아무 것도 없다. 컴퓨터 프로그램에 따른 발전이란 없다. 처음에는 유동적으로 보이는 상황이지만, 실제로는 인간에게서 벗어나는 상황이자, 만족스럽고자 자동적이 될 수밖에 없는 방식으로 기술들의 작용에 따라 구조화되는 상황이 있다. 그러나 이 때문에 역시 기술적인 여러 가능성이 언제나 처음에 존재한다. 실행해야 할 선택이 있기까지 한다. 즉, 자동성은 처음에 선택을 포기하는 것이 아니라, 실행된 선택에서 절대적인 기술적 필요성에 부합하는 것과 그렇지 않은 것을 선별하는 것이다. 이와 같이, 핵에너지 사용을 위해 행해진 잘못이 알려져 있다. "농축 우라늄과 중수重水 등을 선택해야 했는지…"라는 것인데, 미국은 농축 우라늄을 택한다. 프랑스와 영국은 플루토늄 폭탄을 만들려는 욕구에 의해 부추겨진 해결책으로서 자연 우라늄을 선택하는데, 이 "원자로들" 각각은 수많은 변이를 나타내기에 이 변이들 사이의 선택 역시 명확하지 않다. 이것은 앞에서 우리가 지적했던 바에 따라 이루어진다. 즉, 모든 것이 시도되었다… 그런데, 많은 시도와 비용 지출 이후 핵에너지에서 전기를 생산하기에 이르렀을 때, 사용할 수 있는 유일한 방식이 실제로 농축 우라늄 방식임을 인정해야 한다. 마찬가지로, 이것은 미국에서 '가변익可變翼 초음속 장거리 화물비행기' 사건인데, 수백만 달러의 지출 이후 계획은 포기되었다. 달리 말해, 새로운 기술이 등장할 때, 명확하고 유일한 결정이란 없다. 선택은 끌로제Closets가 정확히 언급하듯이, "행하는 것이나 혹은 행하지 않는 것"이 아니다. 선택은 여러 가능성 사이에 위치하는데, 일반적으로 이것은 오로지 기술적인 이유를 따르는 선택이자, 결국 가장 좋은 선택을 하고 마는 선택이다. 그러나 실제로, 가장

스(Lehman Brothers) 사태도 자동화된 파생 상품의 전산처리에 대부분 기인하고, 2011년 일본 후쿠시마 원자력발전소 사고도 마찬가지이다.

좋은 선택은 기술적인 결과에 의해 강요된다. 진정한 선택이 이루어져야할 필요도 없이, 이러한 과정이 일어나는 순간 논란의 여지가 없는 기술은 실험을 점차 거치면서 자체에서 빠져나온다.57)

외적인 모든 개입과 인간적인 모든 결정과 무관하게 마치 기술적인 현상의 방향이 설정되게 하는 일종의 발전력이 기술적인 현상 안에 있는 듯이 모든 것이 일어난다.58) 기술적인 현상은 자체의 방식에 의해 선택된다. 기술적인 현상은 몇몇 자동성에 따른다. 그러나 우리는 "모든 것이 마치 -이듯이 일어난다."고 분명히 언급하는데, 새로운 존재의 발전 신비인 일종의 역동설 dynamisme 이론을 표명하는 것은 우리 정신 속에서가 아니다. 기술적인 진보를 이루는 사실들을 명확히 살펴봄으로써, 인간의 결정과 선택과 희망과 두려움이 이 발전에 거의 어떠한 영향도 미치지 않는다는 결론에 이른다. 그러나 우리는 이미 앞 장에서 다음 같은 점을 살펴보았다. 즉, 자기 자체를 물론 생성할 수 없는 기술의 성장을 인간이 야기한다면, 인간이 지시 역할을 하는 것이 아니라 단지 집행 역할을 할 따름인 상황에서 인간이 그렇게 한다는 점이다. 인간은 단지 이 성장을 야기할 수 있을 따름이며, 인간은 거기서 결정지어지고 한정되고 명명되고 적응하고 미리 형성된다. 기술적인 자동성은 현상들의 총체를 포함하지 않지만, 자동차가 자동적이라는 의미에서, 다시 말해 인간의 개입에 속하지 않은 어떤 작용들이 거기서 생겨난다는 의미에서 현상들의 총체를 포함한다. 이 자동성은 기술적인 방향, 기술들 사이에서 선택, 기술에 대한 환경의 적응, 다른 활동을 위한 비非기술적인 활동의 배제와 관련된다.

이 모든 것은 인간이 그것을 생각하지도 않고 원하지도 않은 채 이루어진

---

57) [역주] 여기서 엘륄은 미래의 방향을 결정짓는 것, 다시 말해 선택을 위해 사람들이 택하기를 좋아하는 방향을 결정짓는 것이, 예전의 우연한 기술적인 발전임을 언급하려고 한다.
58) 이 점은 『기술 혹은 시대의 쟁점』*La Technique ou l'enjeu du siècle* 75-80쪽에서는 다르게 다루어졌다.

다. 설사 인간이 이것을 원하더라도 인간은 명백한 선택을 변경할 수 없다. 각 분야에서도 이 점을 거론해야 하는데, 결국 예를 들어, 다른 기술보다는 차라리 이러한 기술을 명백하게 분명히 선택하는 것이 바로 인간이기 때문이다. 그러나 인간은 다른 것을 절대 선택할 수 없기 때문에, 우리가 그 점을 보여주듯이 이는 근본적으로 잘못된 선택이다.

자동성의 방향과 원리

기술적인 방향은 스스로 결정된다. 문제는 복합적이다. 한편으로, 나중에 연구되는 기술들의 성장 격차를 고려해야 할 것이다. 다른 한편으로, 가능한 모든 방향에서 기술들의 성장과 성장 노선의 설정이란 상이한 두 요소를 결합시켜야 한다. 보통, 기술은 모든 방향에서 발전한다. 각각의 목표를 계기로 하여, 또 각각의 어려움과 문제와 노력과 장애물을 계기로 하여 각 분야에서 이루어지는 연구가 있으므로, 기술은 점점 더 급속히 증식한다. 이 증식은 어떠한 선택도 없이, 한 측면에 대한 선호도 없이 이루어지는 듯이 보인다. 인간은 할 수 있는 모든 것을 행한다. 이 성장은 선택사항에 따라서가 아니라 가능성에 따라서 이루어진다. 이러한 작업을 하는 것이 실제로 가능하므로 이 작업은 행해진다. 이 가능성은 이미 획득된 것의 가능성일 뿐 아니라, 근접해 있는 가능한 일을 평가할 가능성이다. 다시 말해, 이제 사용할 수 있는 것은 사용되지 않을 뿐 아니라, 새로운 도구를 만들고자 새로운 기술적인 진보로서 즉시 실현할 수 있는 것은 수중에 있는 것에 따라 평가된다. 상황이 이와 같으면, 어떠한 예외도 없이 "모든 기술적인 기계장치는 발견되거나 혹은 막 발견되려고 할 때 반드시 사용되거나 혹은 사용될 것이다. 어떠한 순간에도 인간은 기술적인 기계장치 사용을 포기하지 않는다."

행할 가능성이 있는 모든 것은 행해지기 마련이다. 즉, 자동성을 통해 이루어지는 근본 법칙은 또다시 그러하다. 로르빅Rorvic은 기술적인 업적만을 바라보며 인간과 사회에 대한 모든 영향을 빼고 생각함으로써 정확히 이 원리에서 더 이상 나아가지 않는 편협한 "기술전문가"의 이미지를 놀랍게 제시한다. 인간이 일부러 기술적인 가능성을 사용하기를 포기하는 것은 역사적으로 몹시 드물게 확인된다. 초음속 여객기에 대한 미국의 포기가 이 것이다. 이와 정반대로 기술은 가장 앞서고 빠르고 효율적인 모델에 매번 적용되어야 한다. 나는 컨테이너 운반선의 영향을 이미 1950년에 지적했는데, 특이한 사례들만이 그 시대에 있었다. 분명히 해양 수송은 영향을 받지 않았지만, 신속함과 편리함이란 이점 앞에서 상황은 달라질 수 없었다. 현재 모든 해양 기술과 항만 기술은 전적인 자동성과 더불어 이 새로운 수송 기술에 적응할 수밖에 없었다. 사람들이 자동성을 이런 것으로 언급할 때, 사람들은 이런 것이 나타내는 바를 잘못 상상한다. 예를 들어, 1968년 포트 엘리자베스59) 항구의 컨테이너 터미널은 두 척의 컨테이너선을 동시에 선적하고 하역하고자, 곧 수직적이고 수평적인 운반을 위해 구상되는데, 이것은 일련의 기계들과 21헥타르의 건물, 3,500대의 자동차를 위한 적치장, 대형 컨테이너의 보관을 위한 8헥타르의 저장소를 전제로 한다…!

역으로, 이 자동적인 적응이 장애물에 부딪칠 때, 첨단 기술로 자동적으로 적응할 필요가 있다. "구식" 텔레비전 수상기의 숫자가 너무 많았기 때문에, 프랑스에서 제 1 텔레비전 채널의 컬러화를 막았던 1970년에 일어난 일종의 소동을 확인하는 것은 매우 흥미로웠다. 이 "진보"를 위해 강요되는 어떠한 기술적인 어려움도 없는데, 컬러텔레비전이 625 주사선走査線 방식인데도 819 주사선 방식인 구식 텔레비전 수상기를 시청자가 여전히 갖고 있을 따름이다. 이는 자동성의 좋은 예이다. 1947년 프랑스만이 819 주사선을 채택했

---

59) [역주] Port Elizabeth. 남아프리카 공화국의 도시. 아프리카 자동차 산업의 근거지이자 주요 항구로서 남반구에서 중요한 광석의 하적 시설이 있다.

고, 프랑스는 공동 규약으로 나아오려고, 또 컬러로 이행하려고 이 선택을 포기할 수밖에 없었다. 고객은 기술적인 진보를 따르기 마련이다. 고객은 자신의 구식 수상기를 지니는 데 전혀 자유롭지 않다. 즉시 컬러가 고객에게 강요될 것이다. 819 주사선 방식의 방송이 더는 고객에게 제공되지 않을 것이다. 고객은 완전히 자유롭게 선택하게 될 것이다.60) 모든 장애는 기술적인 가능성 앞에서 굴복하기 마련이다. 자동성의 원리는 그러하다.

이 점은 기술의 자동성에 기인한다. 무슨 명분으로 인간은 포기할 것인가?61) 물론, 결정하는 것은 인간이라 할 수 있다. 그러나 기술적인 성장을 통해, 이러한 성장의 방향으로 인간의 선택을 엄밀하게 절대적으로 결정짓는 이데올로기와 도덕과 신비가 인간에게 만들어졌다. 모든 것은 기술적으로 가능한 바를 사용하지 않는 것보다 더 낫다. 세균무기와 화학무기와 핵무기의 증가, 물과 공기의 일반화된 오염, 가정과 농업에서 수많은 화학제품의 사용, 화학 작용에 의한 생체 변화에 대한 연구를 통해 인류가 무릅쓰는 결정적인 위험이 알려져 있으나, 이는 상관없는 일이다. 즉, 무엇보다 기술이 우리 수중에 놓아두는 바를 이용해야 한다는 것이다. 결정 요인은 기술적인 강한 집착이다. 나머지 모든 것은 실재를 숨기기 위한 정당화와 이데올로기일 따름이다. 특히 "국가적 필요성", "군비 경쟁", "혁명을 해야 할 필요성" 등은 겹쳐진 이데올로기들이다. 국방성이 연구원들을 이 방향으로 행동하도록 부추긴다는 것은 부정확하다. 기술적인 진보가 기술적인 진보 같은 요소들에

---

60) [역주] 선택의 여지가 완전히 사라진 것을 역설적으로 표현한 것으로 보인다.
61) 수많은 예 중 단 하나를 들자면, "의료 과잉 소비"가 이루는 문제가 알려져 있다. 의약품 소비 뿐 아니라 특히 생물학적 시술과 방사선 시술이 엄청나게 증가한다. 그런데 이 점은 진정한 필요에도 의료 지식의 증가에도 일치하지 않는다. 이 점은 편리함이나 혹은 사회보장에서 연유하는 것이 아니라, 무엇보다 기술 개선의 결과이다. 「르몽드」(1970년 1월), 베로(Béraud) 교수의 "의료 과잉 소비" La surconsommation médicale를 참조할 것. 이와 같이 오늘날 어떤 장치는 몇 밀리미터의 혈액으로 12가지 성분으로 된 약을 조제할 수 있다. 의사는 단 하나의 성분만을 필요로 한다. 하지만, 의사는 그것이 아주 쉽기 때문에 '완전한 종합평가'를 요구할 것이다. 99퍼센트의 경우 검토는 불필요하다. 기술이 거기 있기에 사람들은 기술을 사용한다.

의해 그 존재 자체에서 벗어난다는 것도 부정확하다. 이와는 정반대이다. 인간은 우선 기술에 따르고, 그 다음으로 이데올로기적 정당화를 자신에게 부여하는데, 이런 이데올로기적 정당화를 통해, 인간은 한편으로 모두가 보기에 열정적으로 접근할 수 있는 타당성을 지닐 수 있고, 다른 한편으로 특히 자유의 겉모습을 자신에게 부여할 수 있다. 내가 기술적인 진보 속으로 뛰어든다면, 이는 내가 기술적인 진보를 시인하기 때문이다. 또한 나는 나의 조국이나 혹은 무산계급을 믿기 때문에 이러한 방향으로 일한다. 마찬가지로 금전적 이해관계나 이윤 추구 취향으로 말미암아 비열한 자본가들이 기술을 사용하게 된다는 것도 부정확하다. 사회주의 국가에서 기술의 사용이 마찬가지라는 점과 인류에 대한 위협이 거기서도 상당하다는 점을 또 다시 떠올려야 한다. 그러나 '전문기술 관리집단' 62)에 대한 갤브레이스의 뛰어난 분석을 특히 참조해야 한다. 이 분석은 이제 결정적인 것이 이윤 추구가 아니라 '전문기술 관리집단'의 작용, 곧 가능한 모든 기술의 발견과 적용 방향으로 기능을 수행하는 기술 체계임을 잘 보여준다. 이와 같이, 기술들은 모든 방향으로 발전한다. 물론, 진보는 다른 속도로 이루어진다. 어떤 분야에서 진보는 아마도 한 순간 완전히 멈추어 질 텐데, 이는 가능한 새로운 결합이 더는 없을 때이다. 이 순간, 사람들은 한동안 답보상태에 있고, 어려움은 극복할 수 없는 듯이 보인다. 하지만, 과정은 늘 마찬가지이다. 문제가 해결될 수 있는 것은 문제에 직접 맞섬으로써가 아니다. 문제, 곧 지금껏 접근할 수 없는 영역을 "넘어서는" 것은 다른 기술들의 발전일 텐데, 이 다른 기술들이 간혹은 인접한 기술들이고, 간혹은 언뜻 보기에 관련 없는 기술들이다. 사람들이 "벽"을 마침내 뛰어넘을 수 있는 것은 새로운 제품과 방식과 기계라는 간접적인 수단을 통해서일 것이다. 그렇지만, 이 보편화된 성장에서 힘의 노선들이 식별

---

62) [역주] '전문기술 관리집단' (Technostructure). 미국의 경제학자 갤브레이스(Galbraith)가 만든 용어로서, 행정부의 전문기술관료, 특별위원회의 기술자, 전문가, 대기업의 간부처럼 현대 사회의 중요한 의사 결정에 참여하는 전문기술 관리집단의 총칭.

된다. 겉으로는 무질서하고 확대되는 이 발전은 이러한 주된 기술에 따라 점진적으로 정돈되거나, 그렇지 않으면 더 깊고 은밀한 이 발전의 구조가 식별될 수 있다. 그러나 이러한 구조들이 세워지고, 기술의 우위는 토론과 밀담密談과 표결과 토의도 없이 결정된다. 이 질서는 다양한 기술적인 분야 사이의 관계에 따라, 또 적용의 우위와 격차 및 적용의 성장과 다양성에 따라 저절로 수립된다.

그렇지만, 주요 기술들에 대한 식별과 기술 세계의 형성에서 인간은 수동적으로 남아 있을 수 있다. 그래서 우리는 체계의 다른 차원이 나타남을 목격한다. 이것은 기술이 기능을 수행하는 사회에서 예측에 대한 불가피하고 자동적인 결론이다. 다음 같은 사실은 본질적이다. 즉, 적응은 자동적인 동시에 심사숙고된다는 것이다. 사람들이 단지 방임한다면 예측은 '앞으로 존재할 것'을 대상으로 할 뿐 아니라, '사회적인 것'과 '기술적인 것'을 가장 잘 결합하고자 '존재해야 할 것'을 대상으로 한다. 예측은 기술의 이러저러한 방향에서 방향의 도구가 아니라, '사회적인 것'과 '기술적인 것' 둘 사이에 풀 수 없는 갈등이 없도록 반드시 필요한 장치이다. 기술적인 현상 앞에서와 기술 환경 속에서 적응은 의식적으로 이루어질 따름이지만, 이 적응은 불가피하다. 예측을 통해, 이 두 측면에 우리가 위치할 가능성이 정확히 우리에게 주어진다. 예를 들어, 절대적인 기술적 필요성과 관련하여 지나치게 의욕적인 소비에트 계획 경제를 다시 문제 삼는 것이 이 점이다.63)

우리는 예를 들어 대규모 조직 같은 불가피하고 비자발적인 적응들이 기술이 발전하는 곳에서 목격된다는 점을 지금까지 언급했다. 실제로 혁신은 조직 속에서 우선 확고해지기 마련이다.64) 그러나 이 점을 통해 일련의 제도적인 문제들이 제기된다. 왜냐하면 혁신에 유리한 환경은 관련된 결합체

---

63) 『분석과 예측』Analyse et prévision (1971년 3호)에서 "소련에서 예측에 대한 논쟁"La controverse sur la prévision en URSS이라는 훌륭한 연구를 참조할 것.
64) 크로지에(Crozier)의 앞에 나온 책 『차단된 사회』La Société bloquée 57쪽을 참조할 것.

ensemble안에서 힘의 작용의 깊은 변화에 달려 있기 때문이다. 중앙 집중의 경향이 일어나든지, 대립된 압력 집단들 사이에 차단이 생기든지, 어떤 구조와 어떤 수준의 갈등을 용인하면서 집단들의 경쟁을 받아들이든지 할 것이다. 기술적인 활동을 통해 제약은 예측으로 대체될 수 있다. 어떤 방향으로 혹은 다른 방향으로 방향 설정은 아주 다양한 동기 때문에 이루어지지만, 기술적인 진보에 가장 유리한 것을 받아들이는 경향이 있다. 『차단된 사회』*La Société bloquée*에서 크로지에Crozier는 한 사회가 기술에 잘 적응하려면 어떻게 되어야 하는지, 또 사회가 기술에 적응하지 않을 때 어떤 점에서 기술적인 진보가 사회적 차단을 제멋대로 일으키는지 자세히 보여준다. 실제로 변화는 불가피한 일은 아니지만, 변화가 일어나지 않을 때 사회가 더는 기능을 수행할 수 없다. 따라서 이것은 기술에 의해 던져진 일종의 도전이다. 그런데, 아무도 사회corps social가 어떻게 조직되어야 하는지 정확히 모르지만, 거기서부터 예측이 나오는 새로운 맥락에서 사회가 계속 존속하도록 조직되는 경향이 있다. 그러나 이와 동시에, 시몽동은 기술적인 진보가 기술적인 존재들의 개별화에 의해 일어남을 입증한다. 이 개별화는 "다음 같은 환경 속에서 인과관계가 반복됨으로써 가능하다. 즉, 기술적인 존재가 그 주위에 만들어내는 환경이자 기술적인 존재가 자체에 의해 결정지어지듯이 기술적인 존재를 결정짓는 환경이다. 기술적인 동시에 자연적인 이 환경은 '연합된 환경'이라 불릴 수 있다. 이 환경에 의해 기술적인 존재가 자체의 작동 속에서 결정지어진다. 이 환경은 만들어지지 않는데, 적어도 총체적으로는 만들어지지 않는다. 이 환경은 기술적인 존재를 둘러싸는 자연적 요소들의 어떤 체제이며, 기술적인 존재를 구성하는 요소들의 어떤 체제에 연결되어 있다." 이와 같이, 환경의 적응은 기술들의 형성에 따라 불가피한 동시에 반드시 필요하다.

물론, 이 예견된 형성은 영원하지도 않고 아주 지속적이지도 않다. 반세기 전부터 기술 체계들을 관찰해 보면 이 형성은 거의 10년마다 변한다. 다시 말해, 주요 기술이 거의 10년마다 도출되는데, 이 주요 기술과 관련하여 다른 모든 기술이 정리된다. 그러나 이 방향이 도출되는 것은 유용성이나 혹은 인간적 이익에 따라서도 아니고, 필요나 동기나 "재화"에 따라서도 아니다. 이는 기술 체계에서 순수하게 내적인 일이면서도, 순수하게 기술적인 이유들로 결정되는 일이다.65)

기술적인 자동성의 결정적인 측면 – 선택과 적응의 자동성

자동성은 동일한 작업을 위해 가능한 두 가지 기술 사이의 선택에서도 마찬가지로 다른 차원에서 작용한다. 다른 측면에서 이 선택은 오로지 효율성에 따라서 혹은 얻어진 결과의 규모에 따라서 이루어지는데, 내려진 "판단"은 순전히 자동적이라 할 수 있다. 새로운 기술을 통해 더 빨리 더 멀리 나아갈 수 있고, 더 많이 생산할 수 있다.

정확히 말해, 숫자 3과 4에서 크기에 관해 선택이란 없다. 4는 3보다 더 크다. 이 점은 아무에게도 달려 있지 않다. 아무도 이 점을 변화시킬 수 없고, 그 반대를 언급할 수도 없으며, 개인적으로 이 점에서 벗어날 수도 없다. 마찬가지로 두 가지 기술적인 방법 사이에서 선택이란 없다. 한 가지 방법이 반드시 강요되는 것은 그 방법이 헤아려지고 측정되기 때문이며 눈에 띄고 확실하기 때문이다.

---

65) 그렇지만, 기술적인 대상에 대해 이야기하는 시몽동(Simondon)은 발전이 필요하더라도 자동적이지 말아야 함을 강조한다. 기술적인 대상이 '분석적 차원'(ordre analytique)에서 전체적으로 본 기술과 같은 '종합적 차원'(ordre synthétique)으로 넘어간다는 점을 보여주는 것으로 충분하지 않다. 그 점에는 원인들이 있는데, 그것은 기술적인 대상의 불완전함 자체에서 기인하는 경제적 원인들, 정확히 말해 기술적인 원인들이다. 이러한 의미에서 나는 의견을 같이 한다. 이 불완전함을 통해 발전이 유발되지만, 이 때 사회학적으로 진정한 자동성이 있다. 부득이하게 기술은 가장 효율적이고 완전한 작동에 다가가기에, 게다가 그것은 시몽동이 다음 같이 설명할 때 그 자신이 보여주는 바이다. 즉, 사용자가 자신의 개인적 취향에 따라 기술적인 대상에 대해 변경을 요구하는 기술적인 대상이 일련의 비본질적 특성들을 얻으려고 기술적인 대상의 특성을 잃어버린다고 시몽동은 설명한다.

전에는 할 수 없었으나 지금은 할 수 있는 외과 수술은 선택의 대상이 아니다. 즉, 외과 수술은 그 자체로 존재한다. 우리는 여기서 기술적인 자동성의 결정적인 측면을 파악한다. 사용해야 할 수단들 사이에 가능한 토론 없이 가차 없이 '사실 그 자체에 의해' ipso facto 선택을 시행하는 것은 이제 기술이다. 인간은 선택의 대리자가 절대 아니다. 인간은 다양한 기술에 의해 얻어진 결과를 기록하는 장치인데, 이는 복잡한 동기에서 인간적인 어떤 방식으로 하는 선택이 아니다. 인간은 단지 자신에게 최대한의 효율을 주는 것을 위해서만 선택한다. 이것은 더는 선택이 아니다. 어떤 기계이건 동일한 작업을 할 수 있다. 인간이 어떤 관점에서 탁월한 방법을 포기하면서 선택하는 듯이 보인다면, 이는 단지 인간이 결과에 대한 분석을 더 깊이 하기 때문이고, 다른 점에서 이 방법이 덜 효율적임을 확인하기 때문이다. 예를 들어, 이것은 대규모 공장들을 최대한 집중시키려고 한 후 이 공장들을 분산시키려는 시도이거나, 혹은 더 적지만 더 일정한 일인당 생산성을 위해 생산 기록 체계를 포기하는 것이다. 그 자체의 의미로 방법의 완성만이 문제될 따름이다. 여기서 사람들은 명백한 확증된 사실과 적용의 자동성과 마주한다. 이와 같이, 위생의 관점에서 점점 더 필수적인 특성이 알려져 있는 나무와 도로 위 자동차 속도 사이에 어떠한 논의도 없다고 할 수 있다. 즉, 속도가 우선이다. 이와 같이 「국유재산 공보」 Bulletin des domaines 66)를 통해 정기적으로 우리는 도로 주변을 확보하고자 상당한 양의 나무가 벌목됨을 안다. 어떠한 진정한 선택도 없음을 확인하도록 하자. 선택은 미리 이루어진다.67)

게다가, 이 "선택들"은 기술들의 빈곤화로 귀결되지 않는다. 다시 말해, 결

---

66) 1969년 12월호 1쪽을 볼 것.
67) 잘 알려진 소설인 두딘체프(Doudintsef)의 『사람은 빵만으로 살 수 없을 것이다』 L'homme ne vivra pas de pain seulement와 관련하여, 파이프를 생산하려고 더 새로운 기계를 적용하는 데 있는 진보의 명백함을 통해 이에 대립하는 체계의 냉혹함과 소비에트 관료주의의 냉혹함이 터져 나온다는 점을 거론해야 한다. 인간의 비(非)기술적인 선택은 명백히 이루어지는 진보에 대한 장애물로 나타난다⋯.

국 우세해지는 유일한 방식을 위해 여러 방식의 배제와 상실과 손실로서 이 문제는 나타날 수 없다. 분명히 이를 통해 축소가 초래될 수도 있다. 그러나 배제 체계는 기술들의 증식 내부에서 작용한다. 이와 같이, 덜 효율적인 기술을 대체하는 더 좋은 기술이 있다고 일반적으로 말할 수 없겠지만, 관례적으로 여러 방식들이 더 오래된 수단을 동시에 대체한다고 할 수 있을 것이다. 자동적인 선택은 연속된 정제精製, 곧 기술들의 확대démultiplication에서 나온다. 특히, 기술들이 적용되어야 하는 상황이 점점 더 고려될 것이다. 기술들이 기술적인 적용과 양립할 수 있을 때 이러한 환경과 토양과 심지어 이러한 심리나 혹은 습관에 적응하기 위한 다른 도구들이 만들어지는데, 이 점이 고려되어야 한다. 이를 통해 기술적인 성장이 촉진되는데, 왜냐하면 관습이나 혹은 특징보다 어떤 유형의 기계나 혹은 방법을 변화시키는 것이 간혹 더 쉽기 때문이다.

"제거하는" 특성을 지닌 이 자동성의 한 측면은 특별히 검토되어야 한다. 이는 컴퓨터의 "작용"과 관련된 것이다. "데이터 뱅크"를 만드는 것과 '기준 컴퓨터' 속에 축적될 엄청난 지식 전체를 철저히 사용할 수 있는 것은, 인간 지식에 대한 일종의 전반적인 검토를 전제로 한다. 컴퓨터가 담아야 할 것은 정확하고 일정하며 일반적인 데이터이다. 따라서 각 분야에서 협약에 의해 표준화된 용어 목록을 포함하면서 문제되는 과학의 '참고자료 언어'를 형성하는 정보처리기술의 "시소러스"68)가 설정된다. 각 용어는 용어의 내용과 용어의 정확한 한계와 더불어 '의미 장場'을 나타내고, 일반성과 특수성과 결합 법칙성이라는 세 가지 공통된 특성을 드러내기 마련이다. 소위 정밀과학에서 이 점은 많은 어려움을 드러내지는 않는다. 법률에도 꽤 정확한 어휘와 항상 같은 뜻을 지닌 용어들이 있다. 그러나 인문과학에서 얼마나 문제가 많은가! 체계, 이데올로기, 신화, 국가, 계급, 역할 등과 같은 단어들의 정확하

---

68) [역주] 시소러스(thésaurus). 컴퓨터에 기억된 정보의 색인을 가리킨다.

고 유일한 의미를 누가 언급할 것인가? 나머지 모든 것을 제외하는 그러한 유파에 의해 제시된 정의定義를 받아들여야 할 것이다. 그런데, 각 학설에서 "사회 질서"나 혹은 "정보"에 다양한 의미를 부여하는 것은 공연히 그런 것이 아니다. 달리 말해, '의미론적인 선택'을 통해 '학설적인 선택'이 초래된다. 컴퓨터에 의해 축적된 모든 정보가 어떤 어휘에 따라 설정될 때 이 어휘가 고착되는 순간부터, 학설이나 혹은 이론으로 설정될 수 있는 어떠한 비정통적인 사상도 더는 없을 것이다. 왜냐하면 유일한 선택이란 설정된 의미와 더불어 어휘를 받아들이는 것이거나, 아니면 컴퓨터에 의해 주어진 가능한 정보를 이용하지 않는 것으로서, 결국 아주 빈약한 자료 처리 수준에 머물러 "과학적인" 작업을 하지 않는 것이다. 따라서 이 자동성은 상당한 파급 효과가 있을 것이다.

자동성의 세 번째 측면은 아주 다르다. 어떤 기술이 어떤 분야에서 발전할 때, 이 기술은 개인과 사회 구조와 경제적 요인과 이데올로기의 어떤 적응을 요구한다. 현대인의 자발적인 사고 속에서 이 적응은 자동적으로 이루어지기 마련이고, 현대인은 이 적응이 일어나지 않을 때 분개한다. 기술적인 발전은 필요한 것인 동시에 좋은 것이다. 따라서 모든 것은 기술적인 발달을 조장하도록 적응해야 하고, 우발적인 저항은 사라지기 마련이다.69) 실제로 새로운 기술들의 필요에 따라 만들어지도록, 또 이러한 발전을 끊임없이 따르도록, '사회적·인적 재료'는 전적으로 가소성可塑性이 있어야 할 것이라고 여

---

69) 『기술 혹은 시대의 쟁점』*La Technique ou l'enjeu du siècle*에서 나는 긍정적으로는 기술적인 진보에 가장 잘 적응하는 경제적이고 사회적인 체제와 부정적으로는 장애물이 되는 체제를 판단하는 데 있는 작용을 충분히 다루었다. 그것은 자본주의에 대해 공산주의 체제의 명시된 우위 중 하나였다. 그러나 10년 전부터 소비에트 체제 역시 이 분야에서 차단의 원인이라는 점이 납득이 되고, 이 때문에 비판 받는다. 그 체제를 근본적으로 문제 삼는 것은 전혀 다른 이데올로기적 요소라기보다 그 점이다. 소비에트가 대규모로 자동화를 흡수하고 적용하는 데 있어 어려움이 1958년 클리멘코(Klimenko)와 라코프스키(Rakovsky)와 같은 소비에트 경제학자에 의해 특히 강조되었다.
70) 많은 다른 것들 중 디디스하임(Diedisheim)의 『새로운 사고방식을 위해』*Pour un nouveau mode de penser*를 볼 것. 이 책은 어떻게 기술적인 성장이 현재의 조직들이 연명하는 모든

거진다.70)

    메스딘71)은 이 과정들에 혁신이 사회에서 불가피하게72) 변화를 초래하는 과정들을 아주 정확한 방식으로 분석한다. "조직된 사람들의 집단"은 예를 들어 새로운 설비에 의해 주어진 기회를 활용하기 위한 특별한 조직 형태를 발견해야 한다. '기술담론적인 발전'은 이 발전이 주는 이점이 실현되도록, 또 이 발전의 부정적인 결과가 최소화되도록, 사회적이고 정치적인 혁신의 필요를 강요한다. 과학이 사회적 활동 도구로 인정됨으로써, 또 과학과 '기술담론화' technologisation가 존재함으로써, 공공분야의 규모와 영향이 지속

    토대와 원리에 대해 근본적으로 재검토를 요구하는지 설명한다. 즉, 정치가와 인간집단을 기술에 합리적으로 적응시키는데 이르려면 사고방식을 변화시키는 것이 중요하다.
    이런 식으로 얼마나 많은 저서들을 인용해야 할 것인가! 예를 들어 삐가니올(P. Piganiol)의 『진보를 제어하기』*Maîtriser le progrès* (1968년)나 혹은 끌로제(Closets)의 『진보의 위험 속에서』*En danger de progrès* (1970년)는 그 좋은 예이다. 드 끌로제가 "진보의 역동성과 이데올로기의 저항 사이의 간극은 모든 위기의 공통분모로 남아 있다."라고 기술할 때, 그는 자기 눈에 비친 "진보"가 무엇인지 또 위기의 원천이자 불합리의 원천인 부당한 저항이 무엇인지 드러낸다…
    마찬가지로, 『기술과 변화』*Technology and change*의 서자 숀(Schon)은 경제 체계 전체와 기업들의 기술에 대한 적응의 필요성을 보여준다. 그에게만은 그것은 아주 단순하고 "자명한" 일이 아니다. 특히 그는 이 적응이 필요하고 아마도 불가피하나 개인적인 자유와 정체성에는 아마도 부정적임을 보여준다.
    메스딘(E. G. Mesthene) 같이 인간의 자유와 선택 능력 등을 유지하는 데 관심 갖는 사람조차 다음 같이 인정할 수밖에 없다. "기술담론적인 어떠한 변화를 통해서도 유일하고 미리 정해진 변화가 초래되지 않는다면, 아주 새로운 기술담론은 그럼에도 사회적 결과들의 어떤 유형들과 어떤 결합체들(ensembles)을 더 가능성 있게 만든다. 바꾸어 말하면, 기술담론적인 변화는 아무런 사회적 변화로도 귀결될 뿐 아니라 그 방향설정이 파악될 수 있는 변화로도 귀결된다. 『기술담론과 정치적 실체』*Technologie et entité politique* 1970년, 하버드 대학교, 부아조(M. Boisot) 번역.
    [역주] Pierre Piganiol(1915-2007). 프랑스의 화학자. 프랑스의 여러 연구기관과 연구소의 장을 역임한다. 주요 저서로 『과학적 정치를 위하여』*Pour une politique scientifique*가 있다.
71) 『기술적인 변화, 인간과 사회에 대한 기술의 영향』*Technological change, its impact on man and Society* (1970년).
    [역주] Emmanuel George Mesthene(1921-1990). 미국의 철학자. 미국의 '두뇌 집단'(think tank)으로 간주되는 '란드 코퍼레이션'(Rand Corporation)의 연구원을 지내고, 경제적 협력과 발전 조직을 위한 과학 정책 자문위원단의 대표를 역임한다.
72) '자동적으로'라고 할 수도 있다. [본문 내용을 역자가 각주로 설정]
73) [역주] '기술담론 화'(technologisation)라는 표현은 프랑스어에 존재하지 않으며 엘륄이 만들어낸 표현이다. 여기서 엘륄은 기술담론이 지속적으로 발전함으로써 공공분야의 규모와 영향이 증대된다는 점을 말하려 한다.

적으로 증대한다.73) 즉, 기술이 성장하는 만큼 공권력에 의해 내려진 결정은 더더욱 많아진다. 역량이 증대되는 동시에 공공 구조가 변화한다. 사회는 복잡해진다. 하지만, 그리 독창적이지는 않은 이런 확증 사실들은 이 책에 숨겨진 의견 대립 때문에 그래도 흥미롭다. 자신의 명확한 사고를 통해 저자는 기술적인 진보가 강요된 행동의 축소와 자유의 신장을 목표로 삼는다는 확신을 품는데도, 실제로 이 적응들이 불가피하게 자동적으로 일어난다는 점을 본의 아니게 보여준다.

이 적응의 가장 단순한 예는 운송기술들에 맞추어져야 하는 주거 환경 설치인 도시 공간이라는 예이다.74)

이러한 적응 문제에서, 동등한 두 가지 기술적인 방향설정 사이의 대립과 간혹 마주한다. 예를 들어, 대기업과 대규모 행정기관에서 컴퓨터에 열중함으로써 시대에 뒤진 구조들이 효율적이 되고, 정보처리기술이 없었다면 이루어질 뻔 했던 더 근본적인 구조 개혁이 행정적인 효율성을 통해 등한시 될 수 있다고 당연히 언급할 수 있었다. 구조들은 정보처리기술에 적응하지 않았는데, 새로운 역기능을 만들면서 존재하는 구조들을 받아들였던 것이 정보처리기술이다. 1975년 9월 『르몽드』에 실린 "기업의 구조 개혁에 걸림돌인 컴퓨터"L' ordinateur, un frein aux réformes de structure des entreprises 라는 발레75)의 아주 뛰어난 글을 살펴볼 필요가 있다.

이 자동적인 적응에서 어떤 경제적인 집중 경향을 분명히 지적해야 한

---

74) 클라인(G. Klein), "주민 정착과 상업설비 정착에 대한 운송기술의 영향"L'influence des techniques de transport sur l'implantation de l'habitat et des équipement commerciaux, 『분석과 예측』 Analyse et prévsion (1968년).
75) [역주] Catherine Ballé(1941-). '프랑스 국립과학연구소' (CNRS)에서 책임연구원을 지내고, 지방 제도와 지역 사회에 대한 연구조사에 참여하며, 기업에서 정보처리기술에 관한 프로그램을 실현한다.
76) 장 빠랑(Jean Parent)의 저서『산업 집중』La Concetentration industruelle (1970년)은 어떻게 집중이 아무렇게나 경솔하게 자동적인 방식으로 기술들의 성장 결과로 생기는지 잘 보여준다. "어떤 기술들은 소규모 기업들의 존재를 불가능하게 만든다. 다른 한편으로 컴퓨터는 엄청난 양의 정보를 처리하면서 이 집중을 가능하게 만드는 동시에 필요하게 만든다.

다.76) 생산물이 고도로 기술적일수록 다음 같은 현상이 더 목격된다. 즉, "체계들의 복잡성 때문에, 또 생산에 관여하는 다른 구성요소들의 숫자 때문에, 수많은 특허를 사용하는 권한을 갖지 않고서는 생산물을 만드는 것이 거의 불가능하다… 이 이유 때문에 주요 기업 사이에 라이센스 협정과 노하우 협정 및 특허 공동 관리는 현대 산업의 특징 중 하나이다. 어떤 기업이 보유한 특허가 많을수록 그 기업은 다른 기업의 노하우와 특허를 얻을 기회가 더 있다…".77) 이와 같이, 산업 집중이 일어나는 것은 절대적인 재정적 필요성에 의해서라기보다는 기술적인 필요성을 통해서인데, 산업 집중은 기업의 적응 방식이다. 그러나 실제로, 이 사실 외에 다른 것은 없다. 각자는 환경이 기술들에 맞추어 형성되기를 기대한다. 사람들은 사회corps social에서 채택과 운용이라는 자동적인 반응을 바라고 기대한다. 이러한 적응은 이 필요성에 모두 찬성하는 기술전문가와 사용자와 소비자를 매개로 이루어진다. 마찬가지로 우리는 기술에 적응하지 않는 행동과 이데올로기와 신심과 가치를 공격하고 파괴하는 것을 목적으로 하는 연구들을 이미 인용했다.

마스네Massenet78)가 정확히 강조하듯이, 기술적인 변화는 개인에게 정보의 변화로 표현된다. 사회적 변화를 유발하는 것은 정보 전달경로와 정보량의 변동일 뿐만 아니라, 정보의 질과 대상의 변동이다. 우리 사회에서 정보의 흐름은 이중적인 운동성을 띠는데, 이는 교환이라는 운동성과 기술들 속으로 도입되는 끊임없는 재생이라는 운동성이다. "특히 우리 사회가 정보 사회라면, 이는 정보 흐름의 강도와 다양성이 산업 사회의 리듬 자체와 분리될 수 없기 때문이다… 그러나 우리 사회를 진정으로 특징짓는 것은 정보의 분배 방식과 쇄신 방식이다. 그런데 이 방식은 정보의 변동과 정보에 의한 변동이

---

77) 프리먼(C. Freeman)의 『전자공학에서 연구 · 개발』Recherche et Développement en électronique (1966년).
78) "기술적인 발전에서 사회적 폭발까지"Du changement technique à l'éclatement social, 『분석과 예측』Analyse et prévision (1971년) 4호.

라는 변화에 의해 특징지어진다…." 마스네는 이 때문에 우리 사회가 가장 엄밀한 기술적인 제약과 깊은 일관성의 부재 사이에 대립 양식이라는 어떤 양식을 특히 취할 수밖에 없다는 결론을 이 점에서 이끌어낸다. 방향설정과 구조화가 이루어지는 것이 인간을 통해서이고 정보에 의해서 일지라도, 사회 유형은 기술에 의해 결정된다.

분명히 이 적응들은 인간적인 방식으로 이루어지지 않는다. 즉, 사람들은 이 적응들을 원하고 기대하며 믿는다.79) 그렇기 때문에 자동성의 이러한 측면에서 우리는 실제로 일어나는 것보다 평범한 서구인이 원하는 바를 더 묘사한다. 또한 평범한 서구인 자신은 별로 적응되어 있지 않음에도, 그가 사회 corps social에 가하는 압력은 늘 불완전한 이런 재정비remodelage로 귀결된다. 분명히 정치 구조나 혹은 경제 구조는 완전히 유연하지도 않고 유동적이지도 않다. 정치 구조나 혹은 경제 구조는 무거움과 끈끈함을 드러낸다. 사회적인 것을 적응시켜야 한다는 문제는 이러한 저항이 있을 때에만, 다시 말해 자동성이 작용하지 않을 때 만 인정된다.

이 점이 명확히 표현되지 않을지라도, 실제로 사람들은 완전히 늘리고 펼 수 있는 성질인 전연성展延性이 있는 사회 조직을 원한다. 왜냐하면 기술은 발전하려면 대규모 사회적 운동성을 요하기 때문이며, 또한 상당한 인구 이동, 직업 훈련에서 변동, 사회적 직능의 변화, 자원의 할당과 집단들의 구조 변모, 집단들 사이에서 집단들의 관계나 혹은 집단 내부에서 개인들의 관계가 필요하기 때문이다. 이제부터 한 인간이 자신의 직업 경력에서 30년 만에 직업, 곧 기술을 세 번 바꾸는 일이 오늘날 단순하게 분명히 예견될 수밖에 없다. 따라서 그 인간을 한 분야에서 전문화시켜야 하는 것이 아니라, 여러 분야

---

79) 드 쥬브넬(De Jouvenel)에 의해 인용된 저서 『연방제 국내 프로그램에서 사회적 연구의 용도』*The use of social research in Federal Domestic Program* (1967년) 4권은 아주 대단한 의미를 지니는데, 이 저서에서 사회과학의 역할에 대해 자문을 받은 가장 뛰어난 공학자들은 그것이 사회로 하여금 기술적인 신제품을 받아들이게 준비시키는 것이라고 답했다.

에서 전문화시켜야 하고 도중에 재교육해야 하며 직업에 종사하는 중에 재교육을 위해 소집해야 한다.80) 하지만, 40세가 30세 보다 덜 유연하고 암기력이 부족하며 덜 총명하고 학습 능력이 떨어지는 한, 그가 새로운 기술에 적응이 덜 되어 있기 때문에 임금을 덜 받을 것이라는 점은 자명하다. 이 점은 이미 광범위하게 적용된다. 기술화된 인간의 모델인 회사 간부에게 임금의 최대치는 35세 무렵이며 점차 줄어든다고 알려져 있다. 미국에서 이미 55세의 회사 간부는 25세의 회사 간부보다 임금을 덜 받는다. 이 점은 아주 당연한 듯이 보인다. 이는 기술적인 필요성에 대한 자동적인 적응이다. 각각의 기술적인 진보로 말미암아 점점 더 숙련된 전문가들이 실업의 위험에 처한다. 예전에는 인부가 경기 침체로 위협을 받았지만, 언제나 쓰일 수 있는 노동력을 지니고 있었다. 오늘날 첨단 기술적인 발명에 의한 기능 상실로 말미암아 가장 고도로 직업훈련을 받은 이도 갑자기 완전히 무능력해진다. 1948년 반도체의 발명으로 수십만 명의 라디오 전기기사가 기능을 상실했다. 직업훈련을 가장 많이 받은 이들에 대한 지속적 재교육의 필요성이 거기서 나오는데, 이는 자명하다.81) 게다가 사람들은 이 자동성을 인간적으로 덜 고통스럽게 만들려고 애쓴다. 현재 프랑스어로 '공학' ingénierie이라는 명칭으로 받아들여지는 '공학 기술' engineering 체계 전체와 '조직 과학'82)은 기술적인 성장에 대한

---

80) 도널드 마이클(Donald N. Michael)의 『컴퓨터에 의한 자동제어와 사회적 변화』Cybernation and social change (1964년)는 산업과 서비스업에서 숙련되지 않은 인력 뿐 아니라 고급 인력의 양성과 재배치 체계에서 특히 자동적인 사회적 적응의 메커니즘에 대한 아주 부분적이지만, 매우 구체적인 시각을 제시한다. 실제로, 사회적인 자동성이 작용하는 것은 이런 종류의 현상들의 압력에 의해서이다. 가장 효율적이고 경제적이며 기술적인 급성장에 의해 나타난 도전 앞에서 가장 덜 괴로운 해결책이 불가피하게 선택된다. 그는 사이버네틱스(인공두뇌학)가 이 적응들을 요구하고 연루시키는 요인인 동시에 가능하게 하는 수단임을 잘 보여준다.
81) 끌로제(Closets)는 지적인 양성 및 기술에 대한 인간의 전적이고 여지없는 적응의 조정에서 현대 기술들의 사용에 대한 탁월한 도식을 제시한다. 그것은 그가 "인간 자본의 관리"라고 부르는 바이다. 그것은 스탈린의 저서 『가장 소중한 자본, 인간』L'homme, le capital le plus précieux 에 대한 자신의 소책자에서 스탈린과의 만남과 마찬가지로 완전히 상징적이다.
82) [역주] '조직 과학' (Sciences de l'Organisation). 여기서 엘륄은 기업에서 '인간관계 업무'를 언급하는데, '인간관계 업무'란 직원들로 하여금 다음과 같이 믿게 하는 일을 책임진다. 즉, 직

개인과 기업의 적응 기술들이다. 조직은 문제들을 분석하고 결정지으며 규정한다. '공학'은 이 문제들을 해결하고자 심리학, 사회심리학, 생리학, 정보 처리기술, 인간공학이 제공한 새로운 수단을 사용한다.83) 이 점을 통해 인간화가 분명히 생겨난다. 마침내 기계들 한가운데서 인간의 고립을 깨뜨리고, 퍼트PERT 방식인 생산 관리를 통해 시간 속에 노동력을 더 낫게 배치하기에 이른다. 그러나 "집적 회로에서" 모든 것이 실제로 어떻게 기능을 수행하는지 파악된다. 기술 체계가 받아들여지기 때문에, 새로운 기술들을 통해 다행스러운 균형과 더불어 개인적 관점에서 만큼이나 집단적 관점에서 더 나은 통합이 가능해진다. 적응의 자동성이 자기증식에 합류하는 것은 이 순간이다.84)

많은 예 중 다른 예는, 아프리카 흑인 국가에서 기술 발전이 일어날 수 있도록 사회 구조를 변화시키려 애쓰는 일이 당연한 듯이 보인다는 것이다. 역으로 아주 흥미로운 점은 차별적인 원조가 결정되지 않고, 원조가 효율적이려면 가장 높은 발전 잠재력이 있는 나라나 지역에 집중해야 한다는 것이다. 그런데, 이 잠재력은 예를 들어 원자재나 혹은 에너지 자원 매장량의 풍부함 같은 예전의 기준에 따라 산출되기 보다는 예상되는 거주민의 적응성과 사회 구조의 전연성展延性에 따라 훨씬 더 산출된다. 이와 같이 1964년에 인도는 주민 1인당 2달러를 원조 받았고, 칠레는 12달러를 원조 받았다. 칠레는 완전

원들의 근무 조건이 좋지 않더라도, 이는 일시적일 따름이며 뒤이어 상황이 개선될 거라고 믿게 하는 일이다. 혹은 기업이 직원들을 해고하더라도, 직원들이 이 기업에서 얻는 경험을 통해 그들이 별 문제 없이 전직할 수 있을 거라고 믿게 하는 일이다. 엘륄은 자신의 저서 『선전』*Propagandes* (대장간 역간, 2012)에서 이러한 방식들을 이데올로기로서 기술의 토대들과 비슷하다고 생각한다. 또한 자신의 저서 『부르주아의 변신』*Métamorphose du Bourgeois*에서 기술적인 이데올로기가 18세기에 생겨난 '노동 이데올로기'에서 직접 유래됨을 보여주는데, 이 때 영국과 프랑스의 초기 기업가들은 노동이 하나의 가치라고 노동자들을 설득했으며, 노동자들 자신도 그것이 하나의 가치라고 믿었다.

83) 공학(ingénierie)에 대한 많은 저서들 중 르끌레르끄(R. Leclerc)의 『조직과 공학기술의 방법들』*Les Méthodes d'organisation et d'enginnering* (1968년)을 특기하자.
84) 조직 기법과 기술과 조직 사이의 결합에 대해서는 모렝(P. Morin)의 『조직의 발달』*Le Développement des origanusations* (1976년).

히 적응하는데 가장 적합한 듯했기 때문에, 다시 말해 원조로 제공된 것을 낭비하지 않는데 가장 적합한 듯했기 때문에 기술적인 원조 대상의 총아였다. 이는 합리적으로 옹호할 수 있는 견해이다. 즉, 사람들은 어떤 나라가 자율적인 발전 노력을 할 능력이 없는 한 절대 불필요한 "발전을 위한 원조"85)를 더는 낭비하기를 원하지 않는다. 따라서 여기서 판단이 앞서야 하지만, 이 판단은 기술적인 진보를 적용하기 위한 인간 변모의 필요성이라는 견해에 일치한다. 그런데, 이러한 사회 · 경제적인 형태에 비추어보아 기술적인 진보의 탁월함에 대해 어쨌든 논의할 수는 없기 때문에, 적응이 저절로 이루어지지 않을 때에라도 자동성 자체에 대해 우리는 이야기해야 한다.

적응은 경제적이고 정치적인 구조에서 같은 방식으로 일어날 수밖에 없다. 이러한 에너지원과 이러한 유형의 경제 구조 사이에 관계 도식이 세워질 수 있다. 이것은 마르크스의 널리 알려진 표현보다 훨씬 더 정확한 듯이 보인다. 약간 농담 삼아 예를 들어 말하자면, 증기 기관을 통해 경제적 자유주의가 생겨났고, 전기를 통해 계획 경제가 생겨났으며, 핵에너지를 통해 자유주의로 회귀했다… 그러나 논란의 여지가 없는 것은 각 경제 체계의 구조들은 기술의 새로운 공헌에 따라 변화한다는 점인데, 실제로 이것은 유일한 동인動因이다. 이 적응은 개인 이익의 저항에도 불구하고, 사회 질서의 적응보다 훨씬 더 불가피하게 자발적으로 이루어진다. 이 사항을 강조할 필요는 없다. 그러나 이와 반대로, 우리 사회의 주요 요소 중 하나인 대학이 기술적인 구조에 그저 그렇게 즉시 적응할 수밖에 없다는 사실이 당연하다는 점을 강조해야 한다. 이 점에 관한 견해들은 수없이 많다. 대학은 각 학생이 이 기술 사회에서 즉시 한 자리를 차지하도록 기술적인 학교가 될 수밖에 없다. 대학이 더 빨리 더 잘 적응하지 않은 것에 사람들은 분개한다. 어리석은 사람들은 대학의 역할이 무엇이 되어야 하는지 전혀 모르고, "고전학"과 라틴어와 역사와 철

---

85) 구호(救護)와 같은 것이 아니다. [본문 내용을 역자가 각주로 설정]

학을 중요시하는 것을 비웃는다. 대학은 기술 사회의 기술적인 요소가 될 수밖에 없다. 이 어리석은 사람들이 내일의 문명과 기술적인 인본주의에 대해 장황한 견해를 늘어놓을 것이라는 점은 사실이다. 지나치게 단순한 이 판단들과는 반대로, 다음 같은 어떤 사람의 의견을 강조하는 것은 흥미롭다. 즉, '대학의 문제'에 직면해 있는86) 사람이자, 미국 대학들의 변화 앞에서 대학들이 '기술담론의 요구'에 너무나 빨리 잘 부합하기에 대학들이 내일의 세상에 대한 너무 손쉬운 적응에 기인하는 자기 붕괴의 위험을 겪는다고 간주하는 사람이다. 실제로, 기술 세계에 대한 이러한 적응은 모든 대학에 대한 사형선고에 서명하는 일에 해당될 가능성이 꽤 있다.

정치 형태의 적응과 관련하여, 큰 문제는 한편으로 예를 들어 대중에 대한 심리적 활동 기술인 통치 기술의 적용이고, 다른 한편으로 정치적 환경에서 기술전문가의 증대하는 영향력이다.

엘고지Elgozy는 '예산 기획'87)과 계획 경제와 "결정에 따른 원조"에서 기술의 성장으로 말미암아 어떻게 정치적 선택이 저절로 줄어드는지, 또 어떻게 민주적이거나 혹은 의회적인 결정과 통제를 적용하는 일이 저절로 줄어드는지 분명히 보여준다. 그가 강조하듯이, 정치적 합리성이 기술적인 합리성과 일치하지 않기에 더더구나 그러하다. 정치 구조는 기술, 다시 말해 정치 구조 자체의 수단들에 저절로 적응할 수밖에 없음은 분명하다. 문제의 비밀 전체는 그러하다. 행정은 컴퓨터와 관련하여 재편성될 수밖에 없음은 자명하다. 그러나 이 순간부터, 아마도 컴퓨터가 행할 수 있는 것에 대한 어떠한 제어도 더는 없다. 구조가 컴퓨터에 적응되기 때문에 아무도 더는 컴퓨터를 통제할 수 없다. 랠프 네이더Ralph Nader는 "통제되지 않는 컴퓨터의 강한 지배

---

86) 셀리그만(Seligman), 『가장 악명 높은 승리』 *A most notorious victory*.
87) '계획·예산 편성 프로그램' (PPBS. Planning Programming Budgeting System)이나 '기획·계획·예산 제도' (RCB. Rationalisation des Choix Budgétaires) 등과 같은 것. [본문 내용을 역자가 각주로 설정]

력"을 고발하지만, 다른 선택은 없다. 컴퓨터를 통제한다는 것은 컴퓨터의 힘에 굴복하는 것이고, 낡아빠진 정치·행정적인 구조와 더불어 기능을 수행하는 것이다. 행정을 완벽하게 하고자 컴퓨터의 힘을 가능한 한 잘 적용시키려 드는 것은, 외부에서 더는 조정될 수 없는 힘을 행정에 부여하는 것이다.

그런데, 지금까지 만들어진 모든 입헌정체는 이 요구들과 일치하지 않는다는 점을 사람들은 깨닫는다.88) 그러나 정치적으로 딱 잘라 해결할 대부분의 질문이 이제 기술적인 질문이기 때문에, 기술전문가의 도움을 청하지 않는 것은 불가능하며, 행정 기술들이나 혹은 발전한 경찰 기술들을 사용하지 않는 것은 불가능하다. 그런데, 정치인은 제도보다 더 적응되지는 않는다. 우리는 우리의 체제에서 적응이 잘못 이루어짐을 확인한다. '정치적 계층'이라 불리는 것, 곧 기술전문가에 의해 묻혀버리기를 원하지 않는 직업 정치가 집단의 강력한 저항이 있다.89) 민주주의, 주권재민, 선거로 표현된 자유 등과 같은 예전의 가치의 이름으로 이데올로기적 저항이 있다. 민중 전체는 정치적 진실에 대한 보장이자 독재에 대한 보호책인 듯이 보이는 이 이데올로

---

88) 또다시 우리가 전문기술관료에 대한 이야기를 하는 것은 아니다! 우리는 『정치적 착각』(대장간 역간, 2011)에서 이 문제들을 자세히 다루었다. 이 점에서 바레(Jean Barets)의 연구들은 아주 실망스럽고 비현실적이다. 이와 반대로, 글로제(Closets)는 컴퓨터에 대한 행정의 적응 필요성 및 다양한 기술사용에 의한 정치적 결정과정의 변경에 대한 흥미롭고 구체적인 예들을 제시한다. 게다가 그는 "정치인과 프로그램을 준비하는 분석가 사이의 대화가 점점 더 어려워질 우려가 있다… 그리고 나서 그들은 결정의 결과들이 상당한 정도로 그들에게서 벗어남을 볼 것이다…"라고 강조한다. 이와 반대로, 진정한 전문기술관료 체제의 방향에서는 핀지(Finzi)의 『전문기술관료의 힘』 *Il potere tecnocratico* (1977년)을 볼 것. 드미쉘(A. et F. Demichel)의 저서 『유럽의 독재들』 *Les Dictatures européenne* (1973년)은 우리 주제와 많은 다른 주제들에서 아주 흥미롭다. 그는 예를 들어 스페인의 독재와 프랑스의 공화국처럼 헌법이나 법적으로 아주 다른 체제들이 기술화된 국가의 형태로 근접하는 경향을 실제로 보여준다. 국가의 기술화를 통해 전통적인 차이들이 사라진다. 그러나 그것은 실제로 전문기술관료체제와 관계된 것은 아니다.

[역주] André et Francine Demichel(1938-). 파리3대학 총장과 프랑스 교육부 고등교육국장을 지내고, 주요 저서로 『현대 프랑스에서 이데올로기 투쟁』 *La lutte idéologique dans la France contemporaine*이 있다.

89) 새로운 기술들에 대한 제도의 불가피한 적응에 대한 수많은 연구가 있다. 예를 들어 우리는 아르망(L. Armand)의 『미래를 위한 변론』 *Plaidoyer pour l'avenir*, 망데스 프랑스(Mendès France)의 『새로운 공화국을 위하여』 *Pour une république nouvelle*, 바레(Barets)의 『새로운 정치

기에 매우 집착한다. 그러나 국가가 충분히 효율적이지 않을 때, 혼란이 있을 때, 기술을 통해 이러한 문제가 해결될 수 없을 때, 이와 같은 민중은 분노한다. 민중은 기술적인 진보를 지지하는 동시에 고전적인 민주주의의 유지를 지지하는데, 물론 이 두 영역의 근본적인 대립을 절대 보지 않는다. 이 모순은 민주주의와 민중의 자유와 인권 등을 결사적으로 지지하는 지식인 서클에서 재현된다. 게다가 지식인은 특별한 악습을 드러낸다. 한편으로 지식인은 기술적인 진보에 매우 의식적으로 열렬하게 호의적이고, 모든 사람들에 앞서 기술적인 진보가 진전되는 것에 경탄한다. 하지만, 다른 한편으로 지식인은 정치적 영역에서 기술적인 진보에 대해 매우 적대적인데, 정치적 영역은 지식인의 주된 일과인 장황한 이야기, 선택, 우여곡절, 인신공격의 영역으로 남아 있기 마련이다. 사람들은 정치가 인간에 대한 전체적인 표현으로서, 인간의 미래에 대한 결정으로서, 인간의 자유에 대한 표현으로서 나타내는 모든 것에 대해 흥분한다.90) 지식인은 서로 갈등을 표출하기 때문에, 평범한 프랑스인보다 더 순진하고 분별없는 듯이 보인다. 따라서 정치 제도의 자동적인 적응이 저해됨으로써 정치 세계에서 혼란과 불확실성과 어려움이 초

방정식』 *Nouvellles équations politiques* 등을 참조할 수 있다. 또한 정치가의 불가피한 적응에 대해서는 『정치와 과학』 *Politik und Wissenschaft* (1971년)의 일련의 연구를 볼 것. 특히, 칸(H. Kahn)의 연구인 『정치와 과학』 *Politik und Wissenschaft*, 마이스너(Meissner)의 『정치와 인공두뇌학 체계로서 과학』 *Politik und Wissenschaft als kybernetisches System*, 한(Hahn)의 『다원 사회의 통합을 위한 과학의 의미』 *Die Bedeutung der Wissenschaft für die Integration der pluralistischen Geselschaft*를 볼 것. 거기서는 한편으로 정치 세계의 구조, 다른 한편으로 정치 세계의 책략의 불가피한 적응에 대한 훌륭한 분석이 발견된다.

[역주] Louis Armand(1905-1971). 프랑스 광산업계의 주요 인물로서 프랑스 국영철도회사 사장을 지내기도 한다. 주요 저서로 『유럽의 도박』 *Le Pari européen*이 있다.

[역주] Pierre Mendès France(1907-1982). 프랑스의 정치가. 인민전선 내각의 재무차관, 드골 임시정부의 경제장관 등을 거쳐 총리 겸 외무장관을 지낸다. 유럽통합의 추진, 서독의 북대서양조약기구 가입 등 외교 면에서 큰 성과를 올린다.

90) 벨(D. Bell)은 효율성 앞에서 문화적 반발을 아주 잘 분석한다. 사회가 기술적이 될수록 더 문화는 쾌락주의적이 되고 관대해지며 권위와 조직과 기술과 효율성에 대해 불신하게 될 것이다. 그는 지식인들이 전문기술관료적인 행동 방식에 빠지지 않고자 난해한 행동 방식에 관여한다는 점을 아주 잘 파악하는데, 그 점은 우리 프랑스 좌파 지식인들에게 잘 확인된다. 그러나 벨의 묘사가 나에게 더 설득력 없어 보이는 점은 그가 이 대립을 통해 심각한

래된다. 스페즈Sfez 91)는 행정에서 이 자동성의 작용을 놀랍게 보여준다. "진정한 개혁은 타성과 경직화를 분쇄하는 객관적이고 맹목적인 메커니즘에 의해서만 이루어진다… 이 메커니즘에 연결된 기계들과 '개념화 기술들' 을 통해 돌이킬 수 없는 혁신 과정이 촉발된다… 기계들을 통해 가장 복잡한 데이터들이 고려될 수 있다… '합리화 기술들' 은 정치인을 위해 거기까지 남겨진 변수들의 추론 속으로 통합을 전제로 한다. 자유주의적이거나 인격주의적이거나 사회주의적인 사상의 이름으로 시민을 통합하는 것이 바람직하기 때문에, 시민은 그냥 통합되지는 않는다. 타산이 맞아떨어지도록 시민은 통합되어야 하기 때문에 시민은 통합된다."92)

행정 본거지와 행정 지배세력은 '여호수아 개혁자들' 의 나팔의 영향 아래로 떨어지지 않지만93), 결정의 필연적인 일관성의 결과로, 또 현대적 경영 방식에 의해 드러난 일관성의 결과로 균열이 생기는 경향이 있다.94)

소요가 생겨날 수 있다는 확신을 제시할 때이다. 나는 실제로 그 점을 통해 사회석인 소요가 생겨날 수 있으나 그것은 아주 근본적인 것도 아니고 기술 체계를 다시 문제 삼는 것도 아니다. 벨, 『2000년을 향해』 *Toward the year 2000* (1967년), 델라우스(Daelaus).
91) 앞에 나온 책. 『미래 전망 행정』 *Administration prospective*
92) [역주] 여기서 스페즈가 언급하려는 내용은 다음과 같다. 즉, 지금까지 이러저러한 문서와 관련된 기술적인 데이터를 통합하는 것은 단지 정치가의 소관으로 여겨졌다. 하지만, 지금은 기술적인 데이터를 고려하도록 요구받는 것은 노동 현장에 있는 일반인이다. 그것이 자유주의적이든 사회주의적이든 어떤 사상의 이름으로 그러한 것이 아니라, 단지 실용주의의 이름으로 그러하다. 따라서 시민에게 요구되는 바는, 자신의 노동이 가능한 한 효율적이 되도록 자신이 단지 체계에 통합되는 것이다.
93) [역주] 이 내용은 구약 성서 여호수아에 나오는 이스라엘 민족이 여리고 성을 점령한 이야기와 관련된다. 여호와의 명령에 따라 이스라엘 백성은 여리고 성을 하루에 한 바퀴 씩 6일간 모두 여섯 번을 돌고, 일곱 번째 날에는 제사장들이 나팔을 부는 동안 성을 일곱 번 돈다. 그리고 나서 제사장들이 나팔을 한 번 길게 불면, 그 나팔 소리를 들은 이스라엘 백성 모두가 큰 함성을 지르고, 그 때 성벽이 무너져 내리며, 이스라엘 백성은 일제히 성을 향해 진격한다. 여기서 나팔에는 여리고 성 점령을 이루어내고 공식화하는 기능이 있다. 따라서 '행정 본거지' 와 '행정 지배세력' 이라는 표현은 각각 여리고 성과 여리고 성을 지키는 자에 해당하고 '여호수아 개혁자들' 의 나팔이란 이 '행정 본거지' 와 '행정 지배세력' 을 와해시키려는 개혁 세력이 사용하려는 수단과 방법을 가리킨다고 볼 수 있다.
94) [역주] 여기서 엘륄이 말하고자 하는 바는, 낡은 행정 지침은 단순한 결정에 의해 종결되지 않는다는 것이다. 즉, 새로운 경영 방식에 이어 일관성과 효율성에 대한 요구를 반드시 필요한 것으로 모두가 느끼기 때문에, 낡은 행정 지침은 저절로 사라진다. 마르크스의 용어

개혁이 일어나는 것은 인간에 의해서이고, 새로운 기계와 방법을 도입했던 것이 인간이며, 따라서 선동이 쓸모 있었다는 점은 아마도 반박될 수 있다. 혁신을 도입했던 '공공 행정기관'이나 혹은 '민영 행정기관'의 지도자들은 '기술담론적인 발전'에 의해 제약되고 강요되어 혁신을 도입했다. 사기업은 경쟁에 의해 위협받는다. 국가로 말하자면, 국가는 자체의 필요에 대처하려고 새로운 기술들을 사용해야 한다. 자원은 한정되고 필요는 증대하기에, 공공 부문 관리자는 자원의 이용을 최대한으로 합리화해야 한다. 공공기관 지도자나 혹은 민영기관 지도자는 살아남는 유일한 기회들인 효율성과 합리성을 본래의 목표로 삼는다. 게다가, 이 기회들은 참여를 전제로 했다.

이러한 선택과 적응과 변화의 자동적인 특성을 이보다 더 잘 묘사할 수 없을 것이다. 현대 기술들을 택하는 행정기관은 이 기술들을 통해 행할 수 있는 것이 되기 마련이다!

이와 같이, 독창적인 것이 아무 것도 없지만, 필요한 적응을 자동적으로 초래하는 사회 구조를 기술은 문제 삼는다. 마스네는 기술적인 진보가 작용하는 사회를 제약된 특성을 지니며 깊은 일관성이 없는 것으로 특징지을 때, 이 점을 완벽히 묘사했다.95) 한 사회의 응집력은 도덕적 차원에 속했다. 즉, 이 응집력은 순수하게 조직적이고 외적인 차원의 것이 된다. 마스네는 다음 같은 본질적인 지적을 한다. "우리 사회의 작용에 의해 요구된 물질적인 응집력의 높은 단계는 사회 부조화의 근원 자체임을 배제할 수 없다." 달리 말해, 적응의 자동성은 불가피하게 외적이고, 필요에 따라 기술을 만들어낼 수

를 빌리면, 여기서 엘륄은 세상을 변화시키는 것이 대단한 철학적 담론이나 혹은 정치적 담론 같은 상부구조가 아니라, 공공 자본이나 혹은 개인 자본에 의해 관리되는 생산수단이라는 하부구조임을 보여준다. 엘륄은 자신의 저작을 통해 줄곧 정통 마르크스주의자들이 마르크스의 이 위대한 가르침을 전혀 고려하지 않는 것을 비판한다. 또한 엘륄은 자본주의와 사회주의의 대립이 마르크스에게 허위 문제임에도, 그들이 이 대립을 자신들의 투쟁 정신의 핵심으로 삼은 것을 비판한다.

95) "기술 변화론"Du changement technique, 「분석과 예측」*Analyse et prévision* (1971-1974년).

있는 유일한 합리성인 표면상의 합리성으로 귀결된다. 하지만, 기술은 기술 자체를 발전시키려고 모든 가치와 상징 영역을 문제 삼으며, 사회 체계의 자동적인 내적 응집력 형성을 방해한다. 우리가 나중에 검토할 끈끈함과 도무지 청산되지 않는 과거의 후유증을 제외하면, 사회 체계는 완전히 전연성展延性과 가소성이 있는 경향을 띤다. 사람들은 내적 응집력과 유기적인 견고성을 대가로 치르고, 자동적인 경향이 있는 적응을 얻는다. 그렇기 때문에 마스네도 이 점을 잘 보여주는데, 사회적 변화는 이제 저항contestation을 거칠 수밖에 없다. 저항은 더는 조금도 혁명적이지 않다.96) 저항은 '기술에 대한 적응 필요성'97)을 표현하는 것이다. 저항은 이러한 적응이 일어나지 않는 곳에서

---

96) [역주] 엘륄은 혁명에 대한 논리를 전개하는 자신의 저서 『혁명의 해부』(대장간 역간), 『혁명에서 반란까지』 *De la Révolution aux révoltes*, (1982), 『인간을 위한 혁명』(대장간 역간, 2012)에서 다음같이 설명한다. 즉, 기술체계는 인간으로 하여금 '혁명' 하는 것을 방해하면서도, 인간으로 하여금 '반란'을 일으키도록 강요한다고 설명한다. 따라서 엘륄에게 '반란'은 '혁명'과 반대되는데, 이 주제는 엘륄 사상의 중심에 있다. '혁명'에 대한 엘륄의 개념은 이 용어에 보통 부여되는 의미와 뚜렷한 차이가 있다. 이 개념은 1930년대의 인격주의 운동에서 생겼는데, 그 당시에 엘륄은 다음 같이 기술한다. "현재 모든 혁명은 직접적이어야 한다. 다시 말해 혁명은 판단 방식 및 행동 방식의 변화에 의해 각 개인 안에서 시작해야 한다. 그렇기 때문에 혁명은 더는 대중 운동이나 큰 소동일 수 없다. 또 그렇기 때문에 이제 혁명가가 되지 않고서, 다시 말해 삶을 바꾸지 않고서 혁명가라 자칭하는 것은 불가능하다." 이와 같이 엘륄은 그 말이 입증될 때에라도 추상적인 말에서가 아니라 개인적인 행동이나 일상에서 반복된 행동에서 진정한 혁명이 드러난다는 견해를 제시한다. 그는 '혁명'의 개념을 '반란'의 개념과 구분하면서, 이 개념들을 서로 대립시킨다. 두 가지 특성이 '반란'을 특징짓는다. 한편으로 그것은 견딜 수 없는 상황을 체험하는 감정이다. "미래는 현재의 악화일 따름이기 때문에, 반란자에게는 미래가 없다. 이러한 현재를 반란자는 더는 원하지 않는다. 이 때문에 반란은 절망적인 행동으로 요약된다." 다른 한편으로 그것은 "적을 지정하는 것이고 적에 대해 비난을 가하는 것이다." '혁명'에 대해 말하자면, '혁명'은 "성공한 반란이 아니다." 우선 '혁명'을 특징짓는 것은, 본능적이고 충동적인 '반란'과 달리 '혁명'은 어떤 주의(主義)에 근거하고 현실에 적용하려고 애쓴다. '혁명'에는 절망적인 것이 아무 것도 없다. 이와 반대로 '혁명'은 어떤 방식을 따라 제도화되려고 애쓰고, 어떤 질서를 늘 겨냥한다. 또한 '혁명'이란 "지배계급, 곧 혁명의 와중에는 자기 자신의 이익을 잊어버리나 그렇게 하면서 결국 애초의 민중의 추진력을 저버리고 마는 계급에 의해 민중의 열망이 떠맡겨진다는 것"이다. "역사의 움직임은 국가의 몰락을 재촉하는 것일 뿐 아니라 국가를 강화하는 것이다. 유감스럽게도, 이처럼 모든 혁명은 국가를 더 전체적으로 만드는데 기여했다." 그렇기 때문에 엘륄은 "무엇이든 제도적인 방식에 의해 변화될 거라고 생각하는 것은 헛된 일이라고" 결론짓는다. 한편으로, 기술적이고 상업적인 질서에 맞서 이기고자 '혁명'은 "절대 필요한" 채로 있다. 하지만, 다른 한편으로, 고전적인 형태에서 '혁명'은 "전적으로 불가능하다."는 것이다.

나타난다. 기술적인 진보의 수용과 그 결과의 수용에 대해 만장일치가 이루어졌다. 그러나 마스네는 "이것은 발전 리듬이나 혹은 결실의 분배를 결정해야 하자마자 더는 존재하지 않는 추상적인 만장일치이다."라고 주장한다.98) '형태적 갈등'이 위치하는 것은 이러한 차원에서이다. 기술적인 진보는 분명한 갈등을 육중하게 막는다. 예전에 있던 중요한 이데올로기들의 대립과 계급, 정당, 조합 같은 조밀한 사회 집단들의 대립은 완전히 시대에 뒤져 있다. 모든 동맹은 "소용돌이치는 변화의 급속함"에 의해 다시 문제시된다. 아무런 혁명적인 의미도 없으나 기술의 요구에 대한 사회의 적응이라는 맹목적이고 무의식적인 자동성을 나타내는 저항이 나타나는 것은 이 틀에서이다.99) 체험된 사회를 구체적으로 받아들이지 못하는 것과 기술의 신기한 가능성 사이에 분명한 모순이 저항의 계기가 되기에 그러하다.100) 소비 사회에 대한 저항은 실제로 "기술의 악용"에 대한 항의protestation, 다시 말해 악한 사회를 선한 기술에 적응시키려는 요구이다.

분명히, 구조와 제도의 적응이 저절로 일어나지 않을 때, 해야 할 선택이 여전히 있다. 우리는 어떤 때에는 현실을 변화시키는 것보다 현실을 본떠서 기술을 만드는 것이 더 쉽다고 앞에서 언급했다. 따라서 선택은 두 가지 작업 중 한 작업의 가장 큰 용이함과 효율성과 관련될 것이다. 물론, 이 선택은 여기서 내가 표현하는 것처럼 명확히 밝혀진 적이 결코 없다. 이 선택은 한편으로 기술전문가의 일이라는 차원에서, 다른 한편으로 관련된 집단과 환경 사

---

97) [역주] '기술에 대한 적응 필요성'이란 인간이 기술적인 현상에 지속적으로 적응하기가 정말 어렵다는 점을 나타낸다.
98) 나도 그의 방식들(modalités)을 덧붙일 것이다. [본문 내용을 역자가 각주로 설정]
99) [역주] 여기서 엘륄은 기술의 요구에 맹목적이고 무의식적으로 적응해야 하는 사회가 겪는 극도의 어려움을 표현한다. 또한 기술이 어느 정도로 자연에 대립되고, 이와 동시에 어느 정도로 인간을 소외시키는지 보여준다.
100) [역주] 여기서 엘륄이 말하고자 하는 바는 다음과 같다. 즉, 기술이 인간으로 하여금 바라게 내버려두는 신기한 가능성에는 인간이 알고 싶지 않은 어떤 대가가 있다. 이 대가는 기술이 인간에게 날마다 강요하는 제약이자, 인간이 싫은 기색을 보이지 않고 그 순간 견뎌내는 제약에 의해 만들어내는 고통인데, 이 고통에 붙여진 이름은 '신경증'이다.

이의 관계라는 차원에서 이루어진다. 한편으로 기술들의 적용으로 인한 이러저러한 집단이나 혹은 전통에 대한 압력과 더불어 기술들을 적용하는 경향이 있으며, 다른 한편으로 채택이나 혹은 저항이 있다. 이 저항의 강도에 따라, 기술전문가는 상황에 비추어볼 때 가능한 가장 좋은 생산성을 얻으려고, 방법이나 도구를 재검토하게 될 것이다. 그러나 어떠한 변화도 어떠한 쇄신도 받아들이지 않는 치열한 저항, 차단, 회고주의, 개인적 경직화나 혹은 사회적 경직화, 제도적 경직성이 있을 수 있다. 이와 반대로, 기술전문가 쪽에서 위탁 경영에 대한 거부가 있을 수 있다. 흔히 기술전문가는 조정된 자신의 기술이 다른 것으로 대체할 수 없다고 간주하고, 해당 기술이 실제로 적용될 때 생겨나는 것인 환경의 무조건적인 변화를 직접적으로 혹은 간접적으로 지향한다. 그런데, 이 기술은 인간적인 필요의 결과로 혹은 절대적인 사회학적 필요성의 결과로 적용되기 보다는, 그 속으로 새로운 방식이 편입될 '기술담론적인 맥락'의 결과로 적용된다.

이 상황들에서, 환경과 기술 사이의 갈등을 통해, 이 두 요인 중 하나가 적응과 타협할 때까지 혼란과 사회적, 경제적, 정치적 동요가 초래될 것이다. 갈등을 일으키는 이러한 관계를 통해 1900년과 1940년 사이에 서구 사회와 현재 제3세계 사회 대부분의 어려움이 설명된다. 이 점에 대한 자세한 연구를 하는 것은 쉬울 수도 있다. 따라서 이상적인 것은 바로 환경에 대한 자동적인 적응이다. 그러나 이 적응은 당연한 결과로서 통제를 전제로 한다. 이 자동성의 극단은 다음과 같을 때 달성된다고 할 수 있다. 즉, 기계를 진정으로 통제하는 것이 더는 인간이 아니라, 이와 반대로 인간 자신이 포괄적인 체계의 부속품으로서 포함될 때이다. 또한 인간이 물자와 설비를 위해 기계들에 의해 통제되는 동시에, 다른 사람의 활동이나 도구의 작동을 자신의 활동과 공조시키려고 기계들에 의해 통제될 때이다. 이는 "퍼트"PERT 방식의 적용이다.

기술에 대한 인간과 정치와 사회의 적응 작용에서, 우리는 기술 체계 자체가 자체의 편의와 보상을 야기한다고 언급했다. 여가는 이 편의와 보상 중 하나이다. 자동성은 '보상 균형' équilibre compensateur이 없다면 아주 엄격한 계율일 수도 있다. 여가에 대한 모든 연구를 재론하는 것은 쓸데없지만, 여가의 기능을 강조하는 것은 필요하다. 그런데, 그렇게 언급된 적이 없어도, 여가가 무엇보다 자동적인 발전의 보상 현상이라는 점이 모든 연구에서 드러난다. 이 분야에서 결정권을 박탈당한 인간은 그 대가로 완전히 만회하는 것을 필요로 한다. 사람들이 여가의 의미가 무엇인지, 또 여가가 어떻게 사용될 수 있는지 자문하면서 그렇게 심히 신경을 쓰는 '빈 시간'은 무엇보다 자동성의 '빈 시간'이다. 물론, 인간은 '빈 시간'을 사용할 줄 모른다. 인간은 기술적인 자동성이 자신에게 너무 괴로운 나머지 자동성에서 벗어나야 한다는 점을 전혀 의식하지 못한다. 왜냐하면 노동의 기계화가 문제될 뿐 아니라, 더 깊게는 인간을 벗어나 기능을 수행하는 체계 속으로 인간을 편입시키는 일이 문제되기 때문이다. 하지만, 인간이 얼버무리려 드는 것도 바로 이 점이다.101) '빈 시간'을 통해 혼란이 초래되며, 갑자기 제약이 없어지기 때문에 인간은 헤맨다는 점은 분명하다. 그러나 노동에 대한 관계처럼 이것은 진정한 문제가 아니다. 마찬가지로 여가를 개발하는 방식에 대한 통계학적인 연구를 통해 102), 의미 없는 정보들이 우리에게 주어진다. 기술적인 진보의 자동성에 대한 어쩔 수 없는 굴복의 보상 현상으로서 여가를 제시하기 위한 이 고전적인 질문들을 넘어서야 한다. 거기서 여가는 깊은 체험으로서 자체의 불가능성을 드러내는 동시에, 자체의 진정한 모습을 띤다. 여가는 선택을 허용할 수도 있는 공허를 만들어내는 일이다. 일반적으로 저질러지는 잘못은 여가를 전통 사회의 놀이와 축제와 집회와 무위안일無爲安逸과 휴식과 혼동한다는 것

---

101) 블라우너(R. Blauner), 『소외와 자유』*Alienation and Freedom*. 『공장노동자와 그의 산업』*The factory worker and his Industry*(1964년). 뒤마즈디에(Dumazedier),『여가의 문명을 향해』*Vers la civilisation des loisirs*(1965년). 프리드만(Friedmann), 『힘과 지혜』*La Puissance et la sagesse*(1970년). 샤르보노(Charbonneau), 『일요일과 월요일』*Dimanche et Lundi*(1966년).
102) 예를 들어 크르독(Credoc)의 연구 『소비』*Consommation*(1970년).

이다. 그래서 한편으로 여가에는 동일한 가치가 조금도 없음을 인정할 수밖에 없고, 다른 한편으로 이 '빈 시간'을 이런 종류의 활동들로 "채우는" 것이 불가능함을 인정할 수밖에 없다. 이 활동들은 바로 전통적인 비非기술적인 활동에 연결되어 있기에 그러하다. 즉, 이 활동들은 우리의 새로운 환경에서 다시 생겨날 수 없다. 이와 반대로, 진정한 선택 가능성을 배제하는 기술적인 자동성을 통해, 더는 통솔력 없는 존재로서 자신을 받아들일 수 없는 인간에게 삶은 견딜 수 없고 숨 막히게 된다. 여가는 체계의 호흡 기능이다. 여가는 사람들이 이를 통해 공기를 들이마시는 통로이며, 자유라는 환상을 부여하는 술책이다. 한편으로, 휴가와 주말에 떠나는 것과 텔레비전 같은 여가에 대한 충동적이고 경솔한 집착이 거기에서 나오고, 다른 한편으로 여가를 기획하고 판매하는 자와 체계에 대한 정당화의 토대를 여가에 두려고 애쓰는 지식인의 치밀하게 계획되고 숙고된 이중적 사고가 거기에서 나온다.

기술적인 자동성의 마지막 특성 – 선택의 배제

결국, 이 기술적인 자동성은 마지막 특성을 포함한다. 어떤 기술적인 방식이 새로운 영역에 관여할 때, 기술 이전의 시대로 거슬러 올라가는 옛 시행 방식들과 거기서 마주친다. 이 방식들은 제거되는 경향이 있는데, 왜냐하면 아무 것도 기술적인 수단과 경쟁할 수 없기 때문이다. 선택은 사전에 이루어진다. 인간도 집단도 기술적인 방법보다 차라리 이러한 방법을 따르기로 결정할 수 없다. 실제로 인간은 다음 같은 매우 단순한 딜레마 앞에 놓인다. 즉, 자신의 선택 자유를 지키기로 결정한 인간은 전통적이거나 혹은 개인적인 수단 및 도덕적이거나 혹은 경험적인 수단을 사용하기로 결정함으로써, 인간이 그 힘에 맞서 봐야 자신에게 효율적인 방어수단이 없는 힘과 경쟁하는데, 효율적이지 않은 인간의 수단들은 억눌리거나 혹은 제거되며 인간 자신은 패배한다. 그렇지 않으면 인간은 기술적인 필요성을 받아들이기로 결정함으로써 인간은 승리하게 되지만, 돌이킬 수 없는 방식으로 기술적인 예속에 굴복할 것이다.

따라서 어떠한 선택의 자유도 절대로 없다. 현재 우리는 기술적이 아닌 모든 것을 배제하는 역사적 변화의 단계에 있다.

오늘날 어떤 나라나 어떤 사람이나 어떤 체계에 주어진 도전은 단지 기술적인 도전이다. 기술력에는 다른 기술력만이 맞설 수 있다. 나머지는 제거된다. 차코티네Tchakotine는 이 점을 끊임없이 상기시킨다. 선전의 심리적인 공격에 직면하여 이에 대응하려면 무엇이 있을까? 문화나 종교의 도움을 청해보는 것도, 민중을 교육시켜보는 것도 다 쓸데없는 일이다. 선전만이 선전에 대응할 수 있고, 심리적 강요만이 심리적 강요에 대응할 수 있다. 히틀러는 차코티네에 앞서 다음 같이 표명했다. "상대편이 질식가스로 질식가스를 물리치는 법을 모른다면, 인간적인 연약함에 대한 올바른 평가에 기반을 둔 이 전략은 거의 필연적으로 성공에 이르기 마련이다."[103]

기술의 배제적인 특성을 통해, 기술의 급격한 발전의 이유 중 하나가 우리에게 제시된다. 오늘날, 각 인간은 기술전문가가 된다는 조건에서만 생존하기 위한 자리를 얻을 수 있다. 각 집단은 기술들을 사용한다는 조건에서만 주위 환경의 압력에 저항할 수 있다. 현재 기술적인 대응책을 지니는 것은 모두에게 삶이나 혹은 죽음의 문제이다. 왜냐하면 세상에 이에 필적하는 힘이 없기 때문이다.

개인적인 측면에서도 마찬가지이다. 사람들은 가장 앞선 기술을 선택할 수밖에 없다. 한 세기 전으로 거슬러 올라가는 기술들을 계속 적용하는 기술자는 어떠한 일자리도 찾지 못할 수도 있음은 분명하다. 마찬가지로, 수공업이 기술적인 방식과 경쟁할 때 필연적으로 배제되는 것도 분명하다. 이 자동

---

[103] 「나의 투쟁」 *Mein Kampf.*

성을 판단할 때 매우 중요한 것은, 아주 흔히 이것이 직업에 종사하기와 관계된다는 점이다. 그런데, 검토 대상이 된 나라가 어느 나라이든지, 직업이란 생계수단일 것이다. 따라서 개인으로 하여금 생존하게 하는 것이 기술뿐이기 때문에, 개인은 가장 앞선 기술을 적용할 수밖에 없다. 여기서 취해야 할 어떠한 선택도 여전히 없다. 선택은 동일한 방향으로 언제나 미리 취해진다. 물론, 고도로 기술화된 나라에서 이와 반대로 다양한 수공업 활동이 발전하고 다시 생겨난다는 점을 강조할 수 있다. 또한 미국이 나바호족104)의 생산물을 애호한다는 점 및 소련이 바시키르족105)과 퉁구스족106)의 수공업을 발달시킨다는 점도 강조할 수 있다. 그러나 또 다시 이것은 엄밀하고 효율적인 사회에서 사치와 보완과 부수적인 호의와 관계된 것이다. 흐름은 언제나 마찬가지이다. 직물을 생산하려고 기술이 전통적인 수공업과 경쟁하고, 모직과 면과 아마포 같은 동일한 원료를 최우선으로 사용하면서 시장을 빼앗는다. 즉, 섬유 산업이 지배한다. 그 다음으로 화학을 통해 그 원료가 본래의 원료와 더는 아무런 관계없는 나일론과 아크릴 섬유와 폴리아크릴 합성섬유 같은 직물이 만들어진다. 실용적인 관점에서 이 점은 온갖 이점을 포함한다. 그러나 멋과 사치와 꿈이란 관점에서 예전의 원료와 수공업 방식으로 회귀가 이루어진다. 어떠한 경쟁도 더는 없다. 하지만, 완전히 충족된 필요에 대한 보완이 존재한다. 음악에서도 동일한 도식이 만들어질 수 있다. 첫 단계에서 라디오TSF 107) 수신기는 마을의 기타연주자와 지역 영화관의 소규모 오케스트라를 없애버리고, 시골 음악 전체는 사라진다. 그러나 우리가 트랜지스터라디오 및 엘피LP 레코드와 더불어 새로운 기술 단계에 이를 때, 또 산업을 통해

---

104) [역주] 나바호족(Navajos). 북아메리카 인디언으로서 미국의 인디언 부족 가운데 가장 인구가 많다.
105) [역주] 바시키르족(Bachkires). 소련 바시키르(Bachkirie) 지역에 사는 터키 민족.
106) [역주] 퉁구스족(Toungouzes). 소련 퉁구스카(Toungouska) 지역에 사는 시베리아 민족 중 한 집단.
107) [역주] 라디오(TSF). Télégraphie Sans Fil (무선 전신)의 약자.

기계화된 음악이 시장에 넘쳐날 때, 일종의 일반적인 주입이 이루어지고 지속적인 음악 환경 속에 사는 개인은 나름대로 활동하기 시작한다. 이는 19세기 유산계급의 멋의 예술과 동일한 현상이 전혀 아니라, 음악의 과잉 흡수로 생겨난 일종의 역류이다. 이 개인적인 음악이나 혹은 작은 집단의 음악은 기술화된 음악과 절대 경쟁하지 않지만, 자그마한 멋의 보완과 보완적인 사치를 제시한다. 이것은 기계 음악과 더불어 결코 생겨날 리 없는 인간의 따뜻함이라는 매력이자, 음악가가 구체적으로 존재한다는 매력이자, 잘못된 음정과 우발적인 실수라는 매력이며, 중요하지 않은 우연의 묘미이다. 이와 같이, 비非기술적인 모든 방식을 자동적으로 제압하는 기술은 기술을 위협하지 않는 새로운 삶을 비非기술적인 모든 방식에 허용하는데, 이는 부담 없는 어떤 색다른 것을 자신의 신하에게 허락하는, 또 질서가 준엄하게 유지될 때 신하의 솔선행위를 바라보면서 미소 짓는 선한 군주를 자처하는 독재자이다.108)

그러나 다음 같은 여전히 가설적인 문제가 제기된다. 즉, 더 예전의 형태를 몰아내는 현대 기술들이 유연함과 선택과 불확실함을 다시 끌어들인다면 무슨 일이 일어날까? 이는 리크테Richter와 스페즈Sfez에 의해 주장된 논제이다. 자신의 가장 중요한 저서109)에서, 스페즈는 제도가 다른 기술적인 단계에 어떻게 적응하는지 아주 명확히 보여준다. 또한 그는 중앙 집중과 서열을 전제로 하는 산업 사회의 경직된 기술들과 마주하여, 어떻게 사람들이 "자원을 향해 이것을 축으로 배열된" 선형적線形的이고 반半기계적인 "도구

---

108) 기술에 의해 "등질화될" 수도 있는 사회라는 개념을 맹렬히 비난하고, 『입장; 전문기술관료에 대항하여』*Position : contre les technorates*에서 그와 반대로 기술에 의한 다양화가 있음을 입증하려고 애쓰는 르페브르(Lefebvre)는, 집단들 사이에 있으나 결코 중요하지 않을 문화적인 차이들이 잔존하게 내버려두면서 혹은 그 문화적 차이들을 유발하면서 내가 묘사한 만큼이나 체계가 엄밀하고 전적일 수 있음에도, 기술체계는 획일성과 동일성을 강요한다고 생각하는 오류를 단순히 저지른다. 그것은 최대한의 조직적인 엄밀함 안에서의 최대한의 주도권이다. 그것은 바로 기술 사회의 이상이다!
109) 『결정의 비평』*Critique de la Décision* (1974년).

적 제도들"을 지녔는지 보여준다. 사회가 단순한 사회적 메커니즘이 될 수 있다고 여기는 모든 저자를 이 범주로 분류해야 한다.110) 그러나 인간적인 기술들의 출현과 더불어 기술의 더 발전된 단계에서, "실용적인 제도들"이라 불리는 다른 형태의 제도들이 구상된다. 이 제도들은 정해진 목표에 연결되어 있으며, 기술적인 계획수립과 계획 실행이라는 과업의 효율성을 확실하게 하기 위한 경험적인 조정을 나타낸다. 그러나 사람들은 여전히 선형적線形的인 조직 속에 남아 있다. 이와 반대로, 한편으로 자동화와 다른 한편으로 정보처리기술이라는 가장 최근의 기술적인 진보와 더불어, 다른 제도적 모델이나 스스로 적응할 수 있는 제도에 이를 수도 있는데, 거기서 '분산된 주도권'과 '중앙 집중된 총합'이 결합할 수도 있다. 적응 조절력을 갖추고 분산을 전제로 하는 제도들이자, 실용 가능하고 전략적이며 구조적인 유연성으로 특징지어지는 이 제도들은 "이상적일" 수도 있고, 가장 최근의 기술적인 진보에 의해 가능해질 수도 있다. 그러나 여기서 우리는 근본적인 문제에 직면한다. 즉, 이 제도들은 단지 가능하다는 것이다. 이 제도들은 직접적으로 결정지어지지 않은 듯이 보이고, 불가피하게 생겨난 듯이 보인다. 이 제도들은 결정과 선택을 전제로 한다. 그러나 지금껏 결정과 선택이 배제되었던 체계에서 어떻게 이것이 이루어질 수 있을까? 이것이 이루어지지 않는다면, 이는 새로운 기술들과 이전 단계에 적응된 관료적이고 정치적인 구조 사이에 모순이 있기 때문이다. 문제는 근본적이다. '노동자 자주관리'는 잘못된 대응이다.111)

---

110) 예를 들어 나빌(Naville)의 『사회적 자동성을 향해』 *Vers l'automatisme social*를 참조할 것.
[역주] Pierre Naville(1904-1993). 프랑스의 작가이자 정치가이자 사회학자. 프랑스 국립과학연구소 책임연구원을 지내고, 사회학 연구소에서 노동의 심리사회학, 자동화와 산업사회, 행동 심리학에 대해 연구작업을 한다. 주요 저서로 『노동 사회학론』 *Le Traité de sociologie du travail*이 있다.
111) [역주] 여기서 엘륄은 어떻게 노동 조직이 새로운 기술들의 출현에 적응할 수 있는지 의아하게 생각한다. 엘륄에 따르면, 기술 체계가 개인을 능가하기 때문에, 다시 말해 개인이 기술 체계를 통제하지 못하기 때문에, 개인은 기술 체계에 의해 결정지어진다. 그래서 개

진정한 관계와 의미 상실을 통한 기술적 자동성과 자기증식의 연결

결국 자동성과 자기증식을 연결하는 마지막 측면이 있다. 이 점을 자각하려면 두 미국 저자가 행하고 바아니앙Vahanian이 다시 취한 중요한 지적에서 출발해야 한다.112) "신앙이 부족할 때 신앙이 우리 쪽에서의 특별한 생각이나 노력 없이 우리로 하여금 실현하게 하는 바는 '기술담론적인 방향' orientation technologique을 지닌 행동의 대상이 된다. 종교 영역의 외부에서 만큼이나 내부에서 이 견해는 중요하다. 사랑이 논쟁거리가 되고 의심으로 대체된다면, 육체적인 사랑에 대한 기술담론은 아마도 발전할 것이라고 시사되었다. 마찬가지로, 아이들에 대한 '자연적인' 사랑이 더 일찍 저절로 나타날 때, 임신에 대한 기술담론들이 나타난다…" 여기서 우리는 근본적이고 일반화할 수

인은 주도 능력을 상실하는데, 더 포괄적으로 말해 개인들은 자유를 잃어버리고 소외된다. 구체적으로 그들의 직업에서, 이 점은 그들이 중앙 집중화된 방식으로 조직된 공장이나 혹은 행정기관에서 일한다는 것을 의미한다. 즉, 조직의 정점에 사장이 있고, 사장 아래에 부서 책임자가 있으며, 가장 아래쪽에는 간부들이 구상한 업무를 실행하는 개인이 있다는 것이다. 노동 조직은 선형적(線形的)이고 관료주의적이며, 따라서 노동의 다른 제도적 모델에 도달하기가 불가능하다. 1970년대에 엘륄이 이 책을 집필할 때, 프랑스에서는 모든 노동자들이 책임의식을 가지도록, 또 노동자들이 기업의 결정에 참여하도록 하기 위한 다른 노동 방식에 대한 정치적 논쟁이 있었다. 오늘날 '노동자 자주관리'에 대한 논쟁이라 불리는 이 논쟁은 특히 프랑스 사회당 일부와 '프랑스 민주노동 동맹' 같은 노동조합에 의해 조장되었다. 사장이나 경영진도 마찬가지로 이 논쟁에 상당히 끌어 들였다. 어떤 사장이나 경영진은 '노동자 자주관리' 법안에 아주 호의적이기까지 했다. 왜냐하면 이를 통해 직원들의 노동 의욕이 더 끌어올려지고 반드시 기업의 판매고에 좋은 결과가 생길 거라고 생각했기 때문이다. 그때부터, 직원에게 더 많은 책임을 부여하면서 분산된 방식으로 노동하는 것이 가능하다고 말해지기 시작했다. 하지만, 엘륄은 지금껏 개인들의 결정과 선택이 배제되었던 체계 속에서, '노동자 자주관리' 법안이 어떻게 이루어질지 의문을 표시한다. 따라서 "노동자 자주 관리는 잘못된 대응이다."라는 표현은 '노동자 자주관리' 법안이 불가능하고 실현될 수 없음을 의미한다. 왜냐하면 사람들은 기술이 단지 '공학 기술'이 아님을 이해하지 못했기 때문이다. 기술은 중앙 집중된 노동 조직 방식이며, 이 노동 조직 방식을 근본적으로 문제 삼지 않는 한, 다른 식으로 노동하는 것을 생각하는 것은 아무 소용없다. 다시 말해, '모순'은 해결될 수 없다는 것이다.

112) 슈나이더(Schneider)와 도른부슈(Dombusch)의 『대중 종교; 아메리카에서 영감을 주는 책들』*Popular Religion : inspirational Books in America* (1958년), 그리고 바아니앙(Bahanian)의 『하나님의 죽음』*La mort de Dieu*, 프랑스어 판 (1962년). 마찬가지로 오니무스(Onimus)의 『질식과 비명 소리』*L'Asphyxie et le cri* 및 219쪽에서 같은 문제에 대한 우리의 견해.

있는 견해와 마주한다. 인간이 실용적인 방식으로 예전에 행했던 바를 하고자 기술을 발견할 때, 인간은 자신의 옛 실행방식을 버리고 더 효율적인 새로운 실행방식을 택한다. 이는 우리가 여기서 끊임없이 되풀이해서 말했던 바이다. 게다가 이를 통해 이러저러한 감정과 역량과 소질과 활력이 소멸된다. 이와 같이, 성행위 기술들은 사랑의 깊고 진정한 관계와 사랑의 진정성을 분명히 사라지게 한다. 그러나 우리는 반대되는 발전을 바아니앙과 더불어 고려해야 한다. 현대인이 이 사회에서 자신의 삶 때문에 이런 깊은 힘과 활력의 원천과 동기 유발을 잃어버리고 활동의 근거이자 의미의 근거인 이 근본적인 근거에 의하여 더는 행동하지 않을 때, 또 현대인이 너무도 무기력한 나머지 외부에 더는 영향력이 없을 때, 더 효율적이 됨으로써 더 용이하고 이 때문에 그 같은 큰 동기 유발을 더는 요하지 않는 필요불가결한 행동 전체에도 불구하고, 전적인 판단과 충실한 노력을 가능하게 하기 위한 기술이 자동적으로 생겨난다. 인간은 기술에 힘입어 더 어려운 일을 할 수 있을 뿐 아니라, 어떠한 의미도 없이 행동할 수 있고, 자신의 행동과 완전히 무관하게 남아 있을 수 있다. 이는 예를 들어 육체적으로 맞닥뜨린 적을 칼로 죽이는 것과 10킬로미터 높이에서 한 장소를 폭격하는 것 사이에 존재하는 차이점에 의해 우리가 파악하는 바이다. 인간이 행동하는 깊은 근거를 잃어버릴 때, 동일한 영역이지만, 근거 없는 영역에서 인간으로 하여금 행동하게 할 수 있는 기술이 나타난다는 점을 우리는 인정할 수 있다. 수단은 의미를 완전히 대체했다. 인간의 가장 깊숙한 면을 표현하는 우스꽝스러운 짓이 있다. 사람들이 인간관계에 관여할 줄을 더는 모를 때, 우정이 인간의 마음에 더는 깃들지 않을 때, 사람들이 집단 속에서 진정성을 더는 지니지 않을 때, 이 점은 온갖 심리적 기술에서 바로 나타난다. 그래서 인간관계 기술들과 집단의 역동성이, 인간관계에 관여하는 일이나 집단 내에서 우정의 의미와 진정한 관계의 의미를 유지하는 일을 대체한다. 그런데 인간관계 기술들과 집단의 역동성은, 단지 영혼의 가장 깊은 것을 저절로 만들어 낼 수밖에 없는 것을 외부에서 완전히 모방한다. 우리는 자동성과 자기증식이 연결되는 기술적인 진보의 영역이 거기에 있다고 언급했다. 한편으로 이 본질적인 실재들이 인간 안에서 공허로 변할 때, 또한 행동과 사회적인 역할만이 존재할 때, 공허가 '흡인吸引 작용'으로서 생겨난다. 즉, 일종의 기술적인 자동성은 연구를 이러한 영역으로 이끈다.113) 사람들은 이 상황에 오래 남아 있을 수 없다. 예전에 체험되었던 것은 계속 만들어질 수밖에 없다. 따라서 기술은 어렴풋이 그러나 확실히 이 공허 속으로 들어오며, 기술은 아무도 그것을 진정으로 추구하지도 원하지도 않았음에도 자체의 메커니즘을 점진적으로 조정한다.114) 기술 체계는 존재의 깊은 활동이 물러남으로써 남겨진 공허 속에서 자동적으로 성장하기 때문에, 증식이 존재한다. 분명히 아무도 이 대체 작업을 할 생각을 하지 않는데, 이 작업은 반드시 필요하다.115) 인간관계가 결정적으로 훼손되거나 약화되도록 내버려 둘 수 없다. 이러한 결함에 대처해야 하는데, 이는 단지 명백한

---

113) [역주] "수단이 의미를 완전히 대체했다."는 부분부터 여기까지 엘륄이 말하고자 하는 바는 다음과 같다. 즉, 수단이 의미를 대체했다는 이유 때문에, 인간은 눈앞에 있는 사실을 끊임없이 인정하지 않는다. 인간이 사용하는 모든 기술은 인간이 이 기술들에 끊임없이 부여하는 정당화와 마찬가지로, 인간이 인간관계에 더는 관여할 줄 모른다는 사실과, 우정이 인간의 마음에 더는 깃들지 않는다는 사실과, 인간이 다른 사람과 진정한 관계를 맺을 수 없다는 사실에서 비롯된다. 인간관계 기술과 집단의 역동성 기술은 이 모든 것을 대체한다. 즉, 인간관계 기술과 집단의 역동성 기술은 영혼의 가장 깊숙한 곳에서 오고 자발적일 수밖에 없는 것을 완전히 인위적인 방식으로 모방한다. 이런 모방 때문에 엘륄은 이에 대해 "우스꽝스러운 짓"이라고 언급한다. 따라서 기술의 자동성과 자가 증식은 밀접히 연결되어 있다. 인간이 자신의 깊은 본성 및 자신의 본능과 접촉을 상실할 때, 따라서 인간이 사회적 역할만을 할 때, 기술은 그때까지 자연적인 것으로서 체험되었던 바를 대체하고 그 뒤를 잇는다.
114) [역주] 여기서 엘륄이 말하고자 하는 바는 다음과 같다. 예전에 체험되었던 것은 계속 만들어지지만, 이제부터 예전에 자연이 했던 역할을 어렴풋이 그러나 확실하게 행하는 것은 기술이다. 따라서 인간은 자신의 행동을 점차 기술에 맞추고, 그것을 진정으로 추구하지도 원하지도 않은 채 자신의 메커니즘도 기술에 맞춘다. 인간은 마치 그렇게 하는 것이 당연한 듯이 무의식적으로 이와 같이 행동한다는 것이다.
115) [역주] 이 책 전체를 통해 엘륄이 말하려는 바가 여기서 아주 분명히 이해된다. 즉, 기술과 더불어 인간은 자연의 제약에서 빠져나오려 애쓰지만, 이와 동시에 인간은 자연이 인간에게 강요했던 모든 제약보다 훨씬 더 중대한 제약, 곧 필요성이라는 제약 아래 놓인다는 것이다.

일이다. 자발성, 이성, 진정성, 의지, 결정, 선택 같은 인간이 마주보며 잃어버리는 모든 것을 통해, 또한 그것이 너무 어렵고 인간은 너무 복잡한 삶을 살며 너무 지치거나 혹은 억눌려 있기 때문에, 인간이 포기하는 모든 것을 통해, 기술 체계의 "자연발생적인" 증식이 초래되는 동시에 이러한 증가의 방향설정의 자동성이 초래된다. 이 일반적인 방향설정에서 이러한 해석을 수많은 실험 영역에 적용하기란 꽤 쉽다.

아마도 이 사회적이고 인간적인 관계들은 언제나 사회에 적응하고, 따라서 다소 동화된 기술들의 현상이 나타난다고 할 수 있는데, 우리의 감정도 마찬가지라 할 수 있다. 교육과 예의도 기술들임은 분명하다. 그러나 원시적이고 실용적인 기술들과 기술적인 현상 사이에 이미 검토된 구분을 여기서 다시 해야 한다. 여기서 새로운 것은 산술과 체계화와 의식이라는 사실이다. 깊은 충동에서 나온 "자연발생적인" 행동을 대신하는 기술들은, 집단의 원동력과 마찬가지로 기술들로서 검토되고 적용된다. 예전의 '관계 질서'를 단설시키는 것은 바로 이 점이다.

제3장 : 인과적인 발전과 궁극목적의 부재

학자와 기술전문가 같은 사람들은 어떤 목적을 달성하기 원하기 때문에, 다른 사람들은 기술이 채워줘야 하는 필요를 드러내기 때문에, 기술이 이상적인 동인動因이어서 인간에게는 달성해야할 목적들이 있기 때문에, 우리는 기술이 발전한다는 '무의식적인 개념'을 일반적으로 지니고 있다. 이 확신은 끊임없이 드러나 보이고 기본 개념을 강요하는데, 이 기본 개념에 의하면 기술은 수단일 따름이기 때문에 기술에 대한 어떤 가능한 판단도 존재하지 않는다. 따라서 수단은 중요하지 않고, 우리의 철학적 고찰에서 목적만이 중요하다고 알려져 있다. 모든 것은 사람들이 추구하는 목적에 달려 있다는 것이다. 나는 이것이 기술적인 진보와 관련하여, 또 기술적인 현상 자체와 관련하여 가장 심각하고 결정적인 오류 중 하나라 생각한다. 기술은 추구해야 할 목적에 따라서 발전하는 것이 아니라, 이미 존재하는 성장의 가능성에 따라 발전한다. 도마Daumas는 기술이 자체의 변화에서 사회·경제사의 변화 논리와 분명히 구분되는 현상인 내적 논리에 따른다는 점을 잘 보여준다. "거의 모든 시대에서, 또 거의 모든 기술 생성에 관한 이야기에서 이 점이 나타날 수 있다. 광산채굴과 증기기관과 주철 생산의 밀접한 관계는 고전적 일례이다. 수평적이거나 혹은 수직적인 계보에 대한 연구를 통해, 이 점에 대한 확증이 주어진다…" 이 고유한 논리는 본질적으로 인과적이다.116)

---

116) 내가 시몽동(Simondon)에게 그렇게 하듯이 이 글에서 도마(Daumas)는 기술에 대한 일반적인 해석에 도달하고자 정확한 예들에 근거하면서 마우누리(Maunoury)의 저서를 확대한다는 점을 나는 게다가 지적할 것이다. 「기술의 역사」*L'Histoire de la Technique*, 「기술들의 역

1. 궁극목적 finalité

기술적인 성장에서 궁극목적의 부재

그러나 첫 번째로 기술이 궁극목적을 따르는지, 또 목적을 추구하는지 자문해보아야 한다. 또한 최종 '궁극목적'과 중간에 있는 '목적' objectif과 임박한 '목표' but를 분명히 구분해야 한다.

기술적인 성장에 진정한 궁극목적이 존재하는가? 분명히, 기술 체계의 발전에서 궁극목적은 제거된다. 그러나 파악해야 할 것은 이 궁극목적이 과정이 진행되는 동안 나타난다는 점이다. 달리 말해, 궁극목적이 과정을 전혀 이끌지 않으며, 궁극목적은 우발적이라는 것이다. 하지만, "나중에" ex-post, 사람들은 순전히 '인과적 메커니즘' 117)에 따라 이루어졌던 것이 이러한 문제에 잘 적용될 수도 있음을 밝혀내고, 제기되었던 질문에는 대개 부분적으로 답하거나 상당히 추상적인 방식으로 답한다… 이것이 인간 무의식의 가장 깊은 부분에서 작용했고 인간을 이러한 방식으로 이끌었다고 여겨지지 않는 한118), 이는 내가 받아들이기를 거부하는 것이다. 왜냐하면 내가 이 무의식적인 꿈을 자세히 설명하려 함과 동시에 이 꿈이 사라지기 때문이다. 또한 체계에 의해 생겨난 궁극목적이 체계를 결정지었던 것이 결코 아니라, 이 궁극

사를 위한 자료』 *Documents pour l'Histoire des techniques* (1969년).
117) [역주] '인과적 메커니즘' (mécanisme causal)과 바로 뒤에 나오는 '인과론적 메커니즘' (mécanisme causaliste)은 동의어로 볼 수 있다. 하지만, 이 두 표현을 문맥에 따라 '정신적 메커니즘' (mécanisme mental)으로 바꾸어야 한다는 견해도 있다. 이 견해에 따르면 엘륄은 자신의 여러 저서에서 프로이트(Sigmund Freud)에 의해 만들어진 '무의식' 이라는 개념을 진지한 연구 작업의 가설로서 인정하기를 원하지 않는다. 물론, 엘륄은 '무의식적인' 이라는 형용사와 '무의식적으로' 라는 부사를 사용하지만, 그가 '무의식' 이라는 명사를 사용할 때는 보통 비꼬는 방식으로 말한다는 것이다. 엘륄이 주장하듯이, 기술이 자율적이 되었고 인간이 기술을 신성화한다면, 그 이유는 이러한 인간이 자기 자신의 가장 깊은 곳에 있는 '어떤 것' 이 '나'와 '의지' 대신에 작용한다는 사실을 깨닫지 못하기 때문인데, 이 '어떤 것' 이 바로 '무의식' 이라는 것이다.
118) 하지만, 이러한 발견과 변화를 야기하는 인과적인 메커니즘과 이 알려지지 않은 욕구 사이에 얼마나 신기한 조정이 있는가! [본문 내용을 역자가 각주로 설정]

목적이 쓸데없이 덧붙여진 정당화119)일 따름이라는 견해로 되돌아가야 한다. 왜냐하면 인간이 체면 잃기를 원하지 않고, '인과론적 메커니즘'에 굴복되는 듯이 보이기를 원하지 않으며, 자신이 상황을 좌우한다고 자처하기를 늘 원하기 때문이다!120) "달 여행, 곧 인류의 꿈을 성취하는 것"에 대해 열광하게 했던 표현은 내버려두자. 비행기를 만들려고 애썼던 기술전문가들은 이카루스121)를 실현하기 원했기 때문에 비행기를 만들었다고 생각하는 것은 어리석을 따름이다!… 바다를 건너는 것, 공중에서 나는 것, 달에 가는 것 같은 아주 막연한 감정이 간혹 있었던 것은 사실이지만, 라디오와 인쇄술과 대포용 화약의 기원에는 꿈이 다시 발견된다고 할 수 있다… 이러한 정당화는 교양 있는 기술전문가가 떠맡은 '시적인 부속물'이다. 그러나 기술적인 성장의 '동적인 궁극목적'을 거기서 보는 것은 신중하지 않다!

---

119) [역주] 엘륄의 사상 전체에서 중요한 '정당화'(justification)라는 표현은 엘륄이 자신의 저서 『부르주아의 변신』*Métamorphose du bourgeois*에서, 다음 같은 견해를 나타내고자 아주 길게 규정했던 표현이다. 즉, 인간이 중요한 어떤 것, 예를 들어 자본주의나 혹은 다른 이데올로기를 만들어낼 때, 인간은 담화나 저서나 온갖 종류의 주장으로 이를 정당화하기를 즉시 서두른다는 것이다. 이 점에 대해 엘륄은 『부르주아의 변신』에서 "인간이 자신이 행하는 바를 정당화하는데 까지 이른 것을 느낀다면, 이는 처음부터 인간이 행하는 바가 올바르지 않다는 것이다."라고 아주 잘 언급한다. 『기술 체계』에서, 특히 여기서 엘륄은 '정당화'라는 표현을 통해, 인간이 자신이 하는 바가 올바르지 않다고 막연히 느낄 때 자신에게 양심을 부여하고자 궁극목적을 만들어낸다는 점을 언급하려 한다.

120) [역주] 이 단락에서 엘륄이 말하려는 바는 다음과 같다고 볼 수도 있다. 즉, 궁극목적의 진정한 의미는 귀납적으로만 발견된다. 또한 이 궁극목적은 무의식적이고 깊은 '정신적 메커니즘'에서 그 기원이 결코 발견되지 않는다. 왜냐하면 대개 인간은 이러한 '정신적 메커니즘'을 믿고 공표하기를 좋아하지만, 엘륄 자신은 이 '정신적 메커니즘'을 받아들이기를 거부하기 때문이다. 따라서 이러한 궁극목적은 궁극목적이 아니다! 궁극목적은 기술 체계를 결정지을 뿐 아니라, 기술 체계에 의해 만들어진다. 따라서 궁극목적이란 기술 체계에 대한 정당화이다. 이 점이 의미하는 바는, 인간으로 하여금 자신이 일반적으로 기술적인 과정을 통제한다고 믿게 하려고 궁극목적이 사실들에 덧붙여진다는 것이다. 상황이 그렇다면 그 이유는 아주 간단히 말해, 인간이 체면을 잃기를 원하지 않기 때문이다. 즉, 인간이 자신의 지적 능력을 넘어서는 '정신적 메커니즘'에 종속되어 있다는 생각을 견딜 수 없고, 상황을 좌우한다고 자처하고 싶기 때문이다. 엘륄이 자신의 저작을 통해 줄곧 인간이 그 무엇보다 기술을 통해 자신의 힘의 의지를 드러내려고 한다는 점을 끊임없이 되풀이하는 이유가 여기서 분명히 이해된다.

121) [역주] 이카루스. 밀랍으로 날개를 만들어 하늘을 날던 그리스 신화의 등장인물로서 태양에 너무 가까이 다가가 밀랍이 녹는 바람에 추락하고 만다.

우리가 과학자와 기술전문가에게 그들의 이상에 대해 질문하면, 우리는 언제나 동일하고 막연한 대답을 얻는다. 왜 기술적인 진보인가? 주어진 첫째 '목표' fin는 인류의 행복이다.122) 하지만, 무슨 행복인지를 묻자마자 가장 큰 불확실성이 지배한다. 사람들은 순수한 여가나 혹은 소비가 완전히 만족스럽지는 않음을 잘 느낀다. 행복은 완전히 모호하고 일관성 없기 때문에, 또 통용되는 이데올로기들 중 가장 많이 퍼진 이데올로기와 일치하기 때문에 만족스러운 단어이다. 사람들은 행복을 믿는다.123) '기술은 행복을 보장한다.'는 표현은 어떠한 내용도 없기에 더더구나 효과적이다. 사람들이 기술적인 진보는 인간의 실현을 지향한다고 우리에게 단언할 때, 우리는 모호함과 불확실함이라는 동일한 결과를 얻는다. 어떤 인간인가? 보통 이러한 선언의 토대에는 최소한의 인류학적 고찰도 없다. 우리는 이미 언급된 사실, 다시 말해 한편으로 과학자와 기술전문가, 다른 한편으로 인본주의자와 철학자와 신학자가 있는데, 이 양편 사이에 완전한 결별을 여기서 다시 발견한다. 인본주의자와 철학자와 신학자는 기술적인 현상에 대한 인식 없이 인간에 대한 자신들의 분석을 추구하고, 완전히 비정상적인 결론에 도달한다. 게다가 그들은 실현해야 할 인간의 이상적인 모델을 제시하기를 솔직히 점점 더 포기한다. 유용한 인류학이나 혹은 바람직한 모델이 기술의 초월적인 궁극목적으로서 발견되는 것은 그들에게서 이다. 그러나 과학자와 기술전문가는 자신들 쪽에서 이러한 고찰을 할 능력이 완전히 없다. 사실은, 과학자와 기술전문가가 이러한 경로에서 앞으로 나아갈 때, 그들의 견해는 지나치게 단순하거

---

122) 그 문제에 대한 가장 적절한 고찰들은 드 쥬브넬(De Jouvenel)에 의해 탁월하나 거의 알려지지 않은 그의 연구인 『이상향, 더 잘 사는 것에 대한 시론』*Arcadie, essais sur le Mieux Vivre* (1968년)에서 제시되었다. 그는 거기서 기술에 의해 더 잘 사는 것을 보장한다는 희망의 허무함을 어느 누구보다 더 잘 보여주고, 이러한 의미에서 기술적인 적용에서 기대할 수도 있는 바에 최선으로 다가간다. 그러나 우리는 거기에서 멀리 떨어져 있다.
123) "그리고 덤으로 행복…"Et le bonheur en plus과 같은 대단한 의미를 지닌 책들의 성공이나 혹은 우리 사회를 특징짓기 위한 "행복"이라는 제목을 단 책들의 증가는 어디서 오는가.

나 아인슈타인Einstein의 견해처럼 선한 감정과 시대에 뒤진 인본주의로 가득하다. 그렇지 않으면 그들은 기술이 그들로 하여금 실현할 수 있게 하는 바를 실현해야 할 인간 유형으로서 투사하기 때문에 불안해한다.124) 그러나 우리는 단지 거기서 이상적인 로봇에 다가간다. 아주 두려운 점은 결국 사람들이 원하는 바가 무엇인지 모른 채 '화학 작용'에 의해 인간을 변모시킬 가능성이다. 그렇기는 하지만, 그것에 속지 말자. 어떤 인간 유형이 제시된다면 이는 쉽사리 받아들여지지 않을 것이다. 예를 들어, 우리가 근본적으로 더 자유로운 인간이나125) 혹은 더 사회적이고 협조적이며 집단에 더 순응하는 인간을 원해야 하는지를 누가 언급할까? 그것이 더 똑똑하고 유능하며 강한 인간이거나 혹은 착하고 겸손하며 무능하고 쾌활한 인간이거나 간에 말이다…

기술적인 기적이 이 모든 상충하는 것들을 융화시킬 것이라고 기대하지 말자. 이는 바로 기술의 문제이기 때문이고, 기대할 기적이란 없기 때문이다.

이와 같이, 내가 제기했으며126) 멈포드Mumford에 의해 자세히 다루어졌고 설명되었던127) 두 가지 질문이 여전히 남는다. 맨 먼저, 사람들은 어떤 유형의 인간을 만들기 원하는가이다. 두 번째로, 진정으로 조작자들은 바람직한 이 인간 유형을 설정할 능력을 가장 많이 갖추었는지, 또 그들이 이 조작을 실행하도록 순수하게 과학적이고 기술담론적인 직능과는 다른 어떤 직능을 지니고 있는지 이다. 모노Monod나 혹은 벨Bell, 캐넌Cannon, 콩슬리Kongsley, 데이비스Davis 등과 같은 기술자들이 누가 인간이어야 하는지 우리에게 언급하기 위한 최소한의 가치를 갖고 있다고 여길 어떠한 근거도 나에게는 없다. 그래서 우리는 궁극목적의 부재가 어느 곳에서보다 더 분명히 나타나는 영역에

---

124) 자끄 엘륄, 『2000년의 통찰력』*Lucidité de l'An 2000*(1967년).
125) 그러나 자신의 인격에 대한 외부의 결정적인 개입에 의해 어떻게 거기에 도달할 수 있을까… [본문 내용을 역자가 각주로 설정]
126) 자끄 엘륄, 『2000년의 통찰력』*Lucidité de l'An 2000*(1967년).
127) 『기계의 신화』*Le Mythe de la machine* 2권.

있다. 사람들은 자신들이 원하는 그대로 인간을 유전학적으로, 화학적으로, 전기로, 조작하려는 태세지만, 자신들이 원하는 바가 무엇인지 엄밀히 모른다. 우리는 문제를 좀 더 멀리 다룰 것이다.

멈포드는 특히 노벨상 수상자인 생물학자 허먼 멀러128)의 놀라운 글을 인용한다. "전체적인 면에서 인간은 자신의 가장 훌륭한 실현에 걸맞도록 향상되어야 하는데, 가장 훌륭한 실현이란 무엇인가? 평범한 인간이 학자들이 발견했던 세상을 이해할 수 없다면, 또 평범한 인간이 인간의 대단한 시도에 대한 의식적인 참여를 고양하는데 관여하지 않고 거기서 역할을 하는데 만족을 발견할 수 없다면, 그는 일련의 광대한 기계인 점점 덜 중요한 톱니바퀴의 상황 속으로 떨어질 것이다…" 이것이 바로 유일한 모델이다! 이는 과학을 이해하는 것과 기술을 사용하는 것이다! 그런데 약간 빈약하다! 모노처럼 절대적인 신자가 되지 않는다면 말이다.

사람들은 모든 것을 할 수 있다. 그러나 사람들은 이유를 모른다. 그런데, 이유는 체계 자체에 의해 동기 없이 저절로 제시될 것이다. 열쇠가 있는 것은 거기이다. 결국 삶의 비밀을 보유하고 이 때문에 이전에 존재했던 것보다 더 현명한 어떤 것을 성취하는 영광스러운 조물주를 상상하지 말아야 한다.129)

공통된 태도는 인간이 이 힘을 보유하는 순간부터 더 "현명하게" 되었다는 점을 믿는 것이다!130) 이는 불합리하다. 게다가, 우리는 힘의 성장을 통해 가치들과 인간의 판단력이 언제나 반드시 파괴된다는 점을 입증했다. 어

---

128) [역주] Hermann Muller(1890-1967). 미국의 유전학자이자 생물학자. 초파리와 달맞이꽃을 재료로 멘델(G.J. Mendel)의 유전법칙을 확립한다. 특히 X선에 의한 인공 돌연변이의 유발 효소를 결정화한 공로로 노벨생리·의학상을 수상한다.
129) 멈포드(Mumford)는 시험관으로 생명을 창조하는 위풍당당한 발명이 수백만 년 전부터 더 낫게 이루어지는 것에 대한 모방일 따름임을 완벽히 보여주었다. 유일한 새로운 기여는 인간의 지배와 힘에 대한 표명이다. 도대체 그러한 힘을 부여받기로 된 인간은 누구인가?
130) [역주] 엘륄은 자신의 저서 『새로운 악령 들린 자들』Les nouveaux possédés서 이 논증을 길게 전개한다.

짰든, 포괄적인 면에서 "현자들"은 자신들에게 인위적인 낙원이 남아 있을 개인들이 아니라, 만들어야 할 인간 모델을 설정할 '조작 수단'의 보유자이다. 그런데, 이것은 기술 체계에 일치하고 완전히 적응된 모델일 수밖에 없다. 이 과학자들과 노벨상 수상자들은 인간을 위한 "행복"에 대해 너무나 막연한 방식으로 언급한다. 그런데 오늘날 일반적으로 행복은 여전히 바로 이러한 '다행스러운 일치'로서 여겨지기 때문에, 이 점은 인간이 자신의 환경과 더는 불일치하지 않는 상황이자 더는 결별과 대립과 갈등이 없는 상황과 분명히 상통한다. 그러나 환경은 단지 기술 환경일 따름이다. 이 체계 속에서 살아가는 인간의 어려움을 줄이면서 인간을 행복하게 만드는 것이 중요하다. 내가 분명히 말하건대, 체계는 아무에 의해서도, 반反문화에 의해서도, 히피에 의해서도, 기성 질서를 비판하는 명석한 젊은이에 의해서도 분명히 문제시 되지 않는다! 왜냐하면 체계를 문제 삼으려면 우선 체계를 체계로서 인식해야 하기 때문인데131), 그것이 무엇이든 그것을 변화시키는 것은, 자본주의 위스키 소비를 마약LSD으로 대체하는 것에 의해서도 아니고, 언더그라운드 영화를 통한 할리우드 영화에 대한 거부에 의해서도 아니다! 그러한 것으로서 아무리 적게라도 체계를 뒤흔드는 것은 관능적이고 비합리적인 폭발이 아니다!

그러나 다른 기술전문가의 사고를 접하고자 이 개입 방식들은 실험실이란 영역을 떠나게 된다. 여기에 건축가이자 도시계획가인 요나 프리드만Yona Friedman 132)의 예가 있다. 지금으로서는, 여전히 그의 사고가 완전히 비현실

---

131) [역주] "체계를 문제 삼으려면 우선 체계를 체계로서 인식해야 한다."는 표현은 엘륄이 이 책을 집필한 이유를 요약하고 있어서, 아주 중요하다.
132) 컴퓨터 프로그래밍 전문가인 요나 프리드만(Yona Friedman)은 의사소통 이론을 만들었고 건축에 대한 수많은 연구를 했다. 『움직이는 건축』L'Architecture mobile(1962년), 『이해 체계 이론』La Théorie des systèmes compréhensibles(1963년), 『도시의 메커니즘』Les Mécanismes urbains(1965년). 이 연구들은 상당한 수의 역사적이고 사회학적인 오류에 근거하지만, 기술적인 측면에서는 명백한 것들로서 제시된다. 이 연구들은 저자가 여전히 아주 우발적인 기술적 적용들을 즉시 실현할 수 있는 것으로 판단하는 한 공상적이다.

적이고 상대적으로 거의 알려져 있지 않지만, 불안한 듯이 보이는 것은 다수의 지식인에게 그의 사고가 환대를 받는다는 점이다. 주제는 극히 간단하다. "전자두뇌" 메커니즘과 비교하여 인간의 두뇌는 아주 서투르게 기능을 수행한다. 즉, "우리의 두뇌는 왜곡 메커니즘이다." 우리가 올바로 사고하기를 원한다면, 컴퓨터의 "사고"를 본받아야 한다. 거기에 인간 "사고"의 진정한 작동 메커니즘이 있을 것이다. 그런데, 컴퓨터에는 존재하지 않는 왜곡 요인이란 "정령숭배"와 감정과 표상과 비합리적 충동 등의 표현으로 인간의 두뇌가 모으는 모든 것, 곧 일련의 "추상적 관념"과 "초감각적인 관찰" 전체임을 사람들은 깨닫는다. 무한한 기술적인 성장에 부합하기 때문에 만족스러운 사회 체계에 이르기를 원한다면, 이 모든 것은 제거되어야 한다는 것이다. 또한 "정령숭배"를 통해 "우리의 합리적인 체계에서 통제할 수 없는" 요소들이 도입되기 때문에, "정령숭배"는 나쁘다는 것이다. 따라서 첫 번째 모델이 기술전문가라면, 생존의 측면에서 프리드만에 의해 택해진 두 번째 모델은 동물이다. 동물에게는 정령숭배가 없다. 동물은 동물의 '생물학적인 실재' 차원에서 살고, 결국 현실 속에 있다. 동물은 우월한 사회적 모델이다. "지금부터 수천 년까지 인류는 당나귀의 우월한 사회적 차원에 이를 것이라는 점을 사람들은 기대할 수 있다." "우리는 도시 사회를 위해 동물적인 복지를 수립해야 한다." 동물은 일하지 않고 아무 것도 소유하지 않는데, 우리는 오래전부터 이 추론을 알고 있다. 그러나 흥미로운 것은 이 저자가 엄밀하게 합리적인 사회를 세우려고 인간의 두뇌를 변형해야 함을 보여준다는 점이다. 이것은 현재 화학적인 수단에 의해 가능하다. 따라서 저자는 도시계획가가 인간의 주거 건설을 위해 자신의 시각을 강요하지 말아야 하고 주민들로 하여금 자신들의 도시 형태를 자유롭게 선택하도록 내버려두어 결국 "유동적인 건

[역주] Yona Friedmann(1926-). 헝가리 출신의 프랑스 건축가이자 도시계획가이자 디자이너. 소위 '거대 고층건물' 시대인 1950년대 후반과 1960년대 초반에 유명해진다.

축"을 만들어내야 한다고 끊임없이 주장한다. 하지만, 모든 것이 작동하려면 예기치 않은 어떠한 비합리적인 반발도 없도록 미리 인간을 정확히 결정지어야 한다. 따라서 우리는 요나 프리드만에 의해 예견된 방식을 본떠 인간을 만들도록 가능한 모든 기술을 사용해야 한다는 궁극적이고 극단적인 견해와 마주한다. 가장 주목할 만한 것은 다음 같은 점이다. 즉, 의사소통에 대한 자신의 이론에서 그는 인본주의, 민주주의, 소그룹의 우위에 대해 무척 고심한다. 그러나 건축에 대한 자신의 연구에서 그는 철저히 '전문기술관료체제적인 방향설정'을 한다. 즉, 이것은 다른 사람들을 위해 선행을 드러내는 것이며, 어떻게 그들에게 선행을 강요하는지를 아는 것이다. 그런데, 심각해 보이는 것은, 그가 하버드Harvard 대학과 카네기Carnegie 연구소에서 강연을 하고 '프랑스 국립과학연구소' CNRS에서 보조금을 받는 것으로 보아, 이 점이 진지하게 받아들여질 수 있다는 것이다. 그 시도가 착수되려면, 지적이거나 혹은 정치적인 꽤 중요한 지도자 집단과 여론의 일부분이 이 방향으로 전환하는 것으로 실제로 충분할 것이다. 그때부터 바로, 헉슬리Huxley의 "멋진 신세계"는 주목 받을 것이다. 우리에게는 그것을 실현하기 위한 많은 수단이 있는데, 이데올로기적인 추진력이 부족하다. 그런데, 이데올로기적인 추진력은 우리가 방금 언급한 체계에 속하는 너무 단순한 물질주의적 체계에 대한 유착에서 비롯된다. 이러한 유착은 예견할 수 없는 비합리적인 요인들의 결과로 생길 수 있지만, 이 결과들은 돌이킬 수 없을 수도 있다. 그런데, 이와 같이 우리가 "기술적인 진보"의 방향으로 나아가는 한, 인간적인 관점에서 이러한 유착을 저해할 수 있는 것이 무엇인지 모른다. 그래서 우리는 지금까지 우리가 묘사했던 상황의 돌변 가능성 앞에 있다. 실제로, 우리가 방금 묘사한 이데올로기의 유형에 속하는 이데올로기가 지식인의 분명한 유착이자 대중의 막연한 유착을 수반한다면, 이 이데올로기는 기술 체계에 제시된 궁극목적이 될 수도 있다. 또한 이 이데올로기는 기술 체계와 본성이 같을 수도 있고, 기술 체계의 모든 특성을 지닐 수도 있으며, 기술 체계와 완벽하게 긴밀히 연관될 수도 있다. 실제로, 이 궁극목적은 수단들의 체계 속에 전적으로 포함될 수도 있다. 그러나 이 궁극목적은 하나의 궁극목적으로서 이데올로기적으로 나타날 수도 있다. 이 점을 통해 기술적인 성장의 진정한 위험, 아마도 유일한 위험이 나타날 수도 있다. 기술적인 성장이 수단들의 체계인 한, 우리가 마침내 살펴보듯이 제어 없이는 인간의 상대적인 자율성과 인간이 자신의 거리를 유지할 가능성이 여전히 존재한다. 이와 반대로, 어떤 목표fm가 강요되고 이 목표가 모두에게 확실하고 명백한 것으로 나타난다면, 이 순간 체계는 완전하게 되었기에 완전히 닫힌다. 따라서 기술에서 궁극목적을 발견할 기대감은 제시된 궁극목적들이 기술적인 현상과 아무런 공통된 척도가 없기 때문에 아무 쓸모없든지, 그렇지 않으면 결정적으로 인간을 소외시키는 위험한 요인이 되든지 이다. 따라서 사고의 빈약함 때문에 그 자체로 아무런 관심도 끌지 않는 요나 프리드만의 전형典型은 이러한 진전 가능성을 잘 나타내는 것으로서 중요하다. 그렇기 때문에, 나는 이상향을 꿈꾸는 운동 전체를 전적으로 불신한다. 왜냐하면 이 운동은 합리적이고 완전한 도성都城, 다시 말해 기술이 모든 것이 되고 모두 안에 있는 도성의 재건설이란 함정을 피하지 못할 것이기 때문이다.

기술에 대한 정당화를 위해 필요한 궁극목적

그러나 이러한 예견과 가능성과 명백한 합리성에 마주하여, 나는 두 가지 질문을 제기한다. 즉, '중간 시대' 133)의 방법Comment과 제시된 인간의 이상이다.

---

133) [역주] 여기서 엘륄이 가리키는 '중간 시대'란 현 시대, 즉 이 책이 집필된 시대에 해당한다고 볼 수 있다.

따라서 나의 첫 질문은 다음과 같다. 즉, 사회적으로, 정치적으로, 도덕적으로, 인간적으로 어떻게 그 지경에 처해 있는가? 실업이란 엄청난 문제를 어떻게 해결하며, 자동화를 진정으로 적용하기를 원한다면 예를 들어 자동화에 의해 촉발된 엄청난 경제적 문제를 어떻게 해결할 것인가? 인류 전체로 하여금 더는 자연적인 방식으로 아이를 낳지 않는 것을 어떻게 받아들이게 할 것인가? 인류로 하여금 지속적이고 엄밀한 위생적인 통제에 따르는 것을 어떻게 받아들이게 할 것인가? 인간이 자신의 전통 음식을 근본적으로 변형시키는 것을 어떻게 받아들일 것인가? 농업으로 살아가고 완전히 쓸모없게 되는 15억의 사람들을 어떻게 분산시킬 것이며, 그들로 하여금 무엇을 향하게 할 것인가? 50년 후에는 이 점이 우리에게 예견되기 때문에, 이러한 '직종 전환'은 극도로 빨라질 것이다. 이것은 지구에 4배나 더 많은 인구가 있기 위한 첫째 조건이기 때문에, 어떻게 이 인구를 지구 표면 전체에 공평한 방식으로 나누어 배치할 것인가? 행성의 분배 및 항공노선과 인공위성 등의 통제를 위한 나라들 사이의 안정된 타협안modus vivendi을 어떻게 세울 것인가, 혹은 국가 구조를 어떻게 사라지게 할 것인가?134) 다른 많은 "어떻게"가 존재한다. 그러나 아무도 이에 대해 말하지 않는다. 그런데, 석탄과 석유를 통해 경제적이고 사회적인 아주 하찮은 어떤 문제들이 야기되었다고 생각할 때, 또 한 세기 반이 지나도록 우리는 여전히 이 문제들을 진정으로 해결할 수 없었다고 생각할 때, 다가올 반세기 후에는 만 배나 더 복잡한 이 "어떻게"에 답하기 위한 어떤 기회들이 존재하는가? 사실은, 한 가지 방법이 있기는 하지만, 이는 유일한 방법으로서, 존재할 수 있는 가장 전체주의적인 전 세계적 독재이다. 바로 이것은 기술이 완전한 비약적 발전을 할 수 있게 하기 위한, 또 기술이 쌓아 놓는 엄청난 어려움을 해결하기 위한 유일한 수단이다. 그러나 이 점을 생각하지 않으려 드는 과학자와 '기술에 대한 맹신적 숭배자'는 어둡고 관

---

134) 이 가정들 중 어느 한쪽은 반드시 필요하다. [본문 내용을 역자가 각주로 설정]

심을 끌지 않는 이 '중간 시대'를 경쾌하게 뛰어 넘어 황금시대135) 속으로 주저 없이 다시 빠져든다는 점을 사람들은 쉽사리 이해한다. 그리고 '중간 시대'에서 빠져 나오게 될지, 또 '중간 시대'가 우리에게 예고하는 고통과 피의 대가가 이 황금시대를 위해 너무 지나치지 않은지 사람들은 겸허히 자문할지도 모른다.

나의 두 번째 질문은 현재의 가장 뛰어난 사회심리학자 중 한 사람에 의해 제기된 다음 같은 질문과 마주한다. 즉, "인간 두뇌를 통제하는 이들을 누가 통제할 것인가?136) 과학자는 철학자도 도덕주의자도 아니다…"137)라는 질문이다. 실제로, 1967년의 설문조사에서 「렉스프레스」L'Express에 인용된 글을 재론하면, 우리는 이 뛰어난 과학자들의 믿을 수 없는 순진함에 충격 받고, 또 이 과학자들이 바람직 할 수도 있는 인간 모델을 정립할 수 없음에 충격 받는다. 모순의 그림자를 보지 않고서, 이 과학자들은 다음 같은 점을 동시에 언명한다. 한편으로, 인간의 감정과 욕구와 사고를 마음대로 조종하고 고칠 수 있을 것이고, 미리 설정된 효율적인 집단적 결정에 과학적으로 도달할 수 있을 것이며, 개인들의 집합체agrégat에서 '균질한 단일성'을 형성할 수 있을 것이고, 인간으로 하여금 자신의 아이를 기르는 것을 금지하거나 더 나아가 아이를 가지는 것을 금지할 수 있을 것이라고 그들은 언명한다. 다른 한편

---

135) [역주] '황금시대'란 이상적이거나 혹은 완전한 것으로 여겨지는 역사의 시대를 지칭하는 표현이다. 이러한 시대는 과거의 어떤 시대일 수 있는데, 예를 들어 유럽에서 "영광의 삼십년"이라 불리는 1945년부터 1975년까지의 시대이다. 이 시대에 엄청난 경제성장이 이루어지고 실업률이 아주 적었기 때문에, 이 시대는 간혹 '경제의 황금시대'로 규정된다. 하지만, 이러한 '황금시대'는 사람들이 상상하고 꿈꾸는 미래의 시대를 지칭하는 것일 수 있다. 이러한 미래를 누가 상상하는가? 바로 이상향주의자이다. 엘륄은 자신의 여러 저서에서 이상향을 꿈꾸는 운동과 태도에 대해 아주 준엄한 자세를 취한다. 이상향은 기술 체계의 궁극목적으로 제시되기 때문에, 실제로 그는 이상향을 기술 체계를 위한 이데올로기라고 간주하고, 따라서 이상향은 기술 체계와 본성이 같다고 여긴다.
136) 나는 유전학적인 차원에서 개입하려는 이들이라고 덧붙일 수도 있다. [본문 내용을 역자가 각주로 설정]
137) 크레츄(D. Crech), 「정신 관리자를 제어하기」Controlling the mind controller, 『생각』Think (1966년).

으로, 자유의 승리를 확실하게 하는 것이 중요하고 무슨 대가를 치르더라도 독재를 피해야 한다고 그들은 언명한다. 이 모든 것은 원문 그대로의 인용이다. 뮐러Müller는 자유의 승리를 단언하는 동시에, '유전자 조작'과 "인공 수정"에 대해 아무 거리낌 없이 이야기한다. 이 과학자들이 추구해야 할 목적objectif에 대해 감히 이야기하자마자, 그들은 완전히 무의미한 표현에 의거한다. 뮐러가 말하는 "인간적인 본성을 더 고귀하고 더 조화로우며 더 아름답게 만드는 것"이란 도대체 무엇을 의미하는가? 이 형용사들은 어떠한 실제적인 실재를 포함하는가? 우리는 모호함 속에 있다. "평화와 자유와 이성의 승리를 확실하게 한다는 것"은 놀라운 감정들이다. 하지만, 이것들이 뜻하는 바가 무엇인지, 심리적 조작이 어떠한 점에서 자유를 확실하게 하는지, 초超억압적인 사회의 질서 속에서가 아니라면 이 평화는 어떠한 것인지 사람들은 알고 싶어 한다. 누가 어떠한 질서를 결정지을 것인가? 어떠한 인간이 이를 실현해야 하는가? 즉시 불안한 듯이 보이는 것은 다음 같은 두 가지 사이의 무한한 간격이다. 하나는 과학에 의해 발전되고 과학자나 기술전문가에 의해 현재 보유된 기술적인 활동력이고, 다른 하나는 이 힘을 비판하고 실제로 통제할 수 있는 역량이 과학자나 기술전문가에게 없다는 점이다. 이렇게 하려면 그들이 자신들의 과학에 대해 거리를 둘 수 있어야 하고, 다시 말해 과학에 대한 신앙이 없어야 하며, 이 업적들의 상대성을 느껴야 할 것이다. 또한 자신들의 발명의 당연한 결과에 대한 예외적인 통찰력을 지녀야 하고138), 아주 강한 초월적인 사고를 지녀야 할 것이다. 그리고 자신의 업적에서 자신에 대한 절대적인 통제를 하고, 인간에 대한 깊은 성찰을 수행해야 할 것이다. 그런데, 아이슈타인을 포함하여 이 학자들에 대해 내가 읽었던 모든 것을 통해서는 이러한 자세와 역량이 드러나지 않는다. 그들이 목표fin나 혹은 목적

---

138) 이는 아인슈타인에게도 오펜하이머(Oppenheimer)에게도 없었던 것이다. [본문 내용을 역자가 각주로 설정]

objectif의 영역으로 건너가자마자, 그들은 아주 선한 의도를 품고 있는 동시에, 선하지만 유치한 감정으로 가득 차 있다.

끊임없이, 자기 파괴와 더불어 "행복"이라는 표현이 다시 나타난다. 왜냐하면 바이어J.Weir박사가 그 학회에서 기술한 바가 다음과 같기 때문이다. "우리가 진정제를 가지고 초보적인 방식으로 이미 그렇게 했듯이, 우리는 인간의 감정과 욕구와 사고를 변형시킬 수 있을 것이다" 달리 말해, 어떠한 외적인 이유도 없이, '물질적인 기층基層'도 없이 행복감과 확신과 느낌과 감각을 인간에게서 실제로 만들어낼 수 있을 것이다. 이러한 인간은 최악의 궁핍 속에서도 행복할 수 있을 것이다. 그래서 어떠하단 말인가? 자신의 신경 세포에 대한 간단한 조작으로 이 인간이 안락함과 위생 없이도 실제로 행복할 수 있다면, 안락함과 위생과 음식과 문화를 약속하는 것이 무슨 소용이 있는가…? 이와 같이, 기술적인 모험에 부여될 수도 있는 빈약한 동기는 기술 자체 때문에 사라질 위험이 있다. 그러나 결국 가장 심각한 것은, 이 과학자들이 인간 모델을 우리에게 제시할 수 없다는 점이다. 그들이 인류에 지대한 공헌을 했던 인간들의 씨를 보존하는 것에 대해 이야기할 때, 누가 이것에 대해 판단할 것인가? 또한 무슨 기준에 따라서 판단할 것인가? 왜냐하면 파스퇴르Pasteur는 한편으로 천재였으나, 사적인 관계에서는 가증스러웠고 동료적인 면에서 특히 호감이 가지 않았기 때문이다… 겸허하고 겸손하며 부드럽고 선하며 친절하고 관대한 인간을 선택할 것인가… 나는 이러한 인간이 충분히 이목을 끌지 않음을 걱정한다. 어떤 이들에게 보존되어야 할 것이 나폴레옹Napoléon이나 히틀러의 씨이고, 다른 이들에게 마오쩌둥이나 체 게바라Che Guevara의 씨이며, 그렇지 않으면 프랑스 한림원 회원의 씨나 노벨상 수상자의 씨이다… 이 과학자들의 주장 뒤에는 인류에게 후손을 제공해야 하는 것이 자신들이라는 확신이 움트고 있다. 이 과학자들의 정신적인 초라함이 고려될 때, 또 그들이 자신들의 전문분야에서 나오자마자, 그들이 인간에게 "유리하다고" 판단하는 바를 생각만 해도 사람들은 전율한다. 그래서 우리는 바람직한 인간 모델을 그릴 수 없는 무능력과 수단들의 엄청남 사이에 있는 모순으로 고뇌에 사로잡힌다. 게다가, 철학자와 도덕주의자도 이것을 더 잘 할 수 있다고 보이지 않는다. 우리가 인종에 따라, 또 종교적이고 철학적이며 정치적인 선택에 따라 가능한 모든 집단에게 질문한다면, 우리에게는 이상적이라고 주장되는 수많은 유형이 있을 것이다. 이 점에 관해 사람들은 이것이나 혹은 저것을 행하는 일을 시작할 준비가 되어 있지 않다.139) 그래서 집단과 나라의 이익에 따라 다른 모순된 수백 가지 유형이 생겨날 것이다. 이 유형들은 아주 빨리 대립될 것이다. 그래서 다른 인간을 이기기 위한 가장 효율적인 인간을 만들어내려는 성향이 모두에게 있을 것이다. 그렇지 않으면 선택이 약간은 무턱대고 이루어질 것이고, 숙고되지 않고 구상되지 않은 인간 모델이 만들어질 것이다… 왜냐하면 상황이 거기에 이를 수 있기 때문이다. 오늘날 가장 신기한 가능한 확산 수단과 더불어 문화가 확산되는데, 이 문화에 대해 기껏 언급되는 것은 이 문화가 문화의 부재이며 무턱대고 만들어진다는 것이다. 문제로 남아 있는 것은, 가장 놀라운 수단들과 이 수단들로 만들 수 있는 것에 대한 성찰이 전적으로 없다는 점 사이의 만회할 수 없는 간격이다. 초음속 비행기에 도중에 올라탈 수 없기 때문에, 만회할 수 없다는 것이다.

사람들이 기술의 진보를 통해 사회주의가 실현될 수밖에 없다고 우리에

---

139) [역주] 여기서 엘륄은 인간이 기술적인 이데올로기에 너무 유혹되기 때문에, 기술적인 과정을 자각할 각오가 절대로 되어 있지 않음을 언급하려 한다. 어떠한 징후나 징조를 통해서도, 인간이 기술 체계가 무엇인지 이해할 각오가 되어 있다고 생각할 수 없으며, 당장 인간이 이러한 자각을 하는데 대한 어떠한 희망(espoir)도 없다는 것이다! 그렇기 때문에 엘륄 저서의 다른 측면인 신학적 측면은 사회학적 측면에 대한 해답이 된다. 엘륄은 인간이 자신의 이성에 힘입어 스스로 이 기술적인 과정을 자각 할 역량이 있다고 믿지 않는다. 그래서 엘륄은 하나님이 그에게 가르쳐 주는 **소망(Espérance)**에 이끌려, 또한 힘을 사용하지 말라는 (따라서 기술을 신성화하지 말라는) 권고로서 하나님께 받는 사랑의 메시지에 이끌려 하나님을 믿는 신자로서 자신의 태도를 정한다.

게 언급할 때, 이는 마찬가지로 모호하고 막연하며 불확실하다. 어떠한 사회주의인가? 아무도 이 점을 말할 수 없으며, 사회주의가 각 기술적인 진보에서 자체의 정의定義와 내용이 일정하게 변한다는 점을 사람들이 깨달을 때, 혼란은 가중된다. 사회주의는 기술의 궁극목적이 아니다. 제멋대로 이름 지어질 수 있는 어떤 사회 구조는 아마도 기술적인 성장의 잘못 밝혀진 결과일 것이다….140) 아주 흔히 다른 데에서는 성장과 발전이 목표fin로서 기술에 부여되는데, 기술이 발전하는 것은 최선의 발전을 이루기 위해서이다. 우리는 나중에 성장·발전 관계를 자세히 검토할 것이다. 여기서는 두 가지 지적을 하도록 하자. 첫째, 르페브르Lefebvre가 보여주듯이, 현대의 모든 연구는 성장과 발전을 분리하는 경향이 있다. 한편으로, 힘과 수단과 생산의 단순한 발전이 있다. 다른 한편으로, 균형 잡힌 사회 조직의 발전이 있거나 혹은 지적이고 도덕적인 존재인 인간의 발전이 있다. 이를 도식화하고자 하나는 양적이고 다른 하나는 질적이라 언급할 수도 있다. 또한 앞으로 더 나아갈수록 이 둘 사이에 직접적인 관계는 덜 파악된다. 성장을 통해 심지어 저개발 상태가 생길 수 있다. 분명히, 기술을 통해 성장이 생겨나지만, 발전은 보장되지 않는다. 기술의 전제된 궁극목적은 발전이 전혀 아니라는 점이 확실한 듯이 보인다. 왜냐하면 수많은 기술들이 기대된 결과와 반대의 것을 분명히 만들어 내면서 쉬지 않고 적용되기 때문이다. 기술과 발전 사이에 일치가 있을 때, 이는 우연한 일이며 드물게는 이러한 목표fin를 달성하려는 의지의 결과이다. 그러나 다른 한편으로, 기술을 통해 성장이 생겨난다면 목표에 대해 여기서 조금도 이야기할 수 없다. 성장은 기술의 궁극목적이 아니고, 기술의 결과이다.

---

140) 일리치(Illich)는 라틴 아메리카 국가들과 관련된 아주 대단한 의미를 지닌 다음 같은 지적을 한다. "도시계획 법률은 규격을 강요하고, 어떻게 주택을 지어야 하는지 규정한다. 이렇게 하면서 도시계획 법률은 주거를 점점 더 부족하게 만든다. 늘 더 나은 주거를 공급하려는 사회의 포부는 늘 더 많은 건강을 보장하려는 의사들의 포부나 혹은 더 많은 속도를 생산하려는 기술자의 포부와 동일한 판단착오에 속한다. 사람들은 달성하기 불가능한 추상적인 목표들에 고착되고 나서는 목적들을 위한 수단들을 취한다."

성장은 달성해야 할 이상으로서 제시되지 않는다. 모두가 보기에 기술적인 진보를 통해 성장이 반드시 이루어졌던 한에서만, 성장은 현상으로서 나타났다. 사람들은 성장의 궁극목적에 대해 이야기하면서도 단지 목표와 수단을 혼동한다.141)

우리는 간혹 제시된 다른 궁극목적, 곧 과학과 마주친다. 기술의 효력에 대해 논의할 때, 과학이 즉시 앞세워진다. 그런데, 실행과 기술의 이용과 연구를 구분해야 한다. 첫 번째에서, 자신의 기술을 사용하는 기술전문가에게 이러한 종류의 어떠한 목적objectif도 없고, 과학적인 목표visée도 없다는 점이 아주 분명한 듯하다. 기술적인 실행을 통해 과학적 발견이 궤도에 오르는 일이 우연히 일어날 수 있을 뿐 아니라, 사용자인 기술전문가가 과학 연구에 참여하는 일도 매우 빈번히 일어날 수 있다.

물론, 우리는 과학이 상당히 기술적인 하부구조에 의해서만 발전할 수 있음을 점점 더 잘 알고 있다. 그러나 기술적인 하부구조는 우연히 과학에 소용될 따름이다. 기술은 이 계획을 벗어나 전적으로 발전한다. 우리는 이미 거기서 기술연구에 관여한다. 그런데, 다양한 과학 전문가들은 이 연구가 대체로 어떠한 과학적 관심거리도 되지 않음을 끊임없이 되풀이해서 말한다. 여러 글을 더 나열할 수도 있지만, "원자폭탄 폭발 실험은 어떠한 과학적 관심거

---

141) 목적과 수단 사이의 모순에 대해, 또 기술적인 성장의 궁극목적의 부재에 대해서는 샤르보노(Charbonneau)의 앞에 나온 책, 『체계와 혼돈』*Le Système et le chaos* 을 주로 참조할 것. "그것이 계획의 방향을 설정할 수도 있는 인간의 목적과 관계된 것일 때, 우리는 '인간이 자기 존재의 내적 만족을 위해 자신의 존재를 뚜렷이 나타낼 따름인' 사회에 대한 경건한 일반성들에 만족해야 한다. 그러나 1985년의 프랑스의 구체적 모습들이 무엇인지에서, 우리는 프랑스가 '발전되어' 있을 것이라고 안다… 늘 같은 의미에서… 경제 성장의 목적은 무엇인가? 경제 성장 말이다." 마찬가지로 멈포드(Mumford)는 앞에 나온 책, 『기계의 신화』*The Myth of the Machine*에서 기술의 받아들일 수 있고 실제적인 유일한 궁극목적은 힘의 증대임을 자세히 보여준다. 엄밀히 말해 다른 것은 아무 것도 없다. 이 때문에 우리는 수단의 문제로 다시 돌아온다. 기술이 지정하는 것은 가장 강한 수단이며 수단들의 가장 큰 결합체(ensemble)이다. 그리고 이 때문에 기술의 유일한 문제는 인간의 힘의 정신에 일치하는 수단들의 무한한 증가의 문제이다. 니체는 이 힘의 정신을 찬양하면서 인간을 기술 세계의 성향이 있게 마련하는데 만족한다! 비극적인 모순이다!

리가 되지 않는다."라는 뻬렝E. Perrin의 주장을 거론하는 것으로 충분하다. 여러 프랑스 원자력 센터에서 이루어진 연구는 이와 같이 일정하게 평가되었음이 마찬가지로 알려져 있다. 게다가, 다른 차원에서 이 점은 우리가 언급했던 모노J. Monod의 주장에 의해 완전히 확인된다. 즉, 과학 자체 외에는 과학에 다른 목적objectif이 없다는 것인데142), 이 점은 이론의 여지가 있다. 그러나 물론 기술에서도 마찬가지이다. 기술적인 창조는 자체의 정당화를 기술 자체에서 발견한다. 예를 들어, 우주 기술들이 경제적 관심거리나 혹은 정치적 관심거리보다 훨씬 더 '기술담론적인 관심거리' intérêt technologique를 제시한다는 점이 인정된다. 또한 통신 위성의 사용이 거기에 들어간 막대한 금액과 이 분야에서 연구의 놀라운 발전을 결국 정당화하지 못한다는 점이 인정된다. 그렇지만, 과학이 문제를 제기하고 문제를 해결하려면 상당히 기술적인 기기機器가 필요한 듯이 보인다. 가까이서 들여다보면 현재 제기된 과학적 문제들이 실제로는 이전의 기술적인 진보의 결과임이 느껴진다.143) 달리 말해,

---

142) 『미래에서 살아남기』Survire au Futur에서 쉴스(Shils)도 과학자들이 자신들의 작업에서 명백한 궁극목적에 결코 따르지 않는다고 간주한다. "그들은 찾는 기쁨과 발견의 기쁨에 의해 동기 부여된다. 그들 중 어떤 이들은 존재의 본성을 규명하려는 시도의 형이상학적인 가치를 깊게 믿는다. 그렇지만, 그렇게 고백하는 이들은 드물다. 자신들의 견해로는 사회가 부담해야 하는 위험만큼이나 비용이 많이 드는 판을 벌이는 것이 실제로 자신들에게 중요함에도, 그들은 자신들의 작업이 인류에게 물질적인 이익을 가져올 것이라고 언제나 말한다… 경제적인 발달과 과학의 관계는 모호하다." 명확하고 확실한 어떠한 경제적 궁극목적도 없다…
[역주] Edward Shils(1910-1995). 미국의 사회학자. 지식인의 역할 및 권력과 공공 정책에 대한 지식인의 관계에 대한 연구로 알려져 있다. 주요 저서로 『사회 이론, 현대 사회학 이론의 기초』Theories of Society : Foundations of Modern Sociological Theory가 있다.
143) 현재의 과학 및 기술 역사가들은 반세기 전에 풍미했던 분석과 아주 다른 분석을 한다. 이와 같이 『18세기 과학 기술적인 진보』Progrès scientifique et technique au XVIIIè sièle의 저자 무스니에(R. Mousnier)에게, 과학은 사회적 필요에 대한 "응답"이 아니었듯이 이 시대의 과학은 기술들의 필요한 원동력이 전혀 아니다. 16세기에 과학과 기술은 독립적인 방식으로 진보했던 것으로 보인다. 기술적인 대 발명은 순수하게 실용적인 연구의 결과로 생기고, 자신들이 하고 있는 바의 기술적인 결과들을 전혀 알아차리지 못했던 학자들의 도움 없이 실제 제작자가 마음대로 썼던 수단들의 사용에 의해 생겨난다. 또한 역으로 과학적인 발견에 기술적인 결과들이 따라온 것은 아주 느리게였을 따름인데, 그것은 "기술적인 정신"이 발전했기 때문이다. 마찬가지로 그것은 『기술들의 일반사』Histoire générale des Techniques 1권과 3권에서 도마(M. Daumas)의 견해이기도 하지만, 그는 과학과 기술 사이에

어떤 기술들의 어떤 발전을 통해 학자에게 새로운 과학적 질문이 제기되고, 새로운 기술적인 수단에 의해서만 이 문제에 답할 수 있다. 이와 같이 우리는 '상호 조정'으로 돌아가고, 과학적인 목적objectif은 전혀 우선적이지 않다. 정반대로, 반세기 전부터 과학과의 관계가 뒤바뀐 듯이 보인다. 이제 종속되는 것은 기술이 아니라, 과학 연구를 정당화하는 것이 기술이다. 프랑스에서 과학 연구에 주어진 수단들의 취약함에 대해 최근 수년간 제기된 온갖 항의는, "진정한 연구에는 늘 수익성이 있다."는 숑바르 드 로웨Chombart de Lauwe의 말에 그 중심을 두었다. 과학 연구를 해야 한다면, 이는 기술적인 미래가 과학에 토대를 두기 때문이다. 그 저항은 단지 연구의 수익성에 대한 평가와 관련된다. 사업가나 혹은 정치인은 '단기적'이라 하고, 과학자는 '중기적中期的'이라 한다. 이런 평가의 차이가 "수익성이란 개념에 대한 철저한 재검토"이기는 하나, 근본 태도는 마찬가지임이 분명히 파악된다. 즉, 기술은 과학을 정당화한다는 것이다.

결국, 기술이 국가 규모나 혹은 국가 주권에 따라 방향설정 되어야 한다고 할 수 있는가? 우리는 정치적 목적에 기술이 종속되는 문제를 여기서 다시 발견할 것이다. 우리는 정치가 자신이 어떻게 변화되었는지 이미 지적했다. 1969년과 1970년 사이에 원자력 위원회 사건에 의해 예증이 우리에게 제시된다. 정치적 동기에서, 또 미국에서 독립이란 명분으로, 핵에너지를 위한 일차 5개년 계획의 개시 시기인 1952년에 "천연우라늄・흑연・탄산가스"라는 프

상호작용이 실제로 있다고 다른 한편으로 인정한다. 그는 과학적 발달이 오늘날 기술을 통해 어떻게 유발되는지 자세히 보여준다. 그리고 그는 과학과 기술 사이의 이중적인 상호 연결을 보장해주는 학문을 "기술담론"이라고 지칭한다. 기술담론은 학문적인 기술이거나 혹은 기술의 학문이다. 나는 내가 1950년에 행했던 분석들이자 그 시대의 지배적인 견해와 달리 이 두 결과로 귀착되는 분석들이 이 두 명의 대 역사가에 의해 입증됨을 보는 것이 기쁘다.

[역주] Roland Mousnier(1907-1993). 프랑스의 역사학자. 프랑스 초기 근대사 전문가이자 여러 문명에 대한 비교 연구 전문가로 활동한다. 주요 저서로 『1598-1789년 절대왕정 하에 프랑스의 제도』Les Institutions de la France sous la monarchie absolue, 1598-1789가 있다.

랑스 특유의 "원자로" 선택이 결정되었다. 그러나 얼마의 기간이 지나자 이것은 연구와 실행을 계속할 수 없는 막다른 골목에 이르렀다. 1969년에 정부는 과오를 인정할 수밖에 없었다. 이것은 원자력 위원회의 위기이고, 미국 유형의 농축우라늄을 사용하는 핵발전소만을 건설하는 결정이다. 정치적 동기로 반反기술적인 정책이 15년간 많은 비용을 들여 유지되었다. 이것은 보통 실패로 돌아가는 기술전문가에 대한 정치가의 우위이다.

기술에 가능한 궁극목적이란 없다. 일반적으로 받아들여진 궁극목적에 대한 검토가 끝난 후144), 단어와 기성의 표현에 만족하지 않는다면 기술적인 진보에서나 혹은 기술적인 진보에 힘쓰는 이들에게서 실제적인 궁극목적을 식별하는 것은 불가능하다고 결론 내려야 한다. 내세워진 궁극목적이 기술적인 진보에 전혀 실제적이지도 필수적이지도 않음을 사람들은 즉시 깨닫는다. 궁극목적은 정당화가 요구될 때 간간이 언급되는데, 궁극목적은 본질적으로 그러하다. 이는 기술적인 작업에 대한 정당화, 곧 귀납적으로 덧붙여진 정당화인데, 그 자체로 기술적인 현상은 이런 정당화를 필요로 하지 않는다. 기술적인 현상은 단지 기술적인 현상 그 자체일 뿐이다. 기술은 발전하기 때문에 발전한다.145)

결국, 우리는 실제로 기술 사회인 "테러리스트적인" 사회에 대해 탁월한

---

144) 기술을 궁극목적에 종속시키려는 의지의 전적인 헛됨은 오프레도(J. Offredo)의 피상적이고 이데올로기적 책인 『미래의 의미』 *Le Sens du futur* (1971년)에서 명백히 드러난다. 궁극목적을 향해 방향 설정된 사회 계획의 온갖 상투적 표현이 거기서 다시 발견된다. 문제는 잘못 제기되어 있고, 대책은 완전히 부적절하거나 (소유 개념 속으로 결집된 기능들의 세분화), 이상적이다 (정치인과 과학자의 화해). 분명히 우리는 대단한 선의와 마주해 있지만, 기술에 의해 제기된 엄밀한 문제들에 대한 그러한 순진함과 무지는 받아들여지기가 어렵다! 저자가 "목적 1972"Objectif 1972 그룹의 전국 책임자였다니 말이다. 1972년에도 1992년에도 이 목적들은 달성될 가능성도 없고 달성될 기회도 없음은 명백하다!

145) 글로제(Closets)는 기술 외적인 목적, 곧 군사적이고 정치적이고 위세를 과시하기 위한 목적의 수립을 통해 기술의 조화로운 성장에서 혼란과 무질서가 어느 정도로 초래되는지 정확히 보여준다. 그가 제시하는 구체적인 예들은 아주 대단한 의미를 지닌다. 게다가, 그는 연구의 목표들이 점점 더 불확실해진다고 강조한다. "그것이 늘 쓸모 있을 수 있기 때문에, 여하튼 그것이 과학을 진보하게 하기 때문에 소위 응용 연구 작업이 추구된다…" 실제로 이 지적은 근본적이다.

분석을 펼치는 르페브르146)의 견해와 일치하는데, 이 분석에서 그는 "뚜렷한 목표fin인 문화와 행복과 복지는 수단들이고, 뚜렷한 수단들인 소비와 이윤을 위한 생산과 조직은 진정한 목표이다."147)라고 언급한다.

2. 목적 objectif

미래의 지점으로서 기술적인 진보를 유발하고 명명하며 결정지을 수도 있는 중기中期 목적objectif은 이제 무엇일까? 누가 이 목적을 정하는지 맨 먼저 파악해보자. 이 목적을 정하는 것이 정치인과 행정가와 자본가 같은 비非기술전문가라면, 이 할당된 목적은 연구에 있어서는 끔찍하다. 정치적 이유로 혹은 사회적 이유로, "이런 것을 연구해야 하고, 해결해야 할 문제가 여기 있으며, 우리가 당신에게 기대하는 바는 이러하다."라고 과학자나 기술전문가에게 말할 때, 이는 우리가 기술의 자율성에 대한 분석에서 언급했던 것이다.

---

146) 『입장, 전문기술관료에 대항하여』 *Position : contre les Technocrates.*
147) 시몽동(Simondon)은 『기술적인 대상들의 존재방식에 대해』 *Du mode d'existence des objets techniques* 151쪽에서 어떻게 기술의 영향이 궁극목적이란 문제 자체를 변화시키는지 아주 잘 보여준다. "기술적인 분야의 증대와 확장에 의해 기술적인 실재의 표상을 문화에 통합시키는 것은, 윤리적인 것으로 잘못 간주되고 가끔은 종교적인 것으로 잘못 간주된 궁극목적의 문제들을 기술들처럼 그것들의 자리에 되돌려 놓아야한다. 그러나 궁극목적에 대한 순수하게 기술적인 이 고찰은 실제로 인과적인 과정에 따르게 되고 이 과정의 특유한 움직임이자 어떤 귀결인 바를 궁극목적으로 표현하게 된다. 기술적인 궁극목적, 다시 말해 체계에 통합된 궁극목적에 대해 이야기하는 것은 기술이 인과적인 도식에 따라 발전한다고 언급하는 것이다. 게다가 시몽동은 이 과정을 받아들이는 데 우리의 마음이 내키지 않음을 아주 잘 설명한다. 우리는 상위 목표를 유일한 중요 목표로 간주하고, 삶을 궁극목적과 혼동한다. 그러나 사실상 이 모든 것은 단지 정당화인데, 기술이 존재한다는 것으로 궁극적인 정당화가 될 수 없다." 기술적인 조직 과정은 다른 궁극목적들을 효과 없는 것으로 나타나게 하면서 다른 궁극목적들을 배제하고, 목적론적인 메커니즘의 기술적인 생산은 궁극목적의 최하위 측면을 마술적인 영역에서 나올 수 있게 한다… 새로운 기술적인 형태들은 발전의 궁극적인 끝으로서 그것들 자체의 목적을 만들어내기 때문에 궁극목적에 의해 정당화될 수 없다." 그래서 인과성과 궁극목적 사이의 불균형은 사라진다. 물론, "기계는 어떤 결과를 얻고자 외부적으로 만들어지지만, 기술적인 대상이 개별화될수록 더 이 외적인 궁극목적은 작동의 내적인 일관성을 위해 사라진다. 작동은 외부 세상과 관련하여 목표가 설정되기 전에 자체와 관련하여 목표가 설정된다… 스스로 제어되는 작동에서 모든 인과성은 궁극목적의 의미를 지닌다. 모든 궁극목적은 인과성의 의미를 지니다.

그래서 결과는 취약하고, 실험은 수없이 행해졌다. 기술적인 진보가 일어나려면, 확정되지 않은 출발점이 기술적인 진보에 필요하고, 모든 것을 시도하나 그 자체가 어디로 가는지 정확히 모르는 연구의 시행착오가 필요하다. 그러나 이 연구 시도들은 기술전문가의 수중에 있는 현존하는 데이터에서 분명히 이루어진다. 그렇지만, 사실상 목적이 분명히 존재한다.148) 그러나 이 목적은 과학자와 기술전문가 자신들에 의해 설정될 때에 만이 타당하고, 정확히 설정되거나 표명되며, 달성될 어떤 가능성이 있다. 목적은 목적의 이득이나 인간의 필요나 고결한 이념에 따라 결코 선택되는 것이 아니라149), 각 전문가에 의해 자신의 전문분야에서 정해진다.150) 전문가는 이것을 어떻

---

148) 끌로제(Closets)가 그렇게 하듯이 목적들이 존재한다고 확언할 수 있음은 아주 명백하다. 경제적이고 산업적인 어떤 목적들을 위한 지출이 미국에서는 전체 연구·개발 노력의 28퍼센트, 프랑스에서는 41퍼센트, 독일에서는 62퍼센트, 일본에서는 73퍼센트에 해당함을 그는 1968년에 보여준다. 그리고 외적인 위협, 군대, 우주공간 같은 군사적인 다른 목적들은 미국에서는 65퍼센트, 프랑스와 영국에서 60퍼센트, 독일에서 20퍼센트, 일본에서 3퍼센트를 나타낸다. 그러나 실제로 혼동이 있다. 연구·개발에 비용이 할애되나 그 점은 기술적인 진보를 유발하는 것이 경제적이거나 혹은 군사적인 목적이라는 점을 절대 의미하지 않는다. 이 궁극목적은 기술적인 진보를 위해 이 돈을 할애하는데, 분명 그러하다. 따라서 이 궁극목적은 기술적인 진보를 가능하게 만들지만, 그 두 사실 사이에는 매우 간접적이고 결정되지 않은 관계만이 있을 따름이다. 여기서 "목적"이라고 불리는 것은 힘의 의지처럼 아주 일반적인 시각이지만, 그것은 군사적인 목적에서 이루어진 발견들이 군대를 위해 반드시 유용하지 않고 다른 많은 분야에서 유용할 수 있으며, 마찬가지로 "산업적인" 목적을 위해 유용할 수 있으므로 결코 기술적인 진보에 대한 설명을 가능하지 않게 한다. 연구가 할당된 이 목적들은 과정에 대해서도 결과에 대해서도 아무 것도 결정짓지 않는다. 예산 동결을 해제하는 정치나 행정가가 보기에 그 목적들에 대한 단언은 단지 정당화로서 반드시 필요하다! 그것은 "연구·개발" 목적을 선포하는 것의 유일한 유용성이다.
149) 여전히 조심하고, 정치나 인본주의자나 철학자의 염원과 기술의 진정한 목적들을 혼동하지 말자. "기술이 굶주린 주민을 먹여 살리는데 사용되어야 한다"고 선언하는 것은 선한 본성에서 출발하지만, 어떠한 기술도 그 자체로 1센티미터를 나아가게 하지 않을 것이다. 앞에 나온 책, 『소비 사회』*La Société de consommation*에서 보드리야르(Baudrillard)는 그 필요들을 분석하면서 필요의 충족이 기술 사회의 목표가 아님을 강조한다. 기술체계 속에서 자동적인 필요들은 있을 수 없으며, 성장의 필요성만이 있을 따름이다. 개별적인 궁극목적들을 위한 여지가 있는 것이 아니라 체계의 유일한 궁극목적을 위한 여지가 있는데, 그 궁극목적은 정확히 말해 바로 성장이고, 다시 말해 인과관계이다.
150) 기술전문가들에 의한 목적들의 수립에 관한 가장 훌륭한 예는 1970년 2월 미국 항공우주국의 보고서 "후기 아폴로 프로그램, 미래를 위한 방향"The post Apollo Program : directions for the future에 의해 우리에게 제시된다. 그것은 기술적인 목적과 궁극목적 사이의 한계라는 유형 자체이다. 그 프로그램은 방향설정에서 근본적 변화를 지적한다. 또한 프로그램은

게 결정짓는가? 아주 정확한 지점은 '가능한 것'과 '불가능한 것'의 경계라는 지점이다. 각 기술전문가가 반드시 정하는 중거리에 있는 목적은 '불가능한 것'의 경계를 위반하는 일이다. "우리는 이제 이 활동분야에서 이런 것을 할 수 있다. 그러나 우리는 이러한 지점에서 멈춘다. 우리는 여전히 그런 것을 할 수 없다. 목적이란 오늘날 여전히 불가능한 것을 하게 되는 것이다. 길은 이러한 지점까지 열려 있다. 이 길은 그려지기는 하지만, 다른 지점까지 열려 있지는 않다. 그 이상으로 우리는 아무 것도 모른다." 각 기술전문가는 자신의 길을 따르고, 새로운 구간이 점진적으로 덧붙여진다. 유효한 목적은 그러하다. 달리 말해, 아무 것도 기술 자체에 따라 발전하는 기술의 닫힌 체계에 개입하려 들지 않는다. 게다가 흔히, 목적objectif과 궁극목적finalité을 구분하는 것은 매우 어렵다. 이처럼 까즈B.Cazes는 이 분야에서 "목적fin151)과 수단의 문제"에 훌륭한 글을 할애했는데152), 이 글에서 그는 경제 성장에서 받아들일

'유인 비행'(vol habité)에 특유한 임무에 더는 집중하지 않고 다음 같은 두 질문에 대한 대답에 집중한다. 즉, 임무들이 "판에 박힌 일들"이 될 수밖에 없다면 이해되는 것은 어떻게 임무의 비용을 절감할 것인가와 어떻게 "우주공간 속에 인간"을 채산성이 있게 만들 것인가이다. 이 점은 기술적인 모든 과정의 두 번째 국면을 표시한다. 그 프로그램은 몇 가지 대답을 제시하는데, 다양한 임무를 위한 다목적 차량, 한번 사용된 물자의 재사용, 사용된 체계들의 단순화 등이다. 따라서 어떻게 그 목적들이 수립되는지 분명히 알려진다. 또한 어떻게 그 목적들이 실제로 성장의 의미를 제시하는지 알려지지만, 다른 한편으로 여기서 아무 것도 궁극목적을 제시하지 않는다. 이 목적들이 묘사되는 것은 수단들이 거기 있기 때문에 늘 그런 것이며, 전체는 어떠한 궁극목적도 없는 체계 속으로 포함된다.

국가의 개입이 여기서 결정적인 특성을 가질 수 있는 것은 자명하지만, 국가는 출자자로서 나타나기에 그것은 설정된 연구 프로그램이 연구자들에 의해 실제로 구성된다는 조건에서 이다. 행정부의 중요한 "요구"는 으뜸가는 자극제이다. 미국에서 점점 더 그 점이 잘 알려진다. 예를 들어 프리먼(C. Freeman)의 "전자공학에서 연구 · 개발"Recherche et Développement en électronique, 『분석과 예측』Analyse et prévision (1966년). 국가가 자체의 연구 결정에 의해 전문기술자들의 의견에 따라 기술적인 수단들을 집중할 때, '기술담론적인 하부구조'(infrastructure technologique)가 있다는 조건에서 기술적인 지연은 아주 급속히 보충될 수 있다.

151) [역주] 프랑스어 'fin'은 'objectif'(목적)와 구별하여 'but'과 마찬가지로 '목표'로 옮겨야 하지만, 예를 들어 "목적은 수단을 정당화시킨다."(La fin justifie les moyens.), "목적과 수단의 문제"(le problème des fins et des moyens) 등과 같이 '수단'과 연관될 때는, 일반적으로 통용되는 표현에 따라 '목적'으로 옮기기로 한다.

152) 『비평』Critique (1968년 4월).

수 있는 목적fin을 규정하려 애쓴다. 그는 "궁극목적을 위해 실제목표but opérationnel에 기인하는 파급효과와 사람들이 겨냥하는 실제목표가 저절로 같아지지 않음을" 강조하면서, 목적objectif과 궁극목적 사이에 차이점을 당연히 강조한다. "궁극목적이 어떤 사회가 지지하는 가치 체계에 기인하듯이, 궁극목적은 이런 사회의 지속적인 목표but일 수 있다."는 것이다. 따라서 상당수의 궁극목적과 궁극목적의 "작용"이 있을 수 있다. 그러나 까즈는 예를 들어 경제적 측면과 관련하여 궁극목적을 개입시키는 것은, 목적objectif을 상대화시키고 목적을 점진적으로 다시 규정하는 것임을 분명히 보여준다. 나는 궁극목적이 무엇인지 결정지으려 까즈가 제시한 조건이나 이 논점에 전적으로 의견이 일치한다. 그러나 그가 제3세계와의 결속, 국가 독립, 사회 발전, 국토 정비, 경제 성장과 같이 문학에서 빈번히 받아들여진 주제들을 우선 검토할 때, 그렇지 않으면 역량 경제, 여가 경제, 소비 경제, 창조 경제, 결속 경제 사이에 마세153)가 설정한 잠재적인 선택을 검토할 때, 그렇지 않으면 직업 능력의 더 나은 할당, 삶의 틀 개선, 빈곤에 대한 투쟁 같은 전문가 집단의 세 가지 궁극목적을 검토할 때, 그리고 마침내 그가 세계 속에서 국가의 위치, 인간 잠재력의 발현, 경제 성장 같은 필수적인 모든 과학적 기준에 부합하는 듯이 보이는 궁극목적을 제시할 때, 이 결합체들ensembles에 대한 다음 같은 지적이 이루어져야 한다. 맨 먼저, 이 궁극목적은 경제 성장이란 방향설정에 의미가 있지만154), 기술 성장에서 반드시 그렇지는 않다는 것이다. 이 뿐 아니라, 흔히 제3세계와의 결속, 결속 경제, 창조 경제, 삶의 틀 개선 같은 순전히 윤리적인 궁극목적 및 힘과 여가 같은 기술적인 활동에 기인하는 구체적인 궁극목적 사이에 분명히 혼동이 있다. 사람들은 염원과 실재를 결국 혼동하는 듯이 보

---

153) [역주] Pierre Massé(1898-1987). 프랑스의 경제학자. 경제적 감가상각 이론, 역동적 프로그래밍 이론, 요인들의 포괄적 생산 이론에 관심을 두고 연구한다. 주요 저서로 『발전의 위기』*La Crise du développement*가 있다.
154) 그것은 단지 까즈가 겨냥했던 것이다![본문 내용을 역자가 각주로 설정]

인다. 분명히, 사람들이 계획에 힘입어 이러저러한 방향으로 경제적 활동을 설정하려 할 때, 소원과 가치와 고결한 도덕적 열망을 고려할 수 있지만, 기술적인 활동은 경제적 활동과 다른 종류에 속한다. 경제를 "경제적 활동 과학"으로 구성하기 위한 온갖 엄밀함에도, 도덕적이고 사회적인 가치를 제거할 수 없음에도 기술적인 활동은 도덕적이고 사회적인 가치와 전혀 뒤섞이지 않는다.155) 노동은 무엇보다도 먼저 도덕적 가치가 되지 않을 수 없다. 달리 말해, 경제는 윤리에 대한 관계에서 "벗어날" 수 없기 때문에, 경제에서는 목적objectif을 규정하는 도덕적 가치가 고려될 수 있고 고려되어야 한다. 도덕적이거나 영적이거나 인간적인 아무 것도 포함하지 않는 기술에서는 이와 같지 않다. 내가 기술에 대한 궁극목적의 다양한 작용을 언급하려 애쓸 때, 나는 실제로 가능한 관계가 없음을 깨닫는다. 분명히, 기술은 이 모든 분야에 관여하고, 국가적인 힘을 강화하며, 인간적인 어떤 발현에 기여하고, 경제 성장에 소용되지만, 이는 기술의 "궁극목적"이 아니다. 언급된 모든 것 중 아무 것도 기술적인 진보의 궁극목적이 아니다. 사람들은 다른 방향과 양립할 수 없는 이러한 방향으로 기술을 이끌 수는 없다. 도대체 힘을 증가시키지 않고서 어떻게 기술을 증가시킬 수 있겠는가? 세상이 경쟁하는 나라들로 나뉘어져 있는 한, 어떻게 기술이 특히 국가적 독립의 수단, 따라서 군사적 독립의 수단이 아닐 수 있겠는가? 도대체 어떻게 기술이 소비 사회의 원천이 아닐 수 있겠는가? 이것은 목적objectif이 아니라, 불가피한 결과이다. 예를 들어 제3세계와의 결속과 사회적 진보 같은 기술에 연결되지 않은 목적에 대해 말하자면, 이 목적은 기술과 관련하여 실현 가능성이 없는 소원의 상태로 남아 있거나, 그

---

155) [역주] 여기서 엘륄이 말하려는 바는 다음과 같다. 그는 자신의 저서 『부르주아의 변신』, *Métamorphose du Bourgeois*에서 18세기 말의 서구 인간에 의해 가치의 반열에 올라선 노동에 대해 깊이 연구한다. 또한 그는 '가치 · 노동'이란 개념을 기술적인 이데올로기의 원형으로 간주한다. 하지만, 자본주의 경제가 노동의 윤리에 완전히 기초해 있는데도, 기술은 효율성이라는 가치만 따른다. 즉, 기술은 윤리적인 종류의 모든 고찰에 완전히 낯설다는 것이다.

렇지 않으면 이 목적은 제한된 목적으로 바뀌어 자체의 적용 방식에 의해 결정짓는 기술의 법칙을 따르는 순간부터 근본적인 변화를 겪거나 흔히 반전反轉을 겪는다.

3. 목표but

목적으로 대체되는 목표

마침내 단기간의 "목표"but에 대해 이야기할 수 있을까? 예를 들어, 추구된 목표가 돈이라고 하고 싶은 생각이 들 수 있다… 나는 결국 목표는 받아들여질 수 없는 것이라 생각한다. 거기서 여전히 몇 가지 측면을 구분해야 한다. 즉, 자신의 기술을 행사하는데 만족하는 기술전문가와 관련하여 이것은 직업의 문제이다. 기술전문가는 생활비를 벌 필요성으로 자신의 기술에 분명히 연결되어 있고, 그는 자신의 기술에 연결되어 있기 때문에, 또 자신의 기술에서 만족과 영예와 돈을 얻기 때문에 이런 기계장치를 증대시키는 데 기여한다. 그러나 이것은 그가 이러저러한 수단을 사용하면서 추구하는 진정한 목표가 아니다. 다른 한편으로, 기술적인 문제를 해결하려고 특히 애쓰는 사람인 발명가가 있다. 돈에 대한 관심은 지배적이라 보이지 않는다. 이는 분명히 개인적인 기질의 문제이지만, 나는 연구자가 기술 자체에 대한 사랑 때문에, 또 기술 체계 속으로 자신이 편입되기 때문에 연구에 열중한다고 기꺼이 생각할 것이다. 이와 반대로, 자본가는 돈이란 이유로 기술적인 진보를 촉진한다고 여겨질 수도 있다.156) 대형 석유회사와 제약회사에 의한 연구 자금 조달이 알려져 있다. 미국에서는 자본주의 기업이 국가보다 더 많은 돈을 연구에 할애하고 투자율이 항상 증가한다는 점이 부각된다. 이 모든 것은 잘 알

---

156) 세론(世論)에 널리 퍼져 있는 이 논제는 사회학자들과 경제학자들에 의해 대체로 거부당하고, 기술이 결국 경제에 종속된다고 확신하는 『기업과 발명의 기원』*L'Entreprise et la genèse de l'invention*의 저자 벨라 골드(Bela Gold) 같은 이들에 의해서조차 거부당한다.

려져 있다. 그런데, 이런 사정이라면 이는 분명히 돈을 벌기를 바라는 "자본가"에게서 나온 것이다. 그러나 이윤 추구는 본래 기술과 낯설다. 이윤 추구는 부적절한 궁극목적을 외부로부터 기술에 강요한다. 그래서 돈이 기술을 초래하는 만큼이나 돈은 기술과 어긋난다. 그리하여 사적인 자금조달을 하는 연구실에서 "기초 연구"157)가 응용 연구를 위해 소홀히 되는 것에 대해 오래전부터 사람들은 불안해한다. 아마도 현재 미국에서는 이러한 경향을 바로잡으려 애쓰고, '수익을 내는 목적'이 없는 연구를 받아들이려 애쓴다. 그러나 흔히 자본 제공자는 독창적인 제품 연구보다 알려진 약품의 단순한 개량이나 생산 방식의 개선을 강요한다.158) 아주 흔히, 해를 끼치지도 않고 쓸모도 없으나 값은 비싼 새로운 물질을 혼합함으로써 예전 제품의 방식을 변경하는데 그친다. 지나치게 빠른 물자의 갱신을 요하는 기술들이자 이전에 사용된 수단을 평가절하 하는 기술들인 너무 혁신적인 기술들의 이해타산과 자본의 이해타산 사이에 갈등이 터질 때, 결국 이윤 추구는 기술적인 진보를 완전히 차단할 수 있다. 이 순간 자본가가 바라는 바는, 자본주의 체계가 흡수할 수 없는 이 기술적인 발전을 멈추는 것이라 알려져 있다. 달리 말해, 돈을 버는 것으로서 목표의 존재는 기술적인 진보의 이유가 전혀 아니다.

여기서 여전히, 유효하고 임박한 유일한 목표는159) 기술전문가 자신이

---

157) '기초 연구' 없이는 다른 어떤 연구도 가능하지 않다.[본문 내용을 역자가 각주로 설정]
158) 연구된 100가지 화학 물질 중에서 단 하나만이 상업화될 수 있는 제품이 되고, 평균 5년의 유예는 어떤 약에 대한 연구를 약의 시판에서 멀어지게 한다는 점이 인정된다. 따라서 자본투자자의 망설임이 이해된다.
159) 앞에 나온 책, 『이상향, 더 잘 사는 것에 대한 시론』*Arcadie, essais sur le Mieux Vivre*에서 드 쥬브넬(De Jouvenel)은 여기서 영향이나 혹은 목표에 대해 이야기해야 하는지 질문할 때 본질적인 질문을 제기한다. 그는 연구·개발과 관련된 엄청나게 많은 미국 서적이 잠재적 결과들이 추산되는 '기술담론적인 예측'(prévision technologique)을 포함하여 이 혁신들의 영향과 결과에 대해서만 이야기한다는 점을 확인한다. 그런데, 그 모든 점에서 사람들이 사회가 기술적인 신제품을 받아들이며 기술적인 신제품에 적응하는데 만족한다고 결국 간주하는데 그친다고 그는 언급한다. 그는 "사회과학의 역할에 대해 자문을 받은 뛰어난 과학기술전문가는 사회과학은 사회로 하여금 기술적인 신제품을 받아들이도록 준비시키는 것이라고 대답했다는 점이 주목할 만하다."고 덧붙인다. 이 기술전문가들의 굴복은 드 쥬브넬에게 충격을 준다. 물론, 도덕주의자로서 그는 옳으며, 그는 "연구·개발"을 조

그의 경험에서, 또 그가 기술을 사용하는 데서 제시하는 목표이다. 그러나 이러한 제시는 이 기술전문가가 마음대로 사용하는 수단에 따라서만 이루어지고, 사전에 얻어진 기술적인 방향설정 안에서만 이루어진다. 따라서 우리는 기술이 어떤 것을 위해 결코 나아가지 않지만, 뒤에서 떠밀리기 때문에 나아간다고 할 수 있다. 일반적으로 기술전문가는 왜 자신이 일하는지, 왜 자신이 이 점에 대해 거의 개의치 않는지 모른다.160) 그는 자신으로 하여금 이런 일을 수행하게 하고 이런 새로운 작업을 잘 해 내게 하는 도구를 지녔기 때문에 일한다. 언제나 목표나 혹은 목적의 설정에 앞선 검토는 이미 존재하는 수단에 대한 평가이다.

자신이 인용하는 보구슬라브Boguslaw의 분석을 되풀이하는 볼리Boli 161)는 하위 목표를 목적objectif으로 대체하는 과정이라 자신이 부르는 매우 주목할 만한 과정이 기술체계 속에 있음을 "목표"와 관련하여 보여준다.162) "이는 목적의 성취를 위해, 더 축소되고 손쉬운 일련의 목표 전체의 성취를 대체함으로써 발전하는 것이다." 여기서 우리는 기술 체계라는 특별한 현상과 마주한다. 인간은 의미와 함의含意와 가치가 아주 많이 들어 있는 목적을 제시하지만, 기술적인 단계로 건너갈 때 기술이 행하는 바와 이상적인 목적 사이에 상당한 단절이 발견된다. 그래서 이러한 이상에 대한 "주조鑄造"가 시작되고, 그 이상은 기술이 실현하고 있는 것으로 매번 축소된다. 그런데 이것은 수많

정하고자 용어들을 뒤집어야 하고 사회복지라는 목적들에서 출발해야 한다고 확고히 주장한다. 그는 이러한 방향으로 여론의 흐름이 있다고 언급한다. 즉, 나는 기꺼이 그렇게 하겠지만, 연루된 인과론적인 과정을 어떻게 뒤집을지 파악되지 않는다. 궁극목적론적인 방식에 대한 정신분석학적 작업을 해야 할 것이고, 궁극목적론적인 방식에 대한 최근 2세기의 역사를 재구성하려고 기원으로 거슬러 올라가야 할 것이다.

160) 『과학과 평화』Science et Paix (1973년)에서 당땅(N. Dangtam)의 뛰어난 글 "화학 무기"Les armes chimique는 어느 정도로 연구자와 기술전문가가 자기들이 하는 바를 가끔 모른다는 점을 보여준다. 그는 서로 모르는 채 하는 그룹들에 의해 이루어진 일련의 교차 연구에 의한 '따분'(Taboun)이라는 살상용 화학 물질의 발견 과정을 자세히 연구한다. 그러나 여기서 요점은 히틀러식의 국가이다.

161) 앞에 나온 책. 『기술화』Technization

162) 하위 목표 축소 원리 (principal of sub goal reduction). [본문 내용을 역자가 각주로 설정]

은 작은 기술적인 발전의 축적을 통해 이상적인 목표에 맞먹는 것이 형성될 것임을 입증함으로써 이루어진다. 이와 같이, 우리는 예를 들어 16세기의 이상적인 목적인 행복이 19세기에는 결국 복지를 이루는 일련의 기술적인 개선으로 변모되는 것을 보았다. 행복은 마침내 복지로 한정되고 복지와 동일시된다. 볼리가 강조하듯이, 일반적으로 사람들은 인류가 추구했던 바가 이 차원에서 영적이고 도덕적인 방식으로 불가능했음을 바로 이러한 이유로 입증하면서, '물질적인 목적'의 실현이 인류의 도덕적이고 정치적이며 영적인 만족의 성취를 내포한다고 주장하기에 이르렀다. 그런데 이것은 물질주의에 해당하지 않는다. 철학적 선택을 전제할 수도 있는 것, 이것은 단지 자체의 인과관계에 따르면서 이 때문에 기술에 의해 접근할 수 있는 목표를 이상적으로 제시된 목표로 대체하는 기술의 필연적인 작용이다.

기술적인 진보에서 목표의 불필요성

달리 말해, 기술적인 실제 노동은 가능한 방법과 더불어 이 노동이 가능한 분야에서 이루어진다. 그런데, 무엇이 이러한 작업을 가능하게 하는가? 물자, 방법, 조직, 자원, 역량, 기량으로서 이미 존재하는 것이 이를 가능하게 한다. 이 과업을 위해 모든 것이 이루어졌던 이 적절한 과업을 성취하게 할 뿐 아니라, 기술적인 노정으로 새로운 걸음을 내딛게 할 수 있는 것이 이러한 결합이다. 기술적인 발달을 가능하게 할 뿐 아니라 기술적인 발달을 유발하는 것은 바로 기존 도구의 사용이다. 즉, 이러저러한 분야에 지금껏 쳐 박혀 있던 어떤 방식을 적용하려는 생각, 어떤 화학제품을 다른 화학제품과 독창적으로 조합하려는 생각, 산업 단지에서 지금껏 그렇게 했듯이 군대 같은 방식으로 조직을 다루려는 생각이 기술전문가에게 떠오른다는 것이다. 달리 말해, 기술은 이전에 이미 얻어진 기술적인 결과에 따라서, 또 그 결과 때문에 발전할 따름이다.163) 앞으로 나아가도록 강요하며 이루어지는 후방에서의 압박이 있다. 이는 대부분의 이념과 도구와 기계와 조직과 이데올로기의 압박이며, 육체적이거나 혹은 지적인 교육훈련의 압박인데, 이 모든 것은 기술적이다. 목표를 향한 선동이 있는 것이 아니라, 기계의 멈춤을 허용할 리 없는 뒤에 위치한 어떤 주도자의 강압이 있다.

기술 자체에 의한 기술의 생성에서, 한편으로 기술이 양면성을 지니며 문제를 해결하자마자 문제를 야기한다는 점과, 다른 한편으로 기술이 일으키는 문제에 의해 기술은 저절로 증식한다는 점을 분명히 거론해야 한다. 따라서 "해결책이 문제를 만들기 때문에 문제가 나타난다."고 볼리와 더불어 언급할 수 있다. 기술적인 해결책은 "상호주관적인" 방식으로 그러한 것으로서 수용되기 때문에 해결책은 분명히 인정되고 받아들여지지만164), 기술에서 야기된 문제 역시 상호주관적으로 이해된다. 기술 사회에서 문제가 나타나는 것은 효율적인 계획경제의 요구에 의해서든지, 적용되기를 요하는 기술 체계의 역량에 의해서든지 이다. 체계의 복잡성을 통해 그렇게도 많은 상호작용이 초래되는 나머지, 어떤 궁극목적이 어디에 자리 잡을 수 있을지 사

---

163) 전자공학 분야에서 미국이 앞서는 이유에 대한 탁월한 분석은 『분석과 예측』*Analyse et prévision* (1966년)에서 프리먼(C. Freeman)의 "전자공학에서 연구·개발"Recherche et Développement en électronique 이다. 그는 문제가 되는 것은 자본의 중요성이나 혹은 역량이 아니라 수많은 기술적인 분야에서 선행된 기술적인 우위라는 사실로 결론짓는다. 전자공학에서 아주 급속히 발전하는 동시에 상대적으로 거의 투자를 하지 않을 수 있었던 것은 기존의 기술들의 가능성에 의지함으로써 이다. 그 뿐 아니라, 브레진스키(Brzezinsky)는 특히 사람들이 혁신 능력을 정확히 설명하려고 애썼다는 점을 지적한다. 즉, 139개의 신기술을 어디에 처음으로 사용했는지 조사되었다. 컴퓨터, 반도체, 의약품, 플라스틱 물질, 제련 등 신기술 현상에 의존하는 9개 산업 분야가 선정되었다. 그 결론들은 최근 20년간 가장 높은 신기술 비율을 달성했던 것이 미국이라는 점을 보여준다. 139개의 발명 중 60퍼센트가 미국에서 처음으로 사용되었는데, 그 다음인 영국의 15퍼센트에 비교된다. 다른 한편으로 미국은 경제협력개발기구(OECD)의 신기술 중 60퍼센트를 끌어 모은다. 경제협력개발기구의 특허 수가 미국의 특허 수보다 약간 우위에 있음에도, 특허의 산업적 사용은 경제협력개발기구 보다 미국이 8배나 더 높다. 거기서 우리는 어느 정도로 이전의 성장이 신기술의 가능성을 결정짓는 동시에 신기술에서 산업적인 적용으로의 이행을 결정짓는지 분명히 본다.
164) 이 점은 바로 그 "목적"을 대체하는 것이다. [본문 내용을 역자가 각주로 설정]

람들은 잘 모른다. 실제로, 각 해결책은 기술적이고, 그 자체가 문제를 규정한다. 기술 체계에 대한 이해의 어려움은 바로 이런 뒤바뀜 속에 있다. 우리는 해결책에 이르기 전 문제부터 제기된다고 간주하는 논리적이고 교과서적인 습관을 갖고 있다. 그래서 궁극목적의 개입이 있을 수 있지만165), 기술적인 실재에서는 순서를 바꾸어야 한다. 기술적인 요소의 독립을 통해 대단히 많은 "해결책"이 가능해 지는데, 이 해결책의 문제는 없다. "연구·개발"을 통해 새로운 방식이 끊임없이 만들어지는데, 이 방식을 위한 사용이 뒤이어 발견된다. 사람들은 도구를 지니고 있을 때 이러저러한 상황에 도구를 적용할 수 있음을 알아차린다. 물론, "연구·개발"의 막대한 비용은 사람들로 하여금 발견된 것에 유용한 적용을 당연히 발견하게끔 한다. 해결책은 문제를 앞서기 때문에, 그래서 이같이 식별된 "문제"는 자동적으로 해결된다. 이 상황에서는 어디에도 어떤 궁극목적을 개입시키기 위한 자리가 없다.

각 기술적인 상황은 데리앙Jean-Claude Dérian과 스타로폴리André Staropoli가 저서에서 탁월하게 언급하듯이, 이전 순간에 결정되었던 것의 결실이다. "결정권자가 분석가에게 장래에 반영하도록 요구하는 전기 수요가 오늘날 그대로라면, 이는 분석가 자신이나 10년 내지 15년 전 분석가의 선임자가 에너지 소비자에게 동일한 에너지를 공급하려고 투자 결정을 내렸기 때문임을 잊지" 말아야 한다.

그래서 두 가지 진정한 원리가 제시될 수 있다. 첫째, 예전의 요소를 통해 기술적인 연구가 가능해지는 곳에서 만이 기술적인 연구가 있을 따름이다. 이는 경제적인 만큼 인간적인 어떤 하부구조를 전제로 하는 기술들의 적용일 뿐 아니라, 기술적인 성장의 가능성이다. 달리 말해, 특별한 발전을 가능하게 하는 기술적인 요인의 축적이 제3세계 국가에 없는 한, 서구 국가에 대한 완전한 자율성을 기대하는 것은 제3세계 국가에서 전적으로 쓸데없고 피상

---

165) 이유의 차원에서 나는 이 문제를 제기한다. [본문 내용을 역자가 각주로 설정]

적이다. 여러 기술들을 사용할 수 있게 하는 것으로 충분하지 않다. 기술들의 결합을 통해 발전이 일어나는 지점에 이르러야 한다. 거기에 도달하지 않는 한, 제3세계 국가는 외부에서 오는 기술들의 주입에 의존할 것이다. 제3세계에 대한 원조가 칠레에서 예외적으로 성공했는데, 이는 우선 질산염과 더불어 19세기 말에 첫 번째 산업화 단계를 경험했기 때문임이 알려져 있다. 이러한 활용이 붕괴된 이후에도 농촌과 광산에서의 어떤 기술적인 발전처럼 기술적인 기초 토대가 존재한다.166) 이러한 점을 전제로 하면서, 발전을 위해 연합된 나라들의 원조는 유익하게 된다. 주로 이 원조는 기술적인 모든 가능성을 조정하고 결합하는 데 있다. 이와 반대로, 중국적인 모델은 완전히 잘못되어 있다. 기술적인 성장에는 인력과 에너지와 이데올로기를 기술적인 요인들의 결합으로 대체할 어떠한 가능성도 없다. 기술적인 수단에 의해 얻어진 결과에 맞먹는 비非기술적인 결과가 과다한 인력의 지나친 사용에 힘입어 얻어질 수 있다. 하지만, 이것은 인간적인 요인에서 이루어질 수 없는 기술적인 성장의 시초에는 결코 생겨날 수 없다. 이는 20년 전 중국에서 이 분야에서의 계속적인 실패의 교훈이다.

두 번째 원리는 기존의 모든 요소가 나중의 연구에서 사용된다는 것이다. 기술들의 적용에서 우리는 존재하는 바는 반드시 적용될 것이라고 주장할

---

166) 일본에 관한 비슈니(W. Vicheney)의 탁월한 조사연구인 「르몽드」(1972년 6월)의 "기술에서 과학으로"De la Technique à la Science는 기초 연구와 기술 사이의 관계라는 분야에서 사람들이 익숙해 있는 흐름과 반대되는 흐름을 보여준다. 즉, 일본에서는 기술화에서 과학 및 기초연구를 향해 과도하게 거슬러 올라간다는 것이다. 일본은 기술화가 거의 어떠한 과학적 토대도 없이 발전했다는 점에서 아주 흥미로운 모델처럼 보인다. 분명히 그 점은 우선 서구인을 모방하고 그들의 힘의 도구를 취하려는 의지와 더불어 기술화가 이루어졌던 상황에 기인할 뿐 아니라, 아마도 기술적인 활동에 특히 적합한 일본의 심리상태와 사회구조에 기인한다. 그렇지만 현재, 산업적이고 기술적인 국가적 독립에 이르고자 기초 연구를 향한 방향이 설정된다. 그러나 여기서 진정 과학은 기술의 부속물로서 나타난다. 기술은 "자족적"이다. 경제적 관점에서 "일본의 기적"이라 불리는 바가 생겨났던 것은 제동장치도 혼합도 한계도 없는 기술의 자기증식이다. 그렇게 하고자, 예를 들어 서구 세계에서 기술적이고 경제적인 진보의 열쇠로서 늘 나타나는 것, 곧 '군사적 필요성'(besoins militaires)이 필요 없었다. 그렇다. 일본에서 기술은 자동적이고 인과적이며 자기증식적인 과정에서 스스로 발전했다.

수 있었듯이, 연구에서도 마찬가지로 '가능한 것' 중 아무 것도 내버려 두어지지 않을 것이다. 방식은 내버려 두어질 수 있고 기술적인 요인은 미래가 없이 잠시 나타날 수 있지만, 방식과 기술적인 요인은 새로운 적용을 계기로 다시 나타날 것이며 갑자기 경쟁 속에 다시 놓일 것이다. 아무 것도 기술 세계에서는 사라지지 않는다. 진보하는 기술은 다른 기술들로 파급되고, 간혹 다른 기술들에 활력을 불어넣는다.

시몽동Simondon은 이 '인과적인 변화' 방식을 여러 측면에서 완벽히 입증했다. 맨 먼저 그는, 장애가 될 수 있는 부차적인 결과를 제거함으로써, 또 "긍정적인 총합적 기능 단위"로서 각 구조를 특수화함으로써 기술적인 대상의 변화가 이루어짐을 보여준다. "구체적인 기술적인 대상은 대상 자체와 더는 대립하지 않는 대상이고, 이 대상 안에서 어떠한 부차적인 결과도 결합체ensemble의 작동을 방해하지 않는 대상이다." 이와 같이, 기술 자체는 기술이 완벽히 실현되지 못하게 하는 바를 자체의 작용 안에서 없애면서 변화한다. 이것은 바로 외적인 목적이 없는 변화이다. 그러나 시몽동 자신은 다음 같이 일반화한다. "기술적인 대상이 자체의 변화 속에서 자유로우며 '치명적인 이상발달'의 방향으로 강요되지 않는 한에서만이, 기술적인 대상의 변화는 진보가 될 수 있을 따름이다. 이것이 가능하려면 기술적인 대상의 변화가 건설적이어야 하는데, 다시 말해 각각의 변모가 스스로 결정지어지는 이 세 번째 기술·지리적 환경이 이 기술적인 대상의 변화를 통해 이루어져야 한다. 이와 관계된 것은 미리 정해진 방향으로의 진행으로서 받아들여진 진보도 아니고, 자연의 인간화도 아니다…" 이와 같이, 환경으로서 기술과 궁극목적론적인 발전 과정이 아닌 인과적인 발전 과정 사이에 결합이 이루어진다. 인과관계는 환경 안에서 작용하고, 기술에서 기술로 나아간다. 시몽동은 나중의 요소들에 앞선 포괄적인 기술적인 결합체에서 나오는 인과관계 과정 자체를 분석한다. 이 요소들은 특성을 변화시키면서 기술적인 통일성 속에서 나타나기에, 결정지어진 기술적인 결합체의 변모가 이를 통해 초래된다. 즉, 제한된 요소에서 결합체로의 인과관계가 존재한다. 그러나 그 다음에는 메커니즘을 통해 두 번째 인과관계가 생겨나는데, 이 인과관계는 결합체에서 요인들 각각을 향해 나아간다. 그것은 바로 자체의 인과관계를 자체 안에 포함하는 체계의 특성이다. 예를 들어 이것은 새로운 기계들의 발명 결과로 생겨날 뿐 아니라, 새로운 제품의 출현 결과로 생겨난다. 기술적인 과정이 발전함에 따라, 예를 들어 원자 에너지 생산에서 새로운 화학제품이 나타난다. 이 화학제품을 가지고 무언가를 만들어야 한다. 이는 단지 폐기물만이 아니다. 마찬가지로, 화학적 연구의 결합을 통해 인과적인 방식으로 새로운 제품이 생겨난다. 폴리카보네이트167)도 마찬가지이다. 아무도 투명하면서도 파열과 변형과 열에 대한 내구성이 있는 미리 결정지어진 제품을 발견하지 못했다. 하지만, 새로운 물질이 거기 있을 때, 분명히 이 물질은 없어서는 안 된다. 결국, 이론적인 계산에 입각한, 예를 들어 '초超우라늄 원소'와 관련된 물리학자의 연구를 통해서도, "아직 존재하지는 않으나" 불가피하게 존재할 화학원소가 생겨난다. 여기서는 매우 이론적이며 결국 앞선 두 가지와 다른 연구도 인과적이다. '중重원소'의 발견을 향해 방향설정이 되고, 112번, 114번, 126번 원소가 존재할 여지가 있다고 예상한다.168) 그러나 이는 사전에 사람들이 앞선 가정에 의해 이러한 방향으로 내던져졌기 때문인데, 이 가정은 다음

---

167) [역주] 폴리카보네이트. 플라스틱의 일종으로서 마크롤론(Makrolon)이라 하기도 한다. 쉽게 가공되고, 사출 성형 되고, 열 성형되는 이 플라스틱은 현대 화학공업에서 널리 사용된다. 휴대폰, 노트북, 모니터 등 IT 제품의 외장재를 비롯해 CD, DVD의 플라스틱 재질 등 미디어, 광 저장매체 소재의 원료에 폭넓게 사용되는 고기능성 엔지니어링 플라스틱이다.

168) [역주] 원소(元素)는 원자번호에 의해서 구별되는 한 종류만의 원자(原子)로 만들어진 물질 및 그 홑원소물질의 구성요소를 말한다. 그 종류는 원자번호의 존재 가능한 수치의 수만큼인데, 현재까지 지구상에 100종류 정도가 인정되어 있다. 예전에는 순수물질로서 어떠한 방법에 의해서도 두 종류 이상의 물질로 쪼갤 수 없고, 또한 어떠한 둘 이상의 물질의 화합化合에 의해서도 그 순수물질을 만들 수 없을 때, 그 순수물질을 구성하는 종(種)을 원소라고 정의하였다. 그러나 원자의 인공변환 또는 많은 종류의 동위원소의 발견으로 이 정의는 애매하게 되었다.

에 이어지는 것을 결정짓는다.

기술이 발전하는 방식을 실제로 설명하려면, 과학에 대한 토마스 쿤Thomas S.Khun의 연구를 이 영역으로 옮겨 놓아야 할 것이다.169)

기술적인 성장이 기술전문가의 방식에 기인함을 잊지 말아야 한다. 간단히 말해, 실험과 관찰의 풍부한 결과에서, 기술전문가의 방식은 실무자의 방식으로서 특징지어질 수 있음을 잊지 말아야 한다. 모든 기술은 연속된 시행착오와 조정과 실험상의 대조에 의해 실험적인 방식으로 발전한다. 기술들 각각은 달성되어야 하고, 다음에 오는 실행의 토대 구실을 해야 한다. 이것은 증대하는 다양화와 복잡화의 방향으로 항상 나아가고 기대에 확실히 부응하는 점진적인 방식이지만, 진정한 균열도 급격한 혁신도 없는 점진적인 방식이다. 물론, 각 기술전문가는 밀접한 관계에 있는 분야에서 비교할 수 있는 방법의 발전, 인접한 문제에 대한 해결책의 발전, 새로운 지식과 실행의 발전에 대해 잘 알아야 한다. 우리는 다음 같은 여섯 가지 주요 항목을 포함하는 실험적인 방법을 점점 더 끊임없이 참조하게 된다. 이 항목들은 현상에 대한 관찰, '유효 변량'170)의 선정, 대표적인 모델의 수립171), 모델 작동의 확대 적용, 실험, 유효 영역 범위의 규정이다. 여기서 우리는 모든 것이 어느 정도까지 인과적인 방식으로 기능을 수행하는지 분명히 파악한다.

쿤은 과학 발달의 인과적인 특성을 강조한다. "이 시도에서 묘사된 발달 과정은 원초적인 기원에서 변화 과정이다… 하지만, 이미 언급되었던 것이나 혹은 앞으로 언급될 것 중 무엇을 통해서도, 이 발달 과정은 그것이 무엇을 향하는 변화 과정이건 변화 과정으로 변하지 않는다… 우리 모두 언제나 과학을 자연에 의해 미리 정해진 어떤 목표에 더 다가가는 시도로서 간주하는

---

169) 토마스 쿤(Thomas Kuhn), 『과학 혁명의 구조』*La structure des révolutions scientifiques*, 미국 판(1970년), 프랑스 판(1972년).
170) [역주] '유효 변량'(grandeur significative)이란 통계적인 관점에서 유효한 것으로 여길 수 있는 조건들을 가리킨다.
171) 기술적인 모든 연구에서 모델의 수립은 점점 더 중요하다. [본문 내용을 역자가 각주로 설정]

데 익숙해 있다. 그런데 이 목표는 필요한가? 우리는 아무 때에나 과학 집단의 지식 상태에서, '변화'라는 표현으로 과학의 성공에 대해 설명하듯이, 과학의 존재에 대해 설명할 수 없는가?" 이는 쿤이 탁월하게 입증하는 바이다.

이 점에 대한 일반적인 견해는 과학이 보통 생각하는 바와 반대로 '선형線形 축적' 172)에 의해 나아가지 않는다는 것이다. 사람들은 어떤 발견이나 혹은 어떤 발명이 다른 발견이나 혹은 다른 발명에 덧붙여진다고 습관적으로 생각하는데, 쿤은 이를 부정확하다고 입증한다. 과학은 껑충껑충 뛰며 방향 전환하면서 발전한다. 실제로, 모든 '선형 발전'은 "패러다임"173)과 관련되

---

172) [역주] '선형(線形) 축적'은 '선처럼 이어지는 단조롭고 단순한 축적'이라는 의미로 볼 수 있다.
173) [역주] 패러다임(paradigm). 어떤 한 시대의 지식인들의 합의로 형성된 지식의 집합체를 말한다. 즉, 전문가들의 합의로 생성된 지식의 구조로서 사람들의 견해나 사고에 영향을 준다. 그러나 어떤 집단이 갖는 생각의 틀이나 사고방식만을 뜻하는 것은 아니고, 어떤 한 개인이 주어진 조건에서 생각하는 방식도 패러다임이라고 한다. 미국의 과학사학자이자 과학철학자인 토마스 쿤(Thomas Khun)의 저서 『과학혁명의 구조』 The Structure of Scientific Revolution (1962)에서 처음으로 제시된 패러다임은 '사례, 예제, 실례' 등을 뜻하는 그리스어에서 유래한 단어로서, 언어학에서 빌려온 개념이다. 즉, 패러다임은 '으뜸꼴, 표준꼴'을 뜻하는데, 이는 하나의 기본 동사에서 활용에 따라 파생형이 생기는 것과 마찬가지다. 이런 의미에서 쿤은 패러다임을 한 시대를 지배하는 과학적 인식, 이론, 관습, 사고, 관념, 가치관 등이 결합된 총체적인 틀 또는 개념의 집합체로 정의하였다. 쿤에 따르면, 과학사의 특정 시기에 언제나 개인이 아니라 전체 과학자 집단에 의해 공식적으로 인정된 모범적인 틀이 있는데, 이 모범적인 틀이 패러다임이다. 그러나 이 패러다임은 전혀 새롭게 구성되는 것이 아니라 기존의 자연과학 위에서 혁명적으로 생성되고 쇠퇴하며, 다시 새로운 패러다임으로 대체된다. 쿤은 이러한 과정을 다음 같이 설명한다. 성숙하지 않은 과학은 여러 경쟁하는 학파 사이에 합의가 존재하지 않는다는 특징을 갖는다. 즉 하나의 패러다임이 나타나면, 이 패러다임에서 나타나는 갖가지 문제점을 해결하려고 과학자는 계속 연구·탐구 활동을 하는데, 이를 '정상 과학'(normal science)이라고 한다. 이어 '정상 과학'을 통해 일정한 성과가 누적되면 한 학파가 유명한 문제에 대해 모범적인 답을 제시함으로 기존의 패러다임은 차츰 부정되고, 경쟁적인 새로운 패러다임이 나타난다. 이때 연구할 가치가 있는 주제와 그 주제에 대한 해답이 가져야 할 특징, 표준적인 연구방법 등을 제시해주는 것이 바로 패러다임이다. 그러다 과학혁명이 일어나면서 한 시대를 지배하던 패러다임은 완전히 사라지고, 경쟁관계에 있던 패러다임이 새로운 패러다임으로 자리를 대신하게 된다. 따라서 하나의 패러다임이 영원히 지속할 수는 없고, 항상 생성, 발전, 쇠퇴, 대체되는 과정을 되풀이한다. 이러한 패러다임은 패러다임을 생성하는 전문가 혹은 지식인과 그것을 수용하는 일반인 사이의 권력관계를 만들기도 한다. 일반인은 전문가에게 권위를 부여하고, 그들의 합의로 만들어진 개념의 집합체를 수용하고 인정하는 과정을 거친다. 또한, 패러다임 자체는 한 시대의 지식인들의 합의에 의해 만들어진 것이므로 상대주

며, 패러다임이 변경될 수밖에 없을 때 발전 전체는 변모된 채로 있다. 쿤에게 패러다임은 "한 순간 보편적으로 인정된 과학적 발견으로서, 이 과학적 발견은 풀어야 할 전형적인 문제와 해결책을 연구자에게 제시한다." 하지만, 이와 동시에, 틀에 박힌 개념인 이 패러다임을 통해, 다소 오랜 기간 과학자의 작업 영역과 연구 영역이 제한된다. 실재는 패러다임에 의해 지워지기에, 과학자는 오로지 실재만을 보지 않는다. 과학자는 이 개념들에 의해 정해진 실재의 영역만을 본다. 패러다임은 과학 연구에 발견의 맥락인 과학 연구의 토대를 제시하는 동시에, 과학 연구에 대한 정당화를 제시한다. 연구는 정당화되고자 이러이러한 토대 위에서 이러이러한 방향으로 이루어져야 하는데, 이것이 정당화의 맥락이다. 연구자는 이 점에 대해 설명도 하지 않은 채, 주어진 이론적 개념이나 혹은 "암묵적 지식"으로부터 작업한다. 패러다임은 연구 방법이나 혹은 연구 법칙이라는 단순한 문제가 아니다. 실제로 이것은 과학자가 그 안에서 작업해야 할 세계관이다. 그러므로 패러다임들 전체는 파악할 수 있는 법칙의 개입 없이 과학의 발전을 결정짓는다. 일반적으로, 사람들이 그 토대 위에서 작업했던 패러다임을 실제로 파악하는 것은, 패러다임의 변화가 있을 때일 따름이다. 프톨레마이오스[174] 천문학에서 갈릴레이의 천문학으로 넘어갈 때, 뉴턴의 공간 개념과 시간 개념에서 아인슈타인의 공간 개념과 시간 개념으로 넘어갈 때, 그 활동에서 모든 결과를 도출하기로 된 활동 전체이자, 그 결과에 기초한 "이론"에 힘입어 모든 사실을 명백히 밝히기로 된 활동 전체가 패러다임을 통해 생겨난다. 이 사실들은 언제나 더 엄밀한 조건에서 구조화되고 명확해지며, 사람들은 이 영역에서 가능한 한 멀리

의적인 면을 강하게 지닌다. 시대가 변하거나 전문가들의 합의가 변함에 따라 만들어지는 진리가 달라지기 때문이다. 본래 패러다임은 자연과학에서 출발하였으나 자연과학뿐 아니라 각종 학문 분야로 파급되어 오늘날에는 거의 모든 사회 현상을 정의하는 개념으로까지 확대되어 사용된다.
174) [역주] 프톨레마이오스. 기원 127~145년에 알렉산드리아에서 활동한 고대 그리스의 천문학자·지리학자·수학자. 지구가 우주의 중심이라고 생각했다.

나아간다. 일반적으로, 한동안 사람들은 반대 사실을 파악하기를 거부하고, 실패를 고려하기를 거부한다. 패러다임은 진실한 것으로 간주된다. 패러다임은 과학 이론의 매개수단인 동시에, 작업 도구와 해석 수단이다. 패러다임에는 인지 기능이 있지만, 이와 동시에 규범적인 기능이 있다. 패러다임에 의해 정해진 틀 속에서 '법칙 체體', '실험 체', '이론 체', '해결 체'로서 구성되는 것은 "표준" 과학으로 간주된다. 그런데 이 "표준" 과학은 명백한 사실들의 한정에 의해, 사실과 이론 사이의 일치에 의해, 이론의 언제나 더 큰 정확성에 의해 구성된다. 어떤 시기 동안 '과학 출판' littérature scientifique 전체는 이 세 가지 목적에 쏠려 있었다. 결국 패러다임은 과학자들이 사회corps social를 구성하고 자신들의 견해를 바꾸며 결속을 필요로 하고 서로 통제한다는 사실에 의해 늘 강화된다. 일종의 강한 집단 정통성이 있을수록 사람들은 패러다임의 기원에 더욱 가까이 있고, 일종의 무거운 집단 정통성이 있을수록 집단은 더욱 많은 숫자로 구성된다. 과학자들은 비슷한 전문적인 교육훈련과 입문 과정을 거쳤는데, 이를 통해 과학자 자신들은 다른 전문가와 구분되는 동시에, 이 전문성을 구비하는데 소용된 패러다임 속에 틀어박힌다.

그러나 점진적으로, 실패는 늘어나고, 설명되지 않는 현상이 불가피하게 나타나기 시작하며, 예전 패러다임의 틀에서는 해결되지 않는 새로운 문제가 대두된다. 대체로, 이러한 결함과 실패에 민감한 것은 전문성에서 경험이 부족하거나 혹은 미숙한 이들이다. 그들은 기원으로 거슬러 올라가고 패러다임을 문제 삼는다. 기초과학연구에서와 새로운 패러다임의 발견에서 이 미숙함의 역할은 절대 필요하다. 그래서 "정상 과학"과 새로운 패러다임의 결과 사이에 갈등이 일어난다. 실제로, 이것은 합산할 수 있는 것이 아니다. 즉, 이것은 질적인 도약이다. "패러다임의 변화 이후 세상이 변화하지 않더라도, 그 다음부터 과학자는 다른 세상에서 작업한다." 왜냐하면 지금까지 "받아들여진 패러다임에 의하여 과학자는 무엇이 그 문제의 여건인지, 어떤 도구들이 그 문제를 해결하도록 사용될 수 있는지, 어떤 개념들을 통해 그 문제에 대한 해석이 도출될 수 있는지 미리 알았기 때문이다. 하지만, 이 해석을 통해 패러다임이 변화되는 것이 아니라, 이 해석을 통해서만이 패러다임이 자세히 설명될 수 있다." 따라서 새로운 패러다임과 더불어, 이것은 사람들이 과학이라고 생각했던 모든 것을 파괴하고 새로운 과학으로 대체하는 일이다. 그래서 예전에 발견되었던 것에서 일종의 선별 작업이 행해지고, 예전의 현상과 법칙에 대한 새로운 해석이 이루어진다. 이와 같이, 과학은 단절과 방향전환에 의해 나아간다. 이와 동시에, 기술은 패러다임 변화의 결과를 겪지만, 그 역시 단절과 대체로 이루어진 어떤 과정을 자체의 내재적 발전 속에 포함한다. 사람들이 생각하는 것과 반대로, 기술은 단지 방식들의 무한한 합이 아니다. 어떤 '수단들의 결합체'는 다른 '수단들의 결합체'를 대신한다.

그렇기 때문에, 기술전문가와 과학자 사이에 상당한 차이가 있다. 쿤이 보여주었듯이, 어떤 순간 과학자는 자신이 그 이론으로부터 작업을 하는 이론을 반드시 문제 삼기로 되어 있다. 이것이 쿤에 의해 입증된 패러다임의 작용이다. 이는 지적인 문제이다. 실제로 과학자는 패러다임에 의해서만 제한될 따름인데, 과학자는 이 패러다임에 따라 작업하고, 이 패러다임에 익숙하며, 이 패러다임에 따라 양성되었다. 과학자에게 꽤 큰 지성의 자유가 있다면, 그는 패러다임을 다시 문제 삼을 수 있으며 새로운 해석체계를 수립할 수 있다. 이와 반대로, 기술전문가는 기능을 수행하는 실제적인 적용 망에 완전히 휩싸여 있다. 한편으로 이미 이루어진 투자가 있다. 오류가 식별될 때, 이미 관여된 무수한 것들이 단번에 허사가 될 수도 있기 때문에 이 오류는 수정될 수 없다. 이 점은 사회주의 국가에서 사실로 남아 있다! 다른 한편으로 작업에 참여하는 집단들이 있다. 아마 과학자에게도 자신의 "전문 집단"이 있지만, 그는 떨어져 나가면서도 이 전문 집단을 허물어뜨리지는 않는다. 과학자는 기껏해야 자기 자신이 배제된다… 수많은 사람이 이러한 적용으로 말미암아 생활비를 벌기 때문에, 이러한 기술은 뒤엎어질 리 없다. 결국, 기술을 통해 사람들의 삶의 틀이 만들어진다. 즉, 기술을 뒤엎을 수도, 방식과 생산물과 기계장치로 된 이러한 결합체(ensemble)를 완전히 허물어뜨릴 수도 없다. 왜냐하면 기술을 통해 삶의 틀이 만들어지는 것에 의해 사람들이 살아가기 때문이다. 이런 변화가 가능하려면 이 사람들의 승인이 있어야 하고 여론의 "전환"이 필요하다. 기술이 전문적이고 심리적이며 물질적인 기기/기器에 의해 기술의 진보 자체 속에서 규정되기 때문에, 기술전문가는 기술을 뒤집어엎거나 혹은 기술의 방향을 다시 설정할 수 없다. 이것이 인과관계의 결정적인 다른 측면이다.

실제로, 기술은 가능한 것의 극단까지 나아가고[175], 돈이나 원료의 제한 같은 대개 외부에서 오는 불가능성에 부딪칠 때까지 나아간다. 사람들이 쿤이 말하는 패러다임 속에서 어떤 방향에 위치해 있는 한, 다른 아무 것도 파악하지 못하며, 다른 어떠한 분야에서도 아무 것도 찾지 못한다. 예를 들어, 부족한 에너지원처럼 장애가 일어날 때, 같은 결과를 얻고자 새로운 기술이 예전의 기술을 대신한다. 그래서 연구는 불가능성에서 생겨난다. 이와 같이, 사람들이 석유와 아무 문제없는 듯이 보이는 한, 태양 에너지나 지열 에너지는 시시하게 여겨진다. 새로운 기술적 진보는 이제 석유에서 나온 에너지에 계속 기대할 수 없다는 점에 의해 결정지어진다.

"우주 연구와 우주비행학"을 검토해 보자. 이것이 아무 쓸모없다고 언급하는 것이나, 이 우주 연구를 주거 건설과 농업 연구처럼 유용하다고 판단되는 지출에 견주어보는 것은 소련에서조차 관례적이 되었다. 이 문제에 직면하여 과학자들은 통신의 발달에 따른 여러 유용성에 대해 언급하는데, 텔스

---

[175] 리치타(Richta)는 자본의 성장과 거기서 생겨나는 경제 성장 사이에 존재하는 본질의 차이를 아주 적절하게 분석한다. 그리고 나서 자본의 축적에 토대를 두지 않고 경험의 복잡화(complexification) 및 과학과 기술 사이의 연결의 복잡화에 토대를 두는 기술적인 성장을 아주 적절하게 분석한다.

타176)처럼 정보의 즉각적인 확산을 통해 어떤 유용한 분야에서177) 전 세계에 걸친 교육이 놀랍게 발전할 수 있다는 것이다. 더 장기적으로는, 이 문제에 직면하여 진지한 학자들은 광석 채굴에 대해 언급하고178), 심지어 농업에 대해 언급한다. 즉, 서기 2,000년 직후에는 과잉 일산화탄소를 흡수하고 산소를 배출하며 보완 식품의 구실을 하는 해초의 재배가 금성의 대기권에서 가능할 것이라는 예측이 이미 행해졌다… 그러나 사람들이 이 수많은 "유용성"을 살펴볼 때, 단지 존재하는 것이나 혹은 앞으로 존재할 것을 사용하는 것이 중요하다는 점을 깨닫는다. 이러한 연구를 행하는 것은 금성에서 해초를 재배하려고가 아니다. 달에 간다고 치더라도, 달에서 무엇을 할 수 있으며 달을 가지고 무엇을 할 수 있는가? 도구를 갖고 있으면, 분명히 도구를 사용해야 하고, 결국 도구는 유용해야 한다. 이러한 연구들을 이끌고 결정지었던 것은, 이러저러한 목적이 아니라 이 유용성이다. 이 모든 것의 결합을 통해 우주에 갈 가능성이 분명히 제시되었던 것은, 전자, 무선, 연료, 금속, 인공두뇌학 등에서 어떤 단계의 전문성technicité이 달성되었기 때문이다. 이런 것을 할 수 있었기 때문에 이런 것을 행했던 것이다. 그것이 전부다.

기술전문가는 이러한 생산물과 방법과 도구와 마주해 있다. 즉, 이것들을 최선으로 사용하는 것이 중요하다. 물론, 이러한 사용에서는 존재하는 모든 요인이 결합한다.179) 자동차 운전자 같은 가장 낮은 수준에서의 단순한 사

---

176) [역주] 텔스타(Telstar). 세계 위성통신망을 실현하고자 발사한 미국 최초의 실용 통신위성. 텔스타 1호를 통해 미국과 유럽을 연결하는 텔레비전 중계를 처음으로 실현하며, 다중 전화, 사진 전송, 고속도 데이터 전송, 컴퓨터 제어, 기상도(氣象圖) 전송 등도 시도된다.
177) 가장 발달된 농업 기술이나 피임 방법 습득 등과 같은 분야인데, 잠재적 전쟁을 위한 사용은 조심스럽게 감추어진다. [본문 내용을 역자가 각주로 설정]
178) 달의 먼지를 비료로 사용하는 것에 대해 이제 이야기되지는 않는가? 게다가, 나는 달의 발견을 아메리카 대륙의 발견에 비교하는데 있었던 논증과 같은 놀라운 논증들을 내버려 둘 것이다. 이 저자는 "아메리카 대륙은 발견되어야 하지 않았는가?"라고 덧붙인다. 설마 그럴 리 있겠는가. 하지만, 그 점은 자명하다. 그러한 논증들 이후에, 사람들은 최소한의 비판적인 정신의 잔존을 의심할 수 있었다!
179) 유명인들에 의해 행해진 예측의 "잘못들"을 가장 빈번히 설명하는 것은 인과적인 발전 현상이다. 착각했던 철학자나 혹은 학자의 단호한 주장들이 알려져 있다. 즉, 별의 본질에

용자와 새로운 기술의 발명자 사이에 존재하는 차이에 더는 초점이 모아지지 말아야 한다. 기술들이 가다듬어지고 늘어남에 따라 이 둘은 가까워진다. 이처럼 사용자인 우주비행사가 우주 연구에 밀접히 연결되어 있음이 알려져 있다. 사람들은 지나간 기술적인 진보에 따라서, 또 이 기술적인 진보를 위해 일하는데, 사용자는 가장 훌륭한 판단자임이 분명하다. 기술전문가는 이전의 기술적인 진보를 통해 자신의 수중에 놓였던 것과 더불어 행동한다. 실제로, 먼저 나온 기술은 뒤이어지는 기술의 원인이 된다.

기술을 통해 어떤 결과들이 생겨나는데, 이 결과들 자체는 바로 새로운 기술적인 진보이든지, 이 진보의 구성요소이든지 그 중 하나이다.180) 따라서 기술적인 발전은 일어나지만, 목표but 없이 일어난다. 기술적인 진보에 목표fin를 제시하려 하는 것이나 혹은 이 목적에 대해 논의하는 것은 아무 소용없다. 언제나 한없이 이야기되기는 하나, 이것은 어떠한 관심도 끌지 않는다. 우

대해 아무 것도 알 수 없을 것이라고 주장한 꽁뜨(Comte), 날개보다 더 무거운 비행체를 날게 할 수 없다고 주장한 뉴컴(Newcomb), 최근 20년 동안 원자핵에 대해 아무 것도 일 수 없을 것이라고 주장한 위대한 과학자들, 1965년 컴퓨터 분야에서 발전 시기는 종료되었다고 주장한 과학자 등이다. 기술적인 진보는 수단들의 결합에 의해 이루어짐에 반해, 실제로 모든 오류는 목적이 설정된다는 사실 및 어떻게 목적을 달성해야 하는지 모르고 따라서 결정론적인 견해가 유지된다는 사실에 기인한다. 예견되고 예고된 발명들의 수가 상대적으로 한정되게끔 한 것은 개념의 오류이다.
180) 컴퓨터 기술의 발전에 대한 연구는 이 점에 대해 또 이 문장에서 아주 탁월하다. 아이비엠(IBM)은 엄청나고 뛰어난 발명에 의해서라기보다 현존하는 모든 가능성에 대한 점진적이고 체계적인 사용에 의해 단연 우위를 확보했다. 그 점은 각각의 새로운 유형이 "혁명적"이게끔 하는 것이 아니라 새로운 유형이 기술적인 관점에서 매 순간마다 결정적인 합리적 진보를 나타내게끔 하는 것이다. (예를 들어 1970년 1월 「르몽드」에서 라바이아르(Lavaillard)의 "집적회로"Des circuits integrés par millions를 참조할 것.) "진보는 멈춰지지 않는다"와 같은 일상적이고 평범한 표현으로 실제로 표현되는 것이 인과적인 발전이다. (이러한 진보가 목적에 따라 이루어진다면, 진보를 변경시키거나 혹은 멈추는 일이 분명히 가능할 수도 있을 것이다. 즉, 진보는 멈춰지지 않는다는 것은 진보가 기관차처럼 내달려짐을 의미하고 진보가 그 자체로 원인을 갖고 있음을 의미한다.) 혹은 "미국은 '기술담론적인 우위'(avance technologique)를 유지할 수밖에 없다."는 폰 브라운(W. Von Braun)의 표현이나 혹은 1972년 2월 「르몽드」의 "'기술담론적인 변화'(évolution technologique)의 유지는 미국에서의 삶이나 혹은 죽음의 문제이다"라는 표현이다. 앞으로 이루어질 것을 엄밀히 결정짓는 것은 이미 이루어졌던 것이라는 표현보다 더 좋은 표현은 없다. 또한 사람들은 더는 마음대로 선택 할 수 없다는 표현보다 더 좋은 표현은 없다. 선택은 여기까지 이루어졌던 것에 따라, 또 계속 이루어지게 마련인 것의 원인이 되는 것에 따라 이루어진다.

리가 이미 지적했듯이 구체적으로 표현하자면, 기술들에 제시해야 할 목표fin에 대한 철학자와 인본주의자의 담화discours는 기술들에 결코 영향을 미치지 않고 어떠한 결과도 초래하지 않는다. 하지만, 이것이 우발적이라고 생각할 수도 있다. 하지만 이와 반대로, 기술적인 진보의 실제 조건들이 이해되었다면, 이러한 소통 부재는 현상의 본질 자체에 기인하는 것으로 파악된다. 이러한 진보는 어떠한 목표fin도 없이 일어난다. 즉, 하나의 목표도 이 진보에 제시될 수 없고, 하물며 목표 자체는 더욱 바뀔 수 없다. 이 점은 자신의 의무와 최선을 다한 것으로 의식하는 지식인이나 혹은 정치인을 만족시킬 수 있겠지만, 이 점은 어떠한 가치도 없다.

목표fin가 문제시될 때 마치 아무 것도 없는 듯이 모든 것이 보잘것없는 평범한 일상의 되풀이를 계속한다는 점을 우리는 몇 년 전부터 깨닫는다. 엄청난 정치적 변화가 있으나, 어디에서도 아무 것도 기술적인 성장 및 그 결과들과 관련하여 변하지 않았다. 의술의 궁극목적은 '사회적 의술'이라고 불렸던 것과 더불어 급작스럽게 바뀌었지만, 집단적인 병적 정신상태가 생겨나는데 있어서는 아무 것도 변하지 않는다. 자동차 제작의 궁극목적이 심각하게 문제시되지만, 이 점을 통해 아무 것도 결국 변하지 않는다. 반면에, 하나의 수단이 우연히 부족하게 되면, 궁극목적은 사라진다! 석유 위기는 수단에 대한 우리의 터무니없는 민감함의 좋은 예이다. 우리는 "석유라는 수단"이 부족할 것이기 때문에, 자신들이 몰락한다고 생각했다. 연약한 것은 기술 체계가 아니다. 연약해진 것은 바로 우리다. 조금 덜 난방을 하는 것, 자동차 사용을 제한하는 것, 조금 덜 조명을 밝히는 것은 생각할 수 없고 받아들일 수 없는 것으로 갑자기 우리에게 나타났다. 이것은 절대적 "위기"였다. 마찬가지로 브르따뉴Bretagne에서 텔레비전 송신탑이 파괴되는 사건이 일어났을 때, 사람들은 이 연약함을 깨달았다! 이는 공포였고 받아들일 수 없는 상황이었다. 일주일 간 텔레비전 시청 지역을 제한하는 별것도 아닌 일에 심지어「르몽드」도 거창하게 떠벌린다. 수단의 박탈은 우리에게 상상할 수 없는 것으로 나타난다. 타격을 입은 채로 있는 것은 우리 삶의 의미와 가치이다.

어떠한 목표fin도 없기에, 기술에도 의미가 없다. 포함된 의미를 발견하려고 애쓰는 것은 우선 현상을 정확하게 분석하기를 회피하는 일이다. 기술에 의미를 부여하려는 것에 대해 말하자면, 이는 사실상의 신화적인 작업을 하는 것이다. 이 엄청난 대상과 마주하여 인간은 이것을 인간화하고 자기 자신과 공통된 척도를 발견하려 하며, 이 때문에 이것을 어떤 의미로 장식하려 한다. 그러나 이것은 바로 어떤 이들이 종교의 기원에 있었다고 상상했던 작업이다. 천둥이 들리면 천둥은 어떤 효과를 드러내기 때문에, 나를 두렵게 하고 나에게 영향을 미치는 것에 의미가 없다고는 할 수 없다. 또 이것이 완전히 이상한 현상이라고도 할 수 없다. 따라서 나는 나보다 더 중요하지만 나와 비슷한 인물, 곧 나처럼 감정을 느끼는 어떤 하나님에게 이 현상을 전가한다. 천둥은 이러한 하나님에 대한 이해할 수 있고 의미가 부여된 표상이 된다.[181] 기술에 목적이나 혹은 의미를 부여하고자 하는 철학들은 생각 없이 이런 길을 간다. 이 철학들은 기술적인 현상을 "의인화하고 신화화한다." 하지만 이와 반대로, 이러한 현상 앞에 분명히 위치해야 한다. 사람들은 기술 자체가 인간의 이전 세계를 이루었던 어떠한 것과 관련하여서도 정당화되지 않음을 깨닫는다. 기술은 이미 알려진 어떠한 좌표에도 속하지 않는다. 기술은 그 자체로서 충분하고, 스스로를 결정지으며, 기술 자체와 관련하여서 만이 위치한다. 그래서 사람들이 기술에 영향을 미치고 싶더라도, 궁극목적의 차원에서도 그렇게 할 수 없고, 의미의 차원, 다시 말해 담화의 차원에서도 그렇게 할 수 없다. 그래서 다음 같은 두 가지 차원에서만 구체적으로 개입할 수 있다. 첫째, 사람들은 구성요소에 영향을 미치려 애쓸 수 있는데, 이 구성요소의 기술적인 진보는 다음에 이루어질 것이다. 그러나 사람들은 자기 자신이 기술

---

[181] 물론, 나는 종교에 대한 이런 유형의 설명이 오늘날 더는 받아들여지지 않음을 안다.

전문가가 되어야 하는 동시에, 기술에 대한 비판자, 곧 체계를 변화시키기로 작정한 명석한 비판자가 되어야 한다. 이는 지금까지는 착상해내기가 불가능한 인간적인 결합처럼 보인다. 기술전문가가 자신의 기술에서 벗어나 행동하려 할 때, 그는 특히 비합리적인 태도인 정치 속으로 뛰어든다. 둘째, 비非기술적이지만, 이러한 기술 환경 속에 살고 존속하도록 적용할 수 있는 수단, 곧 대규모 발명과 에너지를 요하며 기술 세계와 관련하여 자기 자신이 다르게 위치할 수 있게 하는 수단을 찾아내려 애써야 한다. 이것은 예를 들어 히피의 시도이지만, 이러한 시도에서는 거의 기대할 것이 없다. 왜냐하면 이는 기술에 대한 어떠한 영향도 없는 '주변적인 사회'를 형성하도록 이끌기 때문이고, 또 외부 기술들에 밀접히 종속된 삶의 방식을 만들도록 이끌기 때문이며, 또 이 '주변적인 사회'는 기술적인 하부구조가 '주변적인 사회'에 제시하는 엄청난 가능성에 의해서만 발전하기 때문이다.182)

---

182) 마무리하면서 혼동을 없애려고 애쓰는 것이 바람직하다. 이 모든 것에서 나는 체계로서 또 그 전체성에서 기술적인 진보에 대해 이야기했다. 물론, 나는 각 분야에서 목표가 설정되지만, 거기에서 조차 목표는 수단에 종속됨을 안다. 가장 흥미 있는 것은 『전망』Horizon (1985년)처럼 장기 "계획"이고, 그렇지 않으면 1961년 소비에트 국가위원회에 의해 수립된 과학과 기술을 위한 20개년 계획이다. 서구에서는, "매개적인 전망"(horizon intermédiaire)이 관련되는 모델을 선택된 전망에 따라 수립하는 미래 예측 방법이자 바람직한 모델을 나타내는 미래 예측 방법이 사용된다. 하지만, 채택된 모델은 결국 전문가의 개인적인 선호를 표현하든지 혹은 사회에 존재하는 정치적이고 철학적인 주요 견해를 표현한다. 그러나 그것은 경직되지 않은 발전 가능성을 대상으로 하는 현존하는 기술에서 가능성에 대한 평가와 관련된 것이다. 소비에트에서는 미래 예측적인 태도에 따라 모델은 유일하다. 사람들은 현재 경향의 발전에 대한 관찰에서 출발하여 예견할 수 있는 모순들에 제시할 해결책을 찾는다. 그러나 그것은 가장 좋은 모델을 선별할 수 있는 것으로서 간주되는 마르크스주의 이론의 적용에서 이루어지는데, 왜냐하면 그 이론의 적용을 통해 개인적이거나 혹은 집단적인 계획들과 사회구조에 의한 결정지음 사이의 관계들에 대한 과학적인 인식을 지닐 수 있기 때문이다. 그러나 실제로 그 두 체계는 그렇게 멀리 떨어지지 않아서 사람들은 기꺼이 그렇게 언급할 수 있다. 왜냐하면 서구적인 관점에 의해 공들여 만들어진 다른 모델 가운데 결정짓게 되는 것은 달성해야 할 이상이 결코 아니라 그러한 다른 분야에서보다는 차라리 이러저러한 분야에서 기술적인 수단의 증대이다.

제4장 : 가속화의 문제

기술적인 진보의 가속화와 기술적인 성장의 한계에 대한 문제 제기

우리는 여기서 처음으로 기술 체계 속에서 예측183)이란 문제 혹은 예측 가능성이란 문제와 마주치는데, 특별한 논점에 대해서이기는 하나 직접적으로 이 문제와 과감히 맞서는 편이 더 낫다. 기술적인 진보의 가속화란 문제를 제기하는 것은, 체계 전체의 발전에 대한 예측 가능성이란 문제를 제기하는 것이다. 그런데, 사실에 대한 입증 및 적용할 수 있는 방법에 대한 입증과

---

183) 미래 예측은 차치하고라도 예측에서 미래 연구까지 여러 유형이 존재한다는 것이 알려져 있다. 너무 단순한 선형적(線形的)인 예측은 지난 몇 년 간 확대 적용에 의해 과학적으로 입증된 경향들의 연장이다. 그 예측은 상관관계 모델, 통계적인 조정에 늘 기초하는 인풋(input)과 아웃풋(output)에 대한 분석, 거기서 아마도 가공적인 외형의 대강이 제시되는 유사한 모델, 거기서 관찰들 사이에 가능한 상관관계가 설정되는 예측 모델을 동반한다. 그 모든 것은 내일은 어제에 의해 결정지어진다는 확신에 기초하고 더 나아가 어제의 진보는 내일의 진보를 유발한다는 확신에 기초한다. 미래연구는 다르게 진행된다. 현존하는 메커니즘이 연구되지만, 그것은 받아들일 수 있는 미래가 그 메커니즘을 통해 반드시 생겨나지는 않을 것이라는 확신과 더불어서 이다. 한편으로 평가와 판단을 하는 것이 중요하고, '가능한 것'과 '바람직한 것'의 차원에서 있을법한 것에 대한 변화 의지를 도입하는 것이 중요하다. 또한 개입 방식을 평가하는 것이 중요하다. 그 모든 것은 마르크스에게 있어 이미 포함되어 있다고 아주 당연히 언급될 수 있었다. 그것은 자본주의의 발전과 관련하여서는 예측이며, 혁명의 장래와 관련하여서는 미래 연구이다. "미래연구적인 사고는 미지에 대한 연구, 생체의 구조적 유사성을 재발견하기 위한 역사에 대한 의문, 정치적이고 사회적이고 경제적이고 생태적인 경향들에 대한 평가, 신심과 제도의 견고함에 대한 분석, 그 의지와 능력이 한 시대의 잠재성을 나타내는 인간에 대한 측정 등 여러 연구 방식 유형 사이에 종합을 나타낸다." 레즐러(Leszler), 『마르크스와 미래 연구적인 사상』*Marx et la pensée prospective* (1975년). 이 모든 것에 대해서는 아이레스(R. U. Ayres)의 뛰어난 연구인 『기술적인 예측과 장기적인 계획』*Techological Forcasting and Long Range Planning* (1969년). [역주] Robert Underwood Ayres(1926-). 미국의 물리학자이자 경제학자. 물리학 개념, 특히 열역학 법칙을 경제학에 적용한 것으로 알려져 있다. 주요 저서로 『전환점, 성장 패러다임의 종언』*Turning Point: An end to the Growth Paradigm*이 있다.

관련하여, 한편으로 뚜렷한 증거가 있고, 다른 한편으로 터무니없는 복잡성이 있다.

그 과학적인 방법에 의문이 제기될 수 있더라도, 또 그 결론이 생각한 것만큼 명백하지 않더라도, 메도우즈Meadows 보고서184)는 기술적인 성장의 한계라는 문제를 철저히 제기했음이 알려져 있다. 즉, 20년 전부터 확인된 리듬에 따라 인구 증가와 산업 확장을 뒤쫓아 가는데 물리적 한계가 존재하는가라는 문제이다. 답은 알려져 있다. 경작 가능한 지구 표면은 한정되어 있고, 식량생산의 증가는 재생가능하지 않은 자원에 대한 사용가능성에 연결되어 있으며, 자원의 매장량이 많지 않다고 예상된다. 천연 자원은 고갈되지 않더라도 반세기 후에는 터무니없이 비싼 가격에 이를 것이고, 기술적인 성장에는 발달을 불가능하게 만들 오염이 뒤따른다. 그뤼종185)은 자신의 뛰어난 연구에서186), 본질적인 논점과 관련된 이러한 결론들을 확증한다. 즉, 인류는 곧 에너지원이 부족할 위험이 있다는 것이다. 석유 매장량은 무한하지 않다. 30년 이내에, 석탄으로 전반적 복귀를 선택하거나 혹은 위험에도 불구하고 핵에너지에 대한 대대적인 의존을 선택해야 할 것이다… 이 모든 이유로, 또 알려진 다른 많은 이유로, 메도우즈 보고서는 '제로 성장'을 제시하고, '성장 상태'에서 '균형 상태'로 이행을 제시한다. 그런데 '균형 상태'에서 문제는 더는 생산을 확장하는 일이 아니라, 생산된 것을 정확히 분배하는 일일 것이다. 그래서 이 4장의 관점에서 제기되는 문제는 다음과 같다.187) 즉,

---

184) [역주] 1970년 '로마클럽'(The Club of Rome)이 매사추세츠 공과대학(MIT)의 연구팀에게 맡긴 연구보고서로서 "성장에 대한 한계"The Limits To Growth라는 제목으로 출판된다. 그것은 당시 세계가 겪던 경제 성장과 인구 증가의 환경적 위험을 강조한 첫 번째로 나온 중요한 연구이다.
185) [역주] Claude Gruson(1910-2000). 프랑스 국립 통계 경제 연구소 소장을 역임하고, 프랑스 경제 예측 정보국장을 지내기도 한다.
186) "에너지에 굶주린" Affamé d'énergie, 「르몽드」(1972년).
187) 경제적 관점에서 기술적인 진보의 가속화에 대한 훌륭한 두 연구를 볼 것. 1966년 이 문제에 할애된 『정치 경제학지』*Revue de l'Ecomonie politique* 특별 호에서 쇠레(Scheurer)의 "기술적인 진보의 가속화의 재정적 문제"Les problèmes financiers de l'accélération du progrès technique

인간 자신에 의해 주재된 의도적인 차단188)이나 붕괴에서 나온 파국적이고 비자발적인 차단189)이 목격될 것인가, 그렇지 않으면 점진적인 제동, 따라서 기술적인 진보의 둔화가 목격될 것인가이다. 이것이 가장 만족할 만한 답이 될 수도 있지만, 나는 이 답이 거의 아무에 의해서도 검토되지 않는다는 점을 확인할 수밖에 없다. 기술의 인과적인 발전 체계 때문에, 어떻게 이 점진적인 제동이 일어날 수 있는지 사실상 파악되지 않는다. 실제로, 나는 이 세 가지 가정 중 어떤 것도 있을 법 하다고 개인적으로 믿지 않지만, 체계 내부에 불균형과 역기능의 증가는 있을 법 하다고 믿는다. 그런데 이 체계를 통해 제동이 초래되는 것이 아니라, 체계 전체의 둔화를 야기할 수 있는 피드백이 없음으로 말미암아 무질서가 초래된다.

한 세기 반전부터 기술이 점점 더 빨리 진전된다는 점을 확인하게 하는 단순한 시각이 있다.190) 기원전 5000년대 사회와 1800년대 사회 사이에서 보다 1800년대 사회와 1950년대 사회 사이에 모든 영역에서 더 많은 차이점이 있다고 하는 것이 진부하다면, 기술적인 진보가 1780년과 1850년 사이에는 꽤 느리고, 1850년과 1914년 사이에는 빨라지며, 1914년과 1945년 사이에는 더 빨리 진행되고, 1945년과 1970년 사이에는 엄청난 속도에 도달한다고 인정하는 것은 마찬가지로 진부하다. 이러한 신속함의 좋은 예는 컴퓨터에 의해 우리에게 제시된다. 문제되는 것은 컴퓨터 사용의 확대, 다양한 성능개선, 컴퓨터의 신속함이나 영역일 뿐만 아니라, 컴퓨터 데이터베이스 자체의 변

와 뒤프리에(Dupriez)의 "기술적인 진보의 가속화"*L'accélétion du progrès technique*.
[역주] Léon H. Dupriez(1901-1986). 벨기에의 경제학자. 주요 저서로 『일반 경제 동향』*Des mouvements économiques généraux*이 있다.
188) '메도우즈 가정' (hypothèse Meadows).[본문 내용을 역자가 각주로 설정]
189) '바카 가정' (hypothèse Vacca).[본문 내용을 역자가 각주로 설정]
190) 이 가속화는 현대인의 심리적 태도에 일치할 수도 있고 드 쥬브넬(De Jouvenel)이 『이상향』*Arcadie* (1968년)에서 "언제나 최상인 문명"이라고 부른 바와 일치할 수도 있다. 예측과 관련하여 미국의 대단한 전집 저작인 『2000년을 향해』*Toward 2000* (1967년, Daedalus)는 기술적인 진보의 예측될 수 있는 가속화를 여전히 주장하는데, 사실은 이 가속화를 입증하지 않은 채로 그렇게 주장한다.

화이다. 이것은 레밍턴Remington사의 '유니벡Univac 1951' 같은 직렬로 된 첫 전자계산기부터 "제 3세대" 컴퓨터에 대해 이야기하면서 사람들이 묘사하는 바이다. 12년간 지속되는 이중 3극 진공관으로 된 전자관의 단계, 즉 1958년에 시작되어 1964년에 마무리되는 트랜지스터 단계가 있었고, 1975년 무렵까지 소형화된 회로의 단계가 있었다. 그러나 제 4세대의 출현, 곧 통합 회로의 출현이 검토된다. 이러한 진보는 늘어난 추진 속도와 더 나은 안전도와 더 큰 밀집의 방향으로 이루어졌다.

속도와 관련하여, 10단위로 된 두 숫자의 합산이 1951년에는 천 분의 4초에 이루어졌다. 그런데 1955년에는 몇 만 분의 1초에, 1960년에는 이십만 분의 1초로, 1964년에는 몇 백만 분의 1초에 이루어졌다. 새로운 유형의 "기억" 밀집은 엄청나다. 띠와 펀치 카드를 벗어나 정보 입력 수단을 통해 10억 개 단어 이상을 기억장치에 입력할 수 있다.

현재, 사람들은 도달할 수 있지만, 추월당하지 않을 속도의 "한계"를 얼핏 보기 시작한다. 그러나 이 한계가 필요불가결하다면, 이는 "완충기억장치"[191]의 생성, 어떤 계산이 마무리되기 전에 그 계산을 다음 계산으로 들어가게 하기 위한 계산 결과에 대한 예측 시도, 더 개량된 하위체계에 의해 대체될 수 있는 하위체계의 분리, 컴퓨터 체계의 적응 유연성 등과 같은 컴퓨터의 성능 개선을 중단하는 것을 결코 전제하지 않는다. 진보가 너무 빠르고 결과가 너무 엄청난 나머지, 사람들은 3차 "산업 혁명" 이후 단지 30년 만에 생겨나는 4차 "산업 혁명"을 컴퓨터와 더불어 언급해야 할지 말아야 할지 갈피를 잡지 못한다…

마찬가지로 1930년부터 1960년까지 아홉 가지 다른 유형의 일련의 입자 가속기를 기술적인 성장의 예로서 들 수 있는데, 이 입자 가속기는 1메가전

---

[191] [역주] 완충기억장치(mémoire tampon). 다른 특징을 지닌 두 기관 사이에 데이터의 일시적인 저장을 가능하게 하는 기억장치나 혹은 기억장치의 일부.

자볼트부터 10만 메가전자볼트까지 가속을 이끌어 낸다. 그러나 거기에도 꽤 빨리 한계에 이를 수 있다.

이는 단순한 예이며, 일반적인 움직임을 추론할 수 있는 것은 특별한 예에서가 아니다. 하지만, 경향을 결정짓는 것은 언제나 모든 분야에서 가장 현대적이고 가장 앞선 기술이라는 본질적인 사실을 어쨌든 잊지 말아야 한다. 여기서 여전히 우리는 필연적으로 이루어지는 선택의 자동성을 다시 발견한다. 그렇지만, 실제적인 방식으로 이 가속화를 설명하려 애써보았자 쓸데없는 일이다. 일 년이나 혹은 몇 년 간 모든 분야에서 기술적인 개선을 정확히 열거하는 일은 불가능하다. 이러한 검토가 이루어질지라도, 이 검토를 1920년대, 1930년대, 1940년대에서 비슷한 검토와 비교하는 일도 불가능하다. 동일한 어려움으로 말미암아 그런 것이 아니라, 기술적인 발명의 숫자를 비교하는데 만족할 수 없기 때문에 그러하다. 이 발명들 각각의 중요성과 적용 확대를 역시 비교해야 할 것이다. 왜냐하면 역사를 통해 기술적인 현상을 분석하려면, 과학에서와 동일한 태도를 취할 수 없기 때문이다. 과학에서는, 예를 들어 과학적 발견 자체의 날짜와 과학적 발견이 위치하는 지적 맥락을 찾는 일이 중요하다. 하지만, 기술에서 중요한 것은 발명 자체도 실험실에서 적용도 아니라, 중요한 것은 확산이며 대량 소비와 관련된 적용이다. 작은 범위 속에 닫혀 있고 가두어진 진 채로 있다면, 뛰어나 기술적인 발명이라도 기술적인 현상에 대한 사회학적 분석에서 어떠한 관심도 끌지 않을 수 있다. 그런데, 기술적인 진보의 증대를 위해 이러한 방식이 고려되도록 이 방식의 충분한 확산이 어느 날짜부터 일어났는지 정확히 아는 것은 불가능하다. 결국, 이러한 진보 속도에 대한 사실상의 정확한 연구는 수행하기가 근본적으로 불가능한 듯이 보인다. 계속된 가속화가 이루어진다고 판단하는 이들과 성장기 이후 둔화가 있기 마련이라고 판단하는 이들은, 표본으로서 선택된 느낌과 감정과 사실에 대한 의견이 서로 다르지만, 모두 다 대충 어림잡은 것이다.

과학적인 발달에 대해서는 다음 같이 언급된다. 즉, 인류의 시작 이래로 전부 합해서 존재했던 만큼이나 많은 살아있는 '창조적인 학자들'이 이제 존재한다. 이들의 숫자는 1930년부터 두 배로 늘어났음이 확실하다.192)

'창조적인 학자'라 불리는 것은 매우 인상적이나 거의 설득력이 없다. 어느 정도가 되어야 학자가 되는가? 또 어떠한 기준과 관련하여서인가? 따라서 중국과 인도나 혹은 심지어 중세 서구에 존재했던 학자의 수를 어떻게 셀 수 있겠는가? 마찬가지로, 최근 10년간 인간 지식의 양이 두 배가 되었다고 주장되기도 한다. 하지만, 여기서 여전히 어떤 유형의 "지식이" 고려되는가? 예를 들어 사법적인 지식을 고려할 것인가? 역사와 관련된 지식은 어떠한 척도로 따질 것인가? 물론, 연구가 증가함으로써 우리가 지식에서 헤어나지 못함을 안다. 이와 같이, 1964년 핵연구에 관한 국제 과학 회의에서 아주 완벽한 자료가 1950년부터의 새로운 발견 및 적용과 관련하여 취합되었다. 그런데, 이 자료는 너무 방대한 나머지 어떤 학자가 이 자료를 완전히 파악하려면 20년간 읽어야 할 수도 있다.193) 이 모든 발견은 과학적이지만, 적용을 향해 있기에, 기술이 더욱 더 빨리 증식할 따름이라는 것은 자명하다.

소위 존경할 만한 사람들이 기술적인 진보의 확실성에 완전히 눈이 멀어 있음을 확인할 수밖에 없다. 다음 같은 단 하나의 예만 들어 보자. 소비Sauvy는 "의기양양한 전제 군주인 기술적인 진보는 멈춤을 허용하지 않는다. 모든 둔화는 퇴보에 해당한다. 인류는 영구히 진보를 강요당한다."라고 언급한다. 무엇과 관련된 진보인가? 물론 기술과 관련된다. 무엇과 관련된 퇴보인가? 기술적인 진보가 다른 것과 관련하여 하나의 퇴보라면 어떻게 되는가? 반면에 샤르보노는 다음 같이 명확히 기술한다. "숙명적인 진보를 믿는 것은 물

---

192) 오제(P. Auger) 보고서, 과학 연구 분과, 유네스코, 1963년.
193) 베르또(P. Bertaux), 『인간의 변동』 *La Mutation humaine*.
　　[역주] Pierre Bertaux(1907-1986). 프랑스의 게르만 언어와 문화 전문가. 주요 저서로『인간의 변동』*La mutation humaine*이 있다.

질적이고 집단적인 조직의 숙명적인 진보를 강조하는 것이다. 즉, 자유의 주체인 개별적인 인간이 아니라, 자유의 조건들을 강조하는 것이다. 기술이라는 논리 및 물질과 힘이 강조된다면, 비인간적인 것이 선택될 수밖에 없다."

매우 많은 저자에게, 기술적인 진보의 가속화는 명백하다. 1957년 베르제 194)는 교육 개혁과 관련하여 "교육의 깊은 의미를 재발견하고 가속화 상태에 있는 세계에 맞는 방법을 만들어낼" 필요가 있다고 기술했다. 이는 자명하다. 진지함의 다른 극단으로 넘어가서 토플러Toffler는 "가속화의 일반적인 과정"을 입증하려 하지만, 근거 없는 주장과 의미 없이 눈길을 끄는 사실 외에는 새로운 아무 것도 제시하지 않고서 그렇게 한다. 사실상 그는 기술적인 진보의 기학학적인 발전에 관한 나의 논증을 원문 그대로 다시 베끼고 있다. 언제나 훨씬 더 정확한 바카Vacca는 무한한 것으로 간주될 수 있는 성장 속에서 어떻게 기술들이 서로 조정되는지 드러내 보인다. 그는 기술들의 목표fin가 파국적인 방식으로 촉진된 것으로 간주하지만, 결정적인 요소들을 결코 제시하지 않는다. 토플러처럼 끌로제Closets는 다음 같이 주장하면서, 특히 가속화가 존재한다는 점을 나름대로 드러내 보인다. 즉, "기초연구에서 완성품으로 나아가는 과정은 점점 더 빨리 전개된다. 이 과정은 전기 모터에서 40년, 라디오에서 35년, 엑스선에서 16년, 핵반응에서 10년, 원자폭탄에서 8년, 레이더에서 5년, 트랜지스터에서 3년 걸렸다. 거기서 문제되는 것은 통계적인 진실일 뿐이다. 혁신은 수십 년 간 기술적인 장애에 부딪칠 수 있다. 그러나 일단 이 어려움이 극복되면 산업화는 급속히 이루어진다… 역사라는 영화는 가속된 속도로 펼쳐진다."195) 사실상, 사람들이 종합을 하는 대신 몇몇

---

194) [역주] Gaston Berger(1896-1960). 프랑스의 철학자이자 행정가. 성격학(caractérologie)에 대한 연구작업으로 알려져 있다. 주요 저서로 『성격 분석 실제론』 *Traité pratique d'analyse du caractére*, 『성격과 인격』 *Caractére et personnalité* 등이 있다.
195) 다른 전문가들은 과학적인 발명과 실험실에서 기술적인 적용 및 배포 사이에 시간 간격은 계속 줄어든다고 주장한다. 놀라운 예들이 제시된다. 사진술 원리의 발견을 카메라의 상업적 제조로 가게 하는데 1세기가 필요했다. 전화기에는 반세기가 필요했고, 라디오에

예를 들 때 늘 그렇듯이, 나는 이 수치들이 전혀 납득되지 않는다. 고려된 시기 동안 모든 분야에서 온갖 기술적인 진보가 동일한 가속화를 겪었다는 점을 입증해야 할 것이다. 또한 가속화가 무엇과 관계되는지 자문해야 한다. 이 단락 서두에서 끌로제는 기초연구에서 완성품으로 이행에 대해, 말미에서는 산업화에 대해 이야기하는데, 이는 같은 것이 아니다! 더구나 그가 유예기간을 둘 때, 출발점은 혁신 자체인가, 그렇지 않으면 이 혁신의 구성요소들인가? 혹은 산업화 과정인가? 도착점은 모델의 제작인가, 그렇지 않으면 시장에서 대대적인 확산인가? 거기서 여전히 유예기간은 매우 가변적이다! 마찬가지로, 사람들이 아무런 혁신에서나 영향을 미치는 기술적인 요인의 다양성을 알 때, 무슨 요인이 진정으로 출발점인지 자문하기 마련이다. 결국, 그는 과학적인 연구에서 기술적인 적용까지의 직접적인 계보, 곧 우리가 그 부정확성을 드러내보였던 과정에 따라 자신의 예측을 세우는 듯이 보인다. 이와 같이, 이러한 예들에서 아무 것도 이끌어낼 수 없으며, 특히 끌로제가 "곡선이 그려질 때마다 곡선은 동일한 가속화를 나타낸다."고 표명하듯이 확대적용을 할 수 없다.196) 소비에서 촉진이 있다는 점은 기술화된 국가에서 분명하고, 에너지 소비의 촉진이 훨씬 더 있다는 점은197) 훨씬 더 확실하다. 그러나 이 점에서 기술적인 진보의 어떤 가속화를 엄밀히 추론할 수는 없다. 마찬가지로, "기술적인 격차"가 확대된다는 점과 예를 들어 컴퓨터를 대대적으로 사용하는 나라와 그렇게 할 수 없는 나라 사이에 격차가 증가한다는 점은 분명하다. 실제로, 기술적인 격차는 양적인 결과만큼이나 질적인 결과에 기인할 수 있다. 혹은 예를 들어 엘고지가 잘 드러내 보이듯이 컴퓨터에서와 제3세계에 빈약한 봉급에서 어떤 나라들이 불가능에 부딪치기 때문에, 기술적

는 5년이 필요했다.
196) 하지만, 그는 소비와 국민총생산과 기술적인 진보를 뒤섞는다… [본문 내용을 역자가 각주로 설정]
197) "유럽에서 에너지" L'Energie en Europe에 대한 1972년 7월 「르몽드」의 흥미로운 특별 호를 참조할 것.

인 격차는 이 나라들의 성장 중단에 기인할 수도 있다. 자신의 추상적인 이상주의 속에서 로르빅은 가능한 기술적인 실현 목록에서 이 가속화를 구체적으로 드러내 보이려 한다. 그는 '란드 코퍼레이션'198)을 위한 헬머Helmer의 바로 그 델파이Delphi 모델을 특히 염두에 둔다. 그는 복잡한 교육 기계가 기술적으로 실현될 수 있다고 1975년에 예측되는 만큼, 1988년에는 온갖 실제 업무와 어떤 행정업무에 로봇의 사용이 심리적 · 정치적 · 경제적 가능성을 고려하지 않고서 매우 단순히 이루어질 것이라 간주한다… 달리 말해, 기술이 어떤 환경 속으로 편입되는 환경임을 한 순간도 생각하지 않고서, 가속화에 대한 그의 논증은 또다시 기술을 시험관 내에서의 것으로 간주한다. 따라서 움직임의 가속화에 관해서는 이로부터 아무 것도 이끌어낼 수 없다.

반면에, 기술적인 확장이 중지될 것이라 여기는 가장 통상적인 이유들을 분석하고 비판하는 바카Vacca 199)의 논증을 중시해야 한다. 그는 분명히 존재하는 장애와 비합리성과 포화상태와 심리적 불안정이 그 자체로는 기술 발달을 심각하게 억제할 수 없음을 보여준다. 기술 발달은 소음과 도덕적 붕괴와 비용에도 불구하고 바카에서는 단절의 한계에 이르기까지 증가한다. 인간은 모든 것보다 기술을 선호하기 때문에, 또 엄청난 재앙을 견디고 단절에 이르기까지 적응할 용의가 있기 때문에, 아주 실제적인 온갖 장애를 통해 성장은 억제될 수 없다. 그러나 이것은 "제로 성장"도 아니고 점진적인 억제도 아닐 것이다. 이 누적된 결과들이 작용할 때, 때는 너무 늦을 것이다. 다시 말해, 이것은 기술적이고 인구적인 관점에서 엄청난 퇴보와 더불어 재난이 될 것이다. 리치타Richta도 '가속화'라는 개념에 전적으로 찬성한다. 그는 기술적인 발명의 가속화가 늘어날 것이라 판단한다. 또한 그는 과학적인 발견과 그

---

198) [역주] '란드 코퍼레이션' (RAND Corporation). 1945년에 설립된 연구와 분석에 의해 정치와 의사 결정 과정을 개선하는 목적을 지닌 비영리적인 미국 기관으로서 미국의 '두뇌 집단' (think tank)으로 간주된다. RAND는 'Research and Development'의 각 단어 첫 글자를 따 맞추어 만든 말.
199) 앞에 나온 책, 『내일, 중세』 *Demain le Moyen Age* 2장.

적용 사이의 유예기간이 끊임없이 줄어들고200), "과학적인 지식이 이제 10년이 되지 않아 두 배가 된다."고 판단한다. 이는 그처럼 신중한 사람에게 너무 경솔한 주장인 듯이 보인다. 그가 233쪽에서 언급하는 바를 자신이 335쪽에서 반박하는 만큼 더욱더 그러하다. 이 다른 텍스트에서 그는 오늘날 혁신의 주기가 "연구자의 양성 기간과 마찬가지로 생산 기반의 기술적인 재구성 시기에" 일치하는 수치인 20년이라고 판단한다.

진정으로 일반화될 수 있는가? 이것은 면밀한 검토가 거기서 여전히 이루어질 때에만이 설득력 있을 수도 있다. 그런데, 이에 가장 가까이 근접했던 1965년 '란드 코퍼레이션'의 보고서는 이 논점에 대해 반대의 결론에 이른다. 게다가 지금은 이와 반대로, 기술적인 연구의 시작과 마무리 사이에 점점 더 긴 시간의 유예가 필요하다고 여겨진다. 기술이 더 복잡할수록 이 측면에서 속도는 더 늦추어진다! 기술담론에서 미래 연구를 하는 대부분의 사람이 근거를 두는 것은 이러한 전제이다. 그럼에도, 우리가 방금 설명한 "확증 사실"과 다른 확증 사실에서, 어떤 이들은 기술의 폭발적인 성장에 대해 이야기한다. 그래서 가장 흔히 볼 수 있는 태도는, 이미 알려진 기술들이나 혹은 과학적 방법을 검토하고 그 결과를 직접 연장하는 것이거나, 과학적 발견에서 예측할 수 있는 가능한 결과를 이끌어내는 것이거나, 어떻게 이 발달이 점점 더 빨라지는지 보여주는 것이 된다. 새로운 기술의 적용 결과로 시골의 인구 감소가 가속화되기 마련이라는 점 및 새로운 운송 기술과 집중 기술의 결과로 대도시가 점점 더 중요해진다는 점이 같은 방식으로 입증된다. 기술의 단조롭고 무한하며 늘 가속화된 성장이라는 견해에서는, 체스터톤201)의 다음 같은 경고에 유의해야 한다. "능란한 모든 인간은 곧 일어날 수도 있는 바

---

200) 그 유예기간이 1900년에는 37년 소요되고 1960년에는 14년 혹은 9년 소요된다. [본문 내용을 역자가 각주로 설정]
201) Gilbert Keith Chesterton(1874-1936). 영국의 작가. 판타지 소설과 탐정 소설을 포함하여 철학, 존재론, 저널리즘, 문학·예술 비평, 기독교 호교론에 관한 작품을 발표한다. 대표작으로 『백마의 발라드』*The Ballad Of The White Horse*가 있다.

를 가장 다양한 재간으로 예측했고, 그들이 보기에 힘차게 나아가는 어떤 것을 취하여 그들의 상상력이 펼쳐지는 만큼 멀리 그것을 연장하면서 같은 방식으로 그렇게 했다…. 우리가 다른 돼지들보다 약간 더 큰 돼지를 볼 때, 측량할 수 없는 것의 불변의 법칙에 의해 이 돼지가 언젠가 코끼리보다 더 크게 될 것임을 알듯이, 마찬가지로 우리는 인간의 정치에서 어떠한 권력이 어떠한 시기 동안 상당한 활동을 나타낼 때, 이 활동이 하늘에 이르기까지 계속될 것임을 안다."202)

에이레스(R. U. Ayres 203)는 '기술담론적인 예측'이 신자본주의의 방향뿐 아니라 계획 경제 때문에 반드시 필요하게 되었음을 드러내 보인다. 하지만, 그는 과학이 검토된 체계의 작동을 지배하는 법칙들을 명확히 설명하기 때문에, '기술담론적인 예측'이 과학적일 수 없음을 보여준다. 그런데, '기술담론적인 예측'과 더불어 그것은 사실이 아니며, 사람들은 매우 가변적인 확실성과 기초적인 정보에서 더는 나아가지 않는다고 그는 언급한다. 이 비판과 관련하여서는 그가 완전히 타당하지만, 그는 기술이 실제로 체계임을 알아차리지 못한다. 또한 그는 사람들이 어쩔 수 없이 아무 것도 이해하지 못하고 예측 할 수 없는 것이, 충분히 포괄적이고 전체적인 방식으로 기술을 이해하지 못해서이고, '물질적인 기술들'의 차원, 특히 생산의 차원에서 더 나아가지 못해서이며, "혁신"에 대한 예측이라는 강박관념에 의해서일 따름임을 알아차리지 못한다. 1985년이나 혹은 2000년에 사람들이 "발명"의 리스트를 만들려고 애쓰는 한, 사람들은 무턱대고 자판을 두드릴 것이고, 어떠한 진지한 작업도 하지 않을 것이다. 그러나 기술담론과 기술을 혼동하며204) 경제적 특성을 지닌 기술들만을 살펴보는 에이레스 자신은 그리하여 기술을 체

---

202) 체스터톤(G. K. Chesterton), 『노팅힐의 나폴레옹』 *Le Napoléon de Notting Hill* (1904년).
203) 『기술담론적인 예측과 장기 계획』 *Prévision technologique et planification à long terme* (1972년).
204) 그래서 기술담론가(technologien)는 기술전문가를 대체해야 할 것이다! [본문 내용을 역자가 각주로 설정]

계로서 이해하는 모든 가능성을 거부한다.

첫 번째 질문은 필요한 예측이 가능한지, 또 이 예측이 다음 같은 두 측면, 곧 기술적인 성장 가능성과 관계되는 첫 측면과 인간적이고 사회적인 발전이라는 다른 측면을 포함하는지 자문하는 것일 수밖에 없다. 기술적인 진보에 대한 어떤 예측 가능성이 있다는 점은 흔히 받아들여지는 듯이 보인다. '란드 코퍼레이션'은 아주 진지하게 이루어진 이미 알고 있는 사실의 확대 적용이라는 특수성을 확보했다. 마찬가지로 칸Khan과 위너Wiener의 공저205)를 검토해 봄으로써, 다음 같은 점이 쉽사리 파악된다. 즉, 정치나 혹은 경제에서 예측 시도가 매우 우발적이라면, 또 이 예측 시도를 통해 수많은 가능한 모델이 제시된다면, 더 확실하고 분명한 듯이 보이는 유일한 부분은 기술적인 진보와 관계되는 부분이라는 점이다. 원칙적으로 여기서, 일종의 가능한 도식이 세워질 수 있으며, 이미 상상할 수 있거나 그렇지 않으면 진행 중인 가능한 발명과 기술적인 적용이 무엇인지 파악된다. 그러나 이러한 판단을 하는 것이 완전히 논리적으로 보인다면, 나를 놀라게 하는 것은 결정적인 것으로 간주될 수밖에 없는 두 가지 질문이 이런 종류의 예측에서 없다는 점이다. 첫 번째 질문은 이 기술적인 확장과 경제 성장 사이의 관계와 관련된다. 우리가 기술 내부에 위치한다면, 기대된 진보에 대한 상대적으로 명확한 도식을 실제로 그릴 수 있다. 하지만, 우리는 기술에서의 발명이 매우 상대적인 중요성만을 갖고 있다고 이미 자주 언급했다. 중요한 점은 적용과 확산이다. 그런데, 적용과 확산은 경제적인 동원 가능성에 달려 있다. 여기서 우리는 미지의 요소 한복판에 있다. 즉, 경제에서 어떤 예측이 불가능한 것이 아니라, 불가능한 듯이 보이는 것은 경제적인 잠재력과 기술적인 잠재력 사이의 관계인데, 이것은 성장의 상호관계이다.

두 번째 어려움은 예측 자체의 방법이라는 어려움이다. 이러한 '기술담론

---

205) 칸(Kahn)과 위너(Wiener), 『2000년』*The Year 2000*.

적인 예측' prévision technologique은 예전에 이루어진 이미 알고 있는 사실의 확대 적용과 아무 관계없지만, 어떠한 과학적 확실성도 포함하지 않는다. 즉, 사람들은 끌로제가 자신의 저서에서 제시하는 것과 같은 다양한 기초 정보의 집적과 마주한다. 그런데 이 정보들은 그 확실성이 아주 가변적이어서 상대적으로 불확실하다. 또한 이 정보들에 일관성이 있기 때문에 가능한 이미지를 이끌어내려고 이 정보들은 나란히 놓여진다. 가능한 미래에 대한 다소 체계적인 일종의 면밀한 검토가 이루어질 수 있고, 가장 많이 일어날 법한 이론수립이 선택된다. 그러나 우리는 여기서 미래학의 가능성에 대한 일반적인 연구를 할 필요가 없다. 우리는 20년이나 30년 후에 혹은 40년 후에 진보가 무엇일 지에 대해 모색하지 않는다. 이러한 도표들은 놀랄 만한 불일치와 더불어 수많은 연구기관에 의해 작성되었다. 이와 관련된 것은 단지 가속화라는 문제이다.

가속화라는 방향에서 우리는 앞 장에서 분석된 인과적인 성장 현상을 여전히 검토해야 한다. 그래서 우리는 기술적인 발달이 이전의 기술적인 요소들 사이의 결합에 따라 이루어진다고 파악한다. 논리적으로, 이 기술적인 요소들의 수가 증가할 때 기하급수적으로 증가하는 결합의 가능성이 존재한다. 도식적으로, 우리에게 결합해야 할 네 가지 요인이 있다면 이를 통해 64가지의 결합이 생겨난다. 우리가 동등한 결합 가능성을 전제로 하면서 앞선 요인들과 마찬가지로 중요한 다섯 번째 요인을 추가하면, 이를 통해 325가지 가능한 결합이 우리에게 주어진다. 우리는 각각의 과학적이고 기술적인 진보가 지식과 적용이라는 나머지 모든 것에 영향을 미친다고 이미 언급했다. 이제 더는 특별한 분야에서 발달이 이루어지는 것이 아니라, 예전에는 분리된 것으로 여겨진 분야에 속한 방법과 과학의 결합에 의해 이루어진다. 물론, 가능한 결합 모두가 실현되지는 않는다고 판단할 수 있다. 하지만, 다른 한편으로 예전에 알려진 요인과 결합되려고 매년 제시되는 것은, 하나의 새로운 요인이 아니라 십여 가지나 혹은 백여 가지의 수많은 요인이라 판단할 수도 있다. 이 결합 덕분에 기술이나 혹은 기술적인 적용이 나타날 때, 기술이나 기술적인 적용은 결합의 잠재적인 요인으로서 다른 많은 요인과 즉시 접촉한다. 이와 같이 기술이 우리 마음대로 사용 될수록 기술적인 진보는 더 가속화된다. 각각의 기술적인 발견은 파급효과를 갖고 있으며, 단 한 분야만이 아닌 몇몇 다른 기술적인 분야에 진보를 초래한다. 이처럼 거의 확고한 의지 없이, 새로운 여건들의 단순한 결합에 의해 끊임없는 혁신과 적용이 일어날 뿐 아니라, 몇몇 흐름이 서로 마주치기 때문에 그 때까지 알려지지 않은 온전한 영역들이 기술을 향해 열린다. 예를 들어 수정 제품, 생체공학, 저온 공학, 공간 기술 등과 같은 다양한 기술과 분야가 서로 침투하는 "교차지점"206)을 사람들은 점점 더 규정하려고 애쓴다.207) 그런데, 이러한 지식과 실제 적용은 임의로 뒤섞이지 않는다. 실제로, 여러 분야에서 얻어진 지식은 한 연구 분야를 향해 소위 "자발적으로" 한데 모이고, 이와 같이 모아진 가르침은 '사실 그 자체에 의해' ipso facto 다른 과학 분야를 결실 맺게 한다. 모습을 드러내려면 수천 도를 요구하는 물질의 네 번째 상태인 플라스마 연구에 저온의 확보가 어떻게 도움 될 수 있을까? 저온은 늘어나는 기계장치에 사용되고 과학 연구를 위해서도 사용된 초전도체를 그 자체로 만들 수 있게 했던 초전도성으로 귀결되었다… 이와 같이 우리는 기술의 무한한 성장과 마주해 있고, 끊임없이 커지는 급속성과 마주해 있다. 그러나 여기서 취해진 이론적인 측면 때문에 잠재성에 대해 이야기하는 것이 더 낫다. 기술적인 현상이 공허 속에서 발전한다면, 기술적인 현상은 기하학적인 발전 원리에 따라 발전한다고 할 수도

---

206) 『실재들』*Réalités*에 발표된 아르망(L. Armand) 보고서.
207) 이와 같이, 착종(錯綜:imbrication)에 의한 절연 물질을 얻고자 고온에서 플라스마 기술의 놀라운 적용이나 혹은 눈 수술로 부터 직경 5000분의 1 밀리미터의 광선절단기계에 의한 정보의 저장을 위한 "마이크로 정보저장장치"의 생산까지 놀랍도록 다양한 분야에서 레이저의 사용 가능성 등이다. 레이저의 수많은 가능성에 대해서는 끌로제(Closets)와 칸(Kahn)의 저서들을 볼 것.

있을 것이다. 기술적인 현상이 더는 이처럼 진전하지 않기 위한 어떠한 명백한 이유도 없다.

이는 1950년에 우리로 하여금 기술적인 진보의 기하학적인 성장 법칙을 세우게끔 했던 것이다. 여기에다 라떼스R. Lattès의 흥미로운 견해를 덧붙여야 하는데[208], 이 견해에 따르면 '변수의 비非분리'는 결합 현상으로 귀결된다. "그 속에서 결과가 원인에 직접 비례하는 선형적線形的인 작동을 결합이 대신하는데, 이는 다음 같은 현상들 사이에 비非선형적인 정의에 의해서이다. 즉, 이 현상들은 결합된 방식으로 서로 끌어당기면서, 간혹 분산에 이르기까지 현상들의 결과를 끊임없이 차례로 증폭시킨다." 이런 주장을 통해 체계 내에서 기술들의 상호적인 결과들의 실재에 대한 완벽한 시각이 제시된다. 그런데 이것은 가속화된 성장의 모호성과 더불어서인데, 왜냐하면 결합된 변수들을 통해 증폭 현상이 유발될 뿐 아니라, 상호적인 중화 현상이 불가피하게 유발되기 때문이다. 실제로 우리가 확인하는 바는 그러하다. 바카Vacca는 탁월한 표현을 제시한다. 이 표현에 따르면, "기술적인 모든 활동과 창조에는 지속되는 기하급수적인 성장의 특성이 있으며, 기술적인 모든 활동과 창조의 변이는 잘 알려진 수학적인 법칙에 의해 통제된다. 이는 한정하는 요인들과 마주한 성장 현상의 법칙이다."

그러나 기술이 "순수한" 환경에서 발전한다고는 상상할 수조차 없다. 기술은 본성 그 자체로 구체성과 접촉하고, 어떤 것에 적용되고자 만들어진다. 따라서 기술의 적용 환경과 관련하여서 만이 기술의 실제적인 진보가 평가될 수 있다. 구체성 속에서 무한하고 가속화된 성장의 내재적 잠재성을 제자리에 다시 놓아야 한다. 이렇게 기술은 자체의 환경으로 복귀하면서 기술 자체에 외부적인 장애와 마주치거나[209], 혹은 기술 자체의 다른 측면, 곧 일종

---

[208] 메자로빅(Mesarovic)의 저서인 『내일을 위한 전략』 *Stratégie pour demain*의 서론.
[209] 사람들은 여기서 제도의 적응성이나 혹은 경제의 적응성이 무한하지 않음을 알아차린

의 자기제동이나 자기조절을 드러낸다. 맨 먼저, 쉬운 견해들이기는 하지만, 가속화를 위해 처음에 인용된 견해들보다 더 가치가 있지는 않은 견해들을 제외하기로 하자. "그것은 이같이 오랫동안 지속될 수 없다."는 것을 주장하는 지식인들이 주기적으로 존재한다. 예를 들어 울프E. Wolf같은 이들은 "과거의 진보가 미래의 진보로 나아가는 길을 막는다는 사실을 기술·경제적인 발달의 한계 법칙이 그 내용으로 삼는다는 점, 다시 말해 앞서 일어난 진보의 작은 한 부분일 따름인 여백이 미래의 진보를 위해 어쨌든 남아 있을 수밖에 없다는" 점을 주장한다. 이것은 1945년에 명확히 표명되었다. 다시 말해, 최근 수십 년간의 엄청난 기술적인 발달 전이다. 이 "법칙"은 과학적인 지식 영역이 깊어지는 것과 확장되는 것을 전혀 고려하지 않는다. 이 법칙은 뒤프리에[Dupriez]에 의해 분명하게 논박되었다.210) 우리는 철학적인 유형의 단순한 견해와 마주해 있다. 그러나 기술적인 완성 가능성의 끝이 꾸준히 예고된다. 빅토르 위고Victor Hugo는 철도에서 이 점을 이미 주장했다. 그러나 일반적으로 더 영감을 받은 멈포드211)도 우리의 발명 중 어떤 것들이 더는 개량될 수 없으며, 기계적인 활동 영역은 확장될 수 없다고 주장했다. 기계적인 진보는 물질계의 본성에 의해 제한된다. 이는 분명히 맞는 말이지만, 우리는 이 물질계의 모든 가능성을 아는 것과 여전히 매우 동떨어져 있다. 멈포드가 1937년에 이 점을 기술한 이후부터 모든 분야에서 새로운 발명과 기술의 폭발적인 양상은 이상하게도 이 예측과 위배된다. 무한한 진보가 상상될 수 없음은 분명 사실이다. 그러나 문제는 이것이 상상력의 부족에 의한 것인지 혹은 실제적인 제한에 의한 것인지 아는 것이다. 어쨌든 우리는 기술적인 진보의 중단을 예측하려고 일반적 추론에 기초할 수 없다.

다.[본문 내용을 역자가 각주로 설정]
210) 『일반적인 경제적 동향』*Mouvements économiques généraux* (1950년)에서 뒤프리에(Dupriez)의 "기술적인 진보의 강도" *L'Intensité du progrès technique*.
211) 멈포드(Mumford), 『기술과 문명』*Technics and Civilization* (1950년).

기술적인 진보를 하는 것이 더는 가능하지 않았다는 주장들은 언제나 반박을 당했다. 1970년에도 여전히 전문가라면 다음 같이 언급할 수 있었다. 즉, 현 상황에서 컴퓨터의 효율 개선이 결코 고려될 수 없고, 몇 백 만분의 일초를 얻으려는데 어떠한 관심도 없으며, 이 분야에서 "한계에 도달해 있다"고 말이다. 그런데, 이후로 두 종류의 상당한 진보가 이루어 졌는데, 한편으로 컴퓨터 단말기와 관련된 진보이고, 다른 한편으로 1972년 컴퓨터 기억장치에서 결정적 진보처럼 보이는 아이비엠IBM이 '가상 메모리'라 불렀던 것으로의 이행이다. 이와 같이 우리는 어떠한 점에서도 기술적인 성장의 중단을 예견할 수 없다.

결국, 클라크C. Clark의 견해를 거론하게 되는데, 그에 따르면 조직의 진보는 어떤 기계들의 사용을 제한하는 경향이 있을 것이다. 어떤 기계들이 곧 사라지거나 혹은 이미 사라진 것은 물론 사실이지만, 이는 기술적인 진보에 대한 제동에 의해서가 아니라 그와 정반대이다. 이는 이러한 진보의 가속화에 따른 결과이다. 이 뿐 아니라 새로운 "시대", 곧 조직의 시대로의 이행을 강조하면서 기술적인 성장의 끝을 예고할 수 없다. 이것은 유감스럽게도 기술적인 영역을 기계들의 영역으로 한정하는 것일 수도 있다. 우리는 조직이 기술이 되었음을 이미 살펴보았다. 단지 말할 수 있는 것이라곤, 조직의 성장이 기계사용의 퇴보로 귀결된다면, 이는 기술의 새로운 시대로 들어간다는 것이며, 기술의 질서가 다른 질서와 교대한다는 것이다. 기술적인 진보의 어떠한 후퇴도 어떠한 "감속" 징후도 없다. 그러나 반대로, 리치타가 기술적인 진보의 가속화가 "과학·기술·산업"의 발달과 직접적인 관계에 연결되어 있음을 분명히 보여줄 때, 사람들은 모호한 채로 남아 있을 수밖에 없다. 켈디크212)의 원리는 성장이 일어나려면 "과학이 기술보다 더 빨리 발전해야 하고,

---

212) [역주] Mstislav Keldych(1911-1978). 소련의 수학자이자 물리학자. 공기 역학과 공간 역학 분야에서 연구 작업으로 소련 우주개발 프로그램에서 중심 역할을 담당한다.

기술은 산업보다 더 빨리 발전해야 한다."는 것이다.

그런데, 이와 같은 서열이 구체성 속에서는 진정으로 확립되지 않는 듯이 보인다. 우리는 바람직한 가정의 영역 속에 있다. 그러나 단지 이러한 서열에 따라 가속화가 이루어지는 것이 사실이라면, 우리는 이 가속화에 대해 확신할 수 없다.

기술 체계의 가속화 경향과 부정적인 결과

따라서 그 자체로 또 그러한 것으로서 취해져서 기술 체계는 끊임없이, 이론적으로, 무한한 방식으로 기술 체계의 성장과 발전을 가속화하는 경향이 있다고 할 수 있다. 하지만, 이러한 가속화가 실제로 일어날 때 부정적인 결과들이 생겨남을 이와 동시에 자각해야 한다.

이러한 성장을 통해, 기술이 그 속으로 포함되는 환경 쪽에서 점점 더 큰 적응의 어려움이 초래된다.213) 우리는 기술적인 요구에 따라 경제적이고 정치적인 환경의 적응이 확인되는 것을 보았다. 그러나 환경이 아무리 전연성展延性이 있고 거의 구체화되지 않더라도, 환경 변화의 급속성에는 아주 빨리 이루어지는 제한이 따른다. 사법적인 사회 구조나 정치적인 사회 구조가 새로운 기술적인 요구에 유리한 상황을 매번 제시하려고 몇 십 년 만에 몇 번 변모되는 것은 사실상 불가능하다.

이런 건 상상할 수 없다. 아마도 이것은 성인과 젊은이 사이의 위기의 중

---

213) 마을의 작은 길에서 이 괴물 같은 자동차들 중 하나에 의해 유발된 재난을 풍자적인 방식으로 보여주면서 거대한 미국 자동차들을 비웃는 한 자동차 제조회사의 광고를 모든 사람이 보았다. "유럽은 미국과 동일한 잘못을 저지를 수도 있다."는 것이다. 편안함과 속도와 저소음과 가능한 모든 완벽함의 정점에 있는 기술 제품이 그것이 작동해야 하는 환경에 그러한 혼란을 가져오는 나머지 환경의 오류가 된다. 실제로, 체계가 그 실현을 요구하는 것으로 우리가 파악했던 환경에 대한 적응은 진보 자체와 마찬가지로 빨리 이루어질 수 없다. 모든 길을 넓히는 것과 자동차의 흐름 증가에 의해 필요하게 된 모든 주차장을 만드는 것은 불가능하다. 우리는 이 문제를 나중에 다시 다룰 것이다.

요한 측면이다. 성인은 도저히 따라가지 못하는데도, 젊은이는 최근 기술의 추세에 직접 적응한다. 이 점을 통해 주요한 제동 요인 중 하나가 떠오른다. 즉, 적응된 동시에 능력 있는 사람을 찾기가 어렵다는 것이다. 여기서 우리는 전연성이 거의 없는 인간적인 환경과 마주해 있고, 단지 부모 세대가 자기 자식에게 완전히 새로운 일을 생각해내기 어렵다는 점에 직면할 뿐 아니라, 장기간의 필요한 교육훈련에 직면한다. 그런데, 기술이 촉진될수록 더 다음 같은 현상이 생겨난다. 즉, 젊은이들이 컴퓨터 작업 방식에 맞추어 일을 하도록 준비되어야 하지만, 그들이 3년이 지나 학업을 마치면 진보를 통해 그들은 새로운 작업 방식 앞에 위치한다. 그들은 즉시 새로 적응해야 한다. 그런데, 이 뿐 아니라 요구가 엄청남을 고려해야 한다. 즉, 유일한 전형은 정보처리기술이다. 여기저기에서 이 새로운 교육이 전개된다…. 그러나 1970년에는 1966년보다 140퍼센트 이상인 오만개의 프로그램이 더 필요했고, 1966년보다 170퍼센트 이상인 이만 오천 명의 추가 분석가가 필요했다… 그러나 다른 데는 실업이 존재한다!

기계의 개량을 통해 기계의 능력과 인간의 능력 사이에 격차가 유발된다. 이 점은 극복할 수 없는 듯이 보이고, 컴퓨터가 개량됨에 따라 인간의 비용은 늘어나며214), 주변기기와 관계된 컴퓨터의 요구와 컴퓨터의 취약함은 끊임없이 증가한다. 컴퓨터 부품은 감지되지 않는 전압의 변화나 혹은 강도의 변화에 마모되고215), 컴퓨터에 대한 전체 체계의 적응은 점점 더 어려운 듯이 보이며, 컴퓨터 사용을 위한 준비과정은 엄청난 작업을 요한다. 엘고지Elgozy는 몇몇 흥미로운 예를 든다. 모든 전자 처리 이전에 은행 수표와 관련된 등록을 인증하려는 유일한 목적으로, '크레디 리요네' Crédit Lyonnais 은행 직원들은 기술들을 전자적인 용도에 맞추려고 일 년에 백만 시간을 일했다. 마찬가지

---

214) 프로그래밍 비용은 1950년에는 전자 체계 전체의 10퍼센트, 1960년에 50퍼센트, 1970년에는 70퍼센트, 1973년에는 약 80퍼센트이다. [본문 내용을 역자가 각주로 설정]
215) 그런데 이 점은 전혀 개선될 듯이 보이지 않는다. [본문 내용을 역자가 각주로 설정]

로, 5년에 걸친 전반적인 프로그래밍에 소용되는 모델들을 산출하는 데 있어 '프랑스 채탄공사' Charbonnages de France에는 2년이란 기간이 필요하다. 고도로 자질을 갖춘 인력에 대한 필요는 그들에 대한 교육훈련의 가능성보다 더 빨리 증대한다. "이와 같이 기술적인 이상향은 우리 사회의 경제적이고 사회적이며 인간적인 실재들에 부딪친다." 달리 말해, 기술적인 상승의 어떤 단계에서 결정적으로 인간은 발달을 가로막는 제동 역할을 한다. 컴퓨터의 오류에 대해 엘고지가 제시한 수많은 예를 제쳐 놓기로 하자. 왜냐하면 이 모든 것은 완전하게 될 수 있고 고쳐질 수 있는 듯이 보이기 때문이다.

브레진스키Brzezinski도 지적인 능력과 지적인 교육훈련의 부족으로 말미암은 기술적인 진보에 대한 제동을 강조한다. 이 점은 중요하다. 즉, 적어도 20세와 50세 사이의 주민 10퍼센트가 고등교육 훈련을 받지 않는다면, 더욱이 적어도 30퍼센트가 중등교육을 받지 않는다면, 어떤 사회는 기술화되는 데 어려움을 겪을 것이다… 교육훈련은 어떤 지적인 능력에 일치해야 한다. 사람들이 이 정도로 지적인 능력을 가진 것을 확신하는가?

따라서 인간은 기술을 조금도 통제하지 않고 기술의 방향을 결정하지도 않으며 기술을 합리적으로 이용하지 않더라도, 그 나름대로 제동 역할을 하고 침체를 유발할 수 있다. 이것은 두 가지 방식으로 생겨날 수 있다. 한편으로, 『사회학적 상상력』 L'Imagination sociologique의 저자 밀스Mills가 상승된 기술담론 수준과 합리화 수준은 이에 상당하는 개인적 지성 수준이나 혹은 사회적 지성 수준과 병행하지 않는다고 주장할 때, 그가 언급하는 바를 떠올려야 한다. '기술담론적인 합리화' rationalité technologique를 통해 개인에게 추론 의지나 추론 능력이 굉장히 커지지는 않는다. 이와는 반대이다! 항상 더 자기합리화 하고 늘 더 불안한 인간은 점차 자유와 이성을 박탈당하고[216], 점점 더 과학적인 탐구를 쇄신할 수 없는 만큼이나 사회를 진정으로 재조직할 수 없다. 이와

---

216) 밀스(Mills)의 앞에 나온 책, 『사회학적 상상력』 L'Imagination sociologique 179쪽.

같이, 기술에 의해 창조된 인간 유형은 성장 과정을 지탱할 수 없으며, 기술을 반복적인 것에 관여시킨다. 이는 국가와 관련하여 우리가 파악했던 동일한 과정이다. 다른 한편으로, 실망과 두려움과 문제제기217)로 이루어진 여론이자 1970년부터 언론이 그대로 퍼뜨리는 여론의 특이한 동향을 고려해야 한다. 이는 생산성에 대한 노동의 종속과 효율성에 대항하는 노동자의 전반적인 항거이고218), 「포브스」Forbes의 대규모 조사를 그대로 퍼뜨리는 '기술담론적인 절대적 필요성'에 대항하는 격렬한 반발이다.219) 미국의 기술담론은 파산 상태에 있는가? 사람들은 확실한 침체, 정치적 우위, 기술화에 적대적인 여론 흐름의 출현에 대해 직접 비난한다. 이는 "논란의 여지가 있는 연구"220)이다. 이는 신앙에서 환멸로 가는 것이다. 기술에 희망을 더 두었을수록 불편함과 실패에 대한 발견은 더 충격을 준다. 1971년 5월의 세계경제개발협력기구 보고서는 마찬가지로 아주 대단한 의미를 지닌다. 사회적 측면에서, '항의'는 자본에 대한 기술의 종속 때문이거나 기술이 사회 문제를 해결할 수 없기 때문에 나온다… 하지만, 이제 여론에 영향을 미치는 것은 기술적인 위험이라는 사실이다. 이것은 1972년 6월, '매프트 재단' Fondation Maeght의 "과학과 사회"라는 심포지엄에서 채택되었던 주제들로서, 노동에의 적용과 더불어 20년 전에는 침범할 수 없던 기술적인 진보의 영역에 '항의'가 엄습했다.221) 공격받은 것은 이미 소비 사회가 더는 아니라, 기술 사회 그 자체였다. 조합에서도 기술의 무한한 진보라는 개념이 전혀 받아들여지지 않는다. 기술에 의한 해방이라는 측면에서 노동자 계층의 미래는 거기서 더는 구현되지 않는다. 어디서든 경제적이고 사회적인 해석 이론들이 기술에 대한 이

---

217) 물론 나는 '자각'이라고 부르지 않을 것이다. [본문 내용을 역자가 각주로 설정]
218) 도나디외(J. Donnadieu), "효율성에 대한 반발" La révolte contre l'efficacité, 「르몽드」 (1972년 9월).
219) 예를 들어, 제이 멕컬리(Jay Macculley), "미국인들이 자신들의 기술담론에서 돌아서다." Les Américains se détournent de leur technologie 「르몽드」 (1971년 12월).
220) 비슈니(N. Vichney), 「르몽드」 (1971년 7월).
221) 드루엥(P. Drouin)의 "이의 제기된 노동" Le Travail contesté을 참조할 것. 「르몽드」 (1972년 7월).

런 '항의'와 더불어 다시 문제시된다.222)

따라서 일종의 심리적 침체가 존재하는데, 구체적인 관점에서조차 반드시 필요한 기술 체계의 인간적 토대가 이 심리적 침체를 통해 기술 체계에서 떨어져 나갈 우려가 있다. 젊은이들이 체계에서 이탈하고 "인적 자산"을 제공하기를 거부한다면 무슨 일이 일어날까? 현재 프랑스의 정보처리기술에서 필요할 수도 있는 22만 명의 정보처리기술자를 충원하지 못하는데 대해 사람들은 이미 불안해한다. 이것은 구체적인 사실이다. 그러나 이 모든 부정적인 반응과 거부는 감정적이고 비합리적인 차원에 위치하며, 이것들은 두려움과 도피와 파블로프Pavlov에 특유한 "자유 반사"의 표현이다. 거기에는 아무 것도 의식적이거나 명확하거나 근본적인 듯이 보이지 않는다. 그래서 이 위기는 감정이 사라질 때 완전히 일시적일 수 있다. 이미 수많은 징후가 사람들이 새롭게 방향을 바꾸고 있는 중임을 보여주는 듯하다. 이와 반대로 사람들이 의식과 이론의 차원에 도달한다면, 기술적인 성장에 대한 규칙적인

---

222) 일리치(Illich)는 '한계'(seuil)와 '경계'(limite)를 분석할 때 아주 중요한 구분을 한다 (언제 나처럼 어휘에서 어떤 불명확함을 가지고서 인데… 그의 저서들은 제대로 번역되는 걸까?). '한계'는 생존(survie)이 가능한 채로 남아 있도록 인간의 활동과 기술이 그 중에 위치해야 하는 '한도'(borne)이다. 우리가 다루는 문제는 필요성에 대한 것이다. 우리가 공해와 오염과 자원 고갈에 대해 이야기할 때 우리는 한계를 지정한다. 음용수의 양은 인구 증가의 한계이고, 결정적으로 우리 우주의 완결된 특성이 기술적인 성장의 한계이다. 그래서 그것은 단지 생존의 조건들과 관계된 것이다. 그러나 이 점은 문명과 문화의 창조에 있어서 아무 것도 아니다. 여기서 인간은 문화의 윤곽을 구성하는 경계를 자기 자신이 결정해야 한다. 여기서 '자발적 표현'과 '자문형(自問形)표현'이 나타난다. 한계를 결정짓고 이 한도를 뛰어넘지 않는 필요성은 전통 사회에서 자발적이며, 그 필요성은 기술 세계에서 의도적으로 계산되고 고정되어야 하지만, 그것은 기술에 대한 통제가 조금도 아니다. "제로 성장"은 새로운 문화의 출현을 보장하는 것이 전혀 아니며, 단지 새로운 문화의 출현 가능성이다. 경계의 고정은 특별한 행위로서 그 행위에 의해 인간은 자신의 운명을 지배하는 동시에 "자연"을 지배한다. 이제 거기에 기술을 덧붙여야 한다. 어떤 일로도 문화를 세우고 구성할 수 있는 것은 무한이 아니고 개인도 아니다. 중심된 토론은 그러하다. 인간이 인간으로 자임하는 것은 의도적인 경계를 설정함으로써 이다. 그것은 기술에 대한 진정하고 확인될 수 있고 구체적인 유일한 제어 행위는 기술 발전에 대한 경계를 설정하는 것일 수도 있다. 그러나 이 점은 체계의 모순 자체이다. 그런데, 그것은 사람들이 생각하는 바와 반대로, 자유를 만들어내는 것은 경계의 고정이다. 여기서 일리치의 견해는 정확히 나의 견해와 일치한다. 나는 의도적인 경계라는 이 문제보다 더 근본적인 것은 아무 것도 없다고 생각한다.

제동을 실제로 예상할 수 있을 것이다. 그렇지 않으면 우리는 이 점이 초래할 불가피한 혼란들에 의해 일관성 없고 위험한 중단을 목격할 것이다.

더욱이 제동은 다른 형태로 나타난다. 즉, 끊임없이 쇄신된 기술들의 영향으로 심히 혼란해진 환경은 변화에 반발하며 대개 자발적이며 계산되지 않은 제동들을 제자리에 놓는다.223) 앞선 상황에는 이것이 적응 불가능성과 관계된 것이었으나, 여기서 이것은 너무 심하게 다루어지고 극히 혼란해진 환경에 대한 반발이다. 이것은 단순한 방어적인 반발이지만, 이 반발은 완전히 이해될 수 있다. 인간 집단은 "존재를 끝까지 고집하기를" 애쓰고, 점진적으로만 혁신들을 채택하며, 이 혁신들을 흡수하려는 경향이 있다. 그런데, 우리는 관계가 뒤바뀐 것을 보았다. 이제 문화적인 형태와 "문명"을 포괄하고 결정짓는 것은 기술이다. 그러나 이 점은 받아들여지지도 않고 마무리되지도 않는다.

달리 말해, 인간 집단은 전통적인 형태와 관계에 따라 기술에 대해 처신한다. 인간은 기술을 제어하고 이용한다고 여전히 자부한다… 그러나 바로 이 때문에 인간은 위협적이고 망상적인 듯이 보이는 것에 제동을 건다. 따라서 이 거부가 극단적인 만큼 더더구나 움직임은 빠르다는 점을 고려해야 한다. 결국 가장 효율적인 제동은 기술적인 새로움이 인간에게 요구하는 것 앞에서 인간의 불안과 공포이다. 이 주제에 대한 저서나 혹은 보고서의 특성은 이 저자들의 부적응을 드러내는 것이기 때문에, "적응해야 한다."라고 언급하는 것은 아무 소용없다. 몇 년이 지나 이런 종류의 글들이 다시 읽힐 때, 이 글들의 완전히 퇴보적인 특성이 인지될 것이다. 이 글들은 완전히 시대에 뒤진 기술적인 단계에 대한 적응을 제시했다.

우리는 국가의 성장으로 말미암은 기술적인 성장에 대한 또 다른 제동 가

---

223) 드루엥(P. Drouin)의 아주 중요한 글 "유동적인 이론의 시대" L'âge des théories mobiles 를 참조할 것. 「르몽드」 (1970년 12월).

능성과 마주해 있다. 국가의 발전과 기술 사이에는 모순이 있는 듯이 보인다. 나는 "연구·개발"에도 불구하고 정치 조직의 절대적 요구가 과학적인 진보를 막는다는 점이 점점 더 인정된다고 생각한다. 에클레스(Eccles 224)와 더불어 정치적 자유가 발견과 혁신의 조건임을 전적으로 간주하기 까지는 않더라도, 현대 국가의 구조 자체와 절대적 요구는 과학적인 연구와 완전히 반대되는 듯이 보인다. 과학적인 연구는 경직된 계획을 견뎌 내지 못한다. 국가는 전적이고 절대적인 지도 조직체이기 때문에 그 자체로서 국가는 과학적인 연구를 차단하고 과학적인 연구의 적용을 중단한다. 국가는 실제로 기술 사회를 조직화하지만, 기술 사회로 하여금 반복적인 기술화 과정에 관여하도록 강요한다. 이와 같이, 국가가 확장되고 기술적인 될수록 더 국가는 흔히 관료주의라 불리는 불가피한 조직의 과잉으로 말미암아, 또 기술 외적인 목표를 강요함으로써 기술 혁신에 제동을 거는 경향이 있다. 만일 국가가 연구와 기술적인 발전에 힘과 수단을 집중시키고 재정적으로 뒷받침한다고 가정할 때, 자유롭고 중립적이며 이해관계를 떠난 방식으로 그렇게 할 수도 있다고 생각하는 것은 완전히 헛되고 이상주의적이다. 실제로 국가는 조직과 목적을 강요한다. 그러나 바로 이 때문에 국가는 체계를 뒤틀어지게 하고 체계가 부조리한 방식으로 성장하게 한다. 국가가 예를 들어 군사적인 방향 같은 어떤 방향으로 연구를 설정할 수 있다는 견해를 거기서 이끌어내는 것은 잘못일 수도 있다. 실제적인 이러한 방향설정은 '탈 조직화'와 '탈 체계화'에 실제로 일치한다. 그토록 언급되는 기술·군사 복합체가 명백하다면, 기술들이 전쟁 때문에 또 군대를 위해 언제나 더 빨리 발전한다면, 이는 방어 욕구가 가장 "명백한" 것으로서 나타나고225) 한층 더 유발된다는 점에 기인한다. 그러나 실재는 전혀 다르다. 이런 상황에서 이루어진 기술적인 진보는 결합

---

224) 에클레스(Eccles), 『실재와 마주하기』 *Facing Reality* (1970년).
225) 이것은 위험을 통해 어떤 개인의 힘이 굉장히 커지는 것과 꼭 마찬가지이다. [본문 내용을 역자가 각주로 설정]

체ensemble의 비합리적 요인이 된다는 점이 인지된다.226) 또한 어떤 분야에서 가속화가 있다면, 사회적이고 경제적인 모든 측면에서 유발된 불균형은 기술적인 진보의 위기 요인이 되며, 부차적으로는 이 진보의 우연한 지체 요인이 된다는 점도 인지된다. 그런데 국가의 영향이 결국 그러하다면, 우리는 기술이 국가의 팽창을 유발한다는 점을 역으로 확인해야 한다. 기술은 현대 국가를 예전의 것으로 변화시키고, 현대 국가에 수단과 영역을 부여할 뿐 아니라 중앙으로 집중된 결집력을 요구한다. 이 점은 너무나 틀림없는 나머지 우리는 30년 전부터 사회주의라는 말의 내용이 변하는 것을 목격했다. 오늘날 사회주의 혁명이라고 불리는 것은 기술적인 현상에 대한 자각 행위이자 이와 관련한 명확한 인식 의지에 대한 자각 행위이고, 모든 것을 기술에 적응시키고자 하는 행위이자 사회적이고 정치적인 조건들을 구분 없이 기술적인 적용의 필요성에 종속시키는 행위이다. 이제 사회주의는 기술의 가능성을 의식하는 체제이고, 이 가능성을 모두에게 동등하게 적용하는 것이다. 사회주의의 어떠한 교조적인 기준도 더는 없으며, 특징적인 것은 사유재산의 종식 같은 사회 구조가 더는 아니다. 이제 사회적 비합리성, 불평등, 과거의 여파, 사적 이해관계의 잔재, 기술 이전 시대의 잔재가 존속하도록 내버려두는 체제와 기술 발전의 모든 관련성과 필요성을 의식하는 체제 사이에 선택이 존재한다.

기술화가 사회주의를 향해 나아간다고 할 수 없지만, 분명히 사회주의가 정치에 의해 기술의 절대화가 되었다고는 할 수 있다. 이 정의定義는 자칭 사회주의라 하는 모든 체제의 유일한 공통점이자, 게다가 소련, 쿠바, 중국, 알제리, 유고슬라비아 같은 아주 다양한 체제의 유일한 공통점이다. 이와 같이 기술은 국가의 성장을 향해 나아가고, 절정에 이른 국가의 성장은 다른 것을 차단하는 '관료주의화'로 기술을 이끌어 간다.227) 기술의 필연적인 결과가

---

226) 그 점은 우리가 나중에 살펴볼 것이다. [본문 내용을 역자가 각주로 설정]

되는 것은 기술에 대한 제동이 될 수도 있다.

우리는 위성에 의한 비행기와 관제소 사이의 연결 역사와 더불어 정치에 의한 기술들의 차단이라는 흥미로운 예를 발견한다. 기술적인 관점에서 원격통신 위성은 쉽게 실현될 수 있지만, 이 시도 전체는 정치적 측면에서 미국과 유럽 사이의 경쟁으로 중지된다. 이 논쟁은 1965년에 시작되었고, 끝나지 않고 있다. 실제로 우리가 이미 보았듯이, "자유로운" 정치적 결정이 개입할 때마다 이는 기술의 가능성을 저지하기 위함이다.228) 물론 거듭 말하듯이,

---

227) 나는 이 주장들을 통해 반대되는 주장에 대한 정당화가 시도될 수 있다는 온갖 저항(contestation)을 (예를 들어 길핀(R. Gilpin)의 『프랑스에서 과학과 국가』*La Science et l'Etat en France*에서 발견될 것이다) 잘 아는데, 그 반대되는 주장에 따르면 어느 정도까지 진보를 조장하는 것은 국가이다. 그렇지만, 그는 프랑스 국가의 "노력에도 불구하고" 미국과 경쟁하지 못하고, 스웨덴이나 혹은 네델란드처럼 상업적 가치를 위해 선택된 한두 분야에 모든 노력을 집중하든가, 일본처럼 미국 특허의 활용을 위해 산업 기지를 만들든가, 미국을 모방하고 따라가든가 하는 상황에 있음을 강조한다. (소련은 훨씬 덜 내세워지기 때문이다…) 그러나 그는 프랑스에서 국가의 개입이 기초 연구의 관점에서 봉쇄적임을 분명히 보지 않는다. 그것은 대규모 조직, 대규모 실험실, 조직된 계획, 외부의 강요된 목적에 의한 불모화에 대해 또 개인 연구의 중요성에 대해 『산업에서 발명』*L'invention dans l'industrie*(1968년)의 저자 쥬키스(Jewkes), 세이워즈(Sawers), 스틸러맨(Stillerman)이 주장하는 바이다.
[역주] Robert Gilpin. 미국의 국제 정치경제학 연구자. 국제 관계 정치경제학 전문가로서 특히 국가의 자율성에 대한 다국적기업의 영향을 연구한다. 주요 저서로 『국제 관계 정치경제학』*The Political Economy of International Relations*이 있다.
[역주] John Jewkes(1902-1988). 영국의 경제학자. 자신의 주요 저서 『계획에 의한 시련』*Ordeal by Planning*에서 2차 세계대전 기간 동안 입안된 계획경제를 영국이 추구하면 결국 모든 사람이 빈곤에 빠지고 만다는 주장을 편다.
[역주] John Stillerman. 쥬키스(Jewkes)의 조력자.

228) 그러나 절대적인 기술적 필요성이 '내걸린 선거공약' (programme engagé)과 마주할 때 "선"을 결정하는데 자유롭지 않은 권력에 강요되고 있음을 우리는 보여주었다. 좋은 예가 스웨덴에 의해 1976년 9월에 우리에게 제시되었다. 사회주의자들이 패배했다. 중도파 운동의 중요한 주제는 핵프로그램의 폐기와 발전소를 건설하지 않겠다는 약속이었다. 스웨덴에서 삶의 안전과 환경 보호는 "신성한" 것이다. "1985년 스웨덴에는 단 하나의 핵발전소도 더는 없을 것이다."라고 팔딘(Falldin)은 선언하곤 했다. 지금 팔딘이 집권하고 있다. 그는 무엇을 할까? 의도는 마찬가지인 채로 남아 있다. 그러나 그는 스웨덴 인이 에너지 소비를 상당히 줄이기를 제안해야 한다. 그 점이 전제하는 아주 엄격한 통제와 더불어서 말이다. 스웨덴인은 삶의 방식을 바꿀 준비가 되어 있는가? 다른 에너지 자원을 활용하기 위한 연구가 역시 시작될 것이다. 그러나 그것이 얼마나 지속될까? 실업이 있을 것이고, 에너지 소비의 감축을 통해 경제 회복의 중단이 아니면 제동이 초래될 텐데, 그것은 약속된 40만개의 새로운 일자리를 만들지 못하게 할 것이다. 그래서 결정은 굽혀지기 시작한다. 1977년 봄 전에는 새로운 발전소를 준비하거나 가동하지 않기로 결정하는데 그치고, 선거

나는 결코 정치가 쓸데없다거나 혹은 효과가 없다는 결론을 거기서 이끌어 내지 않는다. 나는 모든 이들처럼 정치적인 힘에 의해 가능해진 기술적인 연구의 많은 예를 들 수 있다. 나는 이 둘 사이의 결합이 불가피해졌다고 앞에서 자세히 보여주었다. 하지만, 정치적 충동에 내맡겨 지기 전 그 자체가 기술적이 되어버린 조직체에 의해, 정치적 동기가 아닌 기술적인 동기에서 정치적 결정이 내려질 때에만이 정치적 결정은 이 분야들에서 긍정적일 따름이다.

기술적인 잠재력과 실현 사이의 괴리

기술적인 성장 외부에 있는 장애 가운데, 경제적 장애가 가장 주목할 만하다. 기술적인 성장은 우리가 이미 언급했듯이 상당수의 경제적 가능성에 연결되어 있다. 이 점은 기술적인 성장이 같은 종류의 경제 성장을 동반할 수밖에 없음을 의미할 수도 있다. 그런데, 앞으로 나아갈수록 더 경제 성장의 비용이 급속히 늘어난다는 점이 인지된다. 아마도 성장 비용에 대한 이러한 연구는 현재의 경제적 연구의 가장 중요한 논점이다.

이는 긍정적인 비용과 관계되는 것일 뿐 아니라 부정적인 비용과도 관계되는 것임이 알려져 있다. 한편으로, 요구된 투자가 있다. 또한 경제 성장을 지속하려면 자본과 인력에 대한 투자 및 점점 더 중요해지는 지식에 대한 투자가 필요하다는 점이 인지된다. 아마도 이러한 요구의 증가는 기술 자체의 성장보다 더 빠르다. 이러한 가능성은 무한하지 않기 때문에, 이 점을 통해 이러한 성장에 제동이 초래된다. 그런데, 체계가 가속화되는 경향이 있을수록

공약들의 적용 가능성을 검토하기 위한 위원회들이 선정된다. 실제로, 계획들이 올바른 기술전문가들에 의해 기술적으로 이루어졌을 때, 그 계획들을 취소하기란 사실상 어렵다. 그렇지 않다. 길이 있다. 온 사회의 방향 전체를 변경하는 것, 정신적인 변화에 착수하는 것, 긴축과 금욕주의와 비(非)개발의 시대로 들어가는 것이다!…

[역주] Nils Olof Thorbjörn Falldin(1926-). 세 번에 걸쳐 스웨덴의 수상을 역임한 스웨덴의 정치가.

더 제동은 거세다. 왜냐하면 상응하는 새로운 자원이 없기 때문이고, 새로운 기술에 의해 만들어진 자원이 새로운 진보의 필요에 부합하기에는 언제나 불충분하기 때문이다.229) 아마도 우리는 잘 알려진 경향의 전환과 이제 마주한다는 사실에 주의해야 하는데, 이 경향에 따르면 기술적인 진보를 통해 새로운 기술적인 진보를 위해 투자를 가능하게 하는 잉여가 생겨났다. 기술적인 진보가 너무 빨리 진행되고 점점 더 만족시키기 어려운 요구를 포함하기 때문에, 이제 잉여는 충분하지 않다. 투자는 얻어진 결과에 비례하는 것 이상으로 증가한다. 감소하는 생산성 법칙에 대한 일종의 일반화가 존재하는 듯이 보인다. 하지만, 이는 하나의 경향일 따름이다.230)

---

229) 이 차단은 『기술과 변화』Technology and Change의 저자 숀(Schon)이 그 점을 아주 정확히 지적하게 했듯이, 기업의 차원에서 아마도 더 즉각적으로 느껴진다. 기업은 불확실성을 위해 만들진 것이 아니다. 반드시 기업의 일은 불확실성을 이득이 예상되는 위험으로 바꾸는데 있고, 이윤과 비용을 교대시키는데 있다. 하지만, 기술적인 요인이 되돌릴 수 없는 불확실성을 만들어 내거나 혹은 기술적인 요인의 경제적 중요성이 기술적인 요인이 요구하는 투자비용(coût en capital)에 일치하지 않을 때, 기업은 기술적인 요인을 배제한다. 그러나 이 계산은 계획에 의해 결국 이루어져야 하고, 경제적 요인은 이제 끊임없이 제동으로서 작용할 수 있는데, 그것은 단지 자본주의 체제에서만은 아니다.

문제 전체를 처음으로 파악했던 이는 드 쥬브넬(De Jouvenel)이며, 『이상향』Arcadie에서 그가 제시하는 도서목록이 있다. 오염방지 대책을 위한 공공지출의 증가가 나라의 회계에서는 긍정적인 측면으로 나타난다는 이 비꼬는 단평과 더불어, 까즈(B. Cazes), 라쉬드리 뒤쉔느(Lasudrie-Duchêne), 경제적인 관점에서 구체적이고 아주 훌륭한 예인 페르아 드르세르(M. Ferhat-Delessert)의 『2000년에 지중해』Méditerranée en 2000, 『분석과 예측』Analyse et prévision에서 "에덴 혹은 시궁창"Eden ou cloaque을 볼 것.

최근 몇 년의 전형적인 예는 미국 항공우주국과 관련한 급작스러운 제동이었다. 1965년, 미국 항공우주국의 총 예산은 52억 5천만 달러였고, 40만 이상의 사람들이 미국 항공우주국을 위해 일하고 있었다. 예산과 인력은 1969년과 1970년에 축소되었는데, 1971년에는 33억 달러와 14만 명에 이르렀다. 간단히 설명하자면, 미국조차 온갖 기술적인 분야의 재정적 요구에 경제적인 관점에서 부응할 수 없었다. 선택을 할 필요가 있다. 그러나 "미국 항공우주국" 현상에 대한 또 다른 설명 요인이 있다. 즉, 이제 이미 얻어진 기술적이고 과학적인 지식의 활용 단계, 곧 "타성"(routine)의 단계로 넘어간다는 것이다. 기술적인 진보의 변함없는 관례 중 하나가 첨단 연구를 계속 촉진할 수 없다는 것이다. 만회와 정상화의 때가 온다는 것이다. 그러나 기술 체계 전체에서도 마찬가지가 아닐지 자문할 수 있다.

230) 게다가 경제적인 제동을 극도로 과대평가하지 말아야 한다. 한 예가 있다. 미국에서 1970년 3월에 전자전에 대한 위원회의 보고서는 전자전이 연구비용으로 30억 2천 5백만 달러가 들었다고 지적했다! 전 세계의 전쟁 비용은 1300억 달러에 해당하는데, 그것이 미국 경제를 뒤흔들지 않고서 치러졌던 비용임은 사실이다.

이와 반대로, 오랫동안 고려되지 않았던 부정적인 비용, 다시 말해 손실을 덧붙여야 한다. 인적 노동이나 혹은 투자와 같이 성장 의지에 일치하는 직접 비용이 있고, 포괄적인 경제적 움직임의 결과로서 나타나는 간접적이거나 혹은 외적인 비용이 있다. 우리는 "그 장본인이 책임을 떠맡지 않은 채 남에게 야기된 온갖 피해"231)인 공해와 오염과 소음을 이와 같이 발견한다. 예를 들어, 통신 수단에서 진보를 통해 도시 개조의 상당한 비용과 공해가 늘어난다. 자동차 증가의 실제 비용을 평가하려면, 사고, 의료비, 장애 연금, 보험료 증가, 도로 공사, 너무 시끄러운 환경 속에서 최소한의 작업 능률에 의해 입은 손실, 대기 오염의 결과로서 위생 문제 등을 고려해야 한다.232)

---

231) 드 쥬브넬(B. de Jouvenel)
232) 미산(Mishan)의 아주 중요한 저서인 『경제 성장의 대가』*The Costs of Economic Growth* (1967년)는 자주 반론이 제기되는 책이지만, 내 의견으로는 다음 같은 점을 아주 견실하게 주장하는 책이다. 즉, 기술적인 진보의 바람직하지 않은 사회적 결과에 대한 통제의 해결책이, 모든 생산물이나 혹은 제조방식의 사회적인 불리한 조건들을 그것들의 원가에 포함시키는 데 있다는 점이다. 그러나 이러한 작업의 실제 가능성이라는 문제와 '환경에 부정적인 것을 유발하는 기업의 활동'에 대한 '산정 척도'라는 문제가 남아 있다. 게다가, 완전히 통제된 전제적인 경제에서와 다른 식으로 그것이 이루어질 수 있다는 점을 생각할 수 있을까? 실제로, 각 산업 생산자에게 대안을 제시하는 것이 중요하다. 즉, "당신이 이러한 양의 연기를 뿜어낸다면 그것은 피해를 복구하기 위한 만큼이나 당신에게 비용이 들 것이다. 그렇지 않으면 당신은 당신의 활동을 중지해야 한다." 그것은 분명히 전제적인 방법이다. 그러나 『미래에서 살아남기』*Survivre au futur*의 저자 숀필드(Shonfield)가 사람들이 여기서 다음 같은 두 가지 종류의 문제를 흔히 혼동한다고 입증하는 것은 옳다. 즉, "경제 비용의 증가를 어떻게 정확히 잴 수 있는가?" (그래서 부정적 결과들이나 혹은 단순한 대용들을 고려해야 한다.)라는 문제이고, 자동차나 텔레비전 등 "집단에게 해로운 재화를 우리의 쾌락을 위해 소비하는 것은 비정상적이다."라는 문제이다. 첫 번째 문제는 순전히 기술적이며, 환경에 부정적인 것을 유발하는 기업의 활동들과 마주하여 새로운 방법에 의해 자금이 조달된 실제적인 기업의 활동들을 고려한다는 것을 전제로 하는데, 새로운 방법은 계산의 어려움을 증가시킨다. 두 번째 문제는 가치의 선택과 도덕적인 판단을 개입시킨다. 그런데, 여기서 의견의 불일치가 있을 수 있다. 숀필드는 런던의 세 번째 공항의 건설을 위한 로킬(Rokill) 위원회에 의해 런던에서 현재 추진되는 작업에 대해 이야기한다. 사람들은 소음의 사회적 비용의 규모, 오래된 건물과 기념물에 대한 잠재적 손상 등 바로 온갖 유해성을 고려하려고 애를 쓴다. 그러나 한 주민 집단이 지역의 발전 필요성과 공항에 의해 생겨난 활동과 지역의 풍요라는 명목으로 이 계획을 옹호하려고 결집했다. 이 상황에서 계산은 엄청나게 복잡하다는 것이 입증된다. 그러나 어쨌든, 기술적인 진보에 대한 제동의 경제적 원인이 거기에 있을 수 있다. 비용이 엄청나게 되고 부유 경제나 혹은 사회주의 경제에 의해서조차 지탱하기 어려워진다! 대기 오염은 건강 문제를 계산하지 않고서 또 공기 정화 정책을 시도하지 않고서 단지 피해 보상을 위해서만 미국에서 1968년에 40억 달러

"석탄과 석유를 채굴하는 것, 숲을 개발하는 것, 단백질을 생산하는 것은 조물주démiurge만으로도 충분하다. 하늘과 물과 공간과 시간을 만드는 데는 신이 필요할 수도 있다." 샤르보노는 비용 증가에 의한 성장에 대한 환상이 무엇인지 수많은 예와 더불어 보여주는데, 이것은 예를 들어 핵발전소와 관련된 기술전문가의 잘못, 분명 유용하나 실제로는 쓸모없는 "사회생활에서 기발한 용구"의 제조나 그 위세만이 수익성이 있는 거대한 작품의 제조, 자연의 근본 요소에 대한 파괴이다.

그 다음으로 다양한 유형의 '포화상태 비용'이 있다. 즉, 이동 문제와 생활 공간 문제와 교통비용233)뿐만 아니라, 지식과 정보의 포화상태와 뇌의 포화상태이다. 마세 P. Massé234)) 포화상태는 개인을 짓누르고 사회적인 삶을 해체시키지만, 기술적인 모든 분야에서처럼 이는 궁극적인 단계가 아니다. 다시 말해, 방어적인 반발이 존재하고, 교육의 체계화 및 마세가 묘사하는 대로 발명의 체계화는 분명히 '포화상태의 해소' 가능성이다. 그렇지만, 포화상

의 비용이 들었다! 이 모든 점에 대해서는 드 쥬브넬(De Jouvenel)의 글과 1969년부터 『분석과 예측』*Analyse et prévision*에 실린 이 문제에 대한 일련의 연구를 참조해야 한다. 증가 비용에 대해서는 『정치경제학지』*Revue d'économie politique* (1973년) 특별호 및 1972년의 프랑스어 경제학자 심포지엄의 보고서를 참조해야 하는데, 거기에서 경제적인 계산에서 간접비용 및 공해 비용의 통합에 대한 훌륭한 설명과 더불어, 특히 개발도상국의 경제와 관련하여 이러한 비용에 대한 고려로 생겨나는 영향을 보여주는 그리스와 터키의 사례 연구가 발견된다.
[역주] Ezra J. Mishan(1917-). 영국의 경제학자. 경제 성장을 비판하는 연구 작업으로 잘 알려져 있다. 주요 저서로 『13가지 지속적인 경제적 오류』*Thirteen Persistent Economic Fallacies*가 있다.
[역주] Andrew Shonfield(1917-1981). 영국의 경제학자. 2차 세계대전 후 유럽에서 장기 경제계획의 증가를 자료화한 책인 『현대 자본주의』*Modern Capitalism*의 저자로 잘 알려져 있다.
233) 주말에 쉬러 가기 위한 것이든 일하러 가기 위한 것이든 둘 다 마찬가지로 필요하다. [본문 내용을 역자가 각주로 설정]
234) 『미래학, 포화상태인 인간』*Prospective : l'Homme encombré* (1969년). 예를 들어 경제나 혹은 언어에서 어떤 요소들에 대한 묘사 및 정신분석학적 차원에서 어떤 영향들의 묘사와 더불어 포화상태의 문제를 훌륭히 종합한 것. 마세(P. Massé), 『계획과 반反우연』*Le plan ou l'Antihasard* (1967년). 그러나 특히 콜름(S. C. Kolm)의 근본적이긴 하지만, 어려운 저서인 『포화상태에 대한 일반 경제 이론』*La Théorie économique générale de l'Encombrement* (1969년)에서는 양적 생산성에 대한 평가가 처음으로 시도되는데, 실제로 이것은 포화상태의 정확한 대응물이다.

태가 거기에 존재한다는 점을 주목해야 하며, 반발이란 불확실하면서도 혹시 일어날 수 있는 것임에도 포화상태는 매일 늘어난다는 점을 주목해야 한다.

그리고 나서 '변화 비용'이 등장한다. 왜냐하면 우리가 이미 언급했던 바, 곧 행정적이고 사법적이며 이데올로기적인 적응의 필요성은 비용 없이 이루어지지 않기 때문이다. 우리는 인력에 대한 더 큰 투자의 필요성에 대해 언급했지만, 이는 기술적이고 지적이며 이데올로기적인 아주 비싼 교육훈련을 전제로 한다. '변화 비용'에 일치하는 대학의 포화상태 자체에 의해 제기된 문제들이 분명히 눈에 띈다. 젊은이가 떠맡아야 할 새로운 직업, 곧 기술적인 변형의 결과로 나타나는 새로운 직업에 따라 교육과 프로그램과 교육방법을 변형시켜야 한다. 그런데, 이것은 어려운 동시에, 사회가 이 비용을 감당할 수 없는 듯이 보일 정도로 많은 비용이 든다. 게다가 일반화된 재교육 비용과 지속적인 교육훈련 비용을 거기에 추가해야 한다. 이것은 사실상의 기술적인 진보의 수준에 실제로 있다는 조건에서 만이 효과적일 수 있다. 하지만, 이 때 이러한 시도가 어렵다는 점을 통해, 다음 같은 교육자들이 꼼짝 못하게 될 것이다. 즉, 이들은 연구와 젊은이의 교육훈련에 대해 막연한 생각을 지녀서 기술적인 정체를 유발하는 경향이 있는 계속 증가하는 일군의 교육자들이다. 현재까지 재교육은 아주 피상적일 따름이고, 따라서 재교육은 기술적인 발전 속에 제 자리를 차지하는데 진정으로 대비하지 못하고 있다.

마지막으로 '복잡성 비용'을 고려해야 한다. 행정적이고 경제적인 사회체계는 커지고 가속화되고 대다수와 관련될수록 더 복잡해지며, 우리가 이미 언급했던 두 번째 단계나 혹은 세 번째 단계에서 연계 업무와 관리 업무가 증가한다. 그러나 이 업무들은 마찬가지로 비용이 많이 든다. 이 업무들이 기계에 의해서나 컴퓨터 덕분에 이루어질 수도 있다고 말하는 것은 아무 소용이 없다. 기계나 컴퓨터는 터무니없이 가격이 높아지고 점점 더 전문화되기 때문에 더 많은 부속장치를 필요조건으로 하며, 기술적인 진보를 통해 기계나 컴퓨터는 급속히 구식이 된다.235) 따라서 복잡성으로 말미암아 경제생활에 가해지는 짐이 이 점을 통해서는 조금도 줄어들지 않을 것이다. 이와 같이, 우리는 기술적인 진보 덕분에 경제 성장이 확실해지고 심지어 결정지어진다는 점을 전체적으로 파악한다. 그러나 이와 동시에 이러한 성장 비용이 증가하기 때문에 성장의 결과가 점점 덜 만족스러울 수도 있고, 계산이 모두 이루어지고 나면 아마 마지막 차액이 긍정적이 아닐 수도 있다. 그래서 속도가 늦춰지지 않으면 차단되어질 기술적인 성장에 충분한 자원이 마음대로 사용되도록 맡겨질 수 없다.

요컨대, 내가 묘사했던 기하학적인 발전에 따라 기술적인 혁신의 가능성이 증가할수록, 모든 분야에서 혁신의 수는 실제로 더 늘어나고, 이 혁신들을 받아들이고 적용하며 지원하는 것이 모든 차원에서는 사실상 불가능하다는 점이 더 인지된다. 심리적으로 또 이데올로기적으로 인간은 모든 것을 감수할 수는 없는데, 이는 토플러Toffler의 저서에서 제시되는 당연하지만, 평범한 논증이다. 경제는 기술을 뒤쫓아 갈 수 없고, 행정과 경영과 조직도 기술적이 되려고 애쓰긴 하지만, 마찬가지로 기술을 뒤쫓아 갈 수 없다.236) 사회 조직체의 전연성展延性이나 가소성은 무한정하지는 않은데, 그렇기 때문에 기술들 사이에서와 혁신들 사이에서 불가피하게 선택이 이루어진다. 즉, 기술이 과다하게 제시하는 것 중에서 모든 것이 다 지금 이루어질 수도 없고 장차 이루어질 수도 없을 것이다. 기술적인 잠재력과 실현된 것 사이에 괴리는 늘어나는 경향이 있다. 그러나 기술적으로 할 수 있는 모든 것은 해야 한다는 기술적인 절대적 요구가 늘 남아 있는 동시에, 잠들어 있는 모든 혁신은 끊임없이

---

235) 『분석과 예측』*Analyse et prévision* (1969년)에서 탁월하고 자세한 예인 리비(W. L. Libby)의 "일상인 도정의 끝"*La Fin du trajet quotidienne*을 볼 것.
236) [역주] 여기서 엘륄은 자율성을 지닌 기술이 자체의 법칙을 강요한다는 점을 말하려 하는데, 경제나 정치를 책임진 당사자들은 자신들이 지배한다는 인상을 사람들에게 주기는 하나, 결국 이러한 인상은 착각일 따름이라는 것이다.

일깨워지고 적용될 수 있다는 기술적인 잠재력의 축적이 늘 남아 있다. 그렇지만 차단의 증거들이 늘어난다. 즉, 정보처리기술에서 혁신의 급속성은 이제 "정지"를 요구한다.237)

그래서 이 상황에서 컴퓨터에 대한 대규모 공격이 일어난다는 점에 유의하자. 나는 핵에너지와 우주 기술과 정보처리기술에 대한 비난이 적용 가능성의 상한점 도달과 매번 정확히 일치한다는 의견을 제시할 수도 있다. 달리 말해, 기술적인 잠재성과 일반화된 실제 적용 사이에 격차가 커질 때, 기술을 통해 할 수 있는 모든 것을 실현하지 못하는 인간에 대한 일종의 정당화가 생겨난다. 당연히 비자발적인 이런 정당화는 이루어지지 않은 이러한 기술적인 잠재력에 대한 비난이다. 인간은 언제나처럼 상황의 주인으로 남아 있다고 주장한다. 또한 인간은 이 수단을 사용할 수 없기 때문에, 이 수단은 나쁘고 해로우며 위험하다고 선언한다. 자신의 대단한 지혜 속에서 인간은 이 수단을 원하지 않는다. 물론, 적용이 가능해질 때 모든 유보는 잊혀 질 것이다. 이 뿐 아니라, 새로운 기술이 나타날 때, 이 기술이 옛 기술들의 지위를 빼앗으면 이 기술의 적용은 점점 더 어려워진다. 전자공학의 중개를 거치지 않은 채 유속流束238)의 도움만으로 논리 연산을 할 수 있게 하는 '유체역학 현상을 이용한 제어 기법' fluidique의 "비극"이 알려져 있다… 그러나 이후에 전자공학의 발전에 의해 필요해진 엄청난 투자를 1970년 이후부터는 어떻게 문제 삼겠는가! 전자공학이 발전에 이르지도 않았고 전자공학의 인력이 단지 시작단계에 있는데도 말이다! 이것은 자본주의 구조의 문제도 아니고, 재정적 뒷받침의 부족 문제도 아니다. 이것은 어떤 체제 하에서 어떤 '기술적인 결합체' ensemble technique를 다른 기술적인 결합체로 갑자기 바꿀 수 없다는 문제이다. 그런데, 우리가 앞으로 나아갈수록 더 기술들은 물질적인 하부구조

---

237) 정보처리 산업 성장률은 1970년부터 감소했다. [본문 내용을 역자가 각주로 설정]
238) [역주] 유속(flux). 단위 면적을 통해 단위 시간에 이동하는 열량이나 물질량 혹은 운동량을 나타낸다.

와 자본의 동결과 상당한 인적 교육훈련을 요한다. 그래서 우리가 앞으로 나아갈수록 기술들이 빨리 대체될 가능성은 덜해진다. 이와 같이, 어떤 기술이 자체의 존재 속에서 개량될 수 있지만, 어떤 기술적인 결합체에서 다른 새로운 기술적인 결합체로 "도약" 하는 것은 점점 더 어려워진다. 이것이 '유체역학 현상을 이용한 제어 기법' 의 상황이다. 기술적인 가능성 사이에서 행해야 하는 이 선택 의무를 통해, 인간 신체의 일반화된 인공화라는 사이보그 세계와 로봇 세계와 '전자 보정술' 239) 세계에 대한 아주 단순한 견해에 머물고 마는 토플러와 로르빅의 세계는 거의 이루어 질 법 하지 않다. 훨씬 더 보잘 것 없는 수준에 그치면서, 해양의 이용을 예로 든다면 실험실에서 얻어진 지식과 실제 가능성 사이에 엄청난 간격이 인지된다.240) '물고기 양식' 같이 연어와 농어를 위한 제한된 서식지가 아마도 만들어 지겠지만, 즉시 이 두 실험을 통해 연안 지방의 전체적인 정비라는 엄청난 문제가 제기된다는 점을 인정할 수밖에 없다! 훨씬 더 나쁜 것은 해저의 광물 자원 채굴 문제이다. 해저의 광물 자원 채굴은 기술적으로 가능하다. 하지만, 누가 개발 권리를 갖고 있으며, 해저는 누구에게 귀속되는가? 이는 단순한 법적인 궤변이 아니라, 16세기 식민지화의 문제와 동일한 문제와 마주할 우려가 있다. 즉, 기술력을 가진 이는 채굴을 시행할 권리가 있고, 이와 같이 자신의 힘을 늘릴 것이다. 그러나 만일 이 권리가 인정되지 않는다면, 또 나라들 사이에 공평한 분배가 이루어진다면, 이는 이 "자원"의 10분의 9가 개발되지 않음을 의미할 텐데, 왜냐하면 두 강대국이나 혹은 세 강대국만이 그렇게 할 수 있기 때문이다. 실재가 기술적인 혁신의 리듬을 따라갈 수 없음을 보여주는 많은 다른 문제 가운데 몇몇 문제는 그러하다.241)

---

239) [역주] '전자 보정술'. 전자 기술을 이용하여 인체의 기관을 인공적인 것으로 바꾸는 기술을 가리킨다.
240) 1973년, 대양의 활용을 위한 국가 센터의 보고서를 참조할 것.
241) 이 문제들에 대해서는 트레이(Jean Michel Treille)의 훌륭한 연구인 『기술적인 진보와 산업 전략』*Progrès technique et stratégie industruelle* (1972년)을 특히 볼 것. 거기에는 촉진된 새로운

기술 체계 속에서 '자가 조절'

그러나 기술 체계 속에서 일종의 '자가 조절'auto-régulation인 내적 차단도 존재하는 듯이 보인다. 의료기술에서 끌로제Closets가 행한 훌륭한 분석에서 출발하는 첫 번째 예는 다음과 같다. 실제로, 모든 분야에서 상당한 개량이 이루어지는데, 이 개량이 너무나 빠른 나머지 이 개량을 통해 3년 혹은 4년마다 첨단기술은 평가절하 된다. 그런데, 이런 것은 탐구되지 않는 분야에서 새로운 기술의 출현과 동시에 생겨난다. 그러나 이 두 종류의 성장은 이 기술들이 아주 많은 환자에게 적용되는 때만 관심을 끈다. 그렇지 않으면 이것은 실험실의 변변하지 못한 단순한 일이 된다. 적용만이 기술을 구성하기에, 여기서 우리는 발견과 적용 사이의 거리를 다시 발견한다. 그러나 아주 많은 환자에게 적용하려면, 한편으로 이를 위해 양성된 의료진이 필요하고242), 아주 비싼 동시에 제자리에 두기에는 아주 긴 병원 장비가 필요하다. 그런데 이러한 병원 장비가 설치되자마자, 결국 "가장 현대적인" 기술들을 수천 명의 환자가 마음대로 이용하게 되자마자, 실제로 이 기술들은 이미 폭넓게 시대에 뒤떨어진다. 이러한 경로로 기술 자체에 의한 일종의 기술의 질식이 생겨난다. 기기機器가 제자리에 놓임으로써, 가능할 수도 있는 것의 적용이 방해된다. 의학 전체를 보유한 컴퓨터를 설치하는 것으로는 충분하지 않고, 컴퓨터가 지시하는 것을 실행할 수 있어야 한다! 의료 기술의 적용은 수십 개의 다른 기술로 된 하부구조를 전제로 하기 때문에, 끊임없이 새로운 방식으로 적용을 맞출 수 없음으로 말미암아 기술은 자체의 제동으로 귀결된다. 첫 번째 기술이 빨리 발전할수록, 다른 기술들은 이미 아주 발전된 어떤 기술에 적응되었

기술담론의 출현의 문제 및 시장과 기업의 자본주의적 구조의 측면에서 뿐 아니라 모든 차원에서 그 점이 제기하는 어려움들이 잘 연구되어 있다.
242) 이것은 점점 더 어려워질 것이다. [본문 내용을 역자가 각주로 설정]

기 때문에 첫 번째 기술을 덜 뒤따라 갈 수도 있다.

게다가, 기술적인 분야의 모든 성장에는 리듬의 변화와 가능성의 변화가 있음이 지적되었다. 처음에는 수많은 선택사항과 선택이 가능하나, 점차 변수들 중 하나가 강요되고, 강요되는 이 변수에 의해 다양한 이유로 다른 변수들이 제외된다.243) 마찬가지로 처음에는 이 분야에 아주 많은 혁신이 존재한다. 하지만, 이에 따라 이 분야의 발전에 필요한 혁신들은 점점 더 줄어들고, 이 분야에서 연구의 중요한 부분은 첫 번째 산물의 부차적인 개선을 향해 방향 설정되거나 혹은 경쟁하는 것들에 대한 구분을 향해 방향 설정된다. 달리 말해, 각 분야에서 연속적으로, 성공은 반복된 형태와 방식에서 기술적인 진보를 응결시킨다. 중요한 것은 이 점이 체계 전체에 영향을 미치는지 혹은 정지된 이 분야가 어쨌든 다른 분야에 의해 대체되는지 아는 것이다.

기술적인 진보의 이러한 가속화가 완전히 이루어지려면, 하위 체계들의 조화롭고 일치하는 성장을 요할 수도 있다. 실제로, 가속화가 있을수록 더 왜곡과 역기능과 연계성 부재가 심하게 느껴진다. 어떤 기술적인 분야들이 "뒤따라가지 않을" 때, 이 점은 어디서든 느껴진다.244) 어떤 첨단 영역에서 너무 큰 가능성을 통해, 더 뒤처진 분야는 위험에 빠진다. 그런데, 우리는 불규칙한 성장이 있음을 안다. 하지만, 이 움직임이 너무 빠르지 않는 한, 보상이 실현되고 대체가 일어나며 다면성polyvalence이 설정된다.245) 이와 반대로, 가속화된 성장에서 체계는 그 자체로 더는 균형을 이룰 수 없다. 따라서 기술의 전체적 균형이 다시 도입될 때까지, 불균형 때문에 유발된 지체가 예상될 수 있다. "대상은 자체의 작동 내부에서 장애를 발견한다. 이 한계들을 넘어섬

---

243) 이 점은 우리가 기술적인 자동성으로서 살펴보았던 바에 일치한다. [본문 내용을 역자가 각주로 설정]
244) 1971년의 다이볼드(Diebold) 연구 프로그램에서, "기술이나 혹은 일을 단순화하기는커녕 컴퓨터는 복잡성을 증가시켰고, 끊임없이 변하는 일련의 제약을 연구자와 연구지도자에게 부과했다…"라는 점이 당연히 지적된다.
245) 플랫(J. Robert. Platt), "인간의 진화"The evolution of man, 『과학』Science (1966년).

으로써 진보가 이루어지는 한계들이 작용하는 것은, '하위 결합체들' sous-ensembles로 된 체계의 점진적인 포화상태에서 생겨나는 양립불능incompatibilité 속에서 인데"246), 이 진보는 본질적으로 기능들의 내적인 배치를 변모시키는 것이고, 기능들의 체계를 다시 조정하는 것이다. 그런데 이 점은 기술 체계에서도 마찬가지이다. 하위 체계들이 서로 차단할 때, 결합체가 더는 계속 성장할 수 없음이 분명하다. 마찬가지로 이것은 바카가 대규모 하위 결합체들에 영향을 미치는 작동의 불가능성을 입증할 때 현 상황에 대해 그가 행하는 분석이다. 그런데 이 포화상태 지점에 우리가 이제 도달한 듯이 보인다. 아주 새로운 기술은 체계 속에서 어렵게 자기 자리를 발견한다. 아주 새로운 기술은 자체로 전체를 혼란케 하는데, 전체는 점점 더 약해지는 듯이 보인다. 그러나 시몽동은 이 한계의 극복에 대한 질문을 제기한다. 즉, 우리가 도달한 영역에서 그것은 가능한가라는 질문이다. 누구도 모른다. 동기들은 그러한데, 이 동기들로 말미암아 가속화가 무한정하지 않다는 점이 확실하고, 제동이 점점 더 작용할 것이라는 점이 확실하다. 그러나 어느 수준까지 지체가 작용할지, 추세가 뒤집어 지는 것이 목격될지, 가속화에서 감속으로 넘어갈지, 정체를 향해 나아갈지 혹은 단지 성장의 정상화로 나아갈지를 정확히 언급하는 것은 거의 불가능하다. 정확하지만, 일반화할 수 있는 논점들을 대상으로 하는 아주 자세한 연구들을 통해247), '기술담론적인 변화' 가 이런 속도로 계속될 수 없고 대부분의 영역에서 이제 한계에 도달한다고 생각하게 된다. 놀라운 가속화가 사회적이고 인간적인 환경에서 생겨나는데, 이는 여기저기서 상당한 무질서를 초래하는 일종의 "폭발음"이다. 그러나 '기술담론적인 가능성' 의 벽을 넘어선 후에는 정체 기간과 질서 회복 기간이 반드시 있을 것이다. 따라서 우리는 과도기적 위기 한가운데 있을 것이고, 향후 30년에는 체계

---

246) 『기술 혹은 시대의 쟁점』*La Technique ou l'enjeu du siècle*에서 내가 지적했던 바이다.
247) 시몽동(Simondon).

전체에 감지되는 지체가 예상될 수 있다. 이 역시 미 항공우주국 사령부의 일원이었던 쉘든Sheldon이 느끼는 감정인데, 그에게 사람들은 기술적인 수단의 탕진과 낭비의 시대 이후에 보존과 질서 회복의 시대로 들어간다. 그는 기술들에 의해 현재 유발된 문제들이 이러한 영역에 속해 있는 나머지, 장애와 피해를 보상하는데 모든 힘을 쏟을 수밖에 없게 될 인류의 "휴지休止 상태"가 실제로 목격될 것이라 언급한다. 따라서 현재의 기술들은 그 자체의 방향으로 더는 발전하지 않겠지만, 현재의 기술들은 기술적인 진보의 정지를 전제로 할 "영웅적 조치"에 적용될 것이다.248) 마찬가지로, 끌로제는 "개인 외에는 더는 연구원이 없을 것이며 과학 예산이 국민총생산PNB을 결코 넘어서지 않을 것이라는 점을 인정해야 하듯이, 현재의 진보 곡선이 둥글게 되기 마련이라는 점, 즉 진보는 에스S자로 된 곡선을 따른다는 점을 인정해야 한다."고 판단한다.

마찬가지로 의료 영역에서도 정체 경향이 관찰될 수 있다. 의료 과학의 진보가 1960년부터 실제적이기 보다는 표면적이고, 실천적이기 보다는 이론적이다. 마치 최선진국에서 의료 소비의 상당한 증가가 공중보건의 개선으로 나타나지 않듯이 모든 일이 일어난다. "보건 예산의 절반을 늘이거나 혹은 줄이는 것은 아마도 미국인의 평균 수명에 아무런 변화를 주지 않을 수도 있다."고 베로Béraud 교수는 언급하는데, 우리는 그에게서 이러한 분석을 차용한다. 보건의 진정한 개선은 화려한 치료학에 의해서보다 대중 교육에 의해 이제 이루어진다. 공중의 교육훈련과 정보에 대해 재검토해야 한다. 하지만, 우리는 이 교육훈련의 극심한 더딤에 부딪치고, 공중으로 하여금 대단한 외과 수술이나 혹은 소생술의 측면에서만 의료를 생각하게끔 하는 "최면 기술적인" 흐름을 뒤집어엎는데 뒤따르는 어려움에 부딪친다. 여기서 여전히, 다음 단계를 특징짓게 마련인 듯이 보이는 것은 더딤이다.

---

248) 쉘든(Sheldon), "우주공간의 시대"L'Ere de l'espace, 『분석과 예측』Analyse et prévision (1966년)

마찬가지로, 특별한 점에 대해서이긴 하지만, 예들이 늘어날 수도 있다. 벵상André Vincent은 시간당 노동 생산성이 5퍼센트 속도로 서구에서 몇 년 전부터 늘어난다는 점과 자동화를 통해 이 발전율이 증가하는 것이 전적으로 불가능하다는 점을 아주 과학적으로 입증했다.249)

물론, 일종의 체계의 퇴보를 유발할 수도 있는 경향의 전반적인 돌변을 기대하지 말아야 한다. 라이시Reich가 기계는 스스로를 파괴하기 시작하고 국가도 자체의 파괴를 수행하는 중이라고250) 주장할 때, 그가 꿈꾸는 바는 아주 위험한 듯이 보인다. 그는 국가가 더는 다스려질 수 없고, 노동자의 불만 원인이 증가하며, 여가가 늘어날수록 인간은 자기 일을 하는 것을 덜 받아들일 수 있고, 소비자가 만족할수록 노동자는 일하기를 덜 바라며, 기술적인 생산물은 전쟁에서만 완전히 소비될 수 있다고 설명한다. 또한 그는 베트남 전쟁이 국가·기업과 기술 체계를 저지하는 결정적인 위기라고 단호하게 주장한다… 이런 유치한 것을 읽으면서 사람들은 어안이 벙벙해진다. 즉, 라이시는 자기에게 기술 체계에 대한 어떠한 종합적인 시각도 없으며 역사적인 어떠한 심오함도 없음을 분명히 드러낸다. 그는 자기가 일반적인 큰 경향으로 착각하는 사소한 시사적 사실에 집중한다. 이와 반대로, 그는 전쟁을 통해 기술적인 진보가 결코 차단된 적이 없다고 여기는지도 모른다. 여기서 5년이 지나면 미국 젊은이는 베트남 전쟁을 깡그리 잊어버릴 것이고, 다수의 기술적인 개선만이 남아 있을 것이다. 실제로, 체계의 '자가 파괴'를 믿을 어떠한 이유도 없고, 라이시가 지적한 동기들로 말미암아 차단을 기대할 어떠한 이유도 없는데, 특히 의식의 변화에 의해서도 말이다. 이미 오늘날, 그의 책이 저술된 이후, '제3의식意識'의 대단한 출현은 바람이 빠지는 중인 소 내장으로 된 가죽공이다. 이것은 히피 운동과 약물과 반反문화와 공동체의 퇴조이고,

---

249) 자동화에 대한 유럽의 심포지엄, 그르노블(Grenoble), 1967년.
250) 공산주의 혁명도 없이, 오 레닌이여! [본문 내용을 역자가 각주로 설정]

소비 사회에 대한 거부의 퇴조이며, 학생들의 "정상화"이다. 내 느낌으로는, 결코 버려지지 않았던 '제2의식'의 와중으로 우리는 돌아온다!

달리 말해, 기술적인 방식의 가속화나 혹은 기술적인 방식의 실제적인 정체와 관련된 예측은 행해질 수 없다. 어떤 지체가 있음을 믿는 것이 더 그럴싸한 듯이 보인다면, 지체가 일어날 순간도 정체의 분야들도 정확히 예측될 수 없다. 이와 반대로 확실한 점은 존재하는 바를 단순히 연장함으로써 예측할 권리가 사람들에게 없다는 것이다. 이는 늘어나는 시골의 인구감소, 인구증가의 지속, 수송의 가속화, 노동 문제 대신 주거 장소의 거리 문제 등이 있을 거라고 주장하는 것인데, 이것들은 십여 년 너머로 연장될 때 완전히 근거 없는 가정이다. 자동화의 일반화나 혹은 하루 네 시간 노동의 실현과 관계되는 것에서도 상황은 마찬가지이다.

그러나 가능할 수 있는 이러한 지체 경향은 기술들의 단 한 분야251), 곧 물리학과 화학의 적용 분야에만 영향을 미친다.

그래서 "이 예견된 정지 상태는 무엇을 위해 사용될까?"라는 질문이 제기된다. 이는 어지럽혀진 사회의 질서를 다시 회복하기 위함이고, 효율적인 조직을 허용하기 위함이며, 이루어진 진보의 광대함을 흡수하기 위함이고, 인간으로 하여금 거기에 자리 잡고 적응하게 하기 위함인가? 달리 말해, 진보는 계속되지만, 이는 아마도 지금까지는 더 불리한 기술적인 영역들에서인데, 곧 조직 기술과 적응 기술, 심리적 기술과 조작 기술, 보존 기술과 보상 기술이다.

분리 활동은 늘어나는 힘과 능력을 흡수할 것이다. 그러므로 보드리야르에 따르면 "체계의 일종의 자가 이탈"이 있는데, 이는 "생산성이 증가하더라도 체계의 존속 조건을 유지하기 버거울 정도로 앞으로 나아가지도 뒤로 물러서지도 못하는 한계에 부딪친다는 것이다."252) 이 점은 완전히 들어맞을

---

251) 무한한 분야인 것은 사실이다! [본문 내용을 역자가 각주로 설정]

수 있다. 그러나 이것이 가속화의 축소에는 조금도 일치하지 않을 수도 있음을 유의해야 한다. 실제로, 이 때문에 사람들이 염두에 두는 유일한 기술들은 소비를 위한 생산 기술임을 고려해야 한다. 그런데, 이 생산 기술들이 줄어든다면, 또 심리적이고 사회적이며 생태적인 기술들과 '가사 기술들'이 급속히 발전한다면, 체계의 리듬이 감소하는 것이 아니라, 단지 기술적인 활동 영역이 이동할 따름이다. 역기능에 대처하는 책임을 진 기술들을 "긍정적인 만족"을 늘리기로 되어 있는 기술들과 대립시킬 수조차 없다. 왜냐하면 변질되지 않은 음식을 먹는 것, 소음을 덜 내는 것, 균형 잡힌 환경 속에 있는 것, 교통 제약을 더는 겪지 않는 것 등은 완전히 긍정적인 만족일 것이기 때문이다. 따라서 기술적인 가속화는 이 조건들 속에서 유지될 수 있지만, 다른 곳에서도 유지될 수 있다. 역기능은 이러한 가속화를 반드시 다시 문제 삼지는 않는다.

안정 경향을 지닌 것이 전체적으로 기술 체계라고 할 수는 없다. 더 불리한 다른 분야가 오늘날 부득이, 어쩔 수 없이, 필연적으로 발전하는 동안, 아마도 어떤 분야는 자체의 발전을 지체시킨다고만 하기로 하자. 일반적인 차단 경향은 없으며, 이와 반대로 우리는 '자가 증식'에서 우리가 지적했던 성장 방식으로 되돌아간다.

---

252) [역주] 여기서 엘륄은 기술적인 진보가 중요할수록 유지·보수 작업도 마찬가지로 더 중요하다는 점을 언급하려 한다. 기술은 컴퓨터 바이러스처럼 많은 역기능을 초래할 뿐 아니라, 미국을 공격하려고 비행기 조종 기술을 사용한 9.11 테러리스트나 악성 스팸 메일을 뿌리는 자들과 같은 악의적인 행동을 유발하는데, 이 점은 이러한 역기능과 행동을 막기 위한 기계 장치들을 필요하게 만든다. 하지만, 이러한 과정은 끝이 없고, 그 한계가 보이지 않는다. 그래서 체계는 생산적이라고 간주되었지만, 그토록 많은 유지·보수를 요구하기 때문에, 더는 앞으로 나아갈 수도, 다시 말해 생산적이 될 수도 없다. 또한 유지·보수 작업이 체계를 비생산적이 되게 할 만큼 그리 중요하지 않기에 체계는 뒤로 물러설 수도, 다시 말해 비생산적이 될 수도 없다. 이 현상을 지칭하고자 엘륄이 자주 사용하는 완벽한 표현이 바로 "악순환"이다.

결론, 기술 체계 속에서의 인간

기술 체계 속에서 인간의 상황

30년 이상 전부터 기술과 관련하여 인간의 위치가 어떻게 될 것인지 알기 위한 질문이 제기되었다. 우리는 두 가지 흐름을 구분할 수 있다. 어떤 이들에게 문제되는 것은 인간과 기계의 관계이다. 이것은 인간과 기계가 결합될 수밖에 없다는 이들과 기계에 의해 인간이 단지 배제될 것이라는 이들로 나뉜다. 이 두 가지 해석은 또 다시 각각 둘로 나뉜다. "인간·기계"의 결합에 대해 간혹 언급될 텐데, 이것은 가장 합리적인 개념으로서 서로에게 완전히 적응하고 서로 연관되어 작동하는 기계와 인간이다. 또한 공상과학소설에서 기계가 신체적으로 인간의 몸이 되고 식물의 접붙임처럼 인간과 기계가 완전한 통합되어 뇌와 신경 체계로 단지 남아 있는 인간의 변화에 대해서 간혹 언급된다. 인간의 배제라는 경향에서, 우리는 모든 고역에서 벗어나 영적인 고양이나 창조의 기쁨에 몰두하는 인간이라는 낙관주의적인 견해와 모든 활동에서 배제되어 기생충이나 불필요한 존재가 되거나 혹은 결국 로봇의 반란으로 제거된 인간이라는 비관주의적인 견해를 발견한다. 우리가 오로지 그 독특함 속에서 여전히 주시되는 수많은 기계에 대한 단편적인 견해에 머물러 있기 때문에, 또한 인간 역시 개인으로서 감지되기에, 이 모든 것은 매우 피상적이다. 따라서 예측할 수 있는 현재의 실재에 대한 어떠한 이해도 없고, 기술 체계에 대한 어떠한 이해도 없으며, 기술적인 현상에 대한 어떠한 이해조차도 없다. 우리는 이 모든 것을 등한시 할 수 있다. 다른 큰 흐름은 더 포괄적인 '시각적 시도' essai de vue를 분명히 포함하고, 기술 사회라는 개념을 다소 받아들인다. 하지만, 사람들은 가장 큰 막연함과 완전한 모호함 속에 머물러 있다. 소비와 여가 등에 대해 언급되는 것은 바로 여기이다.

그런데, 문제는 기계들과 기계사용이 아니라 기술 체계라는 바로 그 이유로, 인간·기술의 관계 문제는 더는 전통적인 방식으로 제기될 수 없다. 나중에 시도될 연구에서 제자리를 찾을 해결의 실마리는 이 결론에서 논외가 될 것이다. 또한 이 체계를 마무리하기로 된 피드백의 출발점으로서 고찰할 수 있으며 이 저서에 뒤이어질 저서에서 연구될 체계의 유해성과 역기능도 논외가 될 것이다. 단지, 이 체계 속에서 인간은 실제로 어떻게 되는지 자문해야 한다. 또한 이러한 인간이 기술을 "장악하고" 이끌며 기술을 조직화하고 선택하며 기술의 방향을 정한다는 그렇게 자주 이상적으로 표명된 희망을 지닐 수 있는지 자문해야 한다.

셀리그먼Seligman은 이 영역에서 기술적인 변화를 다음 같은 인상적인 표현으로 강조했다. 즉, '호모 파베르' Homo faber는 더는 존재하지 않게 되었고, '호모 파베르'는 노동하는 동물이 되었다는 것이다. 마르크스가 끊임없이 상기시켰듯이, 예전에 노동의 중심에 있었던 인간에게 노동은 결정적인 의미가 있었으나, 이제 인간은 점차 노동에서 소외된다. 즉, 인간은 셀리그먼의 표현대로 "노동의 주변에" 있다. 그래서 우리는 선택 권한과 결정 권한과 주도 권한과 방향설정 권한을 부여받는 인간은 누구인가라는 질문을 제기해야 한다. 이는 페리클레스 시대의 그리스인도 아니고, 유대 예언자도 아니며, 12세기 수도승도 아니다. 이는 이미 온통 기술의 영역에 빠진 인간이다. 인간은 이러한 대상들에 비해 자율적이지 않다. 인간은 지고하지도 않으며, 불변의 인격이 부여되지도 않는다.

체계 속에서 이런 상황은 다섯 가지 주장으로 분석될 수 있다. 맨 먼저, 의식에 나타나는 인간은 기술을 "이미 있는 것"déjà là으로서 발견한다. 기술은 인간에게 있어 환경을 이루는데, 이 환경 속으로 인간은 들어서고 이 환경에 인간은 통합된다.253) 기술이 진정한 환경이 아니라는 것은 정말 무의미하

---

253) 기술 환경에 의한 인간의 변모에 대해서는 프리드먼(G. Friedmann)의 뛰어난 연구인 『인간과 기술에 대한 일곱 가지 연구』*Sept études sur l'homme et la technique*를 볼 것.

다. 그러한 인간이 무엇을 보거나 혹은 사용하든지 이는 기술적인 대상이다. 인간은 어떤 경로나 혹은 다른 경로를 택할 필요가 없다. 인간은 즉시 기계와 생산물의 세계에 존재한다. 가장 단순한 것으로서 전기 스위치나 혹은 수도꼭지는 이 '기술적인 특성'의 가장 직접적인 증거이다. 그런데, 필요한 행동에 일치하는 환경이자, "이미 있는 것"에 누가 의문을 제기할 것인가라는 이데올로기적 방향설정에 일치하는 이러한 환경은 이해되지 않은 채 명백한 것으로 받아들여진다. 빠른 운송수단과 약이 사용되는 것은 자명하며, 이를 통해 어떠한 질문도 제기되지 않는다. 이것들은 왜 그러할까? 재빨리 인간은 이 환경에 따라서 사고한다. 이 환경은 안락과 효율성을 위해 만들어져 있다. 나무나 비나 폭포에 대한 의문 제기가 12세기 인간에게 떠오르는 이상으로, 민감한 측면에서 기술 환경에 대한 거부나 의문 제기가 의식에 눈뜬 사람의 생각에 더 떠오르지는 않는다. 명백한 사실들을 통해, 이러한 인간은 현상의 포괄적인 실재에 재빨리 적응한다. 물론, 인간은 무엇이 문제되는지 확실히 파악하지 못하고, "기술 체계"와 기술의 "법칙"을 구분하지 못한다. 그러나 마찬가지로, 12세기 인간도 물리학적, 화학적, 생물학적 법칙을 알지 못했으며, 그가 분리된 것으로 파악하는 현상들을 하나의 결합체ensemble로 통합하는 과정을 알지 못했다. 이 기술 세계 속에 위치하면서도 기술 세계의 체계를 식별하지 못하는 것은, 체계를 이해하지 못한 채 체계에 통합되고 확실히 속하기 위한 가장 좋은 조건이다.

그런데, 이 점은 두 번째 사실에 의해 보완된 채로 있다. 즉, 지적인 교육훈련 전체는 기술 세계 속으로 긍정적이고 효과적인 방식으로 들어가도록 준비시킨다. 기술 세계는 하나의 환경이 되어버린 나머지 모든 젊은이의 문화와 방법과 지식이 적응되는 것은 이 환경이다. 초등학생이 빠지게 될 환경이 인간적인 환경이 아니라 기술 환경이기 때문에, 인본주의는 과학적이고 기술적인 훈련을 위해 도태 당한다. 초등학생은 이 환경에서 자신의 직무를 완수하도록 준비되는데254), 다시 말해 이 환경에서 직업을 수행하도록 준비된다. 하지만, 직업은 어떤 기술들에 대한 지식과 기술적인 도구들의 사용을 전제로 한다.

어떠한 "무보상성"gratuité도 교육에는 없으며, 교육은 효율적으로 쓸모가 있어야 한다. 교육에 가해지는 온갖 비판은 다음 같은 표현 주위에서 늘 맴돈다. 즉, "사람들은 쓸데없는 수많은 것을 배운다. 하지만, 중요한 것은 직업에 대한 준비를 하게 하는 것, 다시 말해 이러한 직업의 기술들에 대한 준비를 하게 하는 것이다."라는 표현이다. 오늘날 모든 교육은 기술적이 되는 경향이 있으며, 이러한 구체성 속에 이러한 뿌리내림이 교육에 있을 때에만이 교육은 대중이 보기에 정당화된다. 그러므로 이 방식으로 양성된 젊은이가 어떻게 기술에 대해 선택과 결정을 할 수 있을까? 젊은이가 기술 가운데서 태어났고 그의 장난감은 기술적인 물건이며 어린 시절부터 전기 자동차와 기중기와 엔진을 사용할 뿐 아니라, 학교에 의해 기술적인 기능에 대해 준비되고 점점 더 이러한 종류의 지식만을 받아들인다. 프랑스 대학의 바로 그 "위기"의 깊은 근원은, "사회 속으로 들어가도록 준비시키는 것"이라 불리는 기술적인 교육훈련에 대한 이런 집단의 부적응일 따름이다. 그런데, 이 교육훈련이 믿을 수 없는 엄밀함과 더불어 점점 더 전문화된다는 점을 잊지 말아야 한다. 예를 들어, 컴퓨터 프로그래머의 훈련은 체계 프로그래머, 관리 프로그래

---

254) 기술과 새로운 인본주의 사이의 혼동처럼 이 점에 관해 아주 특징 있는 저서는 까농쥬(Fernand Canonge)와 뒤셀(René Ducel)의 『기술적인 진보 앞에서 교육』*La Pédagogie devant le progrès technique*이다. 여기서 이 저자들은 아이를 기술적인 변화에 적응시키고 아이로 하여금 기술적인 진보에 기여하게끔 하려면 제시하는 것이 바람직한 지적이고 실제적인 교육을 연구한다. 기술적인 사고에 기초하고 논리적 활동과 방법론적 고찰과 기술적인 연구로 이루어진 기술적인 효율성의 우위를 '수동식 학습'(apprentissage manuel)이 어떻게 인정하는지 드러난다. 체계 속으로 편입되는데 필요한 동기부여가 아이에게 이루어지는 동시에, 형태를 표현하는 것과 모든 데이터를 숫자로 나타내는 것이 아이에게 교육된다. 인간은 어떤 기술을 위해 훈련되기 때문에, 또 인간은 기술에 완전히 적응하고 모든 비판적인 정신에 무능하기 때문에, 이와 같이 훈련된 인간이 어느 정도로 기술을 결코 지배할 수 없는지 이 놀라운 작업을 통해 본의 아니게 입증된다. 그런데, 이 점은 교육이 지배 문화의 지속을 목표로 삼는다는 점을 입증하려 애쓰는 연구보다 훨씬 더 결정적이다!

머, 실시간 프로그래머 등과 같은 매우 분리된 여섯 가지 전문지식을 포함한다. 이와 같이 양성된 인간에게 어떻게 기술 체계를 비판하거나 혹은 장악하는 최소한의 가능성이 있기를 바라는가? 이 뿐 아니라, 그가 직업을 얻을 때 어떤 기술들만을 접한다. 그의 직업이 무엇이든, 우선 그것은 생산되는 것에 의해서건, 유포되는 것에 의해서건 기술 체계에 참여하는 것이다. 결국, 그의 삶의 뼈대가 되는 것에 대해 어떻게 그가 문제 제기 할 수 있을까? 간단히 말해, 기술적인 인간은 두 가지 존재 방식으로 나누어져 나타난다.255) 한편으로, 그는 자신의 기술 및 전문분야와 "밀접한 관련이" 있다. 그는 자신의 분야에서 아주 유능하며, 늘 더 큰 효율성을 가지고 해야 할 바를 확실히 알고 파악한다. 그러나 이 점은 밀접하게 제한된 분야에서만 작용한다. 다른 한편으로, 부분적이며 치우친 정보를 통해서만 세상과 정치 경제적인 문제를 아는, 또한 문제에 대해 "반쪽짜리 이해를" 하고 사실들에 대해 일부분만 인식하는 모든 사람의 수준에 그는 다시 놓인다. 자신의 분야에서 자신의 역량은 결국 모든 것이 달려 있는 일반적인 현상들을 더 잘 이해하거나 혹은 아는데 있

---

255) 모든 인간이 자유로운 시간을 가지게 될 때 인간은 과학적이고 기술적인 발달에 참여하게 될 것이라고 생각하는 리치타(Richta)의 낙관주의적 관점에 반대하여, 로끄쁠로(P. Roqueplo)의 강경하고 편향적인 저서인 『학식의 공유』 *Le partage du savoir* (Seuil 출판사, 1974년)는 훨씬 더 현실주의적이다. 진정으로 과학적인 통속화(vulgarisation)는 없다. 텔레비전과 책과 잡지들에 의해 지식(connaissances)으로 유포되는 것에는 어떠한 문화적 가치도 없다. 학식(savoir)의 어떠한 공유도 없다. 학식은 분배된 단편적인 지식들 위에 또 그 너머에 늘 위치한다. 이 부수적인 학식과 과학적인 학식이나 혹은 비판적인 지적 훈련 사이에는 질적인 차이가 있다. 이 모든 것은 아주 훌륭하다. 이 저자가 통속화는 "지배계층을 위한 이데올로기적 조작"이라고 여길 때 나는 저자와 의견이 덜 일치한다. 그것이 기술 사회에서 자발적인 통합 기능과 관계된다면 그러하다. 그것이 음울한 권모술수와 관계된 것이라면, 피압박 계층을 순응시키기 위한 의도적인 계략은 너무 황당한 이야기이다. 나는 사회주의로 이행과 같은 정치적 변화와 더불어 진정하면서도 일반화된 학식의 공유가 가능할 수도 있다고 여기는 로끄쁠로의 지나치게 단순한 희망을 공유하지 않는다. 유감스럽게도, 그것은 훨씬 더 복잡하다. 새로운 체제가 미덕의 체제가 되지 않는다면, 그 점은 늘 재론된다.

[역주] Philippe Roqueplo. 프랑스의 공학자. 프랑스 국립과학연구소 책임연구원을 지내고, 기술공학적인 발전에 대한 민주적 통제 조건이라는 틀 속에서 과학적 전문 능력 및 정책 결정과정 특히 환경 분야에서 과학자의 역할과 책임을 연구한다. 주요 저서로 『지식과 결정 사이에서, 과학적 전문 능력』 *Entre savoir et décision, l' expertise scientifique*이 있다.

어 그에게 아무런 쓸모가 없다.

그런데, 이러한 영향은 학교나 직업의 영향보다 훨씬 더 광범위하다. 기술 체계는 '적응 요인'을 포함한다. 광고, 대중매체에 의한 오락, 정치 선전, 인간관계나 홍보, 이 모든 것은 겉으로는 차이가 있어도 인간을 기술에 적응시킨다는 유일한 기능이 있다. 이는 인간에게 심리적 만족과 동기를 제공하는 것인데, 심리적 만족과 동기는 인간으로 하여금 이 세계에서 살며 효율적으로 일할 수 있게 한다. 인간이 그 속에 위치하는 '정신적인 전경全景' 전체는 기술전문가에 의해 만들어지며 인간을 기술 세계에 순응하게 하는데, 기술 세계는 제시된 온갖 표상 속에서 인간에게 되돌려 보내진 유일한 것이다. 인간은 기술 환경 속에서 자발적으로 살아갈 뿐 아니라, 광고나 혹은 오락은 인간에게 이 동일한 환경에 대한 이미 신격화된 이미지를 제시한다.

이미, 이러한 조작 방식을 통해 새로운 심리적 유형이 생겨났다.256) 이 심리적 유형은 생겨날 때부터 거의 모든 형태에서 '가장 높은 단계의 기술담론' mégatechnologie의 흔적을 담은 유형이다. 또한 이 심리적 유형은 시각 대상이나 혹은 청각 대상에도 구체적인 사물의 형태에도 직접 반응할 수 없는 유형이고, 어떠한 영역에서도 불안함 없이 작동할 수 없는 유형이다. 심지어 이 심리적 유형은 기계의 허가나 혹은 명령에 따라서가 아니라면, 또 '신神같은 기계'에 의해 주어진 초超유기적인 장치의 도움을 받지 않고서는 자신이 살아 있다고 느낄 수 없는 유형이다. 수많은 때 이 조작은 전적인 독립성의 지점에 이미 도달했다. 이러한 굴복된 '순응행위' conformisme 상태는 인간의 지대한 "해방"으로서 '이 체제의 가장 불길한 예언자들'257)에 의해 환영 받았다.258) 무엇에서 해방인가? 인간이 그 속에서 번성했던 상황에서의 해방이

---

256) 『기계의 신화』The Myth of the Machine 의 저자 멈포드(Mumford)의 자세한 설명을 볼 것.
257) [역주] '이 체제의 불길한 예언자들'이란 표현으로 엘륄은 기술찬양론자인 지식인이나 혹은 기술적인 현상에 대해 완전히 순진한 지식인을 암시하는 듯이 보인다.
258) [역주] 이 문장은 엘륄 사상의 중심에 있기 때문에 중요하다. 엘륄은 사람들이 어떤 사물,

다. 다시 말해, 이 상황은 인간적이고 자연적이며 "프로그램 되지 않고" 변화무쌍하며 반응하는 환경과 더불어, 또 어려움과 유혹과 어려운 선택과 도전과 놀라움과 예기치 않은 보상으로 가득한 환경과 더불어 서로 욕구를 만족시키는 적극적인 관계이자 교환 관계이다.259)

여기서 다시, 통제를 창출하는 쪽으로 첫걸음을 내딛는 것은 순진한 듯이 보인다. 스키너260)의 '가르치는 기계'를 살펴보자. 이 기계는 당장에는 분

예를 들어 기술에 의해 소외되고, 그래서 사람들은 이 사물이 결국 우리를 해방시킨다고 믿을 만큼 그것을 신성시하며 그것에 과도한 중요성을 부여한다는 점을 언급하려 한다. 엘륄이 죽기 1년 전인 1993년에 한 신문기자가 20세기에 나치주의와 공산주의처럼 19세기에도 전체주의 형태가 있었다고 생각하는지 엘륄에게 묻자, 엘륄은 "물론, 그것은 '순응행위'(conformisme)다"라고 대답한다. 엘륄은 이 말을 통해 기술 체계가 너무도 발달하는 나머지 모든 사람이 모든 활동 분야에서 결국 기술의 요구에 순응하고 만다는 점을 언급하고 싶었던 것이다. 이 책의 한국어판 서문에서 조엘 드까르젱(Joël Decarsin)이 언급했듯이, 엘륄이 그리스도인이 된 것은 우연이 아니다. 즉, 엘륄은 자신이 그리스도에 의해 해방된 것을 알고 있는 만큼 더더구나 기술을 쉽게 비판할 수 있다는 것이다.

259) 기술 속으로 인간을 구체적이고 의도적으로 통합하는 힘을 분명히 무시하지 말아야 한다. 예를 들어 그것은 모든 개인의 삶 전체를 카드로 만들어 놓음으로써 제기된 엄청난 두려움이다. 그 문제는 『사생활의 종말』 *La fin de la vie privée* (Calmann-Lévy 출판사, 1974년)의 저자 메사디에(Messadié)에 의해 정확히 분석되고 제시된다. 저자는 증가하는 감시의 중대성, 컴퓨터 파일의 증가, "전자공학적인 유행병"(épidémie électronique)을 잘 보여주는데, 그것을 통해 직업상 비밀 유지의 의무 같은 전통적인 법적 조치가 쇠퇴하는 동시에, 심리학적인 관점에서 사생활의 의미가 점진적으로 상실된다. 그러나 그것은 기술들에 의해서만 이루어진 일이 아니라, 대중 사회 곧 "협력" 사회의 결과이기도 하다. 공동체로 살기를 "원하고" 대중 앞에서 "모든 것"을 행하며 사생활의 의미를 상실하는 젊은이들은 개혁가도 혁명가도 전혀 아니다. 그들은 도덕적이고 심리적인 측면에서 기술 사회에 의해 강요된 삶의 단순한 조건들을 반영한다. 컴퓨터에 실린 파일의 증가는 가공할 만하다. 그러나 또 다시 해답과 제안은 아주 무기력하다. 메사디에는 법적인 조치를 다시 언급한다. 즉, 넘지 말아야 하는 한계에 대한 규정, 중앙 집중에 대한 통제, 광고 금지 (어떤 때에도 "권력"은 이중으로 특혜를 얻는다), 비밀 보호이다… 하지만, 누가 그러한 규정들을 적용할 수 있을까? 누가 사용을 제한할 수 있을까? 왜냐하면 그 문제는 기술의 선용이라는 문제가 아니기 때문이다! 체계는 전체적이기 때문에, 그것은 밑에서 꼭대기까지 다시 문제 삼는 일과 관계된 것이다! 당위성은 그 발판을 상실했다!

[역주] Gérald Messadié(1931-). 프랑스의 과학 전문기자이자 역사가이자 작가. 그의 작품은 역사 소설, 전기, 종교사에 대한 에세이, 공상과학소설에 걸쳐 있는데, 비교(秘敎)에도 많은 부분이 할애되어 있다. 주요 작품으로 『모세』 *Moïse*, 『마리 앙뚜아네뜨, 으스러진 장미』 *Marie-Antoinette, La rose écrasée* 등이 있다.

260) [역주] Burrhus Frederic Skinner(1904-1990). 미국의 심리학자이자 사상가. 스키너 상자, 티칭 머신의 고안으로 잘 알려져 있다. 인간과 동물을 동일시하여 인간을 환경과 상호작용하는 동물로 인식하고 분석해야 한다고 주장함으로써, 인간을 단순한 반사기계가 아닌 행동의

명히 적절하다! 그렇지만, 이 기계는 기술적인 '순응화' conformisation의 단순한 수단이다.261) 물론, 광고를 하거나 혹은 "홍보"를 하는 이들의 깊고 사악한 어떠한 의도도 없다.262) 그러나 그들의 활동의 진정한 결과는 기술 체계에 대한 자생적인 반발을 회피하는 것이고, 각 구경꾼이나 혹은 소비자를 더 완전하게 기술 체계에 통합하는 것이며, 각 구경꾼이나 혹은 소비자로 하여금 기술적인 증대의 방향으로 일하게끔 하는 것이다. 게다가, 어떤 이들은 일부러 그렇게 하는 경향이 있다. 즉, 미래 사회에 정신이 팔린 모든 이들은 행해야 할 유일한 일이 인간이 미래의 기술 속에서 살아가도록 의도적으로 준비시키는 것이라고 생각한다. 이와 같이, 어쨌든 텔레비전이 발전할 것이기 때문에, 또 다가오는 20년간 이 발전이 어떠할 지 거의 알려져 있기 때문에, 해야 할 일은 단지 미리 인간을 이에 대해 준비시키는 것이다. 즉, "내일의 텔레비전을 위해 오늘 준비되어야 한다."263)는 것이다. 하지만 간혹, 문화적이고 자유로운 미래가 예상되기도 한다. 그래서 다음 같은 점을 확인하는 것은 아주 놀랍다. 즉, 생성된 이미지가 기술적이지 않다고 겉모습을 통해 생각될 때, 생성된 이미지가 여전히 더 통합적임이 빨리 인지된다는 점이다. 실제로 매

결과로 자신의 행동까지도 바꿀 수 있는 대상으로 간주한다. 주요 저서로 『유기체의 행동』 *The behavior of organism*, 『자유와 존엄을 넘어서』*Beyond Freedom and Dignity* 등이 있다.
261) [역주] 스키너의 '가르치는 기계' 와 같은 '순응화' (conformisation) 수단이 증가하고 확산됨으로써, 결국 사람들 가운데 '순응행위'(conformisme)가 생겨난다. 하지만, 텔레비전이나 인터넷도 '순응화' 수단이다. 즉, 사람들은 텔레비전이나 인터넷에 따르는 것이 당연하고 자연적이라고 결국 생각하고 만다. 이 때문에 엘륄은 기술은 그 위상이 바뀌었다고 끊임없이 말한다. 예전에는 인간의 환경이 나무나 강 같이 자연적이었다. 그런데 오늘날 인간의 환경은 대도시나 네온사인 간판이나 방마다 있는 텔레비전과 인터넷처럼 점점 더 인공적이며, 사람들은 결국 거기에 순응하고 만다. 즉, 사람들은 그것이 자연적이라고 생각한다는 것이다.
262) 그리고 광고는 객관적인 실행에서 뿐 아니라 광고업자의 정신 자체에서도 기술로서 드러난다. "광고의 존재를 믿지 않는 사람은 1900년에 자동차나 혹은 영화나 혹은 비행기의 존재를 믿지 않았던 사람이다." 라는 광고를 위한 광고를 거론하는 것으로 충분하다. 그런데 비교 점은 언제나 기술적인 대상인데, 그것은 광고 기술의 존재를 믿지 않는 자는 1900년에 기계적인 기술의 존재를 믿지 않았던 자라고 언급하는 것이다.
263) 끌로제(Closets).

체는 기술 세계를 있는 그대로 바라보게 하면서, 또 기술 세계의 장점을 발전시키면서 단순히 기술 세계를 직접적으로 늘 반영하는 것은 아니다. 매체에는 실재와 분명히 반대되는 이미지가 나타나는 때가 흔히 있다. 예를 들어, 여가에 대한 생각은 점점 더 확산된다. 물론, 우리 사회에서 인간은 더 많은 오락 수단을 마음대로 쓰며 아마 더 많은 여가를 누리는 것은 틀림없다.264) 그러나 즉시 바로잡아야 한다. 우선, 인간이 받아들이는 이미지는 실제 상황과 반대이다. 왜냐하면 이 세상은 인간이 어느 때보다도 더 많이 노동하는 세상이기 때문이다. 여가에 대한 희망이란 이미지는 노동의 과도함과 권태로움을 견디게 하게끔 되어 있다. 노동이 힘겨울수록 더 여가에 대한 확산된 이미지는 찬란하고 위풍당당해진다. 언급되는 것은 노동에 대해서가 아니라 일상의 단조로움이다. 여가는 삶의 "의미"이고 "주어진" 은총이지만, 반대는 없다. 실제로, 여가에 대한 이미지는 기술적인 필요성에 적용될 수 있다. 그런데, 전문성technicité 덕분에 받아들여진 여가에 대한 이 주제는 문화의 증대와 개선을 위해 기술에 부여된 찬사와 더불어 평행으로 놓인다. 나는 이 점이 정확한지, 기술로 말미암은 '문화적 동질성의 상실' déculturation이 없는지, 문화라는 개념 자체가 모호하지 않은지를 아는 토론에는 관여하지 않을 것이다.265) 나는 단지 기술에 힘입은 현대인의 지적이고 예술적인 증대에 대한 찬사와 깊은 확신을 다룬다. 아주 널리 퍼져있는 이 태도는 기술에 대한 인간의 감사하는 마음을 단지 나타낼 따름이다. 이것은 우리 모두가 지닌 유효성과 진정성에 대한 깊은 확신의 표현이다. 우리는 텔레비전과 전축이나 혹은 신기한 회화 복제에 대해 자발적인 감사의 마음을 갖는다. 우리는 우리 삶의 흐름에 속하는 이러한 존재들이 박탈될 때 깊이 실망한다. 이 감사의 마음은 기술을 후광으로 둘러싸고 우리의 깊은 동화同化를 드러낸다. 늘 언급되는

---

264) 이 점은 매우 논란이 있기는 하다. [본문 내용을 역자가 각주로 설정]
265) 샤르보노(Charbonneau), 『문화의 역설』 Le Paradoxe de la culture.

인간은 이제 기술화된 인간임을 이해하는 것이 반드시 필요하다.266) 다른 방향이 있을 리 없다. 기술 사회를 위한 "문화양식"이나 혹은 인본주의를 추구할 때, 문제의 그 인간은 언제나 이 토대 위에서 무엇보다 기술을 위해 만들어지는데, 유일한 큰 문제는 적용의 문제이다. "전문기술관료체제"를 두려워하며 문제의 심각성만을 단지 보는 인간들이 고용주가 부담하는 지속적인 "직무 연수"267) 외에 다른 해결책을 알아차리지 못할 때 이것은 더더구나 놀랍다. 하지만, 이 '직무 연수'는 결국 기술적인 바탕에 있는 교육이다.268) 여가 사회나 혹은 문화 사회가 기술적이 아닐 수도 있다고 생각해야 할 것인가? 절대 그렇지 않다. 인간의 활동을 대신하고 인간의 수고를 남아도는 것으로 만들 기술들의 발전에만 연결된 문화나 혹은 여가에 대한 도달만이 우리에게 제시되는 것은 분명하다. 그러나 그 여가 자체 속에서는? 이 여가는 교통수단과 놀이 같은 기술적인 것을 사용하는 데 있다. 재빨리 여가가 "대중적"이 되는 한에서.269) 이 여가를 기획해야 할 것이다. 각자로 하여금 머리에 스쳐 지나가는 아무런 것이나 하게 내버려 두는 것은 상상할 수 없다. 그러나 여가의 기획은 매우 만족스러운 결과를 얻고자 높은 단계의 '기술적인 특성'을 요하는, 다시 말해 여가에 대한 완전한 인상을 부여하고 절대적인 기술적인 필요성을 분명히 사라지게 하는 본질적으로 기술적인 작업이다. 왜냐하면 기술적인 발달의 정점은 추하고 거추장스럽고 물질성을

---

266) 인간에 대해 기술이 유발하는 놀라운 변화는 전집 『기술시대에서 기술』*Technik im Technischen Zeialter* (1965)에서 "틀에 박힌 기술"*Das stereotyp der Technik*의 저자 호프스태터(Hofstätter)에 의해 과학적으로 연구되었다. 거기서 그는 기술적인 인간 및 기술적인 인간의 가치에 대한 놀라운 윤곽을 제시하는 집중 방식과 대립 방식의 연구와 더불어 단어들의 층위에 대한 조사에 의해 얻어진 내포 방식으로 나아간다.
267) [역주] '직무 연수'(formation continue)는 기업이나 혹은 공공기관이 소속 직원이 재직하는 기간 내내 직원을 위해 시행하는 연수이다. '직무 연수'는 직업을 가지기 전 학교나 대학에서 시행하는 '초기 연수'(formation initiale)와 구별된다.
268) 카우프만(Kaufmann), 까뜰렝(Cathelin), "자유의 낭비"*Le Gaspillage de la liberté* (1964년) 혹은 끌로제(Closets), 『진보의 위험에서』*En danger de progrès*.
269) 어떻게 다른 식으로 될 수 있을까? [본문 내용을 역자가 각주로 설정]

너무 떠올리게 하는 기계장치의 사라짐이기 때문이다.

현대적인 아파트에 더는 난방기구가 없다. 전선도 사라졌다. 신기하게도 고되지 않은 세계 속에 여러분이 살도록 기계장치 전체는 눈에 띄지 않는데, 이 세계에서는 기계적인 매개가 드러나거나 감지되지 않은 채 각각의 행위는 만족을 준다. 이와 같이, 개인이 기술 체계를 이해하지 못한 채 기술 체계는 개인을 병합하고 개인은 기술 체계에서 무한한 만족을 받아들일 따름이다. 그러나 이 세계의 실재에 대한 반대 이미지를 유포하는 것 역시 이 세계의 특수성 중 하나이다. 기술적인 복잡성이 최고조에 이르면, 최고조에 이른 단순성의 이미지가 생겨난다. 노동을 위해 인간을 집약적으로 동원하는 것을 통해, 여가 사회에 대한 확신이 인간 안에 생겨난다. 수단의 감소는 무매개성이란 겉모습으로 귀결된다. 기술 환경의 보편성을 통해 자연의 이미지가 생겨난다.

이 점을 통해 우리는 새로운 주장에 이른다. 기술은 인간의 필요와 지속적인 욕구에 부합한다고 분명히 알려져 있다. 우겨 보아도 소용이 없다. 인간은 자신의 배고픔을 채워 줄 것을 늘 쫓아갔고, 더 효율적인 수단을 늘 추구했으며, 자신의 수고를 덜려고 언제나 애썼고, 자신의 안전을 확보하기를 항상 원했다. 인간은 알고 이해하려고 애썼다. 인간은 달 위를 걷고 우주공간에서 여행하기를 꿈꾸었다. 인간은 번개를 제어하기를 꿈꾸었다… 기술은 인간의 가장 오래된 필요와 가장 최근의 열망을 성취한다. 기술은 인간의 꿈을 구체화시킨다. 즉, 기술은 인간의 욕구에 대한 답이다.

기술 세계와 관련하여 인간의 독립과 해방의 형태를 거기서 보면서 욕구를 찬양하는 어떤 이들의 견해를 나는 이해하지 못한다. 마치 오늘날 욕구에는 기술 외에 다른 실현 대상과 실현 수단이 없는 듯이 말이다! 기술 사회의 조직적인 엄밀함 가운데서 결국 인간적인 표현으로서 욕구의 분출에 대해 이야기하는 것은 유치한 짓이다. 욕구는 기술들 속에서 자신의 답을 얻는다.

성적 욕구의 해방 전체가 찬양되기 때문에, 성적 욕구를 해방시키는 것에 대한 질문이 제기되어야 할 것이다. 그런데, 이것은 "피임약"이다. 다시 말해, 기술적인 생산물이다. 기술은 항상 제시되는 지나치게 단순한 방식으로 예속적이고 엄밀할 뿐 아니라, 기술 체계 속으로 더 깊이 들어가게 함으로써 "해방적"이다. 그러나 사람들은 욕구와 기술을 대립시키려고 애쓰며, 프로이트의 분석에 기초하면서 욕구를 가능한 것의 해결책과 해답과 출구로 바꾸려 애쓴다. 이 점은 이중적으로 오류이며, 눈에 띠지 않게 사람들은 형이상학적인 태도를 취하게 된다. 욕구는 근본적이고 모든 실현을 무한히 뛰어 넘으며 끊임없이 인간을 앞으로 밀어낸다는 점과 오늘날 이 욕구를 충족시키는 모든 것은 즉시 추월당한다는 점은 진정 사실이다. 그러나 하늘나라의 행복을 주는 이런 견해를 벗어나는 것은, 우리 사회의 인간이 자신의 욕구를 실현하고 만족시키는 유일한 방법만을 알고 생각할 수 있기 때문인데, 이는 기술적인 방법이다. 즉, 기술은 그토록 많은 예기치 않은 놀라운 일을 완수해 내기에, 욕구가 자연적으로 나타날 때 반드시 인간은 이러저러한 기술적인 생산물 속에서 답을 찾는다. 학생들의 반항과 소비 사회에 대한 비판도 이를 벗어나지 않는다. 천만에 말씀이다! 그래서 욕구에 대한 찬양을 통해 우리는 기술적인 증대 속으로 더 빨리 내던져진다. 이 점은 다른 오류가 나타나게 한다. 즉, 기술은 합리적이기 때문에 존재의 근본적인 충동과 모순되는 것처럼 보인다는 것이다. 그런데, 이것은 기술에 관한 오류인데, 기술은 훨씬 더 심하게 '기상천외함' hybris의 표현이다.270) 나는 기술이 맹목적이고 냉혹한 기계가

---

270) [역주] '정상을 벗어난 태도'나 '기상천외함'을 의미하는 그리스어 'hybris'는 프로메테우스 신화와 관련된다. 프로메테우스는 자신이 신과 동등함을 보여주려다가 자신의 오만함으로 말미암아 제우스에게 가혹한 형벌을 받는다. 그런데, 인본주의가 태동한 곳은 바로 고대 그리스로서, 이 세계관에 따르면 인간은 신성을 기준으로 삼을 필요 없이 혼자서 자율적으로 자신의 활동을 체계화할 수 있다. 그리스 인본주의의 가장 잘 알려진 표현은 "인간은 만물의 척도다."라는 철학자 프로타고라스의 표현이다. 여기서 엘륄은 20세기에 기술이 바로 그리스 인본주의와 더불어 태동하는 긴 역사 과정의 말미나 결과를 이룬다는 점을 언급하려 한다. 인간이 결국 '척도'의 의미를 상실하고 '기상천외함'을 얻은 것

아니라 디오니오스271)의 열광적인 춤임을 보여주는 브렝(J. Brun 272)의 주목할 만한 연구를 여기서 참조케 할 수 있을 따름이다. 이와 같이, 특출하게 기술과 욕구는 결합한다. 우리 사회에서 욕구에 대한 찬양을 통해 우리는 기술적인 방법에서 나아갈 수 있을 따름이다. 다른 이들은 새로운 것은 아무 것도 없다고 판단하는데도, 또 자연적인 욕구와 인위적인 욕구가 구분될 수 없는 데도, 기술에 따라 또 광고에 의해 만들어진 "새롭거나 혹은 인위적인 필요"라고 어떤 이들이 부르는 것이 있다. 그런데 인간의 필요와 기술에 의한 필요의 충족 사이에 깊은 관계를 나타내려고 이에 관한 긴 논리 전개를 덧붙일 필요는 없다. 영양을 섭취하는 것, 혹독한 기후와 위험에서 보호받는 것 같은 근본적인 필요는, 현대의 생산물과 기법 덕분에 한편으로 보완되고 다른 한편으로 무한한 부차적인 필요로 전환된다고 할 수 있다. 이 부차적인 필요는 더 오래된 본질적인 욕구와 꿈과 성향에 접목되지만, 부차적인 필요는 속히 "자연적"이 되고 필요해진다.273) 그런데, 부차적인 필요에는 기술적인 기원이 있다. 왜냐하면 부차적인 필요를 긴급하게 만드는 것은, 부차적인 필요를 충족하고자 자기 마음대로 사용한 수단이기 때문이다.274)

은, 인간이 자신을 '만물의 척도'라고 여기기 때문이다. 구체적으로, 이것은 인간이 자신이 만든 기술들과 같은 대상들에 의해 소외된다는 점을 의미한다. 이 대상들은 단지 단순한 수단이 되는 대신에 궁극목적이 된다. 따라서 인간이 무분별해지는 것은, 자신을 완전히 합리적인 존재로 여기기 때문이다.

271) [역주] 디오니소스(Dionysos). 그리스·로마 종교에서 풍작과 식물의 성장을 담당하는 자연신. 술과 황홀경의 신으로 알려져 있다.
272) 브렝(J. Brun),『디오니소스의 귀환』 *Le Retour de Dionysos* (1969년).
[역주] Jean Brun(1919-1994). 프랑스의 철학자. 그리스 철학의 전문가로서 고대 철학을 대중화시키고, 키에르케고르와 기독교 철학에 관한 글을 많이 집필하며, 보수적인 기독교 사상가로 알려져 있다. 주요 저서로 『꿈과 기계, 기술과 존재』 *Le Rêve et la Machine : technique et existence*,『진리와 기독교』 *Vérité et Christianisme* 등이 있다.
273) 그러나 드 쥬브넬(De Jouvenel)의 본질적인 지적을 강조해야 한다. 지나간 세기에 생산에는 사활이 걸린 특성이 있었다. 그런데 그 생산은 대수롭지 않게 여겨졌다. "역설적으로 생산은 생산의 증대가 점점 덜 사활이 걸린 필요와 관계되는 시기에는 전례 없는 도덕적인 위상을 얻었다."
274) 필요와 기술 사이의 상관관계에 대한 연구에 관해, 나는 레트헤러(Lettherer)의 훌륭한 연구인 전집『기술시대에서 기술』 *Technik im Technischen Zeialter* (1965)에서 "기술과 소

인간은 달에 가기를 "꿈꾸었다". 기술은 달에 가는 것을 가능하게 한다. 달에서 산책할 필요가 점점 더 많은 사람에게서 생겨날 것이다. 이 필요에는 기술적인 기원이 있으며, 기술만이 이 필요를 충족시키는 것을 가능하게 한다.

이 사실을 특징지으려고 위너Wiener와 칸Khan에 의해 사용된 표현은 가장 놀랍다. 즉, "이 기술적인 발전을 통해 환경의 요구 이외에 '기술담론적인 역량' capacité techologique을 충족시키기 위한 필요가 생겨나고", 더 나아가 "새로운 각 기술을 통해 부차적인 결과가 생기며 이 변화들의 각각은 바람직하고 이로운 것으로 일반적으로 간주될 것이다." 기술적인 증대는 다음 같은 인간의 우선적인 지지 여하에 달려 있다. 즉, 각 기술이 주는 선물을 필요에 대한 답으로서 받아들이고, 실제로 '기술담론적인 역량'을 사용하기 위해서만 존재하는 인간이다. 분명히는 아니지만, 체험된 자명한 이치에 의해 인간의 만족과 감사의 유일한 근원으로 보이는 것이자, 살기 편안한 미래, 다시 말해 인간의 필요와 욕구가 완전히 충족될 미래를 인간에게 보장하는 것을 인간이 인정하지 않고 비난할 수도 있다는 점을 이 상황에서 어떻게 생각할 수 있을까?

마지막 주장은 다음과 같다. 우리 사회의 인간은 그 기준점으로 기술을 판단하고 비판할 수 있는 지적이고 도덕적이며 영적인 어떠한 기준점도 갖고 있지 않다.275)

비"Technik und Consum를 참조할 것이다. 이 글은 기술적인 발달 및 기술에 의한 "소비 환경"의 변화라는 단순한 사실에서 새로운 필요들의 출현을 아주 적절히 파악하고, 그 다음으로 판매자의 의도적인 영향에 의해 필요들이 인위적으로 생겨남을 아주 적절히 파악한다. 이 점은 그 점보다 분명히 훨씬 덜 의미 있고 훨씬 덜 중요하다. 두 가지 상황에서 기술에 의해 생겨난 이 필요들은 "반자연적"은 아니지만, 또 다른 "본성"을 나타내는 듯이 보인다고 그가 강조하는 것은 옳다.

275) 나는 여기서 일차적원인적 인간에 대한 마르쿠제(Marcuse)의 이론에 의거하지 않을 것이다. 왜냐하면 이 이론은 새롭지도 않고 마르쿠제 이전의 다른 많은 이들이 정확히 같은 것을 언급했기 때문인데, 첫 번째는 아마도 1929년에 아르노 당디외(Arnaud Dandieu)이다. 마르쿠제는 유사 "마르크스 프로이드주의"만을 거기에 덧붙였는데, 그것은 아무 것도 내세우지 못한 채 쓸데없이 복잡하게 만드는 것에 그친다. 그는 그것이 정신적인 혼동과 관계되는 것인데 반해 심오함의 인상을 주는 철학적인 언어로 미혹했으며, 자신의 혁명적인 참여를 믿게 하는 언어로 표현된 극단주의로 미혹했다. 그 측면에서 환상들은 다행히도 사라지기 시작한다.

일리치Illich는 기술적인 도구는 "광고에 의한 소비의 독점, 운송수단의 존재라는 사실에 의한 유통의 독점, 공공의료의 존재라는 사실에 의한 건강의 독점, 학교라는 사실에 의한 지식의 독점 등과 같은 근본적인 독점"을 만드는 경향이 있음을 매우 정확히 알아차리게 한다. "이러한 도구의 지배를 통해 불가피한 소비가 창출되고, 그래서 개인의 자율성이 제한된다." "일단 역할을 받아들이면, 그들의 가장 단순한 욕구도 전문적인 정의에 의하면 희소성에 따르는 서비스를 거치지 않고서는 더는 충족될 수 없다."

마찬가지로, 다음 같은 점을 확인하는 것은 흥미롭다. 즉, 이러한 기술에 의해 인간은 자신을 더 잘 아는 법과 자신이 무엇이 될지 더 잘 아는 법을 터득하고 동화同化의 수단을 발견한다는 것을 빌레너Willener 276)가 인정한다는 점이다. 달리 말해, 수사학적이고 비판적인 예전의 경험 대신, 기술적인 경험을 통해 인간은 자신이 누구인지 터득한다. 이와 같이 사람들은 기술이 인간을 위해 중심적인 역할, 심지어는 대단히 중요한 역할을 한다는 철학적 관점에 도달한다. 또한 비디오에 의해 사람들이 자유와 선택과 자율성에 도달할 수 있다는 점을 입증하려 하면서, 빌레너의 저서는 이러한 세계관을 실제로 시사한다.

다른 많은 비슷한 견해가 뒤따를 수도 있는 이 두 견해는 얼마나 인간이 체계의 "이쪽에" 완전히 위치해 있는지 입증할 따름이고, 또한 이 체계의 어

---

276) 빌레너(E. A. Willener)의 『비디오와 가상 사회』*Vidéo et société virtuelle* (1972년)에서 비디오 체계는 기술에 의한 자유의 수단으로 나타날 수 있다. 그러나 다른 한편으로 비디오 체계는 참여자들의 가장 엄청난 통합을 이루어낸다. 공연에서는 사람들이 여전히 간격을 유지할 가능성이 있고 그것이 "진실하지" 않다고 아는데 반해, 비디오 시스템은 관객을 "도락가"(viveur)로 변화시키기에 이른다. 따라서 사람들은 자유롭게 남아 있을 수 있다. 비디오는 우리에게 체험된 것 속으로 들어가게 한다. 중요한 것은 실행 중인 과정이지 "공연 산물"(produit spectacle)이 아니다. 따라서 이 작업을 체험하면서 사람들은 이 작업을 제시하는 사회와 정확히 맞아떨어지고, 반발과 비판의 가능성은 그 만큼 줄어든다.
[역주] Alfred Willener(1928-). 스위스의 로잔(Lausanne) 대학 교수. 음악에 심취하여 음악사회학에 특히 관심을 가지고 연구한다. 주요 저서로 『음악적인 즉흥 욕구, 사회학 시론』 *Le désir d'improvisation musicale : Essai de sociologie*이 있다.

떠한 "저쪽 편"도 인간에게 더는 없음을 입증할 따름인데, 체계의 "저쪽 편"에서 체계는 "파악되고" 비판된다.

벨 D. Bell의 '이데올로기의 종언'이란 사회학과 '하나님의 죽음'이란 신학은 우연히도 기준점의 상실을 입증한다.

기술적인 증대 과정을 통해 낯선 세계에 대한 파괴나 그렇지 않으면 낯선 세계에 대한 동화同化가 혼자서 유발된다. '신성한 것'과 기술적이지 않은 '종교적인 것'은 제거된다. 이와 같이, 인간은 거기서부터 이 과정에 대한 평가를 내릴 수도 있는 어느 곳에든 위치할 수 없다. 인간에게는 가능한 어떠한 "관점"도 없다. 인간이 변증법적으로 사고하면, 기술은 이 변증법의 용어 중 하나가 아니다. 기술은 그 속에서 변증법이 작용하는 세계이다. 인간이 종교적으로 사고하면, 기술은 무엇보다 종교의 새로운 형태를 이러한 세계와 일치하게 하려고 든다. 이 점은 구조주의와 더불어, 또 현대 해석학의 노력과 더불어 분명히 나타난다.

기술 체계 속에서 인간의 한계

우리 사회에서 살아나가고 사고하며 행동하기로 되어 있는 인간은 그러하다. 이 때문에 기술에 대한 찬미자들이 기술은 인간으로 하여금 책임을 떠맡고 혼자서 결정하며 선택을 강요한다고 설명할 때, 우리는 악순환 속에서 맴돈다. 끌로제는 예를 들어 보건 정책과 관련하여 이 점을 길게 자세히 설명하는데, 이는 보건 기술들을 살아남게 하거나 소멸되게 하며 보건 기술들의 방향을 정하는 선택이라는 기술적인 사실에 의해 인간에게 제기될 도덕적 문제이다. 나는 인간이 기계화되거나 혹은 기술에 의해 예속될 것이라고 결코 말하지 않았다. 하지만, 이러한 인간은 선택을 하고 책임을 지기에, 기술에 따라, 또 가장 대단한 기술의 방향으로 자신의 결정을 내리는 것은 사전에 기술화된 인간일 따름이다. 여기서 중심 문제는 선택 속에서 표현되는 "기술과 자유"의 문제이다.

기술에 대한 지지자들은 기술이 인간을 옛 제약에서 해방시키고277), 인간이 예전에 할 수 없었던 많은 것을 인간으로 하여금 할 수 있게 하며278), 인간으로 하여금 수많은 선택을 할 수 있게 한다고 설명하면서, 기술을 정당화하려 애쓴다.279) 기술 사회가 가장 큰 자유를 향해 경로를 연다고 토플러가 주장할 때, 그는 "다른 유형들" 사이에서 선택하는 것, 습관에서 벗어나는 것, 아주 다양한 생산물을 소비하는 것 같은 변화 가능성에 대해서만 오로지 언급한다…

기술 덕분에 인간은 선택할 수 있을 뿐 아니라, 인간의 행동은 해방되고 인간은 아무데나 갈 수 있으며 아무 문화라도 접할 수 있음을 각자는 알 수 있다. 피임약이나 낙태 같은 기술적인 수단 덕분에 남자나 여자는 자유롭게 된다. 아이를 갖는 것이나 아니면 갖지 않는 데서 자유롭다는 것이다. 그러나 이 점은 놀랍게도 헛된 일은 아니다. 이와 같이, 영화 「"A" 이야기」*Histoire d' "A"*에 대해 「르몽드」의 시평 담당자는 다음 같이 썼다. "명확히 설명되고 두려움 없이 접근되기 때문에, 또 완전히 개인의 선택에 달려 있고 의학적 통제 아래 있기 때문에, 단절된 임신의 이미지들을 정상적인 현상으로서 제시하면서, 이 영화는 낙태를 심각하게 여기지 않고 낙태의 죄의식에서 벗어나게 한다."

분명히 현대인은 옮겨 다닐 수 있고 소비를 선택할 수 있다고 주장하는 것은 쓸데없는 일이다.280) 그런데 이 점은 자유의 증대를 전제로 하는가? 다음 같은 일련의 질문이 제기되어야 한다. 선택하기로 예정된 인간은 누구인가? 선택은 자율적인가? 선택은 무엇과 관련되는가? 기술전문가의 영향력

---

277) 그 점은 정확하다. [본문 내용을 역자가 각주로 설정]
278) 달에서 걷는 것, 비행하는 것, 원격 통신하는 것. [본문 내용을 역자가 각주로 설정]
279) 토플러(Toffler), 핀지(Finzi), 『전문기술관료의 힘』*Il Potere tecnocratico* (1977년) 7장 307쪽.
280) 여기서 나는 정치적인 제약들을 고려하지는 않는다. [본문 내용을 역자가 각주로 설정]

은 무엇인가?

멈포드는 "모든 새로운 기술적인 발명은 인간 자유의 영역을 증대시킬 수 있지만, 다음 같은 조건에서 만이 그러하다. 즉, 이를 누리는 인간들이 자신들의 필요에 일치할 정도로, 인간 자유의 영역이 자신들의 특유한 필요에 부합할 때나 부합하기 때문에, 그들이 이 새로운 기술적인 발명을 받아들이는데 자유롭거나, 이 발명을 변화시키거나 혹은 거부하는데 자유롭거나, 이 발명을 이용하는데 자유롭다는 조건에서만이다."라고 언급한다. 그런데, 이것은 기술 세계에서 결코 실현되지 않는다.281)

토플러는 "개인을 해방시키는 대신 선택이 너무나 복잡하고 어려우며 비용이 많이 들기에, 그 선택에 반대되는 결과가 자주 생겨날 때가 올 것이다. 요컨대, 선택은 극도의 혼란이 되고 자유는 반反자유가 되는 시대가 임박하다."라고 주장한다.

가장 간단한 문제에서 출발해보자. 맨 먼저, 소비해야 할 물건의 선택 자유와 다양성 사이에 반드시 일치는 없다. 사람들은 매끼 식사에 먹을 쌀만 갖고 있더라도 완전히 자유로울 수 있고, 식당 메뉴와 수많은 다른 음식 가운데서 선택할 수 있더라도 완전히 소외될 수 있다. 실제로, 같은 성격에 속하지 않는 선택의 종류만이 존재하고282), 선택의 영역만이 존재한다. 그런데, 선택의 영역과 관련하여 내 선택의 영역은 기술 체계에 의해 완전히 한정된다. 모든 선택은 체계 내부에서 이루어지고, 아무 것도 체계를 넘어서지 않는다. '자유연애'에 대한, 또 남녀 커플이 고정되지 않음에 대한 천진난만한 항의

---

281) [역주] 여기서 엘륄은 멈포드를 약간 비꼬고 있다. 엘륄은 멈포드가 인간을 합리적인 어떤 존재, 따라서 이성적인 어떤 존재로 여긴다고 판단한다. 또한 엘륄은 멈포드가 실제로 이러한 인간이 필요를 위해 자신의 욕구를 취하기 때문에 단지 이성이 아님을 깨닫지 못했다고 판단한다. 인간이 '기상천외함'에 탐닉하는 것은, 바로 필요를 위해 자신의 욕구를 취하기 때문이라는 것이다.
282) 그 남자나 혹은 여자와 더불어 삶이 구성될 수 있는 남자나 혹은 여자의 선택 종류는 전기 커피 원두 분쇄기의 상표의 선택 종류와는 다르다.[본문 내용을 역자가 각주로 설정]

가 높아지는 것은 이 때문이다. 이 방법으로 자신들의 자유를 내보인다고 생각하는 불행한 젊은이들은 자신들이 단지 체계에 속해 있을 따름이라는 점을 깨닫지 못한다. 그들은 자신들의 상대를 아무런 기술적인 생산물처럼 만족을 주는 대상으로 한정시킨다. 또한 선택의 불안정성을 통해 소비라는 만화경이 되찾아질 따름이다. 그들은 기술 체계가 제시하는 선택만을 할 뿐이다. 소비 영역에서 보드리야르는 내가 괄목할 만하다고 여기는 논증을 했다. 그러나 이를 자세히 기술할 필요가 있다. 두 극단 사이에서 모든 것이 취해진다. 즉, "개인은 소비자로서 자유롭지만, 소비자로서 자유로울 따름이다"라는 것이다. 첫 번째 논점은 다음과 같다. 즉, "소비 사회의 궁극적인 목표는 소비자 자신의 공영화이고, 소비자 욕구의 독점화, 곧 생산의 집중과 생산의 절대 계획경제에 결국 부합하는 소비의 만장일치이다…" 따라서 "검열은 구매와 선택과 소비라는 자유로운 행동 및 자발적인 투자를 통해 이루어지고, 어떤 면에서 쾌락 자체 속에 내재화된다." 두 번째 논점은 다음과 같은데, 원점으로 되돌아온다. 하지만, 여기서 모순으로 가득한 끌로제의 책을 어떻게 또다시 거론하지 않겠는가? 끌로제는 기술적인 발전은 증가하는 규정, 금지, 더 밀접한 감시, 끊임없는 수계산, 개인행동의 집단화를 전제로 하고, 기술적인 발전을 통해 "예전의 자유로운 이상"이 없어진다는 점을 갑자기 인정한다. 그러나 이와 동시에 그는 희망으로 가득차서, "기술이 발전함에 따라 개인적인 열망이 필요불가결해지고, 집단적인 요구는 퇴조하며, 권위적인 체제와 독단적인 도덕과 강요된 행동은 굴복한다.."라고 공표하고, "기술적인 발전이 가져온 자유의 증가"가 있다고 공표한다. 이 명백하고 의심의 여지가 없는 모순은 생각하는 것보다 훨씬 더 빈번하게 나타나며, 이 모순은 쉽게 설명된다. 첫 번째에서, 끌로제는 확증된 사실의 영역에서 이야기한다. 두 번째에는, 그는 자신이 어조를 바꾸었음을 고려하지 않은 채 자신의 소원과 소망과 확신을 표명한다. 이것은 가능하지 않으며, 인간이 자유롭게 되기를 그만

둔다면 이것은 너무도 슬플 것이다… 하지만, 그는 이렇게 되었다고 생각하고, 자신의 인본주의적이고 도덕적인 염원이 자신의 기술전문가적인 확증 사실과 같은 종류에 속한다고 생각한다. 애석한 일이다!283)

기술이 선택의 가능성을 높인다는 신화를 흩뜨려야 한다. 물론, 현대인은 수백 가지 자동차 제품과 수천 가지 직물 사이에서 선택할 수 있다… 다시 말해, 이것은 제품들이다. 소비 영역에서 선택의 폭은 더 넓다. 하지만, 사회corps social에서 역할 영역 및 기능과 행동 영역에서는 상당히 축소된다. 기술적인 대상들 사이에서 선택은 인간 행동에 대한 선택과 성격이 같지 않다. 자유를 표현할 수도 있는 "선택"의 이론적인 범주는 없다. "선택"이란 단어에는 그 자체로 윤리적인 어떠한 내용도 없으며, 자유가 표현되는 것은 대상들에 대한 선택 속에서가 아니다. 우리에게 주어진 바는 두 대상 사이에서 선택인데, 우리는 두 대상 중 하나를 취할 수 있고 다른 하나를 내버려둘 수 있다. 하지만, 이것은 예를 들어 생산된 것과 체계의 증대 과정에 의해 제거된 것 사이에서 더 근본적인 선택이나, 가능성과 다른 것의 제거 사이에서 더 근본적인 선택은 결코 아니다. "-이든지 아니면 -이든지"ou bien ou bien는 "자동차이든지 아니면 텔레비전이든지"를 대상으로 하는 것이지, 예를 들어 "전기가 더는 없든지 아니면 핵 위험의 감소이든지"를 결코 대상으로 하지 않는다. 제시된 이러한 선택은 늘 잘못되어 있다. 왜냐하면 통상적인 기술적인 담화는 바로 다음 같이 주장하는 데 있기 때문이다. 즉, 선택할 필요가 있는 것이 아니라, 모든 것을 겸비할 수 있고 따라서 더 풍부하고 더 영적이며 더 강력하고 더 군

---

283) 『분석과 예측』Analyse et prévision (1966년)에서 데니스 가보르(Dennis Gabor)의 훌륭한 연구인 "선진 산업 사회에서 자유"La liberté dans une société industrielle avancée를 볼 것. 이 연구에서 그는 현재의 자신의 만족에 대해 판단하는 인간의 능력, 기술 사회와 관련하여 자신의 욕구를 결정짓는 아주 제한된 인간의 권리, 수단과 장기간의 방향설정을 판단하는 "권한"의 전적인 부재와 같은 선택의 가능성 및 제한을 정확히 보여준다. 물론, 이 중심 주제에 대해 두 중요한 저자로는 『진보에 대한 환멸』Les Désillusions du progrès의 레이몽 아롱(Raymond Aron)과 『풍요의 시대』L'Ere de l'opulence 의 갤브레이스(Galvbraith)이다.

게 결속될 수 있다고 주장하는 것이다. 다른 차원에서는, 기술 사회에서 선택은 선택하는 이의 실재 옆에서 이루어진다고 할 수 있다. 소비자는 소비할 수 있는 다양한 많은 대상 사이에서 선택할 수 있다. 그러나 소비자는 투자와 관련하여서는 결코 선택하지 않는데, 소비를 강요하고 결정하는 것은 투자이다. 이와 같이 일반 여행과 유람선 여행 사이의 선택이나 구경거리와 기계 사이의 선택 같은 제시된 수많은 선택은 기원에 위치하는 것이 아니라, 체계의 최종 결과라는 차원에 늘 위치한다. 이 선택들은 사소한 일이며284), 우리는 우리의 선택을 과장하려고 근본적으로 사소한 것을 강렬한 색으로 덧칠하기조차 한다. 많은 직업 가운데서 선택할 수 있지만, 극도로 엄밀한 메커니즘을 통해, 결코 어디에서도 열려 있지 않은 이러한 선택이 결정된다. 왜냐하면 기술 체계를 통해 이 모든 선택은 하나의 선택으로 국한되기 때문에, "선택 체계를 통해 다소 빠른 속도의 증대가 일어난다. 사회적 변화는 유용한 요인으로서만 개입하고, 또 앞에서 언급된 증대의 필요한 결과로서만 개입한다." 285) 드 쥬브넬의 아주 멋진 표현에 따르면, 우리의 현재 과정은 "이해하지 않은 채 택하는데 있다. 이는 미개인의 행위이다. 택하려고만 이해하는 것은 미개에 대한 합리화이고, 이는 우리 문명의 정신이다. 이것은 공감의 지성이 아니라 유괴의 지성이다" 그러나 다른 선택을 하는 것은 여전히 가능한가? 또한 드 쥬브넬이 그렇게 바라듯이, 증대 요인이면서도 도구적 가치만 있는 사회적 구성요소를 우리가 보기에는 바람직하고 궁극적 가치가 있는 사회적 구성요소에 대립시키는 것은 여전히 가능한가? 기술 체계의 통합은 이 가능성을 부인하는 경향이 있다.

    가능한 선택은 체계에 의해 한정되고 기술적인 가치에 사로잡힌 인간에게 제시되며, 이 선택을 모든 영역에서 제기하기란 불가능하다. 이 때문에, 이

---

284) 피임약에 대해 찬성하거나 혹은 반대하는 것은 여기서 완전히 사소한 일이다. [본문 내용을 역자가 각주로 설정]
285) 드 쥬브넬 (De Jouvenel).

선택은 기술전문가에 의해 초래되고 유발된다. 이 다양한 논점을 다시 다루어보자. 선택의 자유는 어떤 상황, 곧 "사람들이"on 인간을 그 안에 위치시키는 어떤 상황에서 작용한다. 선택의 자유는 자유의 쟁취 움직임이 아니다. 이뿐 아니라, 일련의 제약은 일련의 다른 제약으로 바뀐다. 특히 체계는 "벗어날" 가능성을 없앤다.

"생산 도시의 인간은 벗어난 인간이 전혀 될 수 없다. 그는 변화하고 짓누르는 수많은 사회관계에 관여된다."286) 이는 다른 이들이 '소외'라 부르는 것이다. 사회관계의 빠른 변화를 통해 자유에 대한 환상이 제시된다. 그러나 이 변화를 유발하는 것은 인간이 아니다. 인간을 결정짓는 것은 체계의 발전에서 나오는 변화이다. 인간의 자유를 제한하는 것은 변화의 "억누르는" 특성이다. 인간은 체계 속에서 자신의 상황에 의해 끊임없이 결정되고, 인간은 체계에 대한 자신의 자유일 수도 있는 체계를 결정할 가능성을 점점 덜 지니게 된다. "어떤" 인간도 무능력으로 말미암아 선택의 문제나 선택의 용어 자체를 정확히 제시할 수 없는데, 이는 너무 자주 주장되는 바이다. 하지만, 마법적인 정신 상태가 지속될 뿐 아니라 우리가 위험을 무릅쓰고 사용하는 수단의 부정적인 측면을 볼 수 없기 때문에, 우리는 힘과 행복에 사로잡혀 있다. 또한 우리는 "엑스X를 받아들이면 반드시 와이Y가 초래된다."는 명확한 관점을 전제할 수도 있는 선택의 문제를 정확히 제기할 수 없다. 문제가 존재하는 것은 여기이지, 재화 'X'와 당장 내가 마음대로 쓸 수 있는 재화 'Y' 사이가 아니다. 그런데, 결과에 대한 계산은 무한히 복잡하다. 따라서 우리의 선택은 결코 실제적이지 않으며, 우리의 선택은 기술 사회가 우리로 하여금 마음대로 쓰게 한 것만을 단지 대상으로 한다. 선택의 최적화와 '예산 선택 합리화' RCB 287)는 어느 정도로 선택이 시민의 일이 아님을 여전히 나타낸다! 문

---

286) 드 쥬브넬(De Jouvenel).
287) [역주] RCB는 Rationalisation des choix budgétaires 의 약자.

제에 대한 그만큼의 가능한 해결책이 변이나 혹은 결정의 수많은 조합에 일치한다. 각 결정의 기술·경제적 구조를 그 결과와 더불어 살펴보아야 했겠지만, 이는 불가능하다. 기술적인 최고 정점에서조차 결정은 우발적으로 남아 있고, 선택도 마찬가지이다. 모든 영역에서 힘의 수단이 증가할수록 결정과 선택은 더 비합리적이라 할 수 있다. 이 점은 어떤 '삶의 질'의 요구가 나타날 때 훨씬 더 심각한 듯이 보이는데, '삶의 질'은 현재의 기술을 벗어난다. 드 쥬브넬은 다음 같이 문제를 제기한다. 즉, 선택은 예를 들어 주택을 짓는 것이나 혹은 짓지 않는 데 있지 않고, 가능한 한 빨리 가장 적은 비용으로 주택을 짓거나 그렇지 않으면 더 천천히 더 비싸게 더 멋지게 주택을 짓는 데 있다. 현재의 선택과 더불어 프랑스인의 삶의 수준은 1985년에 두 배로 높아지겠지만, 그들 중 반은 실제로 지저분한 새 주거 환경에서 살 것이다. 결국, 우리에게 제시되는 선택은 기술적인 수단과 기술적인 정신 상태에 의해 강요된다.

예를 들어, 우리가 어린 아이의 선택 문제와 낙태를 하거나 혹은 하지 않는 문제 등과 같은 존재의 선택 문제를 다시 다룬다면, 우리가 다루고 있는 문제가 다음 같은 수단에 대해서 임을 어찌 알아차리지 않겠는가. 즉, 그 수단은 이론적으로는 형이상학적 방식으로 인간으로 하여금 실존적인 선택을 할 수 있게 하는 수단이지만, 그 수단이 기술 체계 속에 위치하기 때문에 그 자체로 이러한 선택 가능성을 부인하는 수단이다. 낙태를 선택하는 여성은 체계 전체에 의해 이 선택으로 엄밀히 결정지어진다. 이 모든 것이 자연성288)에 대한 일련의 신심 및 과학과 기술의 객관성에 대한 일련의 신심에 의해 강요될 때 어떻게 개인적인 선택이 있을까? 결정지어진 방향으로 자신들의 영향력 전체가 나아가는 학자와 기술전문가와 마주하여 어떻게 자유가 있을까? 명확한 설명으로 충분한가? 우리는 1900년의 과학만능주의 환상을 재론한

---

288) [역주] 자연성(naturalité). 자연 그대로의 상태.

다. 잠재적인 삶이 마무리될 때 이는 죄의식에서 벗어나는 것인가? 우리는 기술 체계를 특징짓는 무책임의 놀라운 증가와 마주하고 있지 않은가? 자유의 행위이기는 커녕 이것은 자신의 행위 결과를 없앨 가능성이고, 결국 이것은 무책임을 증가시키는 것이다.289) 이를 통해 우리는 죽음의 선택과 관련된 유사한 문제에 이른다. 예를 들어, 심폐소생술을 실시하는 것 같은 인위적으로 생명을 연장하게 하는, 또 "정상적으로는" 죽었을 사람의 생명을 유지하게 하는 기술적인 제어를 통해 자유가 증가하는가? 당연한 결과로, 물론 고통을 대가로 의식이 있는 채로 "당연히" 남아 있을 수도 있었으며 따라서 자신의 생명을 떠맡았을 수도 있었던 어떤 사람을 가장 완전한 무의식 속에서 죽음에 이르게 하는 기술적인 수단을 통해, 자유는 증가하는가? 이것은 자기 인생의 가장 중요한 순간인 죽음을 인간에게서 빼앗아가는 것은 아닐까? 이것은 앞선 상황처럼 삶과 죽음 앞에서 선택의 책임과 능력을 줄이는 것은 아닐까? 문제는 바로 "기술들을 통해 여기서 자유는 증가하는가?"라는 것이다. 나는 기술들을 통해 고통이 덜어지고 생명이 연장될 수 있다는 점을 부인하지 않는다. 여기서 이것은 논쟁의 중심이 아니다. 그런데, '과학의 새로운 힘과 의무'를 주제로 한 학회에서290), 이 논쟁은 놀랍게 제기되었다. 거기서 주로 보였던 것은 이 질문에 관한 기술전문가의 제어이다. 좋은 의도에도 불구하고 실험의 필요성과 생존 기회와 연장되는 삶의 질을 "평가하는" "역량 있고 의식 있는 개인들"에게 결정은 언제나 맡겨진다. 달리 말해, 결정하기로 되어 있는 것은 실제로 환자 자신이 아니라, 기술전문가이다. 사실상, 기술을 통해 기술전문가의 자유, 다시 말해 기술전문가의 힘과 권세가 증가된다. 이른바 기술에 의한 자유는 항상 권세의 증가로 귀결된다. 기술은 기술전문가의 역할 증가로 귀결된다. 자신의 능력으로 인정받은 기술전문

---

289) 나는 『자유의 윤리』*L'Etique de la Liberté* 2권에서 이 문제를 충분히 자세하게 다루었다. 나는 여기서 환기하는데 그친다.
290) 1970년 9월 20-24일, 소르본느 대학.

가는 자신의 분야에서 삶과 죽음의 권리를 포함하여 모든 권리를 가진 것으로 여긴다. 이것은 환경과 체계로서 기술의 특징에 엄밀히 일치한다는 점을 이해해야 한다. 기술이 예를 들어 죽음에 이를 수도 있는 자연적인 과정을 변화시키고 빗나가게 하며 물러서게 할 수 있는 한, 인간의 결정이 "자연"의 "결정"을 대신하는 것은 분명하다. 그러나 이 결정은 현상에 관심 있는 인간의 결정이 아니라 기술을 보유한 인간의 결정이다. 이것은 인간에 대한 인간의 힘이다. 또한 이것은 "사용자나 혹은 기층 인간에게 말을 건네기" 원하는 이들의 완전한 환상이다.

이 때문에 "인본주의적" 문제는 거짓 문제가 된다. 사르트르나 혹은 하이데거가 상상한 현실이 아니라 현실 그 자체인 이러한 인간이 자신에게서 기대되는바, 곧 기술 및 기술들에 대한 선택과 판단과 거부를 어떻게 완벽히 행할 수 있을까? 인간은 기술이 자체의 자가 증식 속에서 자체에 부여하는 방향과 다른 방향을 무엇에 따라 어떻게 부여할 수 있을까? 인간은 기술적이지 않은 어떤 주도권을 취할 수도 있을까? 또다시, 인간이 기계화되고 결정지어져 있으며 인간이 로봇이라는 결론을 이 점에서 전혀 이끌어내지 말아야 한다. 나는 결코 그렇게 언급한 적이 없었다. 인간은 선택과 결단과 변화와 방향 설정을 완벽히 할 수 있는 채로 있다… 하지만, 인간은 늘 기술적인 틀 안에 있으며, 기술 발전의 방향 속에 있다. 인간은 선택할 수 있다. 그러나 인간의 선택은 늘 부차적인 요소를 대상으로 하고 포괄적인 현상을 결코 대상으로 하지 않는다. 인간의 판단은 늘 기술적인 판단기준에 의해 결국 결정된다. 인본주의적인 모습을 띤 판단기준이더라도 그러하다. '노동자 자주관리'에 대한 논쟁은 이 점에 대해서는 특징적이다. 인간은 선택할 수 있다. 하지만, 기술적인 과정에 의해 세워진 선택 체계 속에서 인간은 방향설정을 할 수 있으나, 이는 기술적인 여건에 따라서이다. 인간은 어떠한 순간에도 선택 체계에서 나오지 못한다. 결국 인간이 수립하는 지적 체계는 늘 기술의 표현이거나 혹은 기술에 대한 정당화이다. 이와 같이 이것은 구조주의거나 혹은 푸꼬291)의 인식론적 연구이다.

물론, 우리는 이러한 인간이 체계 속에 완전히 통합되지도 적응하지도 않음을 살펴보았다. 그러나 기술로 하여금 체계가 되지 않게 하는 것이 인간의 존재함이 아님을 확인하는 것으로 충분하다. 오늘날 행동하고 사고하는 인간은 객체인 기술과 관련하여 독립적인 주체로 위치하지 않는다. 하지만, 인간은 기술 체계 속에 있으며, 인간 자신은 기술적인 요인에 의해 변화된다. 오늘날 기술을 사용하는 인간은 바로 이 때문에 기술을 섬기는 존재이다.292) 역으로, 기술을 섬기는 인간만이 진정으로 기술을 사용할 수 있다.293)

---

291) [역주] Michel Foucault(1926-1984). 프랑스의 철학자. 정신 의학에 흥미를 가지고 연구하면서 서양문명의 핵심인 합리적 이성에 대해 그 독단적 논리성을 비판하고, 소외된 비이성적 사고, 즉 광기의 진정한 의미와 역사적 관계를 파헤친다. 또한 인간의 지식은 어떤 과정을 거쳐 형성되고 변화하는지 탐구하고 해답을 모색한다. 이 과정에서 각 시대의 앎의 기저에는 무의식적 문화의 체계가 있다는 사상에 도달한다. 그리고 억압적인 권력의 구조를 예리한 통찰력으로 파헤치며, 정신병의 원인을 사회적 관계 속에서 밝혀내려 한다.

292) [역주] 이 결론의 마지막 부분에서 엘륄은 "기술은 좋지도 나쁘지도 않고, 모든 것은 인간이 그것을 어떻게 사용하는가에 달려 있으며, 따라서 모든 것은 인간의 선택에 달려 있다."는 아주 널리 퍼진 견해가 현실을 전혀 고려하지 않은 견해임을 입증하는데 몰두한다. 기술은 그 위상이 바뀌었다. 즉, 기술의 발전은 자율적이고, 더는 인간에게 기술은 일련의 단순한 도구가 아니라 완전한 궁극목적이기 때문에 그러하다는 것이다. 따라서 현대인은 자율적이지 않다. 즉, 현대인은 "선택을 하는데" 자유롭지 않다는 것이다. 현대인은 자신이 자유롭다고 믿지만, 실제로 기술의 요구에 의존한다는 것이다. 그러므로 엘륄이 당대의 지식인들에게 당연히 인정받아야 할 만큼 인정받지 못한 것은, 대부분의 지식인들이 자신들이 자유롭다고 상상하는 것처럼 자신들이 자유롭지 않을 수도 있다는 엘륄의 견해에 대해 알레르기 반응을 보이기 때문이라는 점을 이해하는 것이 중요하다.

293) 어느 정도로 현대인이 기술을 위해 "조작되는지", 또 어느 정도로 현대인이 기술에 동조하는지 파악하려면, 뚜렌느(A. Touraine)의 『노동자와 변하는 기술들』*Les travailleurs et les changantes techniques* (1965년)이나 혹은 뚜렌느와 다른 저자들의 공저이자 사례 연구인『노동자와 기술적인 진보』*Les Ouvriers et le progrès technique* (1966년)와 같은 저서들을 읽어야 한다. 노동자는 기술적인 진보와 마주하여 점점 덜 반발하고, 자신들의 책임 확대를 언급하며, 고급 기능을 부여받는다는 느낌을 가진다. 기술 혁신은 기술적인 진보라는 표현들로 그들에 의해 해석된다. 이 노동자들이 자신들의 삶의 수준과 장래에 대해 꽤 비관적인 시각을 지니더라도 기술적인 진보는 새로운 가능성을 열어주는 것으로서 인식된다. 이 점은 기술에 대한 순응을 아주 잘 드러낸다.

다음 같은 확인된 사실은 더 놀랍다. 동독의 노조들은 1975년에야 기술적인 성장의 측면에서만 노동 문제에 대한 "해결책"을 고찰하는데, 그것은 컴퓨터의 사용에 의한 것이지 정치적인 변화나 경제적 구조에 따라서가 아니다.,

1968년 4월부터 1977년 8월까지

주의 사항. 기술 체계의 역기능에 관해 출간될 특별 연구서가 이 책에 뒤이어진다. 거기서는 다음 같은 문제들이 세 부분으로 연구될 것이다. 특히 기술적인 발전의 양면성과 더불어 체계 속에서 피드백의 부재, 체계의 비합리성, 공해와 오염 등과 같은 문제이다. 두 번째로, 특히 이 분야에서 마르크스 사상의 무익함과 같은 제시된 대책의 부적합성이라는 문제이다. 마지막으로, 인간의 관계나 컴퓨터의 관계 같은 피드백의 설립을 향한 체계 자체의 방향설정 및 성장과정부터 발전과정까지 이행을 위한 체계의 실현 기회라는 문제이다.

인명 색인

ACKERMANN Werner (1930-2005) _ 296
ADAMS Henry B. (1838-1918) _ 221
ALTHUSSER Louis (1918-1990) _ 129
ARMAND Louis (1905-1971) _ 413-4, 488
ARON Raymond (1905-1983) _ 26, 35
AUGER Pierre (1899-1993) _ 480
AYRES Robert U. _ 485

BAIRO _ 315
BALLÉ Catherine _ 406
BALLON _ 315
BARBICHON Guy _ 296
BARETS Jean (? -1990) _ 413-4
BARTHES Roland (1915-1980) _ 223
BAUDRILLARD Jean (1929-2007)_ 62, 68, 75, 104, 162, 172, 451
BEAUNE Jean-Claude _ 96, 101, 193, 236, 277, 365,
BELL Daniel (1919-2011) _ 57-8, 414, 434, 534
BERAUD JP _ 374, 512
BERG _ 239
BERGER Gaston (1896-1960)_ 481
BERTAUX Pierre (1907-1986) _ 480
BERTRAND Gustave (1896-1976) _ 381
BIROU (Alain) _ 43
BLAUNER Robert (1929) _ 420
BODIN Jean (1529-1596)_ 124
BOEHM George A.W. (1922-1993) _ 379
BOGUSLAW _ 456
BOIS J. _ 43
BOLI-BENNETT John (1897-1974) _ 88
BOOKCHIN Murray (1921-2006) _ 280
BUSS Medard (1903-1990) _ 322
BOVÉ José (1953) _ 38
BROGLIE Louis de (1892-1987) _ 194
BRUN Jean (1919-1994)_ 531

BRZEZINSKI Zbigniew (1928)_ 65
BUCHANAN James M. (1919)_ 315
BURNIER Michel-Antoine (1942) _ 340

CANONGE Fernand et DUCEL René _ 522
CATHELIN Jean _ 528
CAZES Bernard _ 151
CHARBONNEAU Bernard (1910-1996) _ 28, 38
CHARRIER Yves _ 38
CHESTERTON Gilbert Keith (1874-1936)_ 484
CHOMBART DE LAUWE Paul-Henri (1913-1998)_ 134, 448
CLARK Colin (1905-1989)_ 61
CLAVEL Maurice (1920-1979) _ 49
CLOSETS François de (1933) _ 237
COHEN Jerry S. (1926-1996) _ 246
CORIAT Benjamin _ 259
COUFFIGNAL Louis (1902-1966)_ 87, 194
COURNOT Antoine-Augustin (1801-1877)_ 220
COURTELINE Georges (1858-1929)_ 138
CROZIER Michel (1922)_ 78

DANDIEU Arnaud _ 532
DANG TAM Nguyen_ 457
DAUMAS Maurice (1910-1984)_ 169
DEBORD Guy (1931-1994) _ 28, 36
DEJEUX J. _ 327
DELAVENAY Émile (1905-2003)_ 194
DEMICHEL André et Francine (1938) _ 413
DERIAN Jean-Claude et STAROPOLI André _ 460
DEUTSCH _ 164
DIEBOLD (John T.) (1926-2006) _ 360, 510
DIEDISHEIM Jean _ 404
DONNADIEU J. _ 495
DORNBUSCH Sanford M._ 426
DREVET Annick _ 369
DROUIN P. _ 495, 497
DUBOIS Pierre _ 43
DUCEL René et CANONGE Fernand auteurs _ 522
DUMAZEDIER Joffre (1915-2002) _ 420
DUMONT Louis (1911-1998) _ 157, 244
DUPRIEZ Léon H. (1901-1986)_ 477, 490

DURAND C. _ 299

EINSTEIN Albert (1879-1955) _ 434
ELGOZY Georges (1909-1989) _ 77, 190, 195, 237, 292, 412, 493
ESCARPIT Robert (1918-2000) _ 196

FALDIN Nils Olof Thorbjörn (1926)_ 501
FERHAT-DELESSERT _ 502
FERRARO Pietro _ 134
FINZI Claudio _ 243
FONT Jean-Marc _ 196, 198
FOUCAULT Michel (1926-1984) _ 544
FOURASTIÉ Jean (1907-1990)_ 61, 275
FREEMAN C. _ 287, 407, 452, 459
FREUD Sigmund (1856-1939) _ 27, 155, 431
FREYER Hans (1887-1969) _ 357
FRIEDMANN Georges (1902-1977)_ 68-9, 89, 153, 378, 420, 520
FRIEDMAN Yona (1923)_ 436-7
FURIA Daniel _ 241, 281, 291, 318, 366
FUSTIER Michel (pas FUSTEN)_ 369

GABOR Dennis (1900-1979) _ 361, 379, 538
GALBRAITH Kenneth (1908-2006) _ 221
GARRIGOU-LAGRANGE Madeleine _ 47
GAULLE Charles de (1890-1970) _ 70, 248
GILLE Bertrand (1920-1980)_ 381
GILPIN Robert _ 500
GODARD Jean-Luc (1930)_ 98
GOLD Bela (1915) _ 294, 384, 455
GOLDSMITH _ 227, 322
GRITTI Jules (1924-1998) _ 156
GROETENDUIJK _ 239
GRUSON Claude (1910-2000) _ 476

HABERMAS Jürgen (1929)_ 66-7, 109, 128, 167, 169, 226, 233, 289, 241, 243
HAHN _ 414
HALL A. Rupert (1920) _ 236
HAMON Léo (1908-1993)_ 92, 150-1, 164
HANKS Joyce M. _ 43
HARTUNG Henri _ 155
HEGEL Georg W. (1770-1831)_ 69, 109, 348

HEIDEGGER Martin _ 28, 37
HEMPEL Carl Gustav (1905-1997) _ 237
HETMAN François _ 71, 357
HITLER Adolf (1889-1945) _ 220, 269, 302, 352, 422, 443, 457
HOFSTÄTTER PR _ 528
HUGO Victor (1802-1885) _ 490
HUBLIN R. _ 282
HUXLEY Aldous (1894-1963) _ 35, 438

I LLICH Ivan (1926-2002)_ 29, 36

JEWKES John (1902-1988)_ 500
JONAS Hans (1903-1993) _ 66-7
JOUVENEL Bertrand de (1903-1987)_ 151, 154, 170, 254, 256, 359, 373, 408, 433, 456, 477, 502-4, 531, 539

KAHN Hermann (1902-1983)_ 282
KAUFMANN Arnold (1921-1980)_ 282, 369, 528
KELDYCH Mstislav (1911-1978)_ 491
KEYFITZ Nathan (1913-2010)_ 380
KIEFF Ph (1922-2006) _ 227
KIMURA_ 315
KLEIN G._ 406
KLIMENKO_ 404
KOLM Serge-Christophe (1932)_ 290, 504
KOYRE Alexandre (1892-1964)_ 236
KRANZBERG Melvin (1917-1995) _ 275
KRECH David (1909-1977) _ 441
KUHN Thomas S. (1922-1996)_ 221, 464

LACAN Jacques (1901-1981)_ 127, 222
LACOSTE Jean_ 42
Bestoujev-LADA Igor V._ 249
LANDES David S. (1924)_ 51
LATTES R. _ 161, 241-2, 293, 489
LAVALLARD_ 471
LECLERCQ J._ 123
LECLERC R._ 410
LEFEBVRE Henri   (1901-1991)_ 44, 105, 165, 215, 301, 339, 424, 445
LEMOIGNE Jean-Louis (1931)_ 177
LEROI-GOURHAN André (1911-1986)_ 192

LEVADOUX B. _ 365
LEVI-STRAUSS Claude (1908-2009)_ 340
LE SAUX Bernard_ 41
LIBBY WL_ 504

MACCULLEY Jay _ 495
MANNHEIM Karl (1883-1947) _ 360
MARCHAIS Georges (1920-1997) _ 70
MARCUSE Herbert (1998-1979) _ 35, 108, 249, 289, 532
MARX Karl (1818-1883) _ 12, 15, 38, 41, 46, 54, 129, 150, 158, 179, 180, 260-3, 269, 279, 317, 351, 416, 474, 475, 520
MASSÉ Pierre (1898-1987)_ 452
MATZ Ulrich (1937-2004)_ 241
MAUNOURY_ 430
McLUHAN Marshall (1911-1980)_ 63
MEADOWS Dennis (1942) _ 165, 476
MESAROVIC Mihajlo D. (1928)_ 328
MEISSNER (Alexander) (1883-1958 ?)_ 414
MENDES-FRANCE Pierre (1907-1982)_ 414
MERCIER_ 334
MESSADIÉ Gérald (1931)_ 525
MESTHENE Emmanuel (1921-1990) _ 405
MICHAEL Donald N. (1923-2000)_ 409
MILLS Charles Wright (1916-1962)_ 92-3, 154
MINTZ Morton _ 246
MISHAN Ezra J. (1917)_ 504
MOLES Abraham (1920-1992)_ 195
MONOD Jacques (1910-1976) _ 44, 272, 434, 447
MONTESQUIEU (1689-1755)_ 124
MONSÉGUR_ 43
MONTMOLLIN Maurice de (1926)_ 155
MOREL Georges_ 43
MORIN Edgar (1921) _ 349
MORIN Pierre_ 410
MOSCOVICI Marie _ 375
MOUSNIER Roland (1907-1993)_ 447-8
MULLER Hermann J. (1890-1967)_ 434-5
MUMFORD Lewis (1895-1990)_ 44

NADER Ralph (1934)_ 413
NAGEL Ernst (1901-1985)_ 237

NARAGHI Eshan (1926)_ 326
NAVILLE Pierre (1904-1993) _ 425
NEIBURGER Morris (1911-1986)_ 385
NEUMAN (voir VON NEUMAN)_ 97, 193

OLIVEIRA e SOUSA Jorge de _ 305
OFFREDO J. _ 448
ORLANS Harold (1921-2007) _ 264
ONIMUS Jean (1909-2007) _ 213, 308, 426

PARENT Jean_ 406
PARSONS Talcon E. (1902-1979)_ 165
PAVLOV Ivan (1836-1949)_ 496
PEREC Georges (1936-1982)_ 116
PERRIN E_ 447
PESTEL Eduard (1914-1988)_ 328
PIGANIOL Pierre (1915-2007)_ 405
PLATT Robert_ 510
PLEKHANOV Gueorgui (1856-1918)_ 129
POMIAN (Krzystof) (1934) _ 238
POPPER Karl R. (1902-1994)_ 237
PRE HODA Robert W._ 389-90

QUINIOU Jean-Claude_ 196, 198

RAD-SERECHT Farhad_ 335
RAKOVSKY_ 404
REGUILHEM Marce_ 43
REICH Charles A. (1928) _ 99, 153, 213, 217, 513
RICHTA Radovan (1924-1983)_ 53, 317
RICHTER_ 424
RICOEUR Paul (1913-2005)_ 155
RIEFF Philip (1922-2006)_ 227
ROBINSON Austin (1897-1993)_ 334
ROCARD Michel (1930)_ 93
RODES M._ 381
RORVIK David (1944)_ 95, 347
ROQUEPLO Philippe_ 523
ROSE Steven P. (1938)_ 259
ROUSSEAU H._ 23, 382
RUSSO_ 363

SAINT-MARC_ 246
SARPUNG P._ 324
SARTIN P._ 125
SARTRE Jean-Paul (1905-1980) _ 36, 45, 348, 543
SAUVY Alfred (1898-1999)_ 44, 91, 172, 245, 274, 323, 480
SAWERS David _ 500
SCHEURER (Gustave)_ 476
SCHON Donald A. (1931-1997)_ 167-8, 362, 405, 501
SCHNEIDER Louis (et DORNBUSCH Sanford M.)_ 426
SCHUMACHER Ernest Friedrich (1911-1977)_ 366
SELIGMAN Ben B._ 167-8, 178, 233-4, 282, 412, 520
SEURAT Sylvère_ 52, 341
SEYMOUR_ 159
SFEZ Lucien (1937)_ 45
SHELDON_ 511
SHILS (Edward) (1910-1995)_ 446-7
SHONFIELD (Andrew) (1917_1981)_ 503-4
SIEGEL L. (1943)_ 251
SIMONDON Georges (1924-1989)_ 94-5, 102, 104, 169, 174, 233, 301, 303, 361, 401, 429, 450, 462, 511
SKINNER Frederic B. (1904-1990) _ 525
SKYVINGTON William (1940) _ 194
SOROKIN _ 185
STILLERMAN Richard _ 500

TEILHARD DE CHARDIN Pierre (1881-1955) _ 349
TEISSIER DU CROS André (1937) _ 365, 368
TIXIER VIGNANCOUR Jean-Louis (1907-1989) _ 70
TOA _ 194
TODOROV Tzvetan (1939)_ 127
TOFFLER Alvin (1928)_ 96, 148, 275, 480, 506, 508, 535
TOURAINE Alain (1925)_ 57, 304, 544
TREILLE Jean-Michel_ 508

VACCA Roberto (1927)_ 195, 200, 211, 481, 483, 489
VAHANIAN Gabriel (1929)_ 264, 426
VANHECKE C._ 326
VARGA Evgueny (1879-1964) _ 252
VERGUESE Dominique _ 377
VEBLEN Thorstein (1857-1922)_ 88

VICHNEY Nicolas (1925-1975) _ 249, 316, 495
VINCENT André L. A. _ 513
VON BERTALANFFY Ludwig (1901-1972)_ 164
VON BRAUN Wernher (1912-1977)_ 471
VON KLEIST (1777-1811)_ 80
VON NEUMANN John (1903-1957)_ 97, 193-4

WEBER Max (1864-1920)_ 88, 91, 102, 135, 178, 257
WEIDENBAUM Murray L. (1927)_
WEINBERG Alvin M. (1915-2006) _ 229, 265
WEST Morris (1916-1999)_ 206
WESTIN Alan F._ 208
WHYTE William H. (1917-1999)_ 153
WICKHAM (et non WICKHMAN) _ 388
WIENER Norbert (1894-1964)_ 56, 76, 87, 187, 194, 282, 288, 485-6, 532
WILLENER Alfred (1928)_ 533
WILKINSON John (1728-1808) _ 282
WISNER Alain (1923-2004)_ 30
WOLF E._ 489

ZUCKERKANDL Emile (1922)_ 258
ZWICKY Fritz (1898-1974)_ 369

엘륄의 저서연대기순 및 연구서

- *Étude sur l'évolution et la nature juridique du Mancipium*. Bordeaux: Delmas, 1936.
- *Le fondement théologique du droit*. Neuchâtel: Delachaux & Niestlé, 1946.
  ⋯▸ (『법의 신학적 기초(가제)』, 강만원 옮김(대장간, 출간 예정)
- *Présence au monde moderne: Problèmes de la civilisation post-chrétienne*. Geneva: Roulet, 1948.
  ⋯▸ 『세상 속의 그리스도인』, 박동열 옮김(대장간, 1992, 2010(불어완역))
- *Le Livre de Jonas*. Paris: Cahiers Bibliques de Foi et Vie, 1952.
  ⋯▸ 『요나의 심판과 구원』, 신기호 옮김(대장간, 2010)
- *L'homme et l'argent* (Nova et vetera). Neuchâtel: Delachaux & Niestlé, 1954.
  ⋯▸ 『하나님이냐 돈이냐』, 양명수 옮김(대장간. 1991, 2011)
- *La technique ou l'enjeu du siècle*. Paris: Armand Colin, 1954. Paris: Économica, 1990.
  ⋯▸ (E)*The Technological Society*. New York: Knopf, 1964.
  ⋯▸ 『기술 또는 세기의 쟁점』(대장간 출간 예정)
- *Histoire des institutions*. Paris: Presses Universitaires de France, plusieurs éditions (dates données pour les premières éditions);. Tomes 1-2, L'Antiquité (1955); Tome 3, Le Moyen Age (1956); Tome 4, Les XVIe-XVIIIe siècle (1956); Tome 5, Le XIXe siècle (1789-1914) (1956). ⋯▸ (『제도의 역사』, 대장간, 출간 예정)
- *Propagandes*. Paris: A. Colin, 1962. Paris: Économica, 1990
  ⋯▸ 『선전』하태환 옮김(대장간, 2012)
- *Fausse présence au monde moderne*. Paris: Les Bergers et Les Mages, 1963.
  ⋯▸ (대장간 출간 예정)
- *Le vouloir et le faire: Recherches éthiques pour les chrétiens*: Introduction (première partie). Geneva: Labor et Fides, 1964.
  ⋯▸『원함과 행함』(솔로몬, 2008)
- *L'illusion politique*. Paris: Robert Laffont, 1965. Rev. ed.: Paris: Librairie Générale Française, 1977.
  ⋯▸ 『정치적 착각』, 하태환 옮김(대장간, 2011)
- *Exégèse des nouveaux lieux communs*. Paris: Calmann-Lévy, 1966. Paris: La Table Ronde, 1994. ⋯▸ (대장간, 출간 예정)

- *Politique de Dieu, politiques de l'homme*. Paris: Éditions Universitaires, 1966.
  ⋯▸『하나님의 정치와 인간의 정치』, 김은경 옮김(대장간, 2012)
- *Histoire de la propagande*. Paris: Presses Universitaires de France, 1967, 1976.
  ⋯▸『선전의 역사』(대장간, 출간 예정)
- *Métamorphose du bourgeois*. Paris: Calmann-Lévy, 1967. Paris: La Table Ronde, 1998. ⋯▸『부르주아와 변신』(대장간, 출간 예정)
- *Autopsie de la révolution*. Paris: Calmann-Lévy, 1969.
  ⋯▸『혁명의 해부』, 황종대 옮김(대장간, 2013)
- *Contre les violents*. Paris: Centurion, 1972.
  ⋯▸『폭력에 맞서』, 이창헌 옮김(대장간, 2012)
- *Sans feu ni lieu: Signification biblique de la Grande Ville*. Paris: Gallimard, 1975.
  ⋯▸『머리 둘 곳 없던 예수-대도시의 성서적 의미』, 황종대 옮김(대장간, 2013).
- *L'impossible prière*. Paris: Centurion, 1971, 1977.
  ⋯▸『불가능한 기도』, 신기호 옮김(대장간, 출간 예정)
- *Jeunesse délinquante: Une expérience en province*. Avec Yves Charrier. Paris: Mercure de France, 1971.
- *De la révolution aux révoltes*. Paris: Calmann-Lévy, 1972.
- *L'espérance oubliée, Paris*: Gallimard, 1972.
  ⋯▸『잊혀진 소망』, 이상민 옮김(대장간, 2009)
- *Éthique de la liberté,*. 2 vols. Geneva: Labor et Fides, I:1973, II:1974.
  ⋯▸『자유의 윤리』, (대장간, 출간 예정)
- *Les nouveaux possédés,* Paris: Arthème Fayard, 1973.
  ⋯▸ (E)*The New Demons*. New York: Seabury, 1975. London: Mowbrays, 1975. .
  ⋯▸ (대장간, 출간 예정)
- *L'Apocalypse: Architecture en mouvement*, Paris. Desclée 1975.
  ⋯▸ (E)*Apocalypse: The Book of Revelation*. New York: Seabury, 1977.
  ⋯▸『요한계시록-움직이는 건축물』(대장간, 출간 예정)
- *Trahison de l'Occident*. Paris: Calmann-Lévy, 1975.
  ⋯▸ (E)*The Betrayal of the West*. New York: Seabury,1978.
  ⋯▸『서구의 배반』, (대장간, 출간 예정)
- *Le système technicien*. Paris: Calmann-Lévy, 1977.
  ⋯▸『기술 체계』, 이상민 옮김(대장간, 출간 예정)
- *L'idéologie marxiste chrétienne*. Paris: Centurion, 1979.

- ⋯▸「기독교와 마르크스주의」, 곽노경 옮김(대장간, 2011)
- *L'empire du non-sens*: L'art et la société technicienne. Paris: Press Universitaires de France, 1980.
  - ⋯▸「무의미의 제국」, 최모인 옮김(대장간, 2013년 출간 예정)
- *La foi au prix du doute: "Encore quarante jours.."* . Paris: Hachette, 1980.
  - ⋯▸「의심을 거친 신앙」, 임형권 옮김 (대장간, 2013)
- *La Parole humiliée*. Paris: Seuil, 1981.
  - ⋯▸「굴욕당한 말」, 박동열 이상민 공역(대장간, 2013년)
- *Changer de révolution: L'inéluctable prolétariat*. Paris: Seuil, 1982.
  - ⋯▸「인간을 위한 혁명」, 하태환 옮김(대장간, 2012)
- *Les combats de la liberté*. (Tome 3, L'Ethique de la Liberté) Geneva: Labor et Fides, 1984. Paris: Centurion, 1984.
  - ⋯▸「자유의 투쟁」(솔로몬, 2009)
- *La subversion du christianisme*. Paris: Seuil, 1984, 1994. [réédition en 2001, La Table Ronde]
  - ⋯▸「뒤틀려진 기독교」박동열 이상민 옮김(대장간, 1990 초판, , 2012년 불어 완역판 출간)
- *Conférence sur l'Apocalypse de Jean*. Nantes: AREFPPI, 1985.
- *Un chrétien pour Israël*. Monaco: Éditions du Rocher, 1986.
  - ⋯▸「이스라엘을 위한 그리스도인」(대장간, 출간 예정)
- *Ce que je crois*. Paris: Grasset and Fasquelle, 1987.
  - ⋯▸「내가 믿는 것」 대장간 출간 예정)
- *La raison d'être: Méditation sur l'Ecclésiaste*. Paris: Seuil, 1987
  - ⋯▸「존재의 이유」(규장, 2005)
- *Anarchie et christianisme*. Lyon: Atelier de Création Libertaire, 1988. Paris: La Table Ronde, 1998
  - ⋯▸「무정부주의와 기독교」, 이창헌 옮김(대장간, 2011)
- *Le bluff technologique*. Paris: Hachette, 1988.
  - ⋯▸ (E)*The Technological Bluff*. Grand Rapids: Eerdmans, 1990. ⋯▸「기술담론의 허세」(대장간, 출간 예정)
- *Ce Dieu injuste..?: Théologie chrétienne pour le peuple d'Israël*. Paris: Arléa, 1991, 1999.
  - ⋯▸「하나님은 불의한가?」, 이상민 옮김(대장간, 2010)
- *Si tu es le Fils de Dieu: Souffrances et tentations de Jésus*. Paris: Centurion, 1991.
  - ⋯▸「네가 하나님의 아들이라면」, 김은경 옮김(대장간, 2010)

- *Déviances et déviants dans notre societé intolérante*. Toulouse: Érés, 1992.
- *Silences: Poèmes*. Bordeaux: Opales, 1995.⋯▸ (대장간, 출간 예정)
- *Oratorio: Les quatre cavaliers de l'Apocalypse*. Bordeaux: Opales, 1997.
  ⋯▸ (E)*Sources and Trajectories: Eight Early Articles by Jacques Ellul that Set the Stage*. Grand Rapids: Eerdmans, 1997.
- *Islam et judéo-christianisme*. Paris: Presses universitaires de France, 2004.
  ⋯▸ 『이슬람과 기독교』, 이상민 옮김(대장간, 2009)
- *La pensée marxiste*: Cours professé à l'Institut d'études politiques de Bordeaux de 1947 à 1979 Edited by Michel Hourcade, Jean-Pierre Jézéuel and Gérard Paul. Paris: La Table Ronde, 2003.
  ⋯▸ 『마르크스 사상』, 안성현 옮김(대장간, 2013)
- *Les successeurs de Marx*: Cours professé à l'Institut d'études politiques de Bordeaux Edited by Michel Hourcade, Jean-Pierre Jézéquel and Gérard Paul. Paris: La Table Ronde, 2007.
  ⋯▸ 『마르크스의 후계자』(대장간, 출간 예정)

기타 연구서
- 『세계적으로 사고하고 지역적으로 행동하라』(*Perspectives on Our Age*: Jacques Ellul Speaks on His Life and Work.), 빌렘 반더버그, 김재현, 신광은 옮김(대장간, 1995, 2010)
- 『자끄 엘륄 -대화의 사상』(*Jacques Ellul, une pensée en dialogue*. Genève), 프레데릭 호농(Frédéric Rognon)저, 임형권 옮김(대장간, 2011)
- 『자끄 엘륄입문』신광은 저(대장간, 2010)
- *A temps et à contretemps: Entretiens avec Madeleine Garrigou-Lagrange*. Paris: Centurion, 1981.
- *In Season, Out of Season: An Introduction to the Thought of Jacques Ellul*: Interviews by Madeleine Garrigou-Lagrange. Trans. Lani K. Niles. San Francisco: Harper and Row, 1982.
- *L'homme à lui-même: Correspondance*. Avec Didier Nordon. Paris: Félin, 1992.
- *Entretiens avec Jacques Ellul*. Patrick Chastenet. Paris: Table Ronde, 1994

대장간 『자끄 엘륄 총서』는 중역(영어번역)으로 인한 오류를 가능한 줄이려고, 프랑스어에서 직접 번역을 하거나, 영역을 하더라도 원서 대조 감수를 원칙으로 하고 있습니다.
이 일은 한국자끄엘륄협회의 협력으로 이루어지고 있으며, 총서를 통해서 엘륄의 사상이 굴절되거나 왜곡되지 않고 그의 삶처럼 철저하고 급진적으로 전해지길 바라는 마음 가득합니다.